ISBN 978-0-243-54132-4
PIBN 10776311

For support please visit www.forgottenbooks.com

# URKUNDEN

DES

# CISTERCIENSER-STIFTES HEILIGENKREUZ

## IM WIENER WALDE.

HERAUSGEGEBEN

VON

### JOHANN NEPOMUK WEIS,

HOFMEISTER UND STIFTS-ARCHIVAR.

II. THEIL.

Hoffentlich wird in einer nicht zu fernen Zeit nach diesen reichhaltigen Diplomatare das Stift Heiligenkreuz, so reich an geistigen Mitteln, die Geschichte seines Hauses bearbeiten und der Öffentlichkeit als Denkmal der unermüdeten Thätigkeit der Cistercienser auf dem Culturfelde übergeben.

Wien, deutsches Haus, am 14. September 1859.

Dr. B. Dudík,
O. S. B.

# I.

**1300, 19. Mai.** — *Rapoto von Wildeck verzichtet zu Gunsten der Abtei Heiligenkreuz auf alle seine Ansprüche auf den Wald Mitterhard.*

**I**ch *Rapot von Wildecke* tůn chunt an disem brief allen levten, di nu sint vnd hernah chumftich sint, daz ich von der ansprach gestanden pin gentzlich, di ich het hintz dem apt vnd hintz der Samnunge von dem *Heiligen Chreutz* vmb ein holtz daz do haizzet daz *mitter hard;* daz min vater in verchouffet het, di weil ich vzzer landes was; vnd gib in des ze rehten aigen. darvber gib ich den brief versigelt mit minen insigel. Des sint geziuch. Her *Ott von Wildeke.* her *Weichart von Arnstain.* Her *Albrecht der vorstmaister.* her *Rapot von Arnstein.* Her *Dietrich von Wildecke.* Her *Rudolf der Span.* Daz ist geschehen do von Christes bůrd waren Tausent iar. drev hundert iar. an dem Heiligen ovffert tach.

Original auf Pergament, dessen Siegel fehlt.

# II.

**1300, 29. Juni, Wien.** — *Margareth, Herrn Heinrich's von Hacking Witwe, vermacht der Abtei Heiligenkreuz auf ihren Todfall ihre Besitzung zu Thomasl.*

Ich *Margret* hern *Heinriches* witiwe von *Hekingen* dem Got gnade. vergihe vnd tvn chvnt allen den, die disen prief lesent oder hôrent lesen, di nv lebent, vnd hernah chvnftich sint, daz der vorgenant mein wirt her *Hainrich* vnd avch ich mit gvtem willen vnd gvnst aller vnser Frivnde vnd avch zv der zeit, do wir iz wol getvn mohten, Vnsers rehten Pvrchrehtes daz gvt, da zv dem *Tomaezleins* vnd alles, daz dar zv gehôret, ze holtz, ze velde vnd ze dorf, iz

sei gestift, oder vngestift, versvcht oder vnversucht, swi so iz genant
ist, daz haben wir alles mit ainander geschaff vnd geben mit
allem dem Nvtz vnd reht, als wir iz in pvrchrechtes gewer her pracht
haben dvrch Got vnd durch vnsern vodern sele vnd durch vnser
paider sele willen vnd hail dem Erbern Gotshavse da ze dem *Hailigen*
*Chrevtze* vnd der Samnvnge gemaine; Also mit beschaidner rede, daz
ich vorgenantev *Margret* daz vorgesprochen Pvrchrecht da ze dem
*Tomaezleins* haben sol vntz an meinen tod; vnd nah meinem tode so
sol daz éegenant Gotshavs da ze dem *Hailigen Chreutze* vnd die
Samnvnge gemaine mit dem selben Pvrchrehte da ze dem *Tomaezleins*
allen irn fromen schaffen verchavffen versetzen vnd geben swem
si wellen an allen irresal. Iz sol avch daz vorgenant Gotshavs da ze
dem *Hailigen Chrevtze* vnd die Samnvnge gemaine dienen alle
iar an sand Jorgen tage dem Herzogen von *Osterreich* in seine
Chammern Dreizzich wiener phenninge ze rehtem pvrchrehte von
dem vorgenanten Gvte da ze dem *Tomaezleins,* wand er sein rechter
pvrchherre ist. vnd ist sein avh rechter Scherm vnd gewer for alle
Ansprache nah des landes rehte ze Österreich, da wir besvnderlichen
sein Insigil vnd seinen prief vber haben. Vnd wande ditz geschefde
vnd dise gabe mit vnser paider gvtem willen geschehen ist, Vnd wand
avch ich *Margret* selbe niht Insigils han, da von so han ich geben
dem vorgenanten Gotshavse da ze dem *Hailigen Chrevtze* vnd der
Samnvnge gemaine disen prief ze ainem sihtigen vrchvnde vnd ze
ainem offen gezivge vnd ze ainer ewigen vestnvnge diser sache ver-
sigilten mit der herren Insigil die hernah geschriben stent, di ich
gebeten han, daz si ir Insigil ze ainem gezivge an disen prief ge-
hangen hant, wand sie bei disem geschefte vnd bei diser gabe gewe-
sen sint. Daz ist her *Greiffe.* her *Hayme.* her *Otte* sein prvder. her
*wernhart* der *Zolr* von *Radavn.* her *Wolfger* von *Awe.* her *Otte* der
*Cherbecke.* die alle diser gabe gezivg sint mit ir Insigiln. Vnd sint
avch gezivg her *Chvnrut* von *Praitenvelde.* her *Hainrich* sein prvder.
her *Pilgreim* ze den zeiten Rihter ze *Wienne.* her *Heinrich* sein
prvder. her *Marchart* der *Zönt* vnd ander frome levte genvch.
Diser prief ist geben ze *Wienne* an sand Peters vnd sand Pavls
tage nah Christes gebvrt In dem Drevzehenten hvndertistem Iare.

Original auf Pergament, dessen 6 Siegel fehlen.

## III.

**1300, 19. November.** — *Die Brüder Rapoto, Heinrich und Konrad, Söhne des Heinrich von Brunn, genannt Suphruz, leisten zu Gunsten der Abtei Heiligenkreuz Verzicht auf ihre Ansprüche an ein halbes Pfund Pfenninge Gülte zu Enzersdorf.*

Nos *Rapoto, Hainricus, Chunradus,* filii *Hainrici de Prunne* cognomento *Suphruz*—profitemur et ad noticiam cunctorum volumus peruenire, quod cum abbas et Conuentus Monasterii *sancte Crucis,* a *pabone* auunculo nostro in *Engelschalchsdorf* dimidii talenti redditus comperassent, eodem auunculo nostro absqne here dibus viam vniuerse carnis ingresso, premissa possessio aliqualiter iure propinguitatis ad nos fuerat deuoluta, quare memoratum abbatem super emptione habita traximus *ad placitum generale.* Abbas vero volens parcere laboribus et expensis domini nostri *Chalhohi de Ebersdorf* Camerarii *austrie* arbitrio se comisit. qui nobis dari constituit XII. solidos denariorum, ut omnis contentio tolleretur, vnde ex nunc renuntiauimus et renunciamus omni iuri, quod nobis in premissa heredidate competere videbatur, obligantes nos ad defensionem plenam contra sorores nostras et vniuersos alios coheredes. Et ne premissa valeant in posterum ab aliquo irritari, presentem litteram sepedicto abbati et Conuentui tradidimus sigillo antedicti domini nostri *Chalhohi* munimine roboratam. Testes etiam huius rei sunt. Dominus *Rudolfus* filius domini nostri. Dominus *Wichardus de Arnstain.* Dominus *Otto de Wildeke.* Dominus *Chunradus de Praitenveld* et Dominus *Hainricus* frater eius. Dominus *Haimo* et Dominus *Otto* milites in *Wienna. Fridericus* miles de *Ebersdorf. Sifridus* miles de *Maneswerd. Fridhaimarius de Swechent,* et alii quam plures fides digni. Datum et actum Anno domini Millesimo CCC°. in die sancte Elyzabeth.

Original auf Pergament, dessen Siegel fehlt.

## IV.

**1301, 12. März.** — *Nikolaus der Esel von Bockfliess verzichtet zu Gunsten der Abtei Heiligenkreuz auf alle seine Ansprüche an einen Wald, genannt an dem Hocheck.*

Ich *Niclas* der *Esel* von *Pochvlies* tun chunt allen den, die disen brief lesent oder horent lesen, die nu lebent vndt auh di her nah chunftig sint, daz ich ein ansprach han gehabet hintz dem Apt vnde

# VORWORT.

---

Der unerwartete Tod des Herausgebers des vorliegenden Diplomatars P. Joh. Nepomuk Weis, Capitulars und Archivars der Cistercienser-Abtei zu Heiligenkreuz, hatte eine eben so unerwartete Verzögerung in der Publicirung dieses Werkes hervorgebracht. Zum Glücke war der Satz bis auf einige wenige Urkunden beendet, so dass ich nach dem Wunsche des um jenes Stift so hochverdienten Herrn Abtes, des eigentlichen Urhebers dieses Diplomatars, Edmund Komáromy, nichts weiter zu thun hatte, als den Druck der letzten fünf Urkunden und des Anhanges zu revidiren, und das alphabetische Namensverzeichniss zu ergänzen und abzufassen.

dem vor genanten abt vnd der Samnunge zeiner ewigen Steticheit
vnd Sicherheit des ergangen choufs. Mit den gezeingen, die hie be-
nant sint. Daz sint die zwen Lantrichter. Her *Albero Stucks* vnd
herr *Vlrich von Wolfkersdorf.* Herr *Otto von Wildek* vnd her
*Rapot sein bruder.* her *Wichart von arnstein*, her *Levpolt von
Sachsengang* vnd her *hertneid* sein bruder, vnd anderer vrumer levt
genûch. Ditz ist geschehen nach christes geburt vber towsent drew
hundert. In dem ersten iar datz *Newenburch in dem lant teiding*
vor sant Mertins tag des mentages.

Original auf Pergament mit einem Siegel, zwei andere fehlen.

# VII.

**1301, 11. November.** — *Meister Berthold, Richter von Wiener-Neustadt,
beurkundet die Rechte und Freiheiten, welche der Abtei Heiligenkreuz
rücksichtlich ihres Hauses zu Wiener-Neustadt von den Landesfürsten, so
wie auch von den Bürgern daselbst verliehen und zugestanden sind.*

Nos Magister *Perhtoldus* Ciuis *Wiennensis* tunc Index *Noue
ciuitatis,* cum uniuersitate ciuium ibidem protestamur. ac pronuncia-
mus tenore presencium Uniuersis, quod domus *sancte crucis* apud
nos sita, sicut iam muro cingitur, eadem libertate gaudere debet,
quam curia predicti monasterii *Wienne* nunc possidet et ab antiquo
dinoscitur possedisse; ita quod in rebus ipsius monasterii ad eandem
domum deducendis ibidemque vendendis abbas et conuentus prefati
monasterii a nullo prorsus possint uel debeant impediri, sed ab exac-
tione qualibet steurarum, theloneorum, uel mutarum ipsum monasterium
penitus sit exemptum iuxta quod in privilegiis et emunitatibus sepedicto
monasterio perillustres Duces *Austrie* concessis non rasis, non abo-
litis, neque aliqua sui parte vitiatis plane et expresse vidimus conti-
neri. Quia vero de vino ad sepedictam domum deducendo inter vene-
rabilem abbatem *sancte crucis* et nos specialis questio vertebatur, in
hoc tandem conuenimus, quod saluis aliis libertatibus ex totius com-
munitatis beneplacito et consensu annis singulis, quando ipsis vide-
bitur expedire, et quouis tempore anni. xl. carratas vini nostre men-
sure deportabunt absque contradictione qualibet uel obstaculo in
ciuitate vendendas secundum mensuram ciuium uel etiam propinan-
das. Adicimus preterea, quod si predictus abbas et conuentus aliquem
de fratribus suis uel etiam laycum de propria familia in predicta domo
voluerint collocare, iidem ab omni exactione, quocumque nomine cen-
seatur, liberi sint penitus et exempti. Si vero aliquem de nostris

concivibus aut alias vndecumque talem personam ad domum predictam posuerint, que de prouentibus aut mercibus suis aut ex susceptione hospitum euidens lucrum in ciuitate habuerit, hic pro comunis boni vtilitate ad contribucionem tenebitur civitatis; hoc semper saluo, quod ob amorem ordinis et reverenciam specialem domus *sancte crucis* eidem taliter deferetur et parcetur, quod se speciale beneficium senciat assecutum. In cuius rei memoriam presentem litteram sigillo comunitatis nostre fecimus communiri cum testibus subnotatis, Quorum nomina sunt hec, *Leo Prunner. Martinus Visinch. Heinricus Leublo. Rudlo Leublo. Leopoldus Leublo.* Fratres. *Rudolfus Maurer, Dietricus eysner. Otto Gvxuarer. Sifridus Zengwein. Pertholdus Sxicchovffer. Rudgerus Hantsneider. Chunradus veter. Chunradus Heberler.* et alii quam plures. Actum anno domini. M. CCCI°. In die beati Martini episcopi.

Original auf Pergament, dessen Siegel fehlt.

## VIII.

**1301, 6. December.** — *Rudolf, Herzog von Österreich etc. beurkundet, dass die Abtei Heiligenkreuz den Gemeinden von Gaunersdorf und Herbrechtsbrunn den Wald und die Weide Hengestal zu Burgrecht überlassen habe.*

Wir *Ruedolf* von Gotes genaden Hertzog in *Osterrich* vnd in *Steyr,* herre ze *Chrain* an der *March* vnd ze *portenawe* veriehen an disem briefe vnd tuen chunt allen den, die disen brief lesent oder horent lesen, di nu lebent oder hernach chunftich sint, daz der erber Man apt *Vlrich* vnd di Samenunge von dem *Heiligen Chreutz* mit veraintem rat vnd mit guetlichen willen ein Holtz vnd ein waide, di ze *Hengestal* gelegen ist — vnd ist ausbeschaiden an tailen vnd an gemerchen, des ersten ist ausbeschaiden ein holtz, daz haizzet *div Eben,* vnd ein Holtz, daz haizzet *daz Haslæch,* vnd ein Holcz, daz haizzet *Radmarschogel,* daz getan daz Holcz, daz da haizzt der *Ser* vnd an daz *Haslaech* vnd an daz *hengestal,* daz in die *eben* gehoret — vnsern getriwen Leuten den Purgern von *Gaunesdorf* vnd vnserr getriwen ritter, hern *Frideriches von pelndorf* vnd hern *Ernstes von Sweinwart,* Leuten datz *Herbrechtzprunne,* ze rechtem purchrecht lazzen habent, daz si da mit Schaffen irn frum, swie in lieb sei also beschaidenlich, daz di vorgenanten Leute von *Gaunesdorf* vnd von *Herbrechtzprunne* dem Goteshaus datz dem *Heiligen Chreutz* sechs phunt phenninge wienner münzze allerierlich schullen dienen, driv phunt ze sant Georgen tage vnd driv ze sant Merteins misse; vnd habent di vorgenanten Leute daz gelobt, ob si di vorgenanten pheninge nicht dienten hintz dem *heiligen Chreutz* ze den tagen, als da uor beleuchtet ist, so schullen si di selben phenninge darnach in acht tagen mit zwispil geben, vnd unserm huebmaister, swer unser huebmaister ist in Osterrich, funf phunt ze wandel an alle widerred. vnd schol vnser huebmaister di vorgenanten Leute vmb zwispil vnd umb sein wandel phenten, vnd scholl dem Goteshaus von dem *heiligen Chreutz* di vorgenanten sechs phunt mit zwispil gentzlich bringen in, ob si des wider wolden sein, daz si habent gelobt. Daz dise red stet vnd vnzebrochen beleibe, daz bestetig wir mit unserm Insigel vnd mit unserr Ritter Insigeln, hern *Frideriches von Pelndorf* vnd hern *Ernstes von Sweinwart* hangent an disem briefe. Diser brief ist gegeben do von Christes gepurd waren Tausent Iar, driu hundert Iar vnd in dem ersten Iar an sant Nyclaus tage.

Original auf Pergament mit drei Siegeln.

## IX.

**1302, 25. April.** — *Rapoto von Arnstein und seine Hausfrau Jeuta verkaufen der Abtei Heiligenkreuz einen Hof, gelegen am Windhag an der Schwechat, genannt des Golden Hof und eine Wiese bei Tribuswinkel, genannt die Laimerin.*

Ich *Rapot von Arnstain*. vnd mein Hovsvrowe *Jœut*, verihen an disem brief allen Leuten, die in lesent oder horent lesen, di nv lebent oder hernah chumftikch sint, daz wier mit gveter betrahtung vnd gesamter hant vnd williger verhanchnusse aller unser erben, di also genant sint, *Weicharts, Gertrouten*, vnd *Chunegunden* verchouffet haben ledigleich vnd vreilech an alle ansprach vnsers vreien aigens einen hof, der leit datz Winthag, pei der *Swechent* niderthalb des chlosters ze dem *Heiligen Chreutz* vnd haizzet des *Goldne* Hof, mit alle dev vnd dar zve gehoret, als wir in in rechter gewer besezzen haben vntz ouf diesev zeit, vnd ein Wis, dev leit ze *triwanswinchel* vnd haizzet dev *Leimerin*, dem erbern Herren Brueder *Vlreich* dem Abt vnd dem Conuent des vorgenanten Chlosters vmb sehs vnd Dreizzich phunt pfenninge Wienner munzz, vnd daz wir desselben gvetes schön vnd vollichleich gewert sein, also beschaidenleich, daz si daz aigen haben vnd besitzen, verchouffen oder versetzen vnd irm vrumen damit schaffen nah allem irm willen. Vnd daz dem egenanten Abt vnd seiner samnung hernah dehaines chrieges vrsache erspringen muge oder gewahsen, darvmb setz ich mich der vorgenant *Rapot*, vnd mein housvrowe *Jaeut* dem vorgenanten Abt vnd seiner sammunge ze rehtem Scherme vber disen chouf nah des landes reht ze *Osterreich* vvr alle ansprach, vnd gib in seinen zihtigen vnd ze einem ewigen vrchunde diser sache disen brief versigelten mit meinem *Rapots* insigel vnd mit *Weichartes* insigel von *Arnstain*, meines geschweien, vnd mit *Rapots* insigel von *Wildekke*, mit den gezeugen di hernah geschriben sint, mit der Wizzen iz geschehen ist. Daz ist her *Otto von Wildekke*. her *Otto* der *Tvrse von Ravhenekke*. *Ditrich von Wildekk*. Her *Wolfger von Ror*. *Otto von Ror*. *Dietmar von Ror*. *Vlrich der Matzo*. vnd andere vrumer laeut genŭch. Diser brief ist geschriben. vnd gegeben, dv nah Christes gebŭerd waren Tovsent Iar, Drev hundert Iar vnd darnah in dem andern Iar, des nahsten tages nah sant Georgen tage.

Original auf Pergament mit drei Siegeln.

## X.

**1302, 29. April, Korneuburg.** — *Otto von Schmidbach vergleicht sich mit der Abtei Heiligenkreuz, wegen des von einem Hof, genannt der Münchhof, rückständigen jährlichen Gelddienstes.*

Ich *Otte* der *Smidwech* tvn chvnt allen den, die disen brief sehent, horent oder lesent, die nv sint vnd her nach chonftig sint, daz ich dien ein phvnt phennige an Sand Michels tag ierlichen von einem hof, der leit pei dem *Smidwach*, der do haizzet der *Mvnich hof*, dem apte von dem *heiligen Chrevze* vnd seinem goteshavs, daz het ich versezzen zwai iar, daz ich daz nich gedient do hed, do vragten si auf mit recht vnd wurden in wandel ertailt mit reht, vnd chlagten hintz mier vmb ir dienst vnd vmb irev wandel *in der obristen Schranne*. Des chom ich hintz *Nevnburch* vnd der erwer man her *weichart von Topel* vnd bruder *Levpolt* der chelner vnd brvder *herman* der chamerer von *Lilinveld* zv hern *Georgen* dem chelnner von dem *heiligen chrevze*, vnd ebent mich mit im vnd begab mich der Wandel an meins herren stat des aptes von dem *heiligen chrevze* also, daz ich in fvrwaz dienen schol ierlichen an sand michels tage, tven ich awer des niht, ich oder mein erben, so ist der vorgenant hof dem vorgenanten goteshavs ledich. Vnd daz ditze gelvbe stete beleib, so ich disen brief versigelten mit meinem insigel vnd des erwern herren hern *weichartes von Topel*. vnd sint des gezevge, di hie geschriben stent. Her *Weichart von Topel.* her *Rapot von Wildek* vnd her *Otte* sein pruder. vnd brvder *Chvnrat von Lilinveld* bruder *Herman* der chamerer ze Lilinveld. Ditze ist geschehen, do von Christes gepvrd waren tavsent jar vnd drevhvndert vnd zwei iar, nach Ostern vber acht tag *enthalb ze Nevnbvrck.*

Original auf Pergament mit zwei Siegeln.

## XI.

**1302, 18. December, Lateran.** — *Bulle Papst Bonifacius VIII. für den Cister-cienser-Orden in Betreff der Zehentfreiheit.*

*Bonifacius* episcopus seruus seruorum dei. Dilectis filiis Vniuersis Abbatibus, Abbatissis et Conuentibus ordinis *Cisterciensis* tam presentibus quam futuris salutem et apostolicam benedictionem. In ecclesie firmamento uester ordo nitore claro corruscans vniuersalem gregis dominici aulam illuminat et currentibus in stadio rectum iter insinuat, quo ad salutis bravium facilius peruenitur. Nuper quidem ob hoc et propter magni deuotionis affectum, quem ad nos et apostolicam sedem habetis, ordinem ipsum ac uos et alios eiusdem ordinis professores intima caritate prosequimur, ac sinceris affectibus excitamur, ad uestra et illorum commoda, in quibus honeste possumes, promouenda. Ideoque premissorum intuitu et obtentu dilecti filii nostri *Roberti* titulo sancte Pudentiane presbiteri Cardinalis, qui tamquam prefati ordinis quem professus existit promotor assiduus, necessitates uestras et dicti ordinis nobis reverenter exposuit, et super illis nostre provisionis auxilium implorauit, uobis auctoritate presentium indulgemus, ut de terris uestris cultis et incultis ad ordinem uestrum spectantibus, quas aliis concessistis uel concedetis imposterum excolendas, de quibus tamen aliquis decimas seu primitias non percepit, nullus a uobis seu cultoribus terrarum ipsarum aut quibuscumque aliis decimas seu primitias exigere uel extorquere presumat. Nos enim nichillominus irritum decernimus et inane, quid quid contra tenorem huiusmodi indulgentie fuerit attemplatum. Nulli ergo omnino hominum liceat, hanc paginam nostre concessionis et constitutionis infringere uel ei ausu temerario contraire. Si quis autem hoc attemplare presumpserit, indignationem omnipotentis dei et beatorum Petri et Pauli apostolorum eius se nouerit incursurum. Datum Laterani XV. Kalendas Januarii, Pontificatus nostri Anno Octavo.

Original auf Pergament mit Bleibulle.

## XII.

**1303, 24. Juni, Wien.** — *Konrad, Erzbischof von Salzburg, bestätigt der Abtei Heiligenkreuz die inserirte Urkunde des Erzbischofs Eberhard II. in Betreff des Salzbezuges von der Saline Mühlbach.*

Nos *Chunradus* dei gracia sancte *Salzburgensis* ecclesie archiepiscopus apostolice sedis legatus presentibus profitemur, nos litteras domini *Eberhardi* pie memorie antecessoris nostri quondam archiepiscopi ecclesie nostre vidisse per omnia in hec verba:

*Eberhardus* dei gracia sancte *Salzburgensis* ecclesie archiepiscopus apostolice sedis legatus *Hallingensibus* graciam suam. Noueritis, nos donasse Conuentui *sancte Crucis* in *austria* tria tallenta nudi salis a *mulbach* annis singulis persoluenda, quam donacionem instrumento et sigilli nostri fideli testimonio duximus confirmandam eidem, super quo uobis mandamus, ut de illo sale secundum prescriptum numerum nuntios eiusdem conuentus studeatis annis singulis expedire, quocumque anni tempore duxerint postulandum, et has litteras, ex quo uobis presentate fuerint, reddatis eisdem. — In cuius visionis testimonium litterarum predictarum presentes litteras eis dedimus nostri sigilli robore communitas, approbantes donacionem predictam, eamque tenore presentium innouantes. Datum *wienne* octauo Kalendas Julii, anno domini Millesimo Trecentesimo tertio.

Original auf Pergament mit beschädigtem Siegel.

## XIII.

**1303, 25. September.** — *Bruder Johannes, Präceptor des Hospitals in Ödenburg und Richter und Rath daselbst, beurkunden die Beilegung eines Streites zwischen Philipp, einem Bürger von Ödenburg und einem Colonen der Abtei Heiligenkreuz zu Rorbach, Namens Heinrich, wegen eines Hofes zu Gruenach.*

Nos Frater *Joannes* praeceptor domus hospitalis de *Suprunio, Wolfcerus* judex et cives de eadem memoriae commendantes significeamus quibus expedit universis, quod licet inter *Philippum* et filium ejus *Hanricum* cives nostros, nec non *Hainricum de Rorbach,* colonum Venerabilis Abbatis *Sanctae Crucis* secundum continentiam priorum litterarum nostrarum parcium discensione, quae inter ipsos pro curia in *Gruennach* et quibuscumque aliis vertebatur, amicabilis fuerit concordia ordinata, imo quod praedictus *Phylippus* filiam suam dominam *Percel* piae memoriae *Leupoldo* filio *Hainrici* praedicti dederat in conjugem legitimam et uxorem, dimidiam partem curiae in *Gruenech* ipsi *Leupoldo* filio suo ad eandem dominam et eidem dominae resignando. Tamen, quia ipsa domina sesundum legem mortalium vitae spiritum exalavit, supradicti *Philippus* et *Hainricus* filius ejus cum memorato *Hainrico* de *Rorbach* iterum discordiam inchoarant, quae nunc amicabiliter est composita et sedata sic, quod *Hainricus* jam dictus et filius suus *Leupoldus* sepe dictis *Phylippo* et filio ejus *Hanrico* dederunt duo talenta denariorum et duarum tunicarum de panno griseo ad valorem. Abnegantes itaque jam dicti *Philippus* et filius ejus *H.* Omne jus et juris auxilium, omnemque inpetitionem et quaestionem curiae supra dicte pro se et pro omnibus suis affinibus et cognatis, sibi super eo perpetuum silentium imponentes, Promitentes firmiter et precisce pro omnibus suis heredibus fide sua nobis porrecta per jusjurandum in animas suas, quod supradictum *Hanricum* de *Rorbach*, aut alium qualicumque inhabitatorem curie memoratae cominationibus, turbationibus, quaestionibus et inpeditionibus quibuscunque personarum aut rerum ocultam aut manifestam lesionem verbis vel operibus non faciant aliqualem, assumentes insuper et strictius se ligantes, ut, quandocumque processu temporis *Phylippum* et *Hainricum* filium suum in quemcunque modum rancorem contra *Hainricum* de *Rorbach* aut possessorem curiae supradictae contingerit excitare, quod tunc rerum et personarum periculum incurrere tenebuntur. Datum anno Domini MCCC. III. Septimo Calendas Octobris.

Zwei gleichlautende Originale auf Pergament mit Siegel.

## XIV.

**1303, 17. November, Wien.** — *Ortolf von Atzenbruck verkauft der Abtei Heiligenkreuz fünf Pfund, zehn Pfenninge Gülte zu Hedrichsdorf und die Gerichtsbarkeit daselbst.*

Ich *Ortolf von Atzenprucken*, vnd ich *Gerbirch sein Havsvrowe* vnd ich *Fridrich* vnd ich *Albrecht* ir svne Vnd ich *Margret* vnd ich *Diemvt* vnd ich *Agnes* und ich *Gerttravt* ir tohter. Wir veriehen vnd tun chunt allen den, di disen prief lesent oder horent lesen, die nv lebent vnd hernah chunftich sint, Daz wir mit vnser erben gutem willen vnd gvnst, vnd mit verdahtem mvte vnd mit zeitigem rat aller vnser Frivnde, hern *Weichartes* vnd hern *Chadoldes von Pavmgarten*, vnd ander vnser Frivnde vnd mit gesampter hant zv der zeit, do wir iz wol getvn mohten, verchauft haben vnsers rehten aigens, fivnf phvnt phenninge geltes vnd zehen phenninge geltes wienner mvntz avf vier lehen da ze *Haedrichestorf* vnd daz Gerihte da selbens ze *Haedrichestorf.* Daz vorgenant gvt alles haben wir geben mit allem dem nvtz vnd reht, als wir iz in aigens gewer her praht haben, vmb Sibinzich phvnt wienner phenninge, der wir reht vnd redlichen gewert sein, dem erbaern manne prvder *Vlrichen,* der zu den zeiten Apt was vnd der Samnunge gemaine von dem *Hailigen Chrevtzze,* lediglichen vnd vreilichen ze haben, vnd allen irn frvmen da mit ze schaffen, verchavffen versetzen vnd geben swem sie wellen an allen irresal. Vnd dar vber dvrch pezzer Sicherhait so setzen wir vns, ich *Ortolf von Atzzenprvcken* vnd ich *Gerbirg* sein havsfrowe vnd ich *Fridrich* vnd ich *Albreht* ir svne, vnd ich *Margret,* vnd ich *Diemvt,* vnd ich *Agnes* vnd ich *Gerdravt* ir Töhter vnd ich *Weichart* vnd ich *Chadolt von Pavmgarten,* vnverschaidenlichen dem vorgenanten prvder *Vlrichen,* der zv den zeiten Apt was, vnd der Samnvnge gemaine da zv dem *Hailigen Chrevtze* vber die vorgenanten fivnf phvnt phenninge geltes vnd vber die zehen phenninge geltes da ze *Haedrichestorf,* vnd vber daz gerihte da selbens ze *Haedrichestorf* ze rehtem scherme fvr alle ansprache als aigens reht ist vnd des Landes reht ze *Osterreiche.* Vnd geben in dar vber disen prief ze ainem sichtigen vrchvnde vnd ze ainem offen gezevge vnd ze ainer ewigen vestnvnge diser sache versigilten mit vnsern Insigiln. Vnd sint avch des gezevg her *Alber von dem Clemens.* her *Dietmar* sein veter. her *Dietrich von sand Peternellen.* her *Wilhalm von Pavmgarten.* her *Chalhoh von Pavmgarten.* her *Chvnrat von Arnstain.* her *Marchart von Mistelbach. Marchart von Zelkingen. Hainrich von Atzzenprvcken.* vnd ander frvme levte genvch, den dise sache vnd diser ehavf wol chvnt ist. Diser prief ist geben ze *Wienne,* do von Christes gepvrt waren ergangen Tavsent Iar, Drev Hvndert Iar. In dem Dritten Iare dar nah, An sand Dionisien tage.

Original auf Pergament mit zwei Siegeln, ein drittes fehlt.

## XV.

**1304, 12. Jänner.** — *Otto von Wildek und Alhaid seine Hausfrau vertauschen sechs Schilling Gülte zu Engelschalchsdorf an die Abtei Heiligenkreuz für sechs Schilling Gülte zu Matzen.*

Ich *Ott von Wildek* vnd ich *Alhait* sin hovsvrowe veriehen an disen brief, daz wir mit gůtem Willen vnd gesamter hant vnd mit

aller vnser erben Willen der Samnunge von dem *heiligen Chrevtz*
haben ovzgewelschet sechs schilling phening geltes in einem dorf,
daz haizzet ze *Metzen*, da hab wir in wider gegeben sehs schilling
pheninge geltes dotz *Engelschalchsdorf* vf einem holden, vnseres
rehten vnd vnsers vreien aigen. Wir sin ouch des ir scherm vnd
gewer nah des landes reht. Dar vbar geb wir in ze einer gebugge-
nusse vnd Stetichait disen brief versigelt mit min *Otten* insigel. Des
sint gezuich her *Chaloch von Ebersdorf.* her *Ott der Türs.* her
*Weichart von arnstain.* her *Rapot von arnstain.* min bruder *Rapot
von Wildekk. Wolfger von dem Rór. Hertneid von Sachsengange.*
Daz ist geschehen, do von Christes geburd waren Tovsent iar Drev-
hundert iar, an dem vierden iar, des nehsten suntages nah dem
Perchttach.

Original auf Pergament, dessen Siegel fehlt.

## XVI.

**1304, 23. März, Krems.** — *Wernhard, Bischof von Passau, bestätigt der Abtei
Heiligenkreuz die Mauthfreiheit für ihr Salz bei seinen Zollstätten zu
Passau und Obernberg.*

Nos *Wernhardus* dei gracia Ecclesie *Patauiensis* Epicopus pre-
sentibus confitemur, quod facta nobis copia priuilegiorum predeces-
sorum nostrorum et nostrorum propriorum traditorum de consensu Ca-
pituli nostri Monasterio *sancte Crucis*, cysterciensis ordinis nostre dyo-
cesis super libertate mute in *Patauia et Obernperig* et eisdem dili-
genter auscultatis recognouimus eidem monasterio libertatem specia-
liter in transitu, qui vulgariter furvart dicitur, in *Patauia* ita quod
ipsum monasterium, suique procuratores de suis salibus, in quibus
quo ad maiorem mutam libertatem optinent in predicto transitu, ad
dandum exactionem uel mutam Judicibus nostris *patauiensibus* pre-
sentibus et futuris minime teneantur, a quo ipsos absoluimus et quie-
tamus, imo absolutos et quietatos perpetuo denunciamus, volentes ipsis
per Judices nostros *patauienses*, qui pro tempore fuerint, huiusmodi
libertatem obseruari inuiolabiliter cum effectu, quocumque anni tempore
predictos sales deduci contingat. Harum testimonio literarum nostro
sigillo munitarum. Datum *Chremis* anno domini Millesimo CCC°.
quarto. decima Kalendas Aprilis.

Original auf Pergament mit Siegel.

## XVII.

**1304, 23. März, Krems.** — *Wernhard, Bischof von Passau, befiehlt seinen Richtern in Passau, die Abtei Heiligenkreuz in der ihr zugestandenen zollfreien Verführung ihres Salzes nicht zu beirren.*

*Wernhardus* dei gracia Ecclesie *Patauiensis* Episcopus, tam presentibus quam futuris Judicibus suis in *Patauia* graciam suam et omne bonum. Cum nos visis et diligenter examinatis priuilegiis nostris et predecessorum nostrorum de consensu venerabilis capituli nostri super hec datis Monasterio *sancte crucis* Cysterciensis ordinis in salibus suis, in quibus libertatem quoad mutam in *Patauia* et *Obernperg* obtinet, libertatem in transitu, qui vulgariter furuart dicitur, in *Patauia* specialiter recognoscamus, quocumque tempore eosdem sales deduci contigerit, ita quod nulli iudici ad exhibicionem alicuius exhibicionis, exaccionis, uel mute, sev thelonei teneantur racione transitus antedicti, prouidenciam vestram hortamur mandantes vobis nichillominus sub obtentu gracie nostre districte, quatenus predicto Monasterio, circa premissa nullum grauamen vel inpedimentum prestare aliqualiter presumatis, cum nos pocius in Judicacione nostri pensione (sic) talem exaccionem vellemus deducere, quam nostra et predecessorum nostrorum priuilegia suo vacuari vigore. Datum *Chremis* anno domini Millesimo Trecentesimo quarto, decima Kalendas Aprilis presentibus nostro sigillo in testimonium roboratis.

Original auf Pergament mit beschädigtem Siegel.

## XVIII.

**1304.** — *Johann von Losenhaim verzichtet zu Gunsten der Abtei Heiligenkreuz auf drei Pfund Pfenninge Gülte zu Höflein, die derselben sein Vater verkauft hatte.*

Ich *Johans von Losenhaim* vergich an disem prief, daz ich ein ansprach het gegen der samnung von dem *Heiligen Chraevtz* vmb drev pfunt gelts datz *Hoflein*, di von meinem vater dar verchauft wvrden. da pin ich gaentzleich von gestanden vnd verzeich mich als des rechts, daz ich dar an het, vnd dar vber gib ich der vorgenanten Samnung vnd dem gotshaus von dem *heiligen Chraevtz* disen prief mit minem insigel vnd hern *Chalhochs von Eberstorf.* ze einem ebigen vrchund. Des sind gezevg. der *Marquart* der *Mistelbeck.* der *Vlreich von Pergaw.* der *seifrid.* vnd der *vlreich* prüder von *Chranichperg*, der *Ortolf* von *Chranichperg*, *Vlreich* der

*Scheuchenstainer,* vnd dar zv manch pider man. Ditz ist geschehen, do von christ gebvrt ergangen waren drevzehenhundert Iar. vnd darnach in dem virden Iar.

Original auf Pergament mit zwei Siegeln.

## XIX.

**1304. —** *Ebran von Ernstbrunn und Margareth seine Hausfrau verkaufen der Abtei Heiligenkreuz zehn Schilling Gülte zu Nieder-Leiss.*

Ich *Ebran von Ernsbrun* vnd ich *Margret* sein hausvrowe vergehen an disem prief, daz wir mit gesamter hant vnd mit gv̂tem wiln vnsers aigens ze *nidern-Leizz,* daz wir in rechter gwer her pracht hawen, zehen schilling gelts verchauft haben der samnung von dem *heiligen chrevtz* vmb drevzehen pfund wienner pfenning. vnd sein auch des selben gv̂ts gaenzeleich gewert vnd sein auch des selben gv̂ts der vorgenantem Samnung scherm vnd gwer nach Lants recht vnd dar vber gib ich, der vorgenant *Erban von Ernsprun* der vorgenanten Samnung von dem *heiligen chrevz* disen prief mit minem insigel ze ein ewigen v̂rchund. Des sind gezevch, der *Greyf.* der *Ott,* hern *haim* svn. der *Chvnrat der Hubmaister,* der *Vlreich* hern *Chvnrads* svn. Der *Philipp von Encensdorf.* der *Johans von Losenhaim,* der *Rugers von Hipleinsdorf* vnd dar zv manch pider man. Ditz ist geschehen do von Christ gebvrt ergangen warn drevzehenhvndert Iar vnd darnach in dem virdem Iar.

Original auf Pergament mit einem Siegel.

## XX.

**(†1304.) —** *Ortolf, der Sohn Weypoto's, genannt Spannberg, ertheilt seine Zustimmung zu dem Verkaufe gewisser Besitzungen zu Erdpres von Seite seiner Hausfrau an die Abtei Heiligenkreuz.*

Ego *Ortolfus* filius *veypotonis* de *Spamberch* omnibus, ad quos praesens scriptum peruenerit salutem. Noverit vniversorum discretiua siuceritas, quod ego *Ortolfus* bona illa, que conjux mea fratri *Georgio* de ordine sancti Bernhardi totique conuentui ad *Sanctam Crucem,* videlicet in *Erprust* vendidit ac resignauit, soluencia singulis annis medium talentum, ego uero ad hoc beneuolum consensum praestando bona praelibata condescendo hereditarie possidenda. Ne autem fratres praedicti in hiis possint inposterum per me siue amicos meos impediri, praesentem paginam transmitto cum appensione sigillorum, videlicet domini mei praepositi de *dubravnik* et conuentus roboratam in testimonium et munimen.

Original auf Pergament mit einem Siegel, ein zweites fehlt.

## XXI.

**1305, 25. Juli.** — *Albrecht, Forstmeister in Österreich und Margareth seine Hausfrau stiften sich in der Abtei Heiligenkreuz einen Jahrtag und ihr Begräbniss, wozu sie zehn Pfund Pfennig Gülten zu Medling widmen.*

Ich *Albreht* ze den zeiten *vorstmaister* in *Österreich* vnd min hosvrowe *Margret* tun ze wizzen an disem brief allen leuten, di in lesent oder hórent lesen, di nu lebent oder her nah chumftich sint, daz wir mit wol verdahtem mut vnd gesamter hant vnd mit gútlichem .willen vnd verhanchnusse aller vnser erben, die also genant sint, *Eberhart, Alber, Leutolt vnd Elspet*, ze den zeiten, du wir iz wol getun mohten vnd ouch taten, ledichleich vnd vreileich an alle wider red vnser der vorgenanten erben gegeben haben dem Conuent des chlôsters ze dem *heiligen Chreutz* unsers rehten Purchrehtes acht phunt geltes durch got vnd durch vnser sel hail vnd durch aller vnser vordern sel hail datz *Medlich* ûf einer mul vnd vf einem weingarten, vnd hab wir di selben gult emaln gehabt von dem selben Chlôster ze rehtem purchreht; auer nu hab wir sei wider dem Chlôster gegeben mit allem dem reht vnd wir si inne gehabt haben; doch mit solher beschaidenhait, Swer dem gescheft des selben Chlôsters vor ist, daz der die samnung da von trösten sol ierlich mit dem gût, das ich in anderswa gegeben han, des zwai phunt geltes sint, an vnserm iartach mit fumf phunden, vnd mit den andern fumf phunden an einem tag, der in dar zû von vns oder von vnsern erben benant wirt. Dem trost sol also sein, daz man geb einem islichem brúder drev stuche gûter grúner vische vnd bezzern wein, danne gewonlichiv phrúnt ist, vnd islichen ein semlein brôt, daz erber sei, als ze diensten gewonlich ist. Swa aber des niht behalten wurde, des got niht geb, so welle wir vnd schaffen, daz sich vnser erben des gutes wider vnder winden; iz sei dann, daz landes nôt oder ander grozz vngluche vnderste, daz man vnser gescheft niht volenden muge; daz sol doch mit der gewizzen vnserr erben sin, also daz man iz ervolle, so man chûrtzlichist muge. Ich *albrecht* han ouch gebeten vnd ist mir gelubte, daz durch der lieb willen, di ich dem Chlôster

erzaiget han an disem gescheft der vorgenanten gült, di man dienen
sol dem Chlôster zwier in dem iar ze sant Gorgen misse vnd ze
sant Michels misse, swa ich stirbe inner landes, daz mich die Sam-
nung da nemen schol mit aigner choste vnd mit ir fûr vnd schullen
mich bringen ze dem chloster vnd da bestatten mit der andacht vnd
mit den triwen, als ich in getrowe lemtiger vnd tôter. Vnd daz disez
vnser gescheft stet sei vnd vnzebrochen beleib von allen levten, dar
vber geb wir disen brief der Samnunge versigelten mit minem *albrek-
tes* insigel vnd mit mines sunes *Eberhartes* insigel ze einem ewigen
vrchund diser Sache, vnd setzen vch vnd benennen alhie di namen
der geziuge, mit der wizzen iz geschehen ist, Daz ist her *Ott der
Cherbech*, her *Greif* hern *Otten* sun *am marcht*, her *Chunrat der
hûbmaister*, her *Ott* hern *Oten* sun, her *Vlreich bei den prûdern*.
Der *Zehent von Prûl*, Der *Eberhart von Alekt*. Der *Chunrat von
Praitenveld* vnd anderr frumer leut genuch. Diser brief ist geschri-
ben vnd gegeben, da von Christes geburd waren Tousent Iar, drey
hundert iar, in dem fumften iar, an sant Jacobs tag.

Original auf Pergament, dessen zwei Siegel fehlen.

## XXII.

**1306, 13. Jänner, Wien.** — *Ulrich von Michelstetten und Agnes seine Haus-
frau verkaufen Herrn Otten von Zelking, auf Schala und seiner Hausfrau
Elisabeth drei Lehen und eine Hofstatt zu Maustränk.*

Ich *Vlrich von Michilsteten* vnd ich *Agnes* sein havsvrowe, Wir
verichen vnd tvn chvnt allen den, die diesen prief lesent oder horent
lesen, di nv lebent vnd hernah chvnftich sint. Daz wir mit vnser
erben gvten willen vnd gvnst mit verdahtem mvte, Vnd mit gesam-
ter hant zv der zeit, do wir iz wol getvn mohten, verchovft haben
vnsers rechten vreien aigens Drev Lehen, vnd ain Hofstat, die da ligent
ze *Mavstrench*, vnd die da dient alle Iar an sand Jorgen tage Zwai
phvnt phenninge Vnd an Sand Michelstage zwai phvnt phenninge
Wienner mûntz; Die vorgenanten Drew Lehen vnd die Hofstat
haben wir geben mit allem dem nvtz vnd reht, als wir sie in aigens
gewer her praht haben, Vmb fivnf vnd vierzich phvnt Wienner
phenninge, der wir reht vnd redlichen gewert sein, dem erbarn Herren
hern *Otten von Zelkingen ze Schala* gesezzen zv den zeiten Vnd
seiner havsvrowen vron *Elzbeten* ledichlichen vnd vreilichen ze
haben, vnd allen irn frumen da mit ze schaffen, verchavffen, versezzen

vnd geben in swelhes Chloster si wellen an allen irresal. Vnd sein avch wir, ich *Vlrich von Michilsteten.* vnd ich *Agnes* sein havsvrowe der vorgenanten Drew Lehen vnd der Hofstete da ze *Mavstrench* hern *Otten von Schala* vnd seiner havsvrowen vron *Elzbeten*, oder in swelhes Chloster sev sie gebent, rechter gewer vnd scherm fvr alle ansprache, als aigens reht ist vnd des landes reht ze *Osterreiche.* Vnd dar vber dvrch pezzer Sicherhait, so haben wir mit gesamter hant gesatz vnsers rehten aigens vier phvnt wienner pheninge geltes auf vnserm Maierhowe, der da leit da ze *Wetzzelstorf* dem vorgenanten hern *Otten von Schala* vnd seiner havsvrowe vron *Elzbeten*, oder avf swelhes Chloster sie die vorgesprochen Drew Lehen vnd die Hoffstat gebent, vnverschaidenlichen zv samt vns vber die selben Drew lehen vnd vber die Hofstat da ze *Mavstrench* ze rechten scherme fvr alle ansprache, als aigens reht ist vnd des landes reht ze *Osterreiche.* Vnd geben in dar vber disen prief ze ainem sihtigen vrchunde Vnd ze ainem offen gezevge Vnd ze ainer ewigen vestnvnge dieser sache versigilten mit vnserm Insigil, vnd sint avch des gezevg: her *Stephan von Meyssawe.* her *Wickart von Pavmgarten.* her *Chadolt* sein prvder. her *Hainrich von Liehtenstain.* her *Alolt* vnd her *Stephan* die prveder von *Hawenvelde. Christan* hern *Otten* aidem von *Schala* vnd ander frvme levte genvch. Diser prief ist geben ze *Wienne*, do von Christes geburt waren erganngen Tavsent Iar, Drev Hvndert Iar, in dem Sechsten Iare dar nah; an dem achten tage nah dem Perhtage.

Original auf Pergament, dessen Siegel fehlt.

## XXIII.

**1306, 2. Februar, Wien.** — *Otto von Zelking, Stadthauptmann zu Bruck an der Leitha und Elsbeth seine Hausfrau, stiften sich in der Abtei Heiligenkreuz einen Jahrtag, wozu sie drei Lehen und eine Hofstatt zu Maustränk widmen.*

Ich *Otte von Zelkingen* zu den zeiten *Havptman ze Prukke*, vnd ich *Elzbet* sein havsvrowe wir verieben vnd tvn chvnt allen den, di disen prief lesent oder horent lesen, di nv lebent vnd hernah chunftich sint, Daz wir vnsers rehten gechavften Aigens Drev Lehen vnd ain Hofstat, die da ligent da ze *Mavstrenck*, die da dient alle Iar an sant Jorgen tage ainen phenning vnd zwai phunt Wienner phenninge Vnd an sand Michels tage zwai phvnt wienner phenninge, vnd die

wir gechavft haben wider den erbaern man *Vlrichen von Michilstetten*
vnd wider sein havsfrowen vron *Agnesen* vmb fivnf vnd vierzich
phvnt wienner phenninge, der wir sie reht vnd redlichen gewert
haben; Vnd da sie vns ze rehter ebentevre vnd ze Scherme vber
gesatz habent irs rehten aigens vier phvnt wienner phenninge geltes
Vnd einen phenning geltes avf ir Maierhove, der da leit ze *Wetzzels-
torf* vnverschaidenlichen zu samt In. Die vorgenanten Drev Lehen.
vnd die Hofstat da ze *Mavstrench* haben wir mit gvtem willen vnd
mit gesamter hant zv der zeit, do wir iz wol getvn mochten, geben
mit allem dem nvtz vnd reht, als sie der vorgenant *Vlrich von Michil-
steten* vnd sein havsvrowe vro *Agnes* vnd avch wir In Aigens gewer
her prabt haben, lavterlichen dvrh Got vnd dvrh vnser Vodern
sele willen, vnd avch dvrh vnser selber sele hayl dem erbaern manne
Apt *Jorgen* vnd der Samnvnge zv dem *Hailigen Chrevtzze* also, daz
sie da mit fvrbas allen irn frvmen schaffen, verchavffen, versetzzen
vnd geben, swem sie wellen an allen irresal, Vnd daz sie vnd alle ir
nahchomen vnser vodern sele vnd vnser sele ewichlichen da von
gedenken, Vnd dar vber durch pezzer Sicherhait so haben wir mit
des vorgesprochen *Vlriches von Michilsteten* vnd seiner havsfrowen
vron *Agnesen* gvtem willen vnd gvnst, vnd avch mit ir handen die
vorgenanten vier phvnt geltes vnd den ainen phenning geltes avf ir
hove da ze *Wetzzelstorf*, die sie vns vber die drev Lehen vnd
vber die Hofstat da ze *Mavstrench* ze ebentevre vnd ze scherme
gesatz habent, vnverschaidenlichen zv samt in gesatz dem vor-
gesprochen Apt *Jorgen* vnd der Samnvnge gemaine zv dem *Hai-
ligen Chrevtzze* vnverschaidenlichen zv samt vns vnd dem vor-
genanten *Vlrichen von Michelsteten*, vnd seiner havsvrowen vron
*Agnesen* vber die vorgesprochen Drev Lehen vnd vber die Hofstat
da ze *Mavstrench* ze rechten scherme fvr alle ansprache, als
aigens reht ist vnd des landes reht ze *Osterreiche*, Und geben
in dar vber disen prief ze ainem sichtigen vrohunde, Vnd ze ainem
offen gezevge, vnd ze ainer ewigen vestnunge diser sache ver-
sigilten mit vnserm Insigil Vnd sint avch des gezevg her *Stephan
von Mayssawe*. her *Wichart von Pavmgarten*. her *Chadolt* sein
prvder. her *Greiffe von Wienne*. her *Otte* hern *Haymen* prvder. her
*Chvnrat der Hvbmaister*. her *Vlrich bei den Minnern prvdern*, Vnd
ander frvme levte genuch, den dise sache wol chvnt ist. Diser prief
ist geben ze *Wienne*, do von Christes gebvrt waren ergangen Drevzehen

**Hvndert Iar. In dem Sechsten Iare darnah, an vnser vrowen tage der Liehtmesse.**

Original auf Pergament mit Siegel.

## XXIV.

**1306, 6. December, Landshut.** — *Stephan, Pfalzgraf bei Rhein und Herzog von Baiern, befiehlt seinen Mautheinnehmern zu Burghausen und Schärding die Abtei Heiligenkreuz in der von seinem Vorfahren ihr verliehenen Mauthfreiheit für ein bestimmtes Quantum Salz nicht zu beirren.*

*Stephanus* dei gracia Palatinus Comes *Reni* Dux *Bawarie* Mutariis suis in *Purchhavsen* et *Schaerding* graciam suam et omne bonum. Pio fauentes effectu peticionibus venerabilium abbatis et Conuentus *sancte Crucis* in *austria* Ordinis Cysterciensis *Patauiensis* Dyocesis eisdem indulsimus de nostre liberalitatis gracia speciali et specialiter ob karissimi patris nostri diue memorie ac aliorum progenitorum nostrorum remedium et salutem, quod duo talenta salis maioris ligaminis, quam graciam a fratre nostro karissimo sunt iam pridem assecuti, singulis annis semel eis transire debeant sine muta. Volumus igitur et firmiter ac districte mandamus, quatenus huiusmodi graciam prefatis, abbati et Conventui ac monasterio suo tam per nos, quam per predictum patrem nostrum olim factam eisdem debeatis absque omni exactione thelonei, siue mute, sev quolibet alio detrimento inuiolabiliter et perpetuo conseruare. Ipsi etiam prelibati abbas et Conuentus nobis promiserunt firmiter et sincere, quod in reconpensam talis gracie sibi facte anniuersarium predicti patris nostri diue recordacionis, cum nostra et progenitorum nostrorum commemoracione speciali deuote annis singulis celebrabunt. In quorum omnium euidens testimonium atque robur presens Instrumentum eis dedimus nostri maioris sigilli robore communitum. Datum apud Lantshutam anno domini Millesimo CCC°. sexto. In die beati Nycolai Fpiscopi.

Original-Urkunde mit etwas beschädigtem Siegel.

## XXV.

**1307, 14. Mai, Wien.** — *Frau Irmgard, Herrn Konrad des Bürgermeisters von Wien Witwe, stiftet für diesen und sich selbst einen Jahrtag in der Abtei Heiligenkreuz.*

Ich *Irmgart* des *Cvenrats* housvrowe, der weilen purgermaister was ze *wienn* in der Stat, vnd *Hicz der Polle* vergih an diesem brief vnd tven chunt allen laeuten, de in sehent, lesent oder hörent lesen, daz ich mit wol verdahtem mv̊et vnd mit gv̊etleichem willen, dv ich iz wol getv̊en moht an alle wider red aller laeut, vnd svnderleich meiner chinde vnd meiner vreunt, swer si sint, oder swie si genant sint, nah der ebenung, di ich mit meinen chinden getan han; dev wol chunt ist frumen laeuten vnd purgern von der Stat, der prief vnd insigel ich dar vber han, ledichleich vnd vreileich geschaft vnd gegeben han dem Abt *Gorgen* vnd der Samnung des *Hailigen chraeuzes*, ein phunt geltes ze *wienn* vor der Stat ovf einem acher pei dem *Renneweg* also beschaidenleich, Daz si da von durch der trewen vnd ovch der andaht willen, die ich vnd mein wiert, der vor genant her *Chv̊enrat*, zv in vnd zv̊e ierem Gotes hovs gehabt haben vnd immer haben, leintig vnd tôt alle iar begen vnser baiden Jartach ze ier Capitel vnd in ier chirchen mit messen vnd mit vigilen nah iers ôrdens gewonhait. Vnd so man meinen iartach beget, so schol ouch meins wiertes vnd aller meiner vordern vnd aller vnser erben gedaht werden, vnd daz schol ovch sein, swenn sein iartach begangen wiert. Ouch ist vns gelubt, daz wier von in vnd mit in schuln tail haben an allem dem gotes dienst, daz si got erbietend, an aller geistlicher arbait, swie dev genant ist vnd swie si begangen wiert pei tag vnd pei naht; vnd svnderleih an den dreizzich messen, di si iaerleich phlegent ze sprechen von des hailigen chraeutzes tach vntz hintz aller hailigen messe vmb alle die, di in dehaim gv̊et getan habent mit worten oder mit werchen. Vnd darumb daz wier des alles tail haben, so gib ich in daz vor genant sel gerat willichleich vnd gern. Des selben gv̊etes ist Scherm der Abt von den *Schotten*, dem dient man da von Jaerleich einen phenning, Da gehört auch von anlait vnd ableit. Swer chouft ein viertail, der geit sechs phenning; Der iz verchouffet, der gait drei phenning. Man dient iz auch zwier in dem Iar, Ze Sand Gorgen messe vnd ze sand Michels messe. Vnd daz disez geschaeft stet beleib vnd vnverwandelt, dar vber geb ich in, daz ist den vorgenannten Herren, disen prief ze einem ewigen v̊rchunde, versigelten mit meinem insigel. Diser prief ist ouch geschrieben vnd gegeben, do nah christes gebv̊erd ergangen warn Tousent Iar, Drev hundert Iar vnd darnah in dem Sibenten Iar ze phingesten.

Original auf Pergament mit Siegel.

# XXVI.

**1308. 23. Mai.** — *Hartneid von Schweinbart stiftet sich in der Abtei Heiligen kreuz seinen Jahrtag und Begräbniss, wozu er fünf Pfund Pfennige Gülten zu Erdbrust widmet.*

Ich *Ortneit von Sweinwart* in *Österreich* enthalb der *tvenowe,* Hern *Wernhartes* sun von *Sweinwart,* vergich an diesem brief vnd tven chunt allen laeuten, di in sehent, lesent oder hörent lesen, daz ich mit gvetem willen, wol verdahtem mv̆et vnd mit verhandnusse meiner zwaier prv̆der *Ernestes* vnd *Wernhardes* vnd aller meiner vreunt gvetleichem willen, swer si sint, oder swie si genant sint, Di nv leben oder hernah chumftich sein, ze den zeiten, dv ich niht hovs-vrowen noh dehainen erben het vnd iz ledichleich vnd vreileih wol getven moht, on alle wider red aller laeut, gegeben vnd geschaffet han fvnf phunt gaeltes meines vreien aigens, daz ich vnversprochen-leich in gewalt vnd in gewer her pracht han vntz auf disen tach, der Samnung vnd dem Chloster ze dem *Hailigen Chraeutz* nah meinem tode also doch mit solher beschaidenheit, swenn got vber mich ge-bevtet vnd dev sel den leip gerowmet, swa daz geschieht inner landes in vier rasten, daz mich da di brv̆eder mit ier fv̆er nemen vnd mich bringen zv̆e ier chloster, vnd mich bestatten nah erleicher gewonhait, vnd mich louchen in ier trewe vnd in alle die gvetat, di si got erbietend frve vnd spat, an messen, an vigilien, an wachen vnd an vasten vnd an aller gaistleicher arbait. Ouch schol der Abt vnd der chaelner des saelben Chlosters des tages, swen ich bestattet wierd, vnd dar nah iaerleih an meinem iartach von dem vorgenanten gv̆et der fvmf phunt di Samnung trôsten, einen isleichen brveder mit drin stukchen gveter vische vnd mit gvetem wein vnd mit semleinem broet, vnd swen des niht geschaeh, iz ierr dann rehtev êhaft nôt, so schuln sich mein naehst erben wider ziehen zv̆e dem gvet. Daz saelbe gvet, daz dem Chloster ich gegeben han, da man mein geschaeft mit volenden schol, daz leit daz pei *erdprvst* ouf einer Mvl, vnd schol man iz iaerleih nah meinem tôde dem chloster dienen an sand Gorgen tach. Vnd daz disez geschaeft staet beleib nah meinem tode, dar vber gib ich der vorgenant *Ortnaid* der vorgenanten Samnung disen prief versigelten mit meinem insigel zeinem ewigen v̆rchunde diser

sache, Dv nah christes gepverd ergangen warn Tovsent Iar, Drev
hundert Iar, vnd da nah in dem achten Iar, an dem oufvart tage.

Original auf Pergament mit Siegel.

## XXVII.

**1308, 7. November.** — *Alber von Baden verzichtet zu Gunsten der Abtei
Heiligenkreuz auf seine Ansprüche an einen Grundholden und das von
diesem besessene Lehen.*

Ich *Alber von Paden* tuen ze wizzen an disem prief allen laeuten,
di in sehent, lesent oder horent lesen, di nv lebent oder hernach
chunftich sint, daz ein chrieg gewesen ist zwischen mir vnd dem
apt vnd der samnung dacz dem *heiligen Chraeutz* umb einen holden,
der do haizzet der *Waetsch von Paden,* vmb daz guet do er auf sizzet,
dez ein halb phunt gelts ist; den in mit sampt dem guet mein ân ge-
geben het ze den zeiten, do si iz wol getvn moht. Daz ward als
vergetaidinget vor meinem hern, dem herczogen *Fridreich,* daz wir
vns sein paidenthalben sazten an ersam laevt ; daz waren meinet-
halben mein Sweher her, *Weigant der eisenbaeutel* vnd ber *Vlreich
vor den minnern pruedern ze wienn,* vnd des aptes vnd der Sam-
nvnge halb her *Chalhoch von Eberstorf,* der ze den zeiten Chamerer
was ze Osterreich, vnd her *Chvnrat von Praitenvaelde.* Di beschiden
iz also, daz dem apt vnd der samnung der vorgenant holde vnd daz
guet beleiben scholl mit aller rue vnd ich mich angenomen han
scherm fur alle ansprach, vnd doch gerleich für *mazzen,* meine pasen,
vnd fur ander mein freund nah des Landes reht. Vnd darumb ze
einem warzeichen stenes vnd vrides vnd diser ebenung, vnd ouch
vmb daz widermŧet, daz mir widervarn was von des *waetschen*
prueder, daz ouch daz ein ende hab, so han ich von dem apt vnd der
samnunge emphangen zehen phunt phenning. Vnd daz dise red
vnd dises gescheft stet beleib vnd vnuerwandelt, dar vber gieb ich
*Alber von Paden* disen prief ze einem sichtigen vrchunde diser sache,
versigelten mit meinem Insigel, vnd benenne daran di gezevge, di
dabei gewesen sint vnd mit der wizzen iz geschehen ist. Das sint die
vorgenanten vier schiedmann. her *Albrecht der vorstmaister,* der
ersam Ritter der *hvtter,* her *Chvnrat der huebmaister* vnd sein svn
der *Chvnrat,* her *Greiffe avf der Steten* vnd sein svn her *Greiff von
als,* her *Johanns der mvnzmaister,* her *ulrich der weinel,* her
*heinrich* des vorsprechen svn vnd ander levt ein michel teil.

Diser brief ist geschriben vnd gegeben, do nach Christes gepurt ergangen waren tousent iar, dreuhundert iar vnd dar nah in dem ahtadem iar, vor sant Merteins tag vier tag.

Original auf Pergament mit Siegel.

## XXVIII.

**1309, 25. August.** — *Frau Offmei von Wildeck, Herrn Wolfkers von Eibanstal Witwe, stiftet für diesen und für sich selbst einen Jahrtag in der Abtei Heiligenkreuz.*

Ich *Offmei von Wildek* vergich und tuen chunt allen den, di disen Prief sehent oder hôrent lesen, Di nv lewent vnd her nach chunftich sint, Daz ich dev vorgenant *Offmei* mit verdachtem muet vnd mit guetleichem willen meines rehten aigens han gegewen hintz *Engelschalchstorf* auf den hof der Ilerren von dem *hailigen Chrutze* und ouf di chapellen fumf und zwaintzech phenninge gelt. der hofstat, da *Livpolt der Reisner* ouf gesezzen ist, Daz man alle iar meines wirtes sel Hern *Wolfkeres von Eibeinstal* gedench an sinem iartag und ouch mein. Vnd daz daz stette vnd vnzeprochen beleibe, So ist der prief versigelt mit Hern *marchartes* insigel von *Mistelbah* vnd mit Hern *Hermanes von Eibenstal.* Vnd sint des gezevg. *Fridreich der Vitzlinger, Hainreich der Ramsower, Eberhart der Veltschurf* vnd ander piderwer leut. Der prief ist gegeben nach Christes gewurt tausent iar, DRev Hundert iar, in dem neunten iar, Des montages nach bertelmes tag.

Original auf Pergament mit zwei Siegeln.

## XXIX.

**1310, 2. Februar, Wien.** — *Rapot von Urfar und Chunigunde seine Hausfrau verkaufen der Abtei Heiligenkreuz ein halb Pfund Pfennige Gülte zu Ulrichskirchen.*

Ich *Rapot von Vrvar* und ich *Chvnigvnt* sein havsvrowe wir veriehen vnd tvn chvnt allen den, di disen prief lesent oder horent lesen, die nv lebent vnd hernah chvnftlich sint, Daz wir mit vnser erben gvtem willen vnd gvnst, mit verdahtem mvte vnd mit gesamter hant zv der zeit, do wir iz wol getvn mohten, verchavft haben vnsers rechten pvrchrehtes, des wir haben gehapt von vnsern herren Apt *Johanne* vnd der Samnunge gemaine von dem *Hailigen Chrevtze*, ain halp phunt wienner phenninge geltes pvrchrehtes, daz da leit avf ainem halben lehen da ze *Vlricheschirchen* ze velde vnd ze do f. Daz selbe halp phvnt geltes pvrchrehtes haben wir mit allem dem nvz vnd reht, als wir iz in pvrchrehtes gewer her pracht haben, vmb zehen phvnt wienner phenninge geben, der wir reht vnd redlichen gewert sein, dem vorgenanten Apt *Johanne* vnd der Samnvnge gemaine von dem *Hailigen Chrevzze* ledichlichen vnd vreilichen ze haben vnd allen irn frvmen da mit ze schaffen, verchauffen, versetzzen vnd geben, swem sie wellen an allen irresal. Vnd geben In dar vber disen prief zv ainem sihtigen vrchvnde vnd ze ainem offen gezevge Vnd zv ainer ewigen vestnvnge diser sache versigilten mit vnserm Insigil. Diser prief ist geben ze *Wienne*, do von Christes gebvrt waren ergangen Tavsent Jar, drev Hvndert Jar, in dem Zehenten Iar dar nah, an vnser Vrowen tage der Liehtmesse.

Original auf Pergament mit einem Siegel.

## XXX.

**1310, 24. Juni.** — *Heinrich von Ror, seine Hausfrau und Töchter verzichten zu Gunsten der Abtei Heiligenkreuz auf ihre Ansprüche auf einen Hof zu Baden.*

Ich *hainrich vom Ror* vnd *Geisel* min housvrowe vnd min töhter *Margret*, *Chunigunt*, *Ofmei* vnd *Eufemia* wir veriehen vnd tün chunt an disem brief allen den, di in lesent oder hörent lesen, di nu lebent vnd hernah chunftich sint, daz ein chriech ist gewesen zwischen apt *Johan* vnd der Samnunge von dem *heiligen Chreutz* ainhalb vnd min vnd miner housvrowen vnd miner chinder der vorgenanten anderhalb vmb einen hof, derweilen ist gewesen vron *Diemüten* der erwern altvrowen von *paden*; den selben chriech lazz wir gentzlich, daz wir vurbaz nimmermer dehain ansprach v̂f den selben hof haben schullen. Dar vmb so hab wir von apt *Johan* vnd von der vorgenanten Samnung aht phunt phening wienner munzz enphangen, vnd sein der selben phening reht vnd redlich gewert. Vnd daz di geschiht stet vnd vnzebrochen beleib, wan wir selben niht insigel haben, so geb wir der vorgenanten Samnung disen brief versigelten mit der erwern heren insigel, hern *Otten des Tursen von*

*Rouheekke* vnd hern *Vlriches von Pergawe*, den di sache wol chunt
ist. Des sint geziug *herman der Stor*, *Leupolt der wetsch*, *Philipp*
sin bruder, *Chunrat der wurtz*, *Wernhart vor dem munich hof*,
*Dietrich der Pienk*, *Leupolt der smit*, vnd ander vrumer leut genuch.
Ditz ist geschehen, do von Christes geburd waren Tousent iar, drev
Hundert iar an dem zehenten Iar, an sant Johans tag ze sunewenden.

Original auf Pergament mit einem Siegel, das zweite fehlt.

## XXXI.

**1310, 25. Juli, Baden.** — *Ulrich der Maze von Ror überlässt der Abtei Hei-
ligenkreuz einen Weingarten und Acker bei Baden zwischen Pfaffstätten
und der Rormühl.*

Ich *Vlrich* der *Matz* vom *Ror*, vnt ich *Agnes* sin hovsfrowe, vnd
ich *Chvnrat* ir svn, vnt ich *Margaret* ir tohter wir věriehen vnt tvn
chvnt allen den, di disen brief sehent lesen oder horent lesen, di nv
lebent vnt her noch chvnftikh sint, Daz wir mit verdahten mv̑t vnt
mit gv̑tlichen willen vnt mit aller vnser erben gv̑tlichen willen haben
geben hintz dem *Heiligem Chrevtze* vnt gewidemt ewichlichen vnsers
rehten aigens, einen Weingarten vnt einen acker, die da haizzent
bi namen *Gebrait*, vnt ligent an dem velde zwishen *pfafstetten* vnd
des *Rors* Mvl, Mit allem dem reht, vnt wirz gehabt haben, vnt allen
iren frvmen damit zeshaffen. Vnt habent si vns dar vmbe gegeben
sehs pfvnd pfenning wienner mvnz, der wir reht vnt redlich gewert
sin. Daz di rede stet si vnt daz gelvbde vnzebrochen, Dar vber so
gib ich vorgenanter *Vlrich* der *Matz* den herren vnt der Samnvnge
vom *Heiligen Chrevtze* disen brief ze einem vrchvnde vnt ze einem
gezevkh vnt ze einer Festvnge diser sache versigelt mit minem
insigel vnt mit herrn *Otten* insigel des *Tvrsen*, der diser sache
gezevkh ist. Des sint ovch gezevge, her *Wolfker vom Ror*, her
*Otte* sin brvder, her *Dietmar* ir brv̑der, Herr *Alber von Paden*,
*Hainrich der Riedmarcher*, *Marchart* sin brv̑der, *Ortolf vom Ror*,
*Hainrich* der Pater von *Lestorf*, vnt ander frvm Levte genv̑kh, den
dise sache wol chvnt ist. Der brief ist geben datz *Paden*, do von
Christes gebvrt waren ergangen Tovsent iar, Drev hundert iar, dar
noch im zehenten iar, An sant Jacobs tagkh, im Snit.

Original auf Pergament mit einem Siegel, das zweite fehlt.

## XXXII.

*1311, 25. Jänner. — Alber, genannt von dem Stein zu Baden, verkauft mit Zustimmung seiner Familie der Abtei Heiligenkreuz ein Haus und einen Hof in Baden, gelegen nächst dem Mönchhof.*

. Ich *Alber* genant von dem *Stain* datz *Paden* vnd mein Hovsvrowe *Elspet* veriehen an disem prief vnd tŭen chunt allen laeuten, di in sehent, lesent oder horent lesen, di nu lebent oder hernah chumftich sint, daz wir mit gvetleichem willen vnd wol verdahtem mŭet vnd mit gesamter hant vnd mit gŭeter gunst aller vnserr nahsten vreunt, di wir hie benennen, Daz ist vro *Diemŭet* mein *Albers* mŭeter vnd *Dietreich* mein vnd meiner housvrowen der vorgenanten *Elspeten* svn vnd *Chunegunden* vnser baider töchter vnd *Elspeten* vnd mein *Albers* swester *Gerdrouten* vnd *Diembeten* vnd alle anderr vnserr vreunt reht vnd redleich verchouffet haben vnser hous vnd Hof datz *Baden,* der da gelegen ist bei dem *Mvnickhof* datz *Paden,* Der Samnung von dem *Hailigen Chraeutz*: mit allev dev vnd darzŭe gehört, mit allem dem nutz vnd reht vnd wier in herpracht haben in rehter aigens gewer vntz ouf dis Zeit, vnd ze den zeiten, dv wier iz wol getven mochten, ze ver chouffen, ze ver setzen vnd allen iern nutz vnd frumen da mit ze schaffen an ierrsal aller laeut vmb viertzich phunt wienner phenning. Vnd sein ouch der vollichleich vnd schön gewert. Wand auer dev vorgenant Samnung sorgen het vnd wider saz, daz mein *Albers* swester *Diemöt* ze den zeiten inner landes niht was, noh bei disem chouff gegenwertich moht gesein, dar vmb nach frumer laeut rat, den diser chouf chunt ist, setze wier vnsern Weingarten, der da haizzet der *Hager,* der da halber ist meiner mveter der vor genanten *Diembeten* vntz an ier töt, vnd fvrbaz gaentzleich ouf mich erbet, der da lait ze *paden,* vor di ansprach meiner swester vnd vor alle ansprach nah des landes reht ze *Ostereich.* Vnd daz diser chovf staet beleib vnd vnverwandelt, dar vber geb wier disen prief ze einem offenn vrchunde versigelten mit hern *Otten* insigel des *Tversen von Rouhenekk* vnd hern *Dietmars* insigel von dem *Ror* vnd hern *Heinrichs* insigel von *Paden,* di des selben chouffes gezeug vnd vrchund sind vnd mit mein saelbes insigel, vnd mit den gezeugen, die hie benant sint. Her *Vlreich der Matz,* Her *Wolfger von dem Ror* vnd her *Ott* sein Brŭeder, Her *Haidenreich von Taehenstain,* Her *Alber von Paden, Herman der Star* vnd ander frume laeut genûch. Der chouff ist geschehen vnd der prief gegeben, dv von christes gebŷerd ergangen waren Tovsent Iar, Drevhundert Iar, vnd da nah in dem ainleften Iar, an sand Pauls tag vor der Lichtmesse.

Original auf Pergament mit zwei Siegeln, zwei andere fehlen.

.

## XXXIII.

**1311, (23.—29.) Mai.** — *Frau Mathilde, Herrn Leupolt's von Schnepfenstein Witwe, stiftet sich in der Abtei Heiligenkreuz Begräbniss und Jahrtag, und widmet hierzu nach ihrem Tode zwei Pfund Pfennige Gülten zu Baden auf der Neustift.*

Ich vrô *Maehthild*, Hern *Leupoltes* witib von *Snephenstain* dem got genade, gesessen datz *Sparberpach*, tuen chunt allen laeuten, die disen prief sehent, lesent oder horent lesen, die nu lebent oder hernach chunftich sint, daz ich mit gûetem willen meiner tôhter *Gerdrouten* vnd *Diemûeten* mit wol verdahtem muet, mit rat vnd mit verhanchnusse aller meiner vreunt, ze der zeit, dv ich iz wol gethuen moht, zwai phunt geltes, dev mich anerstorben waren reht vnd redleich von meiner mueter vroen *Diemûeten* datz *Paden*, der got genade, gegeben han durh got vnd meiner sel vnd meines lieben wiertes sel, hern *Leupoltes*, vnd Meiner Mueter vrôn *Diemûeten* vnd aller meiner vodern sel willen dem chloster vnd der sampnunge ze den *hailigen Chraeutz*. Vnd leit derselb gaelt an der *neun stift ze Paden* vnd dienent in die laeut, di alhie benant sint. Des ersten *Hermann der Pader* von einem hove vnd von einem weingarten hinter dem hous vierthhalben schillinch vnd ainen phennich. *Witig der Zimbermann* von anderhalben hov von dem ganczem hov vierthhalben schillinch von dem halben drev vnd fvmftzich phenninge. *Samson* von einem halben hov drei vnd fumftzich phenninge. *Levpolt an dem Ort* von seinem hov vierthalben schillinch vnd ainen phennich. *Maehthilt Ruedolfes* witib sehtzich phenninge. Nah purchrehtes gewonlaichem reht dient man disen gelt zwier in dem iar ze sant Michels Messe vnd ze sant Gorgen Messe. Disen gelt ovch als er mich anerstorben ist, vnd ovf mich allein erbet, als in mein mueter vnd ovch ich her praht haben in rehter aigens gewer, Also gib ich in dem vorgenanten chloster vnd der samnung ze stiften vnd ze stören, ze besitzen, ze verchovffen vnd ze versetzen, vnd allen iren frvmen da mit ze chaffen, vnd doch mit solcher heschaidenhait, daz die vorgenanten herren mier dev zwei phunt dienen schvllen ze mainen tagen, vnd swa ich

stierbe inner landes, da schullen si mich nemen mit ier fver, vnd ze
chloster nah ieren trewen vnd meinen ern bestatten vnd meinen iar-
tach begen von den zwaien phunden an sant Johans tach nah Östern,
so man pest mach. Vnd swen des niht geschaeh, iz ierr dann chaft
not, dev offen sei, so schullen sich mein nehsten erben wider zve
der gvlt ziehen, vncz iz wol gepezzert wird. Daz disev red stet vnd
vnzerbrochen beleib, dar vber gib ich dem chloster vnd den offtge-
nanten herren disen prief ze einem sihtigen vrchunde diser sache
versigelten mit des abtes Insigel von den *schotten,* vnd meines aidems
hern *Niclas* dez *Praeuzzels* Insigel vnd ouch ouch (sic) mein saelbes
Insigel, vnd benenne alhie di namen vrumer laeut, mit der wizzen dises
geschaeft geschehen ist. Daz ist Her *Chuenrat der Huebmaister* vnd
sein sun her *Chuenrat,* Her *Greiff* ier paider vetter vnd her *Vlreich von
den pruedern Albreht* vnd *Leutold* sein prueder, des alten vorst-
meister sûn, die paid prueder die *Spaen* von *Gaden, Wolfger* vnd
*Dietmar* vnd *Ott* von dem *Rôr,* her *Alber von Paden* vnd andere
vrum laeut genuech. Diser prief ist geschrieben vnd gegeben, dv nah
Christes gepurt ergangen warn tousent iar, Drevhundert iar vnd dar
nah in dem aynleftem iar, vor phingesten.

Original-Urkunde auf Pergament mit zwei Siegeln, das dritte fehlt.

## XXXIV.

**1311, 30. Mai, Wien.** — *Frau Mathilde, Herrn Leupold's von Schnepfenstein
Witwe, stiftet sich in der Abtei Heiligenkreuz Begräbniss und Jahrtag und
widmet hierzu nach seinem Tode zwei Pfund Pfennige Gülten zu Baden.*

Ich *Maehthilt* hern *Leupoltz* witib von *Snephenstain* dem got
genad, gesezzen ze *Sparberbach,* tvn chund allen den, die disen
prief lesent oder horent lesen, di nv lebent oder her nah chvnftich
sint, daz ich mit gueten willen miner tôhter *Gerdrvden,* vnd *Diemvten,*
mit wol verdahtem mvt, mit rat vnd mit verhanchnvsse aller miner frivnt
ze der zeit, do ich ez wol getvn mochte, zwai phvnt geltes, die mich
anerstorben waren reht vnd redlich von miner mueter *Diemvten*
datz *Paden,* der got genad, gegeben han durch got, vnd durch
meiner sel, vnd durch mines lieben wirthes, hern *Leupoltz* sel,
vnd durch meiner mveter vron *Diemvten,* vnd durch alle miner
vordern sel willen dem Chloster vnd der Samnvnge datz dem
*heiligen Chreutz,* vnd leit der selbe gelt ze *Paden* an der *Ney-
stift,* vnd dienent ez die Leut, die hie genant sint, des ersten: *alreich*

ain vnd vierdalben Schillinch phening, *Witig der Zimmerman* ain vnd
vierdalben Schilling phening, *Wolfel bei dem prvnne* ain vnd vierdalben
schilling phening, *Alber der Phoder* ain vnd vierdalben Schilling
phening, *Ruedolfin an dem Ort* sechzich phening. Nah Purchrehtes
reht dient man ez zwir in dem Iar ze sant Michels misse vnd ze sant
Jergen misse. Disen gelt, als er mich an erstorben ist vnd vf mich
allein erbet, als in mein Mueter vnd ouch ich her bracht haben in
rechter aigens gewer, also gib ich in den vorgenanten Chloster vnd
der Samnvnge ze stiften vnd ze stören, ze besitzen, ze verchoufen
vnd ze versetzen, vnd allen irn frvm da mit ze schaffen, vnd svnder-
lich datz nieman chain vogtey dar vf haben sol, dem, dem si ez enphel-
hent nah ir alter gewonhait, vnd als si habent an irn Hantvesten; vnd
doch mit solher beschaidenhait, daz die vorgenanten heren mir die
zwai phvnt dienen schullen ze mein ains tagen, vnd swo ich sturb
inner Landez, da sullen si mich nemen mit ir fuer, vnd ze Chloster
nah irn trewen vnd minen eren bestaten, vnd minen Iartag begen von
den zwain phvnden an sand Johans tag nah Ostern, so man best mag.
Daz diese red stet vnd vnzebrochen beleib, dar vmb gib ich dem vor-
genanten Chloster disen prief versigelt mit minem Insigel, vnd mit
hern *Weichartz* Insigel von *Topel*, ze den zeiten *Lantrichter in
Österich*, vnd mit hern *Friderichs* Insigel dez *Raedler*, vnd mit
*Vlrichs* Insigel des *Pollen* mines prueder dez ouch sint gezevg, her *Ott
der Tuerz von Rauchenek*, her *Leutolt* dez alten vorstmaister svn
von *aleit*, her *Ott der Grauenwerder* vnd her *Ott dez Topler* schrei-
ber vnd andre frvmer Leut genvech, den dise sach wol chvnt vnd ge-
wissen ist. Diser prief ist geben ze *wienne*, do man zalt von Christes
geburt Drevtzehenhvndert Iar in dem ainleften Iar, ze Phingsten.

Original auf Pergament mit drei Siegeln, ein viertes fehlt.

## XXXV.

**1311, 6. Juni.** — *Das Domcapitel von Raab beurkundet den Verkauf des
Gutes Pechlend von Seite eines gewissen Stephan an den Pfarrer Georg
von Eisenstadt.*

Capitulum *Jaurinensis* ecclesie vniuersis christi fidelibus pre-
sentes litteras inspecturis salutem in domino sempiternam. Ad vniuer-
sorum noticiam harum serie uolumus peruenire, quod *Stephanus* filius
*Pauli* de generacione *Rapolth* comitatus *Musuniensis* pro se et pro
domina *Elysabeth*, consorte *Nykkyl* filii *Pauli*, ab una parte, *Gregorius*

plebanus de *Saprunio* sotius et caucanonicus noster similiter pro se et pro *Johanne* ac *Endre* fratribus suis, filiis videlicet *Benedicti* de eadem cognatione *Rapolth*, ex altera ad nostram presentiam accesserunt, et prefatus *Stephanus* portionem suam totam, quam habuit in possessione *Pechlend* vocata cum omnibus utilitatibus et pertinenciis portionis eiusdem nullam particulam sibi in eadem reseruando simul cum quarta predicte domine *Elysabeth* sororis sue, quam ipsa domina iure naturali percipere debebat in eadem portione, dedit, vendidit et tradidit prefatis *Gregorio* plebano ac *Johanni* et *Endree* fratribus eiusdem, cognatis et proximis suis, pro viginti marcis denariorum per heredes heredumque eorum successores perpetuo, pacifice et quiete possidendam. Quamquidem pecuniam dictus *Stephanus* tam pro se, quam pro prefata domina sorore sua plenarie confessus est recepisse ab eisdem. Hoc assumpto et specialiter declarato, quod, si supra dicta domina *Elysabeth* soror sua ratione quarte sue, quam habuit in dicta portione, in postorum mouere questionem intenderet, sepedictus *Stephanus* eosdem *Gregorium* plebanum et fratres suos ac heredes eorum tenebitur expedire propriis laboribus et expensis, cum eidem domine sorori sue se pro quarta sua satisfecisse dixerit in pecunia prenotata. In cuius rei memoriam et perpetuam firmitatem presentes concessimus litteras nostro sigillo roboratas. Datum in octauis pentecostes anno domini M⁰. CCC⁰ decimo primo. Magistris *Ladizlao* preposito, *Andrea* lectore et *Stephano* Custode ecclesie nostre existentibus.

Original auf Pergament mit Siegel.

## XXXVI.

**1311, 13. Juli. — *Konrad der Amtmann zu Haselach und Alhaid seine Hausfrau vermachen auf ihrer beider Todfall der Abtei Heiligenkreuz ihren Hof zu Haselbach.***

Ich *Chŏnrad* amman ze *Haselach* vnd ich *Alhait* sein Housvrowe wir veriehen vnd tun chunt allen den, di disen brief ansehent oder heorent lesen, di nu lebent vnd hernach chumftich sint, daz mit veraintem willen wir baidiv vnd mit gesampter hant mit vnser Erben willen, ze der zit, do wir ez wol getun mohten, den Hof ze *Haselach*, des ein halbes lehen ist, mit allen dem, daz darzv geheort ze dorffe vnd ze velde besueht vnd vnbesueht, der vnser reht Purchreht ist gewesen von dem Chloster ze dem *Heiligen Chrevtz*, daz selb

vnser purchrecht gegeben haben dem vorgenanten Chloster vnd den
Geistlichen Herren, dem Abt vnd der Samnunge ze dem *Heiligen*
*Chreutz* mit allen dem reht vnd wir daran gehabt haben ledichlich
vnd vreilich durch Gotes lob vnd durch hail vnser vnd vnserr vor-
dern sel, vnd also, daz der vorgenant hof von in vnser baider vnd
vnser ains, ob ains daz ander vberlebt, vnser leipgedinge sol sein ze
vnser baider tagen in allen dem rêht vnd wir in ê gehabt vnd verdient
haben. Vnd swanne wir baidiv niht ensein, so sol der vorgenant hof
mit allen dem, daz darzv̊ geheoret oder chumftichlich darzv chomen
mohte, mit arbait oder mit chouffe vnd swie der Hof mit reht von vns
gebezzert wvrde, das vorgenant Gotshous nach vnserem tode an
geuallen ledichlich vnd vreilich dem vorgenanten Chloster vnd den
Herren ze dem *Heiligen Chreutz* allen ir frum da mit ze schaffen,
als mit anderm ir vreyem aigen guet. Daz dise vnser gab von vns
stet vnd vnuerchert beleib, durch gehugenusse vnd ewige bestetigunge
diser sache, wan wir nicht aigen Insigel han, so geben wir dem oft
vorgenanten Chleoster dem abt vnd der Samnunge ze dem *Heiligen*
*Chreutz* disen brief ze vrchunde mit bestetigt des Erbern herren herrn
*Eberharts von walsse* Insigel. Der Brief ist gegeben an sand Mar-
gareten tag nach Gots geburt vber Drevzehn hundert iar, darnach
in dem ainleften Iar.

Original auf Pergament, das Siegel fehlt.


## XXXVII.

**1311, 28. August (?) Wien.** — *Ebran von Ernstbrunn und Margareth seine*
*Hausfrau verkaufen der Abtei Heiligenkreuz vier Lehen zu Thomassl.*

Ich *Ebran von Ernstprunne* vnd mein Hovsvrowe vrô *Margaret*
veriehen an disem brief allen den Laeuten, di in sehent, lesent oder
horent lesen, di nv lebent oder hernah chumftich sint, daz wir mit
gesamter hant vnd mit g‍v̊etem willen aller vnser erben, vnd mit zei-
tigen rat aller vnserr vreunt, ze der zeit, do wir iz wol get‍v̊en mohten,
an alle wider red vnd ierrsal aller laeut, swer si sint, oder swie si
genant sint, verchoufft haben in dem aigen daz dem *Tomaizleins* vier
lehen vnd allez daz daz dar zve gehort ze vaelde, ze holtze, vnd ze
dorfe mit allem dem nvtz vnd reht vnd wier iz herbraht haben vnd
swaz wier da gehabt haben, iz sei gestifte oder vngestifte, versuecht
oder vnversuecht, daz hab wir allez gegeben den Erbern vnd den

gaistleichen herren, dem Abt *Johan* vnd der samnunge datz dem *Hai-
ligen Chraeutz* vmb anderthalb hundert phunt wienner pheninge, vnd
vmb fvmf phunt der selben Munze meiner der vorgenanten Housvrowen
ze leitchouffe, vnd sein ouch des g͜vetes reht vnd vollichleich gewert.
Der selben vier lehen ist ainez vnser reht aigen gewesen; so sint dev
andern drev vnser reht lehen gewesen von meinem Herren hern
*Wernhart von Schowenberch.* Die selben lehenschaft han ich in ouz
braht vnd gevreiet von meinem vorgenanten Herren von *Schowen-
berch*, also daz er in vnd dem vorgenanten Chloster die egenanten
lehenschaft der dreier lehen mit sein saelbes hantt ouf gegeben hat,
vnd in sei verschriben hat mit seinen briefen, vnd mit seinem insigel
vnd gegeben in daz oft genante g͜vet hat vv͜r rehtez vnd vv͜r veriez
aigen ewichleich vnd vreileich ze besitzen, ze versetzen, ze ver-
chouffen vnd allen iern frumen da mit ze schaffen. Vnd setz ich mich
vber disen chouf ze rechtem scherm vv͜r alle ansprach fvr mich vnd fvr
alle mein vreunt vnd ouzgenomenleich vv͜r meiner swester chind *Hain-
reichen*, *Otten* vnd *Agnesen* vnd *Margareten* vnd fvr alle mein mage
vnd vreunt; vnd allez daz g͜vet, daz ich in dem Lande han. daz setze
ich ze rechtem scherm dem vorgenanten Abt vnd der Samnunge des
chlosters ze dem *Hailigen Chraeutz*, als des landes reht ist hie ze
*Österreich*; vnd vergich an diesem briefe, daz ich *Ebran* vnd mein
egenantev housvrowe, vnd mein erben, vnd mein vreunt, swer si sint,
oder swa si sint, oder swie si genant sint, an allem dem dorfe ze dem
*Tomaizleins* vnd an alle dev, daz dar z͜ve gehört, swi daz gehaizzen
ist, ze holtze, ze vaelde, ze dorfe, iz sei gestift oder vngestift, ver-
s͜vecht oder vnvers͜vecht, aller reht ainez fvrbaz niht haben, weder
abzelösen, oder ouz ze wechseln, oder ihtesniht da mit ze schaffen
haben mit den vorgenanten herren von dem *hailigen Chraeutz*;
wand wir von in emals dar vmb enphangen haben fivmfzich phunt phen-
ning wienner Mvnze vnd daz vnd (sic) verschriben in daz ouch emaln
mit vnsern briefen, vnd bestaetigten in iz mit vnserm insigel. Daz
diser gewerft vnd diser chouf vnd unser vv͜rziht staet beleib vnd
vnverwandelt, dar vber geb wir den oftgenanten heren vnd dem
chloster disen prief versigelten mit vnserm insigel vnd mit vrchunde
diser gezeuge, der namen an disem prief benant sint. Daz ist mein
herre her *Wernhart von Schowenberch*, Her *Chalhoh von Ebers-
torf der Chamrer in Österreich*, Her *Hadmar von Svnneberch*, Her
*Chraft* sein svn, Her *Otto der Tvers*, Her *Greiffe ouf der Stetten*,

Her *Chuenrat der Höebmaister*, Her *Vlreich pei den pröedern* vnd her *Greiffe* hern *Greiffen* svn Vnd her *Chöenrat des Höebmaisters* svn vnd anderr frvmer laeut genvech. Diser prief ist gegeben ze *wienn*, dv nah Christes gebverd ergangen waren Tousent Iar, Drev hundert Iar. vnd dar nah in dem ainleften Iar, an Sand Angusteins tach.

Original auf Pergament mit Siegel.

## XXXVIII. ·

**1311, 15. December, Neustadt.** — *Friedrich der Schöne, Herzog von Österreich, bestätigt der Abtei Heiligenkreuz das Patronat über die Pfarre Alland unter gleichzeitiger Anordnung eines Jahrtages für sich und seine Familie.*

*Fridericus* dei gracia Dux *Ausrie* et *Styrie* Dominus *Carniole*, *Marchie* ab *Portusnaonis* Vniuersis christi fidelibus presentibus et futuris presens scriptum intuentibus Inperpetuum. Ad vtriusque vite felicitatem nobis prodesse nequaquam ambigimus, si loca diuino cultui deputata curaverimus ampliare et eorum commodo pia intendimus voluntate, beneficia dei et dona, que dei ecclesiis et locis religiosis pia prouisione principum largiuntur, representari coram deo cottidie et perpetuari credimus preces et precamina Religiosorum fratrum . . Monasterii Sancte Crucis pro eterna quiete Animarum felicis memorie Dominorum *Alberti* Romanorum et *Rudolfi* quondam *Bohemie* Regum, aliorumque progenitorum nostrorum, ad incrementum etiam salutis et prosperitatis nostre, nec non matris, fratrum et successorum nostrorum *Austrie* et *Styrie* principum Illustrium digne duximus admittenda. Et quia inter ceteras terrarum nostrarum ecclesias et pia loca ad monasterium *Sancte Crucis* Cysterciensis ordinis Patauiensis Dyocesis reuerentie et deuocionis Zelum gerimus specialem, tamquam locum a nostris predecessoribus prima fundatione dotatum, Vbi etiam preclari quondam Duces *Austrie* nostri Antecessores elegerunt ecclesiasticam sepulturam, Volentes eundem locum et Monasterium *Sancte Crucis* nostre donationis et fauoris gracia ampliare, pro remedio animarum dictorum Regum, nostrorumque remissione peccaminum de fratrum nostrorum omnium expresso consensu et Vnanimi voluntate Jus patronatus ecclesie in *Aleht* dicto Monasterio *Sancte Crucis* . . Abbati et fratribus ibidem Deo famulantibus, qui pro tempore fuerint, Jure perpetuo liberaliter tradimus et donamus pure et simpliciter propter Deum vt eorundem . . Regum . . nostri, matris nostre, nostreque parentele, aliorumque successorum nostrorum *Austrie* et *Styrie* principum singulis annis in crastino apostolorum Philippi et Jacobi intrante Maio cum vigiliis, missis, prandio et refectione fratrum, prout aliis principibus ibidem fieri est consuetum, Dies anniuersarius sollempniter celebretur. Testes huius rei sunt hii. *Minhardus* Comes de *Ortemburg*, *Cunradus de Pottendorf*, *Henricus de Stubenberg*, *Ditricus de Pilichdorf* marscalcus Curie nostre, *Rudolfus de Scharfenberg*, *Wichardus de Topel*, *Herwordus de Symaning* et magister *Heinricus* plebanus *in La* notarius noster, et alii fide digni. In cuius rei testimonium nostrum Sigillum presentibus duximus appendendum. Datum in *Noua Ciuitate* Anno domini Millesimo Trecentesimo Vndecimo. XVIII. Kalendas Januarii.

Original auf Pergament mit Siegel.

## XXXIX.

**1312, 22. (?) Mai.** — *Laurenz der Holzer von Baden verkauft der Abtei Heiligenkreuz seinen Hof zu Baden neben dem Heiligenkreuzerhofe daselbst.*

Ich *Laurentz* der *Holtzer* von *Paden* vergih vnd tůn chunt an disem brief allen den, di in lesent oder horent lesen, daz ich mit verdahtem muet vnd mit zeitigem rat vnd mit gůtem willen miner hosvrowen *Elspeten* vnd miner sune *Vlriches* vnd *Vlriches* vnd miner tohter *Chunigunten* verchouffet han einen hof daz *Paden*, der ist gelegen bei *heiligchreutzer munichhof*, den ze Purchreht hat *Chunrat* der *hantlos* vnd da von dienet aller iar ein halb phunt phenninge zwier in dem iar, sehzich phenninge ze sant Georgen tach vnd sehzich phenning an sant Mychelz tach, apt *Johan* vnd der Samnung datz dem *heiligen Chreutz* vmb nevn phunt phenning Wienner munzze, vnd des selben gůtespin ich reht vnd redlich gewert, in ze verchouffen, ze versetzen vnd allen iren vrum da mit ze schaffen mit allem dem reht, vnd ich den selben hof in gewer vnd in gewalt her han braht, wan er min rehtez aigen vnd mit vurziht getailtez aigen ist gewesen. Dar vmb so setz ich mich ze scherm vur alle ansprach vber den selben hof der vorgenanten samnunge nah des landes sit ze *Österich*. Vnd daz diser chouf stet vnd vnzebrochen beleib, dar vmb so gib ich der vorgenanten samnunge disen brief versigelten mit min *Laurentzen* insigel. Des sint geziuch *Hainrich von Sultz*, *Reinpreht* von *Sullz*, *Haidenrich Tehenstainer*, *Wernhart* der rihter von *Dreschirchen*, *Herman der Stor*, *Livpolt* der *Wetsch*, *Chunrat vuder weins* vnd ander vrumer laeut genůch. Diser bief ist gegeben do von christes gebůrd waren Tousent iar drev hundert iar dar nah in dem zwelftem iar, des nehsten mentages in der phingest wochen.

Original auf Pergament mit Siegel.

## XL.

**1312, 15. Juni.** — *Weinhard von Schaumberg schenkt der Abtei Heiligen-Kreuz zu seinem Seelenheile die Vogtei zu Gnadendorf am Leizzerberge und 32 Kühe und 16 Hühner Weisat, wie er es von Heinrich von Liechtenstein erkauft hat.*

Ich *Wernhart* von *Schowenberch* vergich vnd tun chunt an disem brief allen den, di in lesent oder hörent lesen, di nu lebent vnd her nach chumftich sint, daz ich mit gůtem willen vnd mit verdahtem můt, vnd mit zeitigen rat durch aller miner vordern vnd durch miner sel willen han gegeben der erwern Samnunge datz dem *heiligen Chreutz* auf vier lehen zwen vnd dreizzich ches vnd sehzehen hůner weiset, vnd die vogtei dotz *Gnadendorf* mit allem reht, daz ich gehabt vnd gechouft han von hern *Heinrichen von liehtenstain*, des di selb erbvogtei ist gewesen dotz *Gnadendorf* an dem *Leizzeperg*, vnd setz mich der vorgenanten Samnunge vber daz selbe gůt vnd vogtei ze scherm vur alle ansprach nah des Landes sit ze *Osterrich*. Vnd daz ditz selgeret vnd disiv gab stet vnd vnzebrochen beleib, dar vmb, so gib ich der vôrgenanten Samnunge disen brief versigelten mit min *Wernharts* insigel. Diser brief ist gegeben do von Christes gebůrd waren Tousent iar, drev hundert iar, in dem zwelften iar, an sant veits tach.

Original auf Pergament mit beschädigtem Siegel.

## XLI.

**1312 (15. Juni).** — *Heinrich von Liechtenstein verkauft der Abtei Heiligen-Kreuz sein Vogteirecht zu Gnadendorf.*

Nos *Hainricus* dictus de *liehtenstain* notum facimus vniuersis presentem paginam inspecturis, quod consilio maturo et animo deliberato, et ob salutem antecessorum nostrorum iurisdictionem aduocacie, que ad nos hucusque respectum habuit, in *Nadendorf* situm in Austria Domino *Johanni* miseracione diuina abbati *Sancte Crucis*, nec non suo conuentui ibidem situati pro X. X. libris monete wiennensis vendidimus perpetuo, libere et absolute, quidquid super hoc certitudinis predicto abbati ac conuentui nos facere continget, quantocius *wiennam* venerimus *ad placitum* sepefati abbati et suorum fratrum et aliorum virorum proborum mora postposita faciemus. In cuius rei euidenciam presentes litteras conscribi fecimus nostri Sigilli appensione communitas. Acta anno domini M⁰. CCC⁰. XII^mo.

**Original auf Pergament mit Siegel.**

# XLII.

**1312. — *Heinrich von Klaitzing und Hedwig seine Schwester verkaufen der Abtei Heiligenkreuz sechs Schilling Pfenning Gülte zu Paesdorf.***

Ich *Hainreich* genant von *Chlaitzing* vnd ich *Hedbeich* sein swester verihen an diesem prief vnd tuen chunt allen leuten, di in sehent lesen oder hörent lesen, di nu lebent oder hernach chunftich sint, daz wier mit guetleichem willen vnd wol verdachtem muet, ze den zeiten, dv wier dehainen erben nich hetten vnd iz wol getuen mochten, ledichleichen vnd vreileichen an allen iersail aller levt, swer si sint oder swie sie genant sint, verchauffet haben vnsers rehten aigens sehes Schilling geltes wienner phening auf einem halben lecben datz *peistorf* dem abt vnd der Samnunge des chlosters datz dem *hailigen chreutz* ze besitzen, ze versetzen oder ze verchauffen, vnd allen ieren frumen damit ze schaffen vm ainlef phunt phening wienner munizze, vnd daz ovch wier des selben guettes schon vnd erleich gebert sein. Vnd di selben gvlt schol man dienen ze sand Michellmisse nach puerchrechtes gebonbait. Wir setzen vns ouch dem vor genanten Conuent vnd dem chloster vber disen chouf ze rechtem scherm, ich vnd mein swester dev vorgenant vnd *weigant* der vorsprech von *neunbúerch*, vnd sein zwen svn *Chuenrat vnd hainreich* für alle ansprach; vnd swa in dar an abge, so schullen si haben ovf vnserm hof zu *pusemperge*, der da haiszzet des *Heinreiches* hof von *chlaiczzing*. Vnd daz diser geberft vnd disev red stet buleib vnd vnverbandelt, dar vber geb wir disen prief ze mein sichtigen vrchuade diser sache den auf genanten herren vnd dem chloster versigelt mit dem insigel hern *Marichartes von mistelbach* vnd mit dem Insigel der erbern purger vnd der *stat Marchttes halben von Neubúerch*, wann wir, ich vnd mein swester, aigens insigel nicht heten vnd verschriben an disem prief di Namen ersamer leut, mit der wissen iz geschehen ist. Daz ist her *Fridreich der Fitzlinger* vnd *Ot* sein svn vnd *Velreich der siben hiertter* vnd *hainreich der sibenhierter* vnd her *chvenrat von muchkraw* der richter ze *nevnbuerch*, vnd *Marchart* der nachrichter vnd *rapot der toscho*, vnd *Marichart der pughart*. Daz ist geschehen, do nach Christes gepuerd ergangen waren tausent iar vnd drevhvndert iar vnd dar nach in dem szweliften iar.

Original auf Pergament mit zwei Siegeln.

## XLIII.

**1312.** — *Frau Jeuta von Merswanch stiftet sich in der Abtei Heiligenkreuz einen Jahrtag, und widmet hiezu einen Weingarten zu Winden.*

Ich vrowe *Jeute* herrn *Cyriuas* hausfrawe von *Merswanch* tuen chunt an disem prief allen den, di in lesent oder horent lesen, daz ich mit guetem willen meines herrn herrn *Cyriuas* vnd mit meiner svn herrn *Jansen* vnd herrn *Vlreichs* vnd ander meiner frevnt, ze den zeiten, vnd ich ez wol getuen macht, geschaft han den Erbern herrn pruder *Johann* dem apt ze dem *heiligen Chreutz* vnd der Samnung einen weingarten, der leit an der *winder altem perge*, den ich han gechouft von einem meiner diener, der do hiez *Tiem* vnd sein hausfrawe *Chunigunt*, um zwelif phunt wienner pheninge. vnd het vm selbe phennig verchauft ein ander gut meins an erstarbens eribs von vater vnd von mueter vnd han in den aufgegeben vor der Rechten perch herren nach aigens gewere vnd nach periges reht, vnd habent mir di vorgenanten herren den vorgenanten Weingarten verliechen ze meine Lebtagen vnd zve mein aines leipgedinge von ierr hant also beschaidenleichen, daz sev mir lobent vnd sich pintent, swan der vorgenante weingarten ledich wird vnd in ir gewalt chumt, daz man dienen schol dem Conuent auf dem tische zwai phunt phenning , vnd da von schol man geben zwai stuch vische dem Conuent ze trost an sand Georii tag, vnd des selben tages schullen sei ierleichen meinen Iar tag pegen mit vigilii mit messe vnd mit anderm gepet, zegleicher weis als mein Leichnam gegen wurtich wer, vnd schullen auch gedenchen meines herrn herrn *Cyriuas*, vnd vnserer chint vnd vnser paider vater vnd mueter vnd schullen auch, ob ich so arm wurd vor meinen tod, daz ich der fuer nicht gehaben mecht, meinen leichnam nemen, swo ich stirb in dem lant, vnd fueren hintz dem *Heiligen Chrevtz* in ir chost vnd da pestatten. Vnd swan daz vor genant gelub von irrer saumnung verhabt wure an erhaft not, so schullen sich meine nesten gerben ziehen zve dem weingarten, vnd daz ez werd gepezert vnd swer des gescheftes gegenwurtiger vollaist ist, dem scholl man geben ein chophel vnd ainen lebzelten oder etzwas anders ze einen ewigen vrchunde vnd daz daz stet beleib daruber vbergib ich in in disen prief versigelten mit meines herrn herrn *Cyriuas* insigel vnd mit meines svns herrn *Jansen* insigel. Daz ist geschehen do von Christes purd waren drevzehenhundert iar dar nach in dem zweliften Iar.

Original auf Pergament, dessen zwei Siegel fehlen.

## XLIV.

**1313 , 15. März , Wien.** — *Rudolf von Ebersdorf, oberster Kämmerer in Österreich und Reimprecht sein Bruder, beurkunden den Verkauf eines Hofes zu Reinhardsdorf von Seite Herrn Heidenreich's von Taechenstein an Herrn Jordan von Wien.*

Ich *Ruedolf von Ewerstorf Chamrer* in *Osterreich* vnd ich *Reimprecht* sein prveder vergehen des an disem prief, Daz der Erber man her *Jordan van Wienne* chevft hat den Hof datz *Reinhartstorf* van heren *Haidenreihen van Tehenstain* vnd van seiner Havsvroeven ver *Ofmein* mit alle dem recht, als sen gehabt habent, also beschaidenleichen, Daz der vorgenant her *Jordan* von dem vorgenantem hof vns Dienen sol alle Iar an sant Michels tach vreis purchrehtes zwelf pfeninge Wienner mvnze Vnd anders niht mit alle dem recht, als pvrchrecht recht ist. Daz diese rede stet sei vnd gantze beleibe diser sache, Geb wir in disen prief versiegelte mit vnsern Insigeln Vnd mit den erwern gezevgen, die pei diser sache gewesen sint. Her *Marchart von Mistelbach*, Her *Fridreich von Steyr*, Her *Vlreich bei den Minnern prvedern*, Her *Herman* pfarrer van *Chirchperch*, Her *Levpold van Sand Margreten*, Her *Rŏdolf* pfarrer ze *Eberstorf*, Her *Chvnrat der Jvnge*, Her *Nyclas* pvrger Maister ze *Wienne*, Her *Otte* sein prveder, Her *Dyepolt von Metzen*, Her *Stephan der Chrigler*, Her *Hainreih der schveler*, Her *Chvnrat der pomernvz* vnd *Seifrit der Smit* Vnd ander frvm levt genvch. Dieser prief ist geben ze *wienne*, Do van Christes gebŏrt waren ergangen Dreytzehen hvndert Iar, In dem Drevtzechenten Iar, Nach Sand Gregori tach, Des pfinztages.

Original auf Pergament mit einem Siegel und der Rest eines zweiten.

## XLV.

**1314, 25. April, Ikowar.** — *Meister Andreas bestätigt die Schenkung eines Grundstückes zu Vogeldorf von Seite seines Grossvaters des Palatin Johannes und seines Bruders Meister Nikolaus an die Abtei Heiligenkreuz.*

Nos magister *Andreas* filius magistri *Gregorii* memorie commendamus vniuersis, quod collationem cuiusdam terre Castrensium *Vogeldorf* vocate, quam *Johannes* palatinus auus noster et magister *Nycolaus* frater noster bone memorie monachis de Grangia prope lacum de fertev litteratorie fecerant, approbamus ex nunc et conferimus eisdem premisso sub tenore volentes, ut nullus officialium nostrorum racione alicuius census uel exactionis eosdem monachos debeant molestare. Datum in *Ikuwar* in festo beati Marci euangeliste Anno domini M⁰. CCC⁰. X⁰. quarto.

Original auf Pergament mit Siegel.

## XLVI.

**1314, 22. Juli, Wien.** — *Thomas, Erzbischof von Gran stellt der Abtei Heiligen-Kreuz auf ihr Ansuchen einen Zeugnissbrief aus über die Schenkung des Gutes Barandanbe von Seite des Königs Karl von Ungarn an dieselbe.*

Nos *Thomas* miseracione diuina Archiepiscopus *Strigoniensis* eiusdemque loci Comes perpetuus, Significamus quibus expedit vniuersis presentium per tenorem, Quod, cum Serenissimus dominus noster dominus *Karolus* dei gracia *Hungarie* Rex illustris Religiosis viris et deo deuotis fratribus ordinis Cisterciensis in Monasterio *sancte Crucis* de *Austria* iugiter deo famulantibus, quamdam possessionem in metis *Hungarie* et *Austrie* existentem *Barandanbe* vocatam, quam olim *Siculi* inhabitabant et colebant, cum omnibus vtilitatibus suis et pertinentiis coram nobis contulerit iure perpetuo et irreuocabiliter possidendam et habendam, sicut in litteris eiusdem domini nostri Regis plenius continetur; et abbas ac ceteri fratres dicti Cenobii nos petant instanter, vt litteras nostras testimoniales super ipsa collatione per ipsum dominum nostrum Regem eisdem facta concedere dignaremur, nos iuxta uerbum organo dominice vocis emissum, quod audimus loquimur, et quod uidimus testamur; eorundem fratrum iustis peticionibus anuentes presentes litteras nostras super premissa donacione ipsi Monasterio *sancte Crucis* et abbati ac fratribus in eodem residentibus per ipsum dominum nostrum Regem facta coram nobis, ut

est dictum, sub appensione sigilli nostri autentici in huins rei testi-
monium ad uberiorem cautelam duxîmus concedendas. Datum *Wyenne*
in festo sancte Marie magdalene, Anno domini M⁰. CCC⁰. Quarto
Decimo.

Original auf Pergament mit Siegel.

## XLVII.

**1315, 9. Jänner, Judenburg.** — *Hermann von Welmersdorf und Bertha seine
Hausfrau vermachen der Abtei Heiligenkreuz ihr Gut, gelegen an der
Wegscheid bei Schachen ober Scheufling zu einem Jahrtag, und beurkunden
zugleich, dass die Abtei das ihr gehörige Haus zu Judenburg ihnen beiden
auf ihre Lebzeit leibgedingsweise verliehen habe.*

Ich *Herman von Welmerdorf* tŭn chund an disem prief allen den,
di in sehent oder hörent lesen, Daz ich mit gutem Willen miner Hovs-
vrowe *Perhten* ain gut an der *wegschaiden* pei *Schachen* ob *Scheuf-
ling* gelegen, daz mein erbe aigen ist, vnd gilt ain march phenning, ge-
suecht vnd vngesuecht, gepowen vnd vngepowen auf gigeben vnd ge-
antwurt han dem erbern heren apt *Johan* vnd der Samnunge des gotes-
haus ze dem *Heiligem Chrevtz* datz *Ostereik*, Mit solher beschaidenheit
daz si vnser paider sel; mein vnd miner hovsvrowen der vorgenanten
ewichleichen schullen gedenchen vnd got vmb vns pitten. Vnd haben
daz getan mit solicher auzgenomer red vnd gelübe, daz ich *Herman*
vnd mein hovsvrow *percht* di vorgenant den nŭtz ab dem vorgenanten
gut vnz an vnser baider tode selben nemen vnd haben schullen vnd
swenne vnser ains abstirbet, so ist ain halbe march ledich, Swenne
aber wir baide nicht ensein, so schol di march gentzleih ledich sein.
Vnd durch vnser trewen vnd auch lieb willen, di wir haben getan dem
vorgenanten hovs ze dem *heiligen Chreutz* mit dem genanten ge-
schefte, So habent vns die egenanten herren apt *Johan* vnd di sam-
nunge des selben hous di genade getan, daz wir schulen habn ir haus,
das gelegen ist ze *Judenburch*, inne haben ze leibgedinge vntz an vnser
paider tod, vnd schullen auch ez verwesen mit stewer vnd mit pez-
zerung vnd mit allen dem, daz das hoüs anget oder anweiget, vntz
an vnsern tod vnd sol nah vnserm tod wider angevallen daz vorge-
nant goteshouz ze dem *Heiligen Chreutz*. Vnd daz ditz gescheft
vnd selgeret vest vnd ewig beleibe, so gib ich vorgenanter *Herman*
dar vber disen prief den vorgenanten heren ze dem *Heiligen Chreutz*
ze ainem ewigen gezeug versigelten mit *Hermans* ynsigel des Richters

ze *Judenburch* ze den zeiten, vnd mit *Ditmars* ynsigel von *Reifenstain*, wand ich selber niht ynsigels han. Darzv sint des gezeuge, herr *Herbert* vnd *Herman di Pfaffendorfer, Hainreich von Stretwich. Gerunch van awen. Dietreich* vnd *Jaecel*- vnd *Philippe di Hohenstainer, Nyclos der Zaech, Hainreih der Greuzer* vnd ander erber leut genuch. Daz ist geschehen ze *Judenburch* nach Christes gepurd vber dreuzehenhundert Iar dar nach in dem fvmzehenten Iar, an dem dritten tage nach dem Perhtage.

Original auf Pergament, dessen beide Siegel fehlen, sammt einem Duplicate, welches jedoch den Revers wegen des Leibgedings nicht enthält, mit einem Siegel; das zweite abgängig.

## XLVIII.

**1315, 23. März.** — *Richter und Rath der Stadt Bruck an der Leitha beurkunden, dass Freidank, Bürger von Bruck und seine Hausfrau Geisel der Abtei Heiligenkreuz ihren Weingarten an dem Hackleinsberg zu einem Jahrtag vermacht haben.*

Ich *Heinreich* ze den zeiten Richter vnd die gesworen in der Stat ze *Pruk* veriehen vnd tvn chund allen den, die disen prief lesent oder horent lesen, Daz *vreidanch* vnser purger ze *Pruk* vnd sein hovsvrow vro *Geisel* ze den zeiten, vnd si ez wol mochten getvn vnd auch mit irer vreunt rat vnd irer erben gutem willen habent geschaffet einen weingarten ires rehten erbgutes, der gelegen ist an dem *Hecleinsperg* ze nest pei des *Grigers* weingarten, den Herren ze dem *Heiligen Chreutz* nach ir paider tod ze haben ledichleich an allen Chriege vnd an alle ansprach ze einen ewigem selgeret. Den selben weingarten sol auch paun vnd inne haben der Chelner des selben hous, vnd swaz er ierleich mag gevbrigen von dem selben weingarten vber daz paw, da sol er mit begen ir paider Jartag an dem vreitag in der Phingest Woche, vnd schulen die heren getrost werden an dem selben tag mit ainem Stuche güter vische. Alsan auh an den vreitagen zehant darnach an ainem oder an zwain- oder an drin, als verre ez geziehen mach, nach seinen trewen; vnd sol auch daz geschehen ierichleih vnd ewichleich ze ainer seligen gehugnusse ir Paider vnd auh aller irer vodern. Vnd daz ditz gescheft vest beleibe, dar vber geben wir ze ainer ewigem vrchund disen prief versigelten mit vnsrer Stat ynsigel den vorgenanten herren ze dem *Heiligen Chreutz*. Des sint auch gezeuge. *Menhard der Griger, der Leb, der*

*Liebman, Leupold der Mouter, Reihard van hoflein, Heinreih getsch, Vlreich der Witawer, Chunrad der Probest , Seifrid der veirer, Nyclos Chedel, Peter an der höh, Andre van Teinendorf. Hainreich der Mülner, Jekel vnd Symon des Grigers svne.* Diser prief ist gegeben da van Christes gepurd waren ergangen Tausent iar. Drehundert iar dar nach in dem fivmfzehendem iar ze Ostern.

Original auf Pergament, dessen Siegel fehlt.

## XLIX.

**1315, 24. April.** *— Mechtild die Chrugin von Wiener-Neustadt stiftet sich in der Abtei Heiligenkreuz einen Jahrtag.*

Ich *Mehthild die Chrúgin* ze der *Neuwstat* vergih vnd tỉn chund allen den, die disen prief lesent oder horent lesen, di nv sint vnd hernach chumftig werdent, Daz ich an minen lesten zeiten, ze der zeit vnd ich ez wol getỉn moht, mit miner vreunt rat vnd aller miner erben gûtem willen han geschaft dem Chloster ze dem *heiligen Chreutz*, da ich besunder genad vnd andaht zv han gehabt, mines varunden gûtes vnd auh mines chouf gûtes, daz ich nah mines wirtes *Walchunes* tod han gechoufet, daz selgeret als hernach geschriben stet. Des ersten ainen acher gelegen pei dem *Herdlein* ze der *Nevnstat* vor *Nevnchircher* tor vnd ze *Dreschirhen* minen hof, der genant ist der *Weithof,* den mein erben mugen abledigen mit zehen phunden wienner phenning, ob si wellent, vnd da pei von ainem hof, der gewesen ist *gervnges* ain halb phunt geltes, vnd ze der *Neunstat* ain hofstat, di gewesen ist miner tohter *Herlinten*, vnd svben dreiling weines in meinem cheller. Van dem vorgenanten gut schullen die herren von dem *heiligen Chreutze* begen Jerichleih vnd ewichleich minen Iartag vnd mines wiertes Iartag *Walchunes* vnd auh gedenchen aller vnser vodern. Vnd dar vber durch pezzer sicherhait ditz gescheftes habent sich angenomen mein eninchel *Walchun* vnd aber *Walchun* vnd *Nyclo*, daz si schullen scherme sein vber daz genant gût der herren ze dem *heiligem Chreutz* für alle ansprach ander irer erben vnd auch der minen. Vnd daz ditz gescheft veste vnd vnzeprochen beleib, dar vber gib ich vorgenantev *Mehthild* div *Chrúgerinne* dem vorgenanten hous ze dem *Heiligen Chreutz* ze ainem vrchund Disen prief versigelten mit Hern *Merteins* des *Visinges* ynsigel, der ze den zeiten richter was ze der *Nevnstat* vnd hern *Rudolfs* des *Mourer* vnd Herrn *Dietreihs* des *eysner* , di pei minem gescheft sint gewesen vnd auch sein gezevg sint mit iren ynsigeln. Diser prief ist gigeben da van Christes gepurd waren ergangen drewzehenhundert iar, darnah in dem fivmfzehendem Iar, an sand Georgen tage.

Original auf Pergament mit einem Siegel, zwei andere fehlen.

## L.

**1316, 1. Jänner, Schepreg.** — *Meister Andreas schenkt der Abtei Heiligen-Kreuz zum Seelenheile seines verstorbenen Bruders Nikolaus seine Besitzung zu Podesdorf.*

Nos Magister *Andreas* filius magistri *Gregorii* significamus vniuersis, quod quia salubrius est prospicere spiritualia quam temporalia, ob remedium et salutem anime fratris nostri magistri *Nycolai* bone memorie quandam possessionem nostram *Potesdorf* vocatam dedimus et contulimus Ecclesie *sancte Crucis* et per eam Grangiariis ipsius ecclesie existentibus iuxta *Fertu* famulari pariter et possidere. Datum in *Schepreg* in Octaua Natiuitatis domini anno eiusdem. M⁰. CCC⁰. XVI⁰.

Original auf Pergament mit Siegel.

## LI.

**1316, 20. April, Wien.** — *König Friedrich III. bestätigt der Abtei Heiligen-Kreuz das vollständig inserirte Privilegium seines Vaters, König Albrecht's I. ddo. Wien, 24. December 1286.*

*FRidricus* Dei Gracia Romanorum Rex semper Augustus Vniuersis Sacri Romani Imperii Fidelibus presencium inspectoribus Graciam suam et omne bonum. Constituti in nostre maiestatis presencia Honorabiles et Religiosi viri Abbas et Conuentus Monasterii *sancte Crucis* in *Austria,* Cisterciensis Ordinis Priuilegium quoddam nobis obtulerunt petentes cum instancia, idipsum et articulos in eo contentos de benignitate Regia confirmari. Cuius tenor de uerbo ad uerbum talis est: *Albertus* dei gracia Dux *Austrie* et *Styrie* Dominus *Carniole Marchie* et *Portusnaonis.* (Folgt die Urkunde Herzog Albrecht's, 24. Decembris 1286. Fontes, Bd. XI, S. 252, Nr. CCLXXIX.) Nos igitur, qui ad utriusque vite felicitatem prodesse nobis nequaquam ambigimus, si loca diuino cultui mancipata ampliare curauerimus, et eorum comodo pia intendere uolunte, zelo sacre Religionis et eorumdem fratrum instancia dictum Monasterium cum Personis et bonis suis in proteccionem nostram et fauoris sumentes amplexus, Priuilegium supradictum cum emunitatibus ac iuribus sev libertatibus inclite recordacionis *Alberti* Romanorum Regis, tunc Ducis *Austrie* et *Styrie*, Genitoris et predecessoris nostri karissimi, in eodem permissione munifica declaratis liberaliter approbamus, innouamus et presentis scripti patrocinio confirmamus. Mandantes, ut nulla persona Ecclesiastica uel secularis, alta uel humilis predictum Abbatem et Conuentum ac Successores eorum, Monasterium et bona sua contra presentis Priuilegii seriem super aliquibus ausu temerario molestare presumat, quod qui attemptare presumpserit, preter indignacionem nostri culminis, quam incurret, Sexaginta Libras auri componat, medietate fisco nostro, reliqua dicto Monasterio persoluendas. Ad huius itaque nostre proteccionis, approbacionis, innouacionis et confirmacionis memoriam ac robur in posterum perpetuo, presentem paginam Regalis nostri signi et Sigilli, fecimus signaculo comuniri.

Signum Domini Friderici Romanorum (Loc. Monogr.) Regis dei Gracia inuictissimi.

Datum *Wienne* XII°. kalendas Maij Anno Domini Millesimo Trecentesimo Sextodecimo. Regni vero nostri anno Secundo.

Original auf Pergament mit Siegel.

## LII.

1316, 20. Mal, Sulz. — *Ortner von Schweinbart und Demuth seine Hausfrau verkaufen der Kirche von Nieder-Sulz ein Pfund Pfenninge zu Erdbrust.*

Ich *Ortener* von *Sweinbart* vnd ich *Dimut* sein Hausvrow, wir verigehen vnd tun chunt allen den, die disen prief lesent oder horent lesen, di nu lebent oder hernoch chunftich sint, Daz wir zu *nider Sultz* dem leben gohtshaus ein phunt gelts daz *Erprust* haben zu chauffen gegeben, recht vmb zwelif phunt phennige vnd tun auch chunt, Daz wir auf demselben gut noch haben dreizzich phening geltes vnt daz voytrecht. Darüber So geb wir disen prief sant Jans zu ein sichigen vrchunt vnd zv ein waren gezeuge vnd ze eyner steten vestnunge diser sache versigelt mit vnserm ingesigel. Vnd daz disen redt stet beleibe, des ist zeuge vnser here der apbt herr *Johans* von dem heyligen chruz, her *H(aeinreich)* pharrer uon *Bupersdorf* vnd her *Paul* der pharrer von *nidersultz* .. uon .. *Vlrich* der aigenmaister. *Simon* .... iher *Ru* .... auch *vlric der chruter*

Maister . . . *en stephan* vnd ander vrume lewt genuch, den diseu sach . . . . . Diser prief ist gegeben zu *Sulz* an dem aufertach, da von Christes geburt waren vergangen thausent Iar vnd dre hundert Iar in dem sehzehenten Iar.

Original auf Pergament, dessen Siegel fehlt. Die Urkunde ist sehr beschädigt.

## LIII.

**1317, 13. (? 19.) Juli, Neustadt.** — *Paul der Sulzbäck und Alhaid seine Hausfrau verkaufen der Abtei Heiligenkreuz ihre Mühle zu Baden.*

Ich *Pavl* der *Sultzpechke* vnd ich *Alhait* sein havsfrowe, hern *Levpoldes* toehter des *Geschvrren*, dem Got gnade, Wir veriehen vnd tun chunt allen den, die disen prief lesent oder horent lesen, die nv lebent vnd hernach sint, Daz wir mit aller vnser erben gvtem willen vnd gvnst, mit verdahtem mvte vnd mit gesampter hant, zv der zeit, do wir iz wol geton mochten, verchavft haben vnsers rechten Aigens ain Mvlen, die da leit ze *paden*, die da leit bei der herren Mvl von dem *Heiligen Chrevtze*, die mich vorgenanten *Alhaiden* von meinen vodern mit fvrzicht vnd mit loez ze rechtem erbtaile an gevallen ist gegen meinen geswistriden. Die selben Mvl haben wir geben mit allem dem nvtz vnd recht, als wir si in Aigens gewer her praeht haben, vmb zwenzich phvnt wienner phenninge, der wir recht vnd redlichen gewert sein, den vorgenanten herren von dem *Hayligen Chrevtze* vnd allen irn nachchomen ledichlichen vnd vreilichen ze haben vnd allen irn frvmen damit ze chaffen, verchauffen, versetzzen vnd geben, swem si wellen an allen irresal. Vnd dar vber zv ainer pezzern sicherhait so setzzen wir vns, ich *Pavl der Svltzpechke* vnd ich *Alhait* sein hausvrowe vnverschaidenlichen den vorgesprochen Herren von dem *Hailigen Chrevtzze* vnd allen irn nachchomen vber die vorgenanten Mvln ze rechtem scherme fvr alle ansprache, als aigens recht ist vnd des Landes recht ze *Osterreiche*. Vnd geben In dar vber diesen prief zv ainem sichtigen vrchvnde, vnd ze ainem offen gezevge vnd zv ainer ewigen vestavnge diser sache versigilten mit vnserm Insigil vnd mit hern *Dietriches* Insigil von *Pilichdorf*, der zv den zeiten *Hof Marschalch* vnd havptman was in *Osterreiche*, vnd mit hern *Otten* Insigel des *Tvrsen*, die diser sache gezevg sint mit ir Insigil. Vnd sind avch gezevg her *Hainrich der Haedrichesuerder*, her *Chvnrat der Chaergel*, die Ritter: *Walther von Linsperch*,

*Haidenrich von Taehenstain* vnd ander frvme levte genvch, den dise sache vnd dieser chavf wol chvnt ist. Diser prief ist geben da xv der *Niwenstat*, do von Christes gebvrt waren ergangen Drevzeben Hvndert Iar, In dem sibenzehenten Iar dar nach, an Sand Margreten tage.

Original auf Pergament mit zwei Siegeln; das dritte fehlt.

## LIV.

1317, 17. Juli. — *Das Domcapitel von Raab transsumirt auf die Bitte des Procurators der Abtei Heiligenkreuz zu Mönchhof in Ungarn den Schenkungsbrief des Meister Andreas, ddo. 1. Jänner 1316 über Potesdorf.*

Capitulum *Jaurinensis* ecclesie omnibus christi fidelibus presentes litteras inspecturis salutem in domino sempiternam. Ad uniuersorum noticiam harum serie volumus peruenire, Quod Religiosus vir frater *Herth*, procurator Curie Monacorum iuxta *ferthu* de Comitatu *Musuniensi* exhibuit nobis priuilegium magnifici viri magistri *Andree* filii magistri, *Gregorii*, super collacione possessionis *Potesdorf*, in *Hungarico Pothfolua* uocate confectum, petens a nobis, ut idem priuilegium nostris priuilegialibus litteris inseri faciamus, cuius tenor talis est. (Folgt die Urkunde des Meister Andreas, ddo. Chepereg, 1. Jänner 1316, oben S. 45, Nr. L.) Nos igitur ad iustam petitionem ipsius fratris *Herth* predictum priuilegium magistri *andree* nostris presentibus priuilegialibus titteris de uerbo ad verbum inscribi fecimus, nostrum eisdem sigillum apponendo. Datum die dominica post festum diuisionis apostolorum proximo. Anno domini M°. CCC°. decimo septimo.

Original auf Pergament mit Siegel.

## LV.

1317, 18. September (?). — *König Karl von Ungarn verleiht der Abtei Heiligenkreuz für ihre in Ungarn gelegene Besitzungen wichtige Rechte und Freiheiten.*

Nos *Karolus* dei gracia *Hungarie*, *Dalmacie*, *Croacie*, *Rame*, *Seruie*, *Gallicie*, *Lodomerie*, *Cumanie*, *Bulgarieque* Rex, memorie commendantes significamus vniuersis. quibus expedit presencium per tenorem, quod, cum ex officio suscepti regiminis intima sollicitudine et cura propensiori sacrosancte matris ecclesie „que in solidissima petra, que est christus, beatissimi Petri apostoli fide fundata existit,

comodis et profectibus in uigitare debeamus, Honorabili Monasterio
*sancte Crucis* de *austria*, ob specialis deuocionis affectum, quam erga
ipsum Monasterium gerimus et habemus, quod in partibus Regni
nostri per sacros progenitores nostros felicium recordacionem con-
templacione diuini nominis est honorifice vberrimis decoratum dona-
tiuis et dotatum, ac Abbati et fratribus in eodem deo iugiter famu-
lantibus et deuote, has gracias et libertates fecimus, donauimus et
concessimus speciales, quod Curie ipsius Monasterii *sancte Crucis*
vna uidelicet in *Posonio* intra muros ipsius Ciuitatis, altera, que *Curia
Regis* appellatur circa aquam *Lytha*, Tercia *nouum predium* dicta
et alio nomine *Newneygen* uocata juxta lacum *Fertheu* existentes, ac
villa *vynden* vocata juxta eundem lacum *Fertheu* sita ab omni dacia et
collecta steura contribucione, solucione, seu exaccione qualibet nomine
regio exigenda, vel Ciuitatum, seu quorumlibet exactorum aut exigere
volentium libere sint et penitus exempte et absolute habeantur. *Item*
volumus, quod dicti fratres Monasterii *sancte Crucis* vina sua, blada,
seu fruges, ceteraque Monasterio, ipsorum ac vsibus eorundem necessa-
ria libere et absque omni exaccione Mutarum seu theloneorum ac Tri-
butorum ipsis in regno nostro *Hungarie*, vel alibi proueniencia per
omnes partes regni nostri deuehi faciant seu deduci, tam in terris
quam in aquis. *Ceterum* in omnibus Ciuitatibus, foris, villis locisque
vniuersis per ambitum regni nostri constitutis per officiales seu ser-
uitores nostros aut aliorum quorumcumque, quocumque nomine cen-
seantur de numero vel mensura rerum suarum nullo ingenio, nullaque
occasione artati, deponendi, locandi, vendendi, ac alias vtilitates de eis-
dem exercendi et ordinandi, liberam habeant perpetuo facultatem. Pre-
*terea* ex affluencia gracie regalis dictis fratribus duximus annuendum,
quod nulla persona cuiuscumque dignitatis status aut condicionis
existat, quemlibet ad domos ipsorum seu Curias, aliasque possessio-
nes quacumque de causa spe defensionis confugentem excipere, capere
vel aliam quamcunque iniuriam inferre audeat uel presumat; et hoc
precipue in Curia ipsorum fratrum *Posoniensi* volumus et precipimus
firmiter obseruari. *Item* statuimus, quod si aliquis colonorum, uel
hominum, aut Jobagionum dicti Monasterii et fratrum cuiuscumque
causé uel nocumenti seu sedicionis pretextu morti adiudicaturus,
Judex, ad quem huiusmodi persone Judicium pertinet, de sola eius
persona habeat indicandi potestatem, rebus et bonis eiusdem vni-
uersis ad manus dictorum fratrum plene deuolutis, eo declarato et

adiecto, quod omnes causas inferiores, factum mortis non contigentes ipsi fratres per se uel per officiales suos possint iudicare. *Ad hec* ipsum Monasterium et fratres in eodem residentes peculiari quadam libertatis prerogatiua decorare volentes, ne per quempiam regni nostri Incolam cuiscumque dignitatis aut status existat, in suis Juribus et libertatibus disturbentur ipsos, vniuersasque possessiones eorumdem per Regni nostri climata existentes in aduocaciam et defensionem nostram recipimus specialem; Omnibus et singulis tam presentibus quam futuris regio edicto firmiter iniungentes, ne ceteri ad huiusmodi aduocaciam pretextu seu titulo alicuius hereditatis per progenitores eorumdem dicto Monasterio donate se intromittere presumant, sed iidem Abbas et fratres aduocatum seu defensorem vice persone nostre maiestatis, quem uoluerint, eligant et illo, si placet repudiato et reiecto quandocumque et quocienscumque eis uidebitur expedire, alium uel alios in ipsam aduocaciam eligant et assumant, qui ipsos possessionesque eorum vniuersas indempnes et illesas pure et simpliciter propter deum et non racione alicuius dacii uel pecunie ab eis quoquo modo recipiende et habende auctoritate regia teneatur conseruare. Si qui uero huiusmodi nostram salubrem ordinacionem et graciam dictis fratribus factam processu temporis uiolare presumpserit, uel eidem quoquomodo ausu temerario contraire attemptauerit, vlcione regie vindicte in rebus et persona punietur. In cuius rei memoriam perpetuamque firmitatem presentes concessimus litteras duplicis sigilli nostri munimine roboratas. Datum per manus Honorabilis viri magistri *Johannis albensis* ecclesie prepositi et archydiaconi *kukullensis*, dilecti et fidelis nostri aule nostre vice cancellarii XIIII°. Idus (sic. ? Kal.) Octobris anno domini Millesimo Trecentesimo Decimo septimo. Regni autem nostri anno similiter decimo septimo.

Original auf Pergament mit etwas beschädigtem Siegel.

## LVI.

**1317, 30. September, vor Komorn.** — *Karl, König von Ungarn, bestätigt der Abtei Heiligenkreuz den Besitz der Güter Vogelndorf und Potesdorf in Ungarn.*

Nos *Karolus* dei gracia Rex *Hungarie* significamus tenore presencium quibus expedit vniuersis, quod viri Religiosi, frater *Johannes* abbas et quidam fratres Monasterii *sancte Crucis*, Ordinis Cysterciensis de *Austria* patauiensis dyocesis dilecti nobis et fideles ad nostre maiestatis accedentes presenciam quasdam terras *Vogelndorf* et *Potesdorf* nominatas, asserentes, ipsas nostre collacioni pertinere pro salute anime nostre a nobis predicte ecclesie *sancte Crucis* dari et conferri humiliter pecierunt. Nos igitur considerantes, quod Regiam decet maiestatem, iustis petencium desideriis facilem prebere consensum in hiis precique, que divinis rebus, religionisque cultui uidentur esse proficua, quibus nos eo magis debitores credimus, quo bona omnia de ipsius largiflua beneuolencia cognoscimus percepisse, peticioni eorumdem domini abbatis et fratrum suorum grato occurrentes assenso ex deuocione, quam more aliorum Regum *Hungarie*, progenitorum nostrorum deo deuotorum erga eandem ecclesiam *sancte Crucis* specialiter gerimus, predictas possessiones *Vogelndorf* et *Potesdorf* cum agris, pratis et piscatura sub antiquis metis et terminis eo iure, quo nostre Regie collacioni pertinere dinoscuntur, eidem ecclesie *sancte Crucis* in perpetuam elemosinam, ut eadem gloriosa crux in eterne retribucionis gremio nos clementer foueat et soleter, dedimus, donauimus et contulimus perpetuo possidendas, tenendas et habendas. Et, cum presentes nobis reportate fuerint, nostrum super hoc priuilegium dari faciemus. Datum sub Castro *Kamarun* tercio die festiuitatis beati Michaelis Archangeli, Anno domini M⁰. CCC⁰. decimo septimo.

Original auf Pergament, dessen aufgedrückt gewesenes Siegel fehlt.

## LVII.

**1317, 8. October, im Lager vor Komorn.** — *König Friedrich III. bestätigt der Abtei Heiligenkreuz alle Rechte, Freiheiten und Gnaden, welche sie vom König Karl von Ungarn erhalten hat.*

*Fridericus* Dei gracia Romanorum Rex semper Augustus Vniuersis Sacri Romani Imperii fidelibus et specialiter . . Iudici . . Iuratis et Ciuibus *Posoniensibus*, nec non aliis quibuscumque presentes litteras inspecturis, graciam suam et omne bonum. Gratum deo et acceptabile impendisse obsequium arbitramur, dum personas Ecclesiasticas in suis confouemus Juribus et ea ipsis ab aliis facimus conseruari. Eapropter Uniuersitati Vestre presentibus declaramus, quod attendentes benigne celebis uite preconium, quo Honorabiles et Religiosi viri . . Abbas et Conuentus Monasterii *Sancte Crucis*, Ordinis Cysterciensis Patauiensis dyocesis nostri dilecti deuoti diuinis insistentes laudibus commendantur; Nec non fidem ac deuotionem, quibus

4 *

se ijdem nostris Progenitoribus, Illustribus *Austrie* et *Styrie* ducibus, hucusque ac nobis gratos reddiderunt multiformiter et acceptos. Omnia priuilegia, Jura, Libertates et gracias Ipsis Suoque Monasterio predicto, a Magnifico Principe Domino *Karolo*, *Vngarie* Rege, fratre nostro Carissimo concessas, traditas et indultas, sev etiam confirmatas nostro, fratrumque nostrorum Carissimorum . . Ducum *Austrie*, auctoritate ac nomine approbamus. Mandantes vobis vniuersis et singulis firmiter et districte nostre gratie sub obtentu, Ne quis ipsos, Abbatem, Conuentum et Monasterium *Sancte Crucis* in premissis molestet aliqualiter vel perturbet. Specialiter vero per vos, Ciues *Posonienses*, predicti Monasterii Jura in omnibus suis conscriptis volumus articulis inuiolabiliter conseruari, sicut indignationem nostram fratrumque nostrorum . . Ducum *Austrie* ac Heredum nostrorum grauissimam volueritis euitare. In cuius Rei testimonium presentes litteras scribi et nostre maiestatis Sigillo iussimus communiri. Datum in Castris ante *Gumaren* VIII° Idus Octobris, Anno domini Millesimo Trecentesimo Decimo septimo, Regni vero nostri anno Tercio.

Original auf Pergament mit Siegel.

## LVIII.

**1317, 6. December, Wien.** — *Frau Cecilia, Herrn Alber's von Baden Witwe, bestätigt die Stiftung eines Jahrtages, welche dieser vor seinem Tode sich in der Abtei Heiligenkreuz angeordnet hatte.*

Ich *Cecilia* hern *Albers* wittiwe von *Paden* dem Got gnade, vergihe vnd tun chunt allen den, die diesen prief lesent oder horent lesen, di nv lebent vnd hernach chunftich sint, daz mein wirt, der vorgenant her *Alber von paden* mit meinem guten willen vnd gunst vnd ander seiner erben mit verdahtem mvte vnd zv der Zeit, do er iz wol getun mochte, lauterlichen durch got vnd dur siner vodern sele willen vnd auch durch vnser payder sele hayl geschaffet hat sines rechten anerstorben erb aigens vier phunt wienner phenninge geltes, die da ligent avf weingarten, die da gelegen sint enhalben der *Swechent*, avf dem *Harde* hin zv dem *Hayligen Chrevtzze*, zv ainem rechten Selgeraete, daz man sinen Jartag aller iaerchlichen da von bege also, daz man der Samnvnge gemaine alle iar an sand Margreten tage gebe ainem ieglichen pruder Zway stuke wische, ain Semeln vnd wein dar vmbe, daz sie vnser paider sele vnd aller glavbigen sele dester vleizchlicher gedenchen mit gebet, mit vigilien

vnd mit Selmessen ze gleicher wise, sam vnser leichname ze gegen-
wvrte stvende. Daz ditz geschefde furbaz ewichlichen staet vnd vnzer-
brochen beleibe, vnd wand mein wirt der vorgenant her *Alber von
Paden* gestorben ist vnd daz geschefde niht bestätiget ist bei seinem
lebentigem leibe da von, daz man sein Insigil Im Jamer gaehe nach
sinem tode ze prach, vnd avch ich *Cecilie* selber niht aigens Insigils
han, da von so gib ich dem vorgenanten Chloster da zv dem *Hayligen
Chrevtzze* vnd der Samnunge gemaine da selbens vnd allen irn nach
chomen disen prief zv ainem sichtigen vrchvnde vnd zv ainem waren
gezevge vnd zv ainer ewigen vestnvnge diser sache versigilten mit
siner nachisten frivnde Insigiln, hern *Vlriches von Pergawe*, hern
*Irnvrides von Echartesawe*, hern *Otten des Turssen von Ruhenecke*,
hern *Otten von Echartsawe*, hern *Hainriches des Perner*, vnd mit
hern *Vlrichs* Insigel des vorgenanten hern *Vlriches* svn von *Pergawe*,
die diser sache gezevg sint mit ir Insigiln. Vnd sint avch gezevg
her *Hainrich der Padner*, her *Haidenreich von Taehenstain* vnd
ander frume levte genvch, den ditz geschefde wol chvnt ist. Diser
prief ist geben ze *Wienn*, do von Christes geburt waren ergangen
Dreuzehen Hundert Iar. In dem Siebenzehenten Iare darnach, an
sand Nichlas tage.

Original auf Pergament mit vier Siegeln; die zwei anderen fehlen.

## LIX.

**1318, 16. September.** — *König Karl von Ungarn schenkt der Abtei Heiligen-
Kreuz, zum Ersatz für durch ihn und sein Heer erlittene Beschädigungen
ihrer ungarischen Besitzungen, das Gut Zechun.*

*KAROlus* dei gratia *Hungarie, Dalmatie, Croatie, Rame,
Seruie, Gallicie, Lodomerie, Cumanie, Bulgarieque* Rex, Omnibus
christi fidelibus tam presentibus quam futuris presentem paginam
inspecturis salutem in omnium salvatore. Cum a nobis petitur, quod
iustum et honestum est, decet maiestatem Regiam facilem prebere
consensum in hiis precipue, que diuinis rebus religionisque cultui
uidentur utiliter conuenire. Proinde ad vniuersorum notitiam harum
serie litterarum volumus pervenire, quod vir Religiosus frater *Cor-
rardus* procurator domus seu Curie *Neunaigen* dicte iuxta fluuium
*Fertow* existentis, que est grangia ecclesie *sancte CRVcis* de *austria*
Patbauiensis dyocesis, ordinis Cysterciensis, ad nostre maiestatis
accedens presentiam sua nobis querulosa propositione demonstrauit,

quod eadem domus seu grangia per exercitum et descensum nostrum, quem prope *Mvsun* habuimus et fecimus, dampna non modica perpessa extitisset, in quorum quidem dampnorum reconpensationem quandam terram castri nostri *Musuniensis Zechun* vocatam. nostre collationi pertinentem, ut dixerunt, a nobis eidem ecclesie dari et conferri humiliter supplicando postulavit. Nos igitur petitionibus eiusdem fratris *Corrardi* pie et fauorabiliter inclinati predictam terram *Zechun* vocatam vacuam et habitatoribus destitutam cum terris arabilibus, nemoribus seu frutetis ac alijs utilitatibus suis vniuersis, Cui quidem terre a parte orientali terra *Zaraan* dicta, a meridie vero terra *Galus* nuncaputa, a parte vero occidentali terra eiusdem domus *sancte CRVcis* vicinari dicuntur, tum ob deuotionem, quam more aliorum Regum progenitorum nostrorum deo deuotorum erga eandem ecclesiam *sancte CRVcis* specialiter gerimus, tum etiam in satisfactionem et reconpensationem dampnorum predicte domui per exercitum nostrum eidem irrogatorum eidem ecclesie *sancte CRVcis* et domui *Neunangn* antedicte dedimus, donauimus eo iure, quo nostre Regie collationi pertinere dinoscitur, perpetuo possidendam, tenendam et habendam sine preiudicio iuris alieni, a Judicio et Jurisdictione Comitum de *Musunio* pro tempore constitutorum ipsam terram penitus eximentes. IN cuius rei memoriam firmitatemque perpetuam presentes concessimus litteras nostras duplicis sigilli nostri munimine roboratas. Datum per manus discreti viri magistri *Johannis Albensis* ecclesie Prepositi, aule nostre vicecancellarii et archidiaconi *Kukulliensis* dilecti et fidelis nostri, anno domini Millesimo CCC° decimo octauo, X°VI°. kalendas Octobris, Regni autem nostri anno similiter decimo octauo.

Original auf Pergament mit (zerbrochenem) Siegel.

## LX.

**1318, 24. September.** — *König Karl von Ungarn fertigt auf Bitten des Abtes Otto von Heiligenkreuz das förmliche Privilegium aus, über seine unterm 2. October 1317 dieser Abtei ertheilte Bestätigung des Besitzes der Güter Vogelndorf und Potesdorf.*

*Karolus* dei gracia *Hungarie, Dalmacie, Croacie, Rame, Seruie, Gallicie, Lodomerie, Cumanie, Bulgarieque* Rex, Omnibus christi fidelibus presentem paginam inspecturis salutem in eo, qui Regibus dat salutem. Ad Vniuersorum tam presencium quam futurorum noticiam harum serie volumus peruenire, quod vir Religiosus frater *Otto*, Abbas Monasterii *sancte Crucis* ordinis Cysterciensis de *Austria*, Patauiensis dyocesis, nobis dilectus et fidelis ad nostram accedens presenciam exhibuit nobis litteras nostras patentes super collacione quarumdam terrarum *Vogelndorf* et *Potesdorf* nominatarum per nos facta confectas, repromissionem nostram huiusmodi continentes, vt cum eedem littere nobis fierent reportate, nostrum priuilegium super hoc dari faceremus; Petens a nobis cum instancia, vt easdem litteras ratificare, et in formam priuilegii nostri redigi faceremus. Cuius tenor talis est. (Folgt die S. 50, Nr. LVI abgedruckte Urkunde, ddo. 30. September 1317.) Nos igitur considerantes, quod sicut regie serenitatis prouida circumspectio pia largicione rerum terrenarum erga ecclesias dei se debet munificum exhibere, ita pariter ad collatorum conseruacionem tenetur, non inpari sollicitudinis studio inuigilare, vt et, que contulerit, faciat pacifice possideri, et quidquid salubriter disposuerit, sue auctoritatis interuentu inconcussum ei tribuat firmamentum, peticionibus dicti domini Abbatis Regio inclinati cum favore, predictas litteras nostras patentes ratas habentes et per omnia approbatas, de verbo ad verbum presentibus transscribi et in formam pruilegii nostri vberiorem ad cautelam redigi faciendo, predictarum terrarum collacionem Regie mayestatis auctoritate confirmamus et presentis scripti patrocinio communimus. In cuius rei memoriam firmitatemque perpetuam presentes concessimus litteras, dupplicis sigilli nostri munimine roboratas. Datum per manus discreti viri magistri *Johannis albensis* ecclesie preposisti, Aule nostre vicecancellari et archidiaconi de *Kukullew*, dilecti et fidelis nostri. Anno domini M⁰. CCC⁰. decimo Octauo viii⁰. Kalendas Octobris, Regni autem nostri anno similiter decimo octauo.

Original auf Pergament mit (dem älteren) Siegel.

## LXI.

**1318, 29. September.** — *Das Domcapitel von Raab transsumirt auf Ansuchen der Abtei Heiligenkreuz die Schenkungs-Urkunde König Karl's von Ungarn über das Gut Zachun, ddo. 16. September 1318.*

Capitulum *Jaurinensis* ecclesie Omnibus christi fidelibus presentes litteras inspecturis salutem in domino sempiternam. Ad vniuersorum notitiam harum serie uolumus peruenire, Quod Religiosus vir frater *Christanus*, ordinis Cysterciensis de Conuentu Monasterii

*Sancte Crucis* in *Austria* Patauiensis Dyocesis, nuncius Religiosorum virorum domini *Ottonis* Abbatis et Conuentus eiusdem Monasterii *sancte Crucis,* ad nos specialiter missus exhibuit nobis quoddam Priuilegium Excellentissimi Domini nostri Regis *Karoli* dei gracia illustris Regis *Hungarie* super donacione cuiusdam possessionis *Sachen* uocate in Comitatu *Mosoniensi* existentis sub duplici sigillo ipsius domini nostri Regis facta confectum; petens a nobis, ut formam eiusdem Priuilegii domini nostri Regis nostris Priuilegialibus litteris inseri et transscribi faceremus ad cautelam. Cuius quidem Priuilegii tenor talis est. (Folgt die S. 53, Nr. LIX abgedruckte Urkunde König Karl's von Ungarn ddo. 1318, 16. September.) Nos itaque petitioni predictorum domini abbatis et conuentus per memoratum fratrem *Christanum* nobis directam iustam et Juri consonam secundum Regni sonsuetudinem fore attendentes, tenorem eiusdem Priuilegii Domini nostri Regis, non abrasi, non cancellati, nec in aliqua sui parte viciati, presentibus nostris priuilegialibus litteris inseri et inscribi fecimus, nostrum eisdem sigillum apponendo. Datum in festo beati Michaelis archangeli anno domini Mᵒ. CCCᵒ. decimo octauo. Magistris *Mathia* preposito et altero *Mathia* Lectore, *Nicolao* cantore, *Michaele* custode ecclesie nostre existentibus.

Original auf Pergament, dessen Siegel fehlt.

# LXII.

**1319, 2. Februar, Wien.** — *Marchard von Mistelbach und Richardis seine Hausfrau verkaufen der Abtei Heiligenkreuz ihren Hof und sämmtliche Besitzungen zu Hedrichsdorf bei Poysdorf sammt der Dorfgerichtsbarkeit.*

Ich *Marchart von Mistelbach* Vnd ich *Reichgart* sein hausvrowe, Wir veriehen vnd tun chunt allen den, die diesen prief lesent oder horent lesen, di nu lebent vnd hernach chunftich sint, Daz wir mit vnser paider erben gutem willen vnd gunst, mit verdachtem mvte vnd mit gesamter hant, zu der zeit, do wir ez wol getun mochten, Vnd nach unser paider friunde Rat verchavft haben vnsers rechten chauf aigens, ainen hof, der da leit ze *Haedrichesdorf* bei *Poysdorf* vnd alles, daz dar zu gehoret vnd swaz wir dar über in dem selben dorf gehapt haben vnd dar umbe, ez sei aigen oder von vns verlehent, daz zu vnser aigenschaft da ze *Haedrichesdorf* gehoret, ez sei in vrbar, ze holtz, ze velde vnd ze dorf, gestift oder vngestift, versucht

oder vnversucht, swie so daz genant ist. Daz selbe vorgenant gut
alles vnd alles daz recht, daz wir an dem gerichte in dem selben dorf
*Haedrichesdorf* gehapt haben daz haben, wir allessamt geben mit allen
dem nvtz vnd recht, als wir ez in aigens gewer har pracht haben, vmb
zway hundert phunt vnd vmbe zehen phunt Wiener phenninge, der
wir recht vnd redlichen gewert sein, dem erbern herren apt *Otten*
vnd der Samnunge gemaine von dem *Hailigen chrevtzze* lediglichen
vnd vreilichen ze haben vnd allen irn frumen da mit zeschaffen, ver-
chavffen versetzzen vnd geben, swem si wellen an allen irresal. Vnd
dar vber zv ainer pezzern Sicherheit so setzsen wir vns ich *Marchart
von Mistelbach*, vnd ich *Reichgart* sein havsvrowe vnd ich *Marchart*
vnd ich *Hadmar* des vorgenanten hern *Marchartes* svne vnver-
schaidenlichen dem vorgenanten vnserm Herren apt *Otten* vnd der
Samnvnge gemaine von dem *hailigen chrevtzze* vnd allen irn nach-
chomen vber daz vorgenant gut da ze *Haedrichesdorf* bei *Poystorf*
ze rechtem scherme fur alle ansprache, als aigens recht ist vnd des
landes recht ze *Osterreiche*, vnd geben in dar vber disen prief zv
ainem sichtigen vrchunde vnd zv ainem waren gezevge vnd ze ainer
ewigen vestnunge diser sache versigilten mit vnsern Insigiln vnd
mit hern *Dietriches* Insigil von *Pilichdorf*, zv den zeiten *Marschalch*
vnd mit *Albers* Insigil von *Ravhenstain*, vnd mit *Hadmares* Insigil
des *Stuchssen*, der zv den zeiten der vorgenanten herren vogt was,
vnd die dieser sache gezevg sint mit irn Insigeln, vnd ander frume
levte genvch. Diser prief ist geben ze *Wienne*, do von Christes ge-
burt waren ergangen Drevzehen Hundert Iar in dem Nevnzehenten
Iare dar nach, an vnser vrowen tage der Liechtmesse.

Original auf Pergament mit zwei Siegeln, vier andere fehlen.


## LXIII.

1319, 2. Februar. — *Weichard von Arnstein und Agnes seine Hausfrau
schenken der Abtei Heiligenkreuz zu ihrem Seelenheile das Obereigenthum
über den Altmannshof unter Arnstein.*

Ich *Weichart von Arenstain* vnd ich *Agnes* sein Hovsvrôw wir
veriehen vnd tun chunt allen den, die disen prief lesent oder horent
lesen, die nv lebent vnd hernah chvnftig werdent, daz wir mit ge-
sampter hant vnd mit verdahtem muet, ze der zeit, do wir ez wol
getun mohten, vnd mit vnser erben gutem willen, die also sint

genant, *Kathrey* vnser tohter, *Alber, Otto, Hadmar, Weichart* vnsere
sune vnd mit andern vnsern vreunt rat vnd willen verchovffet haba
vnsers rehten erbe gutes, ainen hof, der genant ist des *Altmans* hof,
der da leit bei Arenstain, mit allem dem, daz darzu gehoret ze veld
ze holcz, versuecht oder vnversuecht, swie so daz genant sey, vnd
auh waid, als vil der hof bedarf, vberal avf vnsern aigen, vmb fiumf
vnd sehzig phvnt phenning wienner muncze, der wir reht vnd red-
lih vnd ganczlih gewert sein, dem erbaern mann *Levtolden ab dem
Bihtsteig* vnd seiner hovsvrowen vron *Levkarden* vnd allen irn erben
furbaz ledichlich vnd vreilich ze haben vnd allen irn vrum do mit ze
schaffen, ze verchovffen, ze versezzen vnd avh geben, swem sie
wellen an allen irresal vnd durh pezzer sicherhait sezzen wir vns mit
sampt vnsern erben, die vorgenant sint, vber den vorgenanten hof
vnd swaz dar zu gehoret, dem vorgenanten *Levtolden* vnd seiner
hovsvrowe vron *Levkarden* vnd avh iren erben ze rehtem scherm
vnd gewer fur alle ansprach nah des Landes reht ze *Osterreih.* Dar
vber durh der liebe vnd andaht vnd genaden willen, die wir habn vnd
auh immer habn wellen zv dem hovs vnd auh zv der samnunge der
herren ze dem *heiligen Chreutz* vnd auh durh vnser sel hail willen
vnd aller vnser vodern geben wir demselben hovs vnd der Samnunge
die aigenschaft des vorgenanten hoves mit allem dem reht, vnd wir
sev gehabt habn vnd vnsere vodern. Vnd zv ainem vrchunt, daz die
aigenschaft ir sei ledichlich, so sol man in dienen ierichlich an sant
Michels tage van dem oftgenanten hof vierzig phennig wienner
mvnzze, vnd geben in darvber disen prief ze ainem offen urchund
vnd ze ainem gezevg vnd vestigvnge ditz chovffes vnd diser sache,
versigilten mit vnserm ynsigel, vnd mit hern *Dytreihs* ynsigel van
*Pilhdorf,* ze den zeiten *Marschalh in Ostereih,* mit hern *Otten*
ynsigel des *Tursen,* vnd mit hern *Hadmars* ynsigel des *Stuhsen,* ze
den zeiten Vogt der herren ze dem *heiligen Chrevtz.* Diser prief ist
gegeben nah Christes gepurde vber Tavsent iar Drevhundert iar,
dar nah in dem nevnczehenden iar, ze vnser vrowen Misse ze der
lihtmisse.

Original auf Pergament mit einem Siegel, drei andere fehlen.

## LXIV.

**1319, 2. Februar.** — *Weichard von Arnstein und Agnes seine Hausfrau schenken der Abtei Heiligenkreuz zum Seelenheile ihres verstorbenen Schwagers Rapoto zehn Pfund Pfenninge zum Ankaufe einer Gülte von einem Pfund jährlich.*

Ich *Weichard van Arenstain* vnd ich *Agnes* sein housvrowe veriben vnd tun chund allen den, die disen prief lesent oder horent lesen, di nv lebent vnd bernah chunftig werdent, Daz wir gelten schullen dem hous vnd der Samnunge ze dem *heiligen chreutz* zehen phunt wienner phenninge Vnd vmb diselben phenning schullen die herren von dem *heiligen chreutz* choufen ain phunt phenning gült, Vnd sol man daz dinen zv der Pitanz vnd sol die Samnung da van getrost werden, Vnd schullen auh dar vmb di selben herren gedenchen vnd pitten vmbe *Rapotes* sel mines geswein, dem got genade. Vnd dar vber ze einem offen vrchunde diser gult gewen wir ich vorgenanter *Weichard van Arenstain* vnd ich *Agnes* sein housvrowe der vorgenanten Samnung ze dem *heiligen Chreutz* disen prief versigelten mit vnserm ynsigel. Diser prief ist gegeben nah Christes gepurde vber tausent iar drevhundert iar darnah in dem Neuntzehenden iar, an vnser vrowen tage ze der Lichtmisse.

Original auf Pergament, dessen Siegel fehlt.

## LXV.

**1319, 18. März.** — *Konrad der Kiburger, oberster Kellermeister des Herzogs von Österreich und der Jude Marusch entscheiden als erwählte Schiedsrichter eine Streitigkeit der Abtei Heiligenkreuz mit dem Juden Marchart wegen Entrichtung des Bergrechtes von einem Weingarten bei Gumpoldskirchen.*

Ich *Chvnrat der Chiburger*, ze den zeiten *Obrister Chellermaister* der Herzogen von *Osterreich*, Vergich vnd tun chunt allen den, die disen prief lesent oder horent lesen, Die nv lebent vnd hernah chunftich sint, Daz ein chrieg was zwischen dem erbaern herren Prvder *Hainrichen* dem *Spanhalm*, zv den zeiten Chamraer datz dem *Heiligen Chrevtze*, an ainem tail vnd zwischen *Marcharten* dem iuden *Swertzleins* svn von *Cistensdorf* an dem andern tail Vmb einen emmer weins Perchrechtes, den im der vorgenant *Marchart* der iude gedient solt haben von einem Weingarten, der da haizzet der *Gebatscher*, der da leit zwischen *Gumpolzchirichen* Vnd *Phaf-steten*, daz er im den manich iar versezzen het. Der selb chrieg wart paidenthalben mit gvtem willen vnd mit fvrziht lazzen an mich vorgenanten *chvnraden den Chibvrger* vnd an *Marvschen* den iuden. Nv haben wir den selben chrieg also beschaiden, daz *Marchart* der iude vnd sein erben, oder swer den vorgenanten Weingarten, der da haizzet der *Gobatscher* nah in besitzzet, da von dienen svln Prvder *Hainrichen* dem *Spanhalm*, oder swer chamraer datz dem *Heiligen chrevtze* ist, ewichlichen alle iar an sand Michels tage fvnfzehen wienner phenninge zv rehtem Perchrechte mit allem dem reht, als man ander perchrechte in dem Lande ze *Osterreich* dient. Daz disev schiedvnge fvrbaz zwischen in paiden halben also staet vnd vnver-wandelt beleibe, dar vmb so han ich vorgenanter *Chvnrat der Chi-bvrger* geben prvder *Hainrichen* den *Spanhalm* disen prief zv einem sihtigen vrchvnde vnd ze ainem waren gezevge diser sache versigilten mit meinem insigil vnd mit des erbaern herrn insigil herrn *Rvdolfes von Eberstorf, obrister Chamrer in Osterreich*, der diser schie-dvnge mit sampt mir gezevg ist mit seinem Insigil. Vnd sint avh des gezevg *Chvnrat* der Perchmaister von *Gumpoltzchirichen*, *Vlrich von Pvcks, Wernher* weilen Schench, *Jans von Gumpoltzchirichen*, hiezz der lange, *Marchart* der *faertor*, *Rvdolf* der gepavre, die perchgnozzen ze *Phafsteten* Vnd ander frvme levte genvch, den disev schiedvnge wol chvnt vnd gewizzen ist. Diser prief ist geben nah Christes gepvrt vber Tavsent iar, Drevhvndert iar, dar nah in dem Nevnzehenten iar an dem Svntage ze Mitter vasten.

Original auf Pergament, dessen zwei Siegel fehlen.

## LXVI.

**1319, 25. Juli, Wien.** — *Dietrich, genannt der Hutstock und Gertrud seine Hausfrau schenken zu ihrem Seelenheile der Abtei Heiligenkreuz zwei Weinberge bei Pressburg.*

Ego *Ditricus* Dictus *Huetstoch* et ego *Gertrudis* uxor ejusdem vniuersis christi fidelibus tam presentibus quam futuris omnibus tenore presentium declaramus, quod prehabito amicorum nostrorum sano et salubri consilio et consensu pociorum duas uineas sitas prope *Busonium* in monte, qui *Weinarn* uulgari nomine nuncupatur, a *Hainrico* dicto *Sachror* pro septuaginta quinque libris wiennensium denariorum de nostris propriis rebus siue pecuniis comperauimus speciali (sic), cujus supradicti montis et uinee magistri montis existunt D. abbas et conuentus monasterii *sancte Crucis*, tempore illo, quo libere facere potuimus, nulloque contradicente, nec aliquo obstaculo repugnante, pure ac liberaliter propter deum ob remedium animarum nostrarum ac omnium progenitorum nostrorum uiris religiosis D. *Ottoni* uenerabili Abbati *sancte Crucis* monasterii prelibati Cisterciensis ordinis, patauiensis dyocesis et Conuentui ejusdem loci in perpetuum assignauimus et assignamus, donauimus et donamus justo proprietatis titulo perpetuo possidendas sic, quod libere eis liceat quocumque tempore cum eisdem uineis omnem eorum procurare utilitatem pariter et profectum tam in uendendo quam in obligando uel quomodocumque, siue dare quibuscumque prout eis melius uidebitur expedire; Tali sponsione recepta de D. abbate et Cellerario, quod in Die beati Mauritii et in die beati Bartholomei apostoli dabuntur conventui duo plena seruitia in piscibus, simulis et uino meliori singulis annis sublata qualibet occasione inexcusabili et suspecta, sicut retroactis temporibus est consuetum. Porro ipsi fratres in uia mandatorum diuinorum currentes deuote orationis hostiam salutarem pro nobis ac pro nostris progenitoribus tanto attentius offerre dignabuntur, quanto uberius experti fuerint affectus nostri beneuolentiam cum effectu. In cujus rei testimonium presentem litteram exinde conscriptam nostro sigillo diligentius roboramus cum sigillo nobilis domini, domini *Ulrici de Mayssawe, superioris marschalci in Austria* et cum sigillo nobilis domini domini *Andree de Svnberch*, qui hujus rei testes existunt cum suis propriis sigillis. Acta sunt hec et data *wienne* anno domini millesimo trecentesimo decimo nono, in die beati Jacobi apostoli.

Original auf Pergament mit drei Siegeln.

## LXVII.

**1319, 14. September.** — *Kunigund die Körpnerin von Pressburg stiftet sich in der Abtei Heiligenkreuz einen Jahrtag, wozu sie einen Weingarten bei Pressburg widmet.*

Ich *Chunigunt* die *Chörpnerin* ze *Prespurch* vergich vnd tůn chvnt allen den, di disen brief lesent oder hörent lesen, di nv lebent oder nah chvmftich sint, daz ich mit verdachtem můt vnd mit gůtem willen, vnd ze der zeit, da ich ez wol getůn macht, dem erwern Herren Abt *Otten* vnd der sampnunge grabes ordens des Havs ze dem *Heiligem Chrevtz* in *Osterreich*, da ich besunder gnad vnd andacht zů han durch got vnd durch meiner hail (sic) vnd meins wirtes, hern *Rúdolfes* dem got genad, vnd aller meiner vordern sel, ainen weingarten, meins rechten aigens vnd meiner rechten arbeit, der gelegen ist ze *Prespurch* bei einem weingarten, der gehaizzen ist der *Chetzeber*, geschaft vnd gegeben han ledichleichen ze haben an alle ansprach nah meinem tôd; vnd doch mit so avzgenomner red, daz man bege ierleich mein iartach nah meinem tod vnd meins wirtes vnd aller meiner vordern, mit vigilien, mit messen vnd mit gebet, nah ir orden gewonhait; vnd auch von dem weingarten an meinem iartag geben ein dienst, davon di herren getrôst werden, darnah vnd der weingart vber daz gepauw getragen mach. Vnd daz dise red vnd ditz gescheft stet vnd vnzeprochen beleib, so gib ich vorgenantev *Chvnigunt* dev *Chôrpnerin* dem vorgenantem herren, Abt *Otten* vnd der sampnunge ze dem *Heiligen Chrevtz* disen brief, Wan ich selben nicht aigens insigels han, verinsigelten mit des ersamen herren insigel des *Hambotes* vnd mit der stat vnd der burger insigel. Diser brief ist gegeben nah Christes gepurt vber Tausent iar drevhundert iar, danah in dem Nevntzehentem Iar, an des heiligen chrevtzev tag, in dem Herbst.

Original auf Pergament mit zwei Siegeln.

## LXVIII.

**1319, 17. September.** — *Cirivas von Merswang stiftet für sich, seine Hausfrau Jeuta und seine Söhne Jans und Ulrich Jahrtag und Begräbniss in der Abtei Heiligenkreuz und widmet dazu Gülten zu Arbaistal, Gallbrunn und Rakenthal.*

Ich *Cyruas von Merswanch* vergich vnd tŵn chvnt allen den di disen Prief lesent oder hôrent lesen, di nv lebent oder hernach chvmftich sint, Daz ich mit gŵtem willen vnd mit verdachtem mŵt, zv der zeit, da ich iz wol getvn macht vnd mit williger verhanchnusse meiner havsfrauuen, vron *Jeuten* vnd meines svnes *Jansen* dem Erberen herren Apt *Otten* vnd der Samnvnge gemain ze dem *heiligen Chreutz*, da ich besunder genad vnd andacht zv han, durch got vnd durch meiner sel hail vnd meiner hausfrouuen vron *Jeuten* vnd meines svnes *Jansen* vnd meines svnes *Vlrichs*, dem got genade vnd aller meiner vodern sel meines rechten aigens dritthalb phunt geltes, die man ze *Arwaistal* von ainer waid an sant Georgen tag svbenzehen schillinge dient, vnd ze *Galprvn* von vrbar echern ze Phingsten fvmfzich phenninge, oder fvmvndzwainzich chesse vnd ze *Rekental* von drin Jeuchart acheres an sant Georgen tag vier vnd zwainzich phenninge vnd driv hůnner, oder zwelf phenninge ze weinnachten geschaft vnd gegeben han mit allem dem recht, vnd ich iz in rechtes aigens gewer her han pracht vntz auf disen tag, ledichleich ze haben an alle ansprach vnd doch mit so aus genomener red, daz man bege ierlich meinen Jartag nach meinem tot, vnd meiner hausfrouuen vnd meiner svne vnd aller meiner vodern mit vigilien, mit messen vnd mit gepet recht, als vnser leichnamen weren engegenwurtig nach irn orden gewonhait; vnd auch daz di vorgenant gulde dien dem *Chungeshof* vnd swer zv den zeiten *Hofmaister* ist, der schol di selben gult dienen den heren ze dem *Heiligen Chreutz* auf ir tische in ze trost also, daz er den heren vnd den prvdern an meinem Jartag geb ainen dienst zwai stvche grůner vische, der pesten di man zv der zeit vindet, vnd ain semelein brôt; geviel awer ain dienst an meinen Jartag, so geb man den vorgenanten dienst des nesten tages dar nach vnd auch ob ich vnd mein hausvrouue vnd mein svn an vnsern lesten zeiten di fvrre nach der chost nicht môchten gehaben von gotes gewalt, daz man vns fvrre ze dem *heiligen Chreutz,* so schullen vns die vorgenanten heren mit ir fvr vnd mit ir chost bringen zv in, wo wir sterben in dem land ze *Ôsterreich.* Wer auch, daz man den dienst verzvge, so schullen sich mein nesten erwen der vorgenanten gulte vnderwinden vnd di als lange in haben, vntz iz gepezzert werd. Vnd daz diese red vnd ditz gescheft stet vnd vnzeprochen beleib, so gib ich oft genanter *Cyruas* den oftgenanten heren Apt *Otten* vnd der Samnunge ze dem *Heiligen Chreutz* disen prief versigelt mit meinem Insigel vnd mit meines svnes *Jansen* Insigel. Diser prief ist gegeben nach Christes gepvrd vber Tausent Iar, driv hvndert Iar, dar nach in dem Neuntzehentem Iar an sant Lambrecht tag.

Original auf Pergament mit zwei Siegeln.

## LXIX.

**1320, 28. Mai, Grätz.** — *König Friedrich III. befiehlt, dem Vicedom zu Passau und seinem Burggrafen zu Neuburg, am Inn die zollfreie Verführung des Salzes der Abtei Heiligenkreuz nicht zu beirren.*

*Fridericus* dei gracia Romanorum Rex Semper Augustus, Honorabili viro . . *vicedomino* Ecclesie *Patauiensis,* nec non discreto viro

*Burgrawio in Newenburga*, suis dilectis graciam suam et omne bonum Tenore presencium vobis seriose iniungimus et mandamus precise ac omnino volentes, quatenus Honorabilibus et Religiosis viris Abbati ac Conventui Monasterii in *Sancta Cruce* ordinis Cysterciensis deuotis nostris dilectis suos sales secundum Ius et consuetudinem eis hactenus obseruatam absque impedimento quolibet deduci libere permittatis. Datum in *Gretza* feria Quarta post diem beati Vrbani. Anno domini M°. CCC°. vicesimo, Regni vero nostri anno Sexto.

Original auf Pergament mit rückwärts aufgedrücktem, etwas beschädigtem Siegel.

## LXX.

**1320, 24. Juni, Landshut.** — *Heinrich, Otto und Heinrich, Pfalzgrafen bei Rhein und Herzoge von Baiern, bestätigen der Abtei Heiligenkreuz das vollständig inserirte Privilegium ihres Vaters, Herzogs Stephan, ddo. Landshut 6. December 1306, in Betreff der Zollfreiheit für ihr Salz.*

Nos *Heinricus*, *Otto* et *Heinricus* dei gracia Comites palatini *Reny*, Duces *Bawarie* presentibus profitemur, quod Genitoris nostri karissimi recordationis inclite literas saluas et in nulla sui parte viciatas vidimus per omnia in hec verba. (Folgt die auf S. 21, Nr. XXIV abgedruckte Urkunde Herzogs Stephan, ddo. Landshut 6. December 1306.) Nos vero progenitorum nostrorum vestigiis inherentes predictas gracias approbamus et ratificamus per presentes dantes Omnibus nostris officialibus in mandatis, vt prescriptam Salium libertatem libere transire permittant sine exaccione cuiuslibet thelonei siue Mute. In quorum omnium euidens instrumentum atque robur presens instrumentum eis dedimus Sigillorum nostrorum robore communitum. Datum apud *Lantshut* anno domini Millesimo CCC°° vicesimo, In Nativitate beati Johannis Baptiste.

Original auf Pergament mit drei Siegeln.

## LXXI.

**1320, 4. Juli, Pressburg.** — *Dietrich der Hutstock, Burggraf zu Pressburg, bestätigt der Abtei Heiligenkreuz die ihm geleistete Zahlung von 192 Pfund Pfenningen.*

Ich *Dittrich Huetstok*, zen zeiten *Purchgraue ze Presburch*, tvn chunt allen den, di disen prief lesent vnd horent lesen, di nv lebent vnd her nach chvnftich werdent, daz der ersam herre Abpt

*Ott vom Heiligen chreutz* vnd ouch die Samnunge des guetes, des si
schuldich waren, zwaihvndert phvnt an acht phvnt vur den erbern
man probst *Albrecht von presburch*, den got genade, derselben phen-
ning habent si mich gar vnd gentzlich gewert vnd verichtet hintz
Juden vnd hintz christen, vnd wa ich sev hin geschaffet han, da
habent si mich hin gelediget also, daz si des vorgenanten guetes
nichtes niht mer dar schuln weder vil noch wenich. Daz dem also
sei, gib ich dem vorgenanten Herren, Abpt *Otten* vnd der Samnunge
vom *heiligen chrauz* disen prief zeinem vrchunde, versigelt mit meinem
Insigel. Der prief ist gebn ze *Prespurch*, do von Christes gepürt
warn ergangen tausent Iar, drev hundert Iar vnd in dem zwainzgistem
Iar, an Sand Ovlriches tach.

Original auf Pergament, dessen Siegel fehlt.

## LXXII.

**1321, 24. Februar, Wien.** — *Hugo, Pfarrer zu Dreiskirchen und Frau Judith
Werderin schenken der Abtei Heiligenkreuz einen Weingarten zu Enzers-
dorf zur Stiftung eines Jahrestages daselbst.*

Ich *Havg* ze den zeiten Pharrer ze *Dreeschirchen* vnd ich
*Jevte* die *Werdeerin*, Wir verieben vnd tun chunt allen den, die disen
Prief lesent oder horent lesen, die nv lebent vnd hernach chvnftich
sint, daz wir mit gvtem willen vnd mit vnsers Perchmaisters hant,
*Vlreichs des Hordekker* lavterleichen dvrich Got vnd durch vnser
vodern Sele Willen vnd avch dvrich vnser selber sele hail geschafft
vnd geben haben zv der zeit, do wir es wol getun mochten, den
erbern Herren Prvder *Otten*, ze den zeiten Apte vnd der Samnvnge
gemaine von dem *Hailigen Chrevtze*, vnsers rechten Perchrechtes
aynen Weyngarten, der da leit ze *Engelschalichstorf* vnd haizzet
der *Plinte*, den der Pyttanzmaister datz dem *Hailigen Chrevz* mit
Nvtze vnd mit dienste inne haben sol also beschaidenleichen, daz er
da von geben sol aynem iegleichen Prvder von der Samnvnge dvrich
daz Iare, so er zwai ayer hat, daz Dritte dar zv; vnd sol in da von
geben alle Iare an dem Swartzen Svntage ayn gantzes dienst, aynem
iegleichen Prvder zway Stvke Vische des Morgens vnd ayn Stvke des
nachtes vnd ayn Semeln vnd pezzern Weyn, dann der Phrevnt Weyn
sei, dar vmbe, daz sie vnser Sele vnd aller gelawbigen sele
dester vleizzichleicher gedenchen. Iz habent avch die vorgenanten
Herren Prvder *Otte* ze den zeiten Apte vnd die Samnvnge von dem

*hailigen Chrevtze* mit gemainem Rat irr Samnvnge vnd mit des vorgenanten Perchmaisters hant *Vlreiches des Hordekker* vns den vorgesprochen Weyngarten her wider lazzen zv aynem rechten Leypgedinge vntz an vnser paider tot, Vnd nach vnser paider tode sol derselbe weyngart zv aynem rechten Selgeret ewichleichen den Herren von dem *Hailigen Chrevtze* beleiben. Vnd wand vro *Jaevte* die *Werdaerynx* nicht aygens Insigils hat, da von so han ich *Havge* ze den zeiten Pharrer ze *Dreeschyrhen* fvr mich vnd fvr sie geben den vorgesprochen herren, Prvder *Otten* ze den zeiten Apte vnd der Samnvnge gemayne von dem *Hailigen Chrevtze* vnd allen irn nachchomen disen Prief zv aynem sichtigen vrchvnde vnd zv aynem waren gezeyge vnd zv ayner ewigen Vestnvnge dise sache versigilten mit meinem Insigil vnd mit des Perchmaisters Insigil *Vlreiches des Hordekker*, der diser Sache gezevge ist mit seinem Insigil, vnd ander frvm levte genvch, den dise Sache wol chvnt ist. Diser Prief ist geben ze *Wienne,* do von Christes gebvrt waren ergangen Drevzehen Hvndert Iar In dem ayn vnd zwainzigisten Iare dar nach, an Sant Mathyas tage.

Original auf Pergament mit zwei Siegeln.

## LXXIII.

**1321, 24. Februar, Wien.** — *Heinrich, Rudolf und Wilhelm, die Grafen von Schaumburg bestätigen der Abtei Heiligenkreuz zwei vollständig inserirte Gnadenbriefe ihrer Vorfahren wegen der Zollfreiheit für deren Salz bei der Mauth zu Aschach.*

Nos *Hainricus, Rudolfus et Wilhalmus* Comites dicti de *Schowenberch* tenore presencium profitemur, quod honorabilis et religiosus vir dominus Abbas Monasterii *sancte Crucis* cum aliquibus sue congregationis fratribus ad nostram veniens presenciam duo nobis privilegia presentauit ex omni parte integra atque salua, que felicis recordacionis progenitores nostri, dominus videlicet *Hainricus* senior, *Wernhardus* et *Hainricus* Juniores Comites de *Schowenberch*, super relaxacione Mute in *Ascha* et deuectione salium ipsos et successores suos annis singulis contingente in suorum redempcione peccaminum dicto Monasterio contulerunt, petentes humiliter et deuote quatenus de facta ipsis donacione testes existere et eandem nostre approbacionis dignaremur munimine roborare. Primi itaque priuilegii tenor per omnia talis est. (Folgt die Urkunde B. XI, S. 207,

Nr. CCXXVI.) Tenor secundi priuilegii fuit talis. (Folgt die Urkunde
B. XI, S. 239, Nr. CCLXIII.)

Nos igitur parentum nostrorum vestigiis inherentes, vt diem
quoque messionis extreme possimus et nos misericordie operibus
preuenire, pari consensu predictorum abbatis *sancte Crucis* ac sui
Conuentus deuotis precibus annuimus et factam ipsis super rela-
xacione Mute graciam presentis scripti testimonio confirmamus, The-
loneariis nostris in *Ascha* mandantes nostre gracie sub obtentu, qua-
tenus procuratorem Monasterii sepedicti cum salibus suis annis sin-
gulis absque omni grauaminis obice sinant libere pertransire. Et ne
in posterum possit oriri calumpnia, que approbacionem nostram ali-
qualiter infirmare presumat, Sigillum nostrum, quo solo tres fratres
vtimur sub nomine senioris, presenti pagine appendi fecimus in pre-
scriptorum testimonium et munimen. Datum *Wiene* anno domini
Millesimo, Trecentesimo, vicesimo primo, in die beati Mathie apostoli.

Original auf Pergament, dessen Siegel fehlt.

## LXXIV.

**1321, 28. Mai, Wien.** — *Albrecht, Herrn Jakob's des Mündels von Wien
Diener, welcher auf sein Ansuchen von der Abtei Heiligenkreuz als
Pfründner in ihr Spital aufgenommen worden war, schenkt derselben beim
Eintritt zehn Pfund Pfenninge, und auf seinen Todfall einen Weingarten·
zu Grinzing.*

Ich *Albrecht* des *Mvndleins* diener ze *Wienne* vergich vnd tvn
chvnt allen den, die disen prief lesent oder hoerent lesen, die nv
lebent vnd hernach chvnftig sint, daz ich chom fvr die erbern her-
ren prveder *Otten* ze den zeiten Apt vnd di Samnvnge datz dem
*heiligen Chrevtz* vnd pat sev fleizzichleich durch got vnd in got, daz
si mir ain pfrvent geben in irm Spitale daz dem *heiligen Chrevtz*;
di habent si mir geben lavterleich dvrch got vntzen an meinen tode.
Nv han ich vorgenanter *Albrecht* von der lieb vnd durch die andaht,
di ich han zv got vnd dem heiligen Chrevtz, geben tzehen phvnt
wienner phenninge lautterleich dvrch got in daz vorgenant Spitale in
dem Iare, do ich mich der pfrvent underwant. Dar zu han ich avch
geschaft vnd geben dvrch got vnd dvrch mein selber sele hail mit
guettem willen vnd gvnst, mit verdahtem mvet, zv der zeit, do ich
ez wol getvn maht, vnd mit meins perchmaisters hant *Chvnrades
von Grinzing* ainen weingarten, der da leit in dem *Chrotenpache*,

zenäst pei *Chvnrades des Roraer* des vorsprechen weingarten, des ain viertail ist vnd den ich gechauft han wider *Jacoben* von der *ygla*, dem got gnade, in das egenant Spital also mit auzgenomner rede, daz ich vorgenanter *Albrecht* den egesprochen weingarten sol verrihten mit allen pawen und sol in auch nvtzen vnd inehaben vntzen an meinen tode, vnd nach meinem tode sol sich der Spitalmaister datz dem *heiligen Chrevtz*, oder swer an seiner stat ist, des vorgenanten weingarten vnderwinden, allen seinen frvmen da mit ze schaffen, verchauffen, versetzen vnd geben swem er welle an allen irresal. Vnd wand ich *Albrecht* nicht aigens Insigils han, da von geb ich den egenanten Herren Apt *Otten* vnd der Samnvng vnd dem Spital datz dem *heiligen Chreutz* disen prief zv ainem sichtigen vrchvnd, zv ainem waren gezeug, vnd zv ainer staeten vestnung diser sache, versigilten mit meins perchmaisters Insigil *Chvnrades von Grintzing* vnd mit hern *Jacobes des Schenchen* Insigil vnd mit *Jacobes des Maeserleins* Insigil, die diser sache gezeug sint mit ir Insigiln. vnd sint auch des gezevg, prveder *Thoman* ze den zeiten *Hofmaister ze Wienne*, prveder *Seifrid* ze den zeiten *Chamerer* datz dem *heiligen chrevtz*, *Jacob der Mvndel*, vnd ander frvm levte genveg. Diser prief ist geben ze *Wienne*, do von Christes gebvrt waren ergangen Drevtzehen Hvndert iar, in dem ainem vnd tzwaintzkistem Iar — darnach an dem auffart tag.

Original auf Pergament mit zwei Siegeln, das dritte fehlt.

## LXXV.

**1321, 24. Juni.** — *Die Abtei Heiligenkreuz verkauft 30 Pfund Pfennige Gülte Herrn Leben dem Prunner und seinem Sohne Eberhard, Bürgern von Wiener-Neustadt um 250 Pfund Pfennige.*

Wand Trewe vnd Warhait alle Leut lobt, ert vnd zirt vor Got vnd vor der Werlt, da von vergeh Wir *Ott* Abt ze dem *Hayligen Chreutz* ze den zeiten Vnd dev Samnung des selben Chlosters offenbar an diesem brief allen Leuten gegenwurtigen vnd Chvnftigen, Daz wir mit wol verdahten Mvt, mit zeitigem Rat, mit gvter gvnst mit ganzem willen aller vnser Prüder, ze den zeiten, do wir ez wol getvn mochten mit recht, durch ettleicher erbaften not willen vnsers Chlosters haben ze chauffen gewen den Ersam Getrewen Leuten Hern *Leben dem prvnner* vnd *Eberharten* seim svn, Burger in der *Newenstat* Dreizich phunt winner phenning Gelts, di in der *Newenstat* vnd vor der *Newenstat* ze dorf vnd ze veld, auf Lehen, auf Hofsteten, auf Hofen, auf Weingarten, auf Holtz, auf Gartlant sint gelegen vnd swa wir ez haben gehabt, daz auch vnser rechtez aigen ist gewesen, Vnd daz wir in vur rechtez aigen haben ze chauffen gewen, Daz her nach Geschriben stet, Vmbe Drithalb Hvndert phunt Phenning Winner Munz, der si vns Gar vnd Gentzleichen mit beraitem Gv̂t habent gewert also beschaidenleichen, daz der vor genant her *Leb* vnd *Eber-hart* sein svn mit den vor genanten Dreizich phunt Gelts schaffen schullen allen irn vrum, Versetzen, verchauffen, gewen vnd schaffen vreileichen, swem sie wellent an aller iresal. Wir bieten vns auch mit vnsern Trewen ze rechten scherm dem vor genanten Hern *Leben* vnd *Eberharten* seim sun der vor genanten Dreizich phunt Gelts vur alle ansprach als der zwaier Lande *Österreich* vnd *Steyer* recht vnd Gewonhait ist. Der vor genanten Dreizich phunt Gelts dient ierich-leichen *Maenhart* des ammans svn von *Stainerpruk* zwen vnd zwain-zich winner phenning von ainer Hofstat daz *Stainerpruk* an Sand Mychels tage. *Mychel* in der *zahmans strazzen* sechzig phenning auf sand Merteinstag von aim Garten in der *zahmans strazzen*. Des *Zeuner* hofstat bei sand *Vlreich* in dem *Winchel* fvnf vnd Dreizich phenning an sand Mychels tage. *Dietel* des zimmermans aidem bei sand *Vlreich* fvnf vnd Dreizich phenning auf Sand Mvchels tag von ainer hofstat in dem *Win-chel* bei Sand *Vlreich*. *Jacobs* des wv̂chrer sun in dem *Winchel* fvnf vnd Dreizich phenning auf Sand Mychels tag von ainer hofstat bei sand *Vlreich*. Des *Waitzen* hofstat bei sand *Vlreich* Virzich phenning auf Sand Mychels tage. Des *Wophen* hofstat bei Sand *Vlreich* fvnf vnd Dreizich phenning auf sand Mychels tag. Des *Grintzels* hofstat bei Sand *Vlreich* sehzig phen-ning auf sand Mychels tag. Dev *Pastub*, dev weiln des *Wurfler* ist gewesen in der *Newenstat* vir phunt. Ain *Vistisch* bei den *solsneidern* ain halbez Virtail lauters Vnslides an sand Merteins tag. Ain *Goltsmit* auf dem *Marcht* ain halbez phunt phenning an sand Mychelstag. Von aim hvter chremlein hinder der vorgenanten *Goltsmiten* zwen vnd Dreizzich phenning an sand Mychels tag. Von der vǒr genanten *Goltsmiten* vnd von dem *hvter chremlein* schol man ierichleichen dienen in dem pharhof hintz vnser vrawen virzich phenning an sand Mychels tag. *Gotfrides* des *Plumhv̂ts* Garten in der *Aiglin straz* ain phunt phenning an sand Merteins tag. Da von man ierichleichen dienen schol ain halbez phunt phenning an sand Merteins tag in den pharhof hintz vnser vrawen. Der *Chruglerin* Garten in der *Aiglin Straz* vir vnd virzich phenning an sand Merteins tag. *Nyklas* wittwe des vettern zwelf phenning von ain Weingarten der genant ist, der *Schachzabler* an sand Mychels tag. *Hainreich der Leinain* zwelf phenning an sand Mychels tag, von ain Weingarten, der genant ist, der *Schachzabler*, der auch gelegen ist, datz *Gvmpoltschirchen*. *Leutold* der *Visinch* burger in der Newenstadt Dreizich phenning an sand Mychels tag von ain Weingarten in dem *Rosental*. *Maenchart der Chroph* in der Newenstadt Dreizich phenning an sand Mychels tag von ain Weingarten der gelegen ist, datz *Engschalchesveld* in der *Mvnichluchen*. *Dietreiches* hofstat, des *Eisner*, dev gelegen ist vor dem *Vnger Purgtor* ein halbez phunt phenning an sand Mychels tag. Daz Spital in der *Newenstat* ain phunt phenning an sand Mychels tag, von ain Ganzen lehen in *Zemingdorfer veld*. Des *Nunspigels Chint* ain phunt an sand Mychels tag, von ain lehen in *Zemingdorfer veld*. *Hainreich Pretler* ain halbes phunt phenning an sand Mychels tag von aim halben lehen in *zemingdorf*. *Weinzech Gartner* sechs schilling vnd zwainzich phenning an sand Mychels tag von ain lehen in *zemingdorf*. Der Pharrer von vnser vrawen Chirchen datz der Newenstat virzich phenning an sand Mychels tag von aim Drittail ains Lehens in *zemingdorf*. *Eberhart* in der *Garten Strazzen* sehzig phening an sand Mychels tag von aim Virtail ains Lehens in *zemingdorf*. *Zevnerin* in der langen *hainzlin straz* sehzig phenning an sand Mychels tag von aim Virtail ains Lehens in *zemingdorf*. Von aim hof datz *Altendorf* ain halbez phunt zwen vnd zwainzich phenning, vir Ches immer ain Ches vur zwen phenning, Sehzich ayer sehs hvner, immer ain hvn vur zwen phenning, ain halben Mut haber auf sand Mychels tag. *Eberharts* hof in dem *Raifek* ain phunt phenning, ain schot har, ain halben Metzen Magen vir Ches, zwai hvner an sand Mychels tag. *Rudolf ze Chlingenvúrt* sehzig phenning an sand Mychels tag von aih holtz vnd von ainer Wisen in dem *Chebick*. Zwai Lehen ze *Lanzenchirchen* Dreyzehen schilling phenning an sand Mychels tag. Der selben phenning dient ierichleichen *Rudlo der Chreutzer* drei schilling. Georg drei schilling. *Chvnrat Altenwurger* virdhalben schillinch. *Herman Schonhar* virhalben schillinch. *Rudolf von Chrotendorf* zwen vnd ahzig phenning an sand Mychels tag von Echern in *sunzendorf*. *Heinreich Pergmaister von Chrotendorf* zwen vnd Dreizich phenning an sand Mychels tag von *Echern* in *sunzendorf*. *Rudolf Gotsleins eninchel* zwen vnd sehzig phenning an sand Mychels tag von *Echern* in *sunzendorf*. *Hainreich zephel* in der *Öd* syben vnd funfzich phenning an sand Mychels tag von *Echern* in *sunzendorf*. *Perchtold Poschal* in der *Öd* funf vnd zwainzich phenning an sand Mychels tag von Echern in *sunzendorf*. *Wolfhart* der mulnerin sun ze *Lanzenchirchen* ahzehen phenning an sand Mychels tag, von *Echern* in *sunzendorf*. *Seybot* in dem *winchel* bei *Newenchircher Purgtor* zwaier min fvnfzich phenninge an sand Mychels tag, von Echern in sunzendorf. *Rudolf Hollvewer ze chetzleinsdorf* ains min virzich phenning an sand Mychels tag, von Echern in *sunzendorf*. *Leupold Rustenpauch zv Chetzleinsdorf* zwainzich phenning an sand Mychels tag, von *Echern* in *sunzendorf*. *Leutoldin ze Chetzleinsdorf* zwainzich phenning an sand Mychels tag, von *Echern* in *sunzendorf*. *Engelprecht ze Chetzleinsdorf* funf vnd zwainzich phenning vnd ain hvn an sand Mychels tag von *Echern* in *sunzendorf*. *Rudel Zahman ze Chetzleinsdorf* virzich phenning an sand Mychels tag von *Echern* in *sunzendorf*. *Hailweich* des pergmaisters swester ze *Chetzleinsdorf* ahzehen phenninge an sand Mychels tag von *Echern* in *sunzendorf*. *Leupolt* des pergmaisters Geswei ze *Chetzleinsdorf* ahzehen phenning an sand Mychels tag von *Echern* in *sunzendorf*. *Rudolf Wilhalms* aidem ze *Chetzleinsdorf* fvnfzehen phenning an sand Mychels tag von Echern in *Sunzendorf*. *Rudel* des pergmaisters pruder ze *Chetzleinsdorf* virzehen phenning an sand Mychels tag, von *Echern* in *sunzendorf*. *Leupolt* des pergmaisters Geswei ze *Chetzleinsdorf* drei schilling phenning an sand Mychels tag von aim halbem lehen ze *Chetzleinsdorf*. *Chunrat Chotstorfer ze Chetzleinsdorf* Drei schilling funf phenning, funfzehen ayer vnd ain hvn an sand Mychels tag von aim halbem Lehen in *Chostorf*. *Vlreich* des *svmmers* aidem bei *Newenchircher Purgtor* Drei schilling fvnf phenning, fvnfzehen ayer vnd ain hvn an sand Mychels tag von aim halben lehen in *Chostorf*. *Gerdraut Engeltichin* bei *Newenchircher Purgtor* sehs schilling, zehen phenning Dreizich ayer vnd ain hvn an sand Mychels tag von aim Lehen in Chostorf. *Nyclas* vnd sein gemainer bei sand *Vlreiches* purgtor sehs schilling, zehen pbening, drayzich ayer, zwai hvner an sand Mychels tag von aim lehen in *Chostorf*. *Rupel* bei sand *Vlreich* drei schilling, fvnf phening fvmfzehen ayer, ein hvn an sand Michels tag von aim halben lehen in *Chostorf*. *Hortin* hinder den vir turn Drei schilling fvnf phenning, fvnfzehen aijer an sand Mychels tag von aim halben Lehen in *Chostorf* Vnd zehen phenning an sand Mychels tag, von aim holtz an dem *Leiterperg*. *Perchtold* pergmaister ze *Chetzleinsdorf* zwelf phenning an sand Mychels tag von ainer hofstat an dem *Griez*. *Herman Paster* in *Chetzleinsdorf* sybenzich phenning vnd ain hvn an sand Mychels tag, von *Echern* in *sunzendorf*. *Waltherin* in der *vnger strazzen*. virzich phenning vnd ain hvn an sand Michels tag, von *Echern* in *Sunzendorf*. *Herman Geuritzer* in *Chetzleinsdorf* virzich phenning vnd ain hvn an sand Mychels tag von *Echern* in *Sunzendorf*. *Perchtold* pergmaister in *Chetzleinsdorf* sybenzehen phenning an sand Mychels tag, von *Echern* in *Sunzendorf*. *Chunzl hvk ze Chetzleinsdorf* zeben phenning an sand Mychels tag von Echern in Sunzendorf. *Mychel Wilhalms* sun ze *Chezzleinsdorf* fvnf vnd sybenzich phenning an sand Mychels tag von *Echern* in *Sunzendorf*. *Sybot* in dem winkel bei *Newenchircher tor* zwainzich phenning an sand Mychels tag von aim Holtz in dem *Gvtempah*. *Herman Chnapp* ze *Chetzleinsdorf* fvnf vnd zwainzich pheuning an sand Mychels tag von Echern in *Sunzendorf*. *Wisent Prodersdorfer* ein halbez phunt, fvnf phenning von ainer wisen in dem *Gutempack* an sand Mychels tag. *Chvnigunt permenin ze Chetzleinsdorf* fvnf vnd Dreizich phenning an sand Mychels tag von Echern in *Sunzendorf*. *Sidlo Waldner* bei sand *Vlreich* Nevn phenning an sand Mychels tag, von aim Weingarten in dem *Gutempah*. *Peter Gaizmir* sun in der *Teutschen Strazzen* zwelf phenning an sand Mychels tag, von aim Weingarten in dem *Gvtempach*. *Weinzech* in der *Garten straz*, zeben phenning an sand Mychels tag von ain holtz am *pronlein*. *Symon* der *Chorner* virzich phenning von aim Weingarten im *gvtempah*, an sand Mychels tag. *Vlreich Vorster ze Chetzleinsdorf*, ahzeben phenning von Echern im *Gvtempah* an sand Mychels tag. *Perchtold* der Smit vor *Newenchircher tor* zeben phenning, von Echern in *gvtempah* an sand Mychels tag. *Wolflin* bei sand *Vlreich* zwelf phenning an sand Mychels tag, von aim holtz im *Gvtempah*. Der *Wolflin eninckel* vir phenning an sand Mychels tag von aim weingarten im *Gvtempah*, *Nyclas Chalochs* sun vor *Newenchircher tor* fvnfzehen phenning an sand Mychels tag, von aim holtz vnd von aim weingarten im *Gvtempah*. *Ot Chlingvúrter* Nevn phenning an sand Mychels tag, von ain weingarten im *Ramelspah*. *Hellenweiges* prúder in der *Ód* Drei phenning an sand Mychels tag von aim weingarten im *Ramelspah*. *Perchtold ruschleins aidem* in der *Newenstadt*, fvnf phenning an sand Mychels tag von aim weingarten am prunlein. *Dietreich der pehaim* sechs phening an sand Mychels tag, von aim weingarten am prunlein. *Chunzl* auf dem *Cherbach* vir phenning an sand Mychels tag von aim weingarten an dem *Gvtempah*. *Heinreich Rentel* von *Chrotendorf* ainlef phenning an sand Mychels tag von Echern in *sunzendorf*. *Wulfing Solgruber* fvnf vnd zwainzich phenning an sand Mychels tag von Echern vnd von aim holtz in *sunzendorf*. *Nyclas* in der *peunt* ze *Chrotendorf* zwainzich phenning an sand Mychels tag, von aim weingarten in dem *Gertenmaiz*. *Dietreich* hinder den *vir tvrn* vir phenning an sand Mychels tag, von aim weingarten im *Gvtempah*. *Chvnrat* in dem *Obermdorf* ze *Lanzenchirchen* zwelf phenning an sand Mychels tag, von aim weingarten im *Ramelspah*. *Chvnrat Wisenteins* sun ze *chezzleinsdorf* vir phenning an sand Mychels tag von aim weingarten im *Gvtempah*. *Heilweich* des pergmaisters swester ze *Chetzleinsdorf* acht phenning an sand Mychels tag von aim weingarten im *Gvtempah*. *Chvnrat heilweigen* sun fvnf phenning an sand Mychels tag, von aim weingarten im *Gvtempah*. *Vlreich steger* in der *Newenstadt*, zwen phenning an sand Mychels tag, von aim halben weingarten am *prvnlein*. *Leupolt* Newen phunt (sic) fvnf phenning an sand Mychels tag von aim holtz im *prest*. Der dienst aller der her nach Geschriben stet, ez sei wein oder phenning, der gehort auf Sand Mychels ierichleichen ze dienen. *Chvnrat* der *Graf* in der *Langenhainzlin Straz* Nevn phenning von aim holtz im *Prest*. *Leutoldin* dev witwe sechs phenning von aim weingarten im *Gvtempah*. *Walter wisenteins* sun zwen phenning von aim weingarten im *Gvtempah*. *Rudolf Plakauner* drei phenning von aim weingarten im *Gvtenpah*. *Menhart hort* drei phenning von aim weingarten im *Prest*. Dev *Pewerin* Drithalben phenninch von aim weingarten im *Gvtempah*. *Schetzlin* drithalben phenninch von aim weingarten im *Gvtempah*. *Ramsawer* von *Chrotendorf* fvnf phenning von aim weingarten im *Ramelspah*. *Mychel Perman* fvnf phenning von aim weingarten in *Prest*. *Reichel Wisenteins* sun zwen phenning von aim weingarten am *Prest*. *Vlrich Vicharter* fvnf phenning von aim weingarten am *prvnlein*. Der *Deutschen* herren Mayer fvnf phenning von aim weingarten am *Prest*. *Hainreich geuritzer* ze *Chetzleinsdorf*, vir phenning von aim weingarten im *Gvtempah* Vnd sein Gemainer vir phenning von demselben weingarten. Der *Pharer von Lanzenchirchen* fvnf phenning von aim weingarten am *Prest*. *Rudol* der *Mentler* fvnf phenning von aim weingarten in *Gvtempah*. *Stefan von Taygez* fvnf phenning von aim weingarten in *Gvtempah*.

*Andre in Gvtempah* fvnf phenning von ainer Setz in *Gvtempah.*
*Vlreich* des *summers* aidem ze *Chetzleinsdorf* fvnf phenning von einer
Setz in *Gvtempah. Herman von Schiltgraben* vir phenning von aim
weingarten im *prest. Fridreich Muntvol ze Chetzleinsdorf* fvnf phenning
von ainer Setz im *Gvtempah. Jacob Milcher* Nevnzehen phenning von
aim weingarten im *Gvtempah* vnd von aim holtz im *Ramelspach. Chun-
rat* der *Swab* vir phenning von aim weingarten in *prunleins. Dietmar
Schereich* drei phenning von aim holtz am *prunleins. Wolfger von Lan-
zenkirchen* fvnf phenning von aim weingarten in *Ramelspach. Walther
Cherner* zu *Lanzenchirchen* fvnf phenning von aim weingarten im
*Ramelspach. Nyclas Echarts* sun vor *Newenchircher tor* sechs phen-
ning von aim weingarten im *Gvtenpah. Ot Ruschel* zeben phenning von
aim weingarten im *Prest. Leupolt* mit dem *Mail* drei phenning von aim
weingarten im *Prest. Ot Gvthail* fvnf phenning von aim weingarten am
*prunlein. Vurstin* vir phenning von aim weingarten am *prunlein. Wul-
fing* von *Sunzendorf,* acht phenning von aim weingarten in *Ramelspach.
Jekel* des Ammans sun von *Chrotendorf,* fvnf phenning von aim wein-
garten in *Ramelspach. Technarius von Chrotendorf* sehs phenning von
aim weingarten in *Ramelspach. Lendenvrost ze Lanzenchirchen* sehs
phenninge von aim weingarten in *Ramelspach. Hertel der Decker*
fvnf phenning von aim weingarten im *Prest. Vlreich Mulner* fvnf
phenning von aim weingarten im *Prest. Chnap herman* fvnf phenning
von aim weingarten im *Prest. Perchtold Geuritzer* drei phenning
von aim weingarten im *Prest. Perchtold* pergmaister ze *Chetzleins-
dorf* fvnf phenning von aim weingarten in *Ramelspach. Rudolf Wein-
zephel* vnd *Lienhart* sein pruder, acht phenning von aim weingarten
in *Ramelspach. Seidel von hedreinswerd* vnd sein Gemainer aht
phenning von aim weingarten in *Ramelspach. Hertel wegenstrutzel*
von *Chrotendorf* fvnf phenning von aim weingarten in *Ramelspach.
Nevchom von Walperspah* sehs phenning von aim weingarten im
*prunlein. Vasolt von Chrotendorf* fvnf phenning von aim weingarten
in *Ramelspah. Mort* von *Brov* des *zephleins* pruder sechs phenning
von aim weingarten in *Ramelspah. Heinreich zephel* in der *Ód,* fvnf
phenning von aim weingarten in *Ramelspah.· Echart Nevchom* von
*Chrotendorf,* vir phenning von aim weingarten in *Ramelspah. Fridel
vůrst* fvnf phenning von aim holtz am *prunleins. Mychel wilhalms*
sun, sechs phenning von aim weingarten am *prunlein. Perchtold
mulner* vnd *Gretmans* sein Gemainer, zwen phenning von aim

weingarten in *Ramelspak*. *Herman Ruschel* vir phenning von aim weingarten am *prunlein*. *Chunrat Truchtel* zwen phenninge von aim weingarten am *prunlein*. *Pheriel* in der *Newenstadt* vnd sein Gemainer fvnf phenning von aim weingarten in *Gvtenpah*. *Geyseln* sun, *Ladochs* eninchel zwen phenninge von aim weingarten an *prunlein*. Der *Reich* *Ot* von *Lanzenchirchen* drei phenning von aim weingarten in *Ramelspach*. *Fridreich Chvnrats* sun ze *Chetzleinsdorf* fvnf phenning von aim weingarten in *Gvtempah*. *Chvnrat Channer* ze *Chetzleinsdorf* drei phenning von aim weingarten in *Prest*. *Vlreich vorster* ze *Chetzleinsdorf* ain phenninch von aim weingarten in *Prest*. *Fridreich Sprinzenstainer*, vir phenning von aim weingarten ob der *chapellen*. *Mert Stifter* ze *Chetzleinsdorf* fvnf phenning von ain weingarten in *Prest*. Des Gepawern sun ze *Chetzleinsdorf* drei phenning von aim weingarten in *Ramelspach*. *Chunrat Chempel* ze *Chetzleinsdorf* fvnf phenning von aim weingarten in *Ramelspach*. *Vlrich Zanner* auf dem *Cherbach* ain halbem Ember wein von ain weingarten in *Gvtempah* vnd auch vierdhalben phennich auf den wein. *Ortel der vurster* ain halbem Ember, virthalben phenninch von aim weingarten am *prvnlein*. *Vlrich der Chremlin* sun ain halbem Ember virdhalben phenning. *Dietel Chunlinch* ze *Chetzleinsdorf* ein halbem ember virdhalben phenning von aim weingarten in *Gvtenpah*. *Hertweich poschleins* sun ze *wolgerstorf* Drei Ember vnd zwainzich phenning an ein helvling von ain weingarten in dem *Ramelspach*. *Chvnigunt wolfhartin* in der *Öd* ain virtail wein vnd fvnf phenning von aim weingarten in *Ramelspach*. *Reicher* der pinter ein halben ember virthalben phenninch von aim weingarten an *Prest*. *Veterl* der *Schor* ain halben ember, virthalben phenninch von aim weingarten in *Ramelspach*. *Dietreich von Brun* ein halben ember virthalben phenning von aim Weingarten in *Ramelspach*. *Levtold Zanner* in der stat ain virtail, zwen phenning von aim weingarten bei der *Chappeln*. *Sidlo Chremel* vnd sein prvder ain halben ember, virthalben phenning von aim weingarten in *Gvtempach*. *Ot Rvschel* ain halben ember, virthalben phenning von aim weingarten im *Prest*. *Rudel* des pergmaisters prvder von *Chetzleinsdorf* ein virtail, zwen phenning von aim weingarten im *Gvtempah*. *Andre von Swarzach* ain virtail, zwen phenning von aim weingarten in *Ramelspach*. *Leubel* der wahter bei *Newenchircher tor* ain virtail, zwen phenning von aim weingarten bei der *Chappeln*. *Dietreich pehaim* ain halben ember, virthalben phenning von aim weingarten in *Ramelspach*. *Vlreich Geuritzer* ze *Chetzleinsdorf* ain halben ember, virdhalben phenning von aim weingarten in *Gvtempah*. *Wulfing von Stang* ain virtail zwen phenning von aim weingarten in *Ramelspach*. *Chunrat Truhtel* ain virtail zwen phenning von aim weingarten bei der *Chappeln*. *Fridel Vurst* ain virtail zwen phenning von aim weingarten am *prunlein*. *Ot Mauter* ain halben ember, virdhalb phenning von aim weingarten am *prunlein*. *Mychel* sein sun ain virtail, zwen phenning von aim weingarten am *prunlein*. *Dietmut pauleins* hausfrawe bei sand *Vlreich* ain halben ember virthalben phenning von aim weingarten am *prunlein*. *Perchtold* der *Smid* vor *Newenchircher tor* ain ember, sibenthalben phenning von aim weingarten in *Gvtempah*. *Herman Hailken* tachter auf der *Rinnen*, ain halben ember virthalben phenning von aim weingarten in *Gvtempah*. *Alber aupauch* ze *Chetzleinsdorf* ain virtail zwen phenning von aim weingarten an *prunlein*. *Chunrat am ek* ain halben ember virthalben phenninch von aim weingarten in *Gvtempah*. *Hainreich Cholbel* ze *Lanzenchirchen* anderhalben ember zehen phenning von aim weingarten in *Ramelspach*. *Vlreich Chatzenmaister* ze *Walperspach* ain halben ember virdhalben phenning von aim weingarten in *Ramelspach*. *Vlreich vlaisez* ze *harsendorf* ain ember, sybenthalben phenninch von aim weingarten in *Ramelspach*. *Sidlo hort* ain halben ember, virdhalben phenninch von aim weingarten in *Gvtempah*. *Wolfel* der *Wolflin* sun bei sand *Vlreich* ain halben ember, virdhalben phenning von aim weingarten an *prunlein*. Das *Spital* dacz sand *Elspeten* in der *Newenstat*. ain halben ember, virdhalben phenning von aim weingarten in *Gvtempah*. *Ot wirtsleben von Puten* ain halben ember, virdhalben phenning von aim weingarten in *Ramelspah*. *Mert Gvthail* sun ain virtail zwen phenning von aim weingarten an *prunlein*. *Vlreich plathöf* ain virtail, zwen phenning von aim weingarten am *prunlein*. Der *pharrer* von sand *Vlreich* ainen ember, sibenthalben phenninch von aim weingarten am *prunlein*. *Reichel Scharnagel* ze *Chetzleinsdorf* ain virtail, zwen phenning von aim weingarten in *Gvtenpah*. *Vlreich prewer* auf dem *Cherbach* ain virtail, zwen phenning von aim weingarten in *Gvtempach*. *Wolfpreht ledrer* drei ember zweinzich phenning an ain heblinch von aim weingarten im *Gvtenpah*. *Alhait hortin* ain virtail vnd ain phenninch von aim weingarten in *Gvtempah*. *Dietreich von Prvn* anderhalb virtail zwen phenning von aim weingarten in *Ramelspach*. *Fridel*

*der wurster* ain ember sibenthalben phenning von aim weingarten
am *prunlein*. *Fridel partelmes* aidem in der *Newenstat*, ain halben
ember, virdhalben phenning von aim weingarten am *prunlein*. *Perch-*
*told* der *Pawer* von *Chrotendorf* anderhalb virtail, drei phenning von
aim weingarten am *prunlein*. *Heinreich helt* ain ember, sibenthalben
phenning von aim weingarten in *Gvtempach*. *Engelbrecht* von *Chetz-*
*leinsdorf* drei virtail fvnf phenning von aim weingarten in *Prest*.
*Perchtold* pergmaister ze *Chetzleinsdorf* ain halben ember, drei
helbling, von aim weingarten ob der *Chapellen*. *Grvpplin* in der
*deutschen straz*, Drei virtail, Drei phenning von aim weingarten in
*Gvtempah*. *Engeldiehin vor Newenchircher tor*, ain ember drei
phenning von aim weingarten ob der *Chapellen*. Der *Churz Perch-*
*told* vnd der *Henel* bei sand *Vlreich*, ain ember, drei phenning von
aim weingarten bei der *Chapellen*. *Grvpplin* in der *Newenchircher*
*straz*, ain halben ember, drei phenning von aim weingarten ob der
*Chapellen*. *Durinch Chrugelholtz*, ain virtail vnd ain phenning von
aim weingarten ob der *Chapellen*. Der *Churz Eber* bei sand *Vlreich*,
drei virtail, zwen phenning von aim weingarten in *Gvtempah*. *Traut-*
*man* des holden aidem ain ember, drei phenning von aim weingarten
in *Prest*. *Molsencz pech* ain halben ember, drei helbling von aim
weingarten ob der *Chapellen*. *Leubleins* witwe des *prerrer* ze *Ouen-*
*pah* ain ember drei phenning von aim weingarten ob der Chapellen.
*Heinreich apt*, ain halben ember, Drei helbling von aim weingarten
ob der *Chapellen*. *Nyclas* des apts Geswai ain halben ember von
aim weingarten ob der *Chapellen*. *Chunrat Chorbler* ain halben
ember Drei helbling von aim weingarten in *Gvtempah*. *Stephan* des
*Chorbler* sun ain halben ember, drei helbling von aim weingarten
am *prunlein*. *Chunrat Wolfleins* sun ze *Chetzleinsdorf*, ain ember,
Drei phenning von aim weingarten in *Gvtempah*. *Vlreich vlaisez* von
*harsendorf* ain halben ember, Drei helbling von aim weingarten in
*Ramelspah*. *Eberhart Slapan* ain halbem ember, Drei helbling von
aim weingarten ob der *Chapellen*. *Nyclas der Nunnen, weinzurl*
ain halben ember, drei helbling von aim weingarten ob der *Chapellen*.
*Dietmar Hosnekel*, ain virtail, ain phennich von aim weingarten am
*prunlein*. *Papelhaim* drei virtail zwen phenning von aim weingarten
in *Ramelspah*. *Rudel Englains* aidem des weber ain halben ember
drei helbling von aim weingarten ob der *Chapellen*. *Rudolf* Wilhelms
aidem ze *Chetzleinsdorf* ain halben ember, zwen phenning von aim

wan in die vorgenanten Weingarten vervallen sint mit rechte, daz
der vorgenante abte vnd der Conuent zu dem *heiligen Chrevtz* allen
iren frume vnd nutz schaffen mugen mit verchaufen vnd versetzen
mit den selben Weingarten, swie ez in aller pest fuget. Dez loben
wir vnd verihen ez mit disem prief, swer di egenanten weingarten
chaufet oder ze pfande nimet von dem abte vnd von dem Conuent zu
dem *Heiligen Creutz*, daz wir dez scherme sein, vnd daz wir in die-
selben Weingarten schermen wellen nach dez landez rechte ze *Oster-
rich*. Vnd dez ze einen offen vrchunde geben wir diesen prief ver-
sigelt mit vnserm Chuniglichen Insigel. Der ist geben ze *Wienne* dez
Svnnetags vor sant Merteins tag in dem sibenden Iar unseres Riches,
da man zalt von Christes geburd drevzenhundert Iar darnach eins
vnd zweinzich Iar.

Original auf Pergament mit Siegel.

## LXXVIII.

**1322, 24. April, Wien.** — *Ernprecht von Gumpoldskirchen stiftet sich in der
Abtei Heiligenkreuz Jahrtag und Begräbniss und widmet hiezu sein Haus
zu Gumpoldskirchen und einen Weingarten daselbst.*

Ich *Ernprecht* von *Gumpolteschirichen* vergihe vnd tvn chunt
allen den die disen prief lesent oder horent lesen, die nv lebent vnd
her nach chunftich sint, daz ich mit willen vnd gunst meiner haus-
vrowen vron *Geiseln* vnd ander meiner erben mit verdachtem mvt vnd
nach meiner pesten frevnde Rat geschaft han mein geschefte zv der
zeit, do ich iz wol getvn mochte nach meiner sele gewarhait, dar
vmb daz mein hausvrowe, die vorgenant vro *Geysel* vnd ander mein
erben nach meinem tode an chriege beleiben. Des allerersten so han
ich geschaft vnd schaffe lauterlichen durch got vnd durch meiner
vodern sele willen vnd auch durch meiner selber sele hail den erbern
prvedern prveder *Otten* zv den zeiten apt vnd der Samenvnge ge-
mayn datz dem *heiligen chrevze* vnd allen irn nachchomen mein
haus, daz da leit vor dem *ziegel hove* pei vron *Benditten* haus vnd
daz ee gedient hat vnd noch dient alle iar der vorgenanten Samenvnge
von dem *heiligen chrevtz* Sechs Schillinge wienner phenninge ze
rechtem purchrecht vnd ze grvntrecht vnd dient hintz *sand Jacob*
den swestern ayn phunt phenninge purchrechtes. Dar zv so han ich

in geschaft vnd schaffe in meinen weingarten, der da leit ze *Gumpolteschirichen* avf der *nidern Staingrveb*, zwischen *Hainriches* weingarten des *Esler* vnd *Otten* weingarten des *Chelner*. Den selben weingarten vnd das vorgenant havse han ich *Ernprecht* geschaft der vorgenanten Samnvnge daz dem *heiligen Chrevze*, Aso mit auz genommer rede, swanne daz ist, daz ich tot gelige vnd swo ich tot gelige, do suln sie mich nemen mit irn wagen vnd suln mich zv irm chlôster fuern vnd suln mich da bestatten mit gepet mit vigili vnd mit selemessen, als ir gewonhait ist ze gleicher weis, als irr prveder aynen vnd suln sich des vorgenanten hauses vnd des weingarten nach meinem tode vreilichen vnderwinden vnd suln do von alle iar an meinem iar tage der Samenvnge aynen gantzen dienst geben, als ir gewonhait ist, daz sie meiner sele vnd aller gelaubigen sele desder vleizichlicher mit gepet vnd mit vigili vnd mit selemessen gedenchen. Vnd sweliches iar sie des nicht entvnt, so suln sich die naesten mein frevnde paide des weingarten vnd des hauses mit irm gutem willen vnderwinden vnd suln die also lange inne haben, vntz daz der dienst gar vnd gentzlichen wider ton werde. Si suln auch meiner havsvrowen in dem selben bavs aynen gemach lazzen, der ir zimlich sei, ob si ane man beleibet. Daz dise rede vnd ditz gescheft furbaz zwischen vns paidenthalben stet vnd vnzebrochen beleibe vnd wand ich *Ernprecht* nicht aigens insigils han, do von so han ich geben dem vorgenabten prveder *Otten*, zv den zeiten apt vnd der samenvnge gemayn datz dem *heiligen chrevze* vnd allen irn noch chomen disen prief zv aynem sichtigen vrchunde vnd ze aynem offen gezevg vnd zv ayner Ewigen vestnvng diser sache vnd ditz gescheftes versigilten mit hern *Chvnrades* Insigil des *Chyburger*, ze den zeiten *obrister chellermaister* der hohen fürsten in *Osterriche* vnd mit hern *Otten* insigil des *Wulfleinstorfer*, zv den zeiten *purger maister ze wienne* vnd mit hern *Nichlas* insigil des *Pollen*, die diser sache gezevge sint mit ir insigiln vnd ander frvm levte genvch. Diser prief ist geben ze *wienne*, do von Christes geburt warn ergangen drevzehen hundert iar in dem zwai vnd zwentzzigistem iare dar nach, an sand Jorgen tage.

Original auf Pergament mit einem Siegelrest, zwei andere fehlen.

# LXXIX.

**1322, 1. Mai, Wien.** — *Dietrich Chrannest der Jüngere, Bürger von Wien und Margareth seine Hausfrau reversiren der Abtei Heiligenkreuz die Berichtigung jener fünf Pfund Pfenninge jährlich, welche des ersteren verstorbener Bruder Hertwich derselben zu seinem Jahrtage vermacht hatte.*

Ich *Dietrich* der Junge *Chrannest* vnd Ich *Margret* sein Hovsvrowe Wir vergehen vnd tvn chvnt allen den, die diesen prief lesent oder horent lesen, die nv lebent vnd hernach chvnftich sint, das min prvder *Herweich,* dem got genade, hat geschaffet durch got vnd durch vnsers vater sele willen vnd durch aller glavbigen sele willen zv aynem ewigen selgeraete fvnf pfvnd wienner phenninge geltes Pvrchrechtes hintz dem goteshavs datz dem *Heyligen Chrevtze* vnd den Prudern gemayne dem Chonvente also beschaidenlichen, das man alle Iar da von seinen Iartach legen sol ewichlichen. Der selben tivnf phvnde pvrchrehtes haben wir vns recht vnd redlichen vervangen vnd vnderwunden ze dienen dem vorgenanten goteshovse von vnserm Weingarten, der da leit ze *Newenburch* oberhalb *Sand Jacobs In der mittlern Pevnte,* des ayn Jevch ist, also mit avzgenomner rede, swanne das ist, das wir In chavffen ayn phvnt, zway phvnt, oder drey phvnt, oder aller fivnffev chavffen in der stat ze *wienne* oder vor der stat nach aller meiner pruder rate, vnd nach ander meiner vrivnde rate, die svllen sev nemmen an vnsers Purchrechtes stat; Die weil vnd des nicht geschieth, so svllen wir, oder swer den vorgenanten vnsern weingarten nach vns hat vnd besitzet, In daz vorgenannte Pvrchrecht dienen zv drin Zeiten In dem Iar, an sand Michels tage zehen vnd drevtzehen Schillinge, ze weynachten zehen vnd drevtzehen Schillinge, vnd an sand Georgen tage zehen vnd drevtzehen Schillinge mit allem dem nvtze vnd recht, als man ander Pvrchrecht dienet nach der stat gewonhait ze *Wienne.* Wir loben auch, In daz vorgenante Pvrchrecht ze schermen vor allev ansproche, als Pvrchrechtes recht ist vnd des Landes recht in *Osterrich*; vnd dar vber so geben wir In disen prief zv aynem sichtigen vrchvnde vnd zv aynem waren gezevge vnd zv ayner ewigen vestnvnge diser sache versigilten mit vnserm Insigel vnd mit vnser Perchvrowen Insigel vron *Ofmeym* hern *Greiffen* wytteben *pei vnser vrowen avf der stetten ze Wienne.* Dieser prief ist gegeben ze *Wienne* nach christes

gebvrt Drevtzehen hvndert Iar dar nach In dem zway vnd zwaintzi-
gisten Iare, an sand Philippes vnd sand Jacobs tage.

Original auf Pergament mit zwei Siegeln.

## LXXX.

**1322, 15. Juni, Wien.** — *Weichard von Toppel, Landrichter von Österreich,
bestätigt der Abtei Heiligenkreuz die von ihr erhaltene Bezahlung ihm
schuldiger 30 Mark Silbers.*

Ich *Weichart von Topel, Lantrichter ze Osterich,* vergich vnd
tvn chvnt an disem prief allen den, die in lesent oder hörent lesen,
die nv sint vnd her nah chvmftig sint, daz mier der erber herre
prueder *Ott* ze den zeiten abt vnd der Convent gemain von dem
*Heiligen Creutz* solten gelten vf die perchtnaht, di nv gewesen ist,
dreizzich march silbers, ie zwen vnd sibenzich grozzer pehemischer
phenning fuer ein march, da si mir ieren prief vmbe gegeben heten.
Dez selben vor genanten guetes pin ich gar vnd gentzlichen gewert.
Wan aber ich den vor gesprochenen heren iren brief niht wieder
gegeben mohte, do von daz ich in verlorn hete, dar vmbe gib ich in
disen prief fuer ieren prief ze einen waren vrchvnd, daz sev nimmer
chain mensch furbaz vmb daz vor genant guet an sprechen schulle,
swo si disen prief zaigent. Der ist gegeben ze *Wienne* do man zalt
von Christes geburt Dreutzechen Iar dar nah in dem zwai vnd zwain-
zichisten Iar an sand Veitz tag.

Original auf Pergament mit einem Siegel.

## LXXXI.

**1322, 13. (†19.) Juli, Wien.** — *Hugo von Ingolstadt, Bürger von Wien und
Kunigunde seine Hausfrau stiften sich bei der Abtei Heiligenkreuz Jahrtag
und Begräbniss und widmen hierzu einen Weingarten zu Gumpoldskir-
chen, ihr Haus zu Wien in der Wollzeile und acht Pfund Pfenning Gülte
auf einem Hofe zu Ottakring.*

Ich *Haug von Ingolfstat* Purger ze *Wienne* vnd ich *Chunigvnt*
sein Hausfrowe veriechen vnd tvn chvnt an disem prief allen den, di
in lesent oder hörent lesen, di nv lebent vnd hernab chvnftig sint, daz
wir willichlichen vnd gern mit gesampter hant, mit verdahtem mvet,
vnd mit vnser frevnt gueten rat, ze den ziten, do wir ez wol getvn
mochten, daz vns nieman dar an geirren mochte, durch svnderlicher

lieb vnd triwe, die wir lange ze dem Chloster datz dem *heiligen Crevtz* gehabt haben, do ouch wir vnser begrebnvsse haben erwelt, vnd ouch durch vnser Sel vnd durch aller vnser vordern Sel hail willen vnd durch got ledichlich geschaft vnd gegeben haben einen weingarten ze *Cvmpoltschirchen*, dez Perchmaister *Rueger* do selb ist, vnd dienet ze sant Mich els misse fvmf vnd zwainzich phenning vnd den Prvedern von *Maurbach* ze Perchreht vierdalben emmer weines. Wir schaffen vnd geben ouch dem vorgenanten Chloster vier phvnt wienner phenning geltes purchrechtes vf vnserm Haus, daz da leit in der *wollzeil*, vnd dienet der *Greiffin* ze Purchreht an sant Gergen tag sechs phenning; daz purchreht vnd daz gelt sol man dienen, als gewonhait ist ander purchrecht ze dienen noh der Stat gewonhait, ze sand Michels tag an zechen ainlef schilling, ze weinahten an zechen ainlef schilling, vnd an sant Gergen tag an zechen ainlef Schilling. Dar nah schaf vnd geb wir ouch dem egenanten Chloster aht phvnt Wienner phenning geltes purchrehtes vf einem hof, der da leit ze *Otackerin* vnd ist bern *Dietriches vnder den Louben*, vnd ouch vf einem Povmgarten vnd vf einem Weingarten, die zv dem selben Hof gehorent, vnd vf allem dem, daz dar zue gehoret, ez sei versuecht oder vnuersuecht, oder swie ez genant si; daz selb purchreht sol man ouch dienen, als do vor gescriben stet, ze sant Michels tag vierzich vnd drithalb phvnt, ze Weinahten vierzich vnd drithalb phvnt vnd an sant Gergen tag vierzich vnd drithalb phvnt. Ouch sol man wissen, swenne der vorgenant *Dietrich vnder den Louben* dem vorgesprochen Chloster geit vierzich March Silbers ie zwen vnd Sibentzich grosser pohemischer phenning fur ein March, daz denne der egenant Hof mit allen dem, daz dar zue gehöret, ledich vnd los ist. Man sol ouch wissen, daz wier ditz gescheft vnd geben stet wellen haben, wan ez vnser lestes gescheft ist. Wan swaz wir vor geschaft oder gegeben haben, daz sol allez tod wider daz gescheft vnd geben sein, seit ez daz lest ist. Ouch sol man wissen, daz man alle iar Iaerlichen an vnserm Iartag, swer in dem vorgenanten Chloster Chelner ist, einen velligen vnd erbern dienst geben sol mit allen dem reht, als man andern dienst geit, daz die Herren vnd ovch die Prveder getröstet werden, daz si got dester fleiziclicher vmb vns biten. Vnd daz dise red stet ganz vnd vnzebrochen beleibe, dar vmbe geb wir in disen prief mit vnserm Insigel versigelt. Diser sach sint ouch gezeug her *Chunrat der Chiburger*, ze den zeiten *Chelermaister*.

her *Ott der Purgermaister* ze den selben Zeiten, her *Stephan der Chrigler* vnd her *Dietrich vnder den Louben*, der Insigel aller an disem prief leit. Diser Prief ist gegeben ze *Wienne*, do man zalt von Christes geburt Dreutzechenhundert Iar dar nah in dem zwai vnd zwainzichisten Iar, an sant Margreten tag.

Original auf Pergament mit drei Siegeln, zwei andere fehlen.

## LXXXII.

**1322, 24. August.** — *Friedrich der Heuzze, Burggraf zu Medling, überlässt nach dem Beispiele seines verstorbenen Bruders der Abtei Heiligenkreuz die ihm gehörige Hälfte einer Gülte zu Kaumberg zur Stiftung eines Jahrtages für sich und seine Familie.*

Ich *Fridreich der Heuzze* Purchgrave ze *Medlich* vergich vnd tun chund allen den, die diesen prief lesent oder horent lesen, di nv lebent vnd her nah chumftig werdent, Daz ich vnd mein pruder *Wernher*, dem got genad, haben gehabt mit einander drithalb phunt pheninge gůlt an zehen phening ze *Chaumperch*; derselbe gult schuf mein pruder an seinem ende seinen tail durch seiner sel willen den herren vnd dem Chloster ze dem *heiligen Chreutz*. Nv wand ich auh wol bedorf der gotes genaden vnd daz man mein gedench vnd miner hovsvrowen nah vnserm tode, da van so han ih mich reht bedaht vnd han mit miner housvrowen vron *Elzpeten* guten willen vnd aller miner erben verhanchnusse mein tail an der vorgenanten gult gigeben denselben herren ze dem *heiligen Chreutz* mit allen dem reht vnd nutz, als ich in han inne gehapt, vnd schullen darumb mein vnd miner hovsvrowen sel gedenchen nah unserm tod, vnd auh mines vaters hern *Wernhers des heuzzen* vnd miner mŭter vron *Elzpeten*, vnd miner pruder *Wernhers* vnd *gotfrides* sel, vnd mit in aller vnser vodern sel den allen got genad — schullen si gedenchen ewichlich ierichleih mit vigili vnd mit messesprechen, als des ordens gewonhait ist. Vnd sol man van der gult geben alle iar an vnsers herren leihnam tag der Samnunge ainen dienst, iedem herren zwai stuche guter vische vnd den pesten wein auz der samnunge cheller, vnd sol man daz niht versaumen, ez gescheh danne van eehafter notdurft, Wer aber, daz ez anders versaumet wurd, so sold ich mih zv der gult ziehen oder mein nesten erben, ob ih niht en wer vnd di so lange inne habn, vntz ez gepezzert wůrd. Man sol auh dienen di vorgenant gůlt den vorgenannten heren, als hernah geschriben stet. Des ersten *Marchard der amman* van ainer hofstat, di gelegen ist ob *Chaumperch*, fivmzig phening vnd zwen ches ze sand Michels misse, dar nah van ainer hofstat in der *Triestnich* an dem *gern* sehzig phening vnd zwen ches ze sand Michels misse, van ainem hof, des ain lehen ist, niderthalb *Chaumperch* an der pruke ain halbphunt phenninge vnd drei ches ze sand Michels misse, van *Leupoldes hof* in dem *graben*, des ain lehen ist, ain halbphunt phenning vnd drei ches ze sand Michels misse, van ainem hof in dem *Lebpah* vnd haizzet in dem *graben* vnd ist ain lehen ain phunt pheninge halbes ze sand Michels misse vnd halbes ze sand Georgen misse. Vnd daz gût hat sogetan reht, swer abvert vnd verchouft, der geit ablait ganzen dienst, vnd swer chouffet vnd aufvert, der gait anlait halben dienst. Man gait auh van dem gûet todrinder das peste nah dem pesten. Vnd daz ditz geschest stet vnd vnzebrochen vnd ewig beleib, so gib ich vorgenanter *Fridreih der Heuzze* den vorgenanten herren ze dem *heiligem Chreutz* disen prief ze ainem offen vnd ewigen gezeuge vnd vrchunde versigelten mit minem ynsigel. Diser prief ist gegeben nah christes gepurde vber drevtzehenhundert iar, darnah in dem zwai vnd zwaintzigisten iar, an sand Bartholomes tag.

Original auf Pergament, dessen Siegel fehlt.

## LXXXIII.

**1323, 6. Jänner, Wien. —** *Heinrich von Siebenkirten und Jeuta seine Hausfrau verkaufen dreizehn Schilling sechs Pfenninge Gülte zu Reinhartsdorf an Berthold von Ebenthal und dessen Hausfrau Katharina.*

Ich *Hainrich* von *Sibenhirtten* vnd ich *Jeutte* sein havsvrowe wir veriehen vnd tun chunt alle den, die disen prief lesent oder horent lesen, die nv lebent vnd hernach chvnftich sint, daz wir mit vnser erben guetem willen vnd gunst, mit verdahtem mute vnd mit gesampter hand zv der zeit, do wir iz wol getun mochten, verchauft haben vnsers rechten aigens dreuzehen schilling vnd sechs phenninge geltes wienner mvnze, die da ligent ze *Reinhartestorf* avf einem lehen vnd avf einer hofstat mit allem dem nvcze vnd recht, als wir si in aigens gewer her pracht haben, vmb anderthalb phunt vnd vmb dreizzich phunt wienner phenninge, der wir recht vnd redlichen gewert sein, dem erbaern manne *Perhtolden* von *Ebental* vnd seiner havsvrowen vron *Katharein* vnd allen irn erben fvrbaz ledichlichen vnd vreilichen ze haben vnd allen iren frvmen do mit ze schaffen, verchovfen, versetzzen vnd geben, swem si wellen an allen irresal. Vnd dar vber durch pezzer sicherhait so seczzen wir vns ich *hainrich von Sibenhiertten* vnd ich *Jeute* sein hausvrowe vnd ich *gerunch von Sibenhiertten* vnd ich *Vlrich der Mairhover* vnuerschaidenlich mit sampt allen vnsern erben *Perhtolden von Ebental* vnd seiner hovsvrowen vron *Katharein* vnd allen irn erben vber die vorgenanten Drevzehen schillinge vnd sechs phenninge geltes wienner mvnze zv rechtem gewer vnd scherm fur alle ansprach, als aigens recht ist vnd des landes recht zv Osterreich. Waer aber, daz si an der vorgenanten gylte mit recht dahainen schaden naemen, den selben schaden schvllen si haben avf vns vnd auf allem vnserm gvt, daz wir haben in dem Lande zv Osterreich. Vnd geben in dar vber diesen prief zv einem offen vrchunde vnd zv einem waren gezevge diser sache versigilten mit vnserm insigiln, vnd sint avch des gezevg her *Vlrich von Pilihdorf,* her *Otto* sein pruder. her *Chadolt* von *Ekhartesawe.* her *Weichart der haerinch. Chvnrat der haerinch. Alber der Triwe* vnd ander frvme levte genvch, den dise sache wol chvnt ist. Diser prief ist geben zv *wienne* nach christes gebvrt Drevzzehen hvndert iar in dem Drev vnd zwainczgistem iar dar nach, an dem Perchttage.

Original auf Pergament mit einem Siegel, zwei fehlen.

## LXXXIV.

**1323, 21. Jänner.** — *Hermann von Rohrbach verkauft der Abtei Heiligenkreuz zwei Lehen zu Gundramsdorf.*

Ich *Herman Rorbech* vergich vnd tun chunt allen den, di nu sint vnd hernoch chvmftik werdent, di disen brief sehent oder horent lesen, daz ich mit verdachtem mute vnd mit meiner Hausfraven *Perchten* vnd allen vnsern erben gütlichen willen, swie di genant sint, han verchauft lediclichen dem Gotshauss vnd der Samnung da ze dem *Heyligen Chreutz* meines vreyen aigens zwai lehen, di sint nevn schilling geltes vnd ligent do ze *Gozdramstorf*, mit alle dem recht vnd ich siv han gehabt, versucht vnd vnversucht vmb vunfzehen phunt vnd vmb sechzig pfenning wienner münzz, der ich redlich vnd gentzlich vericht pin an allen schaden ze den tagen vnd mir gelobt wart vnd pin auch ich vorgenanter *Herman Rorbech*, mein Hausfrav *Perchte* vnd alle vnsere erben dez vorgenanten gûtes des selben gotzhauss uor genant vnd der Samnung gewer vnd scherm noch des Landez recht in Oesterich. Chaem aber dar vber ieman, der dem

vorgenanten Gotzhauss vnd der Samnung daz selbe vorgenante gůt
wold ze chrieg tvn, swaz si dez schaden nemen am chainer sache,
den Schaden schol ich in ab tuen vnd ausrichten an alle ir mũe, vnd
ob ich vorgenanter *Herman Rorbech* daz nicht en tete, daz schol
daz vorgenante Gotshaus vnd di Samnung haben auf aller der Hab,
vnd ich wnd mein Hausfrav *Percht* vnd alle vnsere erben indert
haben in dem Land ze Oesterich versucht vnd vnversucht. Vnd dar-
umb daz disev redd stet vnd vnzeprochen beleib von mir vnd allen
meinen erben, so geb ich dem vorgenanten Gotshaus vnd der Sam-
nung disen brief bestiget mit meinem ingesigel vnd mit *Ludweigs*
meins prueder insigel ze ainem woren vnd ewigen vrchund. Dez sint
gezeug. Her *Hertneit von Culeub.* Her *Alram von Reicherstorf* vnd
*Ott von Reichestorf. Wernhart von Schafferueld. Marquart von
Lueznich. Růmhart der Hager. Chvnrat der Prater*, vnd dar zů
manig pidber man. Der brief ist geschriben vnd gegeben, do von
Christes gepurd ergangen waren Drevzehen hundert iar, zwaintzich
iar, dar nach in dem dritten iar, an sand Agnesen tag.

Original auf Pergament mit einem Siegel, ein zweites fehlt.

## LXXXV.

**1323, 12. März.** — *Konrad der Junge, Hubmeister, und Bertha seine Haus-
frau verkaufen zehn Schilling Gülte zu Erdbrust dem Bruder Jakob, Prior
der Abtei Heiligenkreuz, und seiner Mutter Bertha der Häcklerin, Bürgerin
von Neustadt, zur Stiftung eines ewigen Lichtes.*

Ich *Chvnrad* der Jvnge hvebmaister vnd ich *Preide* seine haus-
vrowe Wir veriehen vnd tvn chvnt allen den, die disen prief lesent
oder horent lesen, di nv lebent vnd hernach chvnftich sint, Daz wir
mit vnser erben gvten willen vnd gvnst, mit verdachtem mvte vnd
mit gesampter hant, zv der Zeit, do wir ez wol getvn mochten, ver-
chauft haben vnsers rehten aigen gvtes zehen Schillinge wienner
phenninge geltes auf einem lehen, daz da leit datz *Ertpruste*, Vnd
daz mir vorgenanten *Chvnraden* mein sweher, her *Wernhart von
Sweinbart* ledichlich gegeben hat zu meiner vorgesprochen haus-
vrowen vron *Preiden.* Daz selb lehen haben wir verchauft vnd geben
mit drin behausten holden mit der *Chramerinne*, die ein halbes lehen
verdient, Vnd mit *Lewen* dem *argen*, Vnd mit *Dietrichen dem Sluer-
refvez*, der igleicher besvnderlich ain viertail verdient zv zwain zeiten
in dem iar, an sand Jorgen tage fivnf schillinge vnd an sand Michels

tage fivnf schillinge wienner phenninge. Daz selb vorgenant lehen mit sampt den holden haben wir verchauft vnd geben dem erbaern Geistlichen manne Pruder *Jacoben*, zv den zeiten Prior datz dem *Heiligenchrevtze* vnd seiner mvter vron *Perchten* der *Heklerinne*, pvrgerinne datz der *Niwenstat*, mit allem dem nvtz vnd recht, als wir iz vnd vnser vodern her preht haben in rechter aigens gewer, vmb zwai vnd zwaintzich phvnt phenninge wienner mvnzze, der wir recht vnd redleich gewert sein, fvrbaz allen irn frvmen da mit ze schaffen, ze verchauffen, ze versetzen vnd ze geben, swem si wellen an allen irresal. Vnd wand si daz vorgenant lehen vnd holden mit sampt der gvlte paidev mit gvten willen lauterlich dvrch Got vnd dvrch ir vodern sel willen vnd auch dvrch ir selber paider sel hail geben habent hintz dem *Heiligenchrevtze* zv einem ewigen liechte, dar vmb dvrch pezzer sicherhait so setzen wir vns dem egenanten Pruder *Jacoben* dem Prior Und vron *Perchten* der *Haekklerinne* Vnd dar zv der Samnvnge gemaine datz dem *Heiligenchrevtze* vnd allen irn nachchomen zv rechtem gewer vnd scherm fvr alle ansprach, als aigens recht ist, vnd des landes recht ze Osterreich. Vnd geben in dar vber disen prief zv einem offen gezevge Vnd zv einem ewigen vrchvnde diser sache ver-sigilten mit vnserm insigil vnd mit meins swechers insigil hern *Wern-hartes von Sweinbart* Vnd mit meins vettern insigil hern *Weichartes* pei den Minnern prvdern, di diser sach gezevg sint mit irn insigiln Vnd ander frvme levte genvch. Diser prief ist geben, da von Christes geburt waren ergangen Drevtzehen Hvndert iar, dar nach in dem Drev vnd Zwaintzgisten iar, an sand Gregorien tage in der vasten.

Original auf Pergament mit einem Siegel, zwei fehlen.

## LXXXVI.

**1323, 27. März, Zäkking.** — *Konrad von Arnstein schenkt der Abtei Heiligen-kreuz zu seinem Seelenheile das Dörflein bei Chueffarn und Gülten zu Herzogenburg und Wilhelmsburg.*

Ich *Chvnrat von Arenstain* vergich vnd tven chunt allen den, di nv lebent vnd her nach chvnftich sint, div disen brief ansehend oder herent lesen, daz ich mit wol bedachtem muet, mit gesamter hant vnd nach rat meiner vrevnde, ze der zeit, do ich iz wol getven mocht, vnd mit meiner Hausvrowen vron *Ofmein* vnd mit vnserr erben guetleichem willen dem ersamen Kovent vnd aller der Samenvng datz dem *heiligen chrevtz* meins rechten vrein aigens dvrch meiner sel willen vnd aller meiner vordern sel willen han geschaffet daz Dörfelein pei *Chveffarn*, dritthalb phvnt geltes vnd achtzehen phenneng wienner gemainer Mvniz, di da ligent auf zwain lechen vnd auf ainer hofstat vnd auf zwain weingarten, vnd daz *Hertzogenburch* auf zwain hofsteten vnd auf purchrecht achern zwai phvnt geltes wienner gemainer Mvniz. vnd an der *Staynwant* innerthalb *Wilhalmspurch* auf drin lechenn zwai phvnt geltes wienner phenning. Diu selben zwai phvnt geltes an der *Stainwende*, diu stent den Nunnen datz *Tvln* drevtzehenthalb phvnt wienner gewigtes, diu sol vns mein vrowe vrov *Ofmei* ledich machen vnd lubt vns daz die vorgenannt *Offmei von Arenstayn* mit iren trewen. vnd alle di weil vnd vns die vorgenanten zwai phvnt geltes an der *Stainwant* von den Nunnen datz *Tvln* nicht gelediget sint fuer div drevtzehentthalb phvnt, so sulle wir datz *Chvnihesteten* pei *Tvln* zwen weingarten vnd ain hofstat, div dient ain halb phvnt geltes wienner phenneng, In nvtz vnd in geweren haben mit alle dev vnd dar zve gehoret, als lange vntz vns mein vrowe ver *Ofmei von Arenstayn* div vorgenanten zwai phvnt geltes ledich machet an der *Stainwant*. Datz disev vorgeschriben sache vnd daz geschefte also stet vnd vnverchert beleib noch meim tot, dar vber so gib ich *Chvnrat von Arenstayn* dem ersamen Covent vnd aller Samevng datz dem *Heiligen Chrevtz* disen prief zv aim offenn vrchvnde vnd zv ainer steten sicherhait diesev Sache versigelt mit meinn Insigel vnd mit meins veteren Insigel heren *Waicharts von Arenstayn* vnd mit des erberen heren Insigel Apt *Maricharts*, der ze den zeiten ze *Chottweig* Abpt was vnd mit des erberen Prelates Insigel heren *Trostens*, der ze den zeiten Probest datz *Hertzogenburch* was. Dietz ist geschehen vnd der prief gegeben datz *Zekking*, da von Christes gepuert ergangen waren Dreutzehen Hundert Iar vnd in dem drei vnd zwaintzkisten iar, an dem heiligen Ostertag.

Original auf Pergament mit vier Siegeln.

## LXXXVII.

**1323, 29. September.** — *Dietmar der Geyer von Aland stiftet sich in der Abtei Heiligenkreuz Begräbniss und Jahrtag und widmet hierzu einen Weingarten bei Medling.*

Ich *Dietmar Geyer* von *Olecht* vergich an diesem prief vnd tuen chunt allen den, di nu sint oder noch chunftig werdent, di disen prief

lesent oder lesen horent, daz ich mit verdachtem muet vnd mit gueter
revnt rat vnd durich meiner Hausfrawen vrowe *Gerwirgen* pet willen
der got genad, di mich dar vm pat pei ierem lemtigen leib vnd ich irs
auch gelubt, gegeben han einen weingarten, der gelegen ist datz
*Medlich* pei den *Langen setzen* vnd haizet des *Geyers setze*, Dem
Conuent datz dem *Heyligen Chrevtz* in der heren sichhaus, da man
dy sichen heren heren pesundleich von trosten schol nach meinen tod,
ob ich in versparen mag, gentzleich vnd ledichleichen mit allem dem
recht, als ich in gehabt han nach des pergez recht, durich meiner sel
wille vnd durich meiner hausfrawen sel wille vnd durich vnser paider
vodern sel wille zv der zeyt, vnd ich ez wol getuen macht, mit also
auz genomer red, daz mich der vorgenanten Samnunge heren sich-
maister, swo ich stirib, mit seiner chost nemen schol vnd fueren in
daz chloster vnd pestathen in der heren freythof nach des Ordens
gewonhait. Vnd daz daz stet beleib vnd vntzeprochen, darvber gib
ich vor genanter *Dietmar Geyer* disen prief versigelten mit hern
*Fridreichz des Haeuzzen* Insygel, der des selben weingarten perch-
herr ist vnd im dienet sechs phenninge ze perchrecht, zve einer offen
vrchund diser sache. Daz ist geschehen nach Christes gepurd vber
Drevzehenhundert Iar dar nach in dem drev vnd zwaintzigistem Iar, an
sand Michelz tag.

Original auf Pergament, dessen Siegel fehlt.

## LXXXVIII.

**1323, 1. November.** —*Hartneid und Rudolf von Sachsengang überlassen der
Abtei Heiligenkreuz das ihnen zustehende Obereigenthum über einen Hof
zu Bertholdsdorf.*

Ich *Hertneid* vnd *Ruedolf* von *Sachsengang* veriehen an disem
prief offenleich allen den, di in lesent oder lesen horent, di nu sint
oder noch chumftich werdent, daz wir mit verdachtem muet vnd mit
gueter frevnt rat vnd mit vnser erben gunst, ze der zeit, vnd wir ez
wel getuen mochten, gegeben haben ledichleichen mit allem dem
rechten, vnd wir her pracht haben vnd gehabt haben, der Samnung
datz dem *Heyligen Chrevtz* die aigenschaft ze *Perichtoltzdorf* auf
einem *Hof*, der sumf vnd sybentzich phenning dient, den si von den
*Weidervoldern* mit anderm guet gechovffet haben. Vnd daz der vorge-
nanten Samnung an der vor genanten aigenschaft fuerwas nieman
chainen chrieg tue oder getuen mug, dar vber geben wir disen prief

versigelten mit vnsern paiden hangunden insigel. Daz ist geschehen, do von christes gepurd ergangen waren Drevtzehenhundert Iar dar nach in dem drev vnd zwaintzigisten Iar, an aller Hayligen tag.

Original auf Pergament mit einem Siegel, das zweite fehlt.

## LXXXIX.

**1323, 1. November.** — *Konrad und Rudolf von Pottendorf überlassen der Abtei Heiligenkreuz das ihnen zustehende Obereigenthum über ein Gut zu Arnstetten.*

Ich *Chunrat von Potendorf* vnd ich *Rudolf* sein veter wir verihen vnd tvn chund allen den, die disen prief lesent oder horent lesen, di nv lebent vnd hernah chumftich sint, daz wir mit vnser erben vnd auh vreunt gutem willen vnd gunst haben gigeben der Samnunge vnd dem Chloster ze dem *heiligen Chreutze* durch got vnd durch vnser sel hail vnd auh aller vnser vodern sel willen, vnd durch der lieb vnd andaht willen, di wir habn zv dem vorgenantem chloster, ain aigenschaft aines gutes, daz gelegen ist ze *Arnsteten*, daz di *Weidervelder Jacob* vnd *Vlreih* habent von vns ze lehen gehabt vnd habn ez verchoufet der vorgenanten Samnunge vnd dem Chloster mit vnserm gutem willen. Die aigenschaft habn wir in gigeben ledichleih ze habn mit allem dem reht, als wir sei habn inne gehabt vnd alle vnser vodern, vnd dar vber geben wir, ich vorgenanter *Chunrad van Potendorf* vnd ich vorgenanter *Rudolf* sein veter der vorgenanten Samnung vnd dem chloster ze dem *heiligen chreutz* disen prief ze ainem offen vrchund, versigelten mit vnsern ynsigeln. Diser prief ist gegeben nach Christes gepurde vber dreutzehenhundert iar dar nah in dem drev vnd zwaintzigisten iar, an aller hailigen tage.

Original auf Pergament mit zwei Siegeln.

## XC.

**1323, 2. December.** — *König Karl von Ungarn bestätigt der Abtei Heiligenkreuz sein früheres Privilegium vom 16. September 1318 in Betreff des Gutes Ziechun.*

*Karolus* dei gracia *Hungarie, Dalmacie, Croacie, Rame, Seruie, Lodomerie, Comanie, Bulgarieque* Rex, Princeps *Salernitanus* et *Honoris* ac *montis sancti angeli* dominus Omnibus christi fidelibus tam presentibus quam futuris presentes litteras intuentibus salutem in

omnium saluatore. Justis petencium desideriis consensum prebere
ius inuitat et Regalis sublimitas exortatur. Proinde ad vniversorum
noticiam harum serie volumus peruenire quod vir religiosus frater
*Otto* abbas monasterii *sancte crucis* ordinis Cysterciensis de austria,
Patauiensis Diocesis, fidelis noster ad nostre serenitatis accedens
presenciam exhibuit nobis priuilegium nostrum priori et antiquo sigillo
nostro consignatum super donacione cuiusdam possessionis Castri
nostri *Musuniensis Zcechun* vocate per nos concessum et confectum
et peciit a nobis cum instancia, vt ipsum priuilegium ratum habere et
ad maiorem ipsius donacionis nostre certitudinem apposicione noui et
autentici sigilli nostri dignaremur confirmare. Cuius quidem priuilegii
nostri tenor talis est. (Folgt die S. 53, Nr. LIX abgedruckte Urkunde,
ddo. 16. September 1318.) Nos itaque iustis et legitimis petitionibus
eiusdem fratris *Ottonis* diligenter auditis, reuocatisque in memoriam
dampnis et iniuriis per nos et exercitum nostrum predictum eidem eccle-
sie *Sancte Crucis* illatis, ut premittitur, prefatum priuilegium nostrum
rite et legitime ac ex nostra scientia datum et concessum presentibus
de uerbo ad uerbum inseri facientes ratificamus, acceptamus, appro-
bamus et appositione noui et autentici sigilli nostri confirmamus,
dupplicis sigilli nostri munimine roborando. Datum per manus dis-
creti viri magistri *Andree*, Lectoris Quinque ecclesiensis et aule
nostre vicecancellarii dilecti ac fidelis nostri. Anno domini M°. CCC°.
xx°. tercio, Regni autem nostri anno similiter xx^{mo} tercio, Quarto nonas
Decembris, Venerabilibus in Christo patribus dominis *Bolezlao Stri-*
*goniensi* eiusdemque loci Comite perpetuo et fratre *Ladizlao Colocensi*
archiepiscopis, *Johanne Nitriensi, Benedicto Chanadiensi, Georgio*
*de Syrmia, Nicolao Jaurinensi, Jwanka waradiensi*, fratre *Petro*
*Boznensi, Ladizlao Quinque ecclesiensi, Andrea Transiluano et*
*Herrico vesprimensi ac Chanadino Agriensi* ecclesiarum Episcopis,
Magnificis viris *Philipo* Palatino Comite de *Scepusio et de Vyuar*,
*Demetrio* magistro tauernicorum nostrorum et Comite *Bachiensi*,
magistro *Lamperto* iudice Curie nostre et Comite *Chanadiensi, Thoma*
*vaiuada Transyluano* et Comite de *Zolnuk*, *Nicolao* bano totius
*Slauonie* et Comite *Supruniensi*, *Paulo* bano de *Macho* Comite de
*Budrug* et de *Volkov*, *Micck* magistro tauernicorum Domine Regine
consortis mee Karissime et Comite *de Saruar*, *Deseu* iudice Curie eius-
dem domine Regine, *Blasio* magistro agasonum nostrorum, *Dyonisio*
magistro dapiferorum nostrorum et Castellano de *Mihald*, et magistro

*Nicolao* Comite *Posoniensi*, ac aliis quam pluribus Regni nostri Comitatus tenentibus et honores.

Original auf Pergament mit Siegel.

## XCI.

**1323, 6. December, Wien.** — *Jakob und Ulrich die Weiderfelder verkaufen der Abtei Heiligenkreuz vierzehn Pfund Pfennige Gülten zu Arnsteten und Bertholdsdorf.*

Ich *Jacob* der *Weidervelder* vnd ich *Elsbet* sein hausfrowe, Ich *Vlrich* sein prueder vnd ich *Alhait* sein hausfrowe verihen vnd tôn chunt allen den, die disen prief lesent oder hôrent lesen, die nv lebent vnd hernah chvnftig werdent, daz wir mit verdahtem mv̂t vnd mit gesamter hant, mit vnser erben vnd vrevnt rat vnd gutem willen, ze der zeit, do wir ez wol getv̂n mohten, verchouft haben dem erbern herren apt *Otten* vnd der Samnvnge ze dem *heiligen Chreutz* vierzechen phvnt gv̂lt wienner phening, die gelegen sint ze *arnsteten* vnd ze *Paerchtoltstorf,* wan aber der selben vierzehen phvnt gvlt sint fvnf phvnt lechen von vnserm herren dem Hertzogen, dar vmbe haben wir in gelobt, daz wir in die Schullen vz pringen vnd ledich machen, daz si in aigen werden, vnd sol vns dez geholfen sein der vorgenant herre apt *Ott,* oder swer denne apt datz dem *heiligen Chreutz* waere, gen den Hertzogen vnd gen vnserm herren dem Chvnig, swenne er ledich wirt. Waer aber, daz wir in dez niht mehten vz bringen, so schullen wir in daz gût wider cheren, darumb vns die fvmf phvnt gult sint gevallen, vnd swaz si des guetes in der zeit schaden haben genomen, den schullen wir in wider cheren vnd ab legen nah vier erber manne rat vnd schidvng, der wir schullen zwen nemen vnd och si zwen, swaz die dar vber schident vnd ertailent, daz schullen wir paidenthalben stet haben, vnd durch pesser sicherhait so setzen wir in vnsern hof ze *Perchtostorf,* der vnser paider ist vnd von den Hertzogen lechen ist, mit allem dem, daz dar zue gehöret, swie ez genant ist, vnd ein setze, die da leit ze *Arnsteten* zwischen *Musch-lein* dem Juden vnd *Leutoltz des Stuerzer,* vnd einen weingarten, der da leit ze *Perchtoltstorf* in der *Svmerhagenowe* zwischen *Otten dem Hetzel* vnd *Niclasen dem Ritschart,* dez selben weingarten perchmaister ist *Ditrich pei dem Tor,* ze rechtem schierm vnd ze rechter gewer; da schullen si ier gut vf haben, ob wir in die fvnf phvnt gult niht vzprechten. Vnd daz dise red vest stet vnd ouch vnzebrochen beleib, dar vmb geben wir in disen prief mit vnser paider Insigel ze einem waren gezevg vnd ze einer sichtigen vrchvnd diser sach, vnd ouch mit heren *Perchtvngs* Insigel des *Chamermaister*, wan *Ditrich bei dem Tor* nicht aigens Insigel hat. Diser prief ist gegeben ze *Wienne* nah Christes geburt Dreutzechenhvndert Iar, dar nah in dem drev vnd zwainzichisten Iar, an sant Nyclas tag.

Original auf Pergament mit drei Siegeln.

## XCII.

**1323, 8. December.** — *König Karl von Ungarn bestätigt der Abtei Heiligenkreuz sein früheres Privilegium.*

*CAROLUS* dei gracia *Hungarie, Dalmatie, Croatie, Rame, Seruie, Gallicie, Lodomerie, Comanie, Bulgarieque* Rex, Princeps *Salernitanus* et *honoris* ac *montis sancti angeli* dominus, Omnibus christi fidelibus presentibus et futuris notitiam presentium habituris salutem in omnium saluatore. Celestis altitudo consilii supra cuncta tenens Imperium in excelsis, que dat esse rebus, per quam Reges regnant et Imperialium diriguntur fastigia dignitatum. Ideo quosque ad Regni sublimat principatus, vt si cunctos sibi subditos, pie longanimitatis studio, Juris religione, sub presidio pacis adoptate, in viam iustitie dirigere teneatur, vberius tamen atque vigilantius almarum dei ecclesiarum quieti debet insudare, in quarum vigiliis, mundi principibus sola immensitas est mensura. Hinc est, quod ad vniuersorum notitiam tenore presentium volumus peruenire, Quod vir religiosus frater *Otto* abbas monasterii *sancte Crucis de Austria* Ordinis Cysterciensis ad nostre serenitatis accedens presentiam exhibuit nobis quoddam priuilegium nostrum, sub priori et antiquo Sigillo nostro, super collatione seu donatione gratiarum et libertatum, eidem Monasterio, Abbati et fratribus in eodem deo continue obsequentibus, per nos ob spem beatitudinis eterne concessarum, et in ipso priuilegio nostro seriatim expressarum, confectum, petens humili precum instantia nobis supplicando, vt idem priuilegium nostrum ratificare et appensione noui et autentici Sigilli nostri ad vberiorem cautelam earumdem grâtiarum et libertatum et euidentiam certiorem, de pietate Regia, que se petentibus solet exhibere liberalem, presentibus dignaremur confirmare Cuius tenor talis est. (Folgt die S. 48, Nr. LV abgedruckte Urkunde, ddo. 18. Septbr. 1317.) Nos igitur, quia Regia sublimitas ad ea presertim sue debet mentis dirigere intuitum, per que et thesauros thesaurizat in celis et terrena eius dignitas prosperis successibus augmentatur, quod perfectionis opere tunc completur, cum Deus, per quem Reges regnant et in regimine sui solii iusta decernunt, condigne honoratur, et cum cultus diuini nominis in Ecclesiis munificentiis Regalibus attolitur, quia Reges et ceteri terrarum Principes, qui diuino nutu reguntur, tunc potissimum in celesti Jerusalem collocantur, cum sacro sancta mater Ecclesia sanguine Crucifixi dedicata vberrimis libertatum prerogatiuis prefulgentius decorata gratulatur; Volentes dignis petitionibus predicti fratris *Ottonis* abbatis Regio fauore inclinari, prefatas libertates et gratias nostras dicto Monasterio, abbati et fratribus in eodem domino pro salute humani generis deuote et continue placatissima offerentibus holocausta factas approbantes prenotatum priuilegium nostrum, prout hic insertum est, ratificamus et auctoritate Regie maiestatis perpetuo valere confirmamus. Hoc presentibus annectentes, quod abbas et fratres monasterii memorati, vt pretactis graciis nostris securius perpetuo perfruantur, duos fratres sui Ordinis in Curia nostra tenebuntur conseruare continue moraturos. Vt autem nostre approbationis et confirmationis series absque cuiuslibet contradictionis obstaculo perpetua valeat firmitate consistere, presentes concessimus litteras nostras priuilegiales noui et autentici Sigilli nostri duplicis munimine roborando. Datum per manus discreti viri magistri *Andree* Lectoris ecclesie *Quinque ecclesiensis* et aule nostre vicecancellarii, Dilecti et fidelis nostri, Anno domini Millesimo CCCᵒ XXᵐᵒ tertio, Sexto Idus Decembris, Regni autem nostri anno similiter XXᵐᵒ tertio. Venerabilibus in christo patribus Dominis *Bogezlao Strigoniensi* et fratre *Ladizlao Colocensis* archiepiscopis, *Johanne Nitriensi, Benedicto Chanadiensi, Georgio Sirmiensi*, fratre *Petro Boznensi, Nicolao Jaurinensi, Ladizlao Quinqueecclesiensi, Jwanka Waradiensi, Andrea Transiluano*, *Herrico wesprimensi* et *Chanadino agriensi* ecclesiarum Episcopis Ecclesias dei feliciter gubernantibus, Magnificis viris *Philippo* Palatino Comite *Scipusiensi* et de *Wyuar* ac Judice *Cumanorum Demetrio* magistro Tauernicorum nostrorum, Comite *Bachiensi* et de *Trinchen*, *Lamperto* Iudice Curie nostre, Comite *Nitriensi et Chanadiensi*, *Thoma* woyuoda *Transiluano* et Comite de *Zonuk*. *Nicolao* Bano totius *Sclauonie*, *Paulo* Bano de *Machou* Comite *Sirmiensi* de *Wolkou* et de *Budrug*, *Mykch* magistro Tauernicorum domine Regine karissime consortis nostre, Comite de *Sarus* et de *Zemlimo*, *Deseu* Judice Curie eiusdem domine

Regine, *Blasio* magistro agasonum nostrorum, *Dionisio* magistro da-
piferorum nostrorum et *Nicolao* Comite *Posoniensi*, aliisque quam
pluribus Regni nostri Comitatus tenentibus et honores.

Original auf Pergament mit Siegel.

# XCIII.

**1324, 20. Jänner.** — *Zeugnissbrief des Domcapitels von Raab in Betreff
des Verkaufes eines Hofes zu Sasun von Seite Heinrich's des Himler's an
Otto, Martin und Johann die Söhne Erthul's von Gotthusprunn.*

Capitulum *Jaurinensis* ecclesie Omnibus christi fidelibus pre-
sentes litteras inspecturis salutem in domino sempiternam. Ad vniuer-
sorum noticiam harum serie volumus peruenire, quod discreti viri
magistri *Nicolaus* cantor ecclesie nostre et *Saulus* socii et concanonici
nostri karissimi coram nobis personaliter constituti sunt confessi,
quod, cum ipsi pridem in factis et seruitiis prefate ecclesie *Jaurinensis*
ad partes superiores accessissent, coram ipsis et coram domino
*Otthone*, decano et plebano de *Prukka*, similiter socio concanonicoque
nostro karissimo, *Herricus* dictus *Himler*, nobilis de *Hoeler* persona-
liter constitutus confessus extitisset et viua voce retulisset, quod quon-
dam curiam suam simul cum edificiis seu fundum suum sessionalem
in villa *Sasun* existentem, olim a peregrino dicto *Straephyng* emp-
tionis tytulo comparatam, cum omnibus vtilitatibus suis ad dictam
curiam seu fundum pertinentibus, videlicet Terris arabilibus, fenetis,
pratis, pascuis ac aliis omnibus, in quibuscumque vtilitates dicte curie
consistunt, uel quocumque nomine censeantur, *Otthoni Martino* et
*Johanni* filiis *Ertul* de *Gotthusprun* pro centum et decem marcis
latorum denariorum *Wyennensium*, decem pensis pro qualibet marca
computatis, vendidisset perpetuo et irreuocabiliter per heredes et
heredum successores possidendam, predictam pecuniam se plenarie
recepisse referens ab eisdem, tali obligationis vinculo inserto et
assumpto, quod, quicumque dictos *Otthonem, Martinum* et *Johannem,*
filios *ertul,* et heredes eorum super prefata curia seu fundo successi-
uorum temporum mutacione attemptare seu impetere voluerit, memora-
tus *Herricus* dictus *Himler* et heredes sui eosdem expedire tenebuntur
propriis laboribus et expensis. Preterea prenominati fratres nostri,
videlicet Cantor et *Saulus* id etiam retulerunt, quod, cum idem *Herricus*
antedictam curiam suam memoratis *Otthoni, Martino* et *Johanni* in
ipsorum presencia vendidisset, nullus inibi penitus contradictor

extitisset. In cuius rei memoriam perpetuamque firmitatem presentes concessimus litteras sigilli nostri authentici munimine roboratas. Datum in festo beatorum Fabiani et Sebastiani martyrum anno domini M. CCC°. XX°° quarto, magistris *Damyano* preposito, *Mathia* lectore, *Nicolao* cantore et *Michaele* custode ecclesie nostre existentibus.

Aus der Bestätigungs-Urkunde König Karl's von Ungarn ddt. 30. Jänner 1324.
(Siehe die folgende Urkunde Nr. XCIV.)

## XCIV.

**1324, 30. Jänner.** — *König Karl von Ungarn bestätigt auf Bitten Otto's, Martin's und Johann's, der Söhne Orthul's von Gottkusprunn die vorstehende Urkunde.*

*Karolus* dei gracia *Hungarie, Dalmacie, Croacie, Rame, Seruie, Gallicie, Lodomerie, Cumanie, Bulgarieque* Rex Princeps *Salernitanus* et *Honoris,* ac *Montis sancti angeli* dominus. Omnibus christi fidelibus tam presentibus quam futuris presens scriptum inspecturis salutem in salutis largitore. Ad vniuersorum tam presencium quam futurorum noticiam harum serie volumus peruenire, quod *Ottho, Martinus* et *Johannes,* filii *Erthul de Gottchusprunn,* fideles nostri ad nostre serenitatis accedentes presenciam exhibuerunt nobis quoddam priuilegium Capituli ecclesie Jaurinensis tenoris infrascripti, petentes nos humili cum instancia, vt ipsum priuilegium ratum habere et acceptum, et ad maiorem sui juris conseruacionem nostro dignaremur priuilegio confirmare. Cuius quidem priuilegii tenor tatis est. — (Folgt die unmittelbar vorhergehende Urkunde Nr. XCIII.)

Nos itaque peticionibus eorumdem *Otthonis, Martini* et *Johannis* filiorum *ertul* fauorabiliter inclinati predictum priuilegium non abrasum, non cancellatum, nec in aliqua sui parte viciatum de verbo ad verbum presentibus inseri facientes acceptamus, ratificamus, approbamus et presentis scripti patrocinio confirmamus, saluo tamen jure Regni nostri Hungarie remanente. In cuius confirmacionis memoriam perpetuamque firmitatem presentes concessimus litteras dupplicis noui et autentici sigilli nostri munimine roboratas. Datum per manus discreti viri magistri *andree,* lectoris ecclesie *Quinque ecclesiensis,* aule nostre vicecancellarii, dilecti et fidelis nostri anno domini M. CCC. vicesimo quarto, tercio Kalendas Februarii, Regni autem nostri anno similiter XX. Quarto, Venerabilibus in christo patribus *Bolezlao Strigoniensi,* fratre *Ladizlao Colocensi* archiepiscopis. *Johanne nitriensi,*

*Benedicto Chanadiensi, Nicolao Jaurinensi, Ladizlao Quinque ec-clesiensi, Georgio Sirmiensi,* Fratre *Petro Boznensi, Jwanka Wara-diensi, Petro Transiluano, Herrico Wesprimensi* et *Chanadino agri-ensi* ecclesiarum episcopis ecclesias dei feliciter gubernantibus. Mag-nificis viris *Philippo Palatino,* Comite *Scepusiensi* et de *Wywar, Demetrio* magistro Tauernicorum nostrorum, comite *Bachiensi* et *Trinchiniensi,* magistro *Lamperto* judice curie nostre, comite *Chana-diensi* et *Nitriensi, Thoma* Woywoda Transiluano et comite de *Zounuk, Paulo* bano de *Machou,* Comite Syrmiensi de *Wolkou* et de *Budrug, Nicolao* bauo totius Sclauonie, comite Supruniensi de *Kama-rum* et de *Zekchu, Mykch* magistro Tauernicorum domine Regine, comite de *Garus* et de *Zemlynio, Deseu* judice curie eiusdem domine Regine, *Dionysio* magistro dapiferorum nostrorum, *Blasio* magistro agazonum nostrorum, *Nicolao* comite Puzuniensi et *Nicolao* comite Symigiensi et aliis quam pluribus Comitatus regni nostri tenentibus et honores.

Original auf Pergament mit einem Siegel.

## XCV.

**1324, 12. März.** — *Rapoto von Wildek verkauft der Abtei Heiligenkreuz anderthalb Lehen zu Wildratz.*

Ich *Rapot von Wildek* vnd ich *Margret* seine Housfrowe vnd ich *Hertneid* vnd ich *Otte,* ich *Chadolt* vnd ich *Alber* Hern *Otten* sune van *Wildek,* wir veriehen vnd tun chund allen den, die disen prief lesent oder horent lesen, di nu lebent vnd hernach chumftig werdent, Daz wir dem ersamen Hern Hern *Otten* apt ze dem *heiligen Chreutz* vnd auh der Samnunge gemain des selben chlosters haben verchouft mit vnser erben gutem Willen vnd auh gunste aller vnsrer vreunt ze den zeiten, do wir ez wol getvn mochte, vnsers rechten aigens anderthalb Lehen, di gelegen sint in *Wildratz,* vm fivmf vnd dreizig phunt wienner phenning, der wir reht vnd gentzleich gewert sein. Vnd dar vber durch pezzer sicherhaid so setzen wir vns ze rehtem scherm den vorgenanten Herren vber das vorgenant gůt, daz wir ze chouffen habn gigeben, für alle ansprach, als des Landes reht ist vnd geben in darvber disen prief ze einem ewigem vrchund, ver-sigelten mit vnsern fivmf ynsigel. Diser prief ist gigeben nah Christes gepurde vber drevtzehenhundert iar, darnah in dem vier vnd zwaint-zigistem iar, an sand Gregorii tag in der vasten.

Original auf Pergament mit drei Siegeln, zwei andere fehlen.

## XCVI.

**1324, 25. März, Wien.** — *Alhaid, Otto's von Wildeck Witwe und ihre Söhne verzichten zu Gunsten der Abtei Heiligenkreuz auf ihre Ansprüche an eine Gülte zu Maustrenk.*

Ich *Alhait* Hern *Otten* von *Wildek Wittib*, ich *Hertneid*, ich *Ott*, ich *Chadolt* vnd ich *Alber* ir *svn*, veriehen vnd tôn chunt allen den, die disen prief lesent oder hôrent lesen, die nv lebent vnd hernah chvnftig sint, daz die clag vnd den chrieg, den vnser vater her *Ott* von *Wildek*, dem got genad het hitz dem *heiligen Chreutz* vmb vier phvnt geltes, die da ligent ze *Maustrenk* vf drin lechen, haben gentzliche vnd gar ab gelazzen durch got, swaz halt wir reht vnd ansprach dar zue bieten, vnd ouch dar vmb, daz man vnsers vater Sel dester fleizichlicher gedench in allem irm gebet, als si gewonhait habent. Vnd dar vmbe ze einer bessern Sicherhait geb wir in disen prief ze einen gezeug versigelt mit vnsern Insigeln. Dieser prief ist gegeben ze *Wienne*, do man zalt von Christes geburt Dreutzechen hvndert Iar, dar nah in dem vier vnd zwainzichisten Iar, an vnser frowen tag in der vasten.

Original auf Pergament mit drei Siegeln, ein viertes fehlt.

## XCVII.

**1324, 1. April, Wien.** — *Alhaid, Herrn Otten's von Wildeck Witwe und ihre Söhne schenken der Abtei Heiligenkreuz ein halbes Pfund Pfenninge Gülten zu Maustrenk.*

Ich *Alhait* hern *Otten* von *Wildek* witib, Ich *Hertneid*, ich *Otto*, ich *Chaloch* vnd ich *Alber*, ir paider svn veriehen vnd ton chvnt allen den, die disen prief lesent oder hôrent lesen, die no lebent vnd her nah chvnftig sint, daz unser hold ze den zeiten *Perchtolt Leutoltz* svn von *Maustrenk*, der vns sechs Schilling wienner phening dienet zwir in dem Iar, daz ist an sant Michels tag vnd an sant Gergen tag von einem halben Lehen, wider vns ab gelöst hat sechzich phening geltes vmb zwelif phvnt wienner phening, der wir gar vnd gentzlich gewert sein vnd daz vbrig halbphvnt geltez wiener phening hab wir gegeben williclich vnd gern ze den zeiten, do vns nieman dar an geirren mocht, vnd ouch mit vnser nahsten vnd besten frevnt rat hitz dem *heiligen Chreutz* ze einem Selgeret durch vnsers liben vaters willen, daz man sein dester fleizichlicher gedenkh da selber in allem irm güttet, als sie gewohnhait habent, vnd ouch svnderlich dar vmbe,

**daz** si in mit ir selbes guet da selbe bestattet habent. Vnd dar vmbe
**geb** wir in disen prief ze einen sichtigen vnd waren vrchund ver-
**sigelt** mit vnserm Insigel. Dieser prief ist gegeben ze *Wiene*, da man
**zalt** von Christes gepurt Dreutzechen hvndert Iar dar nah in dem vier
**vnd** zwainzichistem Iar, an dem nahsten Svntag vor plvemostern tag.

Original auf Pergament, dessen vier Siegel fehlen.

## XCVIII.

**1324, 14. Mai.** — *Zeugnissbrief des Domcapitels von Raab in Betreff der
Besitzübergabe des Gutes Poth an die Abtei Heiligenkreuz.*

Capitulum *Jaurinensis* ecclesie omnibus christi fidelibus pre-
sentes litteras inspecturis salutem in domino sempiternam. Ad vni-
uersorum noticiam harum serie uolumus peruenire, quod, cum nos
ad instantem peticionem comitis *Symonis*, castellani de *Owar* et vice-
comitis *Musuniensis*, per litteras suas nobis factam, discretum virum
magistrum *Nicolaum* cantorem ecclesie nostre, *socium et cancano-
nicum nostrum karissimum*, coram quo ipse comes *Symon* et *Johan-
nes* filius *Valentini*, homo excellentissimi domini nostri *Karoli*, dei
gracia illustris Regis *Hungarie*, reambularent quamdam possessionem
*Curie Monacorum* seu Grangie siue *noui* predii *Pooth* uocatam et
assignarent ac statuerent dicte Curie reambulatam per ueteres metas et
antiquas perpetuo possidendam, pro testimonio duxissemus transmit-
tendum, demum dictus magister *Nicolaus* cantor ad nos reuersus
nobis retulit, quod dicti comes *Symon* et *Johannes*, filius *Valentini*,
homo memorati domini nostri Regis, accedendo ad faciem prefate
possessionis *Pooth* nuncupate, conuocatis vicinis et commetaneis ac
nobilibus Castri *Musuniensis*, nec non quampluribus nobilibus et aliis
libere condicionis hominibus, de circumiacentibus villis similiter inibi
uocatis, de prouincia *Musuniensi* antedictam possessionem reambu-
lassent et assignassent ac statuissent dicte Curie Monacorum iure
perpetuo et irreuocabiliter possidendam nullo penitus contradictore
existente. Predicta uero possessio ab oriente et ab aquilone vicinatur
possessioni Beliud uocate a meridie autem possessioni *Machakad* nun-
cupate, et similiter ab occidente protenditur ad fluuium *Fertheu*
distinctionibus metarum veterum et antiquarum, quibus dicta possessito
distingui dinoscitur ab antiquo. In cuius rei memoriam et perpetuam
firmitatem presentes concessimus litteras sigilli nostri munimine robo-
ratas. Datum feria secunda proxima post octauas Inuencionis sancte Crucis

Anno domini M⁰. CCC⁰. vicesimo quarto, **Magistris** *Mathya* **lectore,**
*Nicolao* cantore et *Michaele* custode ecclesie nostre existentibus.

Original auf Pergament, dessen Siegel fehlt.


## XCIX.

**1324, 14. Mai.** — *Zeugnissbrief des Domcapitels von Raab in Betreff der*
*Besitzübergabe des Gutes Thunafalva an die Abtei Heiligenkreuz.*

Capitulum *Jauriensis* ecclesie vniuersis christi fidelibus presentes
litteras inspecturis salutem in domino sempiternam. Ad vniuersorum
noticiam harum serie uolumus perveniere, quod, cum nos ad instantem
petitionem comitis *Symonis* castellani de *Ovar*, nec non vicecomitis
*Musuniensis* per litteras suas nobis factam, discretum virum magistrum
*Nicolaum* Cantorem ecclesie nostre, socium et concanonicum nostrum
karissimum, coram quo ipse comes *Symon* et *Johannes* filius *Valen-*
*tini*, homo Excellentissimi Domini nostri *Karoli*, dei gracia illustris
Regis *Hungarie*, reambularent quandam possessionem Curie Mona-
chorum seu Grangie, quod *nouum predium* nuncupatur, *Thunafolua*
vocatam et assignarent dicte Curie ac statuerent perpetuo possiden-
dam reambulatam per ueteres metas et antiquas, pro testimonio du-
xissemus dirigendum, demum dictus magister *Nicolaus* Cantor ad nos
reuersus nobis retulit, quod dictus Comes *Symon* et idem *Johannes*
filius *Valentini*, homo memorati domini nostri Regis, accedendo ad
faciem prefate possessionis *Thunafolua* nuncupate, conuocatis viciuis
et cometaneis ac nobilibus Castri, nec non quampluribus nobilibus et
hominibus aliis libere condicionis de circumiacentibus villis similiter
inibi uocatis *de prouincia Musuniensi,* coram ipso antedictam posses-
sionem reambulassent et assignassent ac statuissent dicte Curie Mo-
nachorum perpetuo possidendam, nullo penitus contradictore existente.
Cursus autem metarum possessionis sepedicte tales sunt, pro primo
omnium incipit meta iuxta possessionem *Zenmaria* uocatam a meridie
et protenditur ad possessionem *Belyud* ab occidente, et inde uadit
ad quandam possessionem *Galus* uocatam ab aquilone et inde reflec-
titur ad plagam orientalem uersus Curiam dictorum Monachorum et
sic mete terminantur possessionis antedicte. In cuius rei memoriam
et perpetuam firmitatem presentes concessimus litteras sigilli nostri
autentici munimine roboratas. Datum feria secunda proxima post
octauas Inuencionis sancte Crucis, anno domini. M⁰. CCC⁰. vicesimo

quarto. **Magistris** *Mathya* lectore, *Nicolao* Cantore et *Michaele* custode ecclesie nostre existentibus.

Original auf Pergament, dessen Siegel fehlt.

## C.

**1324, 14. Mai.** — *Zeugnissbrief des Domcapitels von Raab in Betreff der Besitzübergabe des Gutes Chechunuelg an die Abtei Heiligenkreuz.*

Capitulum *Jaurinensis* ecclesie vniuersis christi fidelibus presentes litteras inspecturis salutem in salutis largitore. Ad vniuersorum noticiam harum serie uolumus peruenire, quod, cum nos ad instantem peticionem comitis *Symonis* Castellani de *Owar* et vicecomitis *Musuniensis* per litteras suas nobis factam Discretam uirum magistrum *Nicolaum* Cantorem ecclesie nostre, socium et concanonicum nostrum karissimum, pro testimonio ad eumdem duxissemus transmittendum, coram quo ipse comes *Symon* et *Johannes* filius *Valentini,* homo Excellentissimi domini nostri *Karoli* dei gracia illustris Regis *Hungarie*, reambularent quandam possessionem Curie Monacorum seu Grangie siue noui predii *Chechunuelg* uocatam et assignarent ac statuerent dicte Curie reambulatam per ueteres metas et antiquas perpetuo possidendam, demum dictus magister *Nicolaus* cantor ad nos reuersus nobis retulit, quod dicti comes *Symon* et *Johannes* filius *Valentini,* homo memorati domini nostri Regis, accedendo ad faciem prefate possessionis *Chechunuelg* nuncupate et coram uicinis et cometaneis ac nobilibus iobagionibus castri *Musuniensis,* nec non quam pluribus nobilibus et aliis libere condicionis hominibus de circumiacentibus villis similiter inibi uocatis de prouincia *Musuniensi,* antedictam possessionem reambulassent et assignassent ac statuissent dicte Curie Monacorum seu Grangie iure perpetuo et irreuocabiliter possidendam, nullo penitus contradictore existente per ueteres metas et antiquas, quibus dicta possessio distingi dinoscitur ab antiquo. Cursus uero metarum prescripte possessionis tales sunt, quod prima meta incipit ab oriente a possessione, que dicitur *Thurdamez,* et protenditur ad aquilonem uersus villam *Zaraan*, et inde tendit ad occidentem uersus possessionem *Galus*, et postmodum reflectitur ad plagam meridionalem uersus Curiam Monacorum iam dictorum, que *nouum predium* nuncupatur, et sic mete terminantur possessionis antedicte. In cuius rei memoriam et perpetuam firmitatem presentes concessimus litteras sigilli nostri autentici munimine roboratas. Datum feria secunda proxima post octauas Inuencionis sancte Crucis, Anno domini M⁰. CCC⁰. vicesimo quarto, Magistris *Mathya* Lectore, *Nicolao* Cantore, et *Michaele* custode ecclesie nostre existentibus.

Original auf Pergament, dessen Siegel fehlt.

## CI.

**1324, 3. Juni.** — *Abt Otto von Heiligenkreuz beurkundet die Stiftung eines Jahrtages für die verstorbene Frau Mathilde die Krugin, Bürgerin von Wiener-Neustadt.*

Wier pruder *Ot* apt ze dem *heiligen Chreutz* verihen vnd tŭn chvnd allen den, die diesen prief lesent oder hörent lesen, di av lebent vnd hernah chumftig werdent, daz wir mit verdahtem mvt vnd mit gutem rat vnser altheren haben verchouft ainen waingarten, der gelegen ist in der *ained* ze *Pfafsteten* vnd haitzet der *Ger* vnd leit pei ainem Weingarten, der haizzet der *Schreiber*, pruder *Chunraten* der *Chruginne* svn van der *Neunstat*, der got genad, vnd iren freunden vmb sehzig phunt Wienner phenning. Di selben phenning gab diselbe vrow vro *Mechtilde* die *Chruginne* an iren lesten zeiten irem svn pruder *Chunraten*, der vorgenant ist, vnd iren nesten erben vnd schuef, daz si dar vmb solden chouffen ainen weingarten oder ain ander erte ze ainem ewigen selgeret, do man ir vnd alle irer vodern vnd erben sold mit gedenchen ewichleih. Der selbe weingart wart geantburd dem Sichmaister ze dem *Heiligen Chreutz* mit so getaner red, daz er da van sol dienen ierichleih der Samnunge zwen gantz dienst, daz ist immer ze dem dienst drev stuch gŭter vische vnd aine semel vnd gutem wein ainem iegleihen herren vnd auh pruder; vnd die dienst sol er oder swer denselben Weingarten inne hat, chumftichleih geben an zwain taegen in dem iar, ainen an irem iartag, daz ist an dem ertag in der Osterwochen, den andern an sand Angnesen tage. Wer aber, daz der dienst wŭrd versezzen vnd versaumet an eehaft nodurft, so schullen sih die nesten freund zv dem weingarten ziehen vnd den so lange inne haben, vntz ez gepezzert wurde. Vnd dar vber ze ainem ewigem vrchund ditz chouffes vnd auh selgeret, so geben wir, ich vorgenanter pruder *Otto* apt ze dem *Heiligen chreutz* dem vorgenanten pruder *Chunraden* dem *Chrug* vnd seinen freunden disen prief versigelten mit vnserm ynsigel.

**Diser** prief ist gegeben, do van Christes gepurde waren ergangen **Dreutzehenhundert** iar darnah in dem vier vnd zwaintzigistem iar, **ze phingesten.**

Original auf Pergament mit Siegel.

## CII.

**1324, 15. Juni, Heiligenkreuz.** — *Heinrich von Ror und Geisel seine Hausfrau verkaufen Herrn Weicharten von Arnstein ein Pfund Pfenning Gülte zu Baden, welche dieser zum Seelenheile seines verstorbenen Vaters Chunrad der Abtei Heiligenkreuz schenkt.*

Ich *Hainrich* vom *Ror* vnd ich *Geisel* sin housvrowe wir ver- ieben vnd tun chunt allen den, di disen prief sehent oder horent lesen, di nv lebent vnd hernach chunftich sint, daz wir mit verdahtem müt vnd mit gesamter hant, mit willen vnd gunst aller vnser erben zv der zeit, do wir iz wol getun mochten, habn verchoufft vnsers rechten aigens ein phunt geltes, daz do leit ze *Paden* bei der *Olochgazzen*, gestiftet mit vier holden, den erwaern herren hern *Weicharten* von *Arnstain* mit allem dem nuzze vnd mit allem dem reht ze veld vnd ze dorf, als wir iz her bracht haben in rechter aigens gewer nah des landes reht ze *Osterreich*, vmb zwelif phunt phenninge wienner munze, der wir recht vnd redlich gewert sint. Daz vorgenant phunt gelts daz gib ich *Weichart* von *Arnstain* dem erwaern herren apt *Otten* vnd siner Samnunge gemain dvrch mines vettern sel willen, hern *Chvnrats* von *Arnstain* vnd durch aller vnser voder sel willen also, daz die vorgenant samnunge von dem *heiligen Chrevtze* vnser schullen gedenchen vncz an den iungisten tach; svllen ouch si mit der vorgenanten gvlt furbaz allen iren frvm schaffen, swi iz rueg der samnunge. Durch pezzer sicherhait so sezze wir vns vorgenanter *hainrich* vnd *Geisel* min hovsfrowe vnd vnser erben ze rechtem gwer vnd scherm fur alle ansprach nah des Landes reht ze *Osterreich*. Daz lob wir in ze laisten mit vnsern triwen, daz svllen si avf vns haben vnd avf allem vnsern gut, daz wir habn in dem Lande ze *Osterreich*, vnd geben in dar vber disen brief versigelten mit vnserm Insigel vnd mit vnsers herren Insigel, hern *Vlriches von Pergowe* vnd mit herrn *Otten* Insigel des *Tvrsen*, mit hern *Weichartes* Insigel von *Arnstain* vnd mit herrn *Vlriches* Insigel des *Pergawers* svn, di diser sache gezivg sint mit irn Insigeln. Diser brief ist geben ze dem *heiligen Chrevtze,* do nah Christes geburt waren ergangen Drevzehenhvndert iar, in dem vier vnd zwaintzigistem iar an sand Veits tach.

Original auf Pergament mit drei Siegeln, zwei andere fehlen.

## CIII.

**1324, 7. April. —** *Leupold der Werder von Medling schenkt der Abtei Heiligenkreuz für deren Siechenhaus ein halbes Pfund Pfenninge Gülte zu Leesdorf nächst Baden.*

Ich *Albrect Hainreihs* svn van *Paden*, vergih vnt tvn chund allen den, di disen prief lesent oder hörent lesen, di nv lebent vnd hernah chumftig werdent, daz wir dem erbern man hern *Leupolden* dem *werder* van *Medlich* ze ainer ergetzung seines grozzen schadens, den er van vns emphangen hat, han gelubt selb zehent miner vreunt pruderlich lieb vnd trev ze laisten, di weil wir leben: vnd haben daz getan vor manigem erbern manne vnd habn im dar zv gegeben mit miner hösfrowen vron *Margreten* gûtem willen vnd aller vnser erben vnd vrevnt verhanchnusse ain halb phunt geltes vnsers rechten aigens ledichleih ze haben vnd allen seinem vrume da mit ze schaffen. Di selben gult di leit ze *Lestorf* auf weingart echern. Do dient van di leut, di hernah benant sint, *Chunrad* der *Poldlinne* man van *phafateten* fivmf phenning, *Otte* der *geluch* fivmf, *Chunrad* der schuster vier, *Dietmar* der Mûlner vier, *Dietmar* der *Meihsner* zwen, *Lidletzinne* zehen phenning, *Vlreih auf der Runsen* van *Lestorf* suben, Der lang *Leupold* dreizehen, *Chvnrad* der *Cherner* ainlef, *Dietreih* der *Vntarn* ainlef, *Chunrad* der *geuder* zehen phenning, *Hainreih der Vlescherer*, *Diepoltes* svn, vier vnd zwaintzig, *Seidel der Ehsler* vierzehen von der *Langen setze*, Der gult wird aller ain halbes phunt vnd dient man die ze sand Michels misse vnd versitzet mans an dem tag, so sol mans dar nach dienen mit wandel. Daz selbe halbphunt gult hat der vorgenant *Leupold* der *werder* durh seiner sel willen vnd aller seiner vodern geschaffet hintz dem *heiligem Chreutz* vnd hat ez gewidempt auf der heren siehhaus mit allem dem reht, als ih im ez gigeben han. Vnd daz ditz gelub vnd auh ditz gescheft vest vnd ewig beleib, so gib ich vorgenanter *Albreht, Hainreihs* svn van *Paden*, disen prief ze einem offen vrchund dem sichmaister ze dem *heiligem Chreutz,* versigelten mit meinem ynsigel, Wand der vorgenant *Leupold* der *Werder* niht aigens ynsigel het; Vnd habent auh ir ynsigel daran gelet der ersam Ritter her *Haidenreih der Tehenstainer*, her *Wernhard*

*der weidervelder* vnd *Chunrat der Lonholtz*, die diser sahhe gezeug
sint mit iren ynsigeln. Des sint auh gezeug Pruder *Chaloch* ze den
zeiten siehmaister ze dem *heiligen Chreutz*, pruder *Vlreih der wer-
der*, vnd auh weltleih leut, Her *Menhard der Gundramsdorfer* vnd
sein pruder *Chunrad*, *Heinreih der Weideruelder*, *Stephan der
Chergel*, *Seifrid der sigelpech*, *Albert der Zehentner*, *Rudolf* der
Smit vnd *vlreih* sein svn, *Mertein der Sultzer* vnd ander erber leut
genug, den dise sach wol chvnd ist. Diser prief ist gigeben nach
Christes gepurd vber drevtzehenhundert iar, dar nah in dem fivmf
vnd zwaintzigistem iar, ze Ostern.

Original auf Pergament mit einem Siegel, drei andere fehlen.

## CIV.

**1325, 24. April, Raab.** — *Nikolaus, Bischof von Raab, bewilligt der Abtei
Heiligenkreuz die ihm von deren Besitzung Neu-Eigen zu entrichtenden
Zehente mit jährlichen zwei Mark Silber Wiener Gewichtes abzulösen.*

*Nicolaus* miseracione diuina Episcopus *Jaurinensis* vniuersis,
quibus expedit, presencium significamus per tenorem, quod quia
frater *Herzo*, magister Curie *Noui predii* in diuersis seruiciis eccle-
sie nostre se indesinenter exposuit et in futurum exponere permittit, ad
humilem et deuotam peticionem ipsius volentes paterno occurrere
cum fauore talem sibi duximus graciam faciendam, vt perpetuo suc-
cessu temporum pro Decimis Terre *Foguldorf* vocate, que est prope
*Nouum predium* memoratum, non plus quam duas Marcas argenti
ponderis Wiennensis singulis annis in festo beati Georgii martiris
nobis, uel nostris successoribus idem frater *Herzo*, uel alii pro magi-
stratu dicti *Noui predii* pro tempore constituti soluere teneantur; eo
tamen modo, ut idem frater *Herzo* uel loco ipsius pro tempore positi
dicta sua seruicia nobis et nostris successoribus, ac ecclesie nostre
inpendere non desistant. In cuius rei memoriam perpetuamque firmi-
tatem presentes concessimus litteras nostri sigilli autentici munimine
confirmatas. Datum *Jaurini* in festo beati Georgii martiris anne
domini Millesimo Trecentesimo XX° quinto.

Original auf Pergament mit Siegel.

## CV.

**1325, 25. November, Wien.** — *Ulrich und Weichard von Toppel verkaufen der Abtei Heiligenkreuz fünf Pfund Pfenninge Gülten zu Breitensee.*

Ich *Vlreich von Toppel* vnd ich *Margret* sein Hausfrowe vnd ich *Weichart von Toppel* sein brûder vnd ich *Elzbet* sein hausfrowe, wir veriehen vnd tûn chunt allen den, die disen prief lesent oder horent lesen, die nu lebent vnd hernach chunftich sind, daz wir mit vnser erben guten willen vnd gunst, mit verdachtem mût vnd mit gesampter hant zv der zeit, do wir iz wol getûn mochten, Verchauft haben vnsers rechten aigens fûnf phunt wienner phenninge geltes, die da ligent ze *Praitense* ze naehst oberhalb dez Dorfes in dem *Mitrnperge* auf zehen Jeuch weingarten, mit allem dem nutz vnd recht, alz wir si in aigens gewer her pracht haben, vmb zwû vnd zwaintzich march silbers, ie zwen vnd sibentzich grozzer phemischer phenninge fur ein ieglich march, dez wir recht vnd redleich gewert sein, dem erbern herren Brûder *Otten* zv den zeiten Apt datz dem *Heiligen Chreutze* vnd der Samnunge gemaine dez selben Chlosters vnd allen irn nachchomen furbaz ledichleich vnd vreileich ze haben vnd allen irn frumen damit ze schaffen, verchauffen, versetzen vnd geben, swem si wellen an allen irresal. Vnd dar vber zv ainer pezzern sicherhait so setzen wir vns, ich *Vlreich von Toppel* vnd ich *Margret* sein hausurowe vnd Ich *Weichart von Toppel* sein bruder vnd ich *Elzbet* sein hausurowe, vnd ich *Stephan* vnd ich *Fridreich von Toppel*, ir brûder vnuerschaidenleich mit sampt allen vnsern erben vber die vorgesprochen funf phunt geltes brûder *Otten* zv den zeiten apt datz dem *heiligen Chreutze* vnd der Samnunge gemaine dez selbens Chlosters vnd allen irn nachchomen zv rechtem gewer vnd scherm für alle ansprach, alz aigens recht ist vnd dez Landes recht ze Österreich. Vnd daz diser chauf furbaz also staet vnd vnuerwandelt beleibe, dar vmb so geben wir in disen prief zv ainem offen vrchunde vnd zu einem waren gezeuge diser sach versigelt mit vnsern Insigeln. Diser prief ist geben ze *Wienne* nach Christes gepûrt Drevtzehen Hundert iar in den funf vnd zwaintzgisten iar dar nach, an sant Katreyn Tage.

Original auf Pergament mit drei Siegeln, das vierte fehlt.

## CVI.

**1326, 2. März.** — *Walter von Linzberch verkauft der Abtei Heiligenkreuz fünfzehn Pfenning Gülten zu Baden.*

Ich *Walther* von *Linzperch* vnd mein Hausfrawe *Peterz* wir
veriehen vnd tuen chunt allen den, di disen prief sehent oder horent
lesen, di nu lebent vnd hernach chumftich sint, daz wir mit
verdahtem muet vnd mit gesamter hant vnd mit willen vnd gunst
aller vnser erben zu der Zeit, do wir ez wol getuen mochten, haben
verchaufft vnserz rechten aigens funiftze phenning geltes, daz do leit
ze *Paden* pei des *Rauber* turn, den erbern herren ze dem *Heiligem
Chreutze* mit allem dem nutze vnd mit allem dem recht ze ueld vnd
ze dorf, als wir ez her pracht haben in rechter aigens gewer nach
des Landes recht ze Osterreich, vm driu phunt phenning Wiener
münzz, der wir recht vnd redleich gewert sein vnd durch pezzer
sicherhait so setze ich mich vorgenanter *Walther* von *Linsperch*
vnd *Peterz* mein Hausfrawe vnd vnser erben ze rechtem gewer vnd
scherm fur alle ansprach nach des Landes recht ze Österreich, das
lob wir in ze laisten mit vnsern triven, das schullen si auf vns
haben vnd allem dem vnserm guet, das wir haben in dem Lande ze
Osterreich. Vnd geben in dar vber disen prief versigelten mit meinem
Insigel vnd mit des erbern mans insigel Herrn *Haidenreichs* von dem
*Tehenstain*, der diser sach geziug ist mit seinem Insigel. Diser prief
ist geben, do von Christes geburd waren ergangen dreutzehen hundert
iar dar nach in dem sechzze vnd zwaintzigsten iar, des suntags ze
mitter vasten.

Original auf Pergament mit einem Siegel, das zweite fehlt.

## CVII.

**1326, 23. März.** — *Walchun, Bürger von Pressburg beurkundet, dass sein Oheim Bruder Konrad von Heiligenkreuz ihm seine Ansprüche an einen Hof zu Dreiskirchen mit zehn Pfund Pfenninge abgelöst habe.*

Ich *Walchûn* der *Chrúginne* Eninchel, purger ze *Prespurch*,
vergih mit meiner Housvrowen vron *Chunigunden* vnd tvn chund
allen den, die disen prief lesent oder hôrent lesen, di nv lebent vnd
hernach chumftich werdent, daz mein Ôhaim, pruder *Chunrat* von
dem *Heiligem chreutz* mir vnd meiner housvrowen hat gegeben zehen

phunt wienner phenninge vmb ainem hof ze *Dreschirchen* , der de
haizzet der *Weithof*, mit allem dem vnd dar in gehöret ze dorf vad
ze veld, ekcher, gulte, weingarten, wismat vnd wie ez genant ist,
der mein rehtes erb ist van meiner muter, den mein vater versatzet
vnder di iuden, vmb zehen phunt phenning vnd den vorgenanten hof
lost mein an, vro *Mechtild di Chruginne*, der got genad, vmb zehen
phunt phenning vnd schvf den selben hof zv dem *heiligen Chreutz*
vor irem tode mit anderm varundem gût also beschaidenleib, wenne
ich in lost vmb zehen phunt phenninge von dem *heiligen Chreutze*,
daz mir der hof danne ledich were, wand er mein rehtes erb ist van
meiner muter, den ir mein ane gab vnder andern gût zv meinen vater
ze rehter morgengabe. Vnd wand ich vorgenanter *Walchûn* des
hofes niht gelosen moht, dar vmb hat mir mein Ôhaim, prüder *Chun-*
*rad* van dem *heiligen Chreutze* herzv zehen phunt phenning gigeben,
als ee benant ist; Vnd han daz getan mit meiner vrevnde rat vnd ver-
hanchnusse vnd gutem willen, vnd sol auch daz vorgenant Chloster
ze dem *heiligen chreutz* den hof haben ledichlaich ze ainem ewigen
selgeret mir vnd meiner housvrowen vnd allen vnsern vodern. Vnd
dar vber zv ainem offen vrchunde vnd ewigen gezeug diser sahhe, so
gib ich vorgenanter *Walchûn* dem vorgenantem Chloster ze dem
*heiligem Chreutz* disen prief, versigelten mit des Richter ynsigel, hern
*Wernhartes* van *Dreschirchen*, der diser sahhe gezeug ist vnd ee
vor im gewandelt ist, wie der vorgenant hof vnder die Juden gesatzet
wart vnd van in gelost ward. Diser prief ist gigeben nach Christes
gepürd vber dreutzehenhundert iar darnah in dem sehs vnd zwaint-
zigistem iar ze Ostern.

Original auf Pergament, dessen Siegel fehlt.

## CVIII.

**1326, 25. Mai, Bertholdsdorf.** — *Konrad von Schönkirchen und seine Haus-*
*frau Offmai verkaufen der Abtei Heiligenkreuz ein halbes Lehen zu Nexing.*

Ich *Chuenrat* von *Schonchirichen* vnd ich *Ofmay* sein hausfrow
wir veriehen vnd tuen chunt allen den, die disen prief lesent oder
horent lesen, die nu lebent oder hernach chunftich sint, daz wir mit
verdachtem muet vnd mit gesampter hant vnd mit gueter gunst vnd
willen aller vnser erben vnd czu der zeit, do wier iz wol getuen
mochten, verchauft haben vnserm Herrn Herrn *Otten*, dem Apt von
dem *Heiligen chreutz* vnd aller der gemain der samnung dez selben

goteshous vnsers rechten aygens ein halbes lechen daz do leit czv
*Nessing* in dem dorf, do man vns allev iar von gedient hat drey schil-
ling phenning wienner muniz, vmb fumf phvnt phenning der selben
muniz, der wir recht vnd gaentzleich von in sein gewert. Vnd habent
die holden auf demselben guet die selben fumf phunt dar gegeben
dar vmb, daz sev den vorgenanten dienst der dreyer schilling do von
fuer waz nimmer gedienen, vnd habent in auf gesalzt mit ier guetleich
willen tzwelif phenning, die sev allev iar da von dem vorgenantem
gotzhous schullen dienen, sechs an sant Gerigen tag vnd sechs an
sant Michels tag vnd nicht mer, Vnd gib ich vorgenanter *Chunrat*
von *Szhonchirchen* vnd all mein erben den vorgenanten Herren von
dem *heiligen chrevtz* die selben aygenschaft ledichleichen auf ze
haben vnd ze niezzen in allem dem rechten, als vorgeschriben stet;
vnd die wandlung ist geschehen mit hern *Chvenrates* dez pharrer
czv den tzeiten zv *Perchtoltzdorf* gueter gunst vnd willen, dem daz
selb guet vormoln von meinem vadern geschaffet waz vnd seim gots-
hous, wan ich im daz selb guet nach der pesten pharleut rat wider-
legt han mit anderm meinem aygen guet; der diser sach ein worer
gezeug ist mit seinem gegenwuertigen insigel, doch durch pezzer
sicherhait so gib ich oft genanter *Chvenrat* von *schonchirchen* in
disen prief, versigelt mit meinem insigel vnd mit des vorgenanten
herrn *Chvenrates* insigel, des pharrer von *Perchtoltzdorf* vnd mit
meines ocheims insigel, herrn *wernhartes* von *weidervelt* czv aynem
worn vrchund vnd gezeug diser sach. Diser prief ist gegeben cze
*Perchtoltzdorf* nach Christes gepuerd Dreytzehen hundert iar, do noch
in dem sechs und tzwainkistem iar, an sand vrbans tag.

Original auf Pergament, dessen drei Siegel fehlen.

## CIX.

**1326, 10. August, Wien.** — *Ein gewisser Jordan vermacht der Abtei Heiligen-*
*kreuz auf seinen Todfall einen Hof zu Reinkardsdorf.*

Ich *Jordan* vergieh vnd tuen chunt allen den, die disen prief
lesent oder horent lesen, daz ich mit gunst aller meiner vreunt vnd
ouch ze den zeiten, do ich iz wol getven macht, daz ich durch got
vnd durch meiner sel willen, daz ich meinen hof, der do leit ze
*Raenhartsdorf*, geschaft han der Gaistleichen Samnunge datz dem
*haeiligen chreutze* nach meinem toet mit alle dem recht, vnd ich in
in nvtz vnt in gewer her han pracht, Is sei gestift oder vngestift, Is

sei ze veld oder ze dorf, vnd ovch alles daz do zv gehoret, Is sein
Rinder oder schaf, also mit auz genomer rede, so han ich geschaft
Einer gaeistleichen Jvnchvrowen ver *Margareten* ze der *himelporten*
auz dem vorgenanten hof zwai Rinder vnd zwelf schaf die pesten;
Vnd fuerwaz, swaz von dem hof Nutze chom, iz sei von traide oder
swie iz genant sei, do schullen sev Ir pfrvent von pezzern in der
pitantz also, daz sev meiner sel dester paz mvgen gedenchen, des ich
in wol getrowe. Vnd ovch von dem vorgenanten hof schol man dienen
zwelf phenninge vreis purchrechtes dem *Eberstorfer* Michahelis.
Daz dise rede stet sei vnd vnzeprochen beleibe ditze gescheftes, dar
vber gib ich disen prief versigelte mit meim Insigel vnd des erwern
herren Insigel Abts *Mavritius* von *schoten* zv einem rechtem vrchvnde.
Diser prief ist geben ze *Wienne*, do von Christes gebvert waren
ergangen Drevtzehen hvndert iar, In dem sechs vnd zwaintzikistem
Iar, an sand Laurencen tach.

Original-Urkunde mit einem Siegel, das zweite fehlt.

# CX.

**1326, 21. December, Wien.** — *Dietrich von Pilichdorf, Marschall in Öster-
reich, stiftet in der Abtei Heiligenkreuz für weiland König Rudolf von
Böhmen und sich selbst zwei tägliche Seelenmessen.*

Ich *Dietreich von Pilchdorff Marschalch in Osterrich* vergieh
vnd tun chunt allen den, die disen prief lesent oder horent lesen,
di nv lebent vnd hernach chvnftich sint, Daz ich mit gutem willen
vnd gvnst meiner housvrowen, vron *Soffeyen* vnd ouch meiner Prudere,
hern *Ulreichs* vnd hern *Otten* von *Pilchdorff* vnd aller meiner
vreunt ze der zeit, do ich iz wol getun mochte, geschafft vnd geben
han dem chloster vnd dem conuent datz dem *heyligem chreutze* in
Osterrich grawes ordens ledichlichen vnd ewichlichen ze haben mein
zwen weingarten, die mein rechtes chovfgut sint vnd ligent bei
*Presburch* an der *hochnei*, mit allem dem rechte vnd ich si her han
pracht in nutz vnd in gewer vnd in gewalt vnuersprochenlichen vncz
ovf disen tag, durch got vnd durch meiner sele hail willen, vnd be-
svnderlichen durch meines lieben herren sele willen, Chvnich *Rvdolf-
fes* von *Pehaimen*, dem got gnade vnd durch aller meiner vodern
willen also mit ovzgenommener rede, daz sie ewichleichen alle tage
zwo Messe haben schvllen vnd dar inne Got fvr uns pitten schvllen,
vnd vnser alle iar an vnserm iartage gedenchen nach ires ordens

gewonhait vnd schvllen fvrbaz allen den nutz, der do wirt vber das paw von den vorgenanten zwain weingerten geben gar vnd genczlichen den siechen vnd den petterisen (sic) ze Pezzerunge ire phrvnt in ir Siechhovs. Vnd daz dizze gescheſte vnd dizze gabe gancz vnd vnzebrochen beleibe, dar vber so gieb ich vorgenanter *Dietrich von Pilchdorff, Marschalch in Osterrich* dem egenantem chloster vnd dem conuent daselbes datz dem *heiligem chrevtze* in Osterreich disen prief ze einem waren gezevge vnd ze einer ewigen vestnvnge diser sache versigelten mit meinem Insigel vnd mit meiner Pruder Insigel, hern *Vlreichs* vnd hern *Otten* von *Pilchdorff*, di dises gescheſtes vnd diser gabe gezevge sint mit ir Insigeln. Der prief ist geben ze *wienne*, do von Christes geburt ergangen waren Drevtzehen hundert iar, darnach in dem Sechs vnd zwainczigisten iare, an sand Thomas tag vor weihnachten.

Original auf Pergament mit zwei Siegeln, ein drittes fehlt.

## CXI.

**1327, 2. April.** — *Das Domcapitel von Pressburg stellt der Abtei Heiligenkreuz auf deren Ansuchen eine lateinische Übersetzung des Vermächtnisbriefes des jüngst verstorbenen Hofmarschalls Dietrich von Pilichdorf vom 21. December 1326 über zwei Weingärten bei Pressburg aus.*

Nos Capitulum ecclesie *Posoniensis* significamus quibus expedit presentium per tenorem vniuersis, quod accedentes ad nostram presentiam Religiosi viri frater *Corradus* procurator domus Monasterii *sancte Crucis* de *Posonio* et frater *Vlricus* de ordine Cisterciensi nomine et vice abbatis eorum ac totius Conuentus sui ordinis, Monasterii *sancte Crucis* de *Austria* exhibuerunt nobis litteras priuilegiales magnifici viri *Ditrici* quondam *Marschalci de Austria* scriptas ydiomate teutonicali, petentes cum instantia, quod nos tenorem et seriem earumdem in latinum commutando nostris litteris transscribi fateremur. Quarum quidem litterarum Teutonicalium dicti marsalci tenor per omnia talis est. Ego *Ditricus de Pylyhdorf, Marsalcus de Austria* profiteor et notum facio omnibus presentes litteras inspecturis et easdem legere volentibus, tam presentibus quam futuris, quod ego cum bona voluntate et fauore domine *Sofye*, consortis mee carissime et fratrum meorum *Vlrici* videlicet et *Ottonis de Phylisdorf*, ac omnium proximorum et cognatorum, meorum, qui presencialiter aderant eo tempore, quo, licet corpore debilis existerem, sanus tamen mente et bene ac rationabiliter de meis bonis a Deo datis et concessis disponere potuissem, dedi, ordinaui et legaui Monasterio *sancte Crucis* de *austria* et toto Conuentui eiusdem Monasterii de dyocesi Patauiensi, de ordine Cysterciensi libere et perpetuo iure possidendas meas duas vineas emptitias, que sunt site et locate in *monte Posoniensi Hauhney* nuncupato, cum omni iure, quo ego ipsas tenui, habui ac possedi absque omni contradictione vsque nunc, pro deo et remedio anime mee et specialiter pro remedio anime karissimi domini mei domini *Rudolfy* quondam Regis Boemorum clare recordationis ac etiam pro remedio animarum parentum meorum, tali videlicet conditione mediante, quod dicti fratres singulis diebus singulas duas missas perpetue debeant celebrare, in quibus missis pro me et pro dicto domino meo *Rudolfo* ac pro parentibus meis dum debeant deuote deprecari, et quod iidem fratres singulis annis anniuersarium meum et domini mei domini *Rudolfi* predicti ac parentum meorum consueto more ordinis ipsorum benigne et deuote peragere teneantur. Volo etiam et ordino, quod iidem fratres omnes sumptus suos, quos in laborando dictas vineas fecerint seu expenderint, de vtilitate seu fructu earumdem vinearum plene rehabere teneantur, residua vero pars, que de dicta cultura superhabundauerit, in infirmariam dicti claustri decumbentibus pro emendatione et augmentatione prebende eorum integraliter debeant assignari. Et in huiusmodi mee donationis testimonium perpetuamque firmitatem memorato claustro *Sancte Crucis* et conuentui eiusdem litteras meas presentes concessi sigilli mei et sigillis dictorum fratrum meorum munimine consignatas. Datum anno domini M⁰. CCC⁰. XX⁰. septimo (sic) In die sancti Thome apostoli.

Nos vero peticionibus eorumdem fratrum iustis et legitimis annuentes tenorem predictarum litterarum teutonicalium de uerbo ad uerbum in latinum conuertendo, presentibus transscribi fecimus, sigillique nostri munimine easdem consignari facientes. Datum feria quinta proxima ante diem Ramis palmarum anno domini M⁰. CCC⁰. vicesimo septimo.

Vollständig inserirt in der Bestätigungs-Urkunde König Karl's von Ungarn, ddo. 3. April 1327.

## CXII.

**1327, 3. April.** — *König Karl von Ungarn bestätigt der Abtei Heiligenkreuz die zwei vollständig inserirten Urkunden Dietrich's des Hutstock's, ddo. 25. Juli 1319 und des Domcapitels von Pressburg, ddo. 2. April 1327.*

*Karolus* dei gracia *Hungarie, Dalmacie, Croacie, Rame, Seruie, Gallicie, Lodomerie, Cumanie, Bulgarieque Rex, Princeps Sallerni-tanus et Honoris ac montis sancti angeli dominus* omnibus christi fidelibus tam presentibus, quam futuris presencium noticiam habituris salutem in omnium saluatore. Ea potissimum regie excellencie patrocinio conuenit confirmari, que sacrosancte matri ecclesie, que nos in christo regenerat, pia fidelium largicione in elemosinam sempiternam conferuntur. Perinde ad vniuersorum noticiam harum serie volumus peruenire, quod Religiosi viri, frater *Corrardus* procurator domus Monasterii *Sancte Crucis* de *Posonio* ac frater *Vlricus* ordinis Cisterciensis, vice et nomine abbatis eorum ac totius Conuentus ipsius Monasterii *Sancte Crucis* de *Austria*, ad nostram accedentes presentiam exhibuerunt nobis quasdam patentes litteras tenorum infrascriptorum, vnam scilicet Capituli ecclesie *Posoniensis* et aliam *Detrici Houtstoch* ac domine *Gertrudis* uxoris eiusdem, supplicantes nobis humiliter et deuote, vt easdem litteras presentibus transsummi et transscribi, ratificare quoque et approbare, nec non et auctoritate Regia ad vberioris cautele euidenciam de pietate Regia dignaremur confirmare. Quarum quidem litterarum *Capituli Posoniensis* ecclesie tenor talis est. (Folgt die S. 113, Nr. CXI abgedruckte Urkunde des Domcapitels zu Pressburg, ddo. 2. April 1327.) Item tenor litterarum dicti *Dytrici* et domine *Gertrudis* consortis sue talis'est. (Folgt die S. 60, Nr. LXVI abgedruckte Urkunde, ddo. Wien 25. Juli 1319.)

Nos siquidem predictas duas patentes litteras de uerbo ad uerbum presentibus insertas iuxta eorumdem fratrum *Corrardi* et *Vlrici*, ordinis prenotati iustam, modestam et salubrem petitionem attendentes, quod in rebus diuinis usibus deputatis sola immensitas est mensura et quod etiam elemosina dux nostre fragilitatis existat, quod nos excusat apud deum de peccatis propitium reddens creatorem et restituens gracie saluatoris, de consilio prelatorum et Baronum Regni nostri approbamus et auctoritate Regia presentisque priuilegii patrocinio confirmamus, ut, quod nostre approbationis et confirmationis series absque cuiuslibet contradictionis obstaculo perpetuo ualeat firmitate

consistere, nec per quospiam lapsu temporum in irritum possit uel
ualeat aliquatenus reuocari, presentes concessimus litteras nostras
priuilegiales, noui et autentici sigilli nostri dupplicis munimine robo-
ratas. Datum per manus discreti viri magistri *Andree*, prepositi
*albensis* ecclesie, aule nostre vicecancellarii dilecti et fidelis nostri.
Anno domini M⁰. CCC⁰. XX⁰. septimo, tercio Nonas Aprilis, Regni
autem nostri anno similiter XX⁰. septimo, Venerabilibus in christo
Patribus Dominis *Boleslao Strigoniensi* et fratre *Ladislao Colocensi*
archiepiscopis, *Joanne Nytriensi*, fratre *Petro Bosnensi*, *Georgio
Syrmiensi*, *Iwanka Waradiensi*, *Benedicto Chanadiensi*, *Ladislao
Quinqueecclesiensi*, *Henrico Wesprimensi*, *Nicolao Jaurinensi*,
*Chanadino agriensi* et *Andrea Transilvano* episcopis ecclesias dei
feliciter gubernantibus; Magnificis viris *Philippo palatino*, comite de
*Scepes* et de *Wywar*, *Demetrio* magistro Tawernicorum nostrorum
Comite *Bachiensi* et *Trinchinensi*, *Mykch* bano totius *Sclauonie*,
comite *Simegiensi*, comite *Alexandro* judice curie nostre, *Thoma*
woywoda *Transiluano* et comite de *Zonuk*, *Paulo* bano de *Macheu*,
comite *Syrmiensi* de *wolkou* et de *Budrugh*, *Johanne* magistro
Tawernicorum et *Deseu* Iudice curie domine regine, consortis nostre
karissime, *Stephano* magistro agasonum, *Dyonisio* magistro Dapi-
ferorum nostrorum et *Nicolao* comite *Posoniensi* aliisque quam pluri-
bus Regni nostri Comitatus tenentibus et honores.

Original-Pergament-Urkunde mit Siegel.

## CXIII.

**1327, 5. November, Guttenstein.** — *König Friedrich III. bestätigt der Abtei
Heiligenkreuz die Befreiung ihrer Weingärten zu Talern und Enzersdorf
von Entrichtung des Bergrechts.*

*Fridericus* dei gracia Romanorum Rex semper Augustus, Vni-
uersis, ad quos presentes pervenerint, fidelibus suis dilectis graciam
suam et omne bonum. Piam sanctamque diue recordacionis Magnifici
domini *Rudolfi* Romanorum Regis semper Augusti, Aui et predecessoris
nostri karissimi, deuocionem, qua Religiosis viris .. Abbati et Con-
uentui Monasterii *Sancte Crucis* in Austria Patauiensis Diocesis Jus
montanum de vineis ipsorum, quas in *Talarn* et *Engelschalchdorf*
possident, relaxauit, in domino commendantes ipsiusque imitari in hac
parte vestigia cupientes, predictis Abbati et Conuentui *sancte Crucis*,
pure propter deum Jus montanum, quod de vineis, quas in *Talarn* et

*Engelschalchdorf* nunc possident, tenentur persoluere, exceptis dum-
daxat quatuor vrnis, quas Monasterio *Mauerbacensi*, nostre fundacionis
persoluunt, ex mera benignitatis nostre gracia donamus, largimur
et liberaliter relaxamus, habentes ratam et gratam eiusdem Aui nostri
donacionem et approbacionem, ipsamque presentis decreti munimine
auctoritate Regia confirmantes. In cuius donacionis, ratihabitionis et
confirmacionis nostre euidenciam presentes litteras conscribi nostreque
maiestatis Sigilli appensione fecimus communiri. Datum in *Guten-
stain* Nonis Nouembris, Anno domini Millesimo CCC°. vicesimo sep-
timo, Regni vero nostri Anno Terciodecimo.

    Original auf Pergament mit Siegel.

## CXIV.

**1328, 6. Jänner, Trautmansdorf.** — *Ulrich und Gautmar die Stuchsen von
Brunn verkaufen der Abtei Heiligenkreuz Pfenning Gülten und Dienste zu
Arbaisthal und Höflein.*

    Ich *Vlreih* vnd ich *Gautmar*, wir pede brûder di *Stuhsen* von
*Pronne*, veriehen an disem brief allen den, di in sehent oder hôrent
lesen, di nu sint vnd her nach chumftich werdent, daz wir mit zeiti-
gen rat aller vnsert vreunt vnd mit gutem willen vnd gunst aller
vnser erben, mit verdahtem mût vnd ze der zeit, do wir ez wol getûn
mohtten, verchauffet haben vnsers rehtten aigens in dem Dôrffe datz
*Arbaiztal* drev lehen. Der selben lehen dinent zwai drev phunt vnd datz
ain dint ain phunt phenning wienner munnz. Di selben gult sol man
dienen halb an sand Michhels tach vnd halb an sand Jorgen tach. Vnd
auf vber ecchern fumf schilling vnd einen helblinch wienner phenning,
di man dienen sol an sand Jorgen tach Vnd fumf vnd dreizzich ches,
der sol iglecher zwaier wienner phenninge wert sein, di sol man dinen
ze Phingsten. Vnd vierdhalbez vnd dreizzich huener, der sol igleihes
vier wienner phenninge wert sein, di sol man dienen ze weinachtten.
Dar zv haben wir verchauffet in dem Dorffe datz *Hoflein* auh vnsers
aigens, Sibenthalb lehen, die dienent sehs phunt wienner phenninge
vnd fumftzich phenninge. Di sol man auh dienen halb an sand Mich-
hels tach vnd halb an sand Jorgen tach. Datz selbe gût allez mit ein
ander, als ez do vor geschriben stet, mit allen den nuzzen, als wir ez
gehabt vnd in aigens gewer her bracht haben, also hab wir ez rehtte
vnd redleih verchauffet den erbern herren brûder *Otten*, der zder
zeit Abbt was datz dem *heiligen Chreutz*, vnd auh aller der Samnunge

des selben Chlosters vmb hundert phunt, vnd vmb ainz vnd achtzich
phunt wienner phenninge vnd vmb aht phenninge, der wir aller gentz-
leih vnd gar veriehet vnd gewert sein. Si sullen auh furbaz mit dem
selben vorgenanten gût allen irn frumen schaffen mit verchauffen,
mit versettzen vnd geben swem si wellen an allen irrsal. Vnd durch
pezzer siecherhait so setze wir in vber daz vorgenant gût ze rechtem
scherm nah des landes reht ze Osterreih fur alle ansprah vnser haus
datz *Prunne* vnd allez daz dar zv gehôret, wan wir daz selbe haus
vmb daz gût gechauffet haben, do wir daz vorgenant gvt *Arbaiztal*
vnd ze *Houlein* vmb verchauffet haben. Vnd daz di rede furbaz stet
vnd vntzebrochen beleibe, dar vber geb wir disen brief ze einem
warn gezevg, ze einer ewigen vestigung diser sacche, versigelten mit
vnsern insigeln vnd mit hern *Hadmars* vnd mit hern *Mertten* insigeln,
vnserr vetern der *Stuhsen* von *Trautmanstorf*, di diser sacche gezeug
sint mit irn insigeln. Der prief ist gegeben datz *Trautmanstorf* nah
Christes gepurde vber Dreutzehen hundert iar, dar nah in dem achtt
vnd zwaintzgistem iar, An dem heiligen Perihttag.

Original auf Pergament mit zwei Siegeln, zwei andere fehlen.

## CXV.

**1328, 6. Jänner.** — *Leupold der Fuss von Zwölfaxing verkauft Philippen
dem Falkensteiner fünf Schilling Pfenning Gülte an Gundramsdorf.*

Ich *Leupolt* der *Fuez* von *Zwelföchsing* vnd ich *Gerdraut* sein
Hausfrawe wir veriehen vnd tuen chunt allen den, di disen Prief
lesent oder horent lesen, (di nu sint) vnd hernah chunftik sint, daz wier
mit vnser erben guetten willen vnd gunst vnd mit gesamter hant, zu
der Zeit, do wier iz wol getuen mochten, verchauft haben vnsers
rechten aigens fümf Schilling geltes, di do ligent zu *Gundramsdorf*
auf behausten helden vnd di man al iar dienen schol an sand Michels
tag dem erbern man hern *Philippen* dem *valkenstainner*, zu den
zeiten schenk des edelen Chung *Fridreichs* von Rom vnd seiner Haus-
frawen vrawen *Perchten* vnd allen ieren erben verwas ledichleihen
vnd vreileichen tzu haben, zu verchaufen, zu versechzen, zu geben
swem si wellen, vnd allen ieren vrum da mit zu shaphen, vm Zenthalb
phunt wienner phening, der wier recht vnd redleich gewert sein.
Vnd durch pesser sicherhait so setzen wier vns, Ich vorgenanter
*Leupolt* der *Fuez* vnd ich *Getraut* sein hausfrawe dem egenanten
hern *Philippen* dem Schenken vnd seiner hausfrawen vrauen *Perchten*

vnd allen ieren erben zu rechtem gewer vnd sherm wer alle ansprach, als aigens recht ist vnd des landes recht in Osterreich. Vnd daz daz also stet vnd vnzebrochen beleib, dor vber gib ich vorgenanter *Leupolt* der *Fuez* in disem Prief zu einer verchunt vnd zu einer ewigen vestenung diser sach, versigelten mit vnserm insigel vnd mit hern *Otten des Tursen* Insigel, dem wir gepeten haben, daz er gezeug ist ditz chaufs mit seinem insigel. Vnd sind auch des geczeug her *Haug der Streitweser Fridereich*, der chamrer, Her *Wilhalm* pei dem Prun vnd her *Jacob* sein prueder vnd her *wernhard*, zu den zeiten Richter ze *Drezchirchen* vnd *Jacob* sein prueder, *Peter* in der chirchluchen, *leubel* der *samp* vnd andre vrum leut genueg, den diser chauf wol chunt ist. Der prief ist gegeben do nach cristes gepuert vergangen waren Dreutzehen hundert iar dar nach in dem acht vnd zwainczegisten lar, an dem Perchtag.

Original auf Pergament mit Siegel.

## CXVI.

**1328, 10. April, Wien.** — *Otto von Steineck verkauft einen Weingarten in Sifring sammt dem dazu gehörigen Holden an Frau Mergard, Herrn Lambert's Witwe.*

Ich *Otte von Staynaech* vnd ich *Anne* sein hausvrowe vnd ich *Jans der Marschalich* vnd ich *Margret* sein hausvrowe. Wir veriehen vnd tun chunt allen den, die disen brief lesent oder horent lesen, die nu lebent vnd hernach chunftich sind, daz wir mit vnser erben guten willen vnd gunst vnd mit verdachtem mut vnd mit gesampter hant, ze der zeit, do wir iz wol getun mochten vnd mit vnsers Berchherren hant hern *Herbortes auf der Seule*, Verchauft haben ainen Weingarten, der da leit ze *Suffringen* in der *Rauhenpeunde*, dez ein Jeuch ist vnd haizzet der *Vsman* vnd leit ze nächst dem Weingarten, der da haizzet der *Ger*, mit sampt einem gestiften holden, der in den Weingarten gehoret, der da haizzet der *Vsman* vnd der alle iar darin in dient an sand Michels tage Viertzich wienner phenninge da selbens ze *Suffringen*. So dient man hern *Herborten auf der Seule* von dem vorgenanten Weingarten vnd von dem gestiften holden, der dar zv gehöret, alle iar auch an sand Michels tage Viertzich wienner pheninge für Perchrecht vnd für Voitrecht vnd nit mer. Den vorgenanten Weingarten mit sampt dem gestiften holden, der darzv gehoret, haben wir recht vnd redleichen verchauft mit allem dem nvtz vnd

recht, alz wir si in Perchrechtes gewer her pracht haben vnd daz
vns egenanten, mich *Annen* vnd mich *Margreten* anerstorben ist von
vnserm Vater vnd von vnser muter, den baiden got genade, vnd daz
vns mit rechter furtzicht vnd mit loz angeuallen ist gegen vnsern Ge-
swisteriden, do wir mit in getailt haben, Vmb Sechs vnd sibentzich
phunt wienner pheninge, der wir recht vnd redleich gewert sein,
Der erbern vrowen vron *Mergarten*, hern *Lambers* witiben, dem got
genade fürbaz ledichleich vnd vreileich ze haben vnd allen iren frumen
da mit ze schaffen, verchauffen, versetzen vnd geben swem si wellen
an allen irrsal. Vnd dar vber zv einer pezzern sicherhait so setzen
wir vns ich *Otte von Staynaech* vnd ich *Anne* sein housvrowe vnd
ich *Jans der Marschalich* vnd ich *Margret* sein hausvrowe vnuer-
schaidenlich mit sampt allen vnsern erben vber den vorgesprochen
Weingarten vnd vber den gestiften holden, der dar zv gehoret, vron
*Mergarten*, hern *Lambers* witiben, dem got genade, vnd allen den,
den si iz schaft oder geit, zv rechtem gewer vnd scherm fur alle an-
sprach, alz Perchrechtes recht ist vnd dez Landes recht ze Öster-
reich. Waer aber, daz si mit recht an dem vorgenanten gut dehainen
schaden naemen, den selben schaden suln si haben auf vns vnd auf
allem vnserm gut, daz wir haben in dem Lande ze Osterreich, vnd
geben in dar vber disen brief zv einem offen vrchunde vnd ze einem
warn gezeuge diser sach, versigilten mit vnsern Insigiln vnd mit vnsers
Perchherren Insigil, hern *Herbortes auf der Seule* vnd mit hern
*Chunrades* Insigil hern *Johans* sun, die diser sach gezeuge sint mit
irn Insigiln. Vnd sind auch dez gezeuge her *Heinreich der Lange*, her
*Jörige an dem Chyenmarcht*, her *Wilhalm in dem Strohof*, *Jans*
*sein bruder*, *Peter* vnd *Thoman* hern *Jansen* sune *dez stadlawer*,
dem got genade mein egenanten *Annen* vnd *Margreten* bruder vnd
ander erber leut genuch, den disev sach wol chunt ist. Diser prief ist
geben ze *Wienne*, do von Christes geburt waren ergangen Dreuzehen
Hundert iar in dem acht vnd zwaintzgisten iar dar nach an dem
achten tage nach dem Ostertage.

Original auf Pergament mit vier Siegeln.

## CXVII.

**1326, 10. April, Avignon.** — *Indulgenz mehrerer Bischöfe für die Abtei Heiligenkreuz.*

Uniuersis sancte Matris ecclesie *Filiis*, ad quos presentes littere peruenerint, Nos miseratione diuina *Simon* archiepiscopus *pisamensis*, *Guillmus tergestinensis* episcopus, *Jordanus acernensis* episcopus, *Melecius Galipolitam.* episcopus, *Johannes ameliensis* episcopus, *Bonifacius suscitamensis* episcopus, *Rodolfus siriguensis* episcopus, *Johannes deriuastensis* episcopus, *Madius demitensis* episcopus et *Antoninus sagonensis* episcopus salutem in domino sempiternam. Pia mater ecclesia de animarum salute sollicita deuocionem . . . . . . . . munera spiritualia remiss . . . . . . . . indulgencias innitare consueuit ad debitum famulatus honorem deo et sacris edibus impendendum, ut quanto crebrius et deuotius illuc confluit populus christiamus, assiduis saluatoris graciam precibus implorando tanto delictorum suorum ueniam et gloriam regni celestis consequi mereatur eternam. Cupientes igitur, ut monasterium *sancte crucis* religiosorum Virorum iuxta *Wienne*, ordinis Cisterciensis patauiensis diocesis, congruis honoribus frequentetur et a christi fidelibus iugiter ueneretur, Omnibus uere penitentibus et confessis, qui ad dictum monasterium in utroque festo sancte Crucis et in aliis festis infrascriptis uidelicet, Natalis domini, Circumcisionis, Epiphanie, cene domini parasceues pasche, ascensionis pentecostes trinitatis Corporis christi. In omnibus et singulis festis Beate marie Virginis, Natiuitatis et decollacionis beati Johannis baptiste, Beatorum petri et pauli apostolorum et omnium aliorum sanctorum apostolorum et evangelistarum, sancti michaelis archangeli, Sanctorum laurencii, Vincencii, stephani, fabiani, sebastiani, Georgii et decem millium militum Benedicti, bernardi, ambrosii, augustini Jeronimi, Nicolay, martini, dominici, francisci, Sixti, egidii confessorum, Beate marie magdalene, katerine, Margarete, barbare, agnetis, Lucie Agate, cecilie elizabeth uidue et undecim millium uirginum. In commemoracione omnium sanctorum et animarum et per octauas dictarum festiuitatum, cetauas habencium causa deuocionis, aut peregrinacionis accesserint, Nec non, qui ad fabricam, luminaria, ornamenta aut queuis alia dicto monasterio necessaria manus porrexerint adiutrices, Vel qui in dedicacione predicti monasterii uel infra octauas ad

eundem monasterium deuote accesserint, aut in serotina pulsacione se-
cundum modum curie Romane flexis genibus ter aue maria dixerint, Vel
qui in eorum testamentis aut extra aurum, argentum, uestimenta aut ali-
qua alia caritatiua subsidia dicto monasterio, donauerint legauerint, aut
donari uel legari procurauerint, Seu qui missis predicacionibus matu-
tinis uesperis Religiosi uiri domini . . abbatis dicti monasterii inter-
fuerint, Vel qui pro salubri statu fratris *Michaelis*, monachi dicti mo-
nasterii istius indulgencie impetratoris dum uixerit et anima eius,
cum ab hac luce migrauerit et animabus omnium fidelium defun-
ctorum oracionem dominicam cum salutacione angelica pia mente di-
xerint, Quocienscumque, quandocumque et ubicumque premissa uel
aliquid premissorum deuote fecerint, de omnipotentis dei misericordia
et beatorum petri et pauli apostolorum eius auctoritate confisi singuli
nostrum quadraginta dies indulgenciarum de iniunctis eis peniteneiis
misericorditer in domino relaxamus, Dummodo diocesani uoluntas ad
id accesserit et consensus. In cuius rei testimonium presentes litteras
sigillorum nostrorum iussimus appensione muniri. Datum *Auinioni X.*
die mensis Aprilis. Anno domini M⁰. CCC⁰. XXVIII. et pontificatus
domini Johannis pape XXII. anno duodecimo.

Original auf Pergament mit sechs Siegeln, vier andere fehlen.

## CXVIII.

**1328, 30. Mai, Avignon.** — *Papst Johann der XXII. bestätigt der Abtei
Heiligenkreuz im Allgemeinen alle von seinen Vorgängern ertheilten Privi-
legien.*

*Johannes* episcopus seruus seruorum dei. Dilectis filiis .. Abbati
et Conuentui Monasterii de *Sancta Cruce* Cisterciensis ordinis Pata-
uiensis diocesis Salutem et apostolicam benedictionem. Solet annuere
sedes apostolica piis uotis et honestis petentium precibus fauorem
beneuolum impertiri. Eapropter dilecti in domino filii uestris iustis
postulationibus grato concurentes assensu omnes libertates et immuni-
tates a Predecessoribus nostris Romanis Pontificibus, siue per priui-
legia, seu alias indulgentias vobis et Monasterio uestro concessas,
nec non libertates et exemptiones secularium exactionum a Regibus et
Principibus ac aliis Christi fidelibus rationabiliter uobis et eidem
Monasterio indultas, sicut eas iuste et pacifice obtinetis, uobis et per
uos eidem Monasterio auctoritate apostolica confirmamus et present's
scripti patrocinio communimus. Nulli ergo omnino hominum liceat

hanc paginam nostre confirmationis infringere, uel ei ausu temerario contraire. Si quis autem hoc attemptare presumpserit, indignationem omnipotentis dei et beatorum Petri et Pauli apostolorum eius se nouerit incursurum. Datum *Avinione* III°. Kalendas Junii, Pontificatus nostri anno Duodecimo.

Original auf Pergament mit Bleibulle.

## CXIX.

**1328, 17. November, Wien.** — *Friedrich, Erzbischof von Salzburg, beurkundet von den Äbten der Cistercienser-Klöster Heiligenkreuz, Zwettel, Lilienfeld und Baumgartenberg sechs und vierzig Mark Silber als Beitrag zur Tilgung der Schulden seines Erzbisthums empfangen zu haben.*

Nos *Fridericus* dei gracia sancte *Salzburgensis* Ecclesie Archiepiscopus, apostolice sedis Legatus, confitemur et constare volumus vniuersis presentes literas inspecturis, quod, cum Ecclesia nostra predicta multis foret debitorum oneribus pregrauata, Venerabiles viri . . *Sancte Crucis* . . *Zwetel* . . *Campililiorum*, et . . *Pavmgartenperg*, Monasteriorum Abbates, Cisterciensis ordinis Patauiensis diocesis, considerantes beneficia, que hactenus a nobis nostrisque predecessoribus receperunt, pro dictis debitis releuandis quadraginta sex Marcas argenti, wiennensis ponderis, nobis offere et donare liberaliter curauerunt et has etiam gratanter recepimus ab eisdem. Porro ne huiusmodi liberalitas ipsis redundet in dampnum, et futuri pariat materiam nocumenti, confitemur et recognoscimus, quod nos nostrique successores ex predicte pecunie oblacione, seu donacione ius uel signum, seu indicium iuris exigendi ab abbatibus et Monasteriis supradictis, censum seu quamuis aliam prestacionem, minime possumus in futurum trahere uel habere. In cuius rei testimonium presentes mandauimus fieri literas, sigilli nostri appensione munitas. Datum *Wienne*. XV. Kalendas Decembris, anno domini Millesimo Trecentesimo, vicesimo octauo.

Original auf Pergament mit Siegel.

## CXX.

**1328, 25. November, Wien.** — *Albrecht, Herzog von Österreich etc., verleiht mit Zustimmung seiner Brüder, des Königs Friedrich und des Herzogs Otto der Abtei Heiligenkreuz den Blut.*

In nomine domini amen. *Albertus* dei gracia Dux *Austrie et Styrie* omnibus imperpetuum. Quia . . . . . . . fastigio, quo dono decoramur altissimi desideramus efficere, sicut Jus expostulat, et dictat racio virtuosis . . . . . . . . hoc inter cetera pietatis opera fore censemus precipuum, ut personis et locis Religiosis in augmentum cultus . . . . . mus comodum, submoto incomodo inquietis. Quocirca cum viros Religiosos in Christo nobis dilectos . . Abbatem . . . . terii *Sancte Crucis* in austria, ordinis Cysterciensis, Patauiensis Dyocesis. Ipsumque Monasterium ob celibis vite et Monastice . . . . pollere noscuntur, prestanciam specialis fauoris nostri prerogatiua in domino amplectemur, cupientes, ac volentes . . . . Curie celestis laudem nostro gratulentur suffragio, et graciis specialibus perfruantur. Ipsis et predicto Monaster. ex serenissimi et domini nostri *Friderici* Romanorum Regis semper augusti ac Illustris *Ottonis*, Ducis Austrie et Styrie fratrum . . . . . libera voluntate et certa scientia, non dolo, nec fraude circumuenti, sed maturo consilio et deliberatione prebabitis . . . . . . . et liberaliter in predio ipsorum, dicto *Nydersultz*, Judicium sanguinis et omnium suppliciorum et multarum Penam impon . . . . Truncum et Patibulum, vulgariter Stok et Galgen, nuncupatis, tenore presentium elargiri et etiam presentibus elargim . . . . . . Ipsi Abbas et conuentus ibidem Patibulum in loco competenti erigant et perpetuo predictorum fratrum nostrorum ac m . . . . beant, per suos officiales in dicto predio judicium prenotatum exercere et habere cum suppliciis prenotatis. Inhibem . . . . . gulis Ditioni nostre subiectis, ne quouis studio uel cautela de Jure uel de facto venire presumant, contra graciam . . . seu ei quomodolibet ausu temerario contraire, sicut omnipotentis Dei dyram vlcionem nostramque et successorum nostrorum . . . . . . et vindictam voluerint euitare. In cuius rei testimonium presentes litteras predictorum fratrum nostrorum sigillis ad nostram inst . . . . . . . appensis nostrove sigillo ipsis tradidimus roboratas. Nos igitur *Fridericus*, Dei gratia Romanorum Rex semper Augustus . . . . . *Otto* . . gracia Dux Austrie et Styrie prenotati, tenore presentium profitemur, predictam graciam et donacionem, sicut de verbo ad verbum . . . . . certa nostra scientia, voluntate et assensu esse factam, quam et nos ad ipsius fratris nostri, Ducis *Alberti* instanciam . . . . . . appensionibus confirmamus. Datum *Wienne* anno domini Millesimo Trecentesimo vicesimo octauo. In die Katharine.

Original auf Pergament, sehr schadhaft mit einem Siegel-Rest, zwei andere Siegel fehlen.

# CXXI.

**1329, 30. Juni, Heiligenkreuz.** — *König Friedrich III. überlässt der Abtei Heiligenkreuz das Obereigenthum eines ihr von Konrad von Schönkirchen verkauften Weingartens, der bisher landesfürstliches Lehen war.*

Wir *Friderich* von gotes gnaden Romscher kvnich, allzeit ein merer des Richs, tun chunt mit disem prief allen, di in ansehent, lesent oder horent lesen, daz wir den erbern vnd geistlichen luten dem Abt vnd der Samnunge zu dem *Heiligen Chrutz* durch got luterlich vnd durch vnser sel hail willen geben haben vnd geben reht aigenschaft der dreir schillinge wienner phening gulte, die *Chvnrad der Schonnchircher* in reht vnd redlich mit vnser gunst ze chouffen geben hat vnd di von vns lehen sint gewesen von des hertzogentumes wegen zu Österreich. Vnd geben in ze ainer bestetigunge derselben aigenschaft disen brief versigelt mit vnserm insigel. Der ist geben zu dem *Hailigen Chrvtz* des Fritags nach sand Johans tag, ze Sunnbenden, da man zalt von Christes geburd dreutzehen hundert iar vnd darnach in dem Nevn vnd zwainzgisten iar, in den fumftzehenden iar vnsers Richs.

Original auf Pergament mit Siegelrest.

# CXXII.

**1329, 15. August.** — *Jakob, Abt von Heiligenkreuz überlässt tauschweise anderthalb Lehen zu Prellenkirchen an Leupold Rinderschinch.*

Ich *Leupolt Rinderschinch* vergieh offenleich an disem prief, daz ich mit meins Pruder rad vnd guns *Wolfhers* vnd andrer meiner freund . . . . . . . . . . . auz gewechselt han anderthalb lehen, di gelegen sint ze *Prelnchirichen* oben in dem dorfe, meins rechten aigens . . . . . den Erbern Herren apt *Jacoben* vnd dem Conuent datz dem *heiligen Chreutz* vm irs aigens anderhalb lehen, di do stozzent an mein hauz ze *Prellenchirichen*. Vnd daz diser wechsel stet vnd Ebich vnd vnzprochen peleib, dar vber gib ich dem vorgenanten apt *Jacoben* vnd seinem Conuent disen prief, versigelten mit meinem insigel vnd mit meines pruders *Wolfhers* insygel zue einem offen gezeug. Der prief ist gegeben nach Christes purd vber dreutzehenhundert iar, dar nach in dem Nevn vnd tzwaintzigen iar an vnserr vrowen tag ze der schidung.

Original auf Pergament, dessen zwei Siegel fehlen.

## CXXIII.

Ich *Otte* der *Tuers* von *Raucheneke* tuen chunt offenleich an diesem prief, daz ich mit verdachtem muet vnd mit gueten rat meiner frevnt vnd mit gantzem willen vnd verhanchnuz meiner gerben, *Jansens* meins suns vnd *aller meiner tochter*, ze der zeit vnd ich ez wol getuen macht, gegeben han dem apt ze dem *Heyligen Chreutz* vnd der Samnung gemain durch got vnd durch meiner *Hausfrawen* vrowen *Petersen* vnd vnser paiden vordern sel willen vnsers rechten chauf guetes, einen weingarten, der haizzet der *Chrump* vnd ist gelegen ze *Paden* an dem perig vor der Chirichen ze der pharre, mit allem dem recht vnd ich in mit sant meiner vor genanten Hausfrawen inne gehabt haben vnd in rechtes purchrechtes gewer her vntz auf disen tag pracht haben. Wan wir in in dem selben fuersatz chauften, daz wir vns vnd vnsre vordern ein ewigs sel geret vnd einen Iartag da von stiften wolten, ledichleichen gegeben ze haben an alle anspruch ze versetzen vnd verchauffen vnd allen irn frum do mit ze schaffen. Mit also auz genomner red, daz man ewichleichen alle iar an sand Andres tag nach meinem tot meinen Iartag vnd meines suns *Jansen* nach seinem tot vnd mainer Hausfrowen, vrowen *Petersen* vnd meines suns *Otten*, den paiden got genad vnd aller meiner vodern pegen schol mit vigilli mit Messen vnd mit andern rainem vnd guetem geped nach des Ordens gewonhait. Man schol auch an dem vorgenanten tag Ewichleichen gewen den Conuent ainen dienst, drev stuche gueten vichse, der pesten, die man ze derselben zeit vinden mag vnd ain semlein prot vnd des pesten weins, der in dem vron Cheler leit, ein phruent an alle widerred. Wer auer, daz der apt den vorgenanten verchauffen wolt vnd der Conuent, so schullen sev mir, ob ich daz leb oder meinen gerben nach mir, andrer guet gult auz zaigen, do von der dienst an des weingarten stat gentzleich alle Iar gegeben werd, wer auer daz, daz der apt vnd der Chelner den vorgenannten dienst versezen vnd nicht geben, als vor geschriben ist, so scholl sich der nest meiner gerben zichen zu dem weingarten, oder zue der gult, die da fuer ausgezaiget wirt, als lang vnz ez iz von dem apt vnd dem Chelner gentzleich vnd gar gepezert wirt. Man scholl auch von dem weingarten nyeman nicht dienen, denne ainen Ember weins dem perigmaister. Vnd daz ditze gescheft stet vnd vnzeprochen an allen chrieg ewichleiche peleib, darvber gib ich vorgenanter *Otten* der *Tuers* disen prief, versygelten mit meinem hangunden Insygel vnd mit *Jansen* insygel, meines suns vnd mit des Chellermaisters insygel herrn *Jansen von Manswerd* ze einem offen gezeug diser sach. Der prief ist gegeben nach Christes gepurd vber Dreutzehenhundert Iar dar nach in dem Nevn vnd tzwainzigisten Iar an sand Matheus tes tzwelifpotentag dacz dem *Heyligen Chreutz.*

Original auf Pergament mit einem Siegel, zwei andere fehlen.

## CXXIV.

**(1330 circa.)** — *Übereinkunft zwischen Rudolf von Prüm und dem Abte von Heiligenkreuz über die freie Viehtrift der Niedersulzer durch Obersulz.*

Ich *Rudolf von Prüm* vnd meine erben veriehen offenleich mit dem prief, daz ich vnd der Abpt datz dem *Heiligen Creivtz* mit gutem willen vnd mit verayntem rat vns bericht haben vnd vberain sein chomen, datz di gemayn von *nider Sultz* ir viech scholl vnd mag getreiben auf ir wayd in ir holtz durch mein dorf datz *ober Sultz* vnd die viechtrifft auz da selbs an alle irrung. Auch hab ich In dar vber erlaubt vnd gebreidt, datz si mugen auf all vnser Grunt, do vnser Lewt Wysmad hayn, mit vnsern Lewten zu gewondlaicher zeit ir viech getreibn vnd halten an all irrung, als lang mir daz geuellet vnd an widerruefung. Vnd di widerrueffung scholl ich e melln dem abpt zu dem *Heilign Creivtz,* des daz dorf *nider Sultz* ist, offen vnd chunt tun. diselben wal hat er auch gegen mir, daz . . so habent mein Lewt daz *Ober Sultz* . . . . vollen gewalt ze treiben vnd . . . . . . . . . Holtzer der *nider Sultzer,* di man . . . iars ab maizzen vnd hawn scholl . . . . . . . rer in chaine andern maizz. Wurd aber meiner Lewt viech b . . . . . . . . . in andern maizzen, daz schol pfenden pfendleichen der hütter von in dem holtz vnd schol darvmb nichtes beliben sein. Wer aber daz der schaden wermerkchlich vnd ze groz, daz schol ich vnd die meinn abtragen vnd widerchern den Lewten zu *nider Sultz.* Vnd ze chund diser Sach gib ich Im dem Prieff versigelt mit meinem angedruchten Insigel, der geben ist nach Christi gepurd drewtzehenhundert (iar) darnach im . . . . . . . . . gisten Iar an Gotis Leuchnam vber.

Original auf Papier, dessen Siegel fehlt. Gegen Ende sehr schadhaft.

## CXXV.

**1330, 6. Jänner, Wien.** — *Revers der Abtei Heiligenkreuz wegen genauer Erfüllung der von Herrn Herbord von Salzburg gemachten Seelenmesse- und Jahrtagsstiftung.*

Wir Pruder *Jacob* zv den zeiten Apt datz dem *heyligen Chrevtze* vnd wir pruder *Wulffing* Obrister Prior vnd wir pruder *Chalhoch*, Obrister chelner vnd vnser sampnunge gemain da selbens, veriehen vnd tvn chunt allen den, die disen prief lesent oder horent lesen, die nu lebent vnd hernach chvnftich sint, daz der erber man, her *Herbort von Saltzpurch* mit rechtem fvrsatze vnd mit guter andacht levterlichen durch got, durch seiner sele vnd durch seiner hovsvrowen selen willen, vron *Kathrein* vnd alle ire vodern sele willen ze Troste, recht vnd redelichen mit vns geworben vnd gechovft hat ain ewige messe, die man alle Tage sprechen schol in vnserm Siechhovse vnd hat vns dar umb geben ledechlichen viertzich march Silbers wienner gewichtes, ie zwen vnd sibentzich grosse pehemischer phenninge fur ain iegliche march, der wir gar vnd gentzlichen gewert sein vnserm chloster ze hilffe, so daz die selben vorgenanten messe alle wochen besunderlingen ain priester sprechen schol alle Tage vnsers Ordens got ze lobe In dem egenanten Siechhovse vnd die andern wochen dar nach ain ander priester vnd schol die selbe ewige messe alle wochen vmb vnd umb gen von ainem priester vntz an den andern. Dar vmb daz dechain neit oder chrieg dar zwischen icht sei vnd swelcher priester seine wochen die vorgenanten messe alle Tage spricht oder gesprochen hat, als er ze rechte schol, Dem schol man geben die selben wochen alle mal zv seiner phrônde vnsers Trinchens ainen chopf weins vnd ain weiz herten prot vnd zway ayer vnd ain gerichte von vieschen, Die zwaier phenninge wert sein, oder zwen berait wienner phenninge da fur, ob daz wer, daz man der viesche niht gehaben mechte; also mit auzgenomner rede, daz wir vns des gentzlichen gemainlichen gegen Im verpunden haben mit vnsern Trêwen, Daz wir daz vorgenante selgerete gantz vnd stete haben schvllen vnd gentzleichen volfuren in allem dem rechte, als an disem prief geschriben stet vnd swelcher apt, Prior oder Chelner nach vns chvnftich wirt, der ditz vorgenante selgerete hindert mit worten oder mit werchen vnd die vorgenanten ewigen messe hinderten, so daz sie abegienge, der schol got dar vmb antwurten an dem jvngisten

Tage vnd schullen auch denne die Nevn phunt geltes Purchrechtes, die wir im dienen vnd gedient habent ze rechten Leipgedinge von vnserm weingarten, der da leit an der *Dvrrenwerich* des anderthalb jeuch ist, als er prief vnd hantfesten besunderlingen von vns dar vber hat versigilten mit vnserm Insigil, furbas Ledichleichen gevallen vnd beleiben den Herren hintz *Lehenvelde* (sic) In allem dem rechte, als wir si im gedient haben vnd furbaz diennen scholden, vnd im verschriben ist vnd schullen auch sev die vorgenanten messe ewichlichen begen vnd sprechen in irm chloster gleicher weiz recht, als wir sie im ver- schriben vnd gemacht haben an disem prief an so vil, daz daz einev phunt geltes purchrechtes ewichlichen pei vns beleiben schol, daz daz zehente phunt geltes gewesen ist vnd gehort hat zv den vorge- nanten Nevn phunden: vnd schullen auch im alle iar seinen Iartag begen da von in allem dem rechte, als sein hantfeste saget, die er von vns dar vber hat versigilten mit vnserm Insigel. Vnd daz dise rede vnd dise sache furbaz also stete sei vnd vntsebrochen beleibe, dar vber so geben wir Im disen prief ze ainem offen vrchunde vnd gezevge vnd ze ainer ewigen vestnunge diser sache, versigilten mit vnserm Insigel vnd mit des edlen Fursten insigel, vnsers gaistlichen vaters vnsers herren Pischolf *Albrechts von Passowe* vnd auch mit des erbern herren Insigel apt *Mavritius* von den *Schotten ze wienne*, die diser sache gezeuge sint mit iren Insigeln, vnd sint auch des gezevge die gaistlichen Levte prvder *Vlreich* vnser Spitalmaister, pruder *Michl* der Chammerer, pruder *Jacob* der phorftener, pruder *Wolfhart* der vnter prior vnd ander vnser pruder genuch, den dise sache wol chunt ist. Diser prief ist geben ze *wienne* nach Christes gepurt Drewtzehenhundert Iar, Darnach in dem Dreizzigistem Iar an dem Perichtage.

Original auf Pergament, dessen drei Siegel fehlen.

## CXXVI.

**1330, 23. Jänner, Wien.** — *Albert, Bischof von Passau, befiehlt den bischöflichen Mauthbeamten an der Donau und am Inn, das der Abtei Heiligenkreuz gehörige Salz zollfrei verführen zu lassen.*

*Albertus* dei gracia *Patauiensis* Episcopus Judicibus et Mutariis suis Patauie, tam presentibus quam futuris graciam suam et omne bonum. Felicis memorie predecessorum nostrorum Pontificum vestigiis inhe- rentes Jus commune Monasteriorum et Ecclesiarum quibus possumus

graciis et concessionibus adiuuantes Venerabilibus et Religiosis viris..
Abbati et Conuentui Monasterii *sancte Crucis* in *Austria* nostre Dyo-
cesis Ordinis Cysterciensis ipsique Monasterio concedimus et donamus
libertatem ducendi sales suos in fluuiis *Dannubii* et *Eny* per nostros
districtus. Precipimus igitur omnibus nostris Judicibus, Mutariis, Thelo-
neariis et aliis quibuscumque Officialibus, ut, siue hoc in locatione
officiorum nostrorum expresse exceptum fuerit siue non, a dictis fra-
tribus ac aliis quibuscumque sales eorumdem ducentibus neque Mutam
nec theloneum, neque aliam prestationem, que fürvart dicitur, que se ad
numerum duarum librarum extendit, exigant aut requirant. In cuius
rei testimonium presentes damus litteras nostri Sigilli appensione
munitas. Datum *wienne* decimo Kalendas Februarii Anno domini
M⁰. CCC⁰. XXX⁰.

Original auf Pergament mit Siegel.

## CXXVII.

**1330, 24. Jänner, Wien.** — *Albert, Bischof von Passau, bestätigt der Abtei*
*Heiligenkreuz die Zollfreiheit ihres Salzes bei den passauischen Mauthen*
*an der Donau und dem Inn.*

Wir *Albrecht* von Gottes gnaden Bischof tze *Pazzow* Tun chunt
allen den, die disen Brif sehent oder horent lesen, daz di Geistlichen
Herren . . . der Abt von dem *Heiligen Chreutz* vnd di Samnung
daselbs vns beweisent habent vnd ermant mit alten Hantuesten vnsrer
voruadern, daz si vreyung habent auf der *Tunow* vnd auf dem yn
tze füren an Mautt vnd an Czol zway phunt Chuffen vnd sechtzehen
Chuffen weites Saltzs vnd ain halb phunt chlainer Chufflein vnd zwen
Stübich tze fullsaltz aller Jerchlich, vnd ist auch in den selben Hant-
uesten sunderlich auz gonomen di furuart, di sich zeuchet auf zwai
phunt Pazzewer Pfenning, daz si der auch Ledig sullen sein. Di selb
Hantuest vnd vreyung haben wir in verniwet vnd gegeben. Dar vmb
gepieten wir ernstlich allen vnsern Richtern, Mauttern vnd andern
vnsern amptleuten, daz si di vorgenanten Herren von dem *Heiligen*
*Chreutz* furbaz an der vreyung nicht irren noch hindern, weder an
der Mautt noch an der furvart noch Czol, vnd lazzen si der Genaden
geniezzen, der wir vnd vnsre voruadern in haben gegeben. Dar vber
tze vrchund geben wir den Brif versigelten mit vnserm anhangunden
Insigel. Der ist geben cze *wienn* Nach Christes gepurd drevtzehen

Hundert Iar dar nach in dem Dreuzzkisten Iar, des nachsten tags vor
sand Pauls tag czder becherung.

Original auf Pergament mit Siegel.

## CXXVIII.

**1330, 12. März.** — *Paul der Maer von Nieder-Leiss und seine Hausfrau
Petrissa verkaufen der Abtei Heiligenkreuz drei Pfund Gülten zu Gnaden-
dorf, welche sie vom Herrn Ulrich von Pilichdorf zu Lehen hatten.*

Ich *Paul der Mer* von *Nider Leiz* vnd ich *Peters* sein Haus-
frawe, wir veriehen offenleich vnd tuen chund allen den, di disen
Prief lesent oder lesen horent, die nu lebent oder hernach chunftig
sint, daz wir mit willen vnd gunst *Jansen des Mer* mein vorgenantes
*Pauleins* Pruder vnd seiner Hausfrawen vrowen *Marein* vnd anderer
vnserr Erben mit verdachtem muet vnd mit gesamter hant zv der
zeit, do wir ez wol getuen mochten vnd auch mit vnsers lehen herren
hant, herrn *Vlreichs von Pilichdorf*, verchauft haben vnsers rechten
lehens, daz wir von im ze lehen gehabt haben, drev phunt wienner
geltes auf zwain Lehen behauster holden gestiftes guetes, di do ligent
datz *Gnadendorf*, mit alle dev vnd dar zu gehort, ze veld oder ze
dorf, gestift oder vngestift, versuecht oder vnuersuecht, swi ez genant
ist, mit alle dem nutze vnd recht, als wirs in lehen gewer herpracht
haben, vm syben vnd viertzig phunt wienner phenning, der wir recht
vnd redleich gewert sein, den geistlichen leuten Pruder *Jacoben* ze
den zeiten apt datz dem *Heyligen Chreutz* vnd der Samnung Gemain
fuerbaz ledichleichen vnd freyleichen ze haben vnd allen irn frum da
mit zeschaffen, versetzen vnd geben, swem sev wellent an allen irsal.
Vnd sein auch der selben gult mit allen vnserm erben der vorge-
nanten Herren rechter gewer vnd scherm fur alle ansprach, als lehens
recht ist vnd des Landes ze Ostereich. Wer aver, daz si an der selben
gult dhainen chrieg oder ansprach gewunnen von vns oder von
ieman anders, da von si schadhaft wurten, daz schull wir in mit guetem
willen alles auzpringen an all ir mue vnd iren schaden ab legen. Daz
lob wir in ze laisten an disem prief mit vnsern trewen, vnd schullen
auch si daz haben auf vns vnd auf allen vnsern guet, daz wir haben
in dem land ze Osterreich, wir sein lemtig oder tod. Vnd daz diser
chauf furbaz also stet vnd vnuerwandelt peleib, dar vber geb wir in
disen prief ze einem offenne verchund vnd ze einem waren gezeug
vnd ze einer ewigen vestigung diser sache versigelten mit vnser

paider insygeln vnd mit vnsers lehen herren insygel, hern *vlreichs von Pilichdorf*, der diser sach gezeug ist mit seinem insygel. Der prief ist gegeben nach Christes gepurd vber dreutzehen Hundert Iar, dar nach in dem dreizigisten Iar an sand Gregorii tag.

Original auf Pergament mit zwei Siegeln, das dritte fehlt.

# CXXIX.

**1330, 12. März.** — *Ulrich von Pilichdorf und Jeuta seine Hausfrau schenken der Abtei Heiligenkreuz das ihnen zugestandene Obereigenthum von drei Pfund Gülten zu Gnadendorf.*

Ich *Vlrich von Pilichdorf* vnd ich *Jeutt* sein hausvrowe, Wir veriehen vnd tvn chunt allen den, die disen prief lesent oder horent lesen, die nv lebent vnd hernach chvnftich sint, daz *Paul* der *Moer* von *Nidernleizze* vnd sein hausvrowe vro *Peters* vnd ir erben von vns zv rechtem lehen gehapt habent Drev phvnt wienner phenninge geltes auf zwain lehen behauster holden gestiftes gvtes, die da ligent datz *Nodendorf*, mit alle dev vnd dar zv gehort ze velde vnd ze dorf, gestift oder vngestift, versuecht oder unversuecht; swie so daz genant ist; vnd habent daz selb gut verchauft vnd zechauffen geben den erberrn Geistlichen levten Prvder *Jacoben*, zv den zeiten Apt zv dem *Heiligenchrevtz* vnd der Samnvnge gemaine, als si besunderlich prief von in habent versigilt mit meinem insigil vnd mit *Paulen* insigil des *Moer* vnd mit seines pruder insigil *Jansen*. Die aigenschaft der vorgenanten gvlte haben wir mit vnser erben gvten willen vnd gvnst mit verdachtem mute vad mit gesampter hant zv der zeit, do wir iz wol getvn mochten, auf geben den egenanten Geistlichen levten zv dem *Heiligenchrevtz* fvrbaz ledichlichen vnd vreilichen ze haben vnd allen irn frvmen da mit ze schaffen, verchauffen, versetzen vnd geben, swem si wellen an allen irresal. Vnd sein auch wir Ich *vlrich von Pilichdorf* vnd ich *Jeute* sein hausvrowe vnverschaidenlich mit sampt vnsern erben der vorgenanten aigenschaft der egenanten gulte vnd swaz dar zv gehort, als vorverschriben ist, der vorgesprochen Geistlichen leute zv dem *Heiligenchrevtze* vnd aller ir nachchomen rechter gewer vnd scherm fur alle ansprach, als aigens recht ist vnd des landes recht ze Osterreich. Vnd daz disev sache fvrbaz von vns vnd von allen vnsern nachchomen, also ewichlichen stet vnd vnverwandelt beleibe, dar vmb so haben wir in geben disen prief zv einem offen vrchvnde, vnd zv einem waren gezeuge vnd zv einer ewigen vestnunge diser sache versigilten mit vnserm Insigil vnd mit hern *Hadmars* insigil des *Stuchsen von Trautmanstorf*, vnd mit hern *Weichartes* insigil von *Toppel* zv den zeiten Lantrichter in Osterreich, die Paide diser sache gezeug sint mit irn insigiln. Diser prief ist geben nach Christes geburt Drevtzehenhvndert iar, dar nach in dem Dreitzigisten iar, an sand Gregorien tage.

Original auf Pergament, dessen drei Siegel fehlen.

## CXXX.

**1330, 12. März.** — *Otto von Pilichdorf und Chunigunde seine Hausfrau verzichten zu Gunsten der Abtei Heiligenkreuz auf ihr Anrecht an drei Pfund Gülte zu Niederleizze, welche dieselbe von Paul dem Maer erkauft hat.*

Ich *Otte von Pilichdorf* vnd ich *Chvnigunt* sein hausvrowe vnd vnser paider Erben, wir veriehen vnd tun chvnt allen den, di disen prief lesent oder horent lesen, di nv lebent vnd hernach chunftich sint, daz wir mit gvten willen vnd gunst, mit verdachtem mvte vnd mit gesampter hant zv der zeit, do wir iz wol getun mochten, Vns lauterlich vnd gaentzleich Verzeichen vnd verzigen haben alles des rechten, daz wir gehapt haben an dem Guet datz *Nodendorf*, iz sei lehenschaft oder aigen oder wie iz genant sei, daz die Geistlichen leute Pruder *Jacob* zv den zeiten Apt zv dem *heiligen chrevtz* vnd die Samnunge gemaine gechauft habent von *Paulen dem Maern* vnd von *Jansen* seinem pruder von *Nidernleizze* Vnd von irn erben; Vnd geben dar an allev die recht auf den egenanten Geistlichen leuten zv dem *Heiligen chreutz*, die wir an dem selben gut gehabt haben Vnd geben in dar vber disen prief zv einem offen vrchunde Versigilt mit vnserm insigil. Der prief ist geben nach Christes geburt Dreutzehenhundert iar, dar nach in dem Dreitzgisten iar, an sand Gregorien tage.

Original auf Pergament, dessen Siegel fehlt.

## CXXXI.

**1330, 1. April.** — *Paul der Maehr von Nieder-Leiss verkauft der Abtei Heiligenkreuz zehn Schilling Pfenning Gülte zu Nodendorf, die sein Lehen waren von Herrn Otten dem Tuersen von Rauheneck.*

Ich *Paul* der *Maer* von *Nidernleizze* vnd ich *Peters* sein hausvrowe, Wir veriehen offenlich vnd tvn chvnt allen den, die disen prief lesent oder lesen horent, die nv lebent vnd hernah chvnftich

sint, daz wir mit Willen vnd gvnst *Jansen* des *Maern*, mein vorge-
nanten *Pauleins* pruder Vnd seiner hausvrowen vron *Marein* vnd
ander vnser erben mit verdachtem mvte vnd mit gesampter hant zv
der zeit, do wir iz wol getvn mochten , Vnd auch mit vnsers leben-
herren hant, herrn *Otten* des *Tuerssen* von *Rauchenekke* verchauft
haben vnsers rechten lehens, das wir von im ze lehen gehapt haben,
zehen schillinge wienner pbenninge geltes auf einem lehen behauster
holden gestiftes gutes , daz da leit datz *Nodendorf*, mit alle dev vnd
dar zv gehort ze velde oder ze dorf, gestift oder vngestift, versvecht
oder vnversvecht, swie iz genant ist, mit allem dem nvtz vnd recht,
als wirs in lehens gewer herpracht haben, Vmb Sechtzehen phvnt
wienner pfenninge, der wir recht vnd redlich gewert sein, den Geist-
lichen levten Pruder *Jacoben*, zv den zeiten apt daz dem *heiligen-
chrevtze* Vnd der Samnvnge gemaine fvrbaz ledichlichen vnd vrei-
lichen ze haben, vnd allen irn frumen da mit ze schaffen, verchauffen
versetzen vnd geben, swem si wellent an allen irresal. Vnd sein aych
wir der selben gvlte mit allen vnsern erben der vorgenanten herren
rechter gewer vnd scherm fvr alle anspruch als lehens recht ist,
vnd des Landes recht ze Osterreich. Waer aber, daz si an derselben
gvlte dehain chrieg oder ansprach gewunnen von vns oder von ieman
anders, da von si schadhaft wurtten, daz svln wir in mit gvten willen
alles auzpringen an alle ir mve vnd irn schaden ablegen. Daz lob
wir in ze laisten mit vnsern truwen. Vnd svln avh si daz haben auf
vns vnd auf allem vnserm gvt, daz wir haben in dem lande ze Oster-
reich, wir sein lemtich oder tot. Daz diser chauf furbaz also staet
vnd vnverwandelt beleibe, dar vber geben wir in disen prief zv einem
offen vrchunde vnd ze einem waren gezevge vnd zv einer ewigen
Vestnvnge diser sache versigilten mit vnser paider insigiln Vnd mit
vnsers lehenherren insigil, herrn *Otten* des *Tuerssen* von *Rauchen-
ekke* vnd mit herrn *Jansen* insigil seins svns, Die diser sache gezevg
sint mit ir paider insigiln. Der prief ist geben nach Christes geburt
vber drevtzehen hvndert iar in dem Dreitzigisten iar darnach, an dem
Pluemoster Abent.

Original auf Pergament mit drei Siegeln, das vierte fehlt.

# CXXXII.

**1330, 1. April, Wien.** — *Otto der Tuers von Raucheneck überlässt der Abtei Heiligenkreuz das ihm zustehende Obereigenthum an zehn Schilling Pfenning Gülten zu Nodendorf.*

Ich *Oth* der *Tuersse* von *Raucheneke* vergieh vnd tun chvnt allen den, die disen prief lesent oder horent lesen, die nv lebent vnd hernach chvnftich sint, daz *paul* der *Maer* von *Nidernleizze* Vnd sein hausvrowe vro *Peters* Vnd ir erben von mir zv rechtem lehen gehapt habent zehen schillinge wienner phenninge geltes auf einem lehen behauster holden gestiftez gvtes, daz da lait datz *Nodendorf*, mit alle dev vnd dar zv gehort ze velde vnd ze dorf, gestift oder vngestift, versvecht oder vnversvecht, swie so daz genant ist, vnd habent daz selbe gvt verchauft vnd ze chaufen geben den erbarn Geistlichen levten, pruder *Jacoben* zv den zeiten Apt zv dem *Heiligenchrevtze* vnd der Samnunge gemaine, als si besvnderlich prief von in habent versigilt mit meinem insigil, Vnd mit *Jansen* insigil meins svns, vnd mit *Pauln* insigil des *Maer* vnd mit seins pruder insigil *Jansen.* Die aigenschaft der vorgenanten gvlte han ich *Ott* der *Tuersse* mit willen vnd gvnst meines svns *Jansen* vnd ander meiner erben mit verdachtem mvte zv der zeit, do ich iz wol getun mochte, aufgeben den egenanten Geistlichen levten zv dem *heiligenchrevtze* fvrbaz ledichlichen vnd vreilichen zehaben vnd allen irn frumen da mit ze schaffen, verchauffen, versetzen vnd geben, swem si wellen an allen irresal. Vnd sein auch wir ich *Ott* der *Tuersse* von *Rauchenekke* vnd ich *Jans* sein svn vnverschaidenlich mit sampt vnsern erben der vorgenanten aigenschaft der egenanten gvlte vnd swaz dar zv gehort, als vor verschriben ist, der vorgesprochen Geistlichen levte zv dem *heiligenchrevtze* vnd aller ir nachchomen rechter gewer vnd scherm fvr alle ansprach, als aigens recht ist vnd des landes recht ze Osterreich. Vnd daz disev sache fvrbaz von vns vnd von allen vnsern nachchomen also ewichlichen staet vnd vnverwandelt beleibe, dar vmb so haben wir in geben disen prief zv einem offen vrchvnde vnd zv einem waren gezevge vnd zv einer ewigen vestnvnge diser sache versigilten mit vnser paider insigiln. Diser prief ist geben ze *Wienne* nach Christes geburt vber Drevtzehenhundert iar in dem Dreitzgisten iar dar nach, an dem Pluemoster abent.

Original auf Pergament mit einem Siegel, das zweite fehlt.

## CXXXIII.

**1330, 25. April, Wien. — *Heinrich von Ratpach erkauft von der Abtei Heiligenkreuz einen Hof zu Gletarn.***

Ich *Hainrich von Ratpach* vergieh und tvn kunt allen den, di disen prief lesent oder horent lesen, daz ich mir und meinen erben gechauft han einen hof, der da leit datz *Gletarn*, mit alle dev vnd dar zu gehort ze velde vnd ze dorfe, swie so daz genant ist, wider die erbaern geistlichen herren pruder *Jacoben* zv den zeiten apt vnd wider die Samnunge gemain datz dem *heiligen Chreutz* an allain die waide, die da leit in *Gletarnervelde*, da der *Eberstorfer* vmb chrieg. do enhan ich, noch mein erben nicht mit ze schaffen, wan si dieselben Wayde vor auzgenommen habent in vnd irm chloster selber ze haben; so beschaidenlich, swenne si demselben chrieg vmb die egenanten wayde von dem *Eberstorfer* auz bringent vnd sie sev der nach verchauffen wellent, die sol ich oder mein erben in danne gelten nach frvmer leute rat an allen chrieg. Geschech aber des nicht, so svllen sie denne mit der selben wayde furbaz allen irn frvmen schaffen, swie si wellent an allen irresal. Vnd daz disev sache fvrbaz also stet vnd vnuerwandelt beleibe, dar vmb so han ich in geben disen prief zu einem offen urchunt versigilt mit meinem Insigil vnd mit hern *Weicharz* Insigil pei den minnern prudern, der diser suche gezeug ist mit seinem Insigil. Diser prief ist geben ze *wienne* nach Christes geburt Drevzehen hundert iar in dem dreizgistem dar nach, an sand Marchs tage.

Original auf Pergament mit einem Siegel, das zweite fehlt.

## CXXXIV.

**1330, 6. Juni, Wien. — *Gerichtsbrief, ausgestellt von dem Hofrichter Weichard von Toppel zu Gunsten der Abtei Heiligenkreuz gegen Herrn Marchard von Mistelbach wegen zweier Lehen zu Hedreinsdorf.***

Ich *Weichart von Toppel* zu den zeiten hofrichter in Osterreich vergich vnd tuen chunt allen den, di disen prief lesent oder horent lesen, dar fur mich chom der erbaer geistlich man pruder *Seifrid* der *Michäelstetter, heiligen chreutzer* ordens vnd chlagt vor mein in rechtem gerichte des hoftaidinges ze *wienne* an seiner herren stat von dem *heiligen chreutz*, hincz hern *Marcharten* von *Mistelbach* vmb zwai halbev lehen, di er in ze fremden handen pracht hat an ir willen, des gutes, des si von seinem vater hern *Marcharten* den alten von *Mistelbach*, dem got genad vnd leit ze *hedrichesdorf* 'pei *poysdorf*, gechauft habent, vnd des er vnd sein bruder her *Hadmar* mit sampt irem vater dem vorgenanten *Marcharten* der egenanten herren zv dem *heiligen chreutz* rechte scherm sind, als dev hantveste sait, die si darumb von in habent; vnd haben so lang gechlagt, vncz daz man die hantveste las vor rechtem gerichte, wie die stvende geschrieben. Darnach do iach her *Marchart* von *Mistel-bach*, er wolt gern alles daz stet haben vnd laisten, daz die hant-veste sait, vnd hat auch sich recht furzicht getan vnd auch verzigen vnd geauzzent alles dez gutes, das dacz *hedrichesdorf* leit ze velde vnd ze dorfe, swie so daz genant ist, vor allem chrieg vnd vor aller ansprach, vnd darzv alles des rechten, des er darauf geiehen hat. Darumb so han ich *Weichart von Toppel* geben den vorgenanten herren zv dem *heiligem chrevtz* vnd irn nachchomen disen prief zv einer offen urchunde versigilt mit meinem insigil vnd mit hern *Otten* insigel des *Tuerssen* vnd mit hern *Leutoldes* insigel von *Wildekke*, zu den zeiten vorstmaister in Oesterreich, die diser sach gezevg sint mit irn insigeln. Diser prief ist geben zv *wienne* nach christes geburt Dreuzehen hundert iar in dem dreizzgisten iar dar nach, des mitti-chens in der andern wochen nach den phingisten.

Original auf Pergament mit einem Siegel, zwei fehlen.

## CXXXV.

**1330, 24. (?) Juni, Enzersdorf.** — *Altcunch, Friedrich's des Bäcken zu Enzersdorf Witwe, vermacht der Abtei Heiligenkreuz ihr Haus daselbst sammt Weingarten.*

Ich *Altcvnch*, *Frideriches* seligen witib dez Pecken von *Engel-schalsdorf*, vergich vnd tvn chvnt allen den, die disen prief lesent oder hörent lesen, die nv lebent oder her nah chvnftig sint, daz mein seliger wirt dez lange müt het pei sinem gesvnten leib, er wolt daz haus, do wir selber inne sein vnd dienet ze vnser frowen ze *Haim-burch*, vnd och vnsern weingarten vf dem *Stainveld* ze *Engelschalchs-dorf* schaffen vnd ouch geben nah vnser paider tod dem Chloster datz dem *heiligen Chrevtz*, als er ouch an sinem end getan hat. Daz selb gescheft volfuer ich nv pei meinem gesvnten leib durch miner vnd mines seligen wirtes sel willen also beschaidenlich, swenne ich niht enpin, sol sich, swer denne abt datz dem *heiligen chreutz* ist,

dez vorgenanten haus vnd weingarten an allen chrieg vnderwinden,
wan ich dez gih pei minen triwen, daz we der mines wirtes frevnt,
noch mein frevnt noch ander niemand chain reht dar zu habent;
do von hat ez mein wirt lauterlich durch got gegeben vnd ouch
ich dar vmbe, daz si vnser sele dester baz gedenchen, Vnd daz
dise red stet, gantz vnd vnzerbrochen beleib, dar vmbe geb
wir in disen prief ze einem waren vrchvnd, vnd ze einem sichtigen
gezeug versigelt mit hern *Eberhartz* Insigel, dez Schreiber ze
den zeiten purgraf ze *Liech'stain*, wan wir selber niht aigens
Insigels baben. Ouch dient der vorgenant weingarten nihtes
niht anders, denne siben wienner phenning auf daz haus ze
*Liechtenstain*. Diser prief ist gegeben datz *Engelschalchstorf*,
do man zalt von Christes geburt Dreutzehen hvndert iar dar nah in
dem dreizichistem Iar, an sant Johans tag.

Original auf Pergament, dessen Siegel fehlt.

## CXXXVI.

**1330, 29. September.** — *Seyfried der Bergmeister von Pertholdsdorf und
seine Hausfrau Chunigunde stiften sich in der Abtei Heiligenkreuz einen
Jahrtag.*

Ich *Seyfrid* der Perchmaister von *Perchtolzdorf* vnd mein
Hausfrow vrov *Chunigunt*, Wir veriehen vnd tuen chund allen den,
die disen Prief lesent oder hôrent lesen, die nu sint oder hernach
chunftig werden, daz wir mit verdachtem mût vnd mit vereintem rat
vnd mit gûtleichem willen vnd gunst aller vnserr Erben vnd mit ge-
samter hant zu der zeit, do wir iz wol getûn mochten, durch got vnd
vnsers hayles willen vnd vnserr vodern sel willen von vnserm aygen-
haftem gût vir phunt gelts winner phenning haben gemacht vnd ge-
geben den Erbern Gestleichen leuten dez Gotzhauss datz dem *Heiligen
Chreutz* mit so ausgenomner red, daz der heren ainer, swelber ir
Pitanz Maister ist, die selben vir phunt geltz invezzen sol, vnd da
von sol er yerichleich nach dez Heyligen Chreutz tag im Herbst vntz
hintz Vaschang alle tag, wann iz gewônleich ist, iegleichem heren
vnd Prûder vnd Pfrûntnern der selben samenung zu seiner pfrûnt-
chen daz dritt ey, der vor nûr zway sint gewesen. Ez habent auch
die vorgenanten heren angesehen vnsern gûten willen vnd den fûr-
satz den wir rechter mainung vnd in andacht zu in vnd zu irem Gots-
haus haben gehabt Vnd habent vns mir vorgenanten *Seyfriden* vnd

meiner Hausfrowen vron, *Chunigunten* vnd meinem Prûder hern
*Albrechten* Prûderschaft mit in gegeben also, daz wir taylheftig sein
aller der Guettet, der got von in . . . vnd gedienet wirt, Vnd schullen
auch vns und vnsern vordern alle iar nach sant Symons tag ainen Jartag
begen, als in irem chloster ir gewonhait ist. Vnd wann daz gesaumet
wûrd, so schulle wir oder vnser Erben, di nach vns choment, di selben
vir phunt geltz inn behalten also lang, vntz iz gentzleich vnd gar
volpracht werd. Wir haben auch den selben gelt gemacht dez ersten
zwai phunt geltz auf vnserm Weingarten, der do leit ze *Perchtoltz-
dorf* an dem *Herzogenperg* zunachst *Chunraten* dem *Reychen*, dez
do sint zwai Rehel, da von man dint alle iar ze rechtem Perchrecht
von iegleichen Rechlein ain virtail weins vnd ain virtail von ainem
wienner phenning, daz do haizzet ein ort oder ein halber helblinch
vnd nicht mer. Wir haben auch denselben weingarten ledichleich ge-
geben zwain erben mannen, *Hainreichen* dem *Rayden* ain Rechel vnd
*Jacoben* seinem Prûder ains als beschaidenleich, daz ir igleicher oder
swer fûrbas die selben weingarten inne hab in nutz vnd in gewer,
alle iar an sant Merteins tag von aim igleichen Rechlein ain phunt
phenning wienner mûnzz dinen sol; teten sev dez nicht, so wern sev
Zwispildes veruallen, als dienstes recht ist vnd gewonhait dez Landes
in Österreich. Vnd die andern zwai phunt geltz, die wir vmb vnser
aygenhaft gût haben gechauft datz *Vlreichen* von *Engelschalstorf*
vnd seinen Erben auf seiner Hofstat vnd auf der Setz, die daran leit
zenachst der Judinn daselbst, die si von dem egenanten apt vnd dem
Gotzhaus datz dem *Heiligen Chreutz* ze Purchrecht habent, die hab
wir auch gemachet mit so ausgenomner red, daz sev oder swer fûrbas
daz selb Erb besitzet, die zwai phunt gelts dinen alle iar dahin zu
den tegen vnd mit allen dem rechten, alz vor geschriben ist. Vnd
daz disev red stet vnd vnzebrochen beleib, dar vmb so gib ich vor-
genanter *Seyfrid* disen Prief zu ainer vrchunde vnd zu ainem waren
gezeug vnd zu ainer pezzern sicherhait. Wan ich nicht ein aigen Insi-
gel hab, so hab ich gepeten den Erbern Ritter, Hern *Jansen* von *Mans-
werd,* zu den zeyten Cheler Maister der Edlen Fûrsten in Österreich vnd
meinen egenanten Prûder hern *Albrechten,* daz si disen Prief mit ir pai-
der Insigel habent versigelt, vnd auch do mit diser sach gezeug sint. Di-
ser Prief ist gegeben, do von Christes gepûrt wûrden gezalt Dreutzehen
Hundert iar, dar nach in dem Dreizzigisten Iar an sant Michels tag.

Original auf Pergament sehr schadhaft, mit zwei Siegeln.

## CXXXVII.

1330, 31. October. — Das Domcapitel von Raab beurkundet den Hergang der Schenkung des Gutes Machkad an die Abtei Heiligenkreuz.

Capitulum *Jauriensis* ecclesie omnibus christi fidelibus presentibus pariter et futuris presentes litteras inspecturis Salutem in domino sempiternam. Ad vniuersorum noticiam harum serie volumus peruenire, Quod *Andreas* filius *Johannis* de possessione *Bezene*. Comitatus *Musuniensis* ab una parte, frater *Conradus* ordinis Cysterciensis clauiger videlicet de *nouo predio* domini Regis iuxta lacum *Ferteu*, pro Religiosis et deo amabilibus viris, domino *Jacobo* abbate totoque Conuentu eiusdem ordinis Monasterii *Sancte Crucis* de *Austria* ex altera, coram nobis personaliter constituti, Antedictus *Andreas*, filius *Johannis* est confessus et retulit uiua voce, quod *Dominicus*, filius *Petri* filii *Rach* de *Machkad*, socer eius cum domina *Margaretha* consorte sua dudum ob remedium salutis animarum suarum et suorum progenitorum medietatem prefate possessionis *Machkad* contulerit et donauerit cum suis vtilitatibus quibuslibet dicto Monasterio *Sancte crucis* possidendam. Preterea memoratus *Andreas* aliam medietatem eiusdem possessionis *Machkad* vocate per eosdem, socerum suum et socrum do natam sibi et legatam modo consimili ob remedium anime salutis sue proprie, ac domine *Benedicte* consortis sue, nec non progenitorum suorum similiter cum vtilitatibus vniuersis, quocumque nomine censeantur, scilicet piscaturis, terris arabilibus ac feneto dictam possessionem contingentibus et nichillominus acceptis viginti talentis denariorum latorum viennensium a fratribus *Herthone* procuratore de dicto *predio nouo* domini regis et *Chonrado* iuxta lacum *Ferteu* commorantibus dedit, tradidit et contulit eisdem, domino abbati et conuentui dicti Monasterii *sancte crucis* perpetuo et irreuocabiliter possidendam, tenendam et habendam, nullum sibi ius in eadem reseruando. Que quidem possessio adiacet inter possessiones *Ladizlai* filii *Heym*, *Thuled* vocate a plaga orientis, a parte uero meridionali, occidentali et aquilonis inter possessiones eorumdem fratrum de *nouo predio Pothfolwa* vocate. Ceterum assumpserunt ijdem fratres, quod, si in districtu comitatus *Musuniensis* infra duo uel tria miliaria diuina vocacione ipsum *Andream* mori contigerit, funus eiusdem usque ad dictum Monasterium *sancte crucis* deferri facient et sepeliri cum honore. Addicimus eciam, quod nobilis vir magister

*Peheut* Castellanus de *Owar*, et vice comes *Musuniensis*, nec non
*Johannes* filius *Walentini*, officialis eiusdem, per suas litteras nobis
directas donacioni et collacioni ac perpetuacioni prefate possessionis
*Machkad* plenum consensum prebuerint et assensum. In cuius rei
memoriam et perpetuam firmitatem presentes concessimus litteras
appensione nostri sigilli autentici munimine roboratas. Datum in
vigilia omnium sanctorum anno domini millesimo CCC° Tricesimo.
Magistris *Muthya* lectore, *Georgio* Cantore ceterisque fratribus et
dominis ecclesie nostre existentibus.

> Original auf Pergament mit Siegelrest.

## CXXXVIII.

**1330, 15. November.** — *Eberhart, Friedrich und Heinrich, Gebrüder von
Walsee beurkunden, dass sie die Schlosscapelle zu Merkenstein von der
Mutterpfarre Aland gegen eine Entschädigung von vier Pfund Pfennige
Gülte abgelöset haben.*

Ich *Eberhart, Fridrich* vnd *Heinreich* di prueder von *Walsse*,
vergehen vnd tuen chunt allen den, di disen prief sehent oder hörent
lesen, di nv sint oder hernach chunftich werdent, daz wir mit ver-
dachtem mut vnd mit gûtleichem willen aller vnser erben di chapellen
ze *Merchenstain* geledigt vnd auzgechauft haben von der chirhen ze
*Alecht* mit fier phunt gelts vnsers aigen gutes vnd haben daz getan
nach Erbaer rat beidev phaffen vnd laigen vnd sint auch vier ait
darumbe gesworen, daz iederman gesait hat bei seinem ait, den er
sworen hat, wir hieten der vorgenanten chirchen ze *Olecht* vnd den
pharrer daselb allen nucz vôllechleich widertchert mit den vorgenanten
fier phund gelts. Desselben gutes ligent ze *Gunvarn* siben schilling
vnd ze *Chramveld* siben schillinge phenning auf weingarten, daz da
haizt auf vber lent, vnd achzehen schilling phenning auf dem gut dac
*Hôtenberch* vnd ze *Engelschalchsveld*, daz des *Sletner* vnd des
*Havnvelder* gut gewesen ist, daz nv vnser aigen gut ist. Daz gebe wir
vnd vnser erben der vorgenanten chirchen ze *Olecht* vnd wer pharrer
do ist ze aigen gut, daz er daz ewichleich haben schol, vnd wir vns
sein vnd vnser erben auzzen, als landesrecht ist. Daz daz stet vnd
vnzebrochen von vns vnd von vnsern erben beleib, dar vber gebe
wir disen prief zv ainem offen vrchunde versigelt mit vnsern insigeln.
Daz ist geschehen, do nah christes geburde sint ergangen tausent iar

dreuhundert iar, dar nah in dem dreizgisten iar des nåhsten phintz-
tags nah sant Merteins tag.

Original auf Pergament mit drei Siegeln.

# CXXXIX.

**1331, 22. Februar, Wien. — *Wernhart der Tosche und Traut seine Hausfrau
stiflen sich in der Abtei Heiligenkreuz Begräbniss und Jahrtag.***

Ich *Wernhart* der *Tosche* vnd ich *Traut* sein hausvrowe, Wir
veriehen vnd tun chvnt allen den, die diesen prief lesent oder horent
lesen, die nv lebent vnd hernach chvnftich sint, daz wir mit guten
willen vnd gunst aller vnser erben, mit verdachtem mvte vnd mit
gesampter hant zv der zeit, do wir iz wol getun mochten, vnd mit
zeitigem rat vnser pesten vnd naechten frevnde, pei vnser paider
lemtigen leibe lauterlich durch Got vnd durch vnser vodern sel willen
vnd auch durch vnser paider selber sel hail geschaft vnd geben haben
den erbaern Geistlichen leuten, pruder *Jacoben*, zv den zeiten apt
vnd der Samnunge gemaine datz dem *heiligenchrevtze*, da wir erwelt
haben ze ligen, vnser zwen weingarten, die wir mit ein ander erar-
beitet haben, vnd die vns von dehainem vnserm freunte nicht aner-
starben sint, vnd der aine leit an dem *Alssekke* vnd haizzet der
*Durchlanch*, vnd der andere in *Praitensewer* aigen vnd haizzet der
*Genkerl*. Die vorgenanten zwen weingarten haben wir dem egenan-
ten Chloster geschaft vnd geben mit solcher beschaidenhait, swenne
wir paidev nicht ensein, so suln in denne erst vervallen haben die
vorgenanten zwen weingarten zv einem ewigen iartach, den si vnd
ir nachchomen vns vnd vnsern vodern alle iar begen svln in irm
chloster an sand peters tage, als er auf den Stuel gesatzt wart, mit
vigilie vnd mit Selmesse, vnd sol auch apt *Jacob* vnd sein nach-
chomen vnd auch der Chelnner an dem selben tage ewichlich geben
dem Convente gemaine paide herren vnd pruedern drev gutev stuch
Fische vnd ein Semel vnd die grozzen mazze des pesten weins, des
si habent nach gewonhait irz hauses. Vnd swelches iars si des nicht
entvent, svln sich denne vnser naechst erben oder frevnt mit ir guten
willen der selben zwaier weingarten vnderwinden vnd inne haben,
so lange vntz si den iartach begent, als vor verschriben ist. Waer aber
daz ains vnder vns daz ander vber lebet vnd daz die weingarten vor
sichtigem gepresten vnd notichait, die iz an gevellet, des Got nicht
engebe, nicht gepawen moechte, so sol im denne der apt vnd der

Chelner, die denne sint, helffen, daz wir die weingarten paide vns vnd in gepavn mvgen. Vnd daz ditz Selgeret fvrbaz also staet vnd vnverwandelt beleibe, vnd wand wir selber nicht aigens insigils habent, so geben wir in disen prief zv einem offen vrchvnde vnd staetichait versigilt mit hern *Chunrades* insigil des Hansgraven vnd mit hern *Levpoldes* insigil des *wenigen* vnd mit hern *Jansen* insigil des *Laevbleins*, die diser sache gezevg sint mit irn insigeln vnd ander frvme leute genvch, den die sache wol chvnt ist. Diser prief ist geben ze *wienne* nach Christes geburt Dreutzehen Hvndert iar in dem ain vnd dreitzigisten iar darnach an sand Peters tage, als er auf dem Stuel gesatzt wart.

Original auf Pergament mit drei Siegeln.

## CXL.

**1331, 24. Februar, Wien.** — *Albrecht und Otto, Herzoge von Österreich etc., verleihen der Abtei Heiligen-Kreuz den Blutbann auf ihrem Gute zu Hädreisdorf.*

Wir *Albreht* vnd *Otte* von Gottes gnaden Herzogen ze *Öster-reich* vnd ze *Steyr* Entpieten allen den, die diesen prief sehent, lesent oder hörent lesen, die nv sint, oder hernach chunftik werdent, vnser genade vnd allez gût. Wan vns der Himelisch Fürste von seinen gnaden darzv erwelt vnd erchorn hat, daz wir von seinen wegen sein Volche verwesen vnd besorgen sullen, vnd doch besunderlich die, die im im rainem leben dienent in der gemain der Heiligen Christenhait an alle missewende auf die red, daz wir ze nemen vnd ze vessen haben den nvtz reiner werkche nach disem leben, die wir in disem ellende wurichen gegen den, die Got also dienent, daz er sev nichtz vertzeihen sol noch mag, dovon tvn wir chunt mit disem prief, daz wir mit gv́tem willen vnd mit gesampter hant, zv der zeit, da wir ez wol getv́n möchten, durch aller vnser Vordern sel willen vnd durch vnsers Hails vnd selden mervng vnd des ewigen lebens willen aygenchleichen gegeben haben vnd geben ouch mit disem prief dem Geistlichen manne Pruder . . . dem Apte vnd dem Con-uent zv dem *Heiligen Crevtz* allez daz recht, daz wir gehabt haben an dem Gerichte zv *Haedrestorf* pei *Poystorf* von dem leben an dem tode, alle sache da ze richten, vnd Stokch vnd Galgen da zehaben, vnd allen iren frvm ledichleich vnd vreyleich do, als aygens Recht ist, zeschaffen, als si ez gechouft habent von *Marcharten* von *Myst..lbach* vnd von seinen Erben, als ir prief sagent, ez sei aygen oder verlehent oder swie ez genant sei. Wir tvn in ouch besunderleich die Genade, daz ir Holden in dem selben Dorfe dhain Richter noch dhain man ansfhaben oder bechvmmern sol ainen fur den andern vmb swelherlay sache daz sei, in Steten, Märchten oder Dorfern, er hab den ain recht vor irm Anwalt gesvecht vnd dem daz verzogen wer. Wem aber ir anwalt ein reht vertzoge, als vnser Stete reht ist, so möchte man ainen für den andern aufgehaben. Wer in aber disev genade zeprěche wider disen prief an vnser vngnade, sol er vns fümftzig phunt Goldes vervallen sein, vnd dem apte vnd dem Conuent ouch fümftzig phunt Goldes, als ir Hantvest sagent, die si von Chaysern habent gegen den, die in ir vreyung zeprechent, die si von fürsten habent mit Gvldeinen Insigeln. Vnd geben in ouch zv einem offenn vrchunde und sicherhait disen prief, versigelten mit vnsern payden, anhangunden Insigeln. Der gegeben ist zv *Wienn*, da man von Christes gepurd zalt Drevzehen Hundert iar, darnach in dem ayns vnd Dreitzigisten Iar an sand Mathias des zwelfpoten tag.

Original auf Pergament mit zwei Siegeln.

## CXLI.

1331, 1. Mai, Wien. — *Heinrich von Rappach verkauft der Abtei Heiligenkreuz einen Weingarten zu Sievering.*

Ich *Hainreich* von *Rappach* vnd Ich *Jans* vnd ich *Hainreich* sein sune, vnd ich *Ortolf* der *Tetschan*, sein aidem vnd ich *Agnes* sein hausurowe vnd ich *Pilgreim* der *Prankker* auch sein aidem vnd ich *Gertraud* sein hausurowe vnd ich *anne* dez vorgenanten hern *Hainreichs* tochter von *Rappach*. Wir veriehen vnd tůn chunt allen den, die disen prief lesent oder horent lesen, die nu lebent vnd hernach chunftich sind, daz wir mit vnser erben gůten willen vnd gunst, mit verdachtem můt vnd mit gesampter hant zv der zeit, do wir iz wol getůn mochten, vnd mit vnsers Pergmaisters hant, hern *Wolfhartes*, dez *Seinchnechtes* sun von *Nydern Sufringen*, verchauft haben einen weingarten, der da leit zwischen *Obern Sufringen* vnd *Nidern Sufringen*, dez ein Jeuch ist, ze naehst *Wilhalm* dem *Scherant*, da man alle iar von dient sechtzich wienner phenninge fur Perchrecht vnd fur zehent vnd drey phenninge ze voitrecht vnd nicht mer. Den vorgenanten weingarten haben wir recht vnd redleichen verchauft vnd geben mit allem dem nutz vnd recht, als wir In in perchrechtes

gewer her pracht haben, den erbern Gaestleichen Herren brüder
*Jacoben*, zv den zeiten apt datz dem *Heiligenchreutz* vnd der sam-
nunge gemaine da selbens vnd allen irn nachchomen Vmb ains vad
fumftzich phunt wienner phenninge, der wir recht vnd redleichen
gewert sein an dem gelt, daz wir in gelten suln vmb den Hof ze
*Gletarn* also beschaidenleich, daz der erber Gaestleich Herre brüder
*Jacob*, zv den zeiten apt datz dem *Heiligenchreutz* vnd dev Samnunge
gemain da selbens vnd alle ir nachchomen suln furbaz ledichleichen
vnd vreileichen mit dem egenanten weingarten allen irn frumen
schaffen, verschauffen, versetzen vnd geben, swem si wellen an allen
irrsal. Vnd dar vber durch pezzer sicherhait so setzen wir vns ich
*Hainreich* von *Rappach* vnd ich *Jans* vnd ich *Hainreich* sein sune
vnd ich *Ortolf* der *Tetschan* sein aidem vnd ich *agnes* sein haus-
urowe vnd ich *Pilgreim* der *Prankker* auch sein aidem vnd ich
*Gertraut* sein hausurowe vnd ich *anne* dez vorgenanten hern *Hain-
reichs* tochter von *Rappach* vnuerschaidenleich mit sampt allen vnsern
erben vber den vorgesprochen weingarten dem egenanten brüder
*Jacoben*, zv den zeiten apt datz dem *Heiligenkreutz* vnd der sam-
nunge gemain da selbens vnd allen irn nachchomen zv rechten Gewer
vnd scherm fur alle ansprach, alz perchrechtes recht ist vnd dez
Landes recht ze Österreich. Waer aber, daz si mit recht dehainen
chriege oder ansprach an dem vorgenanten weingarten gewunnen,
daz suln wir in allez auzrichten vnd suln auch si daz haben auf vns
vnd auf allem vnserm gůt, daz wir haben in dem Lande ze Öster-
reich. Vnd daz diser chauffe furbaz also staet vnd vntzerbrochen
beleib, vnd wand die vorgenanten mein svne *Jans* vnd *Hainreich*,
vnd mein aidem *Pilgreim* der *Prankker* vnd sein hausurowe vro
*Gerdraut* mein tochter, vnd mein Tochter vro *Anne*, vnd vnser Perg-
maister der vorgenant *Wolfhart* nicht aigener Insigil habent, dar
vmb so haben wir ich *Hainreich* von *Rappach* vnd ich *Ortolf* der
*Tetschan* sein aidem vnd ich *Agnes* sein Hausurowe fur vns vnd fur
si geben brüder *Jacoben*, zv den zeiten apt datz dem *Heiligenchreutz*
vnd der Samnunge gemain da selbens vnd allen irn nachchomen disen
brief zv einem offen vrchund vnd zv einem warn gezeuge vnd zv
einer ewigen vestnunge diser sach versigilten mit vnsern Insigiln
vnd mit hern *Weichartes* Insigil bei den *Minnern brudern*, zv den
zeiten Hofmaister dez Edlen vnd dez Hochgeborn fursten Hertzog
*Albrechtes* in Österreich vnd in Steyr, der diser sach gezeuge ist

mit seinem Insigel. Diser brief ist geben ze *Wienne*, do von
Christes geburt waren ergangen Dreutzehen hundert iar in dem
ainen vnd Dreizgisten iar dar nach, an sand Philips vnd sand
Jacobs Tage.

Original auf Pergament mit drei Siegeln.

## CXLII.

**1331, 25. Mai.** — *Otto der Haffenlos von Medling vertauscht an die Abtei
Heiligenkreuz zwölf Pfenning Gülten auf einem Hof zu Medling.*

Ich *Otte* der *Haffenlos* von *Medlich* vergich vnd tuen chunt
allen den, di disen brief lesent oder horent lesen, di nu lebent vnd
her noch chumftich werdent, daz ich mit gutem rat vnd mit aller
meiner freunt vnd erben guetem willen ze der zeit, do ich ez wol
getuen mocht, gigeben han den erbern Herren ze dem *heiligen
Chreutz*, Apt *Jacoben* ze den zeiten Apt vnd der samnunge gemain
ein aigenschaft an des *Perner* hof ze *Medlich*, dem got genade, di
ich gechauffet han wider den erbern man hern *wernharten* den
zelpent mit so auzgenomener rede, daz ich oder swem ich den selben
hof ze chauffen gibe, dienen sol den vorgenanten gaistleihen leuten
hintz dem *Heiligen Chreutz* zwelif phenning aller ierichleihen an
sand Michels tag vnd anders nicht; fuer ander zwelif phenning geltes,
div ich in vor gedient han von meinem hof, do ich inne mit hovs pin,
der vor ist gevesen des *Lantzendorfer*, dem got genad. Vnd daz
diser Wechsel vnd disev sach veste vnd vnzebrochen weleib, darvmb
so gib ich in disen brief ze ein offen gezeuch diser sach versigelt
mit meinem Insigel. Diser brief ist gigeben noch Christes gepurt
vber Dreutzehen hundert Iar, dar nach in dem ainen vnd Dreizigistem
Iar an sand vrbans tag.

Original auf Pergament, dessen Siegel fehlt.

## CXLIII.

**1331, 7. Juni, Wien.** — *Reimprecht auf dem Haarmarkt. Bürger von Wien,
beurkundet, dass er der Abtei Heiligenkreuz gestattet habe, das Wasser
aus ihrem Hofe, jedoch auf ihre Kosten, durch sein Haus am Haarmarkte
mittelst einer Rinne zu leiten.*

Ich *Reimprecht* an dem *Hormarchte* vnd ich *Katrey* sein
Hausurowe vnd vnser erben Wir vergeben vnd tun chunt allen den,

die disen brieflesent oder horent lesen, di nv lebent vnd hernach chûmt
sint, Daz der erber herre her *Otte* hern *Otten* Sûn, hern *Haymen*
hinchel, den baiden got genade, Gechlagt hat auf vnser Haus,
daz da leit an dem *Hormarichte*, ze naehst hern *Engelprechtes* haus
*Meinhartes* aydem dez *Panken*, Vor rechtem gerichte in der Purger
Schranne ze Wienne, Vnd hat so lange gechlagt, vntz daz er auf dem
egenanten haus vor rechtem gerichte mit vrage vnd mit vrtail· erlangt
vnd behabt hat fûnf vnd achtzich phunt wienner phenninge, Vnd die
im vor rechtem Gerichte mit vrage vnd mit vrtail recht vnd redleich
ertailt vnd geuallen sint. Der selben fûnf vnd achtzich phunt wienner
phenninge hat er vns gaentzleich begeben vnd ledich lazzen vor aller
ansprach also mit ausgenomener rede, daz der vorgenant her *Otte*
mit vnserm guten willen beschaiden hat, daz wir durch got vnd durch
vnser Sel willen vnd durch vnsers Suns *Jörgen* willen vns dez mit
vnsern trewen verlûbt vnd verpunden haben gegen den erbern Gaest-
lichen herren Prûder *Jacoben*, zu den zeiten apt datz dem *heiligen*
*Chreutz* vnd der Samnunge gemain daselbens vnd allen iren nach-
chomen also, daz si daz recht Ebichleichen haben suln, daz si aus
irem hof daz wazzer laiten suln durch daz egenant vnser haus, daz da
leit an dem *Hormaricht*, an vnsern schaden also beschaidenleich, ob
iz waer, daz die Rinne zepraest vnd daz daz wazzer enneben daraus
giange oder vber sich oder vnder sich vns ze schaden, daz suln si vnder-
ten vnd wenten mit ir selbers gût vnd mit ir phenninge. Vnd suln auch
wir vnd vnser erben, oder swer daz vorgenante haus nach vns besitzet
Prûder *Jacoben* zu den zeiten apt datz dem *Heiligen Chreutz* vnd
der Samnunge gemain daselbens vnd allen irn nachchomen fûrbaz
Ewichleich daran nimmer mer nicht enirren, noch dehainen Chriege
noch Irresal daran nicht entûn. Vnd daz disev sache furbaz ewich-
hen also staet vnd vnzerprochen beleibe, darvber so haben wir
en dem egenanten bruder *Jacoben*, zu den zeiten apt daz dem
*Chreutz* vnd der Samnung gemain da selbens vnd allen irn
men disen brief ze einem offen vrehunde vnd zu einem warn ge-
vnd zu einer ewigen vestnunge diser sache, versigilten mit vnserm
I vnd mit vnsers Gruntherren Insigil, hern *Jansen* dez *Greyffen*,
mit dez egenanten hern *Otten* Insigil vnd mit hern *Chunrades*
l, hern *Johans* sun, die diser sache gezeuge sint mit irn Insigiln
ander frume leut genunch, den disev sache wol chunt ist. Diser
brief ist geben ze *wienne*, do von Christes gepurt warn ergangen

Dreutzehen hundert iar in dem ayn vnd Dreizgistem iar dar nach, des
vreytages an dem achten Tage nach sant Peterzellen Tage.

Original auf Pergament mit drei Siegeln, das vierte fehlt.

## CXLIV.

**1332, 29. März, Wien. —** *Hermann von Rohrbach und seine Geschwister ver-*
*kaufen der Abtei Heiligenkreuz ihren Getreide-Zehent zu Sonnenzdorf und*
*Blumenthal, der landesfürstliches Lehen ist.*

Ich *Herman* von *Rorbach* vnd Ich *Perchte* sein Havsvrewe vnd
ich *Otte* von *Rorbach* sein pruder vnd Ich *Margret* sein Havsvrewe
vnd Ich *Cholman* von *Rorbach* ir Pruder vnd Ich *Wentele* sein Havs-
vrowe vnd ich *wernhart* von *Rorbach* ir Pruder, Wir verieben vnd
tvn chunt allen den, die disen prief lesent oder horent lesen, die zv
lebent vnd her nach chvnftich sint, Daz wir mit vnsers Pruders guten
willen vnd gunst *Lvdeweyges* vnd auch aller vnserr erben mit ver-
dachten mute vnd mit gesampter hant nach vnser pesten vreunde
rat zv der zeit, do wir ez wol getun mochten, vnd auch mit vnser
Lehen herren handen, der Edlen vnd der Hochgebornen fursten der
Hertzogen in Osterrich recht vnd reddelichen verchavft haben vnsers
rechten Lehens, das wir von In gehabt haben, vnsern Getrayde
zehenten, der da leit ze *Gozzenstorf* vnd ze *Plumental* auf viertzehen
lehen vnd auf Sibentzzich Jeuchen, vnd allez daz dar zv gehoret ze
holtz, ze velde vnd ze dorff, ez sei gestift oder vngestift, versucht
oder vnersucht, swie so ez genant ist. Daz haben wir alles ver-
chavft vnd geben mit allem dem nutze vnd rechte, als ez vnser vodern
vnd auch wir vnuersprochenlichen in Lehens gewer her pracht haben
vnd vns mit rechte an chomen ist, vmb achtzich phunt phenning
wienner Mvntze, der wir gar vnd gentzlichen verricht vnd gewert
sein, dem erbern Gaystlichen herren Pruder *Jacoben*, zv den zeiten
apt Datz dem *Heyligen Chreutze* vnd dem Convent daselbens vnd
allen iren nachchomen Ledichlichen vnd vreilichen zehaben vnd zv
besitzen, vnd furbaz allen iren frumen damit ze schaffen, verchauffen,
versetzen vnd geben, swem sev wellen, als In daz aller peste chom
vnd fuege an allen irresal; also daz wir vnd vnser Pruder vnd alle
vnser erben furbaz gegen In vnd irm Convent vnd alle iren nach-
chomen dechainen chrieg noch dechain ansprach darauff nimmermer
gehabt schullen. Vnd auch, wand etliche vnser naechsten erben
nicht vogtpar sint vnd etliche inner Landes niht entsint, darvber

durch pezzer sicherhait so setzen wir besunderlingen Ich vorgenanter
*Otte* von *Rorbach* vnd ich *Margret* sein havsvrowe vnuerschaiden-
lichen mit sampt vnsern erben vnsers rechten aygens, ainen halben hof
ze *Rorbach* vnd swaz darzv gehoret mit allem dem nutzze vnd rechte.
als wir In auch unuersprochenlichen in aygens gewer her pracht
haben, vnd auch wir, Ich vorgenanter *herman* von *Rorbach* vnd ich
*Perchte* sein havsvrowe vnd ich *Cholman* vnd ich *Wentele* sein havs-
vrowe vnd ich *wernhart* von *Rorbach* ir Prudere vnuerschaiden-
lichen mit sampt vnsern erben dem egenanten Pruder *Jacoben*, dem
apte von dem *heyligen Chreutze* vnd dem Conuent da selbens vnd
allen iren nachchomen vber den vorgenanten zehenten vnd alles daz
darzv gehoret, als vor geschriben stet, fur sev vnd fur vns vnd fur
alle vnser erben vnd fur alle die, die furbaz Tail oder recht daran
suchent oder fodernt pei vnserm lebentigem Leibe oder nach vnserm
Tode, ze rechter nebentevr vnd auch ze rechtem gewern vnd scherm
fur alle ansprache, als Lehens recht, aygens recht vnd nebentevr
satzzunge recht ist vnd des Landes recht in Osterreich, als lange
vntz daz in die selben erben iren tail gar vnd gentzlichen auf geben
mit iren handen, als sev ze rechte schullen vnd in den auch bestettigen
nach Landes rechte vnd swaz in furbaz mit rechte daran abget, daz
schullen sev haben vnuerschaidenlichen auf vas vnd auf vnsern trewen
vnd auf allem dem gut, daz wir haben in dem Lande ze Osterrich oder
auzzer Landes, wo wir ez haben, wir sein Lebentig oder Tod. Vnd daz
diser chavf vnd diese rede furbaz also stete sei vnd vnzebrochen beleibe,
darvber so geben wir In disen prief ze ainem offen vrchunde vnd ze
ainem waren gezevge vnd ze ainer ewigen vestnunge diser sache ver-
sigilten mit vnsern anhangenden Insigeln. Diser prief ist geben ze
wienne nach Christes geburt Drevtzehenhundert Iar darnach in dem
zway vnd Dreizzigistem Iar, des Svntages ze Mitter vasten.

Original auf Pergament mit drei Siegeln, ein viertes fehlt.

## CXLV.

1332, 29. März, Wien. — *Albrecht, Herzog von Österreich etc., überlässt der*
*Abtei Heiligenkreuz das landesfürstliche Obereigenthum an jenem Getreide-*
*zehente zu Gonzzedorf und Blumenthal, welche sie von den Rohrbachern*
*gekauft hat.*

*Albertus* dei gracia Dux *Austrie* et *Styrie*, dominus *Carniole*,
*Marchie* ac *Portusnaonis*, Omnibus tam presentibus quam futuris in

perpetuum. Quamquam Ecclesiastica loca personasque Religiosas promocionis generalis iugiter zelemur affectu, ceteris tamen precellencius singularis gracie nostre et continue pietatis Ecclesiis illis fructuosus debetur effectus, quas Illustrium predecessorum nosterum, Ducum Austrie fundauit ad gloriam et laudem dei benignitas et dotatas magnifice comendauit colendas studiis et fauoribus successorum, Hinc igitur est, quod, cum Discreti viri *Hermannus* dictus *Rorbeksh* et fratres sui, Decimam situm in *Gostesdorf* et *Plumental* circa *Spanzberch* et *Nydernsulz*, quam a nobis et fratribus nostris, Ducibus Austrie, in fevdum hactenus tenuerunt, Honorabilibus et Religiosis viris Fratri *Jacobo*, nunc Abbati et Conuentui Monasterii *sancte Crucis* in *Silua wiennensi*, pro octoginta talentis denariorum wiennensium de consensu nostro vendiderint et assignarint, Quod nos aduertentes, dictum Monasterium Honorabilem et memorialem Plantulam fore Illustrium quondam Principum Ducum Austrie, predecessorum nostrorum, ac igitur cupientes, ipsum prosequi fauore et gracia speciali, ipsis Abbati et Conuentui et Monasterio ad deuotam et instantem supplicacionem eorumdem proprietatem eiusdem decime, sicut nobis et fratri nostro Duci *Ottoni*, pertinuit, de ipsius fratris nostri scitu et consensu liberaliter dedimus et presentibus tradimus et donamus ad vsus et vtilitates dicti Monasterii in antea possidendam perpetuo et tenendam. In cuius rei euidenciam firmitatemque perpetuam presentes nostri sigilli munimine fecimus reborari. Datum *wienne*, Dominica, qua cantatur Letare. Anno domini Millesimo CCC°. Tricesimo secundo.

Original auf Pergament mit Siegel.

## CXLVI.

**1332, 19. April.** — *Heinrich von Kranichberg bestätigt das Vermächtnise und die Jahrtagsstiftung seines verstorbenen Vettere Seifrid von Kranichberg.*

Ich *Heinreich* van *Chranhperch* vergihen vnd tun chund allen den, die disen prief lesent oder horent lesen, di nv lebent vnd hernah chumftig werdent, daz mein veter, dem got genad, herr *Seifrid* van *Chranichperch* hat geschafft vnd gigeben pei seinem leben mit meinen gutem willen vnd verhangnusse den Herren ze dem *heiligen Chreutz* vnd dem Chloster zwai phunt geltes ze *sand Petronelle*, di da ligent in der *Luchen* auf zwain halben lehen, durch sein sel vnd aller seiner vordern vnd auh nachomen sel hail willen, vnd hat in di gult gigeben mit sogetaner auzgenomer red vnd auh ich, daz si ierichleieh vnsern iartag schullen begen an dem Samztag in den ersten vier tagen der vasten mit messen mit vigili, als ires ordens gewonhait ist vnd schullen an dem selben tag ainen dienst geben von den zwain phunt geltes iegleihen herren vnd pruder ain gut stuch visch vnd ain semel. Wer aber, daz si den dienst versezzen, swenne daz geschicht, so sol ich mich der zwaier phunt gult oder mein nesten vreund, ob ieh niht enwer, vnder winden vnd di so lang inne haben, vntz daz si di savmchaid gepezzerten. Vnd datz ditz gescheft stet vnd vnzebrochen beleib, so gib ich vorgenanter *Heinreich* von *Chranihperch* dem vorgenanten Chloster ze dem *Heiligen Chreutz* vnd den herren da selben meinen prief versigelten mit meinem ynsigel, vnd dar vber ist diser prief gigeben, do van Christes gepurd waren ergangen drevtzehenhundert iar, darnach in dem zwai vnd Dreizigistem iar, ze Ostern.

Original auf Pergament mit Siegel.

## CXLVII.

*1332, 24. April. — Dietrich der Stadtrichter von Ips und Simon sein Bruder beurkunden, dass die Gebrüder von Rorbach der Abtei Heiligenkreuz den ihr verkauften Zehent zu Gottsdorf und Blumenthal von ihnen aufgegeben haben.*

Ich *Dietreich* ze den zeiten Richter datz *Ybs* vnd Ich *Syman* sein prueder, wir vergehen vnd tuenn chunt allen den, di disen prief sehent oder hörent lesen, di nv sind vnd hernach chunftich werdent, daz fuer vns chomen di erbern leut *Herman*, *Ott*, *Choloman* vnd *Wernhart*, di prûder von *Rorbach* vnd sich selber offenleich vnd an irr hausfrown stat vnd darzu an aller irer erben stat, di inre lant oder auzzer lant waren, wie die gehaizzen warn, mit gütleichem willen ledichleihen vor vnser in der Stat datz *Ybs*, da manich piderman pei waz peidew weltleich vnd auch geistleich, vertzigen vnd aufgaben iren zehent, den si vnd ir erben gehabt heten datz *Gozzendorf* vnd datz *Pluemmtal* auf viertzehen lehen vnd auf sibentzich Jevchen mit alle dem recht vnd dar zv gehört ze holtz, ze veld, ze dorff, versuecht vnd vnersuecht, ez sei gestift oder vngestift, den di erbern gestleichen herren, pruder *Jacob* ze den zeiten abbt vnd sein samnung datz dem *Heiligen Chreutz* von in recht vnd redleich gechaufft heten vmb achtzich phunt wienner phenning, der si vnd ir erben gantz vnd gar gewert vnd verricht waren an allen schaden, als si des vor vnser

offenleichen veriaen; Also daz si fürbaz noch alle ir erben ewichleichen
dhain ansprach noch dhain zuuersicht dar zu nimmermer schellen
gehaben, noch dhain recht darauf ziehen. Der selben wandlung
vnd der werung der sei wir zeug mit disem prief, den wir mit vnser
peder anhangunden Insigel versigelt haben, als si vns pedenthalben
dar vmb paten. Daz ist geschehen vnd ist der prief gegeben, do von
Christes gepuerd ergangen waren drevtzehenhundert iar, dar nach in
dem zwai vnd dreizzigisten Iar, an sand Gorigen tag.

Original auf Pergament mit zwei Siegeln.

## CXLVIII.

**1332, 29. April, Wien. —** *Otto, Herzog von Österreich etc., überlässt der*
*Abtei Heiligenkreuz das ihm zustehende Obereigenthum gewisser von ihr*
*erkaufter Zehente zu Gottsdorf und Blumenthal.*

*Otto* dei gracia Dux *Austrie* et *Styrie*, Dominus *Carniole*,
*Marchie* ac *Portusnaonis*, Omnibus tam presentibus quam futuris in
perpetuum. Quamquam ecclesiastica loca Personasque Religiosas pre-
mocionis generalis iugiter zelemur affectu, ceteris tamen precellen-
tius singularis gracie nostre et continue pietatis Ecclesiis illis fru-
tuosus debetur effectus, quas Illustrium predecessorum nostrorum
Ducum *Austrie* fundauit ad gloriam et laudem dei benignitas et dot-
tas magnifice commendauit colendas studiis et fauoribus successorum.
Hinc igitur est, quod, cum discreti viri, *Hermans* dictus *Rorbakch* et
fratris sui decimam sitam in *Gostestorf* et *Plumental* citra *Spann-*
*berch* et *Nydernsultz*, quam a nobis et fratribus nostris, Ducibus
Austrie in fevdum hactenus tennerunt, Honorabilibus et Religiosis
viris, fratri *Jacobo* nunc abbati et Conuentui Monasterii *Sancte Crucis*
in *Silua wiennensi* pro Octoginta talentis denariorum wiennensium
de consensu nostro vendiderint legitime et assignauerint, quod nos
aduertentes, dictum Monasterium Honorabilem et memorialem Plan-
tulam fore Illustrium quondam Principum, Ducum *Austrie*, predeces-
sorum nostrorum ac igitur cupientes ipsum prosequi fauore et gracia
speciali ipsis . . Abbati Conuentui et Monasterio ad deuotam et
instantem supplicationem eorumdem proprietatem eiusdem decime,
sicut nobis et fratri nostro, Duci *Alberto* pertinuit, de ipsius fratris
nostri scitu et consensu liberaliter dedimus et presentibus tradimus
et donamus ad vsus et vtilitates dicti Monasterii in antea possiden-
dam perpetuo et tenendam. In cuius rei euidentiam firmitatemque

perpetuam presentes nostri sigilli munimine fecimus roborari. Datum *Wienne* feria quarta proxima post dominicam , qua cantatur Quasimodogeniti. Anno domini Millesimo CCC^mo Tricesimo Secundo.

Original auf Pergament mit Siegel.

## CXLIX.

**1332 , 25. Mai, Wien.** — *Philipp der Schenk und seine Hausfrau Bertha verkaufen der Abtei Heiligenkreuz fünf Schilling Pfenning Gülte zu Gundramsdorf.*

Ich *Philipp* der *Schench* vnd ich *Percht* sein Hausfrowe, wir verieben vnd tuen chunt allen den, die disen prief lesent oder horent lesen, die nv lebent vnd hernach chunftich sint, das wir mit vnser erben guten willen vnd gunst, mit verdahten mute vnd mit gesampter hant, zu der zeit, do wir ez wol getun mochten , verchauft haben vnsers rechten aigens funf schilling wienner pfenninge geltes , di da ligent datz *Gundramstorf* auf behausten holden gestiftes gutes, mit alle dev, vnd dar zv gehort, ze velde vnd ze dorf, swie so das genant ist, vnd die weilnt hern *Leupoldes* des *Fuezzes* gewesent sint, dem got gnad. Die selben gulte haben wir verchauft vnd geben mit allem den nutz vnd recht, als si vnser vodern vnd wir in aigens gewer her pracht haben, vmb zehenthalb phunt wienner pfenning, der wir recht vnd redleich gewert sein, den erbern geistlichen leuten . . dem Apt vnd dem Conuent zem *heiligen Chraeutz* furbaz ledichlich vnd freilich ze haben vnd allen irn frumen da mit ze schaffen , verchauffen , versetzen vnd geben, swem si wellent an allen irresal , vnd sein ouch wir, ich *Philipp* der *Schench*, vnd ich *Percht* sein Hausfrowe vnd vnser erben vnuerschaidenlich der vorgenanten gult . . des Aptes vnd des Conuents rechter gewer vnd scherm fur alle ansprach , als aigens recht ist vnd des Landes recht ze *Ostereich*. Vnd das diser chauf furbaz also staet vnd vnuerwandelt beleibe, vnd wand wir selber nicht aigens Insigils haben , so geben wir in disen prief zu einem offen vrchunde vnd vestnung versigelt mit des erbern herren Insigil hern *Haertneides* von *Sachsengang*, vnd mit hern *Wilhalms* Insigil pei dem *Prunne* vnd mit hern *Jacobs* Insigil seins pruders, die wir des gepeten haben , das si diser sache gezeug sint mit irn Insigiln, vnd andre frume leute genuch, den der chauf wol chunt ist. Diser prief ist geben ze *Wienne* , nach Christes gepurt Dreutzehenhundert Iar in dem zwai vnd dreitzgisten Iar, dar nach an sant Vrbans tag.

Original auf Pergament mit drei Siegeln. — Conf. Nr. 151.

## CL.

**1332, 15. Juni, Vrfusperch. —** *Nikolaus und Friedrich, Herrn Mathes Söhne von St. Veit bestätigen eine Schenkung ihres Vetters Ortolf an die Abtei Heiligenkreuz.*

Ich *Nycla* vnd ich *Fridreich* weilant *Mathes* sun von *Sand Veit,* wir veriehen offenlich vnd tun chunt allen den, di disen brief an sehent, hörent oder lesent, daz vnser lieber Vether, her *Ortolf von Sant Veit* mit vnserm gutem willen vnd gunst geben hat den erbarn Geistlichen heren Aptt *Jacoben,* zu den selben Zeiten Aptt daz dem *heiligen Chraeutz* in *Osterreich* vnd der sampnung da selbs sand Bernhartes orden, durch Got vnd durich vnserer vodern sel willen vnd ovch durch seiner sel hail zwelf march gelts friesaher phenning vnd etwiuil mer, vnd hat in in den selben zwelf march gelts geben mit vnserm gutem willen vnd gunst den perich zu *Surwirck,* der vnser gewesen ist, für ein phunt gelts, vnd hat er vns für daz selb phunt gelts geben ein ander phunt gelts vnd etwiuil mer auf dem gut in dem *Staeud,* da *Jacob* aufgesezzen ist, vnd haben vns des vorgenanten pergs geneusent mit allen nutzen vnd rechten, di wir da von gehabt haben, also daz wir noch unser erben chein ansprach noch chein red fürbaz zu den vorgenanten perig gehaben mügen, noch sullen weder chlein noch grozz vnd habent och di vorgenanten heren von dem *Heiligen Chraeutz* vollen gewalt zu tun vnd ze schaffen allen iren from mit dem vorgenanten perig, als mit anderm iren aigen gut. Daz daz also stet vnd vnzebrochen beleib, geben wir den vorgenanten heren von dem *Heiligen Chraeutz* mit vnser baider angehengtem Insigel disen brief versigelt vnd och mit der Erbar mannen, di hernach benennet sint, di iren Insigel daran gehenget habent. Her *Johanns* des Comes Vitztum in *Chaernden,* Jacob des *Vreyberger* von dem *Grasenperig,* Gotze von *Regenspurch.* Der brief ist geben ze *vrfusperch* an sand veites tag, do von Christes gepurt ergangen warden Dreutzehen hundert Iar vnd darnach in dem zwai vnd Drizzigisten Iar.

Original auf Pergament mit vier Siegeln, ein fünftes fehlt.

# CLI.

**1332, 24. Juni, Wien.** — *Marchart der Methsieder, Bürger von Wien, und Agnes seine Hausfrau, schenken der Abtei Heiligenkreuz mit der Widmung für deren Pitanzamt fünf Schilling Pfenning Gülte zu Gundramsdorf.*

Ich *Marchart* der *Metsieder*, purger ze *Wienne* vnd ich *Agnes* sein hausvrewe Wir verichen vnd tun chunt allen den, die diesen prief lesent oder horent lesen, di nv lebent vnd hernach chunftich sint, Daz wir mit vnser erben guten willen vnd gunst, mit verdachtem mvte vnd gesampter hant, zv der zeit, do wir iz wol getvn mochten, lauterlich dvrch Got vnd dvrch vnser vodern sel willen vnd auch durch vnser selber sel hail geben haben in das Pitantzampte zv dem *Heiligenchreutze* Vnsers rechten chaufaigens, des wir gechauft haben wider hern *Philippen* den *Schenchen* vnd wider sein hausvrowen vron *Perchten* vnd wider ir erben, flunf schilling wienner phening geltes, die da ligent datz *Gundramstorf* auf behausten holden gestiftes gutes mit alle dev vnd dar zv gehort ze velde vnd ze dorf, swie so daz genant ist, Vnd mit allem dem nvtz vnd rechte, als wir si in aigens gewer her pracht haben; so beschaidenlich, swer Pitantzmaister datz dem *Heiligenchrevtz* ist, von der selben gulte alle iar geben sol dem chnecht, der da phligt der warmen lauge vnd des warmen wazzers vnd auch des Chalten wazzers, so die herren ir haupte twachen wellent, Drei schilling phenning, Vnd dem Chnecht, der der warmen lavge alle tag taeglichen phligte den herren zv den Henten, Viertzich phenning, Vnd die zwaintzich phenning, da mit man daz Azzaech aller ieerlich pezzer, daz dar zv gehort an allen chrieg. Vnd swelchs iars des nicht geschaech, also daz iz abgienge, von swelcherlei sachen daz weer, so svln wir oder vnser erben oder vnser naechsten frevnt vns denne derselben gulte mit ir guten willen vnderwinden Vnd inne haben, so lange vntz daz iz alles wider tan wirt. Vnd dar vmb so geben wir in disen prief zv einem offen vrchvnde vnd vestvnge versigilt mit vnserm Insigil. Diser prief ist geben ze *wienne* nach Christes gebvrt Dreutzehenhvndert iar, In dem zwai vnd Dreitzgisten iar darnach, An Sand Johanns tage ze Svniwenten.

Original auf Pergament mit Siegel. — Conf. Nr. 149.

## CLII.

**1333, 26. Februar, Wien.** — *Stephan der Kriegler schenkt der Abtei Heiligen-kreuz einen Weingarten zu Klaitzing zur Stiftung eines Jahrtages für sich.*

Ich *Stephan* der *Chrigler* vergich vnd tvn chunt allen den, die disen prief lesent oder hörent lesen, die nv lebent vnd hernach chunftich sind, daz ich geschaft han leuterleich durch Got vnd durch aller meiner vodern sel willen vnd auch durch meiner selber sel willen den erbern gaistleichen herren gemain hintz dem *heiligen Chreutz* in ir Pitanz meinem Weingarten, der da leit ze *Chlaitzingen*, der ein halbs Jevch ist, vnd leit ze nachst meinem weingarten, der da haizzet der *Jude*, vnd den ich gechauft han wider *Petrein Wisent*, also daz si mir davon alle iar ze Weichenachten vnd se Ostern meinen Jartage begen svln mit Vigili, mit Selmesse vnd mit gebet vnd mit einem gantzen dienst, den man der Samnunge geben sol alle iar des vreitages in der Chottember ze Phingsten, alz irs Chlosters gewonhait ist nach irn trewen, als si got darumb autwurten suln vnd als in meinem Geschaeft brief verschriben ist; Vnd gib in darvber disen brief zu einem warn gezeuge vnd zu einem offen vrchunde diser sach versigilt mit meinem Insigil vnd mit meins Ohaims Insigil, herrn *Fridreichs* des *Gnaemhaertleins*, der diser sach gezevge ist mit seinem Insigil. Diser brief ist geben ze *Wienne* nach Christes geburt Drevtzehen hvndert iar in dem Drev vnd Dreitzgisten iar dar nach, des Vreitages in der Chottember in der Vasten.

Original auf Pergament mit zwei Siegeln.

## CLIII.

**1333, 20. Mai, Wien.** — *Ulrich der Phunt, Mautheinnehmer von Wien, und Elsbeth, seine Hausfrau, beurkunden die Bedingnisse, unter denen ihnen von der Abtei Heiligenkreuz ein halbes Lehen zu Münichsthal bei Ulrichs-kirchen verliehen worden.*

Ich *vlreich* der *Phunt*, Mewter von *Wienne* vnd ich *Elspet* sein Hovsvrowe vnd vnser paider erben, wir veriehen vnd tun chunt allen den, di disen brief lesent oder horent lesen, di nv lebent oder die av her nach chunftig sint, Daz wir ein halbes Lehen haben von dem apt vnd der Samnung gemain des Chlosters ze dem *Heiligen Chreutz*, leit daz *Munichstal* in dem dorffe ze nechst der *wolfhartinne* lehen, in dem ampt ze *Vlreichschirchen* vnd do wir in alle Jar davon dienen an sand Michels Tag dreizzich wienner phenning vnd nicht mer. Daz selbe halb lehen haben wir von in mit so getaner beschaiden

vnd von so getanen genaden, di sew vns getan habent, daz wir auf daz
egenant lehen schullen an vnser selber stat ainen Mayer, der ein
beschaiden man ist, setzen, schullen ez auch alle iar bewaren vnd
stiften ze velde vnd ze dorffe, also daz es icht pawlos werde vnd
daz in ir dinst darauf icht geergert werde. Wir schullen auch in
daven dehain stewer nicht engeben, noch dehain beswernisse nicht
enhaben, dann als vil vns mit der gemain an gepurt ze geben in ein
mal, swenne der oberchelner darchomt, ez sei zv dem Pantayding,
oder als er durch des dorffes notdurft darchumt, also beschaidenleich,
ob man sein an vns muet vnd auch als ez emalen mit dem geschefft
herchomen ist. Vnd darvber gib ich in vorgenanter *Vlreich der
Phunt,* Mowter disen brief ze einem offen vrchunde versigelt mit mein
Insigel. Diser brief ist geben ze *wienn* nach Christes gepurt Dreut-
zehen hundert Iar dar nach in dem drew vnd Dreizzichistem Iar, des
nachsten Phintztages vor dem Phingst Tage.

Original auf Pergament, dessen Siegel fehlt.

## CLIV.

**1333, 26. Juni, Wien. — *Konrad der Wildwerher, Bürger von Wien,
schenkt der Abtei Bürgerechts-Gülten zu Erdberg zur Stiftung eines Jahr-
tages für sich.***

Ich *Chunrat* der *Wiltwercher,* purger ze *Wienn,* vergich vnd
tun chunt allen den, die disen prief lesen oder horent lesen, di nu
lebent vnd hernach chumftig sint, Daz Ich ze der zeit, da ich ez wol
getun mochte, gemacht vnd gegeben hab dem haus vnd der samnunge
Daz dem *heiligen Chreuzze* Drei phunt ewiges geltes purchrecht,
die do ligent dacze der *Erburch* auf weingerten, der mann in dienet
ze sand Michels Tag zwelf schillinge vnd an sand Jorgen Tag zwelf
schillinge; also mit ausgenummer redde, Das si ierleihen darvmb
ain selampt begen schullen des nahsten Tages nach sand Marchs
Tag durch meiner sel vnd durch aller meiner vodern sel hail willen.
Wer aber, das sie des nicht intaeten, so schol in furbas das gelt
abgen. Vnd darvber gieb ich in disen prief ze ainem waren gezeuge
vnd ze ainer ewigen vestunge diser sache, versigelten mit meinem
Insigel. Der ist geben ze *Wienn* des nachsten Samstages nah dem
Svnwend Tag, nach Christes geburt dreuzehen hundert iar in dem
drei vnd dreyzigisten Iar.

Original auf Pergament mit Siegel.

## CLV.

**1333, 1. November.** — *Jans der Tuers von Rauheneck und Katharina seine Hausfrau verkaufen der Abtei Heiligenkreuz drei Pfund und achtzig Pfenning Gülte zu Genserndorf.*

Ich *Jans* der *Tuers* von *Rauheneke* vnd ich *Kathrei* sein housvrow verichen vnd tvn chund allen den, die disen prief lesent oder hörent lesen, di nv lebent vnd hernah chumftig werdent, Daz wir vnuerschaidenleihen vnd mit vnser vreunt gutem willen vnd rat, vnd mit gesampter hant, ze den zeiten, do wir ez wol getun mochten, verchoufet haben den erbern vnd geistlichen leuten, Pruder *Wulfingen* ze den zeiten apt ze dem *Heiligen Chroutz* vnd der Samounge gemain dar selber vnsers choufgûtes drev phunt geltes wienner phenning vnd vier vnd ohsig phenning geltes, die da liegent ze *Gensterndorf* auf anderthalben lehen, von dem ainem gantzen lehen dient *Seidel* der *Nager* ohzehen schilling an vier phenning, vnd von dem halben lehen dient *Hierze* der *Vloh* neun schilling an zwen phenning, vnd die gult dient man ze zwain zeiten in dem iar, halben tail ze sand Georgen misse vnd halben ze sand Michels misse. Di vorgenant gult haben wir in verchoufet vmbe dreizig phunt wienner phening, der si vns gar vnd gantzleich habent gewert. Wir haben in aub die selben gult gigeben mit allem dem nvtz vnd reht ze verchouffen oder ze versetzen vnd allen vrumen damit ze schaffen, als wir sev inne haben gehabt, seit wir sev chouften wider vnsern geswein, herrn *Perhtolden* den *Losenstainer* vnd wider sein housvrowe vron *Margareten*, di vnser gewer vnd vnser scherm dar vber sint, als des Landes reht ist ze *Ostereih*. Also setzen auh wir vns ze rehtem scherm vnd gewer den vorgenanten herren von dem *Heiligen Chreutze* vber di vergenant gult fur allen chrieg vnd ansproch nah des Landes reht ze *Ostereih*, ob si icht chrieg oder ansprah darvmbe anging; das schullen si haben auf vns vnd auf allem dem gut, daz wir haben in *Ostereih* also, daz wir in ausrichten schullen an alle ir mv haupgût vnd schaden, den si nemen van dem chriege. Vnd daz diser chouf stet vnd vest ewichleich beleibe, so gib ich vorgenanter *Jans* der *Tuers* von *Rauheneke* den vorgenanten ersamen herren ze dem *Heiligen Chreutze* vnd allen iren nachkomen disen prief ze ainem ewigen gezeug vnd vrchund, versigelten mit meinem ynsigel vnd auch mit meines geswein ynsigel, herrn *Perhtoldes* des *Losenstainer*, der sein damit gezeuge ist. Diser prief ist gigeben nach Christes gepurde vber dreutzehenhundert iar darnach in dem drev vnd dreitzigistem iar, an aller Hailigen tage.

Original auf Pergament mit einem Siegel, das zweite fehlt.

## CLVI.

**1334, 2. Februar. —** *Ortolf von St. Veit und Sophie seine Hausfrau schenken der Abtei Heiligenkreuz zehn Mark Friesacher Pfenninge Gülte zur Stiftung zweier Jahrtage.*

Ich *Ortolf* von *Sand Veit* vnd ich *Sophey* sein Housvrowe, wir verichen vnd tun chunt allen den, di disen brief lesent, sehent oder hörent lesen, di nv lebent vnd her nach chumftich werdent, daz wir mit verdahtem mut vnd mit aller vnser vreunt guten willen vnd gunst vnd besunder mit meins bruder sunen *Niclas*, vnd *Fridreiches* gunst vnd rat vnd auch mit vnsers genedigen heren, des hochgeporen Fürsten, Chunich *Heinreihes* ze *Pehaeim* vnd ze *Polan* vnd Hertzogen ze *Chernden* vnd Grawen ze *Tirol* gunst vnd willen, der auch sein brief darvber gegeben hat, geschaft vnd gegeben haben mit gesampter hant vnd ze der zeit, do wirtz wol getun mochten, lauterleich durch got vnd durch vnserr vnd aller vnser vordern sele hail willen den Erbern gaeistleichen herren, bruder *Wulfingen*, ze den zeiten abbt ze dem *Heiligen Chreutz* in *Osterreich* vnd der Samnunge gemain, vnsers rechten aigenn guetes Zehen march *Friesacher* phenning geltes, di gelegen sint in *Chernden* nahen pei der Stat, datz *Sand Veit* auf Holtzz vnd auf Hueben. Wir haben auch an derselben stat ze chauffen gegeben vnsers rechtten aigens, drei march *Friesacher* phenning geltes vmb sehs vnd zwaintzich phunt wienner phenning, der wir gentzleich gewert sein. Der gult aller wirt Dreutzehen march geltes vnd ligent auf den Holden, di hernach geschriben sint. Des ersten dienet *Heinreich* vnd *Jans* vnd der *Saltzer* von *Surebich* ain phunt Friesacher phenning; *Mathes* von *Surbich* ein halb march Friesacher vnd drei huener; *Rueppel* von *Glandorf* ein march phenning; *Rudolf* ab der *Plen* drithalb march phenning vnd fumf huener vnd zwo schulttern vnd ein vaschanch huen, sehtzig aier vnd ein chazz. *Jensel* ab der *Plein* ein march vnd zwaintzich phenning, vier huener vnd sehtzig aier; *Jacob* ab der *Prerbitz* drei march vnd viertzich phenning, zehen huener ein halb phunt aier, vier schultern vnd zwai vaschanch huener; *Chunrat* von *Pirkeh* zwo march vnd zwaintzich phenning mit dem Holtzz vnd fumf weisat huener, vier Schultern vnd ein vaschanch huen, sechtzig aier vnd ein Chazz vnd ein gans. Wir haben in auch daz vorgenant gut gegeben vnd allez daz darzv gehoret, versucht vnd vnersucht, ze velde vnd ze Dorffe, mit holtzz, mit wismat, mit waid, mit allem dem nutzz vnd rechtten, als wir ez in aigens gewer vnuersprochenleich lang zeit her pracht haben also beschaidenleich, daz di vorgenanten herren vnd alle ir nachchommen sullen vns vnd allen vnsern vodern von den zehen marchen geltes, di wir in durch got gegeben haben, begen zwen ewig Jartaeg aller ierichleich. Den ainen iartag sullen si begen an dem antlatz abent, vnd an dem selben tag sol man einen gantzen dienst geben dem Conuente, Drev stuche vische vnd ein semel vnd ein phruent pezzers weines. Man sol auch an dem selben tag tailen drei Emmer weines vnd drei hundert prot, di auz drein metzzen waitzes werden mugen. Den andern Jartag sullen si begen an aller Haeiligen abent, vnd zu dem selben tag sol man dem Conuent auch einen gantzen dienst geben, Drev stuch visch vnd ein semel vnd ein phruent pezzers weines. Wir sein auch des vorgenanten gutes ir scherm vnd gewer für alle ansprach, als aigens reht ist vnd des landes reht ze *Chernden*. Vnd daz ditzz gescheft ewigleih stet vnd vnzebrochen beleibe, dar vber so gebe wir disen brief versigelt mit mein vorgenantes *Ortolfes* Insigel von *Sand Veit* vnd mit der erbern Herren Insigeln, hern *Hadmars* vnd hern *Mertens*, paider bruder der *Stuhsen* von *Trautmanstorf*, di diser sacche gezeug sint mit iren Insigeln. Diser brief ist gegeben nach Christes gepurde vber dreatzehen hundert iar, dar nah in dem vier vnd dreitzgisten iar, an vnser vrowen tach ze der liechtmesse.

Original auf Pergament mit zwei Siegeln, ein drittes fehlt.

## CLVII.

**1334, 15. Mai. —** *Johann der Tuers von Rauhenek verkauft der Abtei Heiligenkreuz mehrere Gülten zu Gotzendorf, Spannberg und Leutoldsthal.*

Ich *Jans* der *Türs* van *Rauheneke* vnd ich *Katrei* sein hausvrov verichen vnd tun chund alle den, di disen Prief lesent oder hörent lesen, di nv sint vnd hernach chumftig werdent, Daz wir vnuerschaidenlich vnd mit vnser vreunt gutem willen vnd rat vnd mit gesampter hant, ze den zeiten, do wir es wol getun mochten, haben

verchauft den erbern gaistlichen leuten, pruder *Wulfingen* ze der zeiten
Apt vnd der Samnunge gemain ze dem *Heiligen Chreutz* drev phunt
gult wienner phenning vnd zwainzig metzen haber gult vnsers rechten
Chaufgutes vmb ains vnd zwaintzig phunt vnd ain halbphunt wienner
pheninge, der wir gar vnd gainzleih gewert sein; vnd die gult ist
gelegen als hernach geschriben stat. Des ersten ze *Getzendorf* zwelf
schilling van drein viertailen, di *Symon* dient, zwier in dem iar ze
sand Mychels misse, sebs schilling vnd ze sand Georgen misse sehs
schilling. *Ruger* van *Spannberch* sehs vnd dreizig phenning van ainer
hofstat ze sand Michels misse vnd ze *Leutosdostal Leopold* der
*Tretter* vnd *Menhard* der *Chaufman* vnd der wenig *wisent* ainlef
schilling an sehs phenning vnd zwaintzig metzen habern, die phen-
ning zwier in dem iar ze sand Mychels Misse, zwelf vnd funf schilling,
ze sand Georgen misse czwelif vnd funf schilling phening vnd ze
sand Gilgen misse zwaintzig metzen habern. Wir haben in auch di
vorgenante gult gigeben mit allem dem nvtz vnd rechten ze ver-
chauffen, ze versetzen vnd allen iren vrumen da mit ze schaffen, als
wir sei lange zeit in gewer vnd gewalt haben gehabt. Wir setzen
vns auch vber di vorgenanten gult ze rechtem scherm vnd gewer
den vorgenanten herrn für alle ansprach, als des Landes rêht ist ze
*Ostereich*, vnd swas sey Chrieg dar vmb angieng, den schullen wir
in auzrichten an alle ir mv̈, ez sei habtgût oder schaden, den si nemen
van dem Chrieg, vnd schullen daz haben auf vns vnd auf allen dem
gût, daz wir haben in dem Lande ze *Ostreich*. Vnd das diser Chouf
stet vnd ewig beleib, so gib ich vorgenanter *Jans* der *Turse* van
*Rauheneke* den vorgenanten herren ze dem *Heiligen Chreutze* disen
prief ze einem ewigen vrchund versigelten mit meinem ynsigel vnd
mit meines geswein ynsigel, herrn *Perchtoldes* des *Losenstainers*,
der sein damit getzeug ist. Diser prief ist gigeben nach Christes
gepûrd vber dreutzehenhundert Iare darnah in dem vier vnd dreizi-
gistem Iar, ze Phingesten.

Original auf Pergament, dessen zwei Siegel fehlen.

## CLVIII.

**1334, 6. Juni, Wien.** — *Otto, Herzog von Österreich etc., überlässt der Abtei*
*Heiligenkreuz das ihm zustehende Obereigenthum an einer Gülte zu Paesdorf.*

Nos *Otto* dei gracia Dux *Austrie* et *Styrie*, Dominus *Carniole*
ac *Portusnaonis* presentibus profitemur, quod nos proprietatem viginti

denariorum wiennensis Monete reddituum super Curia *Ottonis* fabri in *Pestorf* sitorum, quorum ius hereditarium ad nos pertinebat, in remedium animarum progenitorum nostrorum nostrique salutem Honorabilibus et Religiosis viris Monasterii *sancte Crucis* libere donauimus et donamus per ipsos in antea perpetuo ac irreuocabiliter possidendam. Harum testimonie litterarum. Datum *Wienne* secunda feria post diem beate Petronelle virginis, Anno domini Millesimo Trecentesimo tricesimo Quarto.

Original auf Pergament, dessen rückwärts aufgedrückt gewesenes Siegel abgefallen ist.

## CLIX.

**1334, 25. Juli.** — *Hermann von Wolfkersdorf und Agnes seine Hausfrau schenken der Abtei Heiligenkreuz eine Pfenning-Gülte zu Engelschalchsdorf zur Stiftung dreier Seelenmessen.*

Ich *Herman* van *Wolfgersdorf* vnd ich *Agnes* sein housvrow veriehen vnd tvn chund allen den, di disen prief lesent oder horent lesen, di nv lebent vnd hernach chunftig sint, daz wir mit verdahtem mvt vnd mit gesampter hant, mit vnser erben gutem willen vnd zv der zeit, do wir ez wol getůn mohten, haben gegeben durch got vnd vnser sel vnd aller vnsern vodern sel hail willen den ersamen Geistleihen Herren, Apt *Wolfingen* vnd der Samnung gemain ze dem *Heiligem Chreutz* vnsers rehten aigen gutes, zwen vnd viertzig Wienner phenning geltes, di gelegen sint ze *Engelschalsdorf* auf zwain hofsteten. Von der ainen dient *Chunrad* der *Steinbrecher* dreizig wienner phenning vnd *Mert* der *Vreithofer* zwelf wiener phenning vnd dient di an sand Mychelstag. Wir haben in auh gigeben di vorgenante gult mit sogetaner beschaidenhaid, daz si schullen jerichleich durch vnser sel vnd aller vnser vodern sel hail willen drei selmesse sprech an den nesten Mentag nah Ostern vber aht tag, an dem ainen tag oder darnah in drin, so ez in peste fůge. Vnd daz ditz gescheft stet vnd ewig beleib, so geben wir, ich vorgenanter *Herman* van *Wolfgersdorf* vnd ich *Agnes* sein housvrow, den vorgenanten Herren van dem *Heiligen Chreutz* disen prief ze einem offen vrchund, versigelten mit vnserm iynsigel vnd auch mit meines vetern ynsigel, Herrn *Hermans* von *Chranperch*, der sein gezeug ist mit seinem ynsigel. Diser prief ist gegeben nach Christes gepurd vber dreutzehenhundert Iar, darnach in dem vier vnd dreizigistem Iar, an sand Jacobestag des zwelfpoten.

Original auf Pergament, dessen zwei Siegel fehlen.

## CLX.

**1334, 10. August, Wien.** — *Berthold von Ebenthal und Katharina seine Hausfrau, verkaufen der Abtei Heiligenkreuz drei Pfund Pfennige Gülte zu Rainhardsdorf.*

Ich *Perichtolt* von *Ebental* vnd ich *zacherei* (sic) sein Hausurowe Wir vergehen vnd tůn chunt allen den, die disen brief lesent oder hôrent lesen, die nv lebent vnd hernach chvnftich sind, Daz wir mit vnser erben gůten willen vnd gunst, mit verdachtem můt vnd mit gesampter hant, zu der zeit, do wir iz wol getůn mochten, Verchauft haben vnsers rechten aygens Drew phvnt wienner phenninge Geltes an einen vnd fůmftzich phenninge Geltes, die da ligent ze *Reinhartstorf* auf drin halben Lehen vnd auf zwain hofsteten vnd auf alle dev vnd dar zu gehöret ze velde vnd ze dorf, iz sei gestift oder vngestift, versucht oder vnersucht, swie so daz genant ist. Die vorgenanten Gůlt ze *Reinhartstorf* haben wir recht vnd redleich verchauft vnd geben mit allem den nvtz vnd recht, alz wir si in aigens gewer her pracht haben, vmb ains vnd dreizzich phvnt wienner phenninge, der wir recht vnd redleich gewert sein, Den erbern Gaestleichen herren Pruder *Wulfingen*, zu den zeiten apt datz dem *heiligen Chreutz* vnd der Samnunge gemain dez selben Chlosters vnd allen irn nachchomen furbaz ledichleichen vnd vreileichen ze haben vnd allen irn frvmen da mit ze schaffen, verchauffen, versetzen vnd geben swem si wellen an allen irresal. Vnd dar vber durch pezzer sicherhait so setzen wir vns, ich *Perichtolt* von *Ebental* vnd ich *zacherey* (sic) sein Hausurowe vnd alle vnser erben vnverschaideuleich vber die vorgesprochen Gůlt dem egenanten apt *Wulfingen* datz dem *heiligen Chreutz* vnd der Samnunge gemain dez selben Chlosters vnd allen irn nachchomen ze rechtem gewer vnd scherm fůr alle ansprach, alz aygens reht ist vnd dez Landes recht ze *Österreich*. Waer aber, daz si mit recht an der vorgenanten Gůlt ze *Reinhartstorf* dehainen chriege oder ansprach gewunnen, von wem daz waer, waz si dez schaden nement daz suln wir in alles ausrichten an alle ir mue vnd an allen irn schaden, vnd suln auch si daz haben auf vns vnd auf allem vnserm Gůt, daz wir haben in dem Lande ze *Österreich*, wir sein lebentich oder Tode. Vnd daz diser chauf fůrbaz also staet vnd vnzerbrochen beleibe, darvmb so geben wir in disen brief zv einem offen vrchunde vnd zů einem waren gezeuge vnd zu einer ewigen vestnunge diser sach versigilt mit vnserm Insigil vnd mit hern *Rugers* Insigil von *velben* vnd mit hern *Chunrades* Insigil des *Haerings,* die diser sach gezeuge sint mit irn Insigiln vnd ander frvme levt genûnch, den diser chauf wol chvnt ist. Diser brief ist geben ze *wienne* nach Christes gebvrt Dreutzehen Hundert iar, dar nach in dem vier vnd Dreizzigisten iar, an sant Laurentzen Tage.

Original auf Pergament mit einem Siegel, zwei fehlen.

## CLXI.

**1335, 14. Februar, Wien.** — *Heinrich, Herzog von Baiern, bestätigt der Abtei Heiligenkreuz die Mauthfreiheit für ihr Salz bei den Mauthen zu Burghausen und Schärding.*

Wir *Hainreich* von gotes genaden Pfallentz Graf ze *Reyn* vnd Hertzog in *Bayern* veriehen vnd tûn chvnt offenbar an disem brief allen den, di in ansehent oder hôrent lesen, Wan vns der ersam Abbt vnd der Conuent ze dem *Heiligen Chreutz* in *Osterreich* geinnert vnd bebeist habent mit gûten vnzerbrochen vrchunden vnd Hantuesten, di si von vnserm Vater Hertzog *Stephan* in *Bayern* vnd von vnserm Vettern Chûnig *Otten* ze *Vngern,* dem got genad, gehabt habent vmb ein vreyung, also daz si alle Iar ze ainem mal zwai phvnt weites Saltzes an vnsern Mauten ze *Purchhausen* vnd ze *Schaerding* frey vnd ledich an all Mautt vodrung vnd irrung für fûren mûgen vnd schûllen, ze der zeit vnd ez mit gewonhait her ist chomen vnd als di brief sagent di si von vnsern vodern darvber habent. Da von wellen wir vnd gebieten vnsern Vitztumen, vnsern Richtern vnd gemainleichen allen vnsern Amptlaeuten vnd allen vnsern Edeln Laeuten, besunderleichen vnsern Mautnern ze *Purchhausen* vnd ze *Schaerding* vnd allen den, di in vnserm Lande gesezzen sint, bei vnsern hulden vestichleichen, daz ir den vorgenanten Abt vnd daz Conuent ze dem *Heyligen Chraeutz* in der vorgenanten freyung mit nichtev irret, laidigt, enget, noch beswaert vnd fûdert si an den vorgenanten sachen, dez wellen wir nicht enbern. Wir wellen auch, swer di vor genante freyung von iren wegen fûrt, oder swem si di selben enphelhent oder verchauffent, daz der oder diselben di vorgenante Freyung für fûren sûllen an alle beswaerung vnd vodrung in all dem rechten, als si selben. Vnd daz in daz staet vnd vnzerbrochen beleib, dar vber ze ainem vrchûnde geben wir in disen brief versigelt mit vnserm Insigel.

Der gegeben ist ze *Wienn* an sant Valantini tag Millesimo CCC^mo Tricesimo Quinto.

Original auf Pergament mit Siegel.

## CLXII.

**1335, 3. Mai, Wien.** — *Ulrich der Stuchs von Brunn und Wentel seine Hausfrau, verkaufen der Abtei Heiligenkreuz einen Hof zu Wülfleinsdorf an der Leitha.*

Ich *Vlreich* der *Stuchs* von *Prvnne* vnd ich *Wentel* sein Haus-urowe Wir vergehen vnd tůn chvnt allen den, di disen brief lesent oder horent lesen, di nv lebent vnd hernach chůnftich sind, daz wir mit aller vnser erben guten willen vnd gvnst, mit verdachtem mvt vnd mit gesampter hant, zu der zeit, do wir iz wol getvn mochten, Recht vnd redleich verchauft vnd geben haben vnsers rechten Chauf-aigens vnsern Hof, der da leit ze *Wülfleinstorf* bei der *Leyta*, da fůmf halbev Lehen in gehörent vnd swaz dar zv gehöret ze velde vnd ze dorf, ez sei gestift oder vngestift versůcht oder vnuersůcht, swie so daz genant ist, mit allem dem nvtz vnd recht, als wir In in aigens gewer her pracht haben, vmb fůmf vnd saechtzich phvnt wienner phenninge, der wir recht vnd redleich gewert sein, Den erbern Gaestleichen Herren Průder *Wülfingen*, zu den zeiten apt datz dem *Heiligen Chreutz* vnd der Samnunge gemain dez selben Chlosters vnd allen iren nachchomen fůrbaz ledichbleichen vnd vreileichen ze haben vnd allen irn frumen da mit ze schaffen, verchauffen, versetzen vnd geben, swem si wellen an allen irresal. Vnd darvber durch pezzer sicherhait so setzen wir vns, ich vorgenanter *Vlreich* der *Stuchs* von *Prvnne* vnd ich *Wentel* sein hausurowe vnd alle vnser erben vnuerschaidenleich vber den vorgesprochen hof ze *Wülfleins-torf* vnd vber alles daz, daz darzv gehöret, alz vorverschriben ist, Den egenanten Gaestleichen Herren apt *Wülfingen* datz dem *Heiligen Chrevtze* vnd der Samnunge gemain dezselben Chlosters vnd allen irn nachchömen zů rechtem gewer vnd scherm für alle ansprach, alz aigens reht ist vnd dez Landes recht ze *Österreich*. Waer aber, daz si mit recht an dem vorgenanten Hof vnd an alle dev vnd dar zu gehöret, swie so daz genant ist, dehainen chrieg oder ansprach ge-wunnen von wem daz waer, waz si dez schaden nement, daz svln wir in alles auzrichten an allen irn schaden vnd suln auch si daz haben auf vns vnd auf allem vnserm gut, daz wir haben in dem Lande ze

Osterreich, wir sein lebentich oder tode. Vnd daz diser Chauf furbaz also stet vnd vnzerbrochen beleibe, darvmb so geben wir in disen brief zů einem offen vrchunde vnd zu einem warn gezevge vnd zů einer ewigen vestnunge diser sache, versigilt mit vnserm Insigil vnd mit meiner vetern Insigiln, hern *Hadmars* vnd hern *Merten* der Průder der *Stuchsen* von *Trautmanstorf* vnd mit meins Průder Insigil, *Marichartes* des *Stuchsen*, die diser sache gezeuge sint mit irn Insigiln. Diser brief ist geben ze *wienne* nach Christes geburt Dreutzehen Hundert iar dar nach in dem fůmf vnd Dreitzgisten iar, an dez Heiligen Chrevtzes Tage alz ez funden Ward.

Original auf Pergament mit dem Reste eines Siegels, drei fehlen.

## CLXIII.

**1335, 25. September. —** *Herlieb der Vizlinger von Paezdorf und Sophie seine Hausfrau, verkaufen der Abtei Heiligenkreuz eine Gülte zu Gensterndorf und Spannberg.*

ICH *Herlieb* der *Vizlinger* von *Pdystorf* Vnd ich *Sophei* sein Hausvrowe Wir veriehen vnd tun chunt allen den, die disen brif lesent oder herent lesen, die nv lebent vnd hernach chunftig sint, Daz wir mit vnser Erben gutem willen vnd gunst, mit gesampter hant, zv der zeit, do wir ez wol getvn mochten, Recht vnd redleichen verchauft haben vnsers rechten Lehens, daz wir ze leben gehabt haben von dem Edeln herren Hern *Jansen* dem *Tůrsen* von *Rauheneke*, der mir ez vnd meinen Erben ze ergetzung meiner dinst ze rechten Lehen verlihen hat, funf phunt vnd sechs vnd funftzig phenning wienner phening Gelts auf gestiftem gut behauster holden, Vnd der ligent ze *Gensterndorf* auf anderthalben lehen vnd auf zwain Hofsteten an vier phunt, Vnd ze *Spannberch* auf aim lehen zehen Schilling. Vnd auch mit alle dev vnd darzv gehórt ze velde ze dorffe, Ez sei gepavt oder vngepavt, gestift vnd vngestift, versucht vnd vnuersucht, swie so daz genant ist. Daz vorgenant gut haben wir verchauft vnd geben mit allem dem Nutz vnd recht, als wir ez vnuersprochenleichen in rechter lehens gewer herbracht haben, vmb acht vnd virtzich phunt vnd vmb sechtzich phennig wienner Munsse, der wir gar vnd gentzleichen gewert sein, dem Erbern Geistleichen Herren bruder *Wulfing* zv den zeiten apt vnd dem Conuent gemain in dem Chloster datz dem *Heiligen Chreutze*; vnd auch dazselb Gut haben wir in aufgeben vnd bestet mit vnsers vorgenanten lehen heren hant, als lehens recht ist

in *Osterreich*, fürbaz ledichleichen vnd vreileichen ze haben vnd
allen iren frvmen do mit ze schaffen, verchauffen, versetzen vnd geben
swem seu wellen, als in daz aller pest chome vnd fuegt an allen
irresal. Wir sein auch vnuerschaidenleichen mit sampt vnsern Erben
des vorgesprochen guts ir recht gewer und scherm fur alle ansprach,
als lehens recht ist vnd des Landes recht in *Osterreich*. Vnd get in
furbaz daran icht abe mit recht, daz schullen seu haben vnuerschai-
denleichen auf vns vnd auf allem dem gut, daz wir haben in dem
Lande ze *Osterreich*, wir sein lembtig oder Tode. Vnd daz diser
Chauf furbaz also stet sei vnd vnuerwandelt beleibe, Darvber geben
wir in disen brif zv Einem offen vrchunde vnd zv Einer steten Vesti-
gung Versigelt mit vnserm insigel, Vnd mit hern *Pravnn* insigel des
*Weidner* vnd mit hern *Leupolts* Insigel von *Spanneberch*, Die diser
sache gezeug sint mit iren insigeln Vnd ander Erber leut genuch. Diser
brif ist geben Nach Christes gepurt Dreutzehen Hundert iar Darnach
in dem funf vnd Dreizzigisten iar, Des Nachsten Mentage vor Sande
Michels Tag.

Original auf Pergament mit einem Siegel, zwei fehlen.

## CLXIV.

**1335, 25. September.** — *Jans der Tuers von Raukeneck gibt als Lehensherr
seine Zustimmung zu vorstehendem Verkaufe.*

Ich *Jans* der *Turs* von *Raucheneke* vergich offenleichen an
diesem Brief allen leuten vmb die vir vnd funftzich phennig vnd vir
phunt wiener phennig Gelts, die da liegent datz *Gensterndorf*
vnd datz *Spannberch* auf gestiften gut behauster Holden, die mein
Rechts aygen sint, vnd die her *Herlich* der *Vizzlinger* vnd sein erben
von mir habent ze lehen gehabt, vnd die sev habent verchauft dem
Erbern Geistlichen Herren, bruder *Wulfing* zv den zeiten Apt vnd dem
Conuent gemain in dem Chloster datz dem *Heiligen Chreutz*, das
derselbe Chauf mit meinem gutleichen willen vnd auch mit meiner
hant geschehen ist, vnd han auch ich dem egenanten Chloster datz
dem *Heyligen Chreutz* mit gutleichen willen vnd gunst aller
meiner Erben mit wol verdachtem muet zv der zeit, da ich ez wol
getun mocht, Ledichleichen aufgeben allev die Eigenschaft, die ich
an dem Egenanten Guet gehabt han, also daz ich, noch mein Erben,
darvmbe dehain anspruch nimermer gehaben schullen wenich noch
vil. Vnd des ze vrchunde vnd zv Einer Ewigen vestigung diser Sache

gib ich dem vorgenanten Chloster datz dem *Heiligen Chreutz* disen Brief versigelt mit meinem Insigel. Diser Brief ist geben nach Christes gepurt Dreuzehen Hundert iar dar nach in dem fünf vnd dreizzigistem iar, des nachsten Montages vor Sande Michels tag.

Original auf Pergament, dessen Siegel fehlt.

## CLXV.

**1335, 2. December. —** *Otto der Hafenlos, Burggraf zu Medling, verkauft der Abtei Heiligenkreuz einen Hof zu Medling.*

Ich *Ott* der *Hafenlos* Purgraf ze den zeiten ze *Medlich* Vnd ich *Ofmay* sein Hausvrowe, Wir verichen vnd Tun chunt allen den, die disen brif lesent oder horent lesen, Di nv lebent vnd hernach Chunftig sint, Daz wir mit vnser Erben gutem willen vnd gunst, mit gesampter hant zu der zeit, do wir ez wol getun mochten, Recht vnd redleichen verchauft haben vnsers rechten Aygens, Ainen Hof leit ze *Medlich* ze nechst *Hainreichs* des *Grodler* Hof mit allev dev und darzu gehört ze velde ze dorffe ez sei gepant vder vngepant gestift oder vngestift versucht oder vnuersucht swie so daz genant ist. Den selben Hof haben wir verchauft vnd geben mit allem dem Nutz vnd rechten, als wir in vnuersprochenleichen in rechter Aygens gewer herbracht haben, Vmb Siben vnd zwainzich phunt wienner phennig, der wir gar vnd gentzleichen gewert sein, Dem Erbern Geistlichen Herren. bruder *Wulfing* zv den zeiten Apt vnd dem Conuent gemain daz dem *Heiligen Chreutz* furbaz ledichleichen vnd vreileichen ze haben vnd allen iren fromen domit ze schaffen, verchauffen, versetzen vnd geben, swem seu wellen an allen irresal. Vnd durch Pesser Sicherhait, so haben wir in fur den Egenanten Hof vnd auch fur die Aygenschaft des Hofs gesatzt ze rechter Ebentewer mit vnsers Percherrn hant, des Erbern Riter Hern *Leutolts* des vorstmaister, vnsern weingarten leit an dem *Havbolts* ze nechst *Heinreichs* weingarten des *werder*, baizt der *Petzleinstorffer* vnd da man alle iar von dint dem Egenanten Hern *Leutolden*, dem vorstmaister ainen Halben Emmer weins ze Perchrecht vnd ainen Helblinch ze voitrecht vnd nicht mer; So beschaidenleichen, swatz in an dem Egenanten Hof furbaz abeget mit recht oder ob in dehain Chrieg darauf entstuende, swaz seu des danne schaden nement, den seu mit iren Trewn gesagen mugen denselben schaden mit sampt dem Hauptgut schullen seu haben auf dem Egenanten weingarten vnd auch auf vns vnd auf allem dem gut, daz wir haben in dem lande ze *Osterreich*, wir sein lembtig oder Todt. Vnd daz diser Chauf furbaz also stet sei vnd vnuerwandelt beleibe. Dar vber geben wir in disen prif zv Einem offen vrchunde vnd ze Einer steten vestigung versigelt mit vnserm Insigel vnd mit vnsers Egenanten Percherren insigel, hern *Leutolds* des vorstmaister vnd mit hern *Chvnrats* insigel des *Lonholtz*, die diser sache gezeug sint mit iren insigeln vnd ander Erber leut genuch. Diser brif ist geben nach Christes gepurt Dreutzehen Hundert iar, darnach in dem fünf vnd Dreizzigisten iar des nachsten Samztage Nach Sande Andres Tage.

Original auf Pergament mit zwei Siegeln, eines fehlt.

## CLXVI.

**1337, 4. Juli, Wien.** — *Abt Wulffing und der Convent der Abtei Heiligen-kreuz versprechen ihren Unterthanen zu Bierbaum, sie nie an eine andere Herrschaft zu veräussern.*

Wir pruder *Wulfinch* zv den zeiten Abpt vnd der Conuent ge-main datz dem *Heyligen chreutz* Verichen vnd tun chunt allen den, die disen brief lesent oder horent lesen, die nv lebent vnd hernach chunftich sint, daz wir vnsern getrewn Holden ze *Pyrbaum* durch die lieb, die sev zv vnsern Chloster habent, die genade getan haben vnd haben auch in daz recht geben, Daz wir, noch alle vnser nachomen sev fürbaz weder verchauffen noch versezzen schullen, noch an dehain stat verchvmbern schullen; Danne daz seu Ewichleichen vnsers vorgenanten chlosters Recht holden schullen sein an allen irresal. Vnd daz in daz also stet vnd vnzebrochen beleibe, dar vber geben wir in disen brief zv Einem offen vrchunde vnd zv Einer Ewigen vestigungen diser Sache versigelt mit vnsern Insigeln. Diser brief ist geben ze *Wienne* Nach Christes gepurde Dreutzehen Hun-dert iar darnach in dem siben vnd Dreizzigisten iar, an sande Vlreichs Tage.

Original auf Pergament mit zwei Siegeln.

## CXLVII.

**1337, 9. (? 16.) Juli. — *Wernhard aus dem Thurn, Bürger von Wiener-Neustadt, bestätigt eine Stiftung seiner Vorfahren bei dem Spitale der Abtei Heiligenkreuz.***

Ich *Wernhart* auz den Tuern Purger in der *Neuwenstat* vergich offenbar an disem prief allen leuten gegenburtigen vnd chunftigen, Daz mein Vôdern von besunder andacht aynualtichleichen durch got vnd durch selichait irr sel habent geschaft eyn phunt wienner phenning gelts, des eyn halb phunt leit auf Vron *Wendeln* der vragnerin, zv den zeiten Wytbe haus vnd auch auf gartlant, daz dar zů gehort, gelegen vôr *Wienner Purgtor* ze nast des *Mospruner* haus, vnd eyn halb phunt auf Vron *Margreten* der *Pyscholfinn* haus vnd auf gartlant, daz dar zů gehôrt, gelegen ze nast der egenanten Vron *Wendeln* haus, also beschaidenlich, daz ich, oder swer daz phunt gelts nach mir innhat, iaerleichen dar vmb chauffen sol leinein tuech oder chotzen, als verr di phenning getzichent. Vnd sol daz geben in das Spital zv dem *Heyligen Chreutz* ze trost vnd helf den armen siechen. Waer auer, daz ich, oder swer di gult inn hat, den siechen di genad vnd den trôst vertziehen wolten, so sol sich der Spitalmaister des egenanten Chlôsters derselben gult vnderwinden vnd sol mit gewizzen dar vmb leynein tuech oder chotzen chauffen, als verr di phenning getziehent, Vnd sol di arm siechen vnuertzogenleichen damit trôsten. Man sol auch daz egenant phunt gelts iaerleichen dienen zv driu zeiten in dem iar, an sand Gorgentag achtzech phenning, an dem Phyingstag achtzig phennig, an sand Merteins tag achtzich phenning. Der vorgenanten red vnd des geschaeftes ist der prief gesigelt mit meim Insigel vnd mit des Erbern mannes Insigel, hern *Petreins* des *Leinein* zv den zeiten richter in der *Neunstat* ewichleich vrchund vnd getzeug. Der prief ist geben nach Christs gepůrd Dreutzehen Hundert iar, vnd in dem Siben vnd Dreizgisten iar, des nasten Mitachs vor sand Margreten Tag.

Original auf Pergament, dessen zwei Siegel fehlen.

## CLXVIII.

**1387, 25. Juli.** — *Friedrich der Heusze stiftet sich in der Abtei Heiligen-
kreuz einen Jahrtag.*

Ich *Fridreich* der *Hevzze* vergich offenleichen an diesem brief,
Daz ich mit wol verdachtem můt, nach meiner besten frevnt Rat, zv
der zeit, do ich ez wol getvn mocht, Recht vnd redleichen geben
han den Erbern geystlichen herren Bruder *Wulfing*, zv den zeiten abpt
vnd dem Conuent gemain datz dem *Heyligen chreutze* zv meinem
lartag, den man alle iar begen schol in dem vorgenanten Chloster ze
dem *Heyligen chreutz* ie an vnsers herren Leychnam Tage, zwelif
vnd drey schilling wienner phennig geltes, di do ligent datz *Medlich*,
sechs vnd sechtzig phennig auf ain weingarten, haizt die *Helle*,
vnd dreizzich phennig auf ain weingarten, haizt der *Prehafen* vnd
sechs phennig auf einem weingarten, haizt die *Geyerine* vnd die alle
ze dienen sint an sandt Michels tag vnd auch mein rechts aygen sint
gewesen. Die selben gult han ich in geben mit allem dem Nutz vnd
recht, als ich die vnuersprochenleichen in rechter aygens gewer her
bracht han, mit der beschaidenhait, daz seu vnd alle ir nachomen
allerierlichleichen geben schullen an dem Egenanten lartag den herren
vber den Tisch semel nach irs ordens gewonhait vnd auch als der
brief seit, den ich vber den vorgenanten lartag von in han. Vnd des
ze vrchunde gib ich in disen brief versigelt mit meinem insigel.
Diser brief ist geben Nach Christes geburde Dreutzehen Hundert iar
Dar nach in dem Siben vnd dreutzigisten iar, an sande Jacobs Tage.

Original auf Pergament, dessen Siegel fehlt.

## CLXIX.

**1388, 25. Februar.** — *Otto von Gottesbrunn verkauft der Abtei Heiligen-
kreuz seinen Hof zu Winden.*

Ich *Ott* von *Gottesprunne* vergich offenleich an disem Prief
vnd tvn chunt allen, die in lesent oder hörent lesen, die nv lebent vnd
hernach chunftig sint, daz ich mit wol verdahtem můt, mit zeitigem
rat meiner vreunt, mit guter gunst vnd willen meiner svn *Nyclasse*
vnd *Petreins* vnd ovch mit einer gemainen verhengnusse aller
meiner erben paidev vrowen vnd manne, ze der zeit, vnd ich ez mit
reht wol möht getvn, verchouffet han meinen hof gelegen datz dem
*Winden* pei dem See für ein vreies lediges aygen mit allen den

rehten vnd nutzzen, die dar zv gehorent ze veld vnd ze dorff, gestift
vnd vngestift, versucht vnd vnuersucht, als ich in egenanter *Ott* vnd
mein erben manich iar enther haben inne gehabt vnuersprochenlei-
chen in gewer vnd in gewalt, den geistleichen Herren von dem
*Heligen Chreutz* des pruder *Seyfrid,* ze den zeiten Hofmaister ze
dem *Chunigshof* vud ovch datz dem *Newnaigen,* weruer choufmas
ist gewesen vmb hundert phunt vnd vmb zwaintzig phunt phenninge
wienner Mvnizz, der ich gar vnd gentzleichen gewert pin ; also be-
schaidenleich, daz ich vorgenanter *Ott* vnd alle mein erben paider
vrowen vnd manne fürbaz nimmermer dehain ansproch, dehain wor-
tung, nach chain zvuersiht sullen haben zv dem egenanten hof, nach
zv allem dem, daz dar zv gehóret, nvr daz die vorgenanten herren
von dem *heiligen Chreutz* allen iren frumen da mit schullen schaffen,
selber nutzzen vnd innehaben, versetzen oder verchouffen, wem sev
wellent vreileichen an alle irrung. Ovch setzz ich mich egenanter *Ott*
mit sampt meinen zwain vorgenanten svnen *Nyclasen* vnd *Petrein* zv
einem rechten scherm vber den vorgenanten hof vnd vber alles, daz
dar zv gehoret, gentzleichen für alle ansprach nach des Landes reht in
*Vngarn.* Vnd daz di red also stett vnd vnzebrochen beleib, darvber
gib ich vorgenanter *Ott* disen prief zv einem offenn vrchund vnd zv
einem woren gezevgen diser sache, versigelten mit meinem Insigel
vnd ovch mit meines vorgenanten svnes *Nyclass* insigel vnd ovch
mit meines pruder *Jansen* insigel, der ovch do mit diser sache ein
vester gezeug ist. Der prief ist geben nach Christes geburd vber stetter
drewtzehenhundert iar dar nach in dem ahtem vnd dreizzigistem
iar, des Mitichens an dem aschtag. Der red sint ovch gezeugen
*Ortolf* der *Pluemstingel* von *Prukk, Nyclas* der *Veirer, Vlreich* der
*Chröpphel, Chunrat* der *Cherntner, Levpolt* der *Hort, Dauid* vnd
*Heinreich,* ze den zeiten Richter datz dem *Winden* vnd ander erber
leut genug, den die sache wolt chunt vnd gewizzen ist.

Original auf Pergament mit zwei Siegeln, das dritte fehlt.

## CLXX.

**1338, 12. April.** — *Dietreich der Müllner und Geisel, seine Hausfrau, stiften
sich in der Abtei Heiligenkreuz Jahrtag und Begräbniss.*

Ich *Dietreih* der *Mullner* vnd ich *Geysel* sein Housfrow, wir
verihen vnd tûn chund allen leuten, di disen prief lesent oder horent

lesen, Daz wir mit veraintem mŷt vnd mit gesampter hant ze den zeiten, do wir ez wol getun mohten, haben geschaffet vnsers rehten erbes gůtes, daz wir gechouft haben vmb vnser paider erarbaites gutes, ain můl, di baizet di *Gaizmvl,* dem Chloster vnd de Samnung ze dem *Heiligen Chreutz* vnd haben daz getan durch der andaht vnd lieb willen, di wir zu in haben, vnd auh durch got vnd vnser sel vnd aller vnser vodern sel hail willen, also mit beschaidenhaid, daz wir di Mule schulen haben vntz an vnser paider tod, aber nah vnserm tod, ob wir si vor ehafter not mugen versporn, schullen si di Mûle haben vreileih vnd an alle ansproch, vnd schullen davan vnd auh wan einem Weingarten, den wir in auh haben geschaffet, der do leit ze *Pfaf-steten,* do si vnsern prief vber habent, vnsern Iartag ewichleih begen, vnd ainen gantzen dienst davan geben nah ires Chlosters gewonhait. Vnd swenne got vber vns gepeut, so schullen si vnser leihnam nemen vnd di bei in bestatten noch ires ordens gewonhait. Vnd daz ditz gescheft vest vnd vntzebrochen beleib, so geben wir der vorgenanten Samnung ze dem *Heiligem Chreutz* disen prief ze ainem vrchund, versigelten mit der ersamen herrn ynsigel, di hernah benant sint: Herrn *Leutoldes* des vorstmaisters von *Oleth,* Herrn *Vlreihs* des *Esel, Otten* van *Grauenberd, Vlreihs* des *Spans,* di des gescheftes getzeuge sint mit iren ynsigeln. Dieser prief ist gigeben nach Christes gepurde Dreutzehenhundert jar dar nah in dem aht vnd dreizigistem jar, an dem Osterleihem tage.

Original auf Pergament mit zwei Siegeln, zwei fehlen.

## CLXXI.

**1338, 22. April.** — *Das Domcapitel von Raab beurkundet den Verkauf eines Grundstückes zu Sasun von Seite Ortolf's von Sasun an die Abtei Heiligen-kreuz.*

Capitulum *Jauriensis* ecclesie Omnibus christi fidelibus pre-sentibus pariter et futuris presentes litteras inspecturis Salutem in eo, qui est omnium vera salus. Ad vniuersorum noticiam harum serie volumus peruenire, Quod *Ottho* filius *Ortholphy* de *Sasun,* Comitatus *Musoniensis,* pro se et pro *Nicolao* ac *Petro,* filiis suis ab una parte, frater *Seueridus,* magister Curiarum Monachorum ordinis Cysterciensis de *nouo Predio* domini Regis et iuxta Lacum *Fertheu* procurator Religiosorum virorum, videlicet, domini Abbatis et Conuentus Cenoby seu Monasterij *sancte Crucis* ordinis eiusdem de *Austria* pro eodem domino Abbate et Conuentu dicti Cenobij ac eodem Cenobio seu Monasterio ex altera, ad nostram personaliter accedendo presenciam Idem *Ottho* possessionariam porcionem suam seu Curiam titulo empcionis comparatam in possessione predicta *Sasun* existentem cum vtilitatibus suis, scilicet locis sessionalibus, Terris arabilibus, fenilibus, pratis et pascuis ac Jure Montano, nec non aliis omnibus, in quibuscumque existant vel quocumque nomine censeantur, ipsam porcionem possessionariam seu Curiam contingentibus dedit, vendidit et tradidit predicto fratri *Seuerido* et per eum dicto domino abbati et Conuentui ac Cenobio siue Monasterio *Sancte Crucis* pro Centum et viginti Talentis latorum denariorum viennensium, plene et integraliter ab ipso receptis perpetuo, pacifice et irreuocabiliter tenendam, habendam et pariter possidendam, Nullo Jure, nulloque dominio in dicta possessionaria porcione seu Curia sibi et suis successoribus in posterum reseruato; Tali obligacionis vinculo mediante, quod, quicunque successiuorum temporum mutacione dictam porcionem possessionariam seu Curiam in toto uel in parte inpetere attemptauerint a dicto domino Abbate et Conuentu ac Monasterio *sancte Crucis*, uel quouis titulo aggrauare, ex tunc *Ottho* sepedictus et filii sui superius nominati ac eorum heredes ipsos expedire tenebuntur propriis laboribus et expensis, Proprietate nichillominus sepedicte porcionis possessionarie siue Curie apud dominum Abbatem, Conuentum ac Monasterium *sancte Crucis* semper remanente. In cuius rei memoriam et perpetuam firmitatem presentes concessimus litteras sigilli nostri autentici appensione roboratas. Datum feria quarta proxima post Octauas Pasce domini Anno eiusdem Millesimo Trecentesimo, Tricesimo Octauo. Magistris *Moriccio* preposito, *Mathya* lectore, *Georgio* cantore, et *Petro* custode, Ceterisque fratribus et dominis ecclesie nostre existentibus.

Original auf Pergament mit Siegel.


## CLXXII.

**1338, 12. Mai.** — *Otto der Ruster verkauft Bruder Konraden von Heiligenkreuz, derzeit Hofmeister im Heiligenkreuzer - Hof in Wien, ein halbes Lehen zu Hedresdorf.*

Ich *Ott* der *Ruster* vnd ich *Jörg* vnd ich *Hartel* sein brueder vnd ich *Katrei* vnd ich *Gerdraut* ir swester, wir veriehen vnd tůn chunt allen den, di disen prief lesent oder horent lesen, di nu lebent oder hernach chunftig sint, daz wir mit woluerdachtem mût, nach vnser besten freunt rat, zu der zeit, do wir ez wol getûn mochten, Recht vnd redleichen verchauft haben dem Erbern geistlichen manne, brueder *Chunraten* dem *Chrûg*, zu den zeiten Hofmeister in dem *Heiligenchreutzer* Hof ze *wienne*, daz halb lehen, daz wir gehabt haben datz *Hedresdorf* ze rechten lehen von den erbern herren den *mistelpeken*, mit alle dev vnd datzu gehört ze velde, ze dorf, swi daz genant ist, davon man alle iar dient den Herren ze dem *Heiligen chreutz* ain halb phunt phenning an sande Michels tag ze rechten dienst. Daz haben wir dem Egenanten brûder *Chunraten* verchauft vnd geben vmb siben phunt wienner phenning, der wir iar vnd gentzleichen gewert sein, vnd wand auch der Egenant brûder *Chvnrat* daz selb halb Lehen gemaint vnd geben hat den herren in dem Siechauz daz dem *Heiligen chreutz* seiner sel vnd allen seinen vodern selen ze einem ewigen selgeret, dar vber so sein auch wir dezselben halben Lehens sein vnd seines Egenanten gotshaus recht gewer vnd scherm fûr alle ansprach nach dez Landes recht in *Osterreich*. Vnd durch pesser sicherhait so setzen wir vns ich *Ott* der *Schretenperger* von *chrut* vnd ich *Ott* der *Schretenperger*, der *Ottin* aydem von *pergarn*, vnuerschaidenleichen mit sampt vnsern erben dem egenanten brûder *chunraten* vnd seinem gotshaus vber daz vorgesprochen halbe Lehen tze rechten geweren vnd scherm fûr alle erben. Wer aber, daz in dar vber von dechainen erben darauf dehain chrig enstunde, den schulle wir in auzrichten an allen iren schaden vnd schullen si daz haben vnuerschaidenleichen auf vns vnd auf allem dem gût, daz wir haben in dem Lande ze *Osterreich*, wir sein lebentig oder tode. Daz diser chauf furbaz also stet sei darvber geben wir in ich Egenanter *Ott* der *Ruster* vnd wir beyde *Otten* di *Schretenperger* vnuerschaidenleichen fûr vns vnd fûr di andern erben alle wande, di nicht aygener insigel habent, disen brief versigelt mit vnsern Insigeln. Diser brief ist geben nach Christes geburde Dreutzehen hundert iar dar nach in dem acht vnd dreizzigisten iar an sand˙Pangretzen tag.

Original auf Pergament, dessen Siegel fehlen.

## CLXXIII.

**1340, 7. März, Wien.** — *Chadolt von Eckardsau überlässt der Abtei Heiligen-kreuz seinen Antheil an dem Blutbann zu Baumgarten im Tauschwege für ein Gut zu Gebendorf.*

Ich *Chadolt* von *Echartsaw* vergich vnd tun chunt allen den, die disen brief lesent oder horent lesen, die nv lebent vnd her nach chvnftig sint, Daz ich mit aller meiner Erben gutem willen vnd gunst zv der zeit, do ich ez wol getun mocht, Recht vnd redleichen meines willen vnd gvonst gehen han den Erbern Geistleichen Herren Bruder *Wulfing*, zv den zeiten apt vnd dem Conuent Gemain daz dem *Heyligen Chreutz* vnd allen iren nachomen, daz sev furbaz die drev Tail an dem Gericht ze *Pavmgarten*, die mein Satz sint gewesen von meinen Herren den Hertzogen, Niezzen vnd haben schullen mit Stoch vnd mit Galgen in allem den Rechten, als in daz selb gericht mein Herren Hertzog *Albrecht* vnd sein bruder Hertzog *Ott* selig mit irem brief bestet vnde geben habent, an daz virtail, daz *Heinreich* von *Puchaim* an dem selben gericht hat, daz nemen wir im auz. Vnd gegen den egenanten drin Tailen, die ich an dem gericht gehabt han, habent sev mir vnd meinen Erben gebn ze Rechtem widerwechsel alles das gut, daz sev gehabt habent ze *gebendorf*, vnd daz man nv pawt gen *Waltrestorf*, daz da leit bei *Drumenaw*, mit alle dev vnd dar zv gehort ze velde ze holtz, swie daz genant ist. Vnde des ze vrchunde gib ich in disen brief versigelt mit meinem insigel. Der brief ist geben ze *Wienne* Nach Christs geburde Dreutzehen Hundert iar dar nach in dem virtzigistem iar, Des Erichtags in der Ersten vast wochen.

Original auf Pergament mit einem Siegel.

## CLXXIV.

**1341, 17. Mai, Wien.** — *Stephan der Vischer vermacht der Abtei Heiligen-kreuz auf seinen Todfall sein Haus im Werd zu Wien und seinen Wein-garten an dem Brunnbergl zur Stiftung eines Jahrtages für sich und seine Hausfrau.*

Ich *Stephan* der *vischer* weilant der Hochgeboren Fürsten der Hertzogen Hofgeber in *Osterreich* vergich vnd tun chvnt allen den, die disen brief lesent oder horent lesen, die nv lebent vnd her nach chvnftig sint, Daz ich mit wol verdachtem mut, mit guten sinnen, zv der zeit, do ich ez an alle irrunge wol getvn mocht, Recht vnd redleichen Geschaft han Den erbern Geystleichen herrn, dem apt vnd dem Conuent Gemain datz dem *Heyligen chreutze* vnd allen irn nachomen mein haus, daz do leit in dem *werde ze Wienne*, ze nest *Pertreins* haus des *Schepan* vnd meinen weingarten, des ein halbs ieuch ist, vnd leit an dem *Suneperge* ze nest hern *Seyfrids* weingarten des *Minnegangs*, daz mich alles anerstarben ist von meinem vater vnd von meiner muter, so beschaidenleichen, daz si dazselb haus vnd den weingarten, ob ich die ver ehafter not versparen mage, nach meinem tode ledichleichen vnd vreyleichen haben schullen ze verchouffen, ze versetzen, geben swem si wellen an allen irresal, vnd auch also mit auzgenomer rede, daz si nach meinem tode in demselben Chloster ewichleichen alle iar ye an dem auffarttag vnsers herren meinen vnd meiner Hausvrowen iartage begen schullen mit aim mal vnd mit vigili vnd mit selmesse nach irs ordens gewonhait, als si dar vmb got wellen antburten an dem Jvngsten tage. Datz ditz Gescheft furbaz also stet sei vnd vnzebrochen beleibe, dar vber gib ich in disen brief versigelt mit meinem insigel vnd mit der Erbern Purger insigeln, hern *Jacobs* des *Meserleins*, hern *Perchtolds* des *Schutzenmaister* svn, von die bei disem gescheft gewesen sint vnd die ich des gebeten han, daz si diser sache gezeugen sint mit iren insigeln, vnd ander erbar leut genuch. Der brief ist geben ze *Wienne* Nach christes geburde Dreutzehn Hundert iar darnach in dem ain vnd virtzigistem iar an dem auffart tage.

Original auf Pergament, dessen drei Siegel fehlen.

## CLXXV.

**1342, 24. März.** — *Wulfing der Götzendorfer verkauft der Abtei Heiligenkreuz vier Joch Äcker in dem Heimburger Felde.*

Ich *Wulfinch* der *Getzendorfer* vergich· vnd tun chunt allen len, die disen prief lesent oder Horent lesen, di nv Lewent vnd hernah chunftich sint, daz ich mit meiner Erben guten willen vnd gunst, mit verdahtem mut ze der zeit, do ichz mit recht wol getvn mocht, ze chauffen geben han Meins Ledigen aigen guts vier Jeuchart ækeher, di do ligent in *Haymburger* veld vnd stozzent mit dem andern art auf die Landstrazz, di da get von *Prukk* hintz *Haimburch* vnd mit den obern art auf den wekch, der da get von *Hoflein* gegen *Raraw*, Dem erbern herren pruder *Wulfing*, ze den zeiten apt datz dem *Heyligen Chrevtz* vnd dem Conuent des selben Chlosters vm acht phunt wienner phennig, der wir recht vnd redleich verieht vnd gewert sein, Also mit auzgenomer red, daz di vorgenanten herren von dem *Heyligen Chreutz* mit demselben vier Jeuchart akcher alles irn vrum schaffen schullen mit meinem gvtleichen willen, so sev ped chennen vnd mugen, ze geben oder ze verpruchrechten, wem sei wellen an alle wider red vnd an allen irresal. Vnd pin auch ich vorgenanter *Wulfinch* der *Getzendorfer* der eegenanten vier Jeuchart akcher rechte gewer vnd scherm vür alle ansprach vur mich vnd vm mein Erben, als aigens gut recht ist vnd auch des Landes recht zu *Osterreich*. Vnd daz dise red alle fürbaz stet vnd vnzebrochen beleib darvber gib ich disen Prief zv einem offen vrchvnd vnd ze einem warn gezeug diser sach, versigelt mit meinem Insigel vnd mit mein pruder Insigel *Tanchwarts* des *Getzendorfer* vnd mit *Ewergen* insigel des *Praunsdorfer*, di paide diser sache zeug sind mit in insigeln, vnd ander erber Leut, di da pei gewesen sind, den die sache wol chvnd ist. Der prief ist gewen nach Christes gebur dreutzechen Hundert iar dar nach in dem zwai vnd viertzkisten in an dem palm tag.

Original auf Pergament mit drei Siegeln.

## CLXXVI.

**1342, 23. November, Wien.** — *Dietrick der Schützenmeister und seine H frau Ofmei verkaufen der Abtei Heiligenkreuz drei und zwanzig Pf Grundzins von einem Hause in Wien.*

Ich *Dietreich* der Schutzenmeister vnd ich *Offemey* sein Ha vrow, Wir veriehen vnde tun chunt allen den, die disen brief l oder horent lesen, die nv lebent vnd her nach chunftig sint, Daz mit vnser Erben gutem willen vnd gunst, mit gesampter hant zu zeit, do wir ez wol getün mochten, Recht vnd redleichen verch vnd geben haben Dem Erbern Geystleichen herren bruder *Leu* zu den zeiten apt vnd dem Conuent Gemain datz dem *Hey chreutz* vnd allen irn nachomen drey vnd zwaintzich wienner ning geltes Gruntrechts mit allem dem nutz vnd rechten, als di vrowen *Margreten* der *Hainbotinne* in vnser gewalt chomen vnd sint auch gelegen ze *wienne* vor dem *Zyegelhof* auf M haus des *Fürer* ze nest der *Toschinne* haus. Die haben wir in verchauft vnd geben vmb sechs schilling wienner phenning, der wir gar vnd gentzleichen verricht vnd gewert sein, furbaz ledichleichen vnd freyleichen ze haben vnd allen iren frumen damit ze schaffen, verchauffen, versetzen, geben swem si wollen an allen irresal. Wir sein nach vnuerschaidenleichen mit sampt vnsern erben der egenanten drey vnd zwaintzich wienner phenning gelts Gruntrechts ir recht gewer vnd scherm für alle ansprach nach der stat recht ze *wienne*. Jet in furbaz daran icht abe mit recht, daz schullen si haben auf vns vnd auf allem dem gůt, daz wir haben in dem Lande ze Osterreich, wir sein lembtig oder tode. Daz diser chauf furbaz also stet sei vnd vnzebrochen beleibe, dar vber geben wir in disen brief versigelt mit vnserm insigel vnd mit meins Ohaims insigel *Perchtolts* des schutzenmeisters svn, der diser sache gezeuge ist mit seinem insigel, vnd ander Erber leut genuch. Der brief ist geben ze *wienne* nach Christs geburde Dreutzehn Hundert iar dar nach in dem zway vnde drizigistem iar an sande Clementen Tage.

Original auf Pergament mit zwei Siegeln.

# CLXXVII.

**1332, 6. December. —** *Otto von Götlesbrunn und seine Angehörigen verkaufen der Abtei Heiligenkreuz einen Hof zu Winden.*

Ich *Ott* von *Gotesprunne* vnd ich *Nyclas* vnd ich *Peter* sein sne vnd ich *Janns* von *Gotesprunne*, des egenanten *Otten* brvder vnd ich *Diemuet* vnd ich *Gerdraut* hern *Merten* tochter von *Gotesprunne*, dem Got genad, Wir veriehen vnd tuen chvnd allen den, die disen Prief lesent oder horent lesen, di nv lebent vnd hernah chunftich sind, Daz wir mit aller vnser Erben guten willen vnd gunst, mit vorbedachtem mut vnd nach vnser Pesten freunde Rat vnd nach ander guter Leut Rat zv der zeit, do wir iz wol getun mochten, Verchauft haben vnsers rechten Ledigen vreyen aigens vnsern Hof, der da leit gen den *Winden* bei dem See, mit alle dev vnd darzv gehort in vrbar, in holtze, ze velde vnd ze dorff, ez sei gestift oder vngestift, versŭcht oder vnuersucht, swi so daz genant ist. Den egenanten Hof vnd swaz dar zv gehort, als geschriben vor an disem Prief ist, Hawen wir recht vnd redleich verchauft vnd gewen mit allen dem nutz vnd rechten, als wir iz vnd vnser vodern allez in aigens gewer vnuerrochenleich herpracht haben vnd als iz auch von alter her chomen

ist, Vmb Hundert Phunt vnd vmb Neun vnd dreizich phunt Wi
phennig, Der wir gar vnd genzleich vericht vnd gewert sein,
erbern Geistleichen herren bruder *Wulfingen*, zv den zeiten
datz dem *Heyligen Chreutz* vnd der Samenunge gemain d
Chlosters vnd allen irn nach chomen fürbaz Ledichleich vnd vrei
ze haben vnd allen irn frumen da mit ze schaffen, versetzen,
chauffen vnd geben, swem si wellen an allen Irresal. Vnd ist
vns egenanten *Diemuten* vnd *Gedrauten* der vorgenanten Hu
phunt vnd Neun vnd dreyzich phunt wienner phening Ledichl ·
vorauz gevallen aindlef phunt Wienner phening vnd ein chuffen w
der wir auch gar vnd gentzleich verricht vnd gewert sein, für alle
die ansprach vnd voderung, die wir vnd vnser Erben fürbaz Ewich
leichen auf den egenanten Hof vnd auf allen dev vnd dar zv gehört.
Swie so daz genant ist, ze sprechen vnd ze vodern gehabt hab
oder fürbaz Ewichleichen immermer gehaben wolten oder mocht
Vnd darvber durich pezzer Sicherhait, so setze wir vns, ich *Ott* va
*Gotesprunne* vnd ich *Nyclas* vnd ich *Peter*, sein svne vnd ich ege
nanter *Jans* von *Gotesprunne* vnd ich *Piligreim*, der egenanten Junch
vrovn Ochem von *Wolfstal* vnuerschaidenleich mit sampt allen vns
Erben vber den vorgesprochen Hof daz den *Winden* vnd vber alle
daz, daz darzv gehort, als var an disem Prief geschriben stet, De
vorgenanten bruder *Wulfingen*, Apt daz dem *Heyligen chreutz* v
der Samnunge gemain des selben chlosters vnd allen irn nachchome
zv rechten gewern vnd scherm für die offtgenanten zwo Junchvrow
vnd fur alle ir Erben vnd für vnser erben, als aigens recht ist va
des Landes recht ze *Vngern*. Darnach so setz ich mich ich vorge
nanter *Ott* von *Gotesprunne* vnd ich *Nyclas* vnd ich *Peter* sein sva
besvnderleich an meinen vorgenanten Pruder *Jansen* von *Gotes*-
*prunne* vnd an Hern *Pyligreim* von *Wolfstal* dem offt genan
bruder *Wulfing*, Apt datz dem *Heiligen chreutz* vnd der Samen
gemain desselben chlosters für den egenanten Hof datz den *Winde*
vnd für allez, daz dar zv gehort swie so daz genant ist, als vor
disem Prief geschriben stet, ze rechtem gwern vnd scherm für alle
ansprach, als aigens guts recht ist vnd des Landes recht ze *vngern*
vnd daz dise red fürbaz alle stet vnd vnzebrochen beleib, darvber
geb wir in disen Prief zv einem offen vrchund vnd zv einen warn
gezeug diser sache versigelt mit vnsern Insigeln vnd mit der Erbern
Heren Insigel hern *Hadmars* vnd hern *Merten* der *Stuchsen* vo

rautmanstorf, di ped diser sache zeug sind mit irn Insigeln. Vnd
md ich vorgenanter *Peter* Aigens Insigels nicht enhan, so verpind
h mich allez daz ze laisten vnd ze volfürn vnder meins vargenanten
ber Insigel, *Otten* von *Gotesprunn* vnd vnder meins Pruder Insigel
yclas vnd vnder meins Vetern Insigel *Jansen* von *Gotlesprunn* vnd
der hern *Pyligreyms* Insigel von *Wolfstal* vnd vnder der Erbern
ren Insigel, Hern *Hadmars* vnd Hern *Merten*, daz hie vor an
tem Prief geschriben stet. Diser brief ist geben nach Christes
burd Dreutzechen Hundert iar darnach in dem Zway vnd Viertz-
rten Iar, an sand Nichels tag.

Original auf Pergament mit zwei Siegeln, drei andere fehlen.

## CLXXVIII.

**43, 6. Jänner.** — *Andreas, Wolfhard's Sohn von Dörflein und seine Brüder*
*urkunden die Belastung eines ihnen eigenthümlichen Weingartens zu*
*Dörfleins mit einem jährlichen Burgrecht von acht Pfennigen.*

Ich *Andree Wolfhartes* svn von *Dorflein* vnd mein Pruder
ychl vnd mein pruder *Jans* vnd mein pruder *Heinreich* vnd alle
mer erben, wir veriechen vnd tûn chvnd offenlich an disem prief
len den, di in sehent oder horent lesen, di nv lebent oder hernach
vnftig sint, daz wir mit verdachtem mût vnd gütlichem willen vnserr
arschaft der Samnung von dem *Heiligen Chrevtz* haben genomen
is dem gût ze *dorflein*, do wir von dinen den egenanten vnsern geist-
then herren an acht zehen schilling phenning wienner müntz an sand
arteins tag, einen weingarten, der ee ein acher ist gewesen, in dem
genanten guet mit so ausgenomer red, daz der vorgnanter weingart
id swer in innhat dienen schol Ocht phenning wienner muntz ze
schtem Purchrecht an sand Merteins tag vnsern vorgenanten herren
in dem *Heiligem Chrevtz*. Wir mugen auch den vorgenanten Weyn-
arten verchauffen vnd versetzen vnd gewen, wem wir wellen, als
archrechtes recht ist, vnd wenn man den weingarten verchauft, so
ihol der hin geit einen phennich gewen ze ableit, vnd der da chauft
hen phennich ze anlait. Vnd daz disev sache stet vnd vnzeprochen
eleib, seit vûr aygens insigels nicht hawen, so geben wir disen
rief, ich vorgenanter *Andree* vnd *Mychl* vnd *Jans* vnd *Heinreich*
sein pruder versigelten mit herrn *Nyclass* insigel, ze den zeiten pharrer
s *Chvffarn* vnd mit des erbern mans herrn *Perchtoldes* des *perter-*
*ins* insigel. Diser sache sint auch zevgen *Chvnrat* der *weisse* datz

*dorflein* vnd *Seyfrid* der *Maurrer*, *Ott* der *gruscher* ze *Chufern* vnd ander biderb leut genug, den di sach vnd wandlung wol chvnd ist. Diser prief ist gegewen nach Christes gepurd vber drevtzehen hvndert iar darnach in dem drei vnd virtzigestem Iar an dem Perichtag.

Original auf Pergament, dessen zwei Siegel fehlen.

## CLXXIX.

**1343, 13. Jänner.** — *Albrecht der Pienk von Baden vnd Juta seine Hausfrau vermachen der Abtei Heiligenkreuz auf ihren Todfall zur Stiftung eines Jahrtages ihr Haus zu Baden.*

Ich *Albrecht* der *Pienk* ze *Paden* vnd ich *Jeut* sein Hausfrov vergechen vnd tuen chvnt alle den, di disen prief lesend oder horent lesen, di nv lebent oder hernach chunftig sint, Daz wir mit vnserm güten willen vnd gunst aller vnser erben vnd mit verdachtem mut zv der zeit, do wir iz wol getun mochten, Recht vnd redleich nach vnser paider tot gemacht vnd geschaft haben vnsern hof datz *Paden*, der da leit zenachst *Heinrich Zochmann* hinder der Herren hof datz den *Heiligen Chreutz*, den erbern geistleichen herren datz dem *Heiligen Chreutz*, der ir aigens guet ist vnd davon wir in diesem alle iar Dreyuntfufzich phenning wienner munz ze rechtem dienst vnd nicht mer, vnd haben daz getan leuterleich durch got vnd durch vnser Payder sel willen vnd durch vnsrer vodern sel willen Also beschaidenleich, daz vns die vorgenanten herren nach vnser paider tot einen ewigen iartag mit drithalben phunt alle iar begen schullen in dem Siechhaus, vnd waz des selben tages vber werd, daz schol man furbas mit den heren zeren. Vnd di selbe gult scholl dann furbas ewichleich in den egenanten Chloster pey der herrn sichaus beleiben, wann der vorgenant hof di drithalbe phunt phenning gult wol getragen mag vnd hin vber. Vnd schullen den iartag begen alle iar des nasten tages nach dem Perchtag vnd schullen auch des vorgenanten *Albrechts* des *Pienk* vnd seiner hausfrow, vron *Jeuten* irer pesten vreunt zwen dapei sein, ob si wellen, vnd schol in auch daz mal geben, ob si darchomen. Wer auer, daz die vorgenanten herren vnd die Samnung datz dem *Heiligen Chreutz* des iartages nicht begiengen an dem tag, alz vorgeschriben stet, oder darnach inner viertzehen tagen, so schullen sich vnser paider vreunt an allen chrieg desselben hofes oder der hofgult, da der hof vmb geben wirt, wider vnder winden vnd schullen den inne haben so lang, vntz daz der iartag gantz vnd gar volpracht vnd pessert wurde. Wir schullen auch weder **Apt**, noch Chelner, noch Prior, noch Hofmaister, noch der Samnung **farbas** mer, die weil vnd wir paide leben, weder steuer noch erung **noch** chainerlai hantraich geben noch raichen, Dann dreyuntfuzig **phenning** an Sand Micheltztag wienner munz vnd nicht mer. Wir **schullen** auch teilheftig werden aller der guettet vnd mein heren **begent** in dem Gotshaus, iz sey von vasten, von nachtwachen oder **von** messprechen aver auch daz ob ich so arm vnd so notig wurd, **des** got nicht geb, so ding ich an ewre genad vnd an meiner herren genad, daz ir mich nicht last verderben. Wer auch, ob si des hofez **wolden** an werden nach vnsern payder tot, so schullen sie daz-**selbe** gelt mit gewissen nach vnsrer vreunt rat anlegen an andre **guet** also, daz der iartag vnd vnser gedechtnuz ewichleich beleib pei dem Chloster. Wand ich vorgenanter *Albrecht* nicht aygens insigels **han**, so gib ich in disen prief zv einem ewigen vrchunt diser sache **versigelt** mit der erbern leut insygel Herrn *Jansen*, ze den zeiten **Pharrer** datz *Paden*, herrn *Albrechts* des *Hutter*, herrn *Rugers* von *Olecht*, di der sache gezeugen sint mit iren hangunden insigeln, iz **sint auch** gezeugen herr *Dietreich* von *Ewental* vnd herr *Dietreich*, **zu** den zeiten Richter ze *Paden*. *Philipp* an den *Stab*, *Symon* auf dem *Anger*, *Fridreich* in der *Helle* vnd *Leupolt* sein svn vnd ander **Erber** leut genúg, den die sache wol chvnt ist. Der prief ist gewen **nach** Christes geburd vber dreutzehenhundert iar in dem Dreiunt-**virtzigistem** iar, des achteden tages nach dem Perchtag. Vnd ist daz **geschehen** pey Apt *Leupoltz* zeiten.

Original auf Pergament mit zwei Siegeln, das dritte fehlt.

## CLXXX.

**1343, 8. April, Baden.** — *Prior und Convent des Augustiner Klosters in Baden beurkunden, dass ihnen die Abtei Heiligenkreuz einen von einem Weingarten zu entrichtenden jährlichen Zins abgelöst habe.*

Nos fratres, frater *Thomas lector* tunc Prior in *Paden* et frater *Neymbordus* subprior ibidem Ceterique omnes et Singuli conuentus antedicti fratrum heremitarum ordinis Sancti Augustini, presentibus profitemur, quod religiosi viri domini de *sancta cruce* ordinis Cister-ciensium redemerunt a nobis lxxxij. denarios reddituum, quos annuatim tenebantur reddere in die Sancti Cholomani martyris, de vna vinea dicta *goltstayn*, spectanti ad curiam eorum in *paden*, et quia habuerunt

litteram super hoc, quod ex iure quando vellent prefatos redditus a
nobis exsoluere possent, hinc est, quod pro exempcione eorundem
reddituum ab eisdem dominis recepimus duas libras denariorum
wiennensium, de quibus sumus in toto expediti. In cuius rei testi-
monium sigilla nostra Prioris et conuentus presentibus duximus appen-
denda. Datum in *Paden* anno domini M⁰. CCC⁰. xliii⁰. feria iii. pro-
xima post diem Palmarum.

Original auf Pergament mit einem Siegel, das des Priors fehlt.

## CLXXXI.

**1343, 12. Mai, Wien.** — *Revers Merbot des Sterner, Bürgers von Wien, in*
*Betreff der ihm von der Abtei Heiligenkreuz bewilligten Erhöhung einer*
*Mauer zwischen seinem Hause und einem der letzteren gehörigen Hofe zu*
*Wien, genannt der Ziegelhof.*

Ich *Merbot* der *Sterner*, purger ze *wienne* vnd ich *Elspet* sein
Hausfrowe, wir verichen vnd tun chunt allen den, die disen prief
lesent oder horent lesen, Daz vns die Erbern Geystleichen herren
bruder *Leupolt*, zv den zeiten Apt vnd der Conuent Gemain datz dem
*Heyligen chreutze* durch lieb vnd gunst erlaubt habent, die mawer,
die da scheidet vnser haus vnd iren hof, der da haizt der *ziegelhof*
ze *wienne*, hoher ze mawern vnd habent daz getan ze Fuederunge
vnsers gepawes, daz wir gepavt haben in vnserm haus. Wir verichen
auch offenleichen an disem brief, daz wir, noch alle vnser nachchomen
dehain recht nicht enhaben, ze pawen auf die selben Mawer, ez sei
danne mit der Herren gunst von dem *Heyligen chreutze*. Aber In-
wendich haben wir vnd alle vnser nachomen recht ze pawn in der-
selben Mawer in allem dem rechten, als dazselb vnser haus von
alter herchomen ist. Vnd des ze vrchunde geben wir den Herren von
dem *Heyligenchreutz* vnd allen iren nachomen disen brief, versigelt
mit vnserm insigel. Der brief ist geben ze *Wienne* nach Christs
geburde Dreutzehen Hundert iar Dar nach in dem Drew vnde Vir-
tzigistem Iar an Sande Pangretzen Tage.

Original auf Pergament, dessen Siegel fehlt.

## CLXXXII.

**1343, 22. Juni.** — *Graf Paul von Merteinsdorf, Hofrichter des Königs Ludwig von Ungarn, beurkundet einen Vergleich zwischen der Abtei Heiligenkreuz und Niclas dem Tzurndorfer wegen eines Hofes zu Winden.*

Ich Graf *Paul* von *Merteinsdorf,* ze den tzeiten dez mechtigen fürsten *Ludweygs* von Gotes genaden Chunigs von *Vngern* Gewaltiger Hof Richter, vergich offenwar au disem Prief allen Leuten gegenburtigen vnd Chunftigen, Daz ich durch gut vnd durch beschaiden Willen, vnd als iz vor mein mit auzgenomen tayding gewandelt ist tzwischen den erbern geistleihen hern Pruder *Leupolten,* ze den tzeiten Apt vnd der gemayn des Conuentes ze dem *heyligen Chreutz* gelegen in *Osterich* vnd *Nyclasen* dem *Tzurrendorfer* vnd seinem svn *Haymlein* vnd iern Erwen Paydenthalben mit iern guten gunst vnd willen vnd Verhengnusse di chriegig, tayding, di siv gegen einander gehabt habent, fürchtichleich vericht han vmb ein Hof gelegen in dem aygen ze *Winden* in *Misenburger* Grafschaft, also beschaiden, Daz di vorgenanten Heren von dem *Heyligen Chreutz* dem vorgesprochen *Nyclasen* dem *tzvrrendorfer* vnd seinen svn *Haymlein* vnd iern Erwen für den schaden, den siv von dem Hof genommen habent, Tzwayntzik phunt alter wienner phening geben vnd richten schullen vnvertzogen von sand Johans tag tze Svnnenwenten Darnaeh in Viertzehen tägen so beschaidenleich, datz der vorgenant *Nyclas* vnd sein svn *Haymel* vnd ier Erwen an dem vorgesprochen Hof vnd waz darzv gehört vnd vnvertzigen der tzwaier phunt geltes, di di heren von dem *Heyligen Chreutz* auf dem Hof habent, chain ansprach fürbaz haben schullen vnd paydenthalben beleiben an allen chrieg. Der sache diser Richtung Pin ich Graf *Paul* war Gezeug mit Vrehund ditz Priefs, besigelten mit meinen Insigel. Der Prief ist geben, do man von Christes gepurd tzalt Dreitzehen hvndert Iar, darnach in dem Drev vnd Viertzkisten Iar, des Nechsten Svntages vor sand Johanns tag ze Sunnwenden.

Original auf Pergament mit Spuren des aufgedrückt gewesenen Siegels.

## CLXXXIII.

**1343, 15. August.** — *Dietrich von Ebenthal und Margareth seine Hausfrau überlassen der Abtei Heiligenkreuz tauschweise Gülten zu Weikersdorf gegen Gülten zu Baden.*

Ich *Ditrich* von *Ebental* vnd Ich *Margret* sein Hausfrow ver-
gich vnd tun chunt allen den, di disen prif sehent, lesent oder horent
lesen, di nu lebent vnd her nach chunftig sint, das ich mit ver-
dachtem mut vnd mit zitigem rat, vnd mit gutem willen aller meiner
Erben vnd verhenchnuss meiner vreunt Gegeben han Den erbern
Geistlichen Herren, Apt *Leupolten* vnd der Samnung Datz dem *Hey-
ligen Chreutz,* vnd allen iren nachchomen Sechsvntvirtzich phenning
geltes wienner müntz, Di da gelegen sint daz *Veichestorf* auf be-
stiftem vnd behaustem gůt, Vm Ein halb phunt geltes winner phen-
ning vberlentiges gutes, das da gelegen ist pei *paden,* Also be-
schaidenlich, Das di Ersamen Geistlichen Herren, Apt *Leupold* vnd
di Samnung gemain schullen allen irn frumen schaffen mit dem vor-
genanten sechsuntuirtzich phenning geltes ze verzetzen, verchauffen
vnd gewen, sem si wellen an allen irisal. Ich pin auch der egenanten
sechsuntuirtzich phenning geltes ir rechter gewer vnd scherm für
alle ansprach, als aygens recht ist vnd des Landes recht ist ze
*Osterrich.* Vnd das di sache vnd die wandelung ewichlich stet vnd
vnzeprochen beleib, darvber gib ich vorgenanter *Ditrich* von *Ebental*
den ersamen Geistlichen Herren disen Priff zu einem waren gezeug
vnd zu einem Ewigen vrchunt Versigelten mit meinem Insigel. Der
da ist gegewen Nach Christes geburd Dreutzehen Hundert Iar Dar
nach in dem Dre unt virtzichistem Iar an vnser urowen Tag, der do
haist di Schidung.

Original auf Pergament, dessen Siegel fehlt.

## CLXXXIV.

**1343, 29. September.** — *Niclas der Zurndorfer und sein Sohn Haymel beur-
kunden die Beilegung ihrer Streitigkeit mit der Abtei Heiligenkreuz wegen
eines Hofes zu Winden.*

Ich *Niclas* der *Tzurrendorfer* vnd ich *Haymel* der *Tzurrendorfer,*
desselben *Niclas* sun, wir verihen vnd tuen chunt offenleichen an
diesem brief allen den, di in sehent, lesent oder horent lesen, daz
wir mit Willen, mit wizzen vnd mit rat aller vnser erben den chrieg,

der zwischen vns vnd den Gaystleichen heren, dem apt vnd der Sammung was von dem *heiligen Chreutz* vmb den Hof liezzen an vnsern genedigen hern Graf *Paulen* von *Merteinsdorf*; der beschied also, daz wir in solten iren alten brief wider geben vnd solten si vns zwaintzig phunt pheninge Wienner muntz geben, vnd solt furbaz aller chrieg ab seyn. Do richt wir sev ires briefs vnd si vns vnsers guetes. Darumb pint wir vns mit vnsern trewen zu gantzen Scherme, ich vorgenanter *Niclas* vnd ich *Haymel* die *tzurrendorfer* für vns vnd für alle vnsere erben, vrawen vnd man, kegenburtiger vnd chumftiger für alle ansprach. Also beschaidenleich, ob di egesprochen gaistleichen heren von dem *heiligen Chreutz* chainerhand chrieg angieng, des niht geschech, den sullen wir in auzrihten an alle ir mue, die weil vns allez daz were, daz wir in *vngern* haben oder wa wir ez haben. Daz geloben wir in bey vnsern trewen aynualtleichen vnd werleichen mit vrchund ditz briefs, der versigelt ist von erst mit vnsern baiden insigeln, darnach mit der edlen heren insigel, hern *Albers* von *Puechayn* vnd Graf *Perchtrams* vnsers genedigen hern vnd darnach mit der erbern leut insigel, *Gotfrides* des *Greul* vnd Graf *Steffans* von *Sigendorf*, zu den zeiten Purgraf auf *Vorhtenstayn*, di der sach gezeug sint mit irn insigeln vnd ander erber leut genueg, mit der hilf vnd mit der rat dise sach gewandelt vnd geendet ist. Der brief ist geben, do nach Christes geburd ergangen waren Dreutzehen hundert iar vnd darnach in dem Dreu vnd Virtzgistem iar an sand Michels tag.

Original auf Pergament mit drei Siegeln, zwei fehlen.

## CLXXXV.

**1343, 8. October, Wien.** — *Albrecht, Herzog von Österreich etc., verkündet den beiden Stuchsen zu Trautmannsdorf, Hadmar und Martin, dass er der Abtei Heiligenkreuz ihren ungarischen Eigenbau-Wein frei in ihr Kloster zu führen erlaubt habe.*

Wir *Albert* von gotsgnaden Herzog ze *Österreich*, ze *Steyr* vnd ze *kernden* enbieten, geben vnsern getrewen lieben *Hadmar* vnd *Mertein* den *Stuchsen* ze *Trautmansdorf* vnd allen, den diser brief gezaigt wirt, vnsere gnad vnd allez güt. Wir haben derloubt den Erbern Gaistlichen mann dem abbt vnd dem Conuent datz dem *Hayligen Chreuz*, Daz si an alle phreng vnd irrung füren sullen vnd mogen allev ir Vngherische Pauwein an ir Chloster vorgenants. Wellen wir vnd gebieten ev ouch ernstlich, daz si noch ir diener nemant irr, noch hinder an derselben fur bei vnsern Hulden. Geben ze *Wienn* am Mitichen vor Cholomani. Anno Domini Millesimo. CCC°. xl. Tercio.

## CLXXXVI.

**1343, 25. November, Wien.** — *Leutold von Wildeck beurkundet die Stiftung eines Jahrtages in der Abtei Heiligenkreuz von Seite seines Vaters.*

Ich *Leutold* von *Wildek* Vergich vnd Tue chund allen den, die disen Prif lesent oder horent lesen, die nv lebent und hernach chunftich sint, Datz mein Vater ze rechtem selgeret im hat bestaet und gemacht hin ze dem *Heiligen Chreutz* Einen ewigen Jartag mit zehen phunden Wienner pheninge geltz purchrechtes, Vnd hat den Heren ze dem *Heiligen Chreutz* die gult oufgezaigt ouf zwayn Mulen, die gelegen sein ze *Medlich*, aine in dem Marcht vnd haist die *Stampf Muel*, die *Mert*, der *Stecher* inne hat, Vnd die ander ze naest dabei vor dem Marcht vnd haist die *Schuler* Muel, die *Vlreich* der *Stecher* inne hat, vnd daz mein Vater den Jartag mit den zehen phunden geltz auf den zwayn Muelen bestat, besand er die weisesten und pesten in dem Marcht ze *Medlich* und pat sev nach irm trewen, daz sev die zwo Muel mit sampt den vnbesazzen beschowten vnd schatzten, ob die zwo Muel die guld mochten getragen oder nicht. Vnd daz haben die Erbaren Leut getan Vnd haben darnach bei ir ayde vnd bei irn trewen gesagt, die ze der Zeit sint gewest, Daz die zwo Muel die gult mit aller not mochten gedienen, vnd daz sev nicht tewer wären, danne die zehen phunt geltz, die zv dem Jartag gehorent. Vnd darumbe daz man die gult dester Willichleichter vnd dester gerner von den Muelen ze den Jartag diente, gab mein Vater den zwain Muelen daz recht, waer daz daz die Erbern Leut, die dev zwo Muel inne hieten vnd ir Nachchomen den dienst von den Muelen dienten, so solten sev furbaz daz selb Jar ledig sein, vnd solten weder mit Losung noch mit stewer noch mit dhainenlei anlegunge fürbaz nieman mer gebunden sein ze warten noch ze dienen. Vnd die vorgeschriben Wandlung sag ich vorgenanter *Leutolt* vnd ich *Ott* der *hafenloz* bei vnser trewen, daz uns daz gar wol chunt vnd gewisen ist, daz die vorgenant Wandlung also ergangen vnd geschehen ist, alz von wort ze worte vorgeschriben stet; vnd dez sey wie payde der zwaie Muel, oder wer sev inne hat, gezeug, mit vnsern triwen zwen vnd mit unser payden Insigel. Der Prif ist geben ze *Wienne* nach Christez geburde Dreutzehen Hundert Iar, in dem Drev vnd viertzigesten Iare an sant Kathrain Tag.

Original auf Pergament mit zwei Siegeln.

## CLXXXVII.

**1344, 3. März, Wien.** — *Perthold von Pergau und sein Vetter Ulrich der Jüngere von Pergau schenken der Abtei Heiligenkreuz das ihnen zustehende Obereigenthum einer Gülte auf einem Hofe zu Baden.*

Ich *Perichtolt* von *Pergawe* vnd ich *Vlreich* der Junge von *Pergawe*, sein veter, Wir vergehen vnd tun chunt allen den, die disen brief lesent oder horent lesen, di nv lebent vnd hernach chvnftich sint, Daz wir mit vnser Erben guten willen vnd gvnst, mit verdachtem mvt ze der zeit, do wir es wol getvn mochten, Recht vnd redleich Lauterleich durch got vnd durch vnser vnd vnser vodernselen willen Gegeben haben den Erbern gaestlichen Herren gemain datz dem *Heyligen Chrevtz* vnsers rechten aygens die aigenschaft der sechzich wienner pheninge geltes, di da ligent ze *Paden* auf *Cholmans* Hof des Fleischhacher, die *Vlreich* der *Weikendorfer* von vns ze Lehen gehabt hat, also, daz die gaestlichen Herren datz dem *Heiligen Chrevtz* die aigenschaft der selben Sechzich Pfenninge geltes suln fürbatz ledichleichen vnd vreileichen haben vnd allen irn fromen da mit schaffen, als in daz aller peste wol chvm vnd fuge an allen irresal. Vnd daz disev sache fürbatz also stât vnd vnzerbrochen beleibe, dar vmb so geben wir in disen brif zv einer ewigen Vestnvnge diser sache versigilt mit vnsern Insigiln. Diser brief ist geben ze *Wienne* nach Christes gepurt drevtzehen Hundert iar dar nach in dem vier vnd viertzgisten iar des Mittichens in der andern Vastwochen.

Original auf Pergament mit einem Siegel, das zweite fehlt.

## CLXXXVIII.

**1344, 4. December, Wien.** — *Agnes, Rudolf's Witwe, des Bauern von Pfaffstetten, verkauft der Abtei Heiligenkreuz ein Pfund Pfenninge Gülte auf einem Weingarten zu Pfaffstetten.*

Ich *Agnes Rudolfs* wittib des vngehörunden pauern von *Pfafsteten*, dem got genade, vnd ich *Nichlas* ir sun vnd ich *Katrey* ir tochter wir vergehen vnd tûn chvnt allen den, die disen brief lesent oder horent lesen, die nv lebent vnd hernach chvnftich sint, daz wir mit vnser erben guten willen vnd gunst, mit verdachtem mût vnd

nach vnser pesten frevnt rat, zu der zeit, do wir es wol getun
mochten, vnd mit vnser perchurowen haut, der erber vrowen vron
*Elzbeten*, hern *Heinreichs* wittib des *Schühler*, dem got genade,
verchauft haben ayn phunt wienner phenninge geltes purchrechtes
auf vnserm weingarten, der da lait ze *Pfafsteten* an der *Sozze*, des
ein viertail eins gantzen weingarten ist, ze naesht dem weingarten,
der da haizzet der *Radauner*, da man auch von dem egenanten
vnserm weingarten alle iar dient der egenanten vron *Elzbeten* der
*Schuhlerinne* einen emmer weins ze perchrecht vnd nicht mer. Daz
vorgenant phunt wienner phenninge geltes haben wir recht vnd red-
leich verchauft vnd geben vmb acht phunt wienner phenninge, der
wir gar vnd gaentzleich gewert sein, den erbern gaestleichen Herren
daz dem *Heiligen Chraevtz* also mit ausgenomener rede, daz wir,
oder swer den vorgenanten vnsern weingarten nach vns besitzet,
dazselb phunt geltes mit einander alle iar davon dienen suln an saat
Jörgen tage dem Custer, swer immer Custer ist daz dem *Heiligen
Chreutz*, zu den Chertzen, die man an vnsers Herren Gotes Leichnam
Tage vmhtrait, vnd suln auch wir dazselbe phunt geltes ablösen,
swelches iares mir mögen oder wellen, nur mit einem andern phunt
geltes purchrechtes an irn schaden, daz als gut vnd als wol gelegen
sey, als auf dem egenanten vnserm weingarten. Vnd swelches
iares wir, oder swer den selben vnsern weingarten nach vns besitzet,
daz vorgenant phunt geltes dem Custer daz dem *Heiligen Chreutz*
nicht dienen an sant Jörgentage, so sol sich denne dazselbe phvnt
geltes mit vnserm guten willen an alles fürbot vnd an alle chlage auf
den egenanten vnserm weingarten zwispilden immer vber virtzehen
tage, als purchrechtes recht ist, als lange vntz derselbe vnser wein-
gart nicht tevrer ist, denne daz purchrecht vnd die zwispilt, die
darauf gegangen sint. Vnd swenne daz geschicht vnd daz der Custer,
swer Custer daz dem *Heiligen Chreutz* ist, der Perchurowen geit ir
recht, dev sol sev denne des vorgenanten vnsern weingarten ze haut
gewaltich machen vnd an die gewer setzen in alle dem recht, als ob
si in mit vrage vnd mit vrtail vor rechtem gerichte in ir gewalt er-
langt vnd behabt hieten. Vnd wand mein sun *Nichlas* noch zu seinen
iaren nicht chômen ist, vnd auch mein tochter *Katrey* noch nicht
vogtpaer ist, davon so setzen wir vns, ich vorgenantev *Agnes*
ir Muter vnd ich *Fridreich* der *Saelichman* derselben zwayer
chinde veter vnd ich *Geysel* sein hausurowe vnd ich *Nichlas* der

*Dietmarinne* sun, derselben zwayer chinde Oheim, vnd ich *Katrey* sein hausurowe vnuerschaidenleich für vns vnd für die egenante zway chinde vnd für alle vnser erben vber daz vorgenant phunt wienner phenninge geltes dem Custer, swer daz dem *Heiligen Chreutz* Custer ist, ze rechtem geweren vnd scherm für alle ansprach, als purchrechtes recht ist vnd des Landes recht ist ze Österreich, vnd auch als lange, vnz daz *Nichlas* zu seinen iarn chvmt, vnd *Katrey* sein swester vogtpar wirt, vnd sich des vorgenanten phunt geltes auf dem egenanten weingarten verzeihent vnd bestaetigent mit der perchurowen hant in alle dem recht, als vor an disem brief geschriben stet. Waer aber, daz in des phunt geltes mit recht an dem vorgenanten weingarten icht abgienge, daz suln si haben auf vns vnuerschaidenleich vnd auf allem vnserm gut, daz wir haben in dem Lande ze Österreich, wir sein lebentich oder tode. Vnd wand wir selber nich eygener Insigel haben, darvmb so geben wir in disen brief zu einem warn vrchunde diser sache versigilt mit vnser perchurowen insigil, der vorgenanten vron *Elzbeten* vnd mit hern *Nichlas* insigil des *Purchstaler*, ze den zeiten Purgraf ze *Lichtenstain*, die diser sache gezeuge sint mit irn insigiln. Diser brief ist geben ze *Wienne* nach Christes gepurt drevtzehen hundert iar, darnach in dem vier vnd viertzgisten iar, an sant Barbara tage.

Original auf Pergament, dessen zwei Siegel fehlen.

## CLXXXIX.

**1345, 31. März, Wien.** — *Weichard von Arnstein und Diemut seine Hausfrau verkaufen der Abtei Heiligenkreuz sechsthalb Schilling Pfenning Gülte zu Nechsing.*

Ich *Weichart* von *Arenstain* vnd ich *Diemůt* sein Hausfrowe, Wir veriehen vnd Tůn chunt allen den, die disen brief lesent oder hörent lesen, Die nu lebent vnd hernach chumftich sint, Daz wir mit vnser Erben guten willen vnd gunst, mit verdachtem můt vnd mit gesampter hant vnd nach vnser pesten frewnt Rat, zu der zeit, do wir ez wol getun mochten, Verchauft haben vnsers rechten aygens, sechsthalben schillinge wienner phenninge geltes auf einem halben Lehen, daz gelegen ist ze *Nechssinge*, die man aller iar davon dient zwir im iar, zwen vnd achtzich phennige an sant Jörigen tage vnd drey vnd achtzich phenninge an sand Michels tage, Vnd da man auch von demselben halben Lehen den gaestleichen Herren datz dem

*Hailigen Chreutz* alle iar dient funf vnd Sibentzich wienner phenninge, Die vorgenanten Sechsthalben Schillinge wienner phenninge
geltes haben wir recht vnd redleich verchauft vnd geben mit alle
dem nutz vnd recht, als wir si in aygens gewer her pracht haben,
vmb funf phunt wienner phenninge, der wir gar vnd gentzleich
gewert sein, Den erbern gaestleichen Herren Prűder *Leupolten,* zu
den zeiten Appt vnd dem Conuent gemaine datz dem *Hailigen Chreutz*
vnd allen irn nachomen fűrbaz ledichleich vnd vreyleich ze haben
vnd allen irn frumen damit ze schaffen, verchauffen, versetzen vnd
geben, swem si wellen an allen irresal. Vnd sein auch wir vnd vnser
Erben vnuerschaidenleich der vorgenanten Sechsthalben Schillinge
wienner phenninge geltes der egenanten gaestleichen Herren datz
dem *Hailigen Chreutz* recht geweren vnd scherm fur alle ansprach,
als aygens recht ist vnd des Landes recht ze Österreich. Waer aber,
daz in mit recht an derselben gűlt icht abgienge oder daz si icht
chrieges oder ansprach daran gewunnen, swaz si des schaden nement,
daz suln wir in alles auzrichten vnd widerchern an alle ir mű vnd
an allen irn schaden vnd suln si auch daz haben auf vns vnd auf
allem vnserm gut, daz wir haben in dem Lande ze *Österreich,* wir sein
lebentich oder tode. Vnd daz diser Chauf furbaz also staet vnd
vntzebrochen beleibe, Darumb so geben wir in disen brief zu einem
warn vrchunde vnd zu einer Ewigen vestnunge diser sache, versigelt
mit vnserm Insigel vnd mit *Otten* Insigil von *Arenstain,* mein vorgenanten *Weycharts* Őhaim, der diser Sache gezeuge ist mit seinem
Insigil. Diser brief ist geben ze *Wienne* Nach Christes gebärde
Dreutzehen hundert Iar dar nach in dem fumf vnd Viertzigisten Iar.
Des naehsten Dunnertage nach dem Oster Tage.

Original auf Pergament, von dessen zwei Siegeln eines fehlt.

## CXC.

**1345, November, Wissegrad. —** *Der Palatin Nicolaus beurkundet die
Abschliessung eines Vergleiches zwischen der Abtei Heiligenkreuss und
Stephan von Owar wegen des Gutes Vogeldorf.*

Nos *Nicolaus* Regni *Hungarie* Palatinus et Judex *Cumanorum* memorie commendantes tenore presencium significamus quibus expedit vniuersis, Quod, cum *Stephanus,* hospes filius *Mees* hospes de *Owar* in
congregacione nostra generali per magistrum *Ladislaum* vicepalatinum
nostrum feria secunda proxima ante festum beatorum Symonis et Jude

apostolorum iam preteritum in villa *Owar*, vniuersitati nobilium Comitatus *Musonyensis* nomine nostro celebrata quandam possessionem *Tenefolua*, alio nomine *Fogundorf* vocatam, hereditario Jure sibi pertinentem per fratrem *Aygul*, magistrum Monacorum ecclesie *Sancte Crucis* de *Olsoummunuhuduor* et fratres sui ordinis ab eodem occupatam fuisse proposuisset, et occupate detentionis ipsius sue possessionis in examine Judiciario eiusdem vicepalatini racionem ab eisdem fratribus sibi dari postulasset, Ipse frater *Aygul*, magister Monacorum Curie prediete, et duo fratres sui ordinis, predicte congregacioni nostre tunc personaliter adherentes, eandem possessionem *Tenefolua*, alio nomine *Fogundorf* vocitatam, tytulo Regie donacionis efficacissimorum Instrumentorum vigore sibi pertinere allegassent, et ab eodem vicepalatino nostro terminum exhibitionis preallegatorum suorum Instrumentorum dari postulassent, quibus ipse vicepalatinus noster ad Juridicam eorum peticionem presentes Octauas diei strenarum pro termino exhibicionis suorum Instrumentorum tenore suarum litterarum formam premissi sui Judicii explicancium assignasset. Tandem iam dictis Octauis diei strenarum occurentibus prefatus *Stephanus* filius *Mees* ad nostram personaliter accedens presenciam nobis quasdam patentes litteras ipsius vicepalatini nostri demonstrauit, continentes, vt ipse *Stephanus* in ipsa congregacione nostra exsurgens pretactam possessionem *Tenefolua*, alio nomine *Fogundorf* vocitatam, hereditario Jure sibi pertineri debere allegando, vt eadem possessio ipso hereditario Jure sibi pertinens existeret, ad Judicium nobilium Juratorumque assessorum ac vniuersorum nobilium ipsius Comitatus *Mosoniensis*, in quo Comitatu et ipsa possessio, quam titulo sui Juris hereditarii ab ipsis fratribus requirebat, existebat, testificacionem se submisisset in hac parte. Et dum ipse vicepalatinus noster Juris ordine exposcente eosdem Iudices nobilium Juratos assessores, totamque communitatem nobilium, qualiter eis premisse possessionis veritas constaret, ad fidem deo debitam fidelitatemque Regie Corone conseruandam Tacto uiuitice crucis ligno prestitam requisitos habuisset, Ipsi Judices nobilium et Jurati assessores, vniuersique nobiles ipsius Comitatus per predicte prestite fidei sinceritatem, eandem possessionem hereditario Jure eidem *Stephano* pertinere debere concordi testificacione affirmassent, Sicque ipse *Stephanus* prelibatam possessionem vigore prefatarum litterarum testificatoriarum omnium nobilium comprouincialium suorum, hereditario Jure sibi pertinuisse et debere pertinere exhibuit. Quarum quidem

litterarum testificatoriarum visis tenoribus prefatus frater *Aygul*,
magister inferioris Curie Monacorum dicte ecclesie *Sancte Crucis*
et frater *Detricus* coram nobis personaliter comparentes ex ad-
uerso nobis quasdam litteras priuilegiales excellentissimi principis
domini *Karoli*, dei gracia quondam regis *Hungarie* felicis recorda-
cionis super donacione terarum *Vogelndorf* et *Potesdorf* vocatarum
sub mediocri sigillo eiusdem domini Regis sub anno domini M°. CCC°.
vigesimo tercio, quinto Idus Decembris emanatas et confectas nobis
presentarunt, sua serie declarantes, quod ipsius Regalis sublimitatis
supreme deuocionis affectus ad eterna exardescens sueque saluti pro-
spiciens omnium bonorum temporalium et spiritualium dona largyflua
ex diuine pietatis beniuolencia se percepisse et percipere posse,
acumine sue consideracionis contemplando humillimis petitionibus
religiosi viri fratris *Johannis*, Abbatis et quorumdam fratrum Mona-
sterii *Sancte Crucis*, ordinis Cistercyensis de *Austria* diocesis *Pa-
thauyensis*, suorum dilectorum et fidelium inclinatus, predictas terras
*Vogelndorf* et *Potesdorf*, assencium Ipsas sue Regie collacioni per-
tinere, anime sue pro salute predicte ecclesie *Sancte Crucis* a sua
regia clemencia dari et perpetuo conferri, humiliter postulassent,
Ipsaque regalis benignitas ex speciali deuocione, quam more cetero-
rum Regum, progenitorum suorum deo deuotorum erga eandem eccle-
siam gereret, easdem possessiones cum agris, pratis et piscaturis,
sub antiquis suis metis et terminis eo Jure, quo sue Regie Collacioni
dinoscerentur pertinere, eidem ecclesie *sancte Crucis* in perpetuam
suam elemosinam dedisset, donasset et contulisset mediantibus paten-
tibus suis litteris perpetuo possidendas, tenendas et habendas, et
demum predictis suis litteris priuilegialibus premissam suam donacio-
nem perpetua Stabilitate pacifice permanendam confirmasset. Et dum
nos, iuxta partium Instrumenta equitate suadente Judicium facere
voluissemus, inter ipsas plurimorum proborum virorum consilio ipse
partes inducte, se ad reconciliacionis beniuolenciam transmitti postu-
larunt. Que tandem a nobis obtenta reformandi licencia altero die ad
nos reuerse, indictionibus proborum virorum taliter dixerunt se
concordasse, et concordarunt coram nobis, quod ipse *Stephanus*,
considerans sue etatis tempus, iam ad senium diuertisse, seque con-
spiciens fratrum tam carnalium, quam patruelium, ymo et heredum
vtriusque Sexus solacio esse vndique destitutum, cupiens itaque
terrena in spiritualia, et temporalia ac transitoria in eternalia felici

comercio commutare, volensque ipsam ecclesiam gloriose Crucis christi, in qua redemptor mundi pro salute generis humani cottidie per religiosorum et deuotorum sacrificia victimatur, et sue pietatis clemenciam pro pecaminum populorum venia ad propiciacionis beniuolenciam placitatur, suorum bonorum heredem preficere, et locare, et ipse heres eterni premii efficeretur, Ipsaque preciosa Crux christi, ipsum eterne retribucionis premio confoueret et soletur predictam possessionem suam *Vogelndorf* et *Potesdorf* hereditario Jure ipsum contingentem sub antiquis suis metis et terminorum distinctionibus, quibus ipsum contingebat, iam dicto Juris hereditario titulo pro remedio salutis anime sue, ut omnium bonorum, que in ipsa ecclesia *sancte Crucis*, diuine pietati per fratres assidue ibi residentes offeruntur, particeps efficiatur, et per eorumdem fratrum deuota suffragia eterne beatitudinis premia consequatur, dedit, donauit et contulit perpetuo possidendam omne Jus dominii proprietarii, quod actenus in eadem possessione habuisset, in ipsam ecclesiam *Sancte Crucis* et fratres in eadem residentes a modo in posterum pure et simpliciter transferendo. Nos itaque tam ex premissa Regali donacione, quam etiam ex ipsius *Stephani* spontanea resignacione dictam possessionem agnoscentes, dicte ecclesie *Sancte Crucis* omni racionis equitate debere pertinere, quia et ipse *Stephanus*, qui eandem possessionem, nomine sui Juris hereditarii ab eadem ecclesia requirere intendebat, nunc a nobis obtenta reformandi licentia, eandem ipsi ecclesie *Sancte Crucis* et fratribus in ea diuine pietati famulantibus pro salutis sue remedio pure et simpliciter, ut premititur, resignabat, pro eo eandem possessionem premisse Regalis donacionis et etiam spontanee resignacionis et donacionis titulis iam dicti *Stephani* requisicionis ipsius possessionis sepedicte ecclesie *sancte Crucis*, in qua spes consistit transgressorum, cum omnibus suis vtilitatibus et pertinentiis ac Juribus et prouentibus auctoritate nostra confirmamus, adiudicamus perpetuo possidendam, tenendam et habendam, absque preiudicio Juris alieni. In cuius rei memoriam perpetuamque firmitatem presentes concessimus litteras priuilegiales, autentici pendentis sigilli nostri munimine roboratas. Datum in *Vissegrad*, decimo die octauarum diei strenarum predictarum. Anno domini. M⁰. CCC⁰. quadragesimo quinto.

Original auf Pergament mit einem an einer rothen Seidenschnur hängenden Siegel.

## CXCI.

**1345, 25. December.** — *Grunddienst-Revers Konrad des Hütter's von Erd-*
*prust über ein Lehen zu Erdprust an die Abtei Heiligenkreuz.*

Ich *Chunrat* der *Hütter* ze *Erdprust* vnd mein Hausvrowe, vro
*Diemüt* vnd all vnser gerwen veriehen vnd tuen chunt allen den,
die diesen brief lesent oder horent lesen, di nv lebent oder hernach
chvnftig sind, Daz wir dienen schullen vnd vnser erben von ainem
Gantzen lehen, daz zenachst vns gelegen ist zv *Erdprust* vnd vnser
Herren von dem *Heyligen Chreütz* rechtes aygen ist, alle Iar auf
sand Michels tag vnverzogenlichen fvnf schilling phenning wienner
mvns. Ob wir dez nicht enteten oder vnser erben, so schullen di
vorgenanten herren von dem *Heyligen Chrütz* oder ir Amptman allen
den gewalt zv vns vnd zv vnsern erben haben vmb den vorgenanten
dinst ze phenden vnd irs dinst zvchomen auf allem vnserm guet mit
guetlichen vnserm willen vnd aller vnser erben. Vnd daz disev red
stet vnd vnzebrochen beleib, darvmb so gib ich *Chunrat* der *Hutter*
disen brief versigelt mit meinem Insigel vnd mit meines vetern
*Albers* des *Hutter* von *Paden* Insigel, der diser sach zeug ist mit
seinem Insigel. Der brief ist gegeben, da man zalt von Christes
gepuerd Drevtzehen Hundert Iar, darnach in dem fünf vnd viertzi-
gistem Iar, an dem weinacht tag.

Original auf Pergament mit zwei Siegeln.

## CXCII.

**1346, 1. Jänner, Avignon.** — *Bulle des Papstes Clemens VI., kraft*
*welcher er der Abtei Heiligenkreuz bewilligt, die ihren Mönchen, wenn selbe*
*im weltlichen Stande geblieben wären, anzufallenden Erbschaften zu bean-*
*spruchen und in Besitz zu nehmen.*

*Clemens* episcopus seruus seruorum dei Dilectis filiis . . Abbati
et Conuentui Monasterii de *sancta Cruce* Cisterciensis ordinis *Pata-*
*uiensis* diocesis Salutem et apostolicam benedictionem. Deuotionis
uestre precibus benignum impercientes assensum auctoritate uobis
presentium indulgemus, ut possessiones et bona alia mobilia et inmo-
bilia, que liberas personas uestrorum fratrum ad monasterium uestrum
mundi uanitate relicta, conuolantium et professionem facientium, in
eodem iure successionis uel alio iusto titulo, si remansissent in seculo,

contigissent, et que ipsi, existentes in seculo, potuissent aliis libere elargire, petere, recipere ac etiam retinere ualeatis sine iuris preiudicio alieni. Nulli ergo omnino hominum liceat hanc paginam nostre concessionis infringere, uel ei ausu temerario contraire. Si quis autem hoc attemptare presumpserit, indignationem omnipotentis dei et beatorum Petri et Pauli apostolorum eius se nouerit incursurum. Datum *Auixioni* in Kalendis Januarii, Pontificatus nostri Anno Quarto.

Original auf Pergament mit Bleibulle.

## CXCIII.

**1346, 8. April. —** *Ulrich der Kropfel verkauft der Abtei Heiligenkreuz seinen Hof zu Winden.*

Ich *Vlreich* der *Chrophel* vnd mein Hausfrow vnd alle vnser Erben, vnd ich *Peter* der *Indig* vnd mein Hausfrow vnd vnser Erben, Vnd ich *Nyclas* der *Walich* vnd mein Hausfrow vnd vnser Erben, Wir vergechen vnd tun chund allen den, die diesen Prief lesent vnd Horent Lesen, di nv Lewent vnd hernach chvnftich werdent, Daz wir recht vnd redleich mit verdachten mut vnd mit gemain rat vnd mit gutleichen willen vnd mit gesampter Hant ze der zeit, do wir ez mit recht wol getuen mochten, ze chauffen geben haben Dem Erbern Geistleichen Herren Apt *Leupolten* ze dem *Heyligen chreutz* vnd der Samenvng Gemain des selben Chlosters Vnsern Hof datz dem *Winden* mit alle den vnd dar zv gehort ze veld vnd ze dorf, wi so datz genant ist, daz wir emaln ze rechtem Perchrecht von in gehabt haben, Vm fvmf vnd virtzich phunt Wienner phening, der wir gar vnd gantz verriht vnd gewert sein, Also mit auzgenomer red, daz die vorgenanten Herren von dem *Heyligen chreuz* den egenanten hof daz den *Winden* mit alle dev vnd dar zve gehort, wie so datz genant sey, Ledichleich vnd vreileich haben schullen in Nutz vnd in gewer vnd allen irn frum damit schaffen, mit verchauffen, mit versetzen vnd geben, wem sev wellen an allen chrieg vnd an allen Irrsal. Vnd sein auch wir, ich vorgenanter *Vlreich* der *Chrophel*, vnd ich *Peter* der *Indig* vnd ich *Nyclas* der *Walch*, des vorgenanten Hofs datz den *Winden* vnd alles des vnd dar zve gehort, ze veld vnd ze dorf, wi so daz genant ist, recht gewern vnd scherm für alle ansprach iederman besunderleich für sich selb vnd für alle seine erben als Purchrechts recht ist vnd des Landes recht ze *Ostreich*. Vnd durich pezer sicherhait, so setz ich mich *Stephan Chrophl* für meins Vater dritail

ze rechtem scherm fur alle ansprach für mich vnd für mein erben vnd
für meins vater erben alle, sev sein vogtper oder nicht als Purch-
rechts recht ist in dem Land ze *Osterreich*. Vnd datz dise red vnd
dise sach fürbaz alle also stet vnd vnzebrochen beleib, darvber gib
ich vorgenanter *Vlreich* der *Chrophel*, disen prief zv einen offen
vrchund vnd zv einem warn gezeug diser sache versigelt mit meinem
Insigel. Vnd wand ich vorgenanter *Peter* der *Indig* vnd ich *Nyclas*
der *Walch* vnd ich *stephan* der *Chrophel* Purger ze *Prukk* pey der
*Leyta* aigener Insigel nicht haben, so geb wir auch disen prief zv
einem offen vrchund vnd zv einem waren gezeug diser sache, versi-
gelt mit vnser Stat Insigel vnd mit des Erbern mans Insigel, hern
*Jansen* von *Praitenprunne*, der diser sache gezeuge ist mit seinem
Insigel. Der Prief ist geben nach Christes geburd Dreutzehen hun-
dert Iar darnach in dem sechs vnd virtzkistem Iar, an dem Pluemoster
Abent.

**Original auf Pergament mit zwei Siegeln, das dritte fehlt.**

## CXCIV.

**1346, 9. April.** — *Konrad der Hutter beurkundet, dass er der Abtei Heiligen-
kreuz von einem Lehen zu Erdprust jährlich fünf Schilling zu entrichten
habe.*

Ich *Chunrat* der *Hutter*, vnd mein Hausfraw vron *Diemüt* vnd
vnser Erben verichen vnd tün chunt allen den, die disen brief lesent
oder hörent lesen, die nu lebent oder hernach chunftig sint, Daz ich
von einem Gantzen lehen datz *Ertprust*, daz zenaechst an meinem
Hof gelegen ist vnd *Stephans* von *Ertprust* vnd seiner Erben ge-
wesen ist, dienen schol dem Erbern Geistleichen herren, Apt *Leu-
polten* vnd der Samnung gemain datz dem *heiligen Chreutz* Ierleich
vnd vnuerzogleichen auf sand Michels tag fumf Schilling phenning
Wienner muns; tet ich oder mein Erben des nicht, so geben wir, ich
*Chunrat* der *Hutter* vnd ich vrow *Dyemüt* sein hausfrow, dem vor-
genanten Geistleichen Herren, Apt *Leupolten* oder wer zu den zeiten
verweser ist, oder dem Conuent, oder ierem Amptman vollen gewalt
vnd recht, mich vnd mein hausfrown vnd vnser Erben auf demselben
vorgenantem Gantzen lechen, oder auf dem, daz zenaechst dapei
gelegen ist, ze phentten vmb dev vorgenanten fumf Schilling dienst
an allev ansprach vnd an allev widerred mein vnd meiner Hausfrawen
vnd vnser Erben. Vnd daz disev sach stet vnd vnzeprochen beleib,

so geb wir ich *Chunrat* der *Hutter* vnd ich *Dyemut* sein Hausfraw
vnd vnser Erben in disen brief ze einem warn vrchunde diser Sache
mit meinem Insigel vnd mit meines Vetern Insigel hern *Alberen* dez
*Hutter*, der diser sach mit seinem Insigel gezeug ist. Diser prief ist
geben, do man zalt nach Christes gepuerd Dreutzehen hundert iar
darnach in dem sechs vnd viertzigistem iar, an dem Palme Tag.

Original auf Pergament zwei Siegel fehlen.

## CXCV.

**1346, 25. Juli (?).** — *Wernhart der Schauer verkauft der Abtei Heiligen-
kreuz Gülten zu Hädreisdorf und an der hohen Leiten.*

Ich *Wernhart* der *Schower* vnd ich *Agnes* sein Hausvrowe
verichen vnd tun chunt an disem prief allen, dev in sechent, lesent
oder horent lesen, di nv lebent vnd hernach chunftich sint, Daz wir
mit vnser paider erben vnd ander vnser freunt rat vnd guete Wille,
mit gesampter hand ze der zeit, do wir iz wol getuen machten, Ver-
chauft haben den Geistleichen Herren, Prueder *Leupolten*, ze den
zeiten Apt vnd dem Conuent gemain daz dem *Heiligen Chreutz*,
Sechsthalben Schilling vnd vier phenning geltes wienner müns, der
Neunzehen phenning liegent ze *Haederstarf* auf zwain hofsteten, die
gelegen sint gegen *Micheln* dem *Linser vber*, vnd funf Schilling
phenning, die do ligent auf siben Viertailn Weingartens datz dem
selben *Haederstarf* an der *Hohen Leiten*, vnd auf dreitzig Jeuchart
archers, der Sechzehen Jeuchar ligent in dem *zeileich*, Vnd vier-
tzehen Jeuchart in *alten Weingarten*, Vmb zehen phunt phenning
Wienner müns Vnd sechs Schilling phenning der vrowen ze leich-
auf, der wir gantz vnd gar verricht vnd gewert sein, vnd die selben
gult hab wir in ze chauffen gegeben mit allem dem recht, vnd wir
sev selben her haben pracht ze versetzen vnd verchauffen vnd geben
wem si wellen. Vnd der vorgenannten Sechstalben Schilling vnd der
vier phenning geltes, die gelegen sint ze dem egenanten *Haeders-
tarf* auf den vorgenanten Hofsteten Vnd auf den egenanten Echern
vnd Weingarten, sein wir, ich vorgenanter *Wernhart* der *Schower*,
vnd ich egenantev *Agnes* sein Hausvrow vnd vnser Erben der Erbern
Geistleichen Herren Apt *Leupoltes* vnd des Conuentes datz dem
*Heiligen Chreutz* vnd irr nachomen recht gewer vnd Scherm wider
alle ansprach vnd chrieg, als des Landes recht ist ze *Österreich*.
Vnd darvmb daz diser chauf vnd diser wandlung stet vnd vnzebrochen

weleib, so geb wier in disen prief durch pezzer vrchunt diser sach, versigilten mit vnserm Insigel vnd mit des Erbern Herren Insigel, Hern *Alberts von Rauchenstain*, der diser wandlung gezeug ist mit seinem Insigel, vnd ander Erber leut genuech, den disev wandlung chunt vnd gewizzen ist. Diser prief ist geben nach Christes gepuerd vber Dreutzehen Hundert Iar, dar nach in dem Sechs vnd viertzgisten Iar, an sand Jacobs Tag in dem Hawersnit.

Original auf Pergament mit einem Siegel, das zweite fehlt.

## CXCVI.

**1347, 14. Februar. — *Hermann der Weinzierl von Pfaffsteten verkauft ein Pfund Pfenning jährliches Burgrecht auf seinem Hofe zu Pfaffstetten an Hirsen Feertor zu Pfaffstetten.***

Ich *Herman* der Weinzuerl von *Pfafsteten* vnd ich *Agnes* sein Hausvrow wir veriehen vnd tuen chunt allen, di disen prief lesent oder hörnt lesen, di nu lebent vnd her nah chunftig sind, Daz wir mit wol verdachtem muet, mit zeitigem rat vnd mit gesamter hant, zu den zeiten, do wir iz wol getuen machten, vnd auch mit vnsers Gruntherren Hant, dez erbern hern hern *Leupoltz* zu den zeiten Apt ze dem *Heiligen Chreutz*, recht vnd redleich haben verchauft ain phunt geltz Purchrechtz auf vnserm Hof ze *Pfafsteten*, dez ain halbs lehen ist, vnd davon man alle iar dient den Herren hintz dem *Heiligen Chreutz* sechs schilling wienner phenning ze Purchrecht vnd nicht mer, dazselbe phunt geltz haben wir verchauft vnd geben dem beschaiden mann *Hierssein* dem *Veertor* ze *Pfafsteten* vnd vrovn *Kathrein* seiner hausvrowen vnd irn erben vm acht phunt wienner phenning, der wir gaenzleich vnd gar sein verricht vnd gewert, mit der beschaidenhait, daz wir, oder swer vnser vorgenantz halbs lehen inne hat, schullen davon vnd von allem dem, daz darzu gehört ze velde oder ze dorff, alle iar ewichleich an sand Cholmans tag dienen ain phunt wienner phenning dem vndern Chelner ze dem *Heiligen Chreutz*, swer zu den zeiten vnderr Chaelner doselbens ist, daz er davon alle iar gebe iedem Herren vnd dem pruder ain stukch vische an der aindlef tausent maid abent ze hilf vnd ze trost dez vorgenanten *Hierssen* sel, seiner Hausvrowen vnd seiner erben vnd all seiner vodern sel, vnd besunderlich seins vater sel, *Marchhartes* des *Veerrtor*, dem got genade. Wir mögen auch daz vorgenant phunt geltz abgelosen mit acht phunten wienner phenning zwischen sand Merteins tag

vnd den Weihnachten an den dienst, oder nah Weihnachten mit dem
dienst. Vnd dez ze vrehunde, wenn wir nicht aygen insigil haben,
geben wir in disen prief versigilten mit vnsers vorgenanten Grunt-
herrn insigil, dez erbern Herren Hern *Leupoltz*, ze den zeiten Apt ze
dem *Heiligen Chreutz*, vnd mit dez erbern Herren insigel, Hern
*Erweins*, zu den zeiten Pharrer ze *Paden*, der diser sach gezeug ist
mit seinem insigil. Der Prief ist geben nach Christes gepurd vber
dreutzehenhundert iar, vnd darnah in dem svben vnd viertzigistem
iar, dez mitichen an dem Aschtag.

Original auf Pergament mit einem Siegel, ein zweites fehlt.

# CXCVII.

**1347, 7. Juli. —** *Das Domcapitel von Raab beurkundet, dass Endre von
Eayka seine Besitzung Pechlen der Abtei Heiligenkreuz verkauft habe.*

Capitulum *Jauriensis* ecclesie omnibus christi fidelibus pre-
sentibus pariter et futuris presencium noticiam habituris salutem in
domino sempiternam. Cum omnia, que ex bono mentis proposito
bonaque deliberacione fiunt in tempore, ne tractu temporis per quem-
piam possint uel ualeant inmutari, ad perpetuam rei memoriam scriptis
autenticis perempniter permansuris consueuerunt communiri. Proinde
ad noticiam uniuersorum harum serie uolumus peruenire, quod *Endre*
de *Eayka* vna cum *Benedicto* filio suo ac domina *Elysbeth* consorte
sua, nec non *Katherina* filia sua parte ex una, Item *Aygil* procurator
ecclesie *sancte Crucis* ordinis Cysterciensis prope *Ferteu* existens
in persona honorabilis et religiosi viri domini *Leopoldy* abbatis eius-
dem ecclesie *sancte Crucis* parte ex altera, coram nobis personaliter
constituti per eosdem *Endre, Benedictum, Elyzabeth* et *Katherinam*
propositum extitit et relatum ministerio viue uocis in hunc modum,
quod quandam possessionem *Pechlen* vocatam in Comitatu *Mosoniensi*
prope lacum *ferteu* habitam titulo empeionis mediantibus aliis Litteris
nostris priuilegialibus exinde confectis vigore earumdem litterarum pri-
uilegialium cum vniuersis vtilitatibus et pertinenciis eiusdem, quibus
ipsi actenus habuissent et possedissent, eidem domino *Leopoldo* et per
eum predicte ecclesie *sancte Crucis* pro quinquaginta talentis dena-
riorum latorum Vyennesium plene persolutorum ab eodem et receptorum
vendidissent et vendiderunt coram nobis Jure perpetuo et irrevoca-
biliter possidendam, tenendam et habendam, dictis autem aliis litteris

nostris priuilegialibus factum ipsius empcionis exprimentibus in manus ipsius *Aygil* procuratoris assignando. Insuper obligauerunt se pretacti *Endre* et *Benedictus*, nec non domine *Elyzabeth* et *Katherine* vocate et suos heredes, memoratum dominum *Leopoldum* et per eam sepefatam ecclesiam *sancte crucis* ab omnibus temporum in processa racione sepe dicte possessionis inpetere uolentibus defendere et expedire laboribus propriis et expensis. In cuius rei testimonium presentes fecimus litteras sigillo nostro autentico et pendenti consignatas priuilegiales per medium alphabeti intercisas emanari, presentibus tamen *Briccio* preposito, *Mathia* lectore, *Petro* custode, *Georgeo* cantore et aliis dominis multis in predicta ecclesia deo deuote famulantibus. Datum sabbato proximo ante quindenam Natiuitatis beati Johannis Baptiste anno domini Millesimo CCCᵒ. quadragesimo septimo.

Original auf Pergament mit Siegel.

## CXCVIII.

**1347, 25. September, Kloster-Neuburg.** — *Die Propstei Kloster-Neuburg überlässt der Abtei Heiligenkreuz tauschweise Gülten zu Pfaffstetten für andere zu Eberhartsdorf und Stetten.*

Wir *Rudwein* von Gottes genaden Probst des Gotshaus vnser wrowen ze *Newenburch* Chlosterthalben, ich *Dauit* zu den zeiten Techent vnd der Conuent gemain des selben Gotshaus Vergehen vnd tun chunt allen, die disen brief lesent oder horent lesen, die nv lebent vnd hernach chunftich sint, Daz wir mit gutem willen, mit verdachtem mût vnd mit gemainem Rat vnsers Conuentes, zu der zeit, do wir es wol getûn mochten, ze einem Widerwaechssel gegeben haben vnsers rechten aigens Des ersten fûmf phunt vnd drev vnd Dreizzich phenninge wienner mûnzze geltes vnd an zwelif Chaes fûmf schillinge Chaesgeltes, daz ieder Chaes ains wienner phennings wert sei, daz alles gelegen ist ze *Phafstetten* auf gestiftem gut behauster Holden, vnd Drew phunt wienner phenninge geltes auf denselben Holden fur Taydinge phenninge vnd fûr Mal phenninge Vnd zway phvnt vnd drei schillinge vnd fûmftzehen phenninge wienner munzze geltes daselbens ze *Pfafsteten* auf vberlent. Dieselben gult haben wir recht vnd redleichen ze einem rechten widerwaechssel gegeben mit alle dem nvtz vnd recht, als wir si in aigens gewer herpracht haben, ze dem rechtem als vorgeschriben stet. Den erbern gaestleichen Herren dem Apt vnd dem

Conuent gemain daz dem *Heiligen Chreutz* vnd allen irn nach-
chomen fürbaz ledichleichen vnd vreyleichen ze haben vnd allen
irn frumen damit ze schaffen, verchauffen, versetzen vnd geben
swem si wellen an allen irresal. Da engegen so haben si vns vnd
vnserm Gotshaus auch ze einem widerwaechssel geben irs rechten
aigens die gult, die hernach geschriben stet. Des ersten, achtzich
metzen waitzs geltes vnd sechs Mutte vnd viertzehen metzen habern
geltes vnd sechs phunt wienner phenninge geltes an Nevn phenninge
daz alles gelegen ist ze *Eberhartstorf* auf gestiftem gůt behauster
Holden, vnd ainen Mutte Chorn vnd zwen Mutte habern geltes von
einem zehent daselbens ze *Eberhartstorf,* vnd fumf phunt vnd sech-
tzich phenninge geltes wienner mvnzze, die da ligent ze *Stetten* auf
bestiftem gut behauster holden, Damit fürbaz auch allen vnsern frvmen
ze schaffen, als vns daz aller peste wol chvm vnd fůge an allen irre-
sal. Vnd darvber zu einer pezzern sicherhait so setzen wir vns, Wir
Propt *Rudwein,* Ich *Dauit* zu den zeiten Techent vnd der Conuent
gemain des vorgenanten Gotshaus vnser vrowen ze *Newenburch*
Chlosterhalben vnd alle vnser nachchomen vnuerschaidenleich vber
die vorgenanten gůlt alle ze *Pfafsteten* den egenanten gaestleichen
Herren gemain datz dem *Heiligen Chreutz* vnd allen irn nachchomen
ze rechten gewern vnd Scherm für alle ansprach, als aigens recht
ist vnd des Landes recht ze *Osterreich.* Vnd daz diser widerwaech-
ssel furbaz also staet vnd vnzerbrochen beleibe, Darvber so geben
wir Propst *Rudwein,* Ich *Dauit* der Techent vnd der Conuent gemain
des Gotshaus vnser vrowen ze *Newenburch* Chlosterhalben den gaest-
leichen Herren gemain datz dem *Heiligen Chreutz* vnd allen irn nach-
chomen diesen brief zu einem warn sichtigen vrchunde vnd zu einer
ewigen vestnunge diser sache versigilt mit vnsern anhangunden In-
sigiln. Diser brief ist geben ze *Newenburch* Chlosterhalben nach
Christes gepurd Drewtzehen Hundert iar, darnach in dem Siben vnd
viertzgisten Iar, des naehsten Eritages vor sant Michels Tage.

Original auf Pergament mit einem Siegel, zwei andere fehlen.

# CXCIX.

**1348, 2. Februar.** — *Konrad der Löher verbindet sich gegen die Abtei Heiligenkreuz eine grosse Wiese zu Dreiskirchen nur an rittermässige Leute, Bürger oder Bauern zu verkaufen.*

Ich *Chunrat* der *Löher* vergich offenleich an disem Prief, daz ich mit meinen erben vnd nachsten vreund gueten willen vnd gunst, ze der zeit, do ich iz wol getun mocht, verlubt vnd verpunden han gegen den erbern Gaistleichen herren Prueder *Chunraten*, ze den zeiten apt vnd dem Conuent gemain daz dem *Heiligen Chreutz* vnd gib in auch daz recht mit disem Prief, daz ich daz Wismat vnd di Aekcher, di da ligent ze *Draeschirichen* pei der *Hurben*, di ich gechauft han vnd davon dien zwelif phenning ze Purchrecht hinz dem *Heiligen Chreutz* vnd nicht mer, di vorgenanten Aekcher vnd Wismat sol nicht verchaufen dann Rittermaessigen Leuten oder Purgern vnd Pawern. Vnd gib in des ze vrchund disen Prief versigelten mit meinem Insigel. Der prief ist gegeben nach Christes geburd Dreuzehen hundert iar, dar nach in dem acht vnd vierzigisten Iar, an vnser vrowen tag zu der Liechtmesse.

Original auf Pergament, dessen Siegel fehlt.

# CC.

**1348, 30. April, Wien.** — *Wolfart Cholrer und Reichmut seine Hausfrau verkaufen dem Meister Ortolf, Arzte zu Heiligenkreuz, zwei Pfund Pfenninge jährliches Burgrecht auf ihrem Weingarten, genannt Valum, zu Gumpoldskirchen.*

Ich *Wolfhart* der *Cholrer* von *Gumpoltzchirichen* vnd ich *Reichmut* sein hausurowe Wir uergehen vnd tûn chunt allen den, die diesen brief lesent oder hôrent, die nv lebent vnd hernach chûnftich sint, Daz wir mit vnser erben gûten willen vnd gunst, mit verdachtem mût vnd mit gesampter hant, zu der zeit, do wir es wol getûn mochten, vnd mit *Fridreichs* hant des *Pokchs* von *Gumpoltzkirichen* verchauft haben zway phvnt wienner phenninge geltes Purchrechtes auf vnserm weingarten, der da leit ze *Gumpoltzkirichen* vnd haizzet der *valum* ze naehst *Jansen* weingarten des *Grutschan*, da man auch alle iar von dem egenanten vnserm weingarten dient in *Fridreichs* hof des *Pokchs* zwelif wienner phenning vnd nicht mer; vnd derselbe hof ist auch gruntrecht von den gaestleichen Prûdern datz dem

*Teutschen Haus* datz der *Newenstat*. Die vorgenanten zway phvnt wienner phenninge geltes Purchrechtes haben wir recht vnd redleich verchauft vnd geben vmb viertzehen phunt wienner phenninge, der wir gar vnd gaentzleich gewert sein, Dem erbern manne Maister *Ortolfen* dem artzt von dem *Heiligen Chreutz* vnd seinen erben Fůrbaz ledichleichen vnd vreileichen ze haben vnd allen irn frvmen damit ze schaffen, verchauffen, versetzen vnd geben, swem si wellen an allen irresal, also mit ausgenomener rede, daz wir oder swer den vorgenanten vnsern weingarten nach vns besitzet in die egenanten zway phunt geltes fůrbaz alle iar davon dienen suln zu drin zeiten im iar, fůmf schillinge vnd zehen phenning an sant Michels tage, fvmf schillinge vnd zehen phenninge ze weihnachten, vnd fůmf schillinge vnd zehen phenninge an sant Jörgen tage mit alle dem nvtz vnd recht, als man ander Purchrecht in dem Lande ze *Österreich* dient. Vnd suln auch wir dieselben zway phunt geltes ablösen, swelhes iares wir mvgen oder wellen, nvr mit andern zwain phvnden geltes Purchrechtes, die als gůt vnd als wol gelegen sein, als auf vorgenanten vnserm weingarten. Vnd zů swelhem tage vnd vorbenant ist wir in des Purchrechtes nicht dienen, so sol sich denne des naehsten tages darnach daz selbe Purchrecht mit vnserm guten willen an alles fvrbot vnd an alle chlage auf dem vorgenanten vnserm weingarten zwispilden ze viertzehen tagen, als versezzens Purchrecht recht ist, in alle dem recht, als ob si es mit vrage vnd mit vrtail vor rechtem gerichte darauf erlangt vnd behabt hieten. Vnd sein auch wir vnd vnser erben vnuerschaidenleich der vorgenanten zwayer phvnt geltes des egenanten Maister *Ortolfs* des artztes vnd seiner erben, oder swem er si schaft oder geit, recht gewern vnd scherm für alle ansprach, als Purchrechtes recht ist vnd des Landes recht ze *Österreich*. Waer aber, daz in der zwaier phvnt geltes mit recht an den vorgenanten vnserm weingarten icht abgienge, daz suln si haben auf vns vnd auf allem vnserm gůt, daz wir haben in dem Lande ze *Österreich*, wir sein lebentich oder tode. Vnd wand wir, noch der vorgenant *Fridreich* der *Pokch* nicht eigener Insigil haben, Darvmb so geben wir in disen brief zů einem warn vrchunde diser sache versigilt mit des erbern Herren Insigil hern *Hainreichs* zů den zeiten Pharrer ze *Gumpoltzchirichen*, vnd mit hern *Philips* Insigil des *Schenchen* von *Gumpoltzchirichen*, die diser sache gezeuge sint mit irn Insigiln. Diser brief ist geben ze *Wienne* nach

Christes gepurt Dreutzehen Hvndert iar, darnach in dem acht vnd
viertzgisten iar an sant Philips vnd sant Jacobs abent.

Original auf Pergament mit beschädigtem Siegel, ein zweites fehlt.

## CCI.

**1348, Wien.** — *Herzog Albrecht II. bestätigt der Abtei Heiligenkreuz die
beiden vollständig inserirten Urkunden König Rudolf's I. ddo. 24. Jänner
1286 und Herzog Albrecht's I. ddo. 24. December 1286.*

Nos *Albertus* dei gracia Dux *Austrie*, *Styrie* et *Karinthie*, Do-
minus *Carniole*, *Marchie* ac *Portusnaonis*, Comes in *Habichsburch*
et in *Chiburch*, nec non Lantgrauius *Alsacie*, dominusque *Phirre-
tarum* omnibus in perpetum. Constitutus in nostra presencia honora-
bilis et Religiosus vir deuotus noster dilectus frater *Chunradus*,
Abbas Monasterii *Sancte Crucis*, Ordinis Cisterciensis, *Pathauiensis*
dyocesis, pro se et suo Conuentu nobis humiliter supplicauit, qua-
tenus priuilegia quedam per diue recordacionis Serenissimos Prin-
cipes Dominum *Rudolfum*, auum nostrum, et Dominum *Albertum*
genitorem nostrum, Romanorum Reges progenitores nostros karissimos
concessa et approbata etiam nos ipsis et suo Monasterio approbare,
innouare et concedere de speciali gracia dignaremur. Quorum pri-
uilegiorum tenor vnius talis est. (Folgt die Fontes Bd. XI, p. 248,
Nr. CCLXXV abgedruckte Urkunde Königs Rudolf I. ddo. 24. Jänner
1286.) Tenor vero secundi priuilegii talis est. (Folgt die loc. cit.
p. 252 abgedruckte Urkunde Herzogs Albrecht I. ddo. 24. Decem-
ber 1286.) Nos itaque progenitorum nostrorum, Romanorum Regum,
ac aliorum principum Illustrium vestigiis inherentes, qui Monasterium
*Sancte Crucis* predictum auxerunt honoribus et fauoribus ampliarunt,
deuocionem quoque sinceram, qua dicti dilecti nostri . . Abbas et
. . Conuentus circa diuini cultus obsequia feruentier inuigilant,
sincerius attendentes, deuotis ipsorum precibus fauorabiliter in-
clinati, prescripta eorum priuilegia, prout sunt superius anno-
tata, ac omnes et singulos articulos in eis contentos, innouamus,
approbamus ac presentis scripti munimine roboramus. Nulli ergo
omnino hominum nostrorum fidelium hanc nostre innouacionis, appro-
bacionis, seu ratihabicionis paginam liceat infringere, aut ei in aliquo
ausu temerario contraire, quod qui facere praesumpserit, grauem
nostre indignacionis rigorem se nouerit incurrisse. In cuius rei

testimonium presentes fieri iussimus et sigilli nostri appensione muniri.
Datum *Wienne* anno domini Millesimo tercentesimo quadragesimo
octauo.

Das Original ist abgängig; jedoch vollständig inserirt in der Bestätigungs-
Urkunde Herzog Rudolf's IV. ddo. Wien 1. April 1362.

## CCII.

**1349, 24. April.** — *Die Gemeinde von Paasdorf beurkundet, dass sie von
der Abtei Heiligenkreuz drei kleine Wälder gegen einen jährlichen Burg-
rechtzins von sechs Pfund Pfenninge erworben habe.*

Wir di Gemain von *Paestorf*, edel und unedel, arm und reich,
gemainchlich wi seu genant sind, Verichen offenlich an disem Prif,
Daz uns di Erbern Geistlichen Herren Abbt *Chunrat* ze den zeiten
vnd di samnung des Chlosters datz dem *Heiligen Chrautz* geben
habent vns und allen vnsern nachchomen ze einem rechten Purch-
recht Drey leithen holtzes, der ainev haizzet di *Hanifleuten*, di ander
*pey dem geschütten weg*, und di dritt *di Haid*, di gelegen sind pey
dem dorff, vnd di Wayd, de darzu gehört, also weschaidenlich, daz
wir in davon alle iar dinen sullen Sechs phunt wienner phennig ze
zwain tegen in dem Iar, an sand Georgen tag oder des nasten tages
darnach Drey phunnt, vnd an sand Merten tag oder des nasten tages
darnach Dreu phunnt. Di selben phennig sulln wir in selb oder irm
amptmann ze hof und ze haus raichen unuerzogenlich an alle ir mue
vnd an allen iren schaden. Wer aber, der vnder vns wer, der seinen
tail dinstes versetz oder versaumet vnd nicht dienet, Er wer Edel
oder vnedel, phaff oder lay, wie der genant wer, se soll der vorge-
nanten herren amptmann, oder wen se darzu schaffent drey virzehen
tag darauf vragen nach dinst vnd nach wandel, als purchrechtes
recht ist, vnd wer dann in den drin virzehen tegen den dinst vnd di
wandel nicht verricht, den sol des dorfes amptmann mit sampt der
herren amptmann dorumb pfenden, als verr daz gericht werd paide
dinst vnd wandel. Vnd sol daz geschehen mit unser igleiches gutem
willen an all wider red. Darzu sol er fürbaz chain gemain haben,
weder an holtz noch an waid vnd sol da gar vnd gantz von sein an
alle zuversicht. Daz luben wir in allez ze laysten mit vnsern trewen.
Vnd darvmb, daz dise sach fürbaz also stet vnd vnzebrochen weleib,
Dorvber so geben wir in disen Prif ze einem offenn vrchund vnd
waren Gezeug diser sach versigelt mit des Erbern herren Insigel

Hern *Jansen* des *Tursen* von *Rauckenekk*, ze den zeiten Vogt des selben gutes, den wir darumb gepeten haben, darzu verpint wir vns vnder der Erbern lait insigeln, di wir auch gepeten haben, *Heinreiches* des *Chrotenstainers*, *Ortolfes* des *plespergers*, *Fridreichs* des *Stözzleins*, *Chunrads* des *parsenprunners*, di all diser sach gezeug sind, mit irn Insigeln, wand wir all eigner Insigl nicht enhaben. Der Prief ist geben nach christes Gepurd Dreuzeben Hundert iar Darnach in dem Newn vnd Virzigisten iar, an sand Georgen tag.

Original auf Pergament mit vier Siegeln, das fünfte fehlt.

## CCIII.

**1350, 14. Jänner.** — *Von König Ludwig von Ungarn delegirte Commissäre bestätigen der Abtei Heiligenkreuz die von Georg Gosch und dem Grafen Valentin bestrittenen Grenzen ihrer Besitzung zu Neu-Aigen.*

Nos *Rudolfus* de *Ryeden* vicecomes *Mosoniensis* nec non Vicecastellanus in *Owar*, *Schebekch* Comes de *Gokarn* et *Nycolaus* de *Sitbans*, tunc Judices nobilium dicti Comitatus ad vniuersorum notitiam recognoscendo deducimus per presentes, Quod in causa inter Monasterium *sancte Crucis* in *Austria* super metis ville, que vocatur *Nouum predium*, ex vna et inter *Georgium Gosch* et *Valentinum*, Comites filios *Johannis* de *Kamnik* ex altera certitudinem ac rei veritatem inquisiuimus, sicut nobis dominus noster *Lodwicus* gloriosissimus Rex *Hungarie* dederat in mandatis. Quas quidem metas predicti *Georgius Gosch* et *Valentinus* antedicto Monasterio *sancte Crucis* in litem seu brigam mouebant, Et ipsis partibus antea coram nobis et aliis Prouincialibus in Congregatione generali pro eadem causa comparentibus inibi adiudicatum fuit, quod, si Monasterium predictum, seu eius Vices gerens apud predictum *nouum predium* probare dictas metas posset efficaciter et ostendere, huius frui deberet in eo et proficere. Et post hec, terminis ad hoc prefixis, metas easdem cum nobilibus et aliis inibi existentibus perequitauimus vicibus repetitis. Tunc prefati Monasterii vices gerens secundum tenorem sui Priuilegii ex parte Regis *Andree* inclite recordacionis in facie exhibitum suas metas veras demonstrauit, quas siquidem metas predicti *Georgius Gosch* et *Valentinus* non gratas acceptabant, nec veras esse dixerunt, quas tamen idem ipse vices gerens secundum consuetudinem Regni se probare asseruit ut decreuit. Postquam itaque in hunc modum nobis maior difficultas emerserat, nec causam illam debito fine determinare potuimus, ipsam domino nostro *Vlrico* de *Wolffurt* Comiti *Musoniensi, Suproniensi, Castriferrei,* nec non Castellano in *Owar* duximus in scriptis notificandum, quique eam ad predictum dominum nostrum Regem *Lodwicum* deferens, Super qua denique causa idem dominus Rex vna cum ipso *Vlrico,* suis quoque consiliariis et aulicis hanc sententiam decreuerunt, quod, si videlicet sepedictum Monasterium in predictis metis infra Quadraginta annos ordine iudiciario uon esset impeditum et eas pacifice tenuisset, quod, si hoc prouinciales et vicini, quibus expedit, faterentur, tunc ipsi Monosterio *sancte Crucis* prius dicto metas memoratas innouare deberemus, sin autem impetitum esset, ut prefertur, tunc ad nostram informacionem regio indicio esset omnis illa causa reseruanda. Et huius rei veritatem inquirendi magestas regia nobis recomisit, et termino ad hoc statuto pars aduersa, videlicet *Georgius Gosch* et *Valentinus,* nec per se, nec per suum ydoneum comparuit responsalem, vbi debita inquisicione facta ab omnibus prouincialibus vicinis atque villarum hominibus nobiscum existentibus omnes isti ad conscienciam et fidem ipsorum, quasi vno ore dixerunt, quod nec vnquam audiuerint, nec ipsis constiterit, quod sepe dictum Monasterium *sancte Crucis* in premissis, ut prediciitur, esset impetitum. De *Neusidel* potiores quoque hoc dixerunt. Item ad idem de villa *Wayden,* de *potesdorf,* de *Geuls,* de *katendorf,* de *Zurndorf,* de *Gols,* de villa ad *sanctum Johannem,* et ceteri quam plures homines fide digni. Nos igitur volentes mandatis regiis firmiter obedire, ut tenemur, memoratas metas Monasterii *sancte Crucis* sepe sepius dicti secundum tenorem sui Priuilegii inouauimus presentibus et inouamus authoritate regia nobis desuper tradita et concessa. In cuius rei euidenciam certissimam nostra, videlicet *Rudolffi, Schebekch* et *Nycolai* predictorum Sigilla presentibus sunt appensa. Scriptum anno domini Millesimo CCC^mo. Quinquagesimo, proxima quinta feria post Octauas Epyphaniarum Domini.

Original auf Pergament, dessen drei Siegel fehlen.

## CCIV.

**1350, 30. Juni, Wien.** — *Der päpstliche Cardinal-Legat Guido beauftragt den Bischof von Passau, der Abtei Heiligenkreuz ihrer Bitte zufolge die Pfarre Aland zu incorporiren, wenn die angegebenen Umstände sich bewahrheiten.*

*Guido* miseratione diuina tituli sancte Cecilie Presbiter Cardinalis, apostolice sedis Legatus . . Venerabili in christo Patri . . Episcopo *Patauiensi* Salutem in domino. Digne peticiones illas ad graciam exauditionis admittimus, per quas ecclesiarum et monasteriorum utilitati consulitur et personarum necessitatibus subuenitur. Exhibita siquidem nobis dilectorum in christo . . . Abbatis et conuentus monasterii *Sancte Crucis*, ordinis Cisterciensis vestre *Patauiensis* diocesis petitio continebat, quod fructus, redditus et prouentus monasterii ipsorum predicti sunt adeo tenues et exiles, quod ad sustentationem pauperum et aliorum christi fidelium ibidem concurrencium nullatenus sufficere dinoscuntur, quodque . . Abbas ipse ex eisdem secundum sui status condecenciam nequit comode sustentari et alia sibi incumbentia onera supportare. Quare nobis humiliter supplicarunt, ut eisdem in hac parte paterno compacientes affectu prouidere super hoc de oportuno remedio misericorditer dignaremur et parochialem ecclesiam Sancti Georgii de *Oleth* dicte uestre diocesis ad eorumdem . . Abbatis et Conuentus praesentationem spectantem, cum omnibus iuribus et pertinenciis suis eorumdem monasterio prelibato vnire et incorporare ac in perpetuum annectere de speciali gracia dignaremur. Nos itaque de predictis, ut conuenit, noticiam non habentes paternitati uestre, de qua in hiis et aliis fiduciam gerimus in domino specialem, auctoritate, qua fungimur, tenore presencium committimus et mandamus, quatinus de predictis diligenter inquirentes, si inueneritis, predicta ueritate fulciri et Vobis expediens uideatur, super quo uestram conscientiam oneramus, ecclesiam ipsam Sancti Georgii cum omnibus iuribus et pertinenciis suis eorum monasterio memorato vnire, et incorporare ac in perpetuum annectere procuretis Ita, quod cedente uel decedente rectore ecclesie Sancti Georgii, qui nunc est, uel ecclesia ipsa quocumque alio modo uacante liceat eis et successoribus suis, qui pro tempore fuerint, predictam Ecclesiam sancti Georgii cum iuribus et pertinenciis suis et corporalem possessionem eiusdem ingredi ac etiam libere aprehendere et tenere, ipsiusque fructus

redditus et prouentus in proprios vsus conuertere, consensu alterius
cuiuscumque minime requisito; Prouiso, quod predicta ecclesia Sancti
Georgii debitis obsequiis non fraudetur, sed faciant ibidem prout
oportunum extiterit et est alias fieri consuetum, deseruiri laudabiliter
in diuinis. Datum apud *Wiennam* Patauiensis diocesis ij°. kalendas
Julii Pontificatus domini Clementis pape VI. anno Octauo.

Original auf Pergament mit Siegel.

## CCV.

**1350, 3. December, Rom.** — *Indulgens - Bulle mehrerer Bischöfe für die
Kirche der Abtei Heiligenkreuz.*

Uniuersis et singulis presentes litteras inspecturis *Pontius*
miseracione diuina episcopus *Urbiuetanus* ac in alma vrbe domini
pape vicarius, *Jacobus* episcopus *Nepessinus*, Frater *Stephanus*
episcopus *Tassaranus*, *Nicolaus* episcopus *Ortanus* et frater *Johannes*
episcopus *Balneoregiensis* salutem in domino sempiternam. Quoniam,
ut ait apostolus, omnes stabimus ante tribunal christi recepturi, prout
in corpore gessimus siue bonum fuerit, siue malum, oportet nos
diem messionis extreme misericordie operibus preuenire ac eternorum
intuitu seminare in terris, quod reddente domino cum multiplicato
fructu recolligere valeamus in coelis, firmam spem fiduciamque
tenentes, quod qui parce seminat, parce et metet, et qui seminat
in benedictionibus, de benedictionibus et mettet vitam eternam.
Cum igitur ex parte dilecti filii Fratris *Aglini* de proprio nouo
magistri *curie* nobis fuerit humiliter supplicatum, ut omnibus venien-
tibus ad ecclesiam *Sancte Crucis* in *Austria* diocesis Rabanensis
(sic) velimus indulgentiam exibere, Nos uero de omnipotentis dei
misericordia ac beatorum Petri et Pauli apostolorum eius auctoritate
confisi omnibus vere poenitentibus et confessis, qui uel que prae-
dictam visitauerint ecclesiam in ipsis festiuitatibus, seu etiam sol-
lempnitatibus Beate Marie virginis, Natiuitatis domini, Circumcisionis,
Epiphanie, Resurectionis, ascensionis, Pentecostis, trinitatis, dedica-
tionis ecclesie Sancte Crucis, Sanctorum angelorum, Johannis Baptiste,
beatorum Petri et Pauli et omnium apostolorum et Euangelistarum ac
sanctorum martyrum Stephani et Laurentii, sanctorum doctorum Jero-
nimi et aliorum doctorum, Sanctorumque confessorum Nicolai et
Martini, nec non Beatarum Marie Magdalene, Agnetis, Luciae,

Catharine, Margarete, Cecilie, Elysabeth, et in festo omnium Sanctorum et per eorum octauas, in die animarum et singulis diebus dominicis ac etiam, quando corpus christi circumportatur infirmis, secuti fuerint, aut qui in serotina pulsatione campanae ter Ave Maria deuote dixerint, uel qui ad fabricam, luminaria, ornamenta et alia dicte ecclesie necessaria manus porrexerint adiutrices, quilibet nostrum quadraginta dies de iniunctis eis penitentiis misericorditer in domino relaxamus, dum modo ad ea diocesanus episcopus prestet assensum. In cuius rei testimonium presentes litteras nostrorum sigillorum fecimus appensione muniri. Data *Rome* in palatiis nostris Anno domini Millesimo CCCL. pontificatus domini *Clementis* pape sexti, Indictione tercia, mensis Decembris die III. Anno nono Pontificatus eiusdem domini pape Clementis.

Original auf Pergament mit vier Siegeln, zwei fehlen.

## CCVI.

1351, 11. Mai, Wien. — *Gerichtsbrief Friedrich's des Seligmann von Pfaff-stetten, als Bergrichters der Abtei Gaming, in Betreff einer Streitigkeit über einen Weingarten an dem Badnerberge zwischen der Abtei Heiligen-kreuz und Heinrich dem Goboltsteiner.*

Ich *Fridreich* der *Saelichman* von *Phaffstetten*, zv den zeiten Perchmaister der Erbern Gaeistleichen Herren von *Gaemnikche* vergich vnd tůn chunt allen den, die disen brief lesent oder horent lesen, di nu lebent vnd hernach chunftich sint, Daz fur mich chomen der Erber Gaeistlich Herre průder *Chuenrat*, Chlosterherre datz dem *heiligen Chreutz*, der *Gundoltine* sun von *Draeschchirchen*, vnd *Hainreich* der *Goboltstayner* vnd vorderten paide ain gewer, ieder-man an sein selbst stat, eines halben weingarten gelegen an *Padner* perige vnd haizzet die *Öde* ze naehst dem *Hasenwege*, da man alle iar von dient meinen herren von *Gaemnikche* anderthalben Emer weins ze Perchrecht vnd nicht mer. Da gab ich in einen Tage viert-zehen Tage, als des perges vnd des Landes recht ist ze *Osterreich*, daz si denne chomen wider fur mich; Swer denne daz pezzer vrchunde praecht, daz er des weingarten naehster Erbe waer, den wolt ich denne des egenanten weingarten an die gewer setzen, als des Landes recht ist ze *Osterreich*. Da die viertzehen Tage auzchomen, da chomen si paide wider fur mich mit irn naehsten freunten vnd mit andern Erbern Leuten vnd voderten aber ain gewer des egenanten

weingarten, iegeleicher an sein selbe stat. Des jacb *Hainreich* der
*Goboltstainer*, sich het der egenant prûder *Chuenrat* des vorgenanten
weingarten, des er ain gewer vodert, gaentzleich vertzigen vnd waer
auch er nach der verzeichnuzze desselben weingarten naehster Erbe.
Da ward im da ertailt mit vrage vnd mit vrtail, mocht er daz pringen
mit zwain Erbern mannen, so solt ich in desselben weingarten an die
gewer setzen, da er es da pracht wolt haben mit zwain Erbern mannen,
die er ze stet wol gehab het. Da rieten Erber leut der worten, daz man
der ayde vberich werde, daz si sich paidenthalben saetzen an vier
Erber man. Des satzten si sich da desselben chrieges paidenhalben
mit guetem willen au die vier Erber man, an hern *Hainreichen* den
*Razzen*, zv den zeiten Richter ze *Draeschirchen*, *Hirssen* den *Vertor*
von *Phafstetten*, *Hermanne* den *wanmayser*, *Fridreichen* den *Sae-
lichman* also, swaz die vier zwischen in darvber sprechen, daz wolten
si baidenthalben staet haben. Des habent si dem vorgenanten prûder
*Chuenraten* beschaiden dreu phunt wienner phenninge fur alle an-
sprache, der in *Hainreich* der *Goboldstainer* gar vnd gaentzleich
gewert hat also, daz derselb prûder *Chuenrat*, noch alle sein freunde
auf den selben weingarten nimmer mer chain ansprache suln haben
noch gewinnen. Denne daz in *Hainreich* der *Goboltstainer* vnd sein
Erben suln furbaz ledichleich vnd vreyleich haben vnd mit demselben
weingarten auch allen irn frumen schaffen, verchauffen, versetzen vnd
geben, swem si wellen an allen irresal. Vnd wand diser sache vor
mir vnd vor andern Erbern Leuten also gewandelt vnd geschen ist,
vnd wand ich selber nicht aigens Insigels han, Darvmbe so gib ich
in disen brief ze ainem vrchunde vnd ze ainem gezeuge diser sache,
versigelt mit meines Herren Insigel, des Erbern Gaestleichen herren
prûder *Chuenrats*, zv den zeiten prior ze *Gaemnikche* des Ordens
von Chartuse, der des vorgenanten weingarten Obrester percherre
ist, vnd mit des egenanten hern *Hainreiches* Insigel des *Razzen*,
die diser sache gezeug sint mit irn Insigeln; vnd sint auch des gezeuge
*Wernhart*, zv den zeiten Juden Richter ze *Draeschirchen*, *Vlreich*
der Schreiber da selbes, *Dietreich* der amman von *Draeschirchen*,
*Hirzze* der *Vertor* von *phafsteten*, *Herman* der *wanmaiser* vnd
ander frûm Leut genueg, den dev sache wol chunt ist. Diser brief
ist geben ze *wienne* nach Christes gepurt dreutzehen hundert Iar
darnach in dem ains vnd fûmftzgisten Iar, an sant Pangraetzen abent.

Original auf Pergament, von dessen zwei Siegeln eines fehlt.

## CCVII.

**1352, 21. Februar.** — *Die Abtei Heiligenkreuz verkauft einen Weingarten, gelegen zu Pfaffsteten in der Ainöd, an Konrad von Pfaffstetten.*

Wir Bruder *Chunrat* ze den zeiten Abbt vnd der Conuentgemain datz dem *Heyligen Chraeutz* veriehen offenlich an disem Prif allen leuten, Daz wir mit wol wedachtem mut vnd mit Gemain rat ze der zeit, do wir ez wol Getun mochten, Recht und Redlich verchaufft und geben haben dem Erbern mann *Chunraten Dyetreichs* svn von *pfaffsteten* vnd vron *Kathrei* seiner hausvrowen vnd iren Erben vnsern Weingarten Gelegen ze *pfaffsteten* in der *aynöd*, des zway tail sint, vnd haizzet di *Amayzzel* ze nast des Hofmaister weingarten von *Drumpnawe*, der da haizzet der *Ladendorfer*, davon auch man fürbaz ebiehlich alle iar dienen sol zv vnserm Sichmaister ampt acht wienner phennig vnd nicht mer ze Perchrecht; Denselben Weingarten haben wir in Geben vmb Zechen phunt wienner phening, der wir Gar vnd genzlich gericht sein vnd gebert, Vnd sulln auch se denselben vorgenanten Weingarten fürbaz ledichlich vnd vreilich nutzen vnd inne haben, als ir aigen gut, darzu allen irn frum damit ze schaffen, mit versetzen, mit verchauffen vnd geben, swem si wellen, wie in daz aller pest fueget an all irrung. Vnd sein wir des egenanten Weingarten ir Recht scherm vnd Gevern für alle ansprach, als perchrechtes recht ist vnd des landes recht ze Osterreich. Wer aber, daz in mit Recht icht daran abgieng mit ansprach, oder von welchen sachen daz wer, daz sulln wir in allez richtig machen an alle ir müe, vnd sulln auch se daz haben auf alle de, daz wir haben daz zu vnserm vorgenanten Sichmaisterampt gehort, wo wir ez haben in dem Land ze *Osterrich*. Die vorgenanten acht phenig ze Perchrecht sol man dienen ierlich an sande Michels tag, als man ander perchrecht dienet vnverzogenlich. Vnd daz diser chauf vnd di wandlung fürbaz also stet vnd vnzebrochen weleib, darvmb so geben wir in disen prif ze einem offen vrchund vnd waren Gezeug diser sach versigelt mit vnser paiden anhangenden Insigeln. Der prif ist geben nach Christes Gepurd Dreutzehen Hundert iar darnach in zwai vnd fümftzigisten iar an dem Vaschang tag.

Original auf Pergament mit zwei Siegeln.

## CCVIII.

Ich *Levpolt Spring in daz gut* von *Medlich* vnd ich *Kathrey* sein Hausfrowe vnd ich *Fridreich* der *Drischler* vnd ich *Agnes* sein Hausfrowe doselbs, wir veriechen offenlich mit disem brief, daz wir von den Erbern Geystlichen herren ze dem *Heyligen Chrevtz* Apt *Chunraten* vnd von dem Couent gemain, doselbs bestanden haben ze leibgedinge iren weingarten, der do gehaizzen ist die *Gyllnitz*, vnd ist gelegen ze *Engelschalichstorf*, auf dem *Stainueld*, also mit solcher beschaidenhait, daz wir in dovon dienen schullen an dem ersten iar zwen vnd drevzzich phenning, halb an sand Georgen tag vnd halb an sand Michels tag; an dem andern Iar schullen wir in dienen sechtzig phenning, halb an sand Georgen tag vnd halb an sand Mychels tag; an dem dritten Iar schullen wir in dienen ein halb phunt phenning, halb an sand Georgen tag vnd halb an sand Mychels tag; an dem virden Iar schulle wir in dienen sechs schilling phenning, halb an sand Georgen tag vnd halb an sand Mychels tag; fürbas schulle wir in dovon dienen Iaerichlich ze leibgedinge ein phunt phenning, halb an sand Georgen tag vnd halb an sand Mychels tag. Ez schol ouch vnser igleicher iaerichleich pawen in seinen tail drew gätew mittrew pawe ze rechter zeit, als weingarten pawe recht ist, Vnd schol ouch igleicher iaerichleich grüben in seinem tail zechen gutev tagwerich, Vnd stozzen ein halbs tavsent newer stechken, wanne sein durft ist. Wir schullen ouch iaerichleich geben rechten zehent, der dovon geuellet, und swer vnder vns wer, der seinen tail nicht pawet, oder dovon nicht diente, als vorgeschriben ist, also daz vier erber perchgenozzen gesprechen mügen pey iren trewen, der schol alle seinev recht an seinen tail fürbas verloren haben, vnd schullen sich danne vnderwinten die Erbern vorgenanten Geystleichen Herren an allen chrieg, ze welicher zeit ez sey in dem iar, und waz in daran abgieng, daz schulle wir in wider cheren mit vnserm aygen güt, vnd dazselbe schullen sev haben auf vns vnd auf alle dem güt, daz wir haben in dem Land ze *Osterrich*. Vnd seit wir selben aygner Insigil nicht enhaben, so geben wir. in disen brief versigilt mit des erbern manes Insigil, herrn *Laurentzs* des *Lanholtzes* von *Aychaw* vnd mit des erbern mannes Insigil *Eberhartes* des *Cholbleins* von *Engelschalichstorf*, die wir des gepeten haben, daz si der sache, als vorgeschriben stet, gezevg sein mit iren Insigiln. Der brif ist geben nach Christes gebůrd drevtzehen Hundert iar dar nach in dem zway vnd funftzigisten iar, an des Heyligen Herren sand Benedicten tag.

Original auf Pergament, dessen zwei Siegel fehlen.

## CCIX.

**1353, 13. October, Wien.** — *Alber von Wülfleinsdorf und Margareth seine Hausfrau verkaufen der Abtei Heiligenkreuz zwei Pfund und sechzig Pfenninge Gülte zu Fronberg, die herzoglich österreichisches Lehen ist.*

Ich *Alber* von *Wulfleinstorf* vnd ich *Margret* sein Hausurow vnd ich *Stephan* der *Zwikchel* vnd ich *Katrey* sein Hausfurow, Wir vergehen vnd tůn chůnt allen den, di disen brief lesent oder hörent lesen, die nu lebent vnd hernach chůnftich sint, Daz wir mit vaser Erben gůten willen vnd gůnst, mit verdachtem můt vnd mit gesampter hant zu der zeit, do wir es wol getůn mochten, vnd mit vnsers Lehen Herren hant des edlen hochgeporen Fürsten Hertzog *Albrechts* ze *Österreich*, ze *Steyer* vnd ze *Chernnten* verchauft haben an vnser stat vnd an Junchurowen *wentel* stat, *Fridreichs* tochter dez *Fronberger* saelig, die er hat mit seiner Hausurowen vrown *Soffein* saelig, vnser vorgenanten zwaeier mein *Margreten* vnd mein *Katreyen* swester, vnsers Rechten Lehens, daz wir von vnserm obgenanten genedigen Herren Herzog *Albrechts* ze Lehen gehabt haben zwai phunt vnd sechtzehen phenning wienner münssee gelezs, die wir gehabt haben ze *Fronberch* auf einem Lehen vnd auf zwain Hofsteten vnd auf einem akcher vnd auf einer wisen mit weisett, mit alle vnd auf allen den vnd dar zu gehörent ze velde vnd ze dorff, Es sei gestifft oder vngestifft, versucht vnd vnersucht, swie so daz genant ist, vnd die auch dient die holden die hernach geschriben stent, *Ott auf der Strazze* von einem virtail sechtzig phenning halb an sant Jörgen tag vnd halb an sant Michels tag, Vnd *Heinrich auf der Strazze* von Drin virtail ayns Lehens fümf schilling vnd zehen phenning halb an sant Jörgen tag vnd halb an sant Michels tag. So dient man von demselben gantzen Lehen ze waisaett zwai hüener, der ieglichs zwai phenning wertt sei, vnd zwen chaes, die paide drey wienner phenninge wert sein, vnd dreizzich ay ze Ostern. So dient *Herman* der *Zeller* von einer Hofstat

siben vnd fümfzich phenning halb an sant Jörgen tag vnd halb an
sant Michels tag, vnd ze weisaet zwaier huener, der ieglichs zwaier
phenning wertt sei vnd zwen chaes, die paide drey phenning wert
sein, vnd dreizzich ayer ze Östern. So dient *Leupolt auf der Stetten*
von einer Hofstat zwen vnd sechtzich phenning halb an sant Jörgen
tag vnd halb an sant Michels tag, vnd dient auch als vil weisaett, als
*Herman* der *Zeller*. So dient *Chunrat* der *Smit* von einem akcher
vnd von einer wisen sechtzich phenning halb an sant Jörgen tag vnd
halb an sand Michels tag. Die vorgenanten Güllt alle mit Weisaet
mit alle haben wir Recht vnd redlichen verchauffet vnd geben mit
allen den nutzzen vnd rechten, als wir ez allez in Lehens gewer her
pracht haben, Vmb zwai vnd zwaintzich phůnt vnd vmb sechsthalben
schilling wienner můnsse, der wir gar vnd gaentzleichen vericht vnd
gewert sein, Dem Erbern Geistlichen Herren Abt *Chunraden*, des
Chloster zu den *Heiligen Chräutz* vnd dem Conuent Gemain dez
selben Chloster vnd iren nachchomen fürbaz ledichlichen vnd vreili-
chen ze haben vnd allen iren frumen domit ze schaffen, verchauffen,
versezzen vnd geben, swem si wellen an allen irrsal. Vnd dürch
pezzer sicherhait so sezzen wir vns ich *Alber* von *Wülffleinstorff*
vnd ich *Margret* sein Hausurôw, ich *Stephan* der *Zwickchel* vnd ich
*Katrey* sein Hausfurow vnd alle vnser Erben vnuerschaidenlichen
für vns vnd für die egenanten iunchurown *Wenttel* vber die vorge-
nanten Gült alle den egenanten Geistlichen Herren Abtt *Chunraden*
vnd dem Conuent Gemain dez selben Chloster vnd iren nachchômen
ze Rechtem gewern vnd scherme für alle ansprach, als Lehens recht
ist vnd des Landes recht ze *Österreich*, vnd auch als lang, vntz daz
die egenant iunchurov *Wenttel* vogtpar wird vnd sich der obgenanten
gült gar vnd gaentzlichen verzeicht vnd aufgeit, als Lehens recht ist
vnd des Landes recht ze *Östrich*, vnd ze allen dem rechten, als hievor
an disem brief verschriben ist. Waer aber, daz si fürbaz mit recht an
derselben gültticht chrieg oder ansprach gewůnne, von swem daz wer,
Swaz si des schaden nement, daz suln wir in alles auzrichten, ablegen vnd
widercheren an alle ir Můe, vnd an allen iren schaden, daz luben wir in
an allez geuer ze laisten mit vnsern trewen. Vnd suln auch si den-
selben schaden haben auf vns vnuerschaidenlichen vnd auf allen
vnserm gůt, daz wir haben in dem Lant ze *Österrich*, Davon in danne
der Hertzog in *Österreich*, oder swer den gewalt an seiner stat hat,
mit vnserm gůtlichen willen an allez fürbot vnd auch an alle chlag

phant antwurtten sol, als verr daz si Hauptgutzs vnd schadens gar vnd gäntzlichen dovon vericht vnd gewert werdent, wir sein lebentich oder tode. Vnd daz diser Chauff fürbaz also stat vnd vnzerbrochen beleib, Darvmb so geben wir in disen brief ze einem waren vrchunde diser sache versigillten mit vnser paiden insigiln vnd mit dez Erbern Herren insigil hern *Perchtolds* von *Pergaw*, der diser sache Zeuch ist mit seinem insigil. Diser brief ist geben ze *Wienne* nach Christes Gepürtt Dreutzehen Hundert iar darnach in dem Drew vnd fümftzgistem iar, an sant Cholmans tag.

Original auf Pergament, dessen drei Siegel fehlen.

## CCX.

**1353, 19. October, Wien.** — *Albrecht, Herzog von Österreich etc., überlässt der Abtei Heiligenkreuz das ihm zugestandene Obereigenthum an zwei Pfund und sechzig Pfenning Gülten zu Fronberg.*

Wir *Albrecht* von Gottes gnaden Hertzog ze *Osterreich*, ze *Steyr* vnd ze *Kernden* Tun chunt vmb die zway phunt vnd sechzehen phenning geltes wienner phenning ze *Froberch* auf behausten holden, auf eckhern vnd auf ainer wisen, di von vns lehen sind vnd di vnser getrewer *Albert* von *Wulfleinsdorf* vnd *Stephan* der *Zwikchel* verchouft habent den Geistlichen leuten dem Abt vnd dem Conuent ze dem *heiligen Chreutz*, Daz wir durch Got, vnser vnd vnserer vordern selen hail willen die Lehenschaft derselben zway phunt vnd sechtzehen wienner phenninge geltes den egenanten dem Abt vnd dem Conuent ze dem *heyligen Chreutz* geben haben vnd geben auch mit disem brief also, daz si die fürbaz innhaben vnd niezzen sullen, als ander ir aygen gut. Mit vrchund ditz briefs Geben ze *Wienn* an samtztag nach sand Gallen tag nach Christes geburde Drewtzehen Hundert iar darnach in dem Drev vnd fumftzgisten Iar.

Original auf Pergament mit Siegel.

## CCXI.

**1353, 11. November.** — *Die Vormünder Jakob's, des langen Heinrick's Sohn, verkaufen der Abtei ein halbes Pfund und zehn Pfenninge jährliche Gülte zu Minkendorf.*

Ich *Hartel* von *Poherlitz*, des *langen Hainreichs* Schreiber vnd ich *Leubman* der *Huetstoch*, Purger ze *wienne*, ze den zeiten vnsers Jvncherren *Jacobs* des *Langen Hainreichs* svn, dem got genad, verweser verichen vnd tven chvnt allen den, di disen brief lesent oder hörent lesen, di nv lebent vnd her nach chvmftich sint, Daz wir mit guetem willen vnd mit verdachtem mvet, vnd auch mit zeitigem rat des vorgenanten *Jacobs* nächst vreunt, ze der zeit, do wir ez wol getven mochten, Ein Halbs phvnt pfenning vnd zehen pfenning geltes wienner mvnz rechtes aigen guetes, di gelegen sint ze *Minchendorf* auf v̇berlentigen guet, als hernach genant wirt, Der da dient *Thoman* der *Swaemmel* von einer wisen dreizich pfenning, *Niclas* der *En* dreisich pfenning, *Wernhart* von *Dornpach* dreizich pfenning, *Vlreich* der *Amman* von einem acher sechtzehen pfenning, *Niclas* der *Pelndorfer* von einem acher vier vnd zwaintzich pfenning, alles wienner mũnz, di man Iaerlich dient mit einander an sand Michels tag, Die gũlt haben wir alle verchauft vnd geben redleich vnd Recht den Erbern gaestlichen herren Bruder *Chvnraten*, ze den zeiten abt vnd dem Conuent gemain ze dem *Heiligen Chreutz* vmb sechsthalb pfvnt vnd dreizzich pfenning wienner mvnz, der wir gantz vnd gar verricht vnd gewert sein, mit allen den nvtzen vnd rechten, als der vorgenant *Jacob* vnd sein vodern die in aygens gewer her pracht habent. Vnd diselben vorgenanten pfenning wir gelegt haben in der purger Spital ze *wienne* an ander gũlt, als den Purgern wol chvnt vnd gewizzen ist, Vnd also beschaidenlich, daz di vorgenanten Herren von dem *Heiligen Chreutz* di egenanten gult fũrbas ledichleich und vreileich schullen inne haben vnd nvtzen, als ander ir aygenhafts guet, mit versetzen, mit verchauffen vnd geben, sem si wellen, wie in daz aller pest fueget, an allen irrsal vnd an allen chrieg. Vnd sein auch wir mit sampt den vorgenanten *Jacoben* der egenanten gũlt ir recht gewer vnd scherm fũer alle ansprach, als aygens recht ist vnd des landes recht ze *Osterreich*. Waer aber, daz in mit recht icht daran abgieng oder chrieges, daz schulle wir in auzrichten an allen irn schaden, Vnd daz schullen si haben vnuerschaidenlich auf vns vnd auf allem vnserm guet, daz wir haben in dem Land ze *Osterrich*, oder swo wir iz haben, wir sein lebentich oder tod. Vnd daz diser chauf staet vnd vntzebrochen beleib, geben wir in disen brief zv einem warn vnd sichtigem vrchund diser sache, versigelt mit vnsern paiden anhangunden Insigeln, vnd mit des Erbern mannes Herrn *Sigharts* des *Prunner*, purger ze *wienn*, der diser sache getzeug ist mit seinem Insigel. Der brief ist geben nach Christes gepurt Dreutzehen Hundert Iar darnach inn dreu vnd fvmftzigistem Iar, an sand Merteins tag.

Original auf Pergament mit drei Siegeln.

## CCXII.

Ich *Vlreich* der *Streytweser* von *Gundramsdorf* vnd ich *Anna* sein Hausvrow, vnd ich *Katrei* sein Swester vnd vnser erben ver-gehen vnd tun chunt allen den, die disen brief sehent oder horent lesen, di nu lebent vnd hernach chunftich sint, Daz wir mit wol ver-dochtem muet vnd nach vnser pesten vreund rat, zu der zeit, do wir ez wol getun mochten, vnsers rechten aigen gutes, drew tagwerich wissmades gelegen vnder *Gumpoltschiricher egelsee* ze nechst des *Puchaimer* wis Recht vnd redleich verchauft vnd geben haben den erbern gestleichen herren datz dem *Heiligen Chreutz* mit allen den rechten vnd nuzzen, als wir die in aygens gewer her pracht haben, vmb syben phunt phenning an sechzig phenning wienner münitz, der wir gar vnd gentzleich gewert sein vnd gericht, Also daz se di vor-genanten wis furbaz ledichleich vnd vreileich schullen innhaben vnd alln irn frum damit schaffen, versezzen, verchaufen vnd geben, swem si wellen an allen irrsal. Vnd sein auch wir vnuerschaidenleich der vorgenanten erbern gestleichen Herren Herren datz dem *heiligen Chreutz*, Recht gebern vnd scherm für alle ansprach als aygens recht ist vnd des Landes recht ze *Osterreich*. Wer aber, daz se furbaz mit recht an der vorgenanten wis icht chrieges oder ansprach gewinnen, swaz se des schaden nement daz schullen wir in ez allez auzzrichten vnd widercheren an alle ir mue vnd an allen iren schaden, vnd schullen auch sew daz haben auf vns vnd auf allem dem guet, daz wir haben in dem Land ze *Osterrich*, wir sein lemptig oder tod. Vnd seid mein vorgenante swester *Katrei* enantburt pei der handlung nicht gebesen ist, dafür setz ich vorgenanter *Vlreich* der *Streitweser* den vorgenanten herren besunderleich ze scherm mein hof gelegen ze *Gundramstorf*, ze nast des *Sachsenganger* hof, vnd waz darzu gehort also, ob in icht chrieges von der auf erstuend, daz schullen sew auch haben zu sant vns vnuerschaidenleich auf dem selben hof. Vnd das disev sach furbaz also stet vnd vnzebrochen beleib, darvmb so gib ich vorgenanter *Vlreich* der *Streitweser* den vorgenanten herren datz dem *Heiligen Chreutz* diseu brief zu einem offen vrchund vnd waren gezeug diser sach versigilt mit meinem anhan-gunden insigil vnd mit meins Ohems insigil *Thomans* des *Esels*, vnd *Weicharts* des *Arenstainer*, die diser sach gezeug sind. Der brief ist gegeben nach christes geburd Drewzehen hundert iar dar nach in dem drey vnd fünftzigisten iar, an saud Thomans tag des heiligen zwelifpoten.

Original auf Pergament mit zwei Siegeln, das dritte fehlt.

## CCXIII.

**1355, 10. November, Wien.** — *Jans der Greif, Bürger von Wien, weiset der Abtei Heiligenkreuz fünf Pfund Gülten auf Gütern zu Hernals an zu dem von seinem verstorbenen Vater gestifteten Jahrtage.*

Ich *Jans* der *Greiff* Vergich vnd Tun chunt allen den, die diesen brief lesent oder hörent lesen, Vmb die fümf phunt wienner phenninge gelts, die mein Vater Herr *Jans* der *Greyff* saelig geschaft hat den erbern Gaestleichen Herren dem Conuent Gemain datz dem *Heyligen Chraewtz*, Im zu einem Ewigen Jartag, den si Im auch fürbaz Ewichleichen in dem selben irm Chloster alle iar davon haben vnd begen suln an dem achten tag nach aller Heyligen tag mit Vigili vnd mit Selmesse vnd mit anderm irm Gepet, alz irs Ordens gewönhait ist, Vnd darvmb so han auch ich mit meiner Erben gutem willen vnd Gunst, mit verdachtem mut vnd nach meiner frewnt Rat, zu der zeit, do ich ez wol getun mocht, den vorgenanten Gaestleichen Herren dem Conuent Gemain datz dem *Heyligen Chraewtz* für die vorgenanten fümf phunt gelts zu den Egenanten Jartag recht vnd redleichen gemacht vnd auz getzaigt meines rechten aygens fimf phunt wienner phenninge bestifts guts, die ich han datz sant *Paertelme* zu der *Herren Alss*, vnd die auch dienent die Holden, die hernach geschriben stent, ir iegleicher von seinem Haws vnd von seiner Hofstatt weingarten, vnd von alle dew vnd dar zu gehoret zu den taegen, alz hernach benant ist; Dez Ersten *Philipp* der *vragner* ayn phunt halbs ze weichennachten vnd halbs an sant Jörigen tag, *Jans* der *Fleischhakcher* Newn vnd viertzig phenninge an sant Michels tag, *Fridreich* der *Trencher* ayn vnd achtzich phenning an sant Michels tag, *Rudel* der *Cholb* Newn vnd sibentzich an sant Michels tag, *Hainreich* von *Lengpach* drey schilling vnd zehen phennige halb an sant Jörigen tag vnd halb an sant Michels tag, *Winther* Newn vnd Viertzich phenninge an sant Michels tag, *Wernhart* von *Otakchrinn* ein halb phunt an sant Jörigen tag vnd an sant Michels tag, *Stephan* von *Weytra* achtzich phenninge an sant Jörigen tag vnd an sant Michels tag, *Lewbel* der *Förster* fümf schilling an zehen phenning an sant Jörigen tag vnd an sant Michels tag, *Philipp an den Newn*

*Sidel* ayn phunt vnd zwaintsig phennige an sant Jörigen tag vnd an sant Michels tag, vnd *Peter* der *Cholb* zwen wienner phenning an sant Michels tag. Also beschaidenlich dax die vorgenant mein Holden die egenanten fümf phunt gelts von irn obgenanten Gütern den vorgenanten Gaestleichen Herren Gemain datz dem *Heyligen Chraewtz* zu dem obgenanten meines Vaters Iartag fürbax alle iat selbes raychen vnd dienen suln zu den taegen vnd in dem rechten, alx si mir dieselben davon gedient habent. Vnd zu wellichen dienst tag, alz vorbenant ist, dax si In den dienst vertzügen. So suln sich denn die Gaestleichen Herren datz dem *Heyligen Chraewtz* derselben Gült vnd der vorgenanten Holden an dem naechsten Viertzehenten tag nach dem dienst tag mit meinem gutleichen willen vnderwinden vnd suln die innehaben ze geleicher weys vnd mit alle den nutzen vnd rechten, als ich selber an allen abslag So lang, vntz dax In immer der dienst, der In vor vertzogen ist, gantz vnd gar vericht wirt. Vnd swenne auch dax ist, dax ich vnd mein Erben In geben fümftzich phunt berayter wienner phenning nach einem verichten dienst tag, so suln vns denn die vorgenanten fümf phunt gelts vnd vnser Holden von In aller dinge ledich vnd frey sein. Vnd dieselben phenninge suln si denne nach vnserm Rat an andrew fümf phunt gelts legen, den vorgenanten Iartag denn davon begen ze alle dem rechten, alz er geschaft ist. Vnd bin auch ich vnd mein Erben vnuerschaidenlich derselben fümf phunt Gelts zu der *Herren Alss* Ir Recht gewern vnd scherm für alle ansprach, alx aygens recht ist vnd dez Landes recht ze *Österreich*, vnd zu dem rechten, alx vor geschriben stet. Mit vrehunde ditzs briefs versigilten mit meinem Insigil vnd mit meines Ohaims Insigil, herrn *Otakchers* von *Rör*, vnd mit meines Swagers Insigil *Chunrats* dez *Vrbaetschen*, die diser sache zewgen sint mit irn Insigiln. Der brief ist geben ze *Wienne* nach Christes Geburd drewtzehen Hundert Iar darnach in dem fümf vnd fümftzigisten Iar, an sant Merteins Abent.

Original auf Pergament mit drei Siegeln.

## CCXIV.

**1356, 8. Jänner. —** *Rudolf von Stadeck und Agnes seine Hausfrau verkaufen der Abtei Heiligenkreuz ihren Weingarten bei Gumpoldskirchen am Wartberge, genannt der Chrump.*

Ich *Rudolf* von *Stadekke* vnd ich *Agnes* sein hausurew, wir vergehen vnd tun chvnt allen den, die disen brief lesent oder horent lesen, die nv lebent vnd hernach chünftig sint, daz wir mit vnser erben gutem willen vnd gunst, mit verdachtem mut vnd mit gesampter hant, zu der zeit, do wir ez wol getun mochten, verchauft vnd gegeben haben den erbern gaestleichen herren, Pruder *Chunraten* zu den zeiten Apt vnd dem Conuent gemain datz dem *Heiligen Chraeutz* vnd allen irn nachchomen vnsern weingarten gelegen ze *Gundramstorf* an dem *wart-perge*, der da haizzt der *Chrump*, vnd des die egenanten gaestleichen herren selber recht Perchherren sint ze stiften vnd ze störn, vnd leit ze naehst des erbern herren weingarten von *Walsse*; Den vorgenanten weingarten haben wir recht vnd redleich ze chauffen vnd aufgegeben den egenanten gaestleichen herren datz dem *Heiligen Chraeutz* mit alle dem nutz vnd rechten, als wir in in perchrechtes gewer herpracht haben, vmb sechs vnd sibentzich phunt wienner phenninge, der si vns gar vnd gaentzleich gewert habent, also daz si vnd alle ir nachchomen denselben weingarten suln fürbaz ledichleich vnd vreyleich habent vnd allen irn frumen damit schaffen, verchauffen, versetzen vnd geben, swem si wellen an allen irresal. Vnd ze einer pezzern Sicherhait so setzen wir vns, Ich *Rudolf* von *Stadekke* vnd ich *Agnes* sein haus-urowe vnd vnser erben vnuerschaidenleich vber den vorgenanten weingarten den egenanten gaestleichen herren gemain datz dem *Heiligen Chraeutz* vnd irn nachchomen ze rechten gewern vnd scherm für alle ansprach, als perchrechtes recht ist vnd des landes recht ze *Österreich*. Waer aber, daz si mit recht an demselben weingarten icht chrieges oder ansprach gewunnen, von swem daz waer, swaz si des schaden nement, daz suln wir in alles ausrichten vnd widerchern an allen irn schaden vnd suln auch si daz haben auf vns vnd auf allem vnserm gut, daz wir haben in den landen ze *Österreich* vnd ze *Steyr*, oder swo wir ez haben, wir sein lebentich oder tode. Vnd daz diser Chauf fürbaz also staet vnd vnzerbrochen beleibe, darvber so geben wir, Ich *Rudolf* von *Stadekke* vnd ich *Agnes* sein hausurowe den egenanten Gaestleichen herren gemain datz dem *Heiligen Chraeutz* vnd allen irn nachchomen disen brief zu einem warn vrchunde diser sache, versigilt mit vnserm insigil vnd mit hern *Albers* insigil von *Puchkaim*, obrister Druchsaetz in *Österreich*, mein egenanten *Agnesen* Ohaim, der diser sache gezeuge ist mit seinem insigil. Der brief ist geben nach Christes geburt dreutzehen hundert iar darnach in dem sechs vnd fumftzgisten iar, an sant Erharts tage.

Original-Urkunde mit einem Siegel, das zweite fehlt.

1000

# CCXV.

356, 2. Mal, Wlen. — *Margareth, Leopold's des Hafners von Dreiskirchen
Tochter, schenkt der Abtei Heiligenkreuz ihren Weingarten zu Gumpolds-
kirchen.*

Ich *Margret Leupolts* tochter des *Hafner* von *Dräkschirchen*
vergich vnd tun chunt allen den, die disen brief lesent oder hörent
lesen, die nv lebent vnd hernach chunftich sint, daz ich mit meiner
erben gutem willen vnd gunst, mit verdachtem mut zu der zeit, do ich
ez wol getun möcht, vnd mit meines Pergmaisters hant, des erbern
Ritter, hern *Ortolfs* von *Chulewb*, zu den zeiten Chellermaister der
edeln hochgeporn Fürsten Hertzog *Albrechts* ze *Österreich*, ze *Steyr*
vnd ze *Chaernden*, recht vnd redleichen nach meinem tod gemacht
vnd gegeben han den erbern Gaestleichen Herren dem Conuent gemain
datz dem *Heyligen Chraewtz* vnd irn nachchomen durch der besun-
dern andacht willen, die ich zu demzelben irm Chloster han, zu einem
ewigen Selgraet mir vnd allen meinen vodern vnd nachchomen selen
vnd auch allen gelawbigen selen ze hilffe vnd ze trost meins rechtes
ledigen erbguts, daz mich von Vater vnd von Muter ledichleichen
anerstorben vnd angevallen ist, meinen weingarten, gelegen ze *Gump-
poltzchirchen* vnd haizzet der *Weinfürer*, ze naechst dem weingarten,
der da haizzet der *Hausperger*, an aynem tail vnd an dem andern tail
ze naechst dem weingarten, der da haizzet die *Pruech*, da man auch
von meinem weingarten alle iar dient dem Hertzogen in Österreich
zwen Emmer weins ze Perchrecht vnd den Gaestleichen Herren datz
dem *Heyligen Chraewtzs* dreizzich wienner phenning ze vberezins
vnd nicht mer; Also mit ausgenomener rede, daz die vorgenanten
Gaestleichen Herren datz dem *Heyligen chraewtzs* nach meinem tod
fürbaz ewichleichen alle iar alle die nutze, die auz dem vorgenanten
weingarten choment, vber daz daz mit pawe vnd mit vezzen darauf get,
reichen suln irm Schuchmaister, swer ir schuchmaister in irm chloster
ist, also daz derselb ir Schuchmaister von denselben nutzen alle iar
baydew herren, Jüngern vnd Laynprüdern in irm chloster ir iegleichen
geben sol in dem Summer zwischen Ostern vnd Phingsten zwen
new Sumerschuch vnd sol in darzu baydew Summer vnd winter alle
ir schuch flicken machen vnd pezzern, alz oft in dez durft geschiecht,
an alle phenningen. Man sol in aber die Winterschuch, die man in
von alter her gegeben hat, noch alle die recht, die si davon haben,

durch dez vorgenanten meines selgraets willen nichtes nicht abprechen, noch abnemen. Vnd swelches iars daz auch war, daz der vorgenant Conuent datz dem *Heyligen chraewczs* irm schuchmaister die nutze aus dem weingarten nicht raychten, alz vorgeschriben stet, oder daz in ir schuchmaister die schuch vnd daz schuchgemaecht nicht gaeb vnd machet in der zeit vnd in dem rechten, alz auch vorgeschriben stet, oder daz man den Herren, alz si vorbenant sint, ir Winterschuch vnd ir altew recht abpraech, so sol dann ich, oder mein erben, oder mein naechst frewnt, disen brief inne habent, vollen gewalt vnd recht haben, daz wir vns die nutze, die dezselben iars in dem vorgenanten weingarten gevallent, die si vns inantwurten suln, vnderwinden suln, daz wir die in ein ander gotshaus raychen vnd geben suln, swo vns dünchet, do ez aller pest gestatt sey. Vnd suln si auch vns derselbe nutze davon ze raychen, alz lang gepuuden sein, vncz daz si mit vnser wizzen vnd mit einer guten chuntschaft an dem selgraet allem, alz vor geschriben stet, allez daz pezzernt vnd wider tunt, daz si vor daran versawmt habent. Waer aber, daz si zu dem andern mal an dem selgraet der schuech vnd der schuechgemaecht sawmung taeten vnd daz nicht gaeben vnd volfürten an der zeit vnd in dem rechten, alz vorbenant ist, so suln wir vns denn mit irm gutleichen willen vnd an alle ir widerrede dez vorgenanten weingarten mit pawe mit alle, zu welcher zeit in dem iar daz ist, herwider vnderuinden in alle dem rechten, alz er vormals mein vorgenanten *Margreten* ledigs erbgut gewesen ist, also daz wir denn denselben weingarten zu einem selgraet in ein anders Gotshaus widem vnd stiften suln, swo hin oder swie vns dez aller pest ze müt wirt. Waer aber, daz ich bey meinen lebentigen zeiten in solich ehaftnot chöm, daz ich den vorgenanten weingarten nicht versparn mächt, daz ich wizzenlichen vor dem rat der stat ze *Wienne* beweysen möcht, so sol mir denn damit der egenant weingart wider ledig sein, vnd sol mich davon neren vnd hinpringen, so ich pest vermag. Vnd swaz aber nach meinem tode dezselben weingarten hinder mein vbrig beleibt, daz sol denn den vorgenanten Gaestleichen Herren datz dem *Heyligen chraewtzs* dem Schuchmaister in irm chloster gevallen ze pezzrunge vnd ze hilffe dem Schuchgemaecht, alz vor geschriben stet. Vnd daz diczs gemaecht vnd diczs selgraet nach meinem tode ze alle dem rechten, alz vor an disem brief geschriben stet, furbatz also staet vnd vnczerbrochen beleib, vnd wand ich selber nicht aygens insigils han, darvmb so gib

ich in disen brief ze einem warn vrchunde diser sache versigilten
mit dez Pergmaisters insigil, dez vorgenanten hern *Ortolfs* von
*Chulewb* vnd mit hern *Thomans* insigil des *Swaembleins*, purger ze
*Wienne*, vnd mit meines frewnts insigil *Hainreichs* dez *Razzen* von
*Drechschirchen*, die ich dez vleizzichleichen gepeten han, daz si
diser sache zewgen sint mit irn insigiln. Der brief ist geben ze
*Wienne* nach Christes geburde drewtzehen hundert iar, dar nach in
dem sechs vnd fümftzigisten iar, an dez Heyligen Chraewts abent,
als ez funden ward.

Original auf Pergament mit einem Siegel, zwei fehlen.

## CCXVI.

**1356, 3. Mai, Wien.** — *Konrad von Haseneck verkauft der Abtei Heiligenkreuz siebenthalb Pfund Pfenning jährliche Gülte zu Auerstall im Marchfelde.*

Ich *Chunrat* von *Hasenekke* vnd ich *Agnes* sein Hausurow Wir
vergehen vnd tun chunt allen den, die disen brief lesent oder hörent
lesen, die nv lebent vnd hernach chünftich sint, Vmb die Siben
pbunt wienner phenning geltes an ayndlef pbenning, die da ligent ze
*Awrolstal* auf dem *Marchvelde* auf den Gütern, alz hernach an die-
sem briefgeschriben stet, Die ich vorgenanter *Chunrat* von *Hasenekke*
vmb mein aygenshafts varundgut gechawft han Wider die erbern
Herren herrn *Jansen* vnd hern *Chadolten*, die Prüder von *Haslaw*
vnd die auch mit meinem gutleichem willen die aygenschaft der vor-
genanten Gült gegeben habent irm Öhaim, Dem erbern Herren herrn
*Vlreichen* dem *Stuchssen* von *Trawtmanstorff*, alz der brief sagt,
dem si im darumb gegeben habent, Vnd der sich auch mit seinem
brief gegen mir vnd gegen meinen Erben dez verlubt vnd verpunden
hat also, alle die weil vnd ich dieselben Gült nicht verchawffet, daz
ich vnd mein Erben, beidew Sün vnd Tochter, dieselben zeit die vor-
genanten Gült von Im ze rechtem lehen haben solten nach dez Landes
recht ze *Osterreich*; Aber swem wir die vorgenanten Gült verchawffen,
dieselben solten dann dieselben Gült ze rechtem aygen haben Also,
daz derselb herr *Vlreich* der *Stuchs* von *Trawtmanstorff* vnd sein
Erben denn fürbaz auf dieselben Gült chain ansprach suln haben noch
gewinnen weder vmb vil noch vmb wenich, denn daz si derselben
Gült der, dem wir si verchauffen, Recht gewern vnd scherm sein
suln, alz aygens recht ist vnd dez Landes recht ze *Osterreich*. Vnd
darvmb so haben auch wir mit vnser Erben gutem willen vnd gunst,

mit verdachtem mut vnd mit gesampter hant, zu der zeit, do wir ez
wol getun mochten, Vnd mit wizzen dez vorgenannten Herren hern
*Vlreichs* dez *Stuchssen* von *Trawtmanstorff* Recht vnd redleichen
verchauft vnd geben die vorgenanten Gult, die rechts aygen ist, der
vberal siben phunt geltes sint minner Siben phenning, dev da ligent
daselbs ze *Awrolstal* dez ersten: Sibenthalb phunt vnd zwen vnd
zwaintzich phenning gelts, die da ligent auf siben halben Lehen vnd
die da dienent *Nichlas*, *Wolfhart* vnd *Christan* von einem halben
Lehen siben schilling vnd sechtzehen phenning für vier Metzen voyt
habern; *Hainreich* der *Sarger* von einem halben Lehen als vil; *Wern-
hart* vnd *Rudolff* von einem halben Lehen alz vil; *Thoman* vnd *Jans*
von einem halben Lehen alz vil; *Wulfings* wittibe vnd die *Macherinne*
die wittibe von einem halben Lehen alz vil; *Thoman* vnd *Fridreich*
von einem halben Lehen alz vil; *Andre* vnd sein Sun von einem hal-
ben Lehen alz vil. So ligent daselbs ayn vnd sechtzich phenning auf
Siben hofsteten, die da dienent *Michel* von seiner hofstat vier phen-
ning, *Oswalt* von seiner hofstat siben phenning, die *Gratlerinne* von
ir hofstat fümfthalben phenning, die *Ortweyrinne* von irr hofstat
viertzehenthalben phenning, die *Zimermans* Wittibe vnd *Seyfrit* von
irr hofstat viertzehenthalben phenning, ein Wittibe gehaizzen *Alhait*
von irr hofstat sechtzehen phenning, *Thoman* von seiner hofstat
dritthalben pfenning. So ligent derselben Gult Dreizzich pfenning
daselbs auf vberlent, der da dienent der Pharrer von zwain Jewchart
akchers zwaintzich phenning, vnd *Nichlas* der Schuster von ayner
Jewchart akchers zehen phenning. Die vorgenanten sibenthalben
phunt gelts minner siben phenning auf den obgenanten Gütern allen
haben wir Recht vnd redleichen verchauft vnd geben mit alle dem
nützen vnd rechten, alz si unuersprochenlichen von alter in aygens
gewer vor her chomen ist, Vmb Hundert phunt vnd vmb dritthalb
phunt wienner phenning, der wir gar vnd gäntzleich vericht vnd ge-
wert sein, Den erbern Gaestleichen herren Pruder *Chunraten*, zu den
zeiten Abt vnd dem Conuent gemain dez Chlosters daz dem *heyligen
chraewtzs* vnd allen irn nachchomen fürbaz ledichleichen vnd freyli-
chen ze haben vnd allen irn frumen damit ze schaffen, verchauffen,
versetzen vnd geben, swem si wellen an allen irrsal. Vnd durch
pezzer sicherhait so setzen wir vns, ich vorgenanter *Chunrat* von
*Hasenekke* vnd ich *Agnes* sein hawsfrowe vnd vnser Erben vnuer-
scheidenlichen vber die vorgenanten Gült alle Den obgenanten

gaestleichen Herren, dem Conuent gemain daz dem *heyligen Chraewtzs* vnd irn nachchomen ze rechtem gewern vnd scherm für alle ansprach, alz aygens recht ist vnd des Landes recht ze *Osterreich,* vnd zu dem scherm vnd rechten, alz vor an disem brief geschriben stet. Waer aber, daz si fürbaz mit recht an der selben Gült icht chriegs oder ansprach gewünnen, von wem daz waer zwas si dez schaden nement, daz suln wir In alles auzrichten, ab legen vnd widercheren an alle ir Müe vnd an all irn schaden. Vnd suln auch si daz haben auf vns vnuerschaidenlichen vnd auf allem vnserm Gut, daz wir haben in dem Lande ze Österreich, wir sein lebentich oder tode. Vnd daz diser chawf fürbaz also staet vntzerbrochen beleib, Darvmb so gib ich vorgenanter *Chunrat* von *Hasenekke* vnd ich *Agnes* sein hausfrowe, In disen brief ze einer warn sichtigen vrchunde vnd ze einer Ewigen festnunge diser sache, versigilten mit vnserm Insigil vnd mit meiner zwai Prüder Insigiln *Nichlas* vnd *Vlreichs* von *Hasenekke* vnd mit der vorgenanten erbern Herren Insigiln hern *Vlreichs* dez *Stuchssen* von *Trautmanstorf,* hern *Jansen* vnd hern *Chadolts* der Prüder von *Haslaw*, die alle ditzs chawfs vnd diser sache zewgen sint mit irn Insigiln. Der brief ist geben ze *Wienne* nach Christes geburde drewtzehen hundert iar dar nach in dem Sechs vnd fümftzigisten iar, an dez heyligen Chraewtzs tag, alz ez funden wart.

Original auf Pergament mit vier Siegeln, zwei andere gehen ab.

## CCXVII.

**1356, 19. Juni.** — *Jans der Turs von Raukeneck und Katharina seine Hausfrau beurkunden einen mit der Abtei Heiligenkreuz eingegangenen Gültentausch.*

Ich *Jans* der *Türs* von *Rawchenekke* und ich *Katrey* sein hausurowe, Wir vergehen vnd Tun chunt allen den, die disen brief lesent oder hörent lesen, die nv lebent vnd hernach chunftich sint, Vmb die Achtzich wienner phenning aygens Guts, Gelts, die die Gaestleichen Herren datz dem *Heyligen Chraewtzs* gehabt habent ze *Stillfride* auf zwain hofsteten gelegen in der *Grueb*, Vnd die auch dienent *Leupolt* der *Haendel* von seiner hofstat fumftzich phenning, *Chunrat* der *Faewlschorn* von seiner hofstat Dreizzig phenning alle iar mit einander an sant Michels tag, die vns die selben Gaestleichen Herren Prüder *Chunrat*, zu den zeiten Abt vnd der Conuent gemain datzs dem *heyligen Chraeutzs* ze einem rechten Widerwechsel gegeben habent, alz der brief sagt, den wir von In dar vber haben; Vnd da engegen wir In auch ze einem rechten widerwechsel geben vnd verschreiben suln ander achtzich phenning wienner Münzz Gelts aygens Guts auf bestiftem Gut behawster holden, Vnd haben In dafür gesatzt vnd auzgetzaigt mit vnser Erben gutem willen vnd gunst, mit verdachtem mut vnd mit gesampter hant, zu der zeit, do wir es wol getün mochten, vnsers rechten aygens ein halb phunt vnd vier phenning wienner Münzz gelts auf einer Mul, gelegen ze naechst ob *Lebstorf* vnd haizzet dez *Stancharts* Mül, vnd die *Symon* dez *Stancharts* sun auch alle iar an sant Michels tag davon dient, Mit alle den nützen vnd rechten, alz wir die selben Gult in aygens gewer herpracht haben, also mit ausgenomener rede, alle die weil vnd wir In die vorgenanten achtzich phenning gelts ze einem widerwechsel nicht machen vnd verschreiben, als vorgescbriben stet, So suln si daz egenant halb phunt vnd vier phenning gelts auf der vorgenanten Mul in nutz vnd in gewer innehaben, vnd nutzen, niezzen vnd stewrn ze gleicher weys, alz wir selber an allen abslag vnd mit allen sachen inne ze haben, alz ander ir Gut. Vnd swenne wir In aber die achtzich pfenning gelts ze einem widerwechsel verschreiben, alz vorgeschriben stet, so sol vns denne der vorgenant satz von In wider ledich sein an allen chrieg. Swenne aber daz ist, daz man den satz *Stillfrid* von vns löst, oder ob er vntz an mein vorgenanten *Jansen* Tode in vnser gewalt vngelost beleibt, so suln denn den Gaestleichen Herren datz dem *Heyligen Chraewtzs* die vorgenanten Achtzich phenning gelts ze *Stillfride* auf den zwain hofsteten in der *Grueb* aller dinge wider ledich vnd frey sein ze alle dem rechten, alz si vor ir gewesen sint. Vnd darzu so suln In auch dennoch die Achtzich phenning gelts, die wir In ze einem widerwechsel auzzaigen suln, von vns vnd von vnsern Erben ledichleichen beleiben, denne fürbaz irn frumen damit ze schaffen, alz mit anderm irn aygen Gut, oder si suln denne den vorgenanten satz dafür so lang inne haben, vntz daz si der vorgenanten Achtzich phenning gelts von vns vnd von vnsern Erben gar gewert werden ze alle dem rechten, alz vorgeschriben stet. Vnd sein auch wir vnd vnser Erben vnuerschaidenlichen dez vorgenanten satzs Ir recht gewern vnd scherm für alle ansprach, alz aygens vnd satzungs recht ist vnd dez Landes recht ze *Osterreich*, vnd zu dem rechten, alz vorgeschriben stet. Vnd dez ze vrchunde so geben wir In disen brief versigilten mit vnserm Insigil vnd mit vnsers aydems Insigil,

*Fridreichs* von *Winchel,* der diser sache zewg ist mit seinem Insigil. Der prief ist geben nach Christes geburde drewtzehen hundert Iar dar nach in dem sechs vnd fümftzgisten Iar, dez naechsten Süntags vor vnsers Herren Gotes Leychnam Tage.

Original auf Pergament mit einem Siegel, das zweite fehlt.

## CCXVIII.

**1356, 2. Juli.** — *Jans der Velber vnd Chunigunde seine Hausfrau verkaufen der Abtei Heiligenkreuz vier Pfund Pfennige Gülte in dem Werd.*

Ich *Jans* der *Velber* vnd ich *Chunigunt* sein hausurowe wir vergehen vnd tun chunt allen den, die disen brief lesent oder horent lesen, die nu lebent vnd hernach chunftich sint, daz wir mit vnser erben gutem willen vnd gunst, mit verdachtem müt vnd mit gesampter hant, zu der zeit, do wir ez wol getun mochten, verchauft haben vnsers rechten aigens vier phunt wienner phenninge geltes gelegen finf schilling geltes ze *Paden* in dem Marchte auf bestiftem gut behauster holden, vnd an dreitzich phenninge vierdhalb phunt geltes in dem *Werde,* vnd ist auch mich vorgenanter *Chunigunden* derselben vier phunt geltes ain phund geltes mit fürtzicht vnd mit los ze rechtem erbtail an geuallen gegen meinen geswistereiden, do wir alles vnser erbgut mit einander getailt haben, daz vns anerstorben ist von vater vnd von muter, den baiden got genade; vnd die drev phunt geltes sint mein rechtes aigenhaftes chaufgůt. Die vorgenanten vier phunt wienner phenninge geltes haben wir recht vnd redleich verchauft vnd geben mit alle dem nutz vnd rechten, als wir si in aigens gewer her pracht haben, vmb zwai vnde sibentzich phunt wienner phenninge, der wir gar vnd gaentzleich gewert sein, dem erbern manne hern *Hainreichen,* zu den zeiten Chellerschreiber des edeln hochgeporn Fürsten Hertzog *Albrechtes* ze *Österreich,* ze *Steyr* vnd ze *Chernden* vnd desselben hern *Hainreichs* erben fürbaz ledichleich vnd vreileich ze haben vnd allen irn frumen damit ze schaffen, verchauffen, versetzen vnd geben, swem si wellen an allen irresal. Vnd sein auch wir, ich *Jans* der *Velber* vnd ich *Chunigunt* sein hausurowe vnd vnser erben vnuerschaidenleich der vorgenanten vier phunt wienner phenninge geltes des egenanten hern *Hainreichs* des Chellerschreiber vnd seiner erben, oder swem er dieselben gült schaft oder geit, recht gewern vnd scherm für alle ansprach, als aigens recht ist vnd des Landes recht ze *Österreich.* Waer aber, daz si mit recht an derselben gült icht chrieges oder ansprach gewunnen, swaz si des schaden nement, daz suln wir in alles auzrichten vnd widerchern an allen irn schaden, vnd suln auch si daz haben auf vns vnd auf allem vnserm gut, daz wir haben in dem Lande ze *Österreich*, wir sein lebentich oder tode. Vnd daz diser chauf fürbaz also staet vnd vnzerbrochen beleibe, darvber so geben wir in disen brief zu einem warn vrchunde diser sache versigilt mit vnserm insigil vnd mit *Hainreichs* insigil des *Stayner*, mein vorgenanten *Chunigunden* pruder, vnd mit meiner Ôhaim insigiln, *Christans* vnde *Wernharts*, der pruder der *Tachenstainer*, die diser sache gezeuge sint mit irn insigiln in an schaden. Diser brief ist geben nach Christes geburt Dreutzehen hundert iar, dar nach in dem Sechs vnd fümftzgisten iar, des naehsten Samstages vor sant Vlreichs Tage.

Original auf Pergament mit zwei Siegeln, zwei andere fehlen.

## CCXIX.

**1357, 9. März, Wien.** — *Albrecht, Herzog von Österreich etc., bestätigt den Schiedspruch, welchen die von ihm delegirten Commissäre in einer Streitigkeit zwischen der Abtei Heiligenkreuz einer- und den Augustinern und der Gemeinde zu Baden andererseits wegen der Wasserbauten an der Schwechat gethan haben.*

Wir *Alber* von Gots gnaden Hertzog ze *Osterreich*, ze *Steyer* vnd ze *Kernden* Tůn chund offenlich mit disem brief Vmb den chrieg, den die Erbern vnd Geistlichen Leut, der Abt vnd der Conuent vom *Heiligen Chreutz* an aim tail, vnd die *Augustiner* vnd die *Gemain* ze *Paden* an dem andern tail, mit einander gehabt habent von des wazzers wegen, das aus dem Gepirg da heraus für *Paden* rinnet, Daz wir nach irr pet ze baiderseit darzu sanden vnsern getrewen *Wolfgangen* von *Winden* vnd *Chůnrat* den *Schônnaicher*, daz si von vnser wegen beschowten die gebresten, die si baydenthalben ytzund davon hieten, oder der chunftichlich von demselben wazzer môcht werden. Die habent daz getan nach iren trewn Vnd habent ouch von vnserm haizzen vnd geschefts wegen darvber gesprochen mit baider tail gunst vnd willen in der weis, als hernach geschriben stet, Daz die *Heiligenchreutzer* slahen sullen ain wazzerstuben, vnd die auzzern wůr wazzerhalben von der Mül herab, als verr ir Gemercht gent, vntz neben dem Zaun, der si angehôrt. Vnd ain andrev wůr sullen si slahen von der wazzerstuben vntz an den steg gen *vnser vrown Pad* vber, also, daz der Mülgraben hingêe vnd hinrinn zwischen denselben zwayn wûren. Vnd sullen si dieselben zwo wûren vnd die waẓerstuben peẓẓern, als oft sein not geschiecht, an der *Augustiner* ze *Paden* vnd der gemayn daselbs schaden. So sullen denn die *Augustiner* vnd die Gemayn ze *Paden* slahen die wûr Lantzhalben, als si angeuangen ist, vnd dahin Erd nemmen vnd tragen auz dem Mûlgraben, der ytzund news wirt, als vil si derselben Erd bedûrffen. Wer aber, daz man die Erd auz demselben Mûlgraben nicht gar môcht auztragen zu derselben Wûr, daz das waẓẓer seinen gang vnd fluz vôllichlich gehaben môcht, so sullen denn die *Heiligenchreutzer* zwen tail geben vnd die *Augustiner* vnd die Gemayn den dritten tail, daz man dieselben Erd auz demselben Mûlgraben gar auztrag zu der Wûr, daz das Waẓẓer sein rechten vôlligen gang vnd fluz gehaben mûg. Vnd sullen dieselben *Augustiner* vnd die Gmayn dieselben wûr lantzhalben peẓẓern, als oft sein ouch not geschieht, an der *Heiligenchreutzer* schaden. Ouch sullen die *Heiligenchreutzer* den vorgenanten Mûlgraben fûrbaz alletzeit raumen, swenn sein nott ist, an der *Augustinern* vnd der Gemayn schaden. Davon gebieten wir den obgenanten *Heiligenchreutzern* vnd den egenanten *Augustinern* vnd der Gemayn ze *Paden* vnd wellen gar ernstlich bei vnsern Hulden, daz si die vorgeschriben Stukch vnd artikel, als si von wort ze wort da oben begriffen sind, stet haben vnd vôlfûren an widered. Swer daz aber vberfûr, vnd dez nicht tet, den wolten wir darvmb swerlich peẓẓern. Mit vrchund ditz briefs Geben ze *Wienn* an phintztag vor Oculi in der vasten, Nach Christes gepurd drewtzehen hundert Iar, darnach in dem siben vnd fûnftzigisten Iar.

Original auf Pergament, dessen Siegel fehlt.

## CCXX.

1357, 21. März. — *Volkwein Pömer verkauft Herrn Heinrich, Herzog Albrecht's von Österreich Kellerschreiber, ein Pfund Pfenning Gülten zu Baden.*

Ich *Völkchwein* der *Pömer* vnd ich *Magdalen* sein hausvrow wir vergechen vnd tun chunt allen den, die disen prief lesent oder horent lesen, die nv lebent vnd hernach chumftig sint. Daz wir mit vnser erben guten willen vnd gunst, mit verdachtem mût vnd mit gesampter hant, vnd nach vnser pesten vreunt rat, zu der zeit, do wir es wol getun mochten, verchauft haben vnsers rechten aygens, ayn phunt wienner phenning geltes gelegen ze *Paden* auf bestiftem gut behauster holden vnd auf alle dev vnd dar zu gehöret ze velde vnd ze dörffe, es sey gestift oder vngestift, versucht oder vnuersucht, swie so daz genant ist, vnd daz zu den zeyten die holden dienent, die hernach an disem prief geschriben stent; *Haeugel* in dem *werd* von einem hof ein halb phunt, die *Leutlin* in dem *werd* von einem hof sechtzich phenninge vnd sechtzich phenninge auf des *Chlaubern* hof in der *Grünechgazzen* ze *Paden*. Daz vorgenant phunt wienner phenning geltes haben wir recht vnd redleich verchauft vnd geben, mit alle dem nutz vnd rechten, als wir es in aygens gewer her pracht haben, vmb Neuntzehen phunt wienner phenning, der wir gar vnd gentzleich gewert sein, dem erbern mann hern *Hainreichen*, zu den zeiten Chellerschreyber des edeln Hochgeporen fursten Hertzog *Albrechts* ze *Osterreich*, ze *Steyr* vnd ze *Chernden* vnd des selben hern *Hainreiches* erben furbaz ledichleich vnd vreyleich ze haben vnd allen iren frumen damit ze schaffen, verchauffen, versetzen vnd geben, swem si wellen an allen irsal. Vnd sein auch wir ich *volkch-wein* der *Pömer* vnd ich *Magdalen* sein hausvrow vnd vnser erben vnuerschaydenleich des vorgenanten phunt wienner phenning geltes des egenanten hern *Hainreichs* des Chellerschreyber vnd seiner erben, oder swem er es schaft oder geit, recht gewern vnd scherm für all ansprach, als aygens recht ist vnd des Landes recht ze *Oster-reich*. Wer auer, daz si mit recht an demselben phunt geltes icht chrieges oder ansprach gewunnen, swas si des schaden nement, daz schullen wir in alles ausrichten vnd widercheren an allen iren scha-den, vnd schullen auch si daz haben auf vns vnd auf allem vnserm gut, daz wir haben in dem Lande ze *Osterreich*, oder swo wir es haben, wir sein lebentig oder tod. Vnd daz diser chauff fürbaz also stet vnd vntzebrochen beleib, Darvber so geben wir in disen prief zu einer waren vrchund diser sache, versigelt mit vnserm Insigel vnd mit *Otten* Insigil von *Chrügla*, meiner vorgenanten *Magdalen* vater vnd mit meines Ohains Insigil *Hainreichs* des *Stamer* vnd auch mit meiner Ochain Insigeln *Christans* vnd *wernharts* der prüder der *Techenstainer* vnd mit meines Swager Insigil *Jansen* des *Velber*, die diser sach getzeug sint mit iren anhangunden Insigiln. Der prief ist gebeu nach Christes gepurd dreutzechen Hundert iar darnach in dem Syben vnd fumftzigistem iar, des nagsten Erich tages nach Mitter vasten.

Original auf Pergament mit vier Siegeln, zwei andere fehlen.

## CCXXI.

**1357, 13. April.** — *Jans der Turs von Raukeneck und seine Hausfrau Katharina verkaufen der Abtei Heiligenkreuz zwei Pfund und sieben Schilling Pfenning Gülten zu Spannberg.*

Ich *Jans* der *Turs* von *Rauchenekk* vnd ich *Kattrey* sein Hausurow, Wir vergehen vnd tun chunt allen den, die disen brief lesent oder horent lesen, die nv lebent vnd hernach chunftich sint, Daz wir mit vnser Erben gutem willen vnd gunst, mit verdachtem mut vnd mit gesampter hant, zu der zeit, do wir ez wol getun mochten, Verchauft haben vnsers rechten aigens, daz vnser rechts chauf aigen ist, zwai phunt vnd sibenthalben schilling wiener phenning gelts, die wir gehabt haben ze *Spannberch* auf den Holden, die hernach geschriben stent, Vnd die auch dienend *Hainreich* der *Zwetler* von einem halben leben Funfthalben schilling, *Jacob Rennwart* von einem halben Lehen Funfthalben schilling, *Ruger* der *Listel* von einem halben Lehen sechs schilling vnd dritthalben vnd zwaintzich phenning, *Thomas Helmbeich* von einem viertail achthalben vnd sechtzig phenning, *Vlreich* der *Chroph* von einem halben Lehen fünfthalben schilling. Vnd die auch dieselben Gult alle iar dient an sant Michels tag. Die vorgenanten zwai phunt vnd sibenthalben schilling gelts haben wir auf den vorgenanten Gutern allen Recht vnd redleichen verchauft vnd geben mit alle dem nutzen vnd rechten, alz wir si vnuersprochenlich in aygens gewer herpracht haben, vmb newn vnd dreizzich phunt wienner phenninge, Der wir gar vnd gantzleich verricht vnd gewert sein, Dem erbern Geistleichen Herren Pruder *Chunraten* zu den zeiten Abt vnd dem Conuent gemain datz dem *Heyligen Chraeutz* vnd allen iren Nachkomen furbatz ledichleicheu vnd freylichen ze haben vnd allen irn frumen damit ze schaffen, verchauffen, versetzen vnd geben, swem si wellen an allen irrsal. Vnd sein auch wir ich *Jans* der *Turs* von *Rauchenekk* vnd ich *Kattrey* sein Hausfrowe vnd vnser Erben vnuerschaidenlichen der vorgenanten zwair phunt vnd sibenthalben schilling pfenninge gelts auf den obgnanten Gütern allen, als vorgeschrieben stet, ir Recht gewern vnd scherm für alle ansprach, alz aygens recht ist vnd des Landes recht ze *Oesterreich*. Get in furbaz daran icht ab mit recht, daz suln si haben auf vns vnuerschaidenlichen vnd auf allen vnserm Gut, daz wir haben an dem Lande ze *Ostereich*, oder swo wir ez haben, swie so datz genant ist, wir sein lebentich oder tode. Vnd daz diser Chauf furbaz also stet vnd vnzerbrochen beleib, Dar vmb so geben wir in disen brief ze einer Ewigen vestnunge diser sache versigilten mit vnserm Insigil vnd mit vnsers Aydems Insigil herrn *Fridreichs* vom *Winchel*, der diser sache zeug ist mit seinem Insigil. Der Brif ist geben nach Christes Geburde dreitzehen Hundert iar darnach in dem siben vnd fünftzgisten iar, des Pfintztags in der Osterwochen.

Original auf Pergament mit einem Siegel, das zweite fehlt.

## CCXXII.

**1357, 18. April.** — *Friedrich der Alber verkauft der Abtei Heiligenkreuz zwölf Schilling Pfenning Gülten auf einem Lehen zu Obersulz.*

Ich *Fridreich* der *Albaer* vnd ich *anna* sein Hausfrowe Wir vergehen vnd tun chunt allen den, di disen brief lesent oder hörent lesen, die nu lebent vnd hernach chunftich sint, Daz wir mit vnser Erben gutem willen vnd gunst, mit verdachtem mut vnd mit gesampter hant vnd nach vnser naechsten frewnt Rat, zu der zeit, do wir ez vol getun mochten, Verchawft haben vnsers rechten aygens zwelif Schilling wienner phenning gelts, die gelegen sint auf einem gantzen Lehen ze *obern Sultzs*, da zu den zeiten auf gesezzen ist *Gerunch* der Zeechmaister daselbs vnd auf alle dew vnd zu dem selben Lehen gehoret ze velde vnd ze Dorffe, ez sey gestift oder vngestift, ver- sucht oder vnuersuecht, swie so daz genant ist; Vnd davon man auch dieselben zwelif schilling gelts alle iar dient mit einander an sant Michels tag. Dieselben zwelif schilling gelts haben wir auf dem vor - genanten Lehen vnd auf alle dem vnd dar zu gehoret, alz vorge- schriben stet, Recht vnd redleichen verchawft vnd geben mit alle dem nutzen vnd rechten, alz wir si vnuersprochenlichen in aygens gewer her pracht haben, Vmb zwaintzich phunt vnd vmb ein halb phunt phenning wiener Münzz, Der wir gar vnd gäntzleich verricht vnd gewert sein, Dem erbern Gaestleichen Herren Pruder *Chunraten*, zu den zeiten Abt datz dem *Heyligen Chraewtzs* vnd dem Conuent gemain daselbs vnd allen irn Nachchomen furbaz ledichleichen vnd freylichen ze haben vnd allen irn frumen damit ze schaffen, ver- chauffen, versetzen vnd geben, swem si wellen an allen irrsal. Vnd vand *Fridreich* mein vorgenanten *Fridreichs* sun dez *Albaer*, den ich han mit meiner Ereren hausfrowen vrown *Margreten* selig seiner Muter zu seinen iarn noch nicht chomen ist, Darvmb so setzen wir

vns ich *Fridreich* der *Albaer* vnd ich *Anna* sein hausvrow vnd ich
*Peter* von *Porschalch* sein Öhaim mit sampt allen vnsern Erben vn-
uerschaidenlichen für vns vnd für den selben meinen Sun *Fridreichen*
vber die vorgenanten zwelif schilling gelts auf dem egenanten Leben
vnd auf alle dew vnd dar zu gehoret, alz vorgeschriben stet. Den
erbern Gaestleichen Herren Pruder *Chunraten*, Abt datz dem *Hey-*
*ligen Chraewtzs* vnd dem Conuent gemain daselbs vnd allen irn
Nachchomen ze rechten Gewern vnd scherm für alle ansprach, alz
aygens recht ist vnd dez Landes recht ze *Österreich* vnd auch alz
lang, vntzs daz der vorgenant mein Sun *Fridreich* zu seinen rechten
iarn chümt vnd sich der egenanten zwelif Schilling gelts gar vnd
gäntzleich vertzeicht vnd aufgeit, alz aygens recht ist vnd dez Landes
recht ze *Österreich*, vnd ze alle dem rechten, alz vorgeschriben stet.
Vnd swaz In fürbaz mit recht dar an abget, daz suln si haben auf vns,
auf mir *Fridreichen* dem *Albaer*, vnd auf mir *Annen* seiner haus-
frowen vnd auf mir *Petrein* von *Porschalch* seinem Öhaim vnd auf
allen vnsern Erben vnuerschaidenlichen vnd auf allem vnserm Gůt,
daz wir haben in dem Lande ze *Österreich*, oder swo wir ez haben,
swie so daz genant ist, wir sein lebentich oder tode. Vnd dez ze
vrchunde so geben wir In disen brief versigilten mit vnsern bayden
Insigiln vnd mit dez erbern Herren Insigil hern *Marcharts* des
*Türsen* von *Tyrnstain* vnd mit mein *Fridreichs* dez *Albaer* Vettern
Insigil *Jansen* dez *Syrnicher*, die diser sache zewgen sint mit irn
Insigiln. Der brief ist geben nach Christes Geburde drewtzehen hun-
dert iar darnach in dem Siben vnd fumftzgistem iar, des naechsten
Eritags vor sant Jörigen tag.

Original auf Pergament, dessen vier Siegel fehlen.

## CCXXIII.

**1357, 28. October.** — *Leibgedingrevers Konrad's des Glurren und seiner*
*Hausfrau Margareth auf die Abtei Heilgenkreuz über einen ihnen zu Leib-*
*geding verliehenen Hof zu Gundramsdorf und einen Acker.*

Ich *Chunrat* der *Glurr*, zu den zeiten Zechmaister ze *Gund-*
*ramstorff*, vnd ich *Margret* sein hausurow Wir vergehen vnd tun
chunt allen den, die disen brief lesent oder hörent lesen, die nu
lebent vnd hernach chünftich sint, daz vns die erbern Gaestleichen
Herren, Pruder *Chunrat*, zu den zeiten abt vnd der Conuent gemain
daz dem *Heyligen Chraewczs* recht vnd redleichen gelazzen habent

ze leibgeding nur ze vnser baider lebtaegen irn hof gelegen ze *Gundramstorf*, der da haizzet der *Strohof*, ze naechst *Vlreichen* dem *Leitgeben* vnd darzu fumfthalb Jeuchart akchers gelegen ze naechst irr wisen, die da haizzet die *Auwisen*, vnd darzu ein halbew Jeuchart akchers gelegen daselbs ze *Gundramstorf* auf der *santgrueb*, also daz wir in von demselben irm hof vnd von den fumf Jeucharts akchers alle iar dienen suln ain phunt wienuer phenning, ein halbs phunt an sant Jörigen tag vnd ein halbs phunt an sant Michels tag. Vnd suln auch wir den selben irn hof alle iar pawen vnd pezzern, swaz ze notdurft daran ze pezzern ist, mit vnserm aigenhaftem gut. Auch habent si in darzu ausgenomen einen chasten in dem selben irm hof vnd einen cheller darvnder vnd darzu einen winchel in der stuben, vnd darzu stallung, als wir an alles genaew zu der zeit dez zu vnserm viech enpern mügen. Darzu so habent si vns auch gelazzen ze leibgeding nur ze vnser payder lebtaegen irn akcher gelegen in *Gundramstorfer velde*, der da haizzet der *Wagendrussel*, zwischen baiden lantstrazzen ze naechst *Meinharts* weingarten dez Fleischhakchers, der auch haizzet der *Wagendrussel*, also daz wir denselben akcher hewr daz iar halben Greften suln zu einem weingarten vnd hincz iar suln wir den andern halben tail auch greften an allen chrieg. Vnd suln auch wir denne denselben weingart akchet fümf iar ledigen haben an allen dienst, vnd swenne die fümf iar auzchoment, so suln wir in denne fürbaz alle iar von demselben weingarten geben immer den vierden Emmer weins, swie vil weins alle iar darinne wirt an allen chrieg. Vnd swenne ich vorgenanter *Chunrat* der *Glurr* vnd ich *Margret* sein hausfurow baidew nicht mer ensein, swie si denne dez vorgenanten hof, die akcher vnd den weingarten vindent, also sol ez in denne vnd dem vorgenanten irm chloster wider ledich sein in alle dem rechten, alz ez vor ir gewesen ist an allen chrieg. Vnd swenne daz waer, daz wir denselben hof, die aekcher vnd den weingarten nicht paweten, alz vorgeschrieben stet, so sol ez in denne aber ledich sein, alz vorgeschriben ist, vnd swaz si dez dennoch schaden nement, daz suln wir in alles widerchern vnd suln auch si daz haben auf vns vnd auf allem vnserm gut, daz wir haben in dem lande ze *Österreich*, wir sein lebentich oder tode. Vnd daz disew sache fürbaz also staet vnd vntzerbrochen beleib, vnd wand wir selber nicht aygens insigils haben, darvber so geben wir in disen brief ze einem warn vrchunde diser sache versigilten mit dez erbern herren iusigil, hern *Hartneits* von *Sachsengang* vnd mit hern *Otten* insigil dez *Tewfels*, die wir dez vleizzichleichen gepeten haben, daz si diser sache zewgen sint mit irn insigiln. Der prief ist geben nach Christes geburde drewtzehen hundert iar darnach in dem syben vnd fümftzgisten iar, an sant Symons vnd sant Judas tag der heiligen zwelifpoten.

Original auf Pergament, dessen zwei Siegel fehlen.

## CCXXIV.

**1357, 19. November, Wien.** — *Irnfried von Clemens verkauft der Abtei Heiligenkreuz ein Pfund Pfennige Gülte auf einer Mühle zu Erdprust.*

Ich *Irnfrit* von dem *Clemens* vnd ich *Jans* von dem *Clemens* sein Svn Wir vergechen vnd Thun chunt allen den, di disen brief lesent oder hörent lesen, die nv lebent vnd hernach chunftich sind, Daz wir mit vnser erben gutem willen vnd gunst, mit verdachtem müt, zu der zeit, do wir es wol getun mochten, Verchawft haben vnsers rechten aygens ayn phunt wienner phennig geltes auf der naichsten *Mul* gelegen oberhalben *Ertprust*, vnd auf alle dev vnd zu derselben *Mul* gehöret ze velde vnd ze dorffe, ez sei gestift oder vngestift versucht oder vnuersucht, swie so daz genant ist. Daz vorgenant phunt wienner phennig geltes haben wir Recht vnd redleich verchawft vnd geben mit allen dem nutzen vnd rechten, alz wir ez in aygens gewer herpracht haben, Vmb vier vnd zwaintzich phunt wienner phennig, der wir gar vnd gaentzleich gewert sein, Den erbern gaestleichen Herren Pruder *Chunraten*, zu dem zeiten Abt vnd dem Conuent gemain dez Chlosters datz dem *Heiligen Chraeutz* fürbaz ledichleich vnd vreileich ze haben Vnd allen irn frumen damit ze schaffen, verchawffen, versetzen vnd geben, swem si wellen an allen irresal. Vnd sein auch wir, Ich *Irnfrit* von dem *Clemens* vnd ich *Jans* sein svn vnd vnser erben vnuerschaidenleich des vorgenanten phunds wienner phennig geltes der egenanten erbern gaestleichen Herren gemain datz dem *heiligen Chrewtz* vnd irr Nachchomen Recht gewern vnd scherm für alle ansprach, als aygens recht ist vnd dez Landez recht ze *Österreich*. Wär aber, daz si mit recht an demselben phunt geltes icht chrieges oder ansprach gewunnen, swaz si des schaden nement, daz suln wir in allez ausrichten vnd widerchern an allen irn schaden Vnd suln auch si daz haben auf vns vnuerschaidenleich Vnde auf allem vnserm gut, daz wir haben in dem Lande ze *Österreich*, wir sein lebentich oder tode. Vnd daz diser Chauf fürbaz also staet vnd vnzerbrochen beleibe, Darvber so geben wir, ich *Irnfrit* von dem *Clemens* vnd ich *Jans* vom *Clemens* sein svn den obgenanten erbern gaestleichen Herren gemain datz dem *Heiligen Chraewtz* disen brief zu einem waren vrchunde vnd ze einer ewigen vestnung diser sache, versigilten mit vnsern Insigiln Vnd mit *Jansen* insigil von dem *Clemens*, mein vorgenanten *Irnfrits* pruder, vnd mit meins aydams insigil hern *Nichlas* des *Schawrbekchen*, nach der Rat diser chawf also gewandelt vnd geschehen ist, vnd die auch ditzs chawfs vnd diser sache gezewg sind mit irn Insigiln. Der brief ist geben ze *Wienne* nach Christes geburde drewtzechen Hundert iar darnach in dem Syben vnd fümftzigisten iar, an sand Elzbeten Tage.

Original auf Pergament, dessen Siegel fehlen.

## CCXXV.

**1358, 7. März, Wien.** — *Stephan, Herzog von Baiern, befiehlt seinen Amtleuten die Abtei Heiligenkreuz in dem althergebrachten Rechte der Mautfreiheit für ihr Salz nicht zu beirren.*

Wir *Stephan* von Gotes genaden Pfallenzgraf bei *Rein* vnd Hertzog in *Beyern* Tun chunt offenlichen mit dem brief, Wan vns der Ersam Abbt vnd der Conuent ze dem *Heiligen Chrewtze* in *Österreich* geinnert vnd beweiset habent mit guten vnzerbrochen vrchunden vnd Hantuesten, die si von vnsern vettern Hertzog *Stephan* in *Beyern*, Chunig *Otten* von *vngarn* vnd och von Hertzog *Heinrichen* in *Beyern*, den Got genad, habent gehabt vm ein Freyung, also daz si alle iar ze ainem mal zwai phunt weites saltzes an vnser Mautt ze *Purchhausen* frei vnd ledig an aller Mauttvodrung vnd irrung fürfüren sulln vnd mügen, ze der zeit vnd ez mit gewonheit her ist chomen, vnd als die brief sagent, die si von vnsern vodern selig darüber habent, Davon wellen wir vnd gebieten allen vnsern amptleuten, Vitztumen, Richtern, allen vnsern ampleuten andern, wie die genant sein, die in vnserm Land gesezzen sind vnd besunderlichen vnsern Mauttnern ze *Purchhausen* bei vnsern hulden vestikleich, daz ir den vorgenanten Abbt . . vnd daz Conuent von dem *Heiligen Chrewtze* an der obgenanten vreyung mit nichte irret, laidiget, enget, noch beswäret, vnd fürdert si an den vorgenanten sachen, dez wellen wir nicht enbern Wir wellen ouch, swer die obengenantn freyungen von irrn wegen füret, oder swem si dieselben empfelhent, oder verchauffent, das der oder dieselben die vorgenant freiung fürfüren sulln an alle beswärung vnd vodrung in allen dem rechtem, als si selben. Vnd dez ze vrkund geben wir in den brief versigelten mit vnserm Insigel. Der geben ist ze *wyenne* an dem Mitwochen vor Mitteruasten, anno domini Millesimo CCC°. Quinquagesimo Octauo.

Original auf Pergament mit Siegel.

## CCXXVI.

**1358, 19. März, Wien.** — *Alber der Hutter von Baden verkauft der Abtei Heiligenkreuz acht Pfund und dritthalb Pfenning Gülten auf verschiedenen Gütern zu Baden.*

Ich *Alber* der *Hutter* von *Paden*, vergich vnd tun chunt allen den, die disen brief lesent oder horent lesen, die nu lebent vnd hernach chunftich sind, daz ich mit meiner erben gutem willen vnd gunst, mit verdachtem mut vnd nach meiner pesten vreunde rat, zu der zeit, do ich es wol getun mochte, verchauft han meins rechten aigens des ersten; syben schilling vnd aindlefthalben phenning wienner münzze geltes rechts dienstes ze stiften vnd ze störn gelegen ze *Paden* auf weingarten an dem *Griezze*, vnd syben phunt vnd zwen vnd zwaintzich phenning wienner münzze geltes daselbens ze *Paden* in dem *Markcht* vnd darumb auf bestiftem gut behausten holden vnd auf alle dem, daz darzu gehöret, ze uelde vnd ze dorff, ez sei gestift oder vngestift, versucht oder vnersucht, swie so daz genant ist. Die vorgenanten acht phunt vnd drithalben phenning wienner münsse gelts habe ich recht vnd redleich verchauft vnd geben mit allen den nutzen vnd rechten, als ich dieselben gült in aigens gewer herpracht han, vmb hundert phunt vnd vmb sechtzich phunt wienner phenninge, der ich gar vnd gaentzleich gewert bin, dem erbern manne *Hainreichen*, zu den zeiten Chellerschreiber des edeln hochgeborn Fürsten Hertzog *Albrechts* ze *Osterreich*, ze *Steyr* vnd ze *Kernden* vnd desselben *Heinreichs* erben furbaz ledichleich vnd vreileich ze haben vnd allen irn frumen damit ze schaffen, verchauffen, versetzen vnd geben, swem si wellen an allen irrsal. Vnd bin auch ich vorgenanter *Alber* der *Hutter* vnd alle meine erben vnuerschaidenleich der vorgenanten acht phunt vnd drithalben phennich wienner münzze gelts des egenanten hern *Hainreichs* dez Hertzogen Chellerschreiber vnd seiner erben, oder swem er dieselben gült schafft oder geit, recht gewern vnd scherm für alle ansprach, als aygens recht ist vnd des landes recht ze *Österreich.* Waer aber, daz si mit rêcht an derselben gült icht chrieges oder ansprach gewinnen, swas si des schaden nement, daz suln wir in alles ausrichten vnd widercheren an allen irn schaden, vnd suln auch si daz haben auf vns vnuerschaidenleich vnd auf allem vnserm gut, daz wir haben in dem lande ze *Österreich,* oder swo wir es haben, swie so daz genant ist, wir sein lebentich oder tode. Vnd daz diser chauff fürbaz also staet vnd vnzerbrochen beleibe, darüber so gib ich *Alber* der *Hütter* in disen brief zu einem waren vrchunde vnd ze einer ewigen vestnung dieser sache versigilten mit meinem insigil vnd mit meins pruder insigil *Jansen* des *Hütter*, gegen dem, vnd gegen andern geswisterayden mich die vorgenante gült mit fürtzicht vnd mit los ze rechtem erbtail angeuallen ist, do wir mit einander getailt haben, vnd mit meiner vetern insigiln *Larentzs* des *Hütter* vnd *Jansen* dez *Hütter*, die diser sache gezeug sint mit irn insigiln. Der brief ist geben ze *Wienne* nach Christes geburde drewtzehen hundert iar darnach in dem acht vnd fümftzgisten iar, dez nächsten Mantages vor dem Palm tag.

Original auf Pergament mit einem Siegel, drei fehlen.

## CCXXVII.

**1358, 19. März, Wien.** — *Alber der Hutter von Baden verpfändet Herrn Heinrich dem herzoglichen Kellerschreiber für ein Darlehen von Hundert achtzig Pfund Pfenning verschiedene Gülten zu Baden.*

Ich *Alber* der *Hütter* von *Paden* vnd mein Erben · Vergehen offenleich an diesem brief, Daz wir vnuerschaidenleichen gelten suln Dem erbern manne *Hainreichen,* zu den zeiten Chellerschreiber dez edlen Hochgeborn Fürsten, Hertzog *Albrechts* ze *Oesterreich*, ze *Steyer* vnd ze *Chaernden* vnd seinen Erben Hundert phunt vnd achtzich phunt wienner phenning, di si vns berait gelichen habent, Vnd haben In dafür gesatzt ze rechter Satzüng nach des Landes recht ze *Österreich* mit gutem willen, mit verdachtem müt vnd nach meiner pesten vrewnt Rat, zü der zeit, do ich ez wol getun mocht, vnsers rechten aygens Dez ersten: Siben Schilling vnd aindlefthalben wienner phenning gelts rechts diensts ze stiften vnd ze stern gelegen ze *Paden* auf weingaerten an dem *Griezz,* vnd syben phunt vnd zwên vnd zwaintzich phenning wienner Münzz gelts gelegen daselbens ze

*Paden* vnd vmb *Paden* auf bestiftem güt behawster holden vnd auf
alle dew vnd dar zü gehoret ze Velde vnd ze Dorffe, ez sey gestift
oder vngestift, versucht oder vnuersuecht, swie so daz genant ist,
Mit alle den nützen vnd rechten, alz wir ez alles in aygens gewer
herpracht haben, also mit ausgenomener Rede, alle die weil vnd wir
si der vorgenanten irr phenning nicht richten vnd wern, So suln si
die vorgenanten Gult alle in nutz vnd in gewer inne haben vnd in-
nemen vnd vezzen vnd niezzen vnd nützen ze gegleicher weys, alz
wir selber an allen abslag. Vnd swenne wir denselben Satz losen
wellen oder mügen, den suln si vns denne an alle wider rede ze
lösen geben zwischen Weichennachten vnd vaschang, vnd ze chainer
zeit mer im iar vmb hundert phunt vmb achtzich phunt wienner phen-
ning, und swenne si den selben satz nicht lenger haben wellent,
noch mügen, So suln si denne vrey wal vnd vollen gewalt haben,
denselben Satz ze versetzen an allen irresal, swem si wellen, vmb
alz vil phenning, alz er In von vns stet vnd in dem rechten, alz vor
an disem brief geschriben stet. Vnd sein auch wir, ich vorgenanter
*Alber* der *Hütter* vnd mein Erben vnuerschaidenleichen der egenan-
ten Gult aller dez vorgenanten *Heinreichs*, dez Hertzogen Cheller-
schreiber vnd seiner Erben, oder swem er den selben Satz versetzt,
in dem rechten, alz vorgeschriben stet, Recht gewern vnd scherm für
alle anspwhen, als aygens vnd satzung recht ist vnd dez Landes recht
ze *Osterreich*. Waer aber, daz In mit recht an demselben Satz icht
abging, daz suln si haben auf vns vnuerschaidenleichen vnd auf allem
vnserm Güt, daz wir haben in dem Lande ze *Osterreich*, wir sein
lebentich.oder Tode. Vnd darvber So gib ich vorgenanter *Alber* der
*Hutter* In disen brief ze einem warn vrchunde diser sache versigilten
mit meinem Insigil vnd mit meins Prüder Insigil *Jansen* dez *Hütter*,
gegen dem vnd andern meinen Gewistereyden mich die vorgenant
Gult mit fürtzicht vnd mit loz ze rechtem erbtail angeuallen ist, vnd
mit meiner Vettern Insigiln *Larentzs* dez *Hutter* vnd *Jansen* dez
*Hutter*, die diser sache gezewgen sint mit irn Insigiln. Der brief ist
geben ze *Wienne* nach Christes Geburde drewtzehen hundert iar
darnach in dem Acht vnd Fümftzgisten iar, dez naechsten Maentags
vor dem Palm Tage.

Original auf Pergament mit drei Siegeln, das vierte fehlt.

## CCXXVIII.

**1358, 14. August.** — *Heinrich von Pottendorf verkauft der Abtei Heiligen-kreuz fünf Pfund und vier und achtzig Pfenning Gülten zu Enzersdorf an der Fischa.*

Ich *Hainreich* von *Potenorff* vnd ich *Agnes* sein Hausvrow Wir vergehen vnd Tůn chunt allen den, die disen brief lesent oder hörent lesen, die nu lebent vnd hernach chumftich sind, Daz wir mit vnser erben gutem willen vnd gunst, mit verdachtem můt vnd mit gesambter hant, vnd nach vnser pesten vrewnt Rat, zu der zeit, do wir ez wol getun mochten, verchauft haben vnser rechten aygens fümf phunt vnd vier vnd achtzich phenning wienner münzze gelts gelegen ze *Entzestorf* bey der *vischach* auf bestiftem güt behawster holden, vnd auf alle dem vnd dar zů gehoret, ze velde vnd ze dorff, ez sei gestift oder vngestift, versucht oder vnersůcht, wie so daz genant ist, vnd die zu den zeiten die holden davon dienent, die her-nach an diesem brief geschriben stent, dez ersten *Hainreich* der *Spiegel* von einem gantzen Lehen zehen schilling gelts diensts vnd vierzehen phenning gelts ze weisät, *Nichlas* der *Prötsch* von einem halben lehen fümf schillinge diensts vnd siben phenning ze weisät, *Chunrat* der *Samareier* von drin viertailn eins lehens siben schilling dients vnd sechthalben vnd zwaintzig phenning ze weisät, die *Gut Jöriginne* von einem viertail eins lehens fümf vnd sibentzig phenning diensts vnd vierdhalben phenning weisät, *Nichlas* der *Spiegel* von einem halben Lehen fümf schilling diensts vnd sipen phenning weisät, *Otten* des *Pühel* chinder von einem halben lehen fümf schilling diensts vnd siben phenning ze weisät, *Nichlas* der *Pühel* von einem halben lehen fümf schilling diensts vnd siben phennig weisät, *Hainreich* der *Gotfrider* vnd *Jacob* der *Samareier* von zwain halben Hofsteten baid aindlef phenning, *arnolt* vnd *Ekkel* der *Reinpotnin* aidem von zwain halben Hofsteten baid sibentzehen phenning. Die vorgenanten fümf phunt vnd vier vnd achtzig phenninge wienner münzze gelts haben wir Recht vnd redleich verchauft vnd geben mit alle dem nutz vnd rechten, als wir si in aygens gewer herpracht haben, vmb achtzig phunt wienner phenning, der wir gar vnd gaentzleich gewert sein, Dem erbern gaestleichen herren Pruder *Cholmann*, zu den zeiten Abt vnd dem Conuent gemain des Chlosters datz dem *heiligen Chrewtz*, vnd irn nachchomen fürbas ledichleich vnd vreileich ze haben vnd allen irn frumen damit ze schaffen, verchawffen, versetzen vnd geben, wem si wellen an allem irresal. Vnd sein auch wir, ich *Hainreich* von *Potendorf* vnd ich *Agnes* sein hausvrow vnd vnser erben vnuerschaidenleich der vorgenanten fümf phunt vnd vier vnd achtzig phenning wienner münzze gelts der egenanten erbern gaestleichen Herren gemain, datz dem *heiligen Chraewtz* Recht gewern vnd scherm für alle ansprach, als aygens recht ist vnd dez Landes recht ze *Osterreich.* Waer aber, daz si mit recht an derselben Gült icht chriegs oder ansprach gewünnen, waz si dez schaden nement, daz suln wir in alles ausrichten vnd widerchern an allen irn schaden, vnd suln auch si daz haben auf vns vnd auf allem vnserm Gut, daz wir haben in dem *Lande* ze *Osterreich,* wir sein lebentich oder tode. Vnd daz diser *Chawf* fürbas also staet vnd vnzerbrochen beleibe, Dar vber so geben wir In disen brief zu einem warn vrchunde vnd ze einer ewigen vestnung diser Sache versigilten mit vnserm Insigil vnd mit mein vorgenanten *Hainreichs* vier Prüder insigiln hern *Lewtolts,* Hern *Seybots,* Hern *vlreichs,* vnd Hern *Wilhalms* von *Potendorf,* die diser sache gezeug sint mit irn Insigiln. Der brief ist geben nach Christs gedurde drewtzehen Hundert iar dar nach in dem Acht vnd fümftzgisten iar, an vnser vrown abent ze der Schidung.

Original auf Pergament, dessen fünf Siegel fehlen.

# CCXXIX.

**1358, 11. November.** — *Revers des Abtes Koloman und des Conventes der Abtei Heiligenkreuz wegen genauer Erfüllung des von Bruder Dietrich, dem Kloster-Müller von Heiligenkreuz, gestifteten Jahrtages.*

Wir Bruder *Cholman* zu den zeiten Abpt vnd der Conuent gemain datz dem *Heiligen Chreutz* verichen offenleich an diesem brief, daz der Erber vnser lieber Pruder *Dietreich* zu den zeiten *Mülmaister* in vnserm Chloster gegeben hat vns vnd vnserm Gotshaus zwaintzich phunt phenning wienner müntz, der wir gantz vnd gar gewert sein, für zway phunt phenning ewiges geltes, die man raihen vnd dienen schol auz vnser Bursen; darzu ain phunt phenning ewigs geltes auf der *Gaizmül* vnd ainen weingarten gelegen ze *Phaf- stetten* vnd haizet der *Tüntz* ze nast dem Weingarten, der da haizzet das *Zeigeret,* vnd der auch dient zwen emmer wein in dem *Lesen* ze Perchrecht hintz *Gemmich* vnd nicht mer. Daz alles hat er vns

**vnd** vnserm Chloster gegeben vnd gemacht im selbe vnd allen seinen **vördern** vnd allen glaubigen selen ze hilf vnd ze trost zu einem **ewigen** selgeret Also, daz wir vnd alle vnser nochchomen einen **ewigen** iartag dovon begen schullen in vnserm Chloster mit Vigili **vnd** mit sel messe nach vnsers Ordens gewanhait alle iar des Mittiehen in der Chotemmer wochen vor Weichnachten, vnd schullen **auch** an demselben Tag geben yedem Herren vnd den Prüdern drew **stuch** güter Visch vnd ein semel, vnd swelichs iars wir daz versaumpten vnd nicht volfürten, als vorgeschriben stet, so schullen sich des egenanten Prüder, *Dietreichs* nachsten vrewnt, oder swem er daz mit **disem** brief enphilicht, des vorgenanten Weingarten vnd der vorgenanten gult vnderwinden mit vnserm guten willen vnd so lang·inne haben, vntz daz allez daz gepezzert vnd volfürt werd, daz an dem vorgenanten iartag versaumpt ist. Vnd daz ditz gescheft vnd daz selgeret also stet vnd vnzebrochen beleib, darvmb geben wir in disen brief zu einem offenn vrchund vnd waren gezeug diser sach versigilten mit vnsern anhangunden insigiln. Der geben ist nach Christes gepürd Dreutzehen hundert iar, dar nach in dem Acht vnd fumftzigisten iar, an sand Merten Tag.

Original auf Pergament mit zwei Siegeln.

## CCXXX.

**1359, 16. März.** — *Das Domeapitel von Raab transsumirt für die Abtei Heiligenkreuz einen vor dem Capitel der Eisenstädter Kirche abgeschlossenen Vertrag zwischen den drei Söhnen des Niclas Aykas von Lesansuck.*

Nos *Capitulum ecclesie Jauriensis* memorie commendamus, quod nobilis vir *Johannes*, filius *Nicolai*, dicti *Aykas de Lesansuk* siue de *Lendorph*, nostram adeundo presenciam exhibuit nobis litteras *Capituli Castriferrei* patentes petens nos instanter, ut copiam earumdem Fratri *Syfrido*, magistro *curie monachorum de novo predio*, pro maiori certitudine in forma transsumpti sub nostro sigillo dare dignaremur. Tenor autem earundem talis est: Nos *Capitulum* ecclesie *Castriferrei* memorie commendamus, quod magister *Johannes*, filius *Nicolai*, dicti *Aykas de Iwanch*, ab una, parte vero ab altera *Nicolaus* et *Dominicus*, filii eiusdem *Nicolai*, dicti *Aykas*, de eadem *Iwanch*, coram nobis pariter constituti confessi extiterunt oraculo uiue uocis eo modo, quod ipsi super facto possessionarum porcionum eorum in possessionibus, videlicet *Lesansuk*, *Hegyeshobn*, *Kalmuk*, *Wyllie* et *Tordamez* vocatis, in comitatu *Mosoniensi* existentibus, habitarum, nunc per manus alienas occupatiue existencium, taliter concordassent et concordarunt coram nobis, vt, quia predictus magister *Johannes* easdem possessionarias porciones ab ipsis manibus alienis propriis laboribus et expensis requirere, et reoptinere ac etiam predictos *Nicolaum* et *Dominicum* super omnibus iudiciis et iudiciorum grauaminibus, si in aliquibus, in execucione earum premissarum porcionum, quod absit, agrauerentur et convincerentur modo simili cum suis rebus et laboribus expedire assumpsit, ideo si idem magister *Johannes* ipsas possessionarias porciones in toto, uel aliquam partem, seu particulam earundem quouis modo, siue per modum pacis, siue per formam litis materie reinvenire et optinere poterit, extunc easdem dicti magister *Johannes* a festo beati Michaelis archangeli proximo venturo, usque ad quintam eiusdem festi reuolucionem, scilicet ad spacium quatuor annorum integrorum possidendi, tenendi et conseruandi, vtilitatesque earundem quaslibet pro se percipiendi, uel etiam quibuscumque voluerit usque complecionem predictorum quatuor annorum integrorum pignori obligandi, plenam habebit facultatem, sed completis ipsis quatuor annis integris in predicta reuolucione annuali festi prenotati easdem ab omnibus grauaminibus, in quibus per eundem magistrum *Johannem* usque terminum prefixum eedem possessionarie porciones agrauari dinoscerentur, expedire et deliberare, ac ipsas coram nostro testimonio per nos ad id deputando cum prescriptis *Nicolao* et *Dominico*, fratribus suis diuidendo, porciones ipsorum eisdem de ipsis possessionariis porcionibus extradare tenebitur. Si vero id facere noluerit, vel non potuerit, ex tunc usque dum porciones eorundem *Nicolai* et *Dominici* eisdem libere remiserit et resignauerit, ipse magister *Johannes* eosdem citandi non habebit facultatem. Preterea litteras ipsorum super ipsis porcionibus possessionariis confectas et emanatas, uel emanari debendas in communi loco et conseruatorio tenere et conseruare debebunt. Sicut omnia et singula. premissorum per partes prescriptas extitit ordinatum et voluntarie assumptum coram nobis. Datum feria secunda proxima ante festum beati Michaëlis archangeli prescriptum anno domini M⁰. CCC⁰ L⁰ octauo.

Nos igitur eiusdem *Johannis* peticionem considerantes, fore iustam easdem litteras capituli annotati, sub nostro sigillo transscribi imus. Datum Sabbato proximo ante dominicam Reminiscere anno omini M°. CCC°. L™° Nono.

Original auf Pergament mit dem Reste eines rückwärts aufgedruckt gewesenen Siegels.

## CCXXXI.

**1359, 30. April.** — *Martin, Propst von Pressburg, schenkt der Abtei Heiligenkreuz ein halbes Pfund Pfenning Gülte von einem Hause zu Pressburg.*

Nos *Martinus*, filius quondam *Dyperti* pie memorie, prepositus *Posoniensis*, Memorie comendantes significamus vniuersis, quibus expedit presencium per tenorem, Quod ob deuotum et sincerum affectum, quem gerimus ad venerabiles et Religiosos viros dominum . . Abbatem et Conuentum Monasterii *Sancte Crucis*, ymo ad ipsum Monasterium, mediam libram perpetui Census de domo Relicte *Alberti* Carnificis sita in vicinitate domus *Conradi* dicti *Rumpf*, et ex altera parte in vicinitate Curie beate *Katharine* in *Posonio*, annis singulis soluendam dedimus et contulimus eisdem dominis Abbati et Conuentui ac Monasterio *sancte Crucis* Ordinis Cisterciensis *Patauiensis* dyoeesis antedictis matura deliberacione preuia in perpetuum possidendam eo Jure, quo mihi aliquamdiu et hucusque extitit seruita sine contradictione aliquali atque secundum consuetudinem Ciuitatis harum quibus Sigillum nostrum appensum est testimonio litterarum. Datum in uigilia beatorum Philippi et Jacobi apostolorum, Anno domini M°. CCC°. Quinquagesimo Nono.

Original auf Pergament mit Siegel.

## CCXXXII.

**1359, 2. Mai.** — *Richter und Geschworne der Stadt Pressburg beurkunden und bestätigen die Schenkung, welche Frau Geisel, Wölfleins des Fleischhackers Wittwe, der Abtei Heiligenkreuz mit Häusern und Weingärten in und bei Pressburg gemacht hat.*

Ich *Jacob* der Richter Vnd pei gesworn puriger ze *Prespürch* Wir verichen offenlich mit dem brief allen den, die in sehent oder horent lesen, die nv sind vnd her nach chvnftig werdent, Daz für vns chomen ist die Ersam vraw vraw *Geysel Wölfleins* dez *weissen* witib dez vleischaker, dem Got gnad, vnd hat durich ir sel hail vnd auch durich der andach willen, die si zv dem Orden hat hintz dem *Heyligen Chreutz*, daz do leit in *Passawer* Pistum, vnd durich irer

vordern sel hail willen vnd auch durich *Petreins* irz Eonichleins
willen, der sich mit andacht in daz Chloster geben hat, Geschaft vnd
geben hat redleich vnd recht mit verdachtem mût zv der zeit, do si
iz wol getûn mocht, vnd nyemen wider sprechen mocht, geschaft vnd
geben hat in das egenant Chloster ain Haus, daz si hat in der Stat
ze nachst der *Chlain Gazzen*, da man get zv der Nvnnen Chloster,
anderhalb ze nachst *Niclas Chuneins* haus mit allen den rechten vnd
nûtzen, alz iz die vorgenant vraw *Geysel* an eribs stat ingehabt hat,
vnd auch mit der selben Swaer, Also daz di selben Herren, oder wer
iz nach in busitzt, davon dienen schullen zway phvnt geltz ewigs
Purchrechtz der mûnz, di gibig vnd gaebig ist in der Stat ze *Pres-*
*purch* vnd schullen daz dienen, alz der Stat recht ist. Vnd ein wein-
garter, der haist der *vreyheit* vnd leit ze nachst *Ekleins* des Smitz
weingarten, vnd anderthalb zenachst dem weg, der zv dem *Olram*
get; Vnd derselb weingart dient drey emmer weins alle iar. Vnd ain
weingarten, der haist der *Czebinger* vnd leit vnder den *Murren* vnd
anderhalb zenachst dem weg, der do get zv dem weingarten, der do
haist der *vinger Hût*. Vnd auch Czwelif schilling geltz Ewigs Pûrch-
rechtz auf einem haus in der stat zunachst *Chunratz* des *Rumphs*
haus, anderhalb zenachst der Herren Hof von dem *Heyligen Chreutz,*
daz man haist datz *sand Katrein*; aber also, daz di egenant vraw
*Geysel* diselben zwelif schilling geltz innhaben scholl vntz an irn tod;
vnd darnach geuallen schulln in daz vorgenant Chloster. Vnd ist auch
mer ausgenomen mit ausgenomen war, also, daz der Abt vnd der Con-
uent datz dem *Heyligen Chreutz* alle die vorgenanten gûter ver-
chauffen schullen vnd daz anlegen, wa iz dem Chloster aller nutzlei-
chist sey, wa si wellen. Vnd daz di Sach vor vns also gewandelt vnd
geschehen ist vnd auch furbas staet vnd gantz beleib, so geben wir
in darvber disen brief, versigelten mit vnser Stat anhangenden insigel
ze einem offem vrchunde vnd warn gezeug der Sach. Der brief ist
geben nach Christes gepûrd dreutzehen Hvndert Iar darnach in dem
Nevn vnd fvnftzgisten Iar, des nachsten Phintztags nach sand Vilips
vnd sand Jacobs tag.

Original-Pergament-Urkunde mit einem Siegel.

## CCXXXIII.

**1359, 30. October, Wien.** — *Heinrich, weiland Herzog Albrecht's von Öster-*
*reich Kellerschreiber, verkauft Herrn Friedrich von Walsee dreizehn*
*Pfund weniger sechs Pfenning Gülten zu Baden.*

Ich *Heinreich*, weiln Chellerschreiber des edeln Hochgeboren
Fürsten Herzog *Albrechts* selig ze *Österreich*, ze *Steyr* vnd ze
*Chernden*, vergich vnd tun chunt allen den, die disen brief Lesent
oder horent lesent, die nu Lebent vnd hernach chunftich sind, Das
ich mit meiner Erben gütem willen vnd gunst, mit verdachten mut zu
der zeit, do ich es wol getun mochte, verchauft han meins rechten
Chaufaigens, das ich vmb mein aigenhafts varundgut gechauft han,
an sechs phenning Drewtzehen phunt wienner phenning gelts Gelegen
auf den Gütern, die hernach an disem brief geschriben stent. Des
ersten, siben schilling vnd aindlefthalben phenning wienner munzze
gelts rechts diensts ze stiften vnd ze stören gelegen ze *Paden* auf
weingarten an dem *Griezze*, vnd siben phunt vnd zwaintzich phenning
wienner munzze gelts gelegen ze *Paden* in dem Marchte vnd dar-
vmb auf bestiftem gut behauster holden, vnd fiumf schilling gelts
gelegen auch daselbens ze *Paden* in dem Marchte auf bestiftem gut
behauster holden vnd an dreizzich phenning Vierdhalb phunt gelts
in dem *Werde* vnd ain phunt, gelts gelegen auch daselbens ze *Paden*
auf bestiftem Gut behauster holden vnd das zu den zeiten die holden
dienent, die hernach gescriben stent, *Haeugel* in dem *Werd* von
einem hof ein halb phunt, die *Leuthrina* in dem *Werd* von einem hof
sechtzich phenning vnd sechtzich phennige auf des *Chlanbern* hof
in der *Grünechgazzen* ze *Paden*. Die vorgenanten Drewtzehen phunt
wienner phenning gelts an sechs phenning auf den vorgeschriben
gütern vnd auf alle dem vnd dar zu gehoret ze velde vnd ze dorff, es
sei gestift oder vngestift, versucht oder vnuersucht, wie so das ge-
nant ist, Vnd was zu der vorgenanten Gult gehoret, han ich Recht
vnd redleich verchauft vnd geben Mit allen den nutzen vnd rechten,
als ich die selben Gült in aigens gewer her pracht han, als die brief
sagent, die mir darvber geben sint, vmb zwai hundert phunt vnd vmb
Newntzehen phunt wienner phenning, der ich gar vnd gaintzleich
gewert bin, Dem erbern Herren Hern *Fridraichen* von *Walsse*, Haupt-
man ze *Drosendorff*, zu den zeiten Chamermaister des edlen Hoch-
geboren Fürsten Hertzog *Rudolfs* ze *Österreich*, ze *Steir* vnd ze

*Chärnden,* vnd desselben hern *Fridreichs* Erben fürbas ledichleich vnd vreileich ze haben vnd allen iren frumen damit ze schaffen, verchauffen, versetzen vnd geben, wem si wellen an allen irresal. Vnd bin auch ich vorgenanter *Heinreich* vnd mein Erben vnuerschaidenleich der vorgenanten dreutzehen phunt gelts an sechs phenning des egenanten erbarn Herren hern *Fridreichs* von *Walsse* vnd seiner erben Recht gewern vnd scherm für alle ansprach, als aigens recht ist vnd des Landes recht ze *Österreich.* Wär aber, das si mit recht an derselben Gült icht chriegs oder ansprach gewinnen, was si des schaden nement, das sullen wir in alles ausrichten vnd widercheren an allen iren schaden. Vnd suln auch si das haben auf vns vnd auf allen vnserm Gut, das wir haben in dem Lande ze *Österreich,* wie so das genant ist, wir sein lebentich oder tode. Vnd das diser Chauf fürbas also staet vnd vntzerbrochen beleib, Darvber so gib ich vorgenanter *Heinreich* der Chellerschreiber dem obgenanten erbern Herren Hern *Fridreichen* von *Walsse* vnd seinen Erben disen brief zu einem waren vrchunde vnd ze einer Ewigen vestnung diser sache versigilten mit meinem Insigil vnd mit hern *Sigharts* insigil des *Prunner* vnd mit *Hartmans* Insigil des *Metsakchs,* die diser sache gezeug sint mit iren Insigiln. Der brief ist geben ze *Wienne* nach Christus geburd Dreutzehen Hundert iar darnach in dem Newn vnd fumftzgisten iar, des nachsten Mittichens vor aller hailigen Tage.

Original auf Pergament, dessen drei Siegel fehlen.

## CCXXXIV.

**1359, 18. December, Wien.** — *Konrad der Muheli beurkundet, dass ihm die Abtei Heiligenkreuz den ihr zu entrichten gewesenen, von ihm rückständigen Grunddienst von einer Mühle zu Tribuswinkl nach gesehen habe.*

Ich *Chunrat* der *Muhely* vnd mein Erben Vergehen offenleich an disem brief Vmb den Hof vnd vmb die Mül darinne gelegen ze *Tribeswinchel,* daz alles weiln gewesen ist *Larentzs* dez *Chastner* dem Got genade, vnd vmb alles das, das darzu gehöret ze velde vnd ze dorffe, ez sei gestift oder vngestift, versucht oder vnuersucht, wie so daz genant ist, daz wir alles gechaufft haben von dem erbern Herren Hern *Hainraichen* von *Walsse* von *Drosendorf,* vnd daz auch alles die erbern gaestleichen Herren datz dem *Heiligen Chraeutz* mit rechten nottaidingen, mit vrag vnd mit vrtail vor rechtem Gerichte in ir gewalt erlanget vnd behabt haben für iren versezzen dienst vnd

fur alle die zwispält, die in mit recht darauf ertailt vndergangen sint,
als der Gerichtbrief sagt, der in darvber geben ist, wand si dez ege-
nanten Hofs vnd der Mül darinne vnd allez des, daz darzu gehöret,
als vorgeschrieben stet, Recht Gruntherren sint ze stiften vnd zer-
stören; Daz die egenanten gaestleichen Herren datz dem *Heiligen*
*Chraeutz* durich des egenanten meins Herren Hern *Hainreichs* von
*Walsse* vleizziger pet willen vns der Zwispllde vnd dez behabens
ledich lazzen habent also, das wir oder wer denselben Hof, die Mül
dar inne vnd was darzu gehoret als vorgeschrieben stet, nach vns
inne hat vnd besitzet, In iren rechten dienst alle iar davon dienen
vnd geben sullen vnd auch alle irew Recht, als si sew von alter darauf
gehabt habent, Achtzehen Schilling wienner phenning an vnser
vrowen tag ze der Liechtmesse vnd achtzehen schilling wienner phen-
ning an sant Michels tag, vnd sol man in auch alle iar von derselben
mül gepunden sein ze maln Dreizzich Mutt getraides an allen iren
schaden, wenne si sein bedürffent; Vnd sol man in auch von dem
egenanten Hof vnd von der Mül darinne vnd von alle dem vnd darzu
gehöret, als vorgeschriben ist, vnuerschaidenleich gepunden sein ze
geben ze ablait vnd ze anleit dreizzig wienner phenning vnd nicht
mer; Vnd sullen auch wir das vorgenant Gut alles vnuerwandelts
mit einander innehaben, als es von alter herchomen ist. Vnd wenne
auch daz ist, daz wir, oder wer den vorgenanten Hof vnd die Mül dar-
inne vnd was darzu gehöret nach vns innehat vnd besitzet, In des
egenanten irs diensts nicht dienen vnd geben zu den Tagen vnd vor-
benant ist, oder darnach inner den nachsten vier wochen, so sol in
denne dez nachsten tags nach den selben vier wochen daz egenant
Gut alles Hof vnd Mül vnd was darzu gehoret, als vorgeschriben
stet, an alles Recht, an allez Gerichte vnd an alle chlag veruallen
sein Ledichleich an alle widerrede. Vnd waer auch daz, daz wir an
dem oftgenanten Hof, an der Mül dar inne vnd an alle dem vnd darzu
gehoret, als vorgeschriben stet, icht chriegs oder ansprach gewünnen,
von wem datz waer, dez sullen die vorgenanten erbern gaestleichen
Herren datz dem *Heyligen Chraeutz* vnentgolten beleiben. Vnd dez
ze einem vrchunde vnd gezeug Gib ich *Chunrat* der *Muhely* In
disen brief zu einem waren vrchunde diser sache, versigilten mit
meinem insigil vnd mit der erbaren Herren Insigiln, dez vorgenanten
meins Herren hern *Hainreichs* von *Walsse* vnd Herrn *Wolfkangs* von
*Winden*, die diser sache gezeug sint mit iren Insigiln. Der brief ist

geben ze *Wienne* nach Christes geburd drewtzehen Hundert iar dar
nach in dem Newn vnd fumftzgisten iar, dez Mittichens in den Chot-
tembern vor Weihennachten.

Original auf Pergament mit einem Siegel, zwei fehlen.

## CCXXXV.

**1360, 11. Februar.** — *Michel von Missingdorf reversirt der Abtei Heiligen-
kreuz das ihr von einem Hof zu Simmering und dazu gehörigen Grund-
stücken jährlich zu entrichtende Burgrecht.*

Ich *Michel* von *Mizzingendorf* vnd ich *Margret* sein Hausvrow
vnd vnser Erben, Wir vergehen vnd Tun chunt allen den, die disen
brief lesent oder horent lesen, die nu Lebent vnd hernach chunftig
sind, vmb daz phunt wienner pheuning gelts rechts Purchrechts, daz
die erbern gaestleichen herren gemain datz dem *Heiligen Chraiutz*
habent auf vnserm Hof gelegen ze *Symaningen* vnd auf den Syben
phunden vnd dreizzig phennigen wienner münzze gelts gelegen auf
einem akcher hinder dem *aichpech* des acht vnd dreizzig ebrawt-
gaerten sint, vnd auf den viertzehen Schillingen vnd zwain phennigen
wienner müntzze Geltes gelegen daselbens ze *Symaningen* auf zehen
holden, daz alles in den vorgenanten vnsern Hof gehöret vnd auf alle
dem, daz von alter darin gehöret, wie so das genant ist, Daz die vor-
genanten erbern gaestleichen Herren gemain vnd alle ir nachchomen
mit dem egenanten phunt gelts dez obgenanten vnsers Hofs vnd der
Gült vnd güter, die dar zu gehorent, als si vorbenant sint, recht purch-
herren sint ze stiften, ze storen vnd sulln auch wir vnd vnser Erben
oder wer denselben vnsern Hof vnd die güter die darzu gehörent,
als vorgeschriben stet, nach vns inne hat vnd besitzet, In das vorge-
nant phunt geltes fürbas ewichleich alle iar davon dienen mit einander
an sand Michels tag mit alle dem nutz vnd rechten, als man ander
purchrecht in dem Lande ze *Osterreich* dient vnd nicht mer, vnd welhs
iares das ist, daz wir, oder wer die vorgenanten Güter nach vns inne
hat vnd besitzet, den egenanten erbern gaestleichen Herren oder
iren nachchomen daz obgenant phunt gelts nicht dienen vnd geben
an sand Michels tag oder darnach in den naechsten vier wochen, so
sol In danne zehant dez naechsten tags darnach an allez furbot, an
chlag vnd an alles Gericht ledichleich dafür vervallen sein der egenant
vnser Hof vnd darzu die egeschriben güter, die dar zu gehörent,
allen irn frumen damit zeschaffen, verchauffen, versetzen vnd geben,

wem si wellen an allen irresal. Vnd daz disew sache furbas also stet vnd vnzerbrochen beleib, Darvber so geben wir In disen brief zu einem waren vrchunde diser sache, versigilten mit vnserm Insigil, vnd mit herrn *Chunrats* Insigil dez *Schenaicher*, purger ze *wienne*, den wir dez gepeten haben, daz er diser sache gezeug ist mit seinem Insigil. Der brief ist geben nach Christes geburd drewtzehen Hundert iar darnach in dem sechtzgisten iar, an dem achten tag vor dem vaschang Tage.

Original auf Pergament, dessen zwei Siegel fehlen.

## CCXXXVI.

**1360 , 6. September.** — *Gerichtsbrief Niclas des Kastners im Heiligen Kreuzer - Hofe zu Wien zu Gunsten der Abtei Heiligenkreuz über einen Hof zu Altmannsdorf.*

Ich pruder *Niclas* zu den zeiten Chastner in dem *heiligen Chrevzer hoff* zu *Wienn* Vergich offenlich an disem prief, daz vor mich chom, da ich sazz an derselben meiner herren stat an offem gericht, der Geystlich pruder *Vlrich*, zu den zeiten hofmaister in der vorgenanten meiner Herren Hof zu *Wienn* vnd chlagt mit vorsprechen an desselben vnsers Gotshaus stat auf *Caspars* hoff, gelegen ze *Altmansdorf*, vnd leyt ze neest der erbern vrowen hof vrovn *Kathreyn* hern *Vlrichs Swandecher* Witibe, dem got genade, vnd an dem andern teil ze nest *Chonrates* des *Swaben* hof, vnd auf ein halb leen, daz darin gehort, daz weilen *Wolframs*, des hochgeborn Fürsten Herzog *Albrechtes* ze *Steyrn* vnd ze *Kernden* türhüter gewesen ist, vm ein halb phunt Wienner phenning versezzens Purchrechts, vnd vm all die zwischpild, di mit recht darauf erlanget seint, Als wer, daz ich im mit recht poten darauf gab *Otten Hekkel* vnd *Peter henln* die zwen vorsprechen. Die habent ouch darume gesagt mit irn trewn vor rechtem gericht, als sie ze recht solten, daz sei denselben hof vnd daz halb leen, das dorin gehört, als vorgeschriben ist, mit sampt den vmsezzen haben geschaut vnd geschatzt, daz er so tewer nicht cnist, als daz versezzen purchrecht vnd zwischpild, dy mit recht darauf ertailet sint. Vnd wart gevragt, waz recht wer. Do gevil dem vorgenanten Pruder *Vlrichen* do mit vrag vnd mit vrtail, er solt mir mein recht geben, daz hat er getan, vnd solt ich die vorgenanten Geistlichen Herren daz dem *Heiligen Chreutz* des vorgenanten Hoffs gewaltig machen vnd an die gewer setzen. Das

han in auch getan, fürbaz ledichlichen vnd vreilichen ze haben vnd
allen irn frumen damit ze schaffen, verchauffen, versetzen vnd geben,
swem si wellen an all irsal. Vnd daz disen taiding vor mir vor offem
gericht also ergangen vnd geschehen sein mit vrag vnd mit vrtail.
vnd wann ich vnd mein herren mit vnsern Insigeln nichtz besteten
mügen, darvber geb ich in disen prief zu ainem waren Vrehunde
diser sache, versigelt mit der Erbern Leut Insigel *Perchtoldes* des
*Eybenstaler* vnd hern *Dyethreichs* dez *Laubenbergers*, Die pi den
tedigen gewesen sint, vnd auch diser sache gezeug sint mit irn Insi-
geln. Der prief ist geben Nach Christes gepurd dreuczehen hundert
iar, darnach in dem sechczigisten Iar, des nechsten Suntags vor vnser
Vraven tag, als si geporn wart.

Original auf Pergament mit zwei Siegeln.

## CCXXXVII.

**1360, 6. September, Wien.** — *Gerichtsbrief Niclas des Kastners im Heiligen-*
*Kreuzer-Hofe zu Wien zu Gunsten der Abtei Heiligenkreuz über einen*
*Hof zu Inzersdorf.*

Ich pruder *Nyclaus* zu den zeiten Kastner in dem *Heyligen*
*Creutzer hof* ze *wein* (sic Wien) vergich offenlich an diesem brief,
Daz für mich chom, do ich sazz an derselben meiner herren stat an
Offem gericht, Der Erber Geystlich herr prüder *Olreich* von dem
*Heyligen Crutz* vnd chlagt mit vorsprechen an dez Egenanten Got-
haus stat auf *Vlreich's* hof von *Mistelbach* Gelegen ze *Intzesdorf*.
zu nechst *Jansen Pertleins* hof an aynen tayl vnd an dem andern
tayl ze nachst *Orter grauenreder* hof vmb siben schilling Wienner
pfennig versezzens purchrechtz, vnd vm alle die zwispild, die mit
recht darauf ertaylt seind, als ver, daz ich im mit recht poten darauf
gab *Otten hechel* vnd *peter Heneln* die zwey vorsprechen. Die
haben auch darvm gesagt mit irn trewen vor Rechten gericht, als sie
zerecht solten, Daz sie den Egenanten hof mit sampt den umsezzen
haben geschaut vnd geschatzt, daz er so tewer nicht enist, als daz
versezzen purchrecht vnd zwispild, die mit recht darauf ertailt sind.
Vnd wart gevragt, waz recht wer. Do geviel dem vorgenanten prüder
*Vlreichen* do mit vrag vnd mit vrtail, er solt mir mein recht geben,
daz hat er getan, Vnd scholt ich die vorgenanten Geystlichen herren
datz dem *Heyligen Creutz* des vorgenanten hofs gewaltig machen
vnd an die gewer setzzen. Daz han ich auch getan furbaz ledicleichen

vnd vreileichen ze haben vnd allen irn frumen damit ze schaffen, verchauffen, versetzzen vnd geben, swem si wellen an alle irsal. Vnd daz disew taiding vor mein vor offen gericht also ergangen vnd geschehen sein mit vrag vnd mit vrtail, vnd wann ich vnd die vorgenanten meine herren vns selber mit vnsern Insigel nichtz bestetten mügen, Darvber gib ich in disen prief zn aynen waren vrchund diser sach versigelt, mit der Erbern Leut insigel, *perchtolds* des *Eybenthalers* vnd herrn *dietreichs* dez *Laubenbergers,* die bei den Taydingen gewesen sint Vnd auch diser sach gezeug sint Mit irn Insigeln. Der prief ist geben ze *Wienn* Nach Cristes gepurd dreutzehen hundert Iar darnach in dem sechtzigisten Iar, des nächsten Suntags vor vnser Vrawen tag, als si geporen wart.

Original auf Pergament mit zwei Siegeln.

## CCXXXVIII.

**1360, 24. October, Wien.** — *Die Gebrüder Friedrich und Heinrich von Walsee verkaufen der Abtei Heiligenkreuz dreizehn Pfund und zwölf ein halb Pfenning jährliche Gülten von bestiften Holden zu Baden.*

Ich *Fridreich* von *Walsse* vnd ich *Hainreich* von *Walsse* sein Pruder, bayd Hauptmann ze *Drosendorff,* Wir vergehen vnd Tun chunt allen den, die disen brief lesent oder horent lesen, die nv lebent vnd hernach chunftich sind, Daz wir mit vnser erben gutem willen vnd gunst, mit verdachtem mut zu der zeit, do wir ez wol getun mochten, Verchaufft haben vnsers rechten Chawfaygens Drewtzehen phund vnd dreitzehenthalben phenning wienner münzze geltes Gruntrechts mit stiften vnd mit störn gelegen ze *Paden* vnd darvmbe, Zwelif phunt vnd fümftzehen phenning geltes auf bestifftem gut, vnd an dritbalben phenning ayn phunt gelts auf vberlend vnd die zu den zeiten die Laewt davon dienent, die hernach an disem brief geschriben vnd benant stent. Dez ersten, auf der *nidern Newstifft* vier phunt sechs schilling vnd fümf vnd zwaintzig phenning gelts auf bestiftem gut, die dienent *Elzpet* die *Sibenhaerlnin* von einem Hof vnd von einer Setz weingarten drey schilling an sand Michels tag, *Fridreich* in der *Grunechgazzen* von einem Hof vnd von einer Setz drey schilling an sand Michelst tag, *Chadolt* von der *Mul* ein halb phunt an sand Jörigen tag vnd ein halb phunt an sand Michels tag. *Wulfinck* im *Paumgarten* von einem Hof vnd von einer setz ein halb phunt an sand Michels Tag, der *Vosel* in dem *paumgarten* von einem Hof vnd von einer Setz ein halb phunt an sand Michels tag, *Leutold* der *Mutelpekch* von einem Hof vnd von einer Setz dreizzich phenning an sand Michels tag vnd ein Hun ze vaschang, daz fůmf phenning wert sei, *Chunrat der Scherer* von einem Hof vnd von einer setz drey vnd fůmftzig phenning an sand Jörigen vnd drei vnd fůmftzig phenning an sand Michels tag, *Vlreich* der *Vidler* von einem Hof vnd einer setz drei vnd fůmftzig phenning an sand Jörigen tag vnd drei vnd fůmftzig an sand Michels tag. *Rudel* der *Padohnecht* von einem Hof vnd von einer Setz drei vnd fůmftzig phenning an sand Jörigen tag vnd drei vnd fůmftzin an sand Michels tag. *Chunrat* der *Rabenstainer* von einem Hof vnd von einer Setz sechs vnd viertzig phenning an sand Michels tag, *Ortel* der *dakcher* von einem Hof vnd von einer Setz drei vnd fůmftzig phenning an sand Jörigen tag vnd drei vnd fůmftzig an sand Michels tag. Vnd auf der *obern newstift* Sibentzehen schilling vnd acht vnd zwaintzig phenning gelts auf bestifften gut, die dienend *Rudel* von *Vischa* von einem halben Hof vnd setz siben vnd zwaintzig phenning an sand Jörigen tag und sechs vnd zwaintzig an sand Michels tag. *Leubel* der *Schrinph* von einem halben Hof vnd setz siben vnd zwaintzig phenning an sand Jörigen tag vnd sechs vnd zwaintzig an sand Michels tag. *Christan* an der *Newstift* von einem halben Hof vnd setz siben vnd zwaintzig phenning an sand Jörigen tag vnd sechs vnd zwaintzig an sand Michels tag, *Hainreich* der *Orl* von einem Hof vnd von einem Hof vnd von einer setz drei vnd fůmftzig phenning an sand Jörigen tag vnd drei vnd fůmftzig an sand Michels tag, *Peter* der *Pinter* von einem Hof vnd von einer setz sibentzehen phenning an sand Jörigen tag vnd sibentzehen an sand Michels tag, die *Weipotinn* bei der *pharr* von einem Hof acht vnd zwaintzig phenning an sand Michels tag. *Perichtold* der sneider von einem Hof gelegen am *Marcht* drey schilling an sand Michels tag. *Wölfel* der *Fleischhakcher* von einem Hof vnd von einer Setz gelegen ze nachst *Jansen* im *Winchel* drei vnd fůmftzig phenning an sand Jörigen tag vnd drei vnd fůmftzig an sand Michels tag, *Larentz* der *Hutter* von einem Hof fůmftzehen phenning an sand Michels tag Vnd vier phunt vnd dreizzig phenning gelts gelegen im *werd* auf bestiftem gut, die dienent *Stephan* der *Leutlinne* sun, von einem halben Hof vnd setz sechtzig phenning an sand Michels tag, *Nichlas* der *Plekchenzant* von einem Hof vnd von einer Setz Sechtzig phenning an sand Michels tag. *Thoman* der Schustrinne sun von einem Hof vnd von einer setz sechtzig phenning an sand Jörigen tag vnd sechtzig phenning an sand Michels tag. Die *Michelinne* von einem Hof vnd von einer Setz sechtzig phenning an sand Jörigen tag vnd sechtzig phenning an sand Michels tag, *Chnapp VU* von einem Hof vnd von einer Setz drey schilling an sand Michels tag. Der *Haekchel* von einem Hof vnd von einer Setz drey schilling an sand Michels tag. *Meinhart* der *Tagstern* von einem Hof vnd von einer Setz drey schilling an sand Michels tag. *Chunrat* der *Pauschenmost* von einem Hof vnd von einer setz drei schilling an sand Michels tag. *Vlreich* der *Gutiar* von einem Hof vnd von einer settz dreizzig phenning an sand Michels tag. *Gulrab* von einem Hof vnd von einer setz sechtzig phenning an sand Michels tag. *Nichlas Howndel* von einem Hof vnd von einer setz sechtzig phenning an sand Michels tag. *Vlreich Pauschenmost* von einem Hof vnd von einer setz sechtzig phenning an sand Michels tag Vnd sechs schilling vnd zwen vnd zwaintzich phenning gelts auf bestiftem gut gelegen in der *Grünechgazzen*, die *Swaeblinne* von einem Hof vnd von einer settz sechtzig phenning an sand Michels tag. *Dietreich* der *vaschanok* von einem Hof vnd von einer settz fümftzig phenning an sand Michels tag, *Symon* der *vragner* von einem Hof gelegen an dem *Marcht* zwaintzig phenning an sand Michels tag, *Vlreich* der *Raydel* auf der *vreyung* von einem Hof vnd von einer setz zwelif phenning an sand Michels tag. *Nichlas* der *Chlawber* von einem Hof vnd von einer setz sechtzig phenning an sand Michels Tag. So leit das vorgenant phunt gelts an drithalben phenning auf weingärten an dem *Grieaze*, das man dient an sand Michels Tag, des ersten *Göschel* der *Pienk* acht phenning, *Chunrat* der *Pehem* an der *Widem* fümf phenning, *Andre* der *Nepekch* fümftzehen phenning, *Nichlas* der *Prateinaentel* vier phenning, *Stephan* der *Sayler* zehen phenning vnd fümff phenning für ein vaschanghun, *Chadolt* der *Müllner* vier phenning, *Lewpolt* der *Sayler* fümf phenning, *Geysel* die *Landawerinn* zwelif phenning, der *Goldner* von *Winthag* siben vnd zwaintzig phenning, *Nichlas* vnser vrown Zechmaister drithalben vnd zwaintzig phenning vnd fümf phenning für ein vaschanghun, *Andre* in der *grünachgazzen* vier vnd zwaintzig phenning von einer setz gelegen daselbs in der *Grünach-gazzen*, *Nichlas* von *Rewntal* fümf vnd viertzig phenning von einem weingarten gelegen an *Padnerperg*, haizzt der *Zagel*, *Alber* von *Olacht* fümf phenninge, *Chunrat* der *Schreiner* fümf phenning *Friedrich* der *Müllner* aus dem *Wolftal* zwen phenning, *Jans* im

*Winchel* von einem weingarten, haizzt das *Mitterl* fümf phenning, vnd von einem weingarten, haizzt das *Jüdel* siben phenning vnd ligent bayd an dem *Padnerperg*, *Jans* von *Prodestorff* zwelif phenning. *Margret* von *Drunmau* fumf phenning fur ein vaschanghun, *Leutold* der *Mütelpekch* fumf phenning für ein vaschanghun. Die vorgenanten drewtzehen phunt vnd drewtzehenthalben phenning wienner münzze gelts Gruntrechts auf den Gütern, als die vorbenant sint, haben wir recht vnd redleich verchaufft vnd geben Mit stifften vnd mit stören. mit allen den nutzen vnd rechten, als wir si in aygens gewer herpracht haben, vmb Dritthalb Hundert phunt wienner phenning, der wir gar vnd Gaentzleichen gewert sein, Dem erbern gaestleichen Herren Pruder *Cholmann*, zu den zeiten Abt vnd dem Conuent gemain dez Chlosters daz dem *Heiligen Chraewtz* vnd allen irn Nachchomen fürbas ledichleich vnd vreileich ze haben vnd allen iren frumen damit ze schaffen, verchauffen, versetzen vnd geben, wem si wellen an allen irresal. Vnd sein auch wir ich *Fridreich* vnd ich *Hainreich* die Prüder von *Walsse* vnd vnser erben vnuerschaidenleichen der vorgenanten Drewtzehen phunt vnd drewtzehenthalben phenning wienner munzze gelts der egenanten erbern erbern Gaestleichen herren gemain datz dem *Heiligen Chraewtz* vnd all irr Nachchomen Recht gewern vnd scherm für alle ansprach, als aygens recht ist vnd dez Landes recht ze *Österreich*. Waer aber, das si mit Recht an der egenanten Gült icht chrieges oder ansprach gewunnen, was Si dez schaden nement, das sullen wir In alles ausrichten vnd widerchern an allen iren schaden. Vnd sullen auch Si daz haben auf vns vnuerschaidenleichen vnd auf allem vnserm Gut, das wir haben in dem Lande ze *Österreich*, oder wo wir es haben, wie so das genant ist, wir sein lebentich oder tode. Vnd daz diser Chauff fürbas also staet vnd vnzerbrochen beleibe, Dar vber so geben wir obgenant zwen Prüder ich *Fridreich* vnd ich *Hainreich* von *Walsse* den egenanten erbern gaestleichen herren gemain datz dem *Heiligen Chraewtz* vnd iren Nachchomen disen brief, zu einem waren vrchunde vnd zu einer ewigen vestnung diser sache versigilten mit vnsern Insigiln vnd mit vnsers vettern insigil herrn *Hainreichs* von *Walsse*, auch hauptman ze *Drosendorff* vnd mit herrn *Wolfgangs* insigil von *Winnden* vnd mit vnsers dyener Insigil, *Hainreichs* von *Chürnbach*, die ditzs Chauffs vnd dieser sache gezewg sint mit iren Insigiln. Der brief ist geben ze *Wienne* nach Christes geburd drewtzehen Hundert iar darnach in dem Sechtzigisten iar, dez nachsten Sambstags vor sand Symons vnd sand Judas Tag, der Heiligen zweilfboten.

Original auf Pergament mit drei Siegeln, zwei andere fehlen.

## CCXXXIX.

**1361, 5. Jänner.** — *Heinrich von Walsee und seine Vettern, die Gebrüder Friedrich und Heinrich von Walsee, bestätigen die Schenkung, welche Frau Alhaid von Walsee der Abtei Heiligenkreuz zur Stiftung einer täglichen Seelenmesse gemacht hat.*

Ich *Hainreich* von *Walsse* vnd ich *Fridrich* vnd ich *Heinreich* pruder von *Walsse* sein vettern, alle drey Hauptmann ze *drosendorf,* Wir vergehen vnd Tun chunt allen den, die disen brief lesent oder horent lesen, di nu lebent vnd hernah chunftich sind, Vmb die drew phunt vnd sechs phenning Wienner Munzze gelts gelegen datz *Stertzing* auf behawstem gut vnd auf vberlent, die zu den zeiten die holden davon dienent, die hernach geschrieben stent, vnd die vierdhalb Emmer weins gelts perchrechts gelegen da selbens, vnd den weingarten gelegen ze *Welestorf,* daz allez vrow *Alhait* selig von *Walsse,* mein vorgenanten *Heinreichs* muter vnd mein *Fridreichs* vnd *Heinreichs,* der pruder von *Walsse* an geschafft hat den erbern gaestleichen Heren gemain des Chlosters datz dem *Heiligen Chraitz* vmb ein ewigew Messe in dem rehten, als auch hernach an diesem brief geschrieben stet, vnd dienent auch die vorgenanten Gult des ersten: *Eberl* der *Liebel* von einem halben Lehen newn vnd fumftzig phening, *Peter* von einem halben Lehen als vil, *Niclas, Stefans* sun von einem halben Lehen als vil, *Jacob* auf der *Gazzen* von einem halben Lehen als vil, der *Hanfftnne* vnd ir gewayner von einem halben Lehen als vil, *Perichtold* von einem halben Lehen als vil, *Chunrat* der *Gazzner* von einem halben Lehen als vil, *Nichlas* am *Ort* von einem halben Lehen als vil, *Nichlas, Stephans* sun von einem halben Lehen als vil, *Vlreich* der *amman* von einem halben Lehen als vil, *Philipp* der *Gazner* von einer hoffstat sechs phenning, *Jacob* dez *Leutgeben* sun von einer Hoffstat sechs phenning, so dient man von vberlent; von Weingaerten vnd aeckchern ein halb phunt vnd vier phenning gelts. Daz wir mit vnser erben gutem Willen vnd gunst, mit verdachtem mut, zu der Zeit, do wir ez wol getun mochten, die vorgenanten Gult vnd guter alle den egenanten erbern gaeistleichen herren gemain daz dem *heiligen Chraeutz* vnd iren Nachchomen recht vnd redleich·

17 *

bestaett haben vnd bestaetten auch mit diesem brief Mit allen dem
nutzen vnd rechten, als die selben Guter mit alter in aygens gewer
herchomen sint, furbaz ewichleich ze haben, ze niezzen vnd ze nutzen
an allen irresal; Mit der beschaidenhait, daz si vnd alle ire nach-
chomen fürbaz ewichleich aller täglich eine Messe davon verwesen
vnd haben sullen auf sand Philipps vnd sand Jacobs alter in dem vor-
genanten irem Chloster vnverzogenleich vnd an alle Savmung, vnd
sulla auch si dem priester, der dieselben Messe spricht, alle tag drew
Wienner phenning geben. Wehls tages aber das swer, daz si oder
ir Naohchomen dieselben Messe saumpten vnd die nicht hieten in dem
rechten, als vorgeschriben stet, so sullen danne zehant wir oder vnser
erben vns der vorgenanten Gült vnd Güter aller vnderwinden vnd sullen
die danne innehaben, als lange vntz daz si alles das gentzleich wider-
tunt vnd eruollent, daz si versaumpt habent. Vnd daz diesew sache
furbaz also staet vnd vnzerbrochen beleib, Darvber so geben wir für
vns vnd fur vnser Erben In disen brief zu einem waren vrehund vnd
ze einer ewigen vestnung diser sache versigilten mit vnser drayer
anhangunden Insigiln. Der brief ist geben nach Christes geburt drew-
tzehen Hundert iar, darnach in dem Ayns vnd sechtzigistem iar, an
dem Pericht Abent.

Original auf Pergament mit einem Siegel, zwei fehlen.


# CCXL.

1361. 13. († 19.) Jull. — *Stephan von Toppel verkauft der Abtei Heiligen-
kreuz ein Pfund und zwölf Pfenning Gülten zu Breitensee.*

Ich *Stephan* von *Toppel* Vergich vnd Tun chuat allen den, di disen
brief lesent oder hörent lesen, di nu lebent vnd hernach chunftich
sint, Daz ich mit meiner erben guten willen vnd gunst, mit verdachtem
müt, zu der zeit, do ich ez wol getun mocht, Verchaufft han meins
rechten aygens, ayn phunt vnd zwelif phenning wienner Münzze geltes
Perchrechts, voitrechts, vnd zehents gelegen ze *Praitensse* auf den
weingarten vnd die auch zu den zeiten die Laewt innehabent, als
hernach an disem brief geschriben stet, dez ersten; *Nichlas* der
*Schlecht* von drin viertailn weingarten, gelegen in dem *Mitterperg*
dient drei schilling phenning für Perchrecht vnd für zehent vnd fumft-
halben phenning ze voitrecht. *Perichtolt* der *Schützenmaister* dient
von drin viertailn weingarten, gelegen daselbens in dem *Mitterperg*

drey schilling phenning für Perchrecht vnd für zehent vnd fümft-
halben phenning ze voitrecht, *Chunrat* der *Chobel* dient von einem
viertail weingarten, gelegen auch daselbens in dem *Mitterperg* dreizzig
phenning ze Perchrecht vnd für zehent vnd drei Helbling ze voitrecht,
*Chunrat* von *Praitense* dient von einem viertail weingarten, gelegen
in dem *Gern* dreizzich phenning für Perchrecht vnd für zehent vnd
drei Helbling ze voitrecht. Daz vorgenant phunt vnd zwelif phenning
gelts Perchrechts, Zehents vnd voitrechts auf den egenanten vier
weingaerten haben wir recht vnd redleich verchauft vnd geben mit
stiften vnd mit störn vnd mit allen den nutzen vnd rechten, als ich
ez in aigens gewer het pracht han, vnd als ez mit alter her chomen
ist, vmb drewzehen phunt wienner phenning, der ich gar vnd gaentz-
leich gewert bin. Den erbern gaestleichen Herren Abt *Cholmann* vnd
dem Connent gemain dez Chlosters datz dem *Heiligen Chrewtz* vnd
irn nachchomen fürbas ledichleich vnd vreileich ze haben vnd allen
irn frumen damit ze schaffen, verchawffen, versetzen vnd geben, wem
si wellen an allen irresal. Vnd bin auch ich *Stephan* von *Toppel* vnd
mein erben unuerschaidenleich dez vorgenanten phunts vnd zwelif
phenning gelts Ir recht gewern vnd Scherm für alle ansprach, als
aigens recht ist vnd dez Landes recht ze *Österreich*. Waer aber, daz
si mit recht an derselben Gült icht chrieges oder ansprach gewunnen,
von wem daz waer, waz si dez schaden nement, daz sulln wir in
alles ausrichten vnd widerchern an allen irn schaden. Vnd sullen
auch si daz haben auf vns vnd auf allem vnserm Gut, daz wir haben
in dem Lande ze *Osterreich*, wir sein lebentich oder tode. Vnd daz
diser Chauff fürbas also staet vnd vnzerbrochen beleibe, Dar vber so
gib ich *Stephan* von *Toppel* den obgenanten erbern gaestleichen
Herren gemain datz dem *Heiligen Chrewtz* vnd allen irn nachchomen
disen brief zu einem warn vrchunde vnd ze einer ewigen vestnung
diser sache versigilten mit meinem Insigil vnd mit meins vettern
Insigil hern *Weicharts* von *Toppel*, hern *Vlreichs* seligen sun svn
von *Toppel* vnd mit *Wernhers* Insigil des *Schenkchen*, zu den zeiten
Vorstmaister in *Osterreich*, die diser sache gezewg sint mit irn Insigiln.
Der brief ist geben nach Christes geburt drewtzehen Hundert iar
darnach in dem ains vnd Sechtzgisten iar, an sant Margreten Tage.

Original auf Pergament mit zwei Siegeln, das dritte fehlt.

## ·CCXLI.

1361, 6. August, Lipche. — *Ludwig König von Ungarn bestätigt auf Bitten der Abtei Heiligenkreuz eine Urkunde des Bischofs Nicolaus von Raab für dieselbe in Betreff des von dem Gute Vogeldorf zu entrichtenden jährlichen Census von zwei Mark Silber.*

Nos *Lodouicus* dei gracia Rex *Hungarie* memorie commendamus, quod, quia Frater *Thomas* Monachus claustri *sancte Crucis* dyocesis *Patauiensis* ordinis Cysterciensis in personis Religiosorum virorum fratrum *Cholomani* abbatis tociusque Conuentus Monasterii iam dicti nostrum adiens conspectum quasdam literas olim venerabilis in Christo patris domini *Nicolai* episcopi *Jaurinensis* predicti et autentico sigillo suo consignatas, inter cetera in se continentes, quod idem dominus *Nicolaus* Episcopus quondam fratri *Herzo*, Magistro Curie *noui predii* per abbatem et conuentum prefati Monasterii tunc constituto pro suis seruiciis sibi et dicte sue *Jaurinensi* ecclesie exhibitis, de gracia annuisset speciali, vt ipse et sui successores pro decimis terre *Fogeldorf* vocate prope ipsum *nouum predium* adiacentis, nil plus nisi duas Marcas argenti ponderis *wiennensis* singulis annis in festo sancti Georgii martyris eidem Episcopo, vel suis successoribus soluere tenerentur, nobis exhibuit et presentauit, nos predictorum abbatis et conuentus nominibus petens humili precum cum instancia, vt huiusmodi decimalem solucionem de predicta terra ecclesie Episcopo *Jaurinensi* modo premisso iuxta generosam videlicet domini *Nicolai* Episcopi annuenciam et commissionem faciendam approbantes ratam et gratam habere dignaremur; Ideo nos predictis literis Episcopalibus non abrasis, non cancellatis, nec in aliqua sui parte viciatis preuisis et diligenter examinatis, premissam peticionem eorumdem abbatis et conuentus condignam fore estimantes, memoratam solucionem decimalem per magistrum prefati *noui predii* per ipsos constitutum vel constituendum, pretextu dicte terre, Episcopo et ecclesie *Jaurinensi* modo prehibito singulis annis faciendam ratam et gratam habentes approbamus ita tamen, vt idem Magister seruicia eisdem, ecclesie scilicet et Episcopo *Jaurinensi*, racione premissorum debita facere et exhibere debeant ac teneantur omni cum effectu. Quam ob rem vobis decimatoribus sev prouisoribus decimarum dicte *Jaurinensis* ecclesie, nunc et pro tempore constitutis, firmissime precipimus et districte, quatenus Magistrum memorati predii per supradictos abbatem

et conuentum eorumdemque successores constitutum vel constituen-
dum ad ampliorem aut maiorem decimarum solucionem de dicta terra
*Fogeldorf* vocata faciendam preter quam dictarum duarum Mar-
carum argenti ponderis supradicti conpellere nullatenus presumatis,
sed accepta ab ipso singulis annis predicta taxacione prefatum *Nico-*
*laum* Episcopum inposita et ordinata, reddatis ipsum Magistrum
super expeditum de decimis prenotatis. Datum in *Lipche* in festo
transfiguracionis domini, anno eiusdem M⁰. CCC⁰. lx. primo.

Abschrift auf Papier mit dem rückwärts aufgedrückten Siegel des Abtes
Colomann.

# CCXLII.

**1361, 27. August.** — *Die deutsche Ordens-Commende zu Mailberg über-*
*lässt Gülten zu Prunsendorf und Reinhartsdorf der Abtei Heiligenkreuz*
*tauschweise für Gülten zu Harras und Dipolds.*

Wir Pruder *Gall* von *Lemberch,* zu den zeiten Prior ze *Pehaim*
vnd fürbaz ich Pruder *Nichlas* von *Wildungsmawer,* zu den zeiten
Comitewr ze *Maeurperge* vnd der Conuent gemain daselbens Vergehen
vnd Tun chunt allen den, die disen brief lesent oder horent lesen,
die nu lebent vnd hernach chunftich sind, Daz wir mit gutem willen,
mit verdachtem mut vnd mit gemainem Rat vnsers Conuents zu der
zeit, do wir ez wol getun mochten, Recht vnd redleich ze einem
rechten Widerwechsel gegeben haben dem erbern gaestlichen herren
Abt *Cholman* vnd dem Conuent gemain datz dem *heiligen Chrewtz*
vnd irn Nachchomen vnsers rechten aigens, fümfthalb phunt wienner
phening geltes gelegen ze *Prunssendorf* vnd ze *Raenhartstorf* vnd
die die holden dienent, die hernach geschriben stent. Dez ersten ze
*Prunssendorf, Fridel Asprer* von einem veldlehen drey Schilling an
sant Michels tag vnd drei schilling an sand Jörigen tag, *Ott* der
*Santter* von einem halben behausten lehen drei schilling halb an sand
Michels tag vnd halb an sand Jörigen tag. Vnd ze *Raenhartstorf*
*Hertel* am *ort* von einem gantzen behawsten lehen Newn Schilling
halb an sand Michels tag vnd halb an sand Jörigen tag, *Nikel Poter*
von einem lehen Newn Schilling halb an sand Michels tag vnd halb
an sand Jörigen tag, *Hainreich Chadolt* von einem halben lehen
fumfthalben schilling halb an sand Michels tag vnd halb an sand
Jörigen tage, *Jans Hiers* von einem halben lehen fumfthalben schil-
ling halb an sand Michels tag vnd halb an sand Jörigen tag, Mit allen

den nutzen vnd rechten, als wir die vorgenanten fumfthalb phand
geltes in aigens gewer her pracht haben, Alz daz die vorgenanten
erbern gaestlichen herren gemayn datz dem *Heiligen Chrewtz* vnd
alle ir nachchomen dieselben Gult sulln furbaz ledichleich vnd vrei-
leich haben vnd allen irn frumen damit schaffen, verchauffen, ver-
setzen vnd geben, wem si wellen an allen irresal. Vnd sein such
wir vnd vnser nachchomen vnuerschaidenleich der vorgenanten fumf-
halb phunt wienner phenning geltes ir recht gewern vnd scherm fur
alle ansprach, als eigens recht ist vnd des Landes recht ze *Oster-*
*reich.* Waer aber, daz si mit recht an derselben Gult icht Chrieges
oder ansprach genumen, von wem daz waer, watz si des schaden
nement, datz sullen wir in alles ausrichten vnd widerchern an allen
irn schadn. Vnd sullen auch si datz haben auf vns vnd auf allen
vnserm Gut, daz wir haben, wie so daz genant ist vnd wo so daz
gelegen ist, daz zu dem vorgenanten vnserm Haws ze *Maeworperg*
gehoret. Da engegen so habent si vns ze einem rechten Wider-
wechsel gegeben irs rechten aigens, sechs vnde viertzich Metzen
waitz, sechs vnd zwaintzich Metzen habern vnd fumftzehen schilling
wienner phenning geltes, gelegen sechs vnd zwaintzich metzen
Waitzes sechs vnd zwaintzich metzen habern vnd zehen schilling
phenning geltes ze *Harras* auf bestiftem gut behauster holden, vnd
zwaintzich metzen waitz vnd fumf schilling phening geltes, daz dem
*Diepolts* auch auf bestiftem gut behawster holden, Also daz wir vnd
vnser nachchomen dieselben Gult furbaz auch ledichleich vnd vrei-
leich haben sullen vnd allen vnsern frumen damit schaffen, verchauf-
fen, versetzen vnd geben, wem wir wellen an allen irresal. Vnd das
diser Widerwechsel vnd disew sach furbaz also stet vnd vnzerbrochen
beleibe, Darvber so geben wir Pruder *Gall* von *Lemberch* vnd ich
Pruder *Nichlas* von *Wildungsmawer* fur vns vnd fur den Conuent
gemain ze *Maeworperch*, der selber nicht aigens Insigils hat vnd fur
alle vnser nachchomen den obgenanten erbern gaestlichen herren
gemain datz dem *Heiligen Chrewtz* vnd allen irn nachchomen disen
brief zu einem waren vrchunde vnd ze einer ewigen vestnung diser
sache versigilten mit vnsern baiden anhangenden Insigiln. Der brief
ist geben nach Christes geburt drewtzehen Hundert iar darnach in
dem ains vnd sechtzgisten iar, an nachsten vreitage vor sand Gylgen
Tage.

Original auf Pergament mit einem Siegel, das zweite fehlt.

## CCXLIII.

Ich *Haidenreich* von *Meichsau* obrister Schenkch in Osterreich vnd ich *Anna* sein Hausfrow vnd alle vnser Erben wir vergehen vnd tun chund allen den, di disen brief lesent oder horent lesen, die nu lebent vnd hernach chunftich sind, das wir mit gutem Willen, mit verdachtem mut vnd mit gesampter hant, in der zeit, do wir ez wol getun mochten, Recht vnd redleich verchaufft vnd geben haben alle vnserew recht, ansprach vnd vodrung, die wir gehabt haben, mit welhen sachen daz gewesen ist, auf der erbern gaestleichen herren Mül von dem *heiligen Chreutz*, die gelegen ist datz dem *Damaizzels*, vnd auf allez daz, daz da zu derselben Mul gehoret, an die zwelif wienner phenning, die man von dem Wazzer, daz zu derselben Mül get, alle iar dient zu der vest ze *Ernsprunne* ze vogtrecht, die haben wir nicht verchaufft vnd die sol man davon dienen in alle dem rechten, als man die von alter her davon gedient hat, vmb vier vnd zwaintzich phunt wyenner phenning, der wir gar vnd gentzleich gewert sein, den vorgenanten erbern gaestleichen herren Abt *Cholmann* vnd dem Conuent gemain datz dem *heiligen Chreutz* vnd irn nachchomen furbas ledichleich vnd vreileich zehaben vnd allen iren frumen damit zeschaffen, verchauffen, versetzen vnd geben, wem si wellen an allen irresal, also daz wir, noch alle vnser nachchomen sullen furbas auf die vorgenanten Mul vnd waz darzu gehoret in dhainen wegen nimmermer chain ansprach, chrieg, recht noch vodrung haben, noch gewinnen, weder vmb vil noch vmb swenig, an die vorgenanten zwelif phenning gelts vogtrechts, die sullen si von dem Wazzer gen *Ernsprunne* dienen, als vorgeschriben stet, vnd nichts mer. Wir sullen auch furbas auf den alten Mulslag oberhalben dez dorffs datz dem *Damaizzels* nimmermer chain Mul geslahen noch gemachen. Vnd daz disew sache furbas also stet vnd vnzerbrochen beleibe, Darvber so geben wir In disen brief zu einem warn vrchund vnd ze einer ewigen vestnung diser sache, versigilten mit vnserm Insigil vnd mit meins vetern insigil, herrn *wernharts* von *Meichsaw*, der diser sache gezeug ist mit seinem Insigil. Der brief ist geben ze *Wienne* nach Christes geburd dreutzehen hundert iar darnach in dem ayns vnd sechtzgisten iar, dez nachsten Maentags nach sand Mertteins Tage.

Original auf Pergament, dessen zwei Siegel fehlen.

## CCXLIV.

1362, 1. April, Wien. — *Rudolf IV., Erzherzog zu Österreich etc., bestätiget der Abtei Heiligenkreuz die vollständig inserirte Urkunde seines Vaters des Herzogs Albrecht II., ddo. Wien 1348.*

*Rudolfus* Quartus Dei gratia Archidux *Austrie, Styrie* et *Karinthie,* Dominus *Carniole, Marchie* ac *Portusnaonis,* Comes de *Habischsburg, Phirretis* et *Kyburch,* Marchio *Borgogie,* nec non Lantgrauius *Alsacie* Omnibus in perpetuum. Si ad loca deo dicata benigne dirigimus aciem mentis nostre et eorum comodis intendimus diligenter non tantum eterne retribucionis merita, sed et laudis preconia consequimur temporalis. Vniuersis igitur presentibus quam futuris volumus esse notum, Nos priuilegium honorabilibus et Religiosis viris *Cholomano* Abbati et Conuentui Monasterii *Sancte Crucis,* Ordinis Cysterciensis, *Pathauiensis* dyocesis, a patre ac domino nostro Karissimo bone recordacionis traditum inseruisse presentibus ac innouasse per omnia in hunc modum. (Folgt die pag. 206, Nr. CCI abgedruckte Urkunde Herzog *Albrecht's II.*, ddo. Wien 1348.) Nos igitur Dux *Rudolfus* prefatus considerantes honestatem, vitam et laudabilem religionem *Cholomani* Abbatis et Conuentus predictorum ipsius ac monasterii intuitu retribucionis eterne, nec non pro remedio predecessorum nostrorum, quam salute quoque nostra et heredum nostrorum presentes innouacionis seu ratihabicionis literas dignum duximus concedendas. Nulli ergo omnino hominum liceat huiusmodi innouacionis nostre literas infringere, vel ei ausu temerario contraire; quod qui forsitan attemptare presumpserit, se grauem nostre indignacionis offensam et ad hoc centum libras auri nouerit incursurum, quarum quinquaginta libras nostre camere et quinquaginta libras hiis, qui aggrauati existunt, assignari debent et cedere pro emenda. Testes huius rei sunt Reuerendi in Christo patres et domini, dominus *Ortolfus* Archiepiscopus *Saltzburgensis,* Apostolici sedis Legatus, *Paulus Frisingensis, Gothfridus Pathauiensis* Episcopi, *Johannes* Episcopus *Gurcensis,* nostre camere Cancellarius, *Fridericus Chimensis, Vlricus Seccouiensis* et *Petrus Lauentinus* Episcopi. Illustris Princeps *Meinhardus,* Marchio *Brandenburgensis,* Superioris *Bauarie* Dux et Comes *Tirolis,* sororius noster karissimus, item nobiles viri auunculi nostri dilecti *Albertus* Palatinus comes *Karinthie, Meinhardus* comes *Goricie, Bertholdus* comes *Meydeburgensis, Otto* comes de *Ortemburch,* item fideles nostri dilecti *Vlricus* et *Hermanus* comites *Cylie*, *Johannes* comes de *Phannberch*, *Lewtoldus* de *Stadek*, Marschalcus prouincialis per *Austriam*, *Johannes* de *Trawn*, Capitaneus supra *Anesun*, *Heinricus* de *Rappach*, Magister curie nostre, *Johannes* de *Lospach* Magister camere, *Wilhelmus* Pincerna de *Lybenberch* dispensator panis nostre curie prefate, vna cum aliis pluribus fidedignis. Datum *Wienne* kalendis Aprilis anno domini Millesimo Trecentesimo sexagesimo secundo, etatis nostre xxiij° regiminis vero anno iiij°.

† Nos vero *Rudolfus* Dux predictus hanc literam hac subscripcione manus proprie roboramus. †

Original auf Pergament mit Siegel.

## CCXLV.

**1362, 12. Mai.** — *Jans der Techendorfer verkauft der Abtei Heiligenkreuz achtzehn Pfenning Gülte von einer Wiese zu Minchendorf.*

Ich *Jans* der *dechendorfer*, zů den zeiten purger ze *Wienn* vergich offenleich an diesem prief allen den, die in sehent, lesen oder hören lesen, die nu lebent Oder hernach chůnftig sint, daz ich mit gutem willen aller meyner erben vnd mit gesampter hant zu der zeit, da ich ez wol getun mocht, Recht vnd redleich verchauft hab meynes rechten aygens achzehen phenning geltz wienner Můns, die ich gehabt han auf ayner wisen, gelegen ze *Minchendorf* in den *Twerhen wisen* vnd haizzet deu *Zannerin*, der sechs Tagwerch sint vnd die zu den zeiten innhat vro *Elsbet* die *pellendorferin*, *Geysel* deu *Köchin* vnd *Nychlaz* der *Karl*, alle gesezzen ze *Minchendorf*, dem erbern Geystleichen herren, Abt *Cholman* vnd dem Conuent gemayn ze dem *Heyligen Chrdutz* vm fůnf schilling wienner phenning, der ich gar vnd Gentzleich gericht vnd gewert pin. Darvm pin ich den Egenanten herren ze *heyligen Chrdutz* der obgenanten achtzehen phenning gelts ir rechter gwer vnd scherm für alle ansprach nach dez Landes recht ze *Österreich* also beschaydenleich, daz die oftgenanten Herren ze dem *Heyligen Chrautz* allen irn frummen damit schaffen, verchauffen vnd ze versetzen vnd geben, swem sie wellen an allen irrsal. Vnd des ze aynem waren vrchůnd vnd gezeug gib ich in disen prief, versigelt mit meynem Insigel vnd mit des erbern mans Insigel herrn *Chunratz* des *Schönayher*, purger ze *wienn*, den ich des gepeten hab. Der Geben ist da man zalt von Christes gepurd

Dreutzehenhundert iar darnach in dem zwayund sechtzigisten iar, an
sunt Pangretzen Tag.

Original auf Pergament, dessen zwei Siegel fehlen.

## CCXLVI.

1362, 18. Juni, Pressburg. — *Ludwig, König von Ungarn, bestätigt der Abtei
Heiligenkreuz das Recht der Gerichtsbarkeit und anderer Freiheiten auf
ihren Besitzungen in Ungarn.*

*Lodouicus* dei gracia Rex *Hungarie,* fidelibus suis magistro *Jakch,*
comiti *Mosoniensi* et castellano de *Owar* vicesque eiusdem gerenti-
bus salutem et graciam. Religiosus vir Frater *Colomannus* abbas mo-
nasterii *sancte Crucis* de *Austria* nostram adiens conspectum exhibuit
nobis tenorem litterarum priuilegialium Inclyti principis olim domini
*Karoli* Regis *Hungarie*, nostri genitoris recordacionis felicis, sub
pendenti et autentico sigillo honorabilium virorum *Capituli* ecclesie
*Posoniensis* de verbo ad uerbum transumptum, in cuius serie inter
cetera vidimus contineri, quod curie ipsius monasterii *sancte Crucis*
vna videlicet, que *curia Regis* appellatur circa aquam *Lytta*, secunda
*nouum predium* et alio nomine *Newneygen* dicta, ac villa *Winden*
vocata iuxta lacum *Fertu*, in regno nostro existentes ab omnibus daciis
et solucionibus collectarum, seu aliarum taxacionem, regio nomine
faciendis, libere sint omnino et exempte, et quod omnes causas inferi-
ores, factum mortis non contingentes, fratres ipsius monasterii vel
eorum officiales possint in dictis curiis et villa iudicare. Item, quod
res et bona quelibet colonorum et iobagionum in eisdem curiis et villa
residentibus, qui pretextu alicuius capitalis nocumenti ad mortem per
iudicem, ad quem hoc pertinet, iudicarentur et ad manus deuolui de-
beant fratrum predictorum, subiungentes idem abbas voce querulosa,
quod vos multas in supradictis curiis et villa nouitates iuri contrarias
faceretis. Nam de omnibus causis in iudiciis eorundem curiarum et
ville, quocunque ipsarum libertates, vos intromisissetis, iudicaueritis-
que ibi omnes causas inferiores, quas officiales sui deberent iudicare
et quod iobagiones ac colonos suos in prefatis curiis et villa residentes,
per inconswetarum et nouarum taxacionum inpesiciones et extorsiones
nec non per descensus frequentes victualium recepciones et per alia
grauamina nimium angariaueretis, et adeo dicturbaretis, quod ipsos
abinde inultos recedere oporteret, nisi eis de salubri et oportuno remedio
prouideatur. Verum cum nos vniuersas possessiones predicti monasterii

sancte Crucis in regno nostro vbilibet existentes, specialiter curias et villam predictas ob reuerenciam beatissime Crucis, affectumque specialis deuocionis, quam ad ipsum monasterium gerimus, in nostram regiam, sicuti genitor noster predictus fecisse demonstratur, recepimus proteccionem et tutelam specialem, uolumusque ex hoc populis easdem in inhabitantibus preiudicia vel iniurias per quospiam inferi seu grauari aliquales, volumus et vestre fidelitati firmissime precipimus et mandamus, quatenus amodo et deinceps nullas causas in curiis et villa supradictis, exceptis causis factum mortis, vt premittitur, contingentibus, iudicare presumpnatis, sed eas officialibus ipsius abbatis et fratrum monasterii predicti commitatis iuxta priuilegiatas libertates sine prerogatiua iudicandas, nec de rebus et benis hominum seu iobagionum suorum de eisdem curiis et villa, morte per iudiciariam sententiam condempnatis, aut condempnandis vos intromitatis. Ceterum ab inposicionibus et extersionibus nouarum et per vos adinuentarum seu adinueniendarum taxacionum illacionibusque aliarum quarumcumque grauaminum in ibi amplius faciendis omnino desistatis, non audentes, abbatem et fratres monasterii predicti, eorumdemque jobagiones et colonos, per descensus frequentes et victualium recepciones in antea molestare, ymo eos in iuribus et libertatibus suis antiquis illesos et indempnes conseruando ab omnibus indebite molestare volentibus protegere debeatis et tueri in persona nostre maiestatis, secus pro nostra gracia et dileccione non facturi in premissis; et hoc idem iniungimus comitibus *Mosoniensibus* et castellania de *Owar* eorumdemque vices gerentibus in futurum constituendis, dantes eis firmissimis in mandatis. Datum *Posonii* in festo Corporis Christi anno eiusdem M⁰. CCCᵐᵒ. lxᵐᵒ secundo.

Original auf Pergament, das aufgedrückte Siegel zum Theile abgefallen.

## CCXLVII.

1362, 27. Juni, Wien. — *Gerichtsbrief, ausgestellt vom Stadtrichter zu Wien zu Gunsten der Abtei Heiligenkreuz über ein Haus zu Wien vor dem Werder Thor.*

Ich *Fridreich* der *Ruschel*, ze den zeiten *Statrichter* ze *Wienne* Vergich offenlich an dem brief, daz für mich cham in die Purger Schrann ze *Wyenn*, do ich saz an offem Gericht, *Ludweig* der *Chleberger*, ze den zeiten der Erbern geistlichen herren diener datz dem *heilichenchrautz* vnd chlagt mit vorsprechen an derselben seiner herren stat, die im die chlag heten aufgeben, ze vlust vnd ze gebin. hintz *Hainreichen* dem *Schemerauglein* vmb sechzehen phunt wienner phenning, die er seinen herren datz dem *heiligen Chreutz* gelten solt, vnd dafür Er denselben seinen herren ze Phande gesatzt hiet sein Haws, datz nu ein Prantstat wer, gelegen vor *Werdertor* vnder den Vischern ze *Wyenn*: auf der *Tunaw* ze nast *Ekkcharts* Haws des *Verstinchleiben*. Nu wern die obgenante sein herren des egenanten irs gelts alles noch vngericht vnd vngewert, als ir brief sagt, den si darvmb hieten, vnd chlagt darvmb als verre, vntz das im geuiel mit vrag vnd mit vrtail, Er solt mir mein recht geben, das hat er getan, Vnd solt ich den Conuent gemain datz dem *Heiligen Chräutz* der egenanten Prantstat gewaltig machen vnd an di gewer setzen. Daz han ich auch getan also, datz sie die sullen verchauffen. versetzen als verre, vnz daz seu irs Gelts alles gar vnd gantz davon verricht vnd gewert werden. Wer aber, daz sev irs gelts nicht gentzlichen davon bechomen mochten, swo seu denn furbas auf den egenanten *Heinreichen* den *Scheinauglein,* oder auf sein Gut getzaigen mochten, da solt man In mit dem wandel als verre zu nocken vnd solt seu desselben seins Guts als vil gewaltig machen vnd an die Gewer setzen, so verre vntz daz seu irs gelts alles gar vnd gantz davon vericht vnd gewert werden, als ir brief sagt, vnd solt ich in des mein vrchund geben. Vnd des ze vrchund so gib ich In den brief versigelt mit meinem Insigil. Der brief ist geben ze *Wyenn* nach Christi gepurde Drewtzehen Hundert Iar darnach in dem zwei vnd Sechtzigistem Iar, des nahsten Mantags vor sand Pauls Tag.

Original auf Pergament mit Siegel.

## CCXLVIII.

**1364, 24. April. —** *Ulrich Graf von Schaumburg bestätigt der Abtei Heiligenkreuz die Mauthfreiheit für ihr Salz bei seiner Mauth zu Aschach.*

Wir Graf *Vlrich* von *Schavnberg* bechenn für vns vnd all vnser nachkomen offenlich an disem brief vnd tün chünt allen den, dev in sehent oder hörent lesen, daz für vns chomen die erbern Geistleichen herren der Abt vnd der Conuent des Chlosters ze dem *Heiligen Chrävtz* in *Österreich* vnd zaigten vns ir brief vnd vrchünde, den si heten von vnsern vorvadern, herrn *Hainrich, Rudolfen* vnd *Wilhalben* säligen Grafen von *Schavnberg,* die daz sagten, daz in die selben Herren vnd Grafen von *Schavnberg* durich ir vnd irr voruadern sel hail willen ein Freyung ze *Aschach* an vnser mäut geben hieten also, daz die vorgenanten Geistlichen Läutte des Chlosters ze dem *Heiligen Chräutz* allev iar ainz zwai pfunt Saltzz des grozzen pantes oder der grozzen Chuffen Ledichleich vnd freilich solten fürfüren ze *Aschach* an mäutt vnd an zölle vnd an alle irrung vnd beswärung, wie dev genant wer, vnd paten vns diemütichleich durich Got, daz wir an-sehen die guten säligen werich vnd die genad, die in vnser voruadern getan hieten, daz wir dev auch an in merten vnd in die selben brief vnd vrchund, die si darvber hieten, vernevten und dieselben genad vnd freyung mit vnsern briefen bestetten, daz si furbaz ewichleich an all irrung von vns vnd vnsern nachkomen beliben. Nu haben wir ir enzig vnd fleizzich gepet angesehen, vnd haben in durich Got, durich vnser voruadern vnd vnser sel hail willen, wann wir all guttat vnd sälige werich, die vnser voruadern durich Got gestift oder geardent habent, meren vnd nicht minnern, noch absetzen wellen, dieselb ir brief vnd vrchunt verneut vnd vernewen inz auch mit disem brief vnd wellen, daz die obgeschriben geistlichen herren zv dem *Heiligen Chräutz* in *Österreich* furbaz ewichlich von vns vnd vnsern nach-komen, die genad haben vnd gäntzlich bey den freyhaiten beleiben, die si von alter gewanbait vnd durich Got von vnsern veruadern gehabt habent; daz ist alz vil, Daz si allev Iar ze ainem mal zway phunt Saltzz des grozzen pantes oder der grozzen Chuffen, wie ez genant ist, ze *Aschach* an vnser mautt ledichlich vnd freylich für sullen füren an Mautt vnd an zöll vnd an all ander vaderung vnd irrung. Davon enpfelhen vnd gepieten wir ernstlich bey vnsern Hulden allen vnsern Richtern, Mauttnern, zolnern vnd allen vnsern ampt-läuten, gegenbürtigen vnd chunftigen an vnser mautt ze *Aschach*, daz ir die oftgenanten Geistlichen herren, pey den Rechten, genaden vnd freyhaitten, dev si lang zeit von vnsern voruadern gehabt habent, vnd dev wir in auch nu zemal mit gutem willen vnd gunst getan haben, gentzleich beleiben lat also, daz ir sev daran nicht beswert in dhai-nem weg. Darvber zv einer ewigen vestnung vnd diser freyung ge-dächtnuzz Geben wir in disen offen brief für vns vnd all vnser nach-komen versigelt mit vnserm anhangundem Insigel. Der geben ist nach Christi gepurd dreutzehen Hundert iar darnach in dem vir vnd Sechtzgistem iar, an sand Jörgen tag.

Original auf Pergament mit Siegel.

# CCXLIX.

1364, 19. November, Wien. — Jans der Chnäwzzer verkauft einen der Abtei Heiligenkreuz dienstbaren Weingarten zu Medling an Jans den Stecher von Medling.

Ich *Jans* der *Chnaewzzer* vnd ich *Anna* sein Hausfrow vnd vnser erben wir vergehen vnd tun chunt allen den, die disen brief lesent oder horent lesen, di nu lebent oder hernach chumftig sind. Daz wir mit gutem willen mit verdachtem mut vnd mit gesampter hant zu der zeit, do wir wol getun mochten, vnd mit vnsers perchherren hant des erbern Geistleichen herren Apt *Cholman* datz dem *heiligen Chreutz* verchaufft haben vnsern weingarten, gelegen ze *Medlich* zenæhst *Otten* weingarten des *Putzen*, da man von dem egenantem vnserm weingarten alle iar dient den geistleichen herren datz dem *heiligen Chreutz* vier vnd sybentzig wienner phenning ze perchrecht vnd drew phunt wienner phenning ze purchrecht vnd nicht mer, den vorgenanten weingarten vnd darzu sechs schilling wienner phenning geltes, die man in denselben weingarten dient, das vns alles veruallen ist fur vnser versezzens purchrecht vnd für alle die zwispild, die darauf gegangen sint, als der brief sagt, den wir daruber vnd auch vber ander guter haben, haben wir recht vnd redleich verchaufft vnd geben mit alle dem nutz vnd rechten, als wir es herpracht haben vnd als es mit alter herchommen ist, vmb drewtzehen phunt wienner phenning, der wir gar vnd gentzleich gewert sein, Dem beschaiden manne, *Jansen* dem *Stecher* von *Medlich* vnd seiner hausurown vrown *Mechtilden* vnd ir paider erben furbas ledichleich vnd freileich ze haben vnd irn frumen damit ze schaffen, verchauffen, versetzen vnd geben, wem si wellen an allen irresal. Vnd sein auch wir vnd vnser erben vnerschaidenleich des vorgenanten weingarten vnd auch der sechs schilling geltes, die man darin dient, Recht gewern vnd scherm fur alle ansprach, als perchrechts recht ist vnd des Landes recht ze *Österreich*. Wer aber, das si furbas mit recht icht Chriegs oder anspruch an demselben weingarten vnd an den sechs schillingen geltes, die man dar in dienet, gewunnen, von wem das wer, was si den schaden nemet, daz suln wir in alles ausrichten vnd widercheren ze allen irrn schaden. Vnd sulln auch si das habent auf vns vnd auf allem vnserm gût, daz wir haben in dem Lande ze *Österreich*, wir sein lebentich oder tode. Vnd daz diser chauff furbas also stet vnd vnzerbrochen beleib, Daruber so geben wir In disen brief zu einem warn vrchund der sache versigilten mit vnserm Insigil vnd mit des perchherren Insigil des vorgenanten Erbern geistlichen herren apt *Cholmans* datz dem *heiligen Chreutz*, der diser sache Gezeug ist mit seinem Insigil. Der brief ist geben ze *Wienne* nach Christes Gepurde dreutzehen Hundert iar Darnach in dem vier sechtzigistem Iar, An sand Elsbeten Tage.

Original auf Pergament mit einem Siegel, das zweite fehlt.

## CCL.

**1365, 2. März.** — *Philipp der Wislaher von Frankenreut verkauft der Abtei Heiligenkreuz seinen Hof zu Wislarn.*

Ich *Philipp* der *Wislaher* von *Franchenrewt* vnd ich *Elspet* sein Howsfraw vnd vnser Erben veriehen vnd tuen chunt allen den, di disen brief lesent oder hornt lesen, di nu lebent vnd hernach chumftig sint, daz wir mit vnser erben gueten willen vnd gunst, mit verdachtem muet, zu der zeit, da wir ez wol getuen mochten, verchowft haben vnsers rechten aygens gutes, vnsern hof ze *Wislarn* gestiften mit den holden, di alle iar davon dienent nevn vnd dreizzig metzen chornes vnd newn vnd dreitzig metzen habern, drei schilling vnd zehen phennig wienner müntz an sand Michels tag, den vorgenanten hof mit sampt den holden vnd allez daz, daz darzu gehört ze veld vnd ze dorf, gestift vnd vngestift, versucht vnd vnuersucht, wie so daz genant ist, haben wir recht vnd redlich verchowft vnd geben mit stiften vnd stören vnd mit allen nützen vnd rechten, als wir den in aygens gewer herpracht haben, vnd als ez von alter herchomen ist, vmb newn vnd viertzig phunt wienner phenning, der wir gar vnd gentzleich gewert sein, den Erbern Geistlichen herren Apt *Cholmany* vnd dem Conuent gemain dez Chlosters datz dem *heiligen Chreutz* vnd allen irn nachchomen furbaz ledichlich vnd freilich ze haben, vnd allen irn frum damit ze schaffen, verchauffen, versetzen vnd geben, wem si wellen an allen irrsal. Vnd pin auch ich vorgenanter *Philipp* der *Wislaher* vnd mein erben vnuerschaidenlich dez vorgenanten hof vnd allez daz dar zu gehört mit dienst vnd mit andern sachen, als vorgeschrieben stet, der egenanten Geistlichen herren von dem *heiligen Chreutz* recht gewern vnd scherm, als aygens recht ist vnd dez Landez recht ze *Osterreich*. Wer auer, daz si mit recht an demselben gut vnd gulde icht chriegez oder ansprach gewinnen, von wem daz wer, waz sew dez schaden nement, daz schullen wir in allez auzrichten vnd widercheren an allen irn schaden, vnd schullen auch sew daz haben auf vns vnd auf allem vnserm gut, daz wir haben in dem Lande ze *Osterich*, wir sein lembtig oder tod. Vnd daz diser chowf furbaz also stet vnd vnsebrochen beleib, gib ich *Philipp* der *Wislaher* den obgenanten erbern Geistlichen herren gemain datz dem *heiligen Chreutz* vnd allen irn nachchomen ze einem waren vrchund vnd zu einer ewigen festigung disen brief versigelt mit meinem Insigel, vnd mit meines *Swager Albrechts* vom *Hainreichs* insigel, vnd mit *Hainreichs* dez *Puchels*, zu den zeiten Purgrafen ze *Rauchenekk* insigel. Di diser sach zeug sint mit irn anhangunden Insigeln in an schaden. Der brief ist geben nach Christes gepurd Drewtzehenhundert iar dar nach in dem fünf vnd Sechtzigisten Iar, an dem Suntag in der ersten vast wochen.

Original auf Pergament mit drei Siegeln.

## CCLI.

**1365, 30. Mai, Wien.** — *Gerichtsbrief, ausgestellt von Berthold von Bergau, Hofrichter in Österreich, über ein im Hoftaiding zu Wien der Abtei Heiligenkreuz zugesprochenes Pfandrecht auf gewisse, zu Hofstetten gelegene Besitzungen Friedrich's von Walsee.*

Ich *Perichtolt* von *Pergaw* Hofrichter in *Österreich* vergich offenleichen an disem brief, Daz fur mich chom, do ich sas an dem Rechten in dem Hoftaiding ze *wienne*, Der Chelner von dem *Heyligen Chraitz* vnd chlagt mit vorsprechen hintz Herrn *Fridreichen von Walse* von *Potenstain* vmb fumf vnd Sechtzig wienner phenning gelts, die er Im mit gewalt vorhielt, dez er entgolten hiet vmb zehen phunt wienner phenning, vnd chlagt als lang hintz Im, nutzen daz er fröst alle die gueter, die er hiet ze *Hofsteten*, vnd nam auch die derselb Chelner von dem *Heiligen Chräutz* auz der frön zu den Tegen, vnd er ze Recht solt darnach Im dem nasten Hoftaiding beret man In ehafter not. Vnd darnach chom der egenant Chelner von dem *Heyligen Chrautz* aber für Recht vnd pat vrogen nach der fron, die er selb auzgenommen het, waz im Recht waer. Do ertailen die Lantherren vnd gemes Im vrag vnd mit vrtail, Seid der vorgenant Chelner von dem *Heyligen Chräutz* die obgenant fron auzgenomen het zu den tegen vnd er zu Recht solt, vnd auch der schreiber nach des frönpuechs sag sein chuntschaft darumb gesagt het, man solt in der vorgenanten güter ze *Hofsteten* aller gewaltig machen vnd an die

pewer sezzen, inne ze haben, niezzen vnd nutzzen vnd damit allen
seinen frumen schaffen, als verr vntzen, daz er der vorgenanten
sechen phunt phenning ganz vnd gar vericht vnd gewert würde.
Vnd solt auch In mein Her, der Hertzog oder swer an seiner stat
gewalt het in *Osterreich*, darauf schirm fur gewalt vnd fur vnrecht.
Mit vrchund ditz briefs der geben ist ze *wienne* nach christi geburd
Drewtzehen Hundert Iar darnach in dem fumf vnd Sechtzigisten Iar,
an sant felitzen tag.

Original auf Pergament, dessen Siegel fehlt.

# CCLII.

**1365, 9. November, Wien.** — *Gerichtsbrief, ausgestellt von Bruder Thomas,
Kellermeister der Abtei Heiligenkreuz, zu Gunsten derselben wieder Heim
von Teesdorf, wegen versäumter Zahlung schuldigen Burgrechts von einem
Hofe zu Simmering.*

Ich Pruder *Thöman* zu den zeiten obrister Chelner dats dem
*heiligen Chreütz* vergich offenlich an dem brief, das für mich cham,
do ich sas an des Conuentes stat gemein an offen gericht, Pruder
*Jans* desselben Ordens, di zeit Hofmaister in der selben meiner Herrn
Hof ze *Wienn*, vnd chlagt mit vorsprechen an des Conuents stat ge-
main datz dem *Heiligen Chreütz*, der im di chlag het aufgeben ze
Püst vnd ze gebin, das derselb Conuent dats dem *Heiligen chreütz*
hiet ain phunt wienner phening geltzs Rechts Purchrechts auf einem
hof gelegen zu *Simaning* vnd auf Siben phunden vnd dreizzich wien-
ner phenning geltz gelegen auf akchern hinder dem *aichech*, der
acht vnd dreizzich chräutgarten weren, vnd auf virtzehn schilling
vnd zwain wienner phenning gelts gelegen daselbs ze *Simaning* auf
zehen holden, das alles in den egenanten Hof gehört, vnd auch auf
allew dew, vnd von alter zu dem selben Hof gehört, als ir brief sagt;
das selb phunt gelts rechts Purchrechts hiet in her *Haym* von *Tes-
dorf* auf dem egenanten hof vnd auf alle dew vnd darin gehört, als
vorbenant ist, versezzen, vnd darzu hiet in derselb her *Haym* aus dem
egenanten Hof ze fremden handen pracht wider irn brief diselben
Siben phunt vnd dreizzich wienner phenning gelts, darauf si auch das
vorgenant phunt gelts hieten, vnd auch in den Hof gehörten, vnd
chlagt vmb die selben Enphrömdnuzz als verre, vntz daz do geuiel
mit vrag vnd mit vrtail, er solt herrn *Haimen* von *Tesdorf* darvmb
ze drin virtzehen tagen ze wizzen tun, vnd geschech denn darnach

was recht wer. Dasselb ze wizzentun wider für den egenanten herrn
*Haymen* ze drin viertzehen Tagen nach Landes recht, vnd sagt auch
der vrounpot darum sein chuntschaft, als er ze recht solt, nach den-
selben drin virtzehen tagen vor offem gericht. Vnd darnach ward
veruolgt vnd ertailt, Chem der egenant her *Haym* oder yempt von
seinen wegen, der in ehafter not nach dem ze wizzentun beret, dem
geschech nach, was recht wer; Chem aber niempt, so solt der obge-
nant Pruder *Jans* dem rechten nachvolgen vnd seine rechte volfüm
aber, als recht wer. Do cham der egenant her *Haim*, noch niempt
von seinen wegen nicht für mich noch für offens Gericht; do ward
noch gevragt, was recht wer. Do geuiel von mann ze mann mit vrag
vnd mit vrtail: Seid der egenant her *Haym* das egenant phunt gelts
Purchrechts auf dem egenanten Hof vnd auf alle dew, vnd dar ze
gehort, versezzen hiet, vnd auch di egenanten siben phund vnd drei-
zzich wienner phenning gelts wider des Conuents brief aus dem ege-
nanten Hof an ir wart vnd an irn willen ze frömder hant pracht hiet,
vnd man im das nach Landes recht ze drin virtzehen tagen ze wizzen
getan hiet, darvmb der vrounpot sein chundschaft gesagt hiet, vnd er
nach dem ze wizzentun noch niempt von seinen wegen nicht für
recht chomen wern, so solt mir der egenante Pruder *Janse* mein
recht geben, das hat er getan, vnd solt ich dem Conuent gemain
datz dem *Heiligenchreutz* des egenanten Hoffs vnd der siben phunt
vnd dreizzich wienner phenning geltes, di er ze fremden handen
pracht het, mit sampt den virtzehen schilling vnd zway phenning
gelts vnd mit alle dew, vnd dar in gehört, gewaltig machen vnd an
di Gewer setzen. Das hun ich auch getan also, das den der Conuent
gemain mit aller zugehörung, als vorbenant ist, sol verchauffen, ver-
setzen vnd geben, swem er well an allen chrieg vnd irrsal, vnd solt
ich des dem Conuent gemain datz dem *Heiligenchreutz* mein vrchund
geben. Vnd wenn ich selb nicht aigens Insigels hab, noch der ege-
nant Conuent im selb mit irn Insigiln nichts besteten mügen, daruber
so gib ich dem Conuent gemain datz dem *Heiligenchreütz* den brif
ze einem offen vrchund vnd zu einer Ewigen vestigung der sache,
versigelt mit der Erbern Lawt insigel, hern *Paulen* von *Pawrberch*
vnd hern *Jacobs* des *Hausgrafen* Purger ze *Wienn*, vnd *Symans*
von *Tenndorf*, die des tages des gedings gewesen sind, vnd auch der
sache gezewgen sind mit iren Insigeln in selb an allen schaden. Der
brief ist geben ze *wienn* nach Christi gepurd drewtzehen hundert

mr dan in dem fünf vnd Sechtzigistem iar, des nasten Suntags vor
wand Merten Tag.

Original auf Pergament mit drei Siegeln.

## CCLIII.

**1367, 25. Jänner, Wien.** — *Conrad Stubner verpfändet der Abtei Heiligen-
kreuz einen Weingarten zu Mödling.*

Ich *Chunrad* der *Stubner* von *Engscheinstorf* vnd ich *Anne*
sein Hausvrowe, wir veriehen vnd tun chund offenleich mit dem brif
allen den, di in sehent, horent oder lesent, Daz wir vnd vnser Erben
rnuerschaidenleich gelten schuln Den erbern geistleichen herren von
lem *Heyligen Chreutz* zwelif phunt wienner phenning, Davon wir
alle iar Raichen vnd dienen schuln ain phunt wienner phenning gelts
Purchrechts auf sand Merten tag mit alle dem nutz vnd rechten, alz
man ander Purchrecht dient in dem land ze *Osterreich*. Vnd haben
wir in dafür ze phant gesatzt mit vnser Erben guten willen vnd gunst
Vnd mit gesampter hant der zeit, do wir ez wol getün mochten, vnd
mit des amptmans hant, *Jansen* der *Stecher*, zv den zeiten amptman
ze *Medlich*, hern *Leutolts* von *Stadeck*, zv den zeiten Lantmarssal in
*Osterreich*, vnd hern *Rudolfs* von *Stadeck* seins vetern, vnsern wein-
garten gelegen ze *Medlich* pey dem *Prucklein* ze nest meins vater
weingarten *Hainreich* des *Stubner*, Do man alle iar von dient zwen
wienner phenning ze gruntrecht an sand Mychels tag vnd nicht mer,
den obgenanten tzwain Erbern Herren von *Stadeck*. Waer aber daz,
ob wir den Egenanten erbern geystleichen Herren daz phunt phennig
gelts purchrechts nicht raichen vnd dienten auf den obgenanten tag
mit alle dem nutz vnd rechten, alz vorgeschriben stet, so schuln si
oder ir anwalt vmb zwispild darauf vragen ze virtzehen taegen, alz
vmb versezzens purchrechts recht ist vnd des Landes recht in *Oster-
reich*. Wir sein auch des egenanten phunt phenning geltes ir recht
gewer vnd scherm fur alle ansprach, alz purchrecht ist vnd des
Landes recht in *Osterreich*. Wir haben auch des egenanten phunt
phenning gelts vollen gewalt ab zelosen, swelichs iars wir mügen
oder wellen, also wann wir zwelif phunt wienner phenning mit ein-
ander dargeben vnd den nesten dienst domit, so ist furbaz vnser
phant ledig vnd loz. Vnd waz in an dem egenanten phand abget pai-
der haubtgüt vnd des phunt ainem phenning gelts, Daz schuln si
haben auf vns vnuerschaidenleich vnd auf alle dem güt, daz wir haben
in dem Land ze *Osterreich*, wir sein lebentig oder tod. Vnd daz di

sach fürbaz also staet vnd vntzebrochen beleib, Wann wir, noch der
egenant amptman nicht aygner Insigil haben. Des ze vrchund geb
wir in den brif versigilt mit des erbern mannes Insigil zv den zeiten
amptman ze *Engscheinstorf,* *Vlreichs* des *paurs,* der zwaier erbern
Herren von *Stadeck,* dazselb Insigil si in vber daz ampt geben habent,
vnd mit des erbern mannes Insigil *Gundackers* des *Estlocher,* zv den
zeiten Richter ze *Medlich,* Di wir des gebeten haben, daz si der
sach getzeug sint mit iren Insigiln in an schaden. Der brif ist geben
nach Christes gepurd Dreutzehen Hundert iar darnach in dem siben
vnd Sechtzkisten iar, an sand Pauls tag, als er sich hechert hat.

Original auf Pergament mit einem Siegel, das zweite fehlt.

## CCLIV.

**1367. — *Die Abtei Heiligenkreuz überlässt einen Hof sammt Mühle und
Weingarten zu Baden an Elbelein dem Bindschlegel und seine Hausfrau
Anna zu Leibgeding.***

Wir pruder *Cholman* zu den zeiten Abt vnd der Conuent gemain
des Closters datz dem *Heiligen Chrewtz,* vergehen vnd tun ch
allen den, die disen brief lesent oder hörent lesen, daz wir mit gut
willen vnd mit verdachtem mut vnd mit gemainem rat vnsers C
uentes, zu den zeiten, da wir es wol getun mochten, recht vnd r
lich lazzen haben dem Erbern manne *Elbelein* dem *Pintschlegel*
*Paden* vnd seiner hausfrawen vrowen *Annen* zu ainem Leibgedi
zu ir paider lebtagen in allem dem recht, als hernach an disem b
geschriben stet, vnser hof vnd vnser mül darinne vnd die pe
weingarten hinden daran gelegen zu *paden,* also mit ausgenom
red, daz si denselben hof, di Mül darinne vnd die pewnt weingarten
in nutz vnd in gewer innehaben, niezen vnd nützen sullen vngeirret
mit gutem rechten pauw vntz an ir paider tode, als leipgedingen
recht ist, vnd sullen auch sie vns fürbaz alle iar vntz an ir paider
tode von dem dienen vnd geben siben phunt phennig wiener müntz
zu den dreien zeiten im iar, an sant Michels tag, an sant Johans tag
ze Sunnbenten vnd an vnser vrowen tag ze der Lychtmesse, ze igli-
chem tag zwai phunt vnd achtzig phennig. Darzu sullen auch sie
vns, oder wem wir es schaffen, alle iar geben in dem lesen ainen
vnd dreizzig Emmer weins von dem wein, der in der vorgenanten
vnser pewnt wird; welhs iars aber daz ist, das in derselben vnser
pewnt als vil weins nicht würde, so sullen si vns vmb ir phennig

alswe einen vnd dreizzig emmer weins chauffen, der als gut sei, als der, der in der pewnt wird. Si sullen auch die wör von der *Mulbruche* vntz hinab an vnser *vrowen steg*, als ietzunt get, pezzern, als oft des durft ist mit ir aigenhaft gut an vnsern schaden mit vnserm holtz. Vnd wenne daz ist, daz dem egenanten hof durft geschit ze pezzern vnd was denne der gemach sint, die mit zigeln gedecht sint, dasullen wir in alle berait-schaft zu geben an irn schaden, den was das lon ist den werchleuten von dem selben pauw, daz sullen wir halbes geben vnd sie halbes; was aber an der vorgenanten Mûl ze pezzern ist vnd auch an den andern gemechern, die nicht mit zigeln gedechet sint, da sullen wir in vmb sust holtz zu geben, waz si sein darzu bedürffen auz vnserm walde vnd sullen auch si denne das selbe Holtz mit irm phenningen zu der Mul vnd zu dem andern gepaw pringen vnd waz denne daz lon ist den werch-leuten, daz sullen si gantz vnd gar verrichten an vnserm schaden. Vnd wenn denne der egenante *Elbelein Pintschlegel* vnd sein hausfrowe frowe *Anne* baide gesterbent vnd nicht mer sint, welche zeit daz in dem iar geschit, so sol vns denne der obgenante vnser hof, die Mûl vnd die pewnt weingarten aller dinge wider ledig vnd los sin, wie wir si vinden in allem dem rechten, als es vor vnser gewesen ist. Vnd sein auch wir vnd vnser nachchomen vnuerschaidenlich des oft genanten hofs, der Mûl vnd der pewnt des egenanten *Elbeleins Pintschlegels* vnd seiner haus-vrowen vrowen *Annen* vntz an ir paider tod recht gewern vnd scherm für alle ansprach, als leipgedinges recht ist vnd des landes recht ze *Österreich*, ze allen dem rechten, als vor vnterschaiden ist. Vnd daz alle red stet vnd vorbeleibe, darvber so geben wir Abt *Cholman* vnd der Conuent gemain datz dem *Hailigen Chreutze* in disen brief ze ainem warn vrkunde diser sach versigelt mit vnser baiden insigel, die daran hangent. Der brief ist geben, do man zalt nach Christes gepurt dreutze-henhundert Iar vnd darnoch in dem siben vnd sechtzigesten iar an. (Die weitere Datirung fehlt.)

Original auf Pergament, dessen zwei Siegel fehlen.

## CCLV.

1367, Dijon. — *Das General-Capitel des Cistercienser-Ordens bewilligt der Abtei Heiligenkreuz über Ansuchen ihres Abtes, dass die Frauen vornehmer Standespersonen bei den Leichenbegängnissen der letzteren in das Kloster eingelassen werden dürfen.*

Nos frater *Johannes* Abbas *Cistercii* Ceterique definitores capi-tuli generalis Notum facimus presencium per tenorem, quod anno domini M⁰. CCC⁰. lxvij⁰. in nostro capitulo generali facta fuit definicie, que sequitur in hec verba : Petit Abbas de *Sancta Cruce* in *Austria*, quatenus sibi et Monasterio suo de speciali licencia concedatur, vt mulieres et femine Magnatorum et potentum in exequiis funerum suorum ipsum Monasterium ingredi valeant libere et inpune; Que peticio per generale capitulum exauditur. Datum in *Diuinione* anno quo supra Tempore capituli generalis.

Original auf Pergament mit einem Siegel.

## CCLVI.

**1368, 14. März, Wien.** — *Ruger von Teesdorf und seine Hausfrau Christine verkaufen der Abtei Heiligenkreuz einen Hof und Gülten zu Simmering.*

Ich *Ruger* von *Testorff* vnd ich *Christein* sein hausurow, Wir vergehen für vns vnd für alle vnser Erben vnd Tün chunt allen den, die den brief lesent oder hörent lesen, die nu lebent vnd hernach chünftich sind, Daz wir mit aller vnser erben gütem willen vnd gunst, mit verdachtem müt vnd mit Gesampter hant vnd nach vnserr nechsten vnd besten vrewnd Rate, zu der zeit, do wir es mit recht wol getün mochten, Verchaufft haben vnsers rechtem Purchrechtes, das wir ze pürchrecht gehabt haben von den erbern geistleichen herren datz dem *Heiligen Chrewtz* vnsern Hof gelegen ze *Symaninge*, oben an dem ort vnd darzü alle die Güter, die hernach an dem brief geschriben stent, des ersten : dreizzig Tagwerich wismats gelegen in dem *Velberech*, vnd vier tagwerich wismat gelegen bei dem dorffe in dem Paumgarten, vnd fümftzig Jeuchart akchers, vnd Siben phunt uud dreizzig phenning Wienner münzze geltes ouf chrautgaerten gelegen ouf dem *Haitzengriezze*, vnd dreitzehen Schilling vnd sechtzehen phennige wienner münzze geltes gelegen ze *Symannigen* auf behaustem gut, die zu den zeiten die holden dienent, *Stephan* der *Schuester* drey Schilling vnd vier phenning, *Niclas* der *Smyd* acht vnd sechtzig phenning, *Jacob* vier vnd dreizzig phenning, *Herman* zwen vnd zwaintzig phenning, *Jörig* der *Suechentrunch* zwen vnd zwaintzig phennig, *Jans* der *Herter* sibentzehen phenning, *Mertt* der *Mesner* sibentzehen phennig, *Dietreich* der *amman* sechs vnd achtzig phenning; vnd acht vnd Dreizzig phenning geltes ouf vberlent, die zu den zeiten dienent der *weing Leuppolt* von *wienne* von einem chrautgarten sechs phenning, *Chunrat* der *Wartperger* von einem chrautgarten sechs phenning, *Haugeins* sun von einem chrautgarten vier phenning, *Chunrat* der *örl* von einem chrautgarten sechs phenning; Vnd auf einem akcher sechtzehen pfenning geltes, vnd zehen schilling wienner phenning geltes gelegen ouf fümf vnd zwaintzig achttailn weingarten, vnd alles das, das zu dem vorgenanten vnserm Hof gehöret, es sein paumgärten, chrautgarten, aekcher, wismat, phenninggült, ze uelde vnd ze dorffe, gestifft vnd vngestifft, versucht vnd vnuersucht, wie so das genant ist, da man alle iar von dient den obgenanten Geistleichen herren datz dem *heiligen Chreutz* ayn phunt wienner phenning ze rechtem Purchrecht vnd den geistleichen vrown datz der *Himelporten* ze *wienne* von einem weingarten, der weiln ein akcher gewesen ist, viertzig phenning, vnd in das Gericht ze *Swechant* von einem pawmgarten sechs phenning, vnd hintz sant *Larentzen* ze *Symaning* von drin Jeucharten akchers drey phenning vnd des *Hewndleins* erben ze *wienne* von einem phlantzpett drey phenning, vnd *Niclasen* den *Würffel* von einer velberpewnt vier phenning, oder ein huen vnd nicht mer. Vnd den vorgenanten Hof vnd alle die Güter, die vorgeschriben stent, vnd was dartzu gehöret, hat *Hayman* von *Testorff*, mein egenanten *Rugers* vater gechoufft vmb das gut, das von meiner Muter, vrown *Wennteln* weiln seiner hausnrown seligen herchomen ist; vnd der hat ouch darnach mitsampt *Haymlein* seinem sun mit des Purchherren hant mir egenanten *Rugern* denselben Hof vnd güter allew gegeben zu der egenanten vrown *Christein*, meiner Hausurowen ze rechter Margengabe allen vnsern frumen damit ze schaffen an alle irrung. Den vorgenanten Hof vnd alles das, das dartzu gehöret, vnd alle die güter, die vor dem brief verschriben sint, haben wir recht vnd redleich verchoufft vnd geben mit allen den nutzen vnd rechten, als wir es alles vnuersprochenleich in purchrechtes gewer herpracht haben vnd als es mit alter herchomen ist, Vmb Hundert phunt vnd vmb ains vnd viertzig phunt wienner phenninge, der wir gantz vnd gar gewert sein, vnd vmb vier phunt wienner phenninge mir egenanten *Christein* ze Leitchouf, der ich auch gentzlich gewert bin, Den vorgenanten erbern geistleichen herren Abt *Cholman* vnd dem Conuent gemaine des Chlosters datz dem *heyligen Chreutz* vnd allen irn Nachkomen furbas ledichleich vnd vreileichen ze haben vnd allen iren frumen damit ze schaffen, verchauffen, versetzen vnd geben, wem si wellen an allen irresal. Ich obgenanter *Christein* Tun ouch chunt mit dem brief, daz ich mit gutem willen vnd nach Rate meins Vater *Fridreichs* des *Weidner* vnd ander meiner vrewnd vnbetwungenleich meines Margengabbrief den vorgenanten geistleichen herren geantwurttet vnd gegeben han, vnd ouch mich des vorgenanten Hofes vnd der vorgeschriben Güter aller vertzigen han vnd vertzeich mich der aller sache mit dem brief, also daz ich noch mein erben fürbas auf dieselben güter weder vmb Margengab noch vmb chainerlay sache nimmermer, chain ansprach, Recht, noch vodrung haben noch gewinnen sulla, in dhainen wegen. Vnd durich pezzer sicherhait so setzen wir vns. ich *Ruger* von *Testorff* vnd ich *Christein* sein hausurow vnd ich egenanter *Hayman* von *Testorff* sein pruder vnd alle vnser erben vnuerschaidenleich vber den obgenanten Hof, vnd swas dartzu gehöret, vnd vber alle die güter, die vor verschriben vnd benant sint, den egenanten geistleichen herren gemayne datz dem *heiligen Chrewtz* vnd allen irn Nachkomen ze rechten gewern vnd scherm für alle ansprach, als purchrechts recht ist vnd des Landes recht ze *Österreich*. Wer aber, daz si fürbas an dem oftgenanten Hof vnd an den vorgeschriben gütern icht chriegs oder ansprach gewunnen, von wem das wer mit recht, was si des schaden nement, das sulla wir In alles ausrichten vnd widerchern an allen irn schaden, vnd sullen ouch si das haben auf vns vnuerschaidenleich vnd ouf allem vnserm gut, das wir haben in dem Lande ze *Österreich*, oder wa wir es haben, wie das genant ist, wir sein lebentich oder tode. Vnd daz der Chouf vnd die Sache fürbas also stet vnd vnzerbrochen beleibe, Darüber so geben wir In den brief zu einem warn vrchunde vnd ze einer ewigen vestnung der Sache versigilten mit vnserr obgenanten Gebrüeder *Rugers* vnd *Haymans* von *Testorf* baider Insigiln vnd mit des vorgenanten *Fridreichs* Insigil des *Weydner*, mein egenanten *Rugers* sweher vnd mit vnsers Ohaims Insigil *Jacobs* von *Loch*, die wir des vleizzichleich gebeten haben, daz si irew Insigeln ze einer gezeugnuzze der vorgeschriben Sache an den brief gehangen habent In an schaden. Vnd verpind ouch ich mich egenantew *Christein* vnder der obgenanten meins wirts, meins Vaters, vnd meiner swaeger Insigiln alles das stet ze haben vnd zelaisten, das vorgeschriben stet. Der brief ist geben ze *Wienne* nach Christes geburt Dreutzehen Hundert iar darnach in dem acht vnd Sechtzgistem Iare, des nechsten Eritags vor Mitteruasten.

Original auf Pergament, dessen vier Siegel fehlen.

## CCLVII.

**1366, 3. April.** — *Gerichtsbrief, ausgestellt von Jakob dem Strasser, herzoglichen Bergmeister zu Medling, kraft dessen der Abtei Heiligenkreuz ein Weingarten zu Bertholdsdorf zugesprochen wird.*

Ich *Jacob* der *Strazzer* ze den zeiten der hochgeporn Fuersten der Hertzogen *Osterreich* Pergmaister ze *Medlich* vergich offenleich an disem prief, daz fuer mich chom, do ich sazz an offem gericht, Der erber geistleich herr prueder *Cholman*, ze den zeiten pitantzmaister datz dem *heiligen Chreutz* vnd chlagt mit vorsprechen an des Conuentz stat des egenanten chlosters auf ein rehel eines weingarten gelegen ze *Perchtoltsdorf* an dem *Hertzogenperch* ze nechst *Seyfrides* des *Spehen* vnd *annen* seiner geswein *Elbleins* des *raiden* witib weingarten, Da man auch von dem egenanten rechlein eins weingarten alle iar dient dem Hertzogen in *Osterreich* ain viertail weins ze perchrecht vnd ein ort ze voitrecht vnd nicht mer, vmb ain phunt wienner phenning versezzens Purchrechts nach irs priefs sag, den sev darvmb hieten, Daz dem egenanten prueder *Cholman* dem pitantzmaister, alz lang er daz ampt inne hiet gehabt, in dem fvmften iar nicht gedient wer vnd pat darumb gerichts alz lang, vntz daz vraw *Elzpet, Lebhaugeins* witib von *perchtoltzdorf* herfuer chom vnd verantwuert die chlag mit vorsprechen vnd sprach: si hiet auch vrehund vnd prief, die wolt si auch pringen fuer daz gericht. Darnach ze rechten tegen chomen se herwider fuer mich vnd wurden ir paider vrchunt vnd prief verhört var offem gericht. Da auzzent sich die egenant vraw *Elzpet* des vorgenanten weingarten vor offem gericht vnd vor den erbern purgern vnd andern erbern leuten, die man zu dem rechten gepeten het, vnd pat do der vorgenant Prueder *Cholman* vragen, waz nu recht wer. Do ward im mit vrag vnd mit vrtail veruolgt vnd ertailt: Seid sich die oftgenant vraw *Elzpet* vor offem gericht des vorgenanten weingarten verzigen vnd geauzzent hiet vnd alle ierew recht, die si daran gehabt het, domit aufgeben hiet, So solt mir der vorgenant prueder *Cholman* mein recht geben, daz hat er getan, Vnd scholt ich in an der erbern geistleichen herren stat des Conuents gemain datz dem *heiligen Chreutz* des obgenanten weingarten gentzleich gewaltig machen vnd an die gewer setzen. Daz han ich auch getan den selben geistleichen herrn vnd allen irn nachchomen furbaz ledichleich vnd vreyleich ze haben vnd allen irn

frumen damit ze schaffen, verchauffen, versetzen vnd geben, wem si
wellent an allen irrsal. Vnd schullen auch der egenanten vrawn
*Elzpeten* prief vnd vrchund, di si vber den egenanten weingarten
hat, furbaz gentzleich tod vnd ze nicht sein vnd chain chraft mer
haben, weder vil noch wenich, vnd scholt ich in des mein vrchund
geben. Vnd wann ich selb nicht aygens Insigels han, Darvmb ze
einen waren vrchund vnd gezeug diser sach gib ich disen prief ver-
sigelten mit des erbern mans Insigel hern *Christoffen* des *Surfeier*,
purger ze *wienne*, zu denselben zeiten Chellermaister der edlen
fuersten in *Osterreich*. Der prief ist geben nach Christes gepuerd
Dreuzehen hvndert Iar darnach in dem acht vnd sechtzigsten Iar,
des nachsten mentags nach dem Palm tag.

Original auf Pergament, dessen Siegel fehlt.

# CCLVIII.

**1368, 23. April.** — *Niklas der Kirchstetter gibt der Abtei Heiligenkreuz
zu seinem und seiner Familie Seelenheile seinen bisher freigegebenen Hof zu
Paasdorf zu Burgrecht auf.*

Ich *Nyclas* der *Kirchsteter* vnd ich *Gerdraut* sein Hausfraw
vnd ich *Hans* der *Kirchsteter* ir svn vnd alle vnser erben Wir ver-
gehen vnd Tun chunt Offenleich mit Dem Brief allen Leuten, Die in
sehent, horent oder lesent, Die nv lebent vnd hernach Chunftich
sind, Daz wir mit verdachten muet, nach rat vnser pesten vreunde, mit
gesampter Hand vnd ze der Zeit, vnd ich es wol getun mochten,
Recht vnd redleich Leuterleich Durch got vnd vnser vnd vnser vor-
dern sel hail willen gemacht vnd gegeben haben vnsers rechten
aygens vnser Aigenschaft vnsern hofe gelegen ze *paestorf* pei der
alten chirchen mit alle vnd dazu gehört, Es sei wismat, aekker, zu
veld vnd zu Dorff, gestift vnd vngestift, versucht vnd vnuersucht,
swie so datz alles genant ist, mit allen den rechten vnd nutzen, alz
wir den Den egenanten Hof mit aller zugehorung in aygens gewer
herpracht haben, In das Chloster zu dem *Hailigen Chreutz* dem
Erbern Gaistlichen Herren dem abpt vnd dem Conuent gemainicklich
daselbst. Es pin auch ich Egenanter *Nyclas* der *Chirchsteter*, vnd
ich *Gerdraut* sein Hausvraw vnd ich *Hans* der *Chirchsteter*, sein svn
vnd alle vnser erben vnuerschaidenleichen der Egenanten aygen-
schaft an dem Egenanten Hofe mit aller zugehörung des Egenanten
Chlosters und des abptes und auch des Conuentz gemainleich daselbst

ir Rechter gewer vnd scherm für alle ansprach, als aygens recht ist vnd des Landes recht in *Ostereich*. Wer aber, das das Egenant Chloster vnd der abpt vnd der Couent gemainicleich daselbst icht Chrigg oder ansprach gewunen mit Recht an der Egenanten Aygenschaft an dem vorgenanten Hofe mit aller zugehorung, von wem das wer, swas si des schaden nement, Das sullen wir in Gentzleich vnd gar ausrichten vnd widerthun an alle ir mue vnd schaden vnd sullen auch das haben auf vns verschaidenleichen vnd auf vnsern erben vnd auf allen vnsern guetern, die wir haben in dem Lande ze *Österreich*, wir sein Lemptig oder Tode, Also mit ausgenomen worten, Daz der Egenant Hofe mit aller zugehörung alz vorgeschriben stet vnser rechtes Purchrecht sein soll furbas von dem Egenanten Chloster, oder wer des Chlosters abpt ist vnd furbas allen vnsern fruemen damit schaffen, ze verchaufen vnd zu versetzen, als purchrechz recht ist vnd des Landes recht in *Osterreich*; Also das wir, oder swer daz Egenant gůet nach vns besizt oder von vns chauft, alle iar ieritleich dienen vnd raichen sullen an sand Michels Tag von der Hofmarich acht wienner phenning, ie von der Jöch akker ain wienner phenning vnd von anderhalb Tagwerich wismat drei Helbling zu Rechten Purchrecht vnd nicht mer; vnd auf vnd abe zu anleit vnd ableit ain wienner phenning. Vnd swer des vorgenanten Chlosters abpt ist, der sol der vorgenanten gueter aller stifter vnd störer sein vnd sullen auch wir, oder wer daz Egenant guet nach vns besitzt oder von vns chauft, chainerlay beswerung haben, weder steur nach Robot, noch chainen vbertzins nicht mer, denne den Egenanten dinst ze raichen an dem Tag alz vorgeschriben stet. Vnd darvber zu ainem warn sichtigen Vrchunde der sach geben wir dem Egenanten Chloster vnd auch dem abpt vnd dem Couent gemainichleich daselbst den Brief versigilten mit vnsern anhangenden Insigiln vnd mit Her *Artolfs* Insigil des *Chirchsteters* vnd mit *Jorigen* des *Dozzen* von *Hagendorff* Insigil vnd mit *Chvnratz* des *Parstenprvnners* insigil, die alle der sach gezeug sind mit irn Insigiln in an schaden. Der Brief ist geben nach Christes gepurt Drewzehen Hundert Iar darnach in dem acht vnd sechzgisten Iar, an sand Jorigen Abent.

<small>Original auf Pergament mit vier Siegeln, ein fünftes fehlt.</small>

## CCLIX.

**1368, 31. Mai, Wien.** — *Hadmar der Messenpeck verkauft der Abtei Heiligenkreuz zwei Pfund Pfenning Gülten zu Geroldstein.*

Ich *Hadmar* der *Messenpekch* vnd ich *Agnes* sein hausvrow
Wir vergehn für vns vnd für alle vnser erben vnd tun chunt allen
den, die den brief lesent oder horent lesen, die nu lebent vnd hernach chunftig sind, daz wir mit aller vnser erben gütem willen vnd
gunst, mit verdachtem müt vnd mit gesampter hant, zu der zeit, da
wir es wol getun mochten, Recht vnd redleich verchoufft vnd gegeben
haben vnsers rechten aigens zwai phunt wienner phenning gelts
gelegen ze *Geroltzteün* auf einem halben lehen behausts güts vnd
auf einem halben lehen vberlent vnd die man auch ierleich dient ain
phunt an sand Michels tag vnd ain phunt an sand Jörgen tage vnd
waz zu de egenanten gütern gehoret ze ueld vnd ze dorffe, ez sei
gestifft oder vngestift, versuecht oder vnersuecht, wie so daz genant ist, mit allen den nützen vnd rechten, als wir dieselben zway
phunt gelts den Geistleichen Herren . . dem Abt vnd dem Conuent
datz dem *Chöttweyg* mit recht in der *Hofschrann* ze *Wienn* anbehabt haben, als der behab brief sagt, der vns daruber geben ist, vnd
als wir si in aigens gewer herpracht haben, Vmb ains vnd zwaintzig
phunt wienner phenning, der wir gantz vnd gar gewert sein, Den
erbern Geistleichen herren Abt *Cholmann* datz dem *Heiligen Chreutz*
vnd dem Conuent gemain daselbens vnd allen irn nachkomen fürbaz
ledichleich vnd vreyleich ze haben vnd allen irn frumen damit ze
schaffen, verchouffen, versetzen vnd geben, wem si wellent an allen
irrsal. Vnd sein auch wir ich egenanter *Hadmar* der *Mezzenpekch*
vnd ich *Agnes* sein Hausvrow vnd alle vnser erben vnuerschaidenleich
der vorgenanten zwaü phunt gelts der erbern Geistleichen heren
datz dem *Heiligen Chreutz* vnd allen irr nachkomen Recht gewer
vnd scherm fur alle ansprach, als aigens Recht ist vnd dez Landes
recht ze *Osterreich.* Wer aber, daz in an denselben zwain phunt
gelts iecht abgieng mit Recht, waz si dez schaden nement, daz sulln
wir in allez aufrichten vnd widercheren an alln irn schaden, Vnd
sulln auch si daz haben auf vns vnuerschaidenleich vnd auf allen
vnserm gut, daz wir haben in dem Lande ze *Osterreich,* oder wo
wir es haben wir sein lebentig oder tod. Vnd daz der Chawf furbaz
also stet vnd vnzerbrochen beleib, Darumb so geben wir in den brief

zu einem waren vrchund der Sache, versigilten mit vnserm Insigil vnd mit der erbern heren Insigil hern *Perichtolts* von *Pergaw*, die zeit Hofrichter in *Osterreich* vnd hern *Rudolfs* von *Stadekke* vnd mit der erbern Lewt Insigiln, *Pauln* dez *Pawerberger*, die zeit dez Rats der Stat ze *wienn*, *Albrechtes* des *Ramperstorffer*, purger ze *wienn* vnd *Heinreichs* von *valchenberch*, ze den zeiten Hofschrann-schreiber in *Osterreich*, die wir dez gepeten haben, daz si der sache zeugen sint mit irn Insigiln In an schaden. Der brief ist geben ze *wienn* nach Christes geburt dreutzehn Hundert Iar darnach in dem acht vnd sechtzgisten Iar, des Phintztages in den Quatembern ze Phingsten.

Original auf Pergament mit fünf Siegeln, ein sechstes fehlt.

## CCLX.

**1368, 29. Juni.** — *Abt Simon und der Convent des Klosters Neuberg beur-kunden, dass sie ihren Hof zu Pfaffstetten von der Abtei Heiligenkreuz zu Burgrecht besitzen.*

Wir Pruder *Symon* Appt vnd der Conuenth des Chlosters daz dem *Newenpergs* Vergehen offenleich an disem prief, Daz wir vnsern Hof gelegen in dem Dorf *Phafsteten* vnd haist der *Slüssel hof*, den wir chauft haben um vnser aygenhaft Guet vnd in auch von einer Öd auferpaun haben, zu rechtem Purchrecht haben von den Erbern vnd Geystlichen den Herren von dem *Heyligen Chreutz* vnsern Vaetern vnd weysern, vnd erchenen auch, daz wir von demselben Hof in irn Zins iarleich raichen vnd geben schullen Dreisich wienner phenning an sand Michels tag ze gruntrecht vnd nicht mer. Darzu verpinden wir vns auch, von dem egenanten Hof mit ze leyden mit der gemain daselbs alle voderung, wie die genant ist, als vil als ein ander man in dem Aygen von so vil hab leydet oder leyden schol an ale geverd. Wir Mügen auch, oder wer vnser wiert in dem egenanten haus ist, darin allen vnsern frumen schaffen, als ein anderr puriger in dem Dorf. Vnd zu einem warn vrchund diser sach, Geb wir in disen Prief versigelt mit vnsern anhangenden Insigeln. Geben nach Christes gepurd Drevzechen hundert Iar darnach in dem acht vnd Sechtzgisten Iar, an sand Peter vnd sand Pauls Tag der Heyligen Zwelif Poten.

Orignal auf Pergament mit zwei Siegeln.

## CCLXI.

**1368, 13. December, Rom.** — *Papst Urban V. bestätigt der Abtei Heiligen-kreuz im Allgemeinen alle ihre Rechte, Freiheiten und Privilegien.*

*Urbanus* episcopus seruus seruorum dei. Dilectis filiis . . Abbati et Conuentui Monasterii *sancte Crucis* Cisterciensis ordinis *Patauiensis* diocesis Salutem et apostolicam benedictionem. Solet annuere sedes apostolica piis uotis et honestis petentium precibus fauorem beneuolum impertiri. Eapropter dilecti in domino filii uestris iustis postulationibus grato concurrentes assensu omnes libertates, immunitates a predecessoribus nostris Romanis Pontificibus, siue per priuilegia uel alias indulgentias uobis et Monasterio uestro concessas, nec non libertates et exemptiones secularium exactionum a Regibus, Principibus uel aliis Christi fidelibus rationabiliter uobis et dicto Monasterio indultas, sicut ea iuste et pacifice obtinetis, uobis et per uos eidem Monasterio auctoritate apostolicia confirmamus et presentis scripti patrocinio communimus. Nulli ergo omnino hominum liceat, hanc paginam nostre confirmationis infringere uel ei ausu temerario contraire. Si quis autem hoc attemptare presumpserit, indignationem omnipotentis dei et beatorum Petri et Pauli apostolorum eius se nouerit incursurum. Datum *Rome* apud Sanctum Petrum, Idibus Decembris, Pontificatus nostri anno Septimo.

Original auf Pergament mit Bleibulle.

## CCLXII.

**1369, 29. April.** — *Jans der Velber entsagt gegen eine Zahlung von zehn Pfund Pfenning allen seinen Ansprüchen auf eine Mühle zu Baden zu Gunsten der Abtei Heiligenkreuz.*

Ich *Jans* der *velber* vergich offenleich an dem prief, daz ich aller sach vnd ansprüch, die ich gehabt han hintz den erbern geyst-leichen herren von dem *Heiligen Chreutz* vmb den Hof vnd vmb der Mül zu *Paden*, die mein leibgeding gewesen scholt sein, mit guetem willen gegangen pin hinder den erbern man, hern *Christann* den *Techenstainer* vnd hinder *Jansen* in dem *Winchel* von *Paden*, waz de sprechen, daz wolt ich alles stet haben. De habent gesprochen, daz mir de herren von dem *heyligen Chreutz* scholten geben zehen phunt phenning wienner münzz, daz habent se getan, vnd scholt ich in iren guet ledig lazzen von aller ansprach vnd vodrung vnd scholt auch in ir pürgel ledig lazzen an all scheden; vnd daz gelub ich in alles stet pehalten vnd ze laisten pey mein trewn, vnd würden sew fürbaz indert geirret an irrvn guetern vmb de sach, daz schol ich in alles auzrichten vnd waz se des schaden nemen da, den schol ich in allen widercheren vnd daz schullen si haben auf mir vnd auf allem meinem güt, wo ich daz hab, ich sey lenbtig oder tod. Vnd zu einer pezzer sicherhait vnd waren zeugnuzve diser sach, so gib ich in dem prief versigelt mit meinem anhangunden insigel vnd mit dez erbern mans insigel hern *Greiorigen* dez *Zinczendorfer* vnd mit dez erbern mans insigel hern *Cristan* dez *Techenstainer* von *Paden*, die diser sach zeug sint mit irn anhangunden insigeln in an schaden. Der prief ist geben nach Criste gepürd Dreutzehen hundert iar darnach in dem neun vnd Sechtzgistem iar, dez virden Suntags nach Ostern.

Original auf Pergament mit einem Siegel, zwei fehlen.

## CCLXIII.

**1370, 30. März.** — *Hans der Turs von Raukeneck stiftet in der Abtei Heiligenkreuz einen Jahrtag für sich und seine Vorfahren.*

Ich *Hans* der *Turs* von *Rauchenek* vergich vnd tŭn chund allen den, die den brief lesent, sehent oder horent lesen, die nu leben vnd hernach chunftich sind, daz ich mit meiner erben guten willen vnd gunst, mit verdachtem mŭt vnd nach meiner pesten vreunt rat vnd mit gesuntem leib, zu der zeit, do ich es wol getun mocht, gewidemt vnd gemacht hab lauterleichen durch got vnd durch meiner vodern sel willen vnd auch durch mein selbes sel hail willen nach meinem tod zu einem ewigen selgret zu dem chloster ze dem *Heiligen Chreutz* meines rechten anerstorben aigens virczig emmer weins perchrechts, die gelegen sind ze *pestorf* an der *Cholgrueb* vnd Sibentzehen schilling phening gelts, der aindlef schilling phening geltes an fumf phening gelegen sind ze *Gundramsdorf* auf drein halben lehen vnd fŭmf phening vnd sechs schilling phening gelts auf wismad ze *drwmawe*, daz alles geraittet ist für sechsthalb phunt wienner phening gelts, also unuerschaidenleich, daz der Abt da selbs vnd auch die Samnung mir von der egenanten gult nach meinem tod ewichleichen alle iar an dem Oster tag mein iartag wegen schullen nach ires ordens gewonhait, vnd schullen auch si an demselben tag

gemainchleich igleichen hehren vnd igleichen pruder geben drew
Stukch visch vnd ain semeln, vnd sol auch mein oder meiner
nachchomen amptman in ir vron cheller gen, und welicher wein im
aller pest geuellet, do sol er von geben igleichen die grozzen mazze
weins, vnd schol auch ich in pei meinem lebentigen leibe dieweilen
zu einer vrchund davon raichen ain virtail weines vnd zwelf winner
phening alle iar an sand Michels tag vnd nicht mer. Wer awer, daz
ich pei meinen lebentigen leibe andrew sechsthalb phunt gelts für
die vorgenante gult widem vnd machen wolt, die schullen si dann
nemen vnd schullen auch die fürbaz ewichleichen pei dem egenanten
chloster weleiben vnd schullen mir danne die virtzig emmer weins
perchrechts vnd auch die sibentzehen schilling gelts mit sampt dem
virtail weins vnd der zwelif phening wider ledig sein, vnd schullen
auch si danne daz egenante selgeret pei meinem lebentigen leib alle
iar davon pegen vnd ewichleich nach meinem tod in dem rechten,
als vorgeschriben stet. Vnd ist auch, daz ich pei meinem lebentigen
leib für die vorgenanten virtzig emmer perchrechts vnd sibentzehen
schilling gelts nicht andrew gult widem vnd machen, als vor ver-
schriben ist, so mugen meine erben nach meinem tod, oder wen ich
darzu schaff, andrew sechsthalb phunt geltes dafur widem vnd
machen, ob si wellen, vnd schullen die ewichleich pei dem egenanten
chloster weleiben, vnd schullen auch si danne mir vnd mein vodern
daz obgenant selgeret ewichleich alle iar davon pegen in allen dem
rechten, als vorgeschriben stet. Wer awer, daz der vorgenant iartag
wurd versaumt vnd daz si den nicht pegingen, als vorgeschriben ist,
durch ehaft not durft willen, so sol man in pegen inner virtzehen
tagen. Teten si das alles nicht, so sol ich mich oder mein nachsten
erben vnd vreunt zu der egenanten gult ziehen vnd die so lang inne
haben, vnd daz die Saumthait von in gantz vnd gar werd gepessert
vnd eruollet. Auch gib ich erchennen mit dem brif, daz si von mir
vnd mein vorvodern geben schullen an den vorverschribnen iartag
vnd dinst drew gantz dinst zu drewn tagen in dem iar, aines an aller
heiligen tag, daz ander an Sand Kathrein tag, daz dritt an Sand
Andres tag des zwelif poten. Vnd daz disew selgret vnd iartag furbas
stet vnd vnzerbrochen veleibe, so gib ich in den brif zu einen waren
vrchund versigelten mit meinen insigel; des ist auch zeug der erber
her her *Hainreich* von *Rauchenstain* mit seinem insigl, vnd auch
der erber herr her *Chadolt* von *Haslaw* auch mit seinem insigel.

Der brif ist geben nach Christi gepurd drewtzehen Hundert iar darnach in dem Sibentzgisten iar, an Samstag nach Mitter vasten.

Original auf Pergament mit drei Siegeln.

## CCLXIV.

**1370, 18. Mai, Viterbo.** — *Papst Urban V. beauftragt den Abt des Schotten-Klosters zu Wien, zu untersuchen, ob und welche Besitzungen der Abtei Heiligenkreuz durch unberechtigte Verkäufe abhanden gekommen seien und die Restitution derselben zu veranlassen.*

*Urbanus* episcopus seruus seruorum dei Dilecto Filio Abbati Monasterii *Scotorum* in *Wyenna*, Patauiensis diocesis, Salutem et apostolicam benedictionem. Ad audientiam nostram peruenit, quod tam dilecti filii . . Abbas et Conuentus Monasterii *sancte Crucis* ordinis Cisterciensis Patauiensis diocesis, quam predecessores eorum decimas, redditus, terras, vineas, possessiones, domos, castilia, prata, pascua, grangias, nemora, molendina, iura, iurisdictiones, et quedam alia bona ipsius Monasterii datis super hoc litteris, confectis exinde publicis instrumentis, interpositis iuramentis, factis remunerationibus et penis adiectis in grauem ipsius Monasterii lesionem nonnullis clericis et laicis, aliquibus eorum ad uitam, quibusdam uero ad non modicum tempus et aliis perpetuo ad firmam uel sub censu annuo concesserunt, quorum aliqui dicuntur super hiis confirmationis litteras in forma communi a sede apostolica impetrasse. Quia uero nostra interest, super hoc de oportuno remedio prouidere, discretioni tue per apostolica scripta mandamus quatinus ea, que de bonis prefati Monasterii per concessiones huiusmodi alienata inueneris illicite uel distracta, Non obstantibus litteris, instrumentis, iuramentis, remunerationibus, penis et confirmationibus supradictis ad ius et proprietatem ipsius Monasterii legitime reuocare procures, Contradictores per censuram ecclesiasticam appellatione postposita compescendo. Testes autem qui fuerint nominati, si se gracia, odio uel timore subtraxerint, censura simili appellatione cessante compellas ueritati testimonium perhibere. Datum *Viterbii* XV. Kalendas Junii, Pontificatus nostri Anno Octauo.

Original auf Pergament mit Bleibulle.

## CCLXV.

1370, 1. Juni, Wien. — *Albrecht und Leopold, Herzoge von Österreich etc., bestätigen der Abtei Heiligenkreuz den Besitz eines Hofes zu Simmering und verweisen den Wiener Bürger Konrad Vorlauf mit seinen Ansprüchen darauf auf den Rechtsweg.*

Wir *Alber* vnd *Leupolt* Geprůder von Gotes gnaden Hertzogen ze *Österreich*, ze *Steyr*, ze *Kernden* vnd ze *Chrayn*, Grafen ze *Tyrol* etc. Bechennen vnd tůn chunt offenlich mit disem brief, vmb den Hof datz *Symaning* gelegen, den *Chůnrad* der *Vorlauff*, vnser purger ze *Wyenn* von den erbern vnd geistlichen Herren Abt *Cholman* vnd dem Conuent ze dem *heiligen Chrevtz*, vnsern lieben andechtigen gechouft het ze rechtem Purgrecht, und darvmb derselb *vorlauff* für vns kam vnd gab vns für, er wer von vns ze Lehen vnd pat vns, das wir den *Jansen* seinem Svn lihen; Daz wir beweiset sein von demselben Abte vnd von andern erbern, daz der egenant Hof ze purgrecht wer, vnd nicht ze Lehen; vnd daz man dieselben geistlichen Leute vmpillich vnd widerecht des egenanten Hofs entwert hiet, seind er nicht ze Lehen wer. Davon mainen wir vnd wellen ernstlich, Daz die vorgenant geistlichen Levte bey dem egenanten Hof vnd bey allen den nutzen vnd rechten, eren vnd wirden, die darzu gehorent, vnd als si den vormals da habent innegehabt, beleiben sullen in aller der weise, als bey andern irn aygenen Gůtern. Vnd sein ouch wir darauff ir scherm vor gewalt vnd vor vnrecht. Hat yemant dawider icht ze sprechen, der tu das mit den rechten an den stetten, da er es pillich tun soll.

Mit vrchund ditz briefs Geben ze *Wyenn* an dem heiligen abent ze Phingsten Nach Christes gepurt Dreutzehenhvndert Iar Darnach in dem Sibentzigisten Iare.

Original auf Pergament mit zwei Siegeln.

## CCLXVI.

1370, 21. Juli, Wien. — *Heidenreich von Maissau, Landmarschall in Österreich, beurkundet, dass in der Streitsache zwischen der Abtei Heiligenkreuz und Konrad Vorlauf wegen eines Hofes zu Simmering letzterer von den Landherren mit seinen Ansprüchen auf den Rechtsweg gewiesen worden sei.*

Ich *Haidenreich* von *Meissow*, ze den zeiten Lantmarschalich in *Osterreich* tun chund, vmb die Chrieg vnd Stözze, die gewesen sind zwischen den Erwürdigen Geistlichen herren, dem abt vnd dem Conuent gemain ze dem *heiligenchreutz* an ainem tail vnd *Jansen* dem *Vorlauf* an dem andern tail von des hofes wegen, gelegen ze *Symoning* vnd darumb sich mein herre der Hertzog von baiden tailn der Gewer zu seinen handen vnderzogen het also, daz si an hewtigem tag ze paiderseit mit irn briefen, vrkunden vnd furlegungen furchomen solten; Dasselb habent si getan vnd sind fur die herren vnd mich chomen mit ir baider briefen, vrchunden vnd furlegungen, vnd darnach darumb baidenthalben mit gutlichen willen hinder die herren gegangen, daz die daz recht zwischen in daruber sprechen vnd erfinden. Nu habent die herren zwischen in ze baiderseit erfunden vnd gesprochen zu dem rechten: saind daz die obigen geistlichen herren den hof in alter vnd langer gewer herbracht habent nach irer brief sage, denn der *Vorlauf*, so sull man si noch desselben hofes wider an nutz vnd an gewer setzen vnd gewaltig machen nach derselben irer brief sag, die si daruber habent; vnd hab furbaz da engegen yeman icht ze sprechen, der tu daz mit einem rechten. Mit vrchund dez briefs, der geben ist ze *Wienn* an sand Marien Magdalenen Abend Anno domini Millesimo CCC°. septuagesimo.

Original auf Pergament mit Siegel.

## CCLXVII.

**1371, 21. Mai, Wien.** — *Albrecht und Leopold, Herzoge von Österreich etc., beauftragen den Landmarschall Heidenreich von Maissau die Abtei Heiligenkreuz im Besitze des ihr zugesprochenen Hofes zu Simmering zu schützen.*

Wir *Albrecht* vnd *Leupolt* brüder, von gotes gnaden Hertzogen ze *Österreich*, ze *Steyer*, ze *Kernden*, vnd ze *Krain*, Grafen ze *Tyrol* etc. Bekennen vnd tun kunt offenlich mit diesem briefe, Wiewol das sey, Daz wir aygenlich vnd kuntlich bewiset wêren, daz der Hof ze *Symoningen* gelegen, den Wir *Jansen*, *Chûnrats* des *Vorlauffs* Svne, vormals zu einem lehen gelihen hatten, der erbern geistlichen vnserr lieben andechtigen des Abts vnd des Conuents des Klosters ze dem *Heiligen Chreutz* recht aygen vnd von vns nicht ze lehen sei, vnd daz si des vnbillich vnd wider Recht entweret waren, vnd wir si ouch des wider gewaltich machen vnd in gewer setzen vnd darauffe schirmen hiezzen, als das alles wol beweiset der Schermbrief, den wir denselben klosterluten davuber gegeben haben; Do wart darnach aber den ˙egenanten klosterluten derselb Hof ze

*Symoningen* von den obgenanten . . dem *Vorlauff* vnd seinem Svn,
so vere ze kriege getan, daz wir vns, der gewer des Hofs zu vnsern
handen vndertzugen, Also, daz si fur vnsern Lantmarschalich vnd
vnser herren mit iren briefen vnd vrkunden komen solten, vnd da
das Recht sich darumbe vergeen lazzen. Darnach hat sich das Recht
darumbe vor dem egenanten vnserm Lantmarschalich vnd den Herren
erfunden, als das volliklich beweiset desselben vnsers Lantmar-
schalichs brief, den er versigelten mit seinem Insigel daruber gegeben
hat in solichen wortten, als hienach geschriben stet. (Folgt die un-
mittelbar vorhergehende Urkunde Nr. CCLXVI.) Darumbe nach rate
vnserer Herren vnd vnsers Rates vnd mit recht wizzende wellen wir
ernstlich, daz ez ouch furbaz also gehalten werde vnd daz die vorge-
nant Klosterlute vnd das Kloster bey der gewer des vorgenanten
Hofs vnd aller der nutzen vnd Rechten, die dartzu gehörent, ruwik-
lich beleiben vnd daz in nieman dawider kein Inual noch irrung tu in
dheinen weg ane allez geuer. Darumb gepietten wir vnserm Lant-
marschalich in *Österreich*, wer der ye zu den zeitten ist, vnd wellen,
daz er die egenanten Klosterleute vnd daz Gotzhaus bei dem vorge-
nanten Hof, vnd aller seiner zugehörunge von vnsern wegen ewiklich
halte vnd schirme vestiklich vor allem gewalte vnd vnrechte. Mit
vrchund ditz briefs Der geben ist ze *Wienn* an Mitichen vor dem
Heiligen Phingsttag Nach kristes gepurde dreutzehenhundert iar vnd
darnach in dem Ainem vnd Sibentzigistem Iare.

Original auf Pergament mit zwei Siegeln.


## CCLXVIII.

**1372, 12. April, Wien.** — *Niclas von Eslarn verkauft der Abtei Heiligen-
kreuz zwei Weingärten zu Kloster-Neuburg am Mittereck.*

Ich *Niclas* von *Eslarn*, hern *Vlreichs* seligen sun von *Eslarn*,
vergich vnd tun chunt allen den, die den brief lesent oder hörent
lesen, die nv lebent vnd de hernach chunftich sint, Das ich mit aller
meiner Erben gutem willen vnd gunst, mit wolbedachtem müt vnd
nach Rat meiner frewnde, zu der zeit, do ich es wol getun mochte,
verchaufft han vor rechter ehafter not von des geltes wegen, das ich
schuldig pin gewesen hintz dem Juden, meins rechten vaeterleiches
Erbgûts, mein zwen weingarten, die hernach benant sint, Des ersten
mit meins pergmaisters hant *Jansen* des *Vyntzler* von *Chritzendorf*.

zu den zeiten amptman der Edlen vrown vrown *Agnesen,* hern *Josten* seligen wittiben von *Rosenberch,* meinen weingarten gelegen ze *Newnburch* chlosterhalben an dem *mitterekke,* des ein Jeuch ist, zenechst hern *Jacobs* weingarten von *Tirna,* di man von dem egenanten meinem weingarten alle iar dient der vorgenanten vrown von *Rosenberch* zwen emmer weins vnd zwen phening ze perchrecht vnd drey phening ze Voitrecht zu dryn Etaydingen im iare, ainen phening des nechsten Erichtags nach sand Jörigen tag, ainen phening dez nechsten Erichtags nach vnser vrown tag zu der Schidung, vnd ainen phening des nechsten Erichtags nach vnser vrown tag ze der Liechtmesse vnd nicht mer vnd mit meins pergmaisters hant, *Petreins* des *Staengleins* von *Newnburch* chlosterhalben, zu den zeiten hern *Stephanns* amptman des *Schekchen,* meinen weingarten gelegen ouch daselbens ze *Newnburch* an dem *mitterekke,* des drew viertail eins Jeuchs sint zenechst hern *Hainreichs* weingarten des pharrer ze *Tulln,* do man alle iar von dient hern *Stephan* dem *Schekchen* sechs viertail weins vnd drey helbling ze perchrecht vnd drey phening ze voitrecht zu den dryn Etaidingen im iar, ainen phening des nechsten Erichtags nach sand Jörigen tag, vnd ainen phening des nechsten Erichtags nach vnser vrown tag ze der Schidung, vnd ainen phening des nechsten Erichtags nach vnser vrown tag zu der Liechtmezze vnd nicht mer. Die vorgenanten zwen weingarten han ich recht vnd redleich verchoufft vnd geben mit allen den nützen vnd rechten, alz ich si vnuersprochenleich in perchrechts gewer herpracht han vnd alz si mit alter herchomen sint, vmb hundert phunt vnd vmb achtzich phunt wienner phening, der ich gantz vnd gar gewert pin, Den erbern geistleichen herren Pruder *Cholmann* zu den zeiten Abtt vnd dem Conuent gemain des chlosters datz dem *Heiligenchrawtz* vnd allen irn Nachkomen fürbas ledichleich vnd vreileich ze haben vnd allen irn frumen damit ze schaffen, verchouffen, versetzen vnd geben, wem si wellen an allen irrsal. Vnd durch pezzer sicherhait willen setzen wir vns, ich obgenanter *Niclas* von *Eslaren* vnd ich *Niclas* von *Eslaren* von dem *Clemens,* sein vetter vnd all vnser Erben vnuerschaidenleich vber die vorgenanten zwen weingarten den egenanten geistleichen herren gemaine datz dem *Heiligenchrawtz* vnd allen irn Nachkomen ze rechtem gewern vnd scherm für alle ansprach, als perchrechts recht ist vnd des Lanndes recht ze *Österreich.* Wer aber, daz si fürbas mit recht an denselben zwain weingarten icht chriegs oder ansprach gewunnen, von wem das wer, was si des schaden nement, das sullen wir in alles ausrichten vnd widerchern an allen irn schaden. Vnd sullen ouch si daz haben auf vns vnuerschaidenleich vnd ouf allem vnserm Güt, das wir haben in dem Lannde ze *Österreich* oder wo wir es haben, wie das genant ist, wir sein lebentich oder tod. Vnd das der chouff fürbas also stet vnd vntzebrochen beleibe, Darüber so geben wir In den brief zu einem warn vrchunde vnd zu einer ewigen vestnunge der sache versigilten mit mein obgenants *Niclas* insigil von *Eslarn* vom *Clemens* vnd mit der vorgenanten zwayer pergmaister insigiln, *Jansen* des *Vyntzler* vnd *Petreins* des *Staengleins* vnd mit hern *Chunrats* insigil des *Vrbetschen*, zu den zeiten des Rates der Stat ze *Wienne*, die wir des gepeten haben, daz si der sache gezewgen sint mit irn insigiln. Vnd wannd ich obgenanter *Niclas* von *Eslarn*, hern *Vlreichs* sun selber nicht aigens insigils han, so verpinde ich mich mit meinen trewn an alles geuerde vnder den vorgenanten insigiln, alles das gentzleich stet ze haben vnd ze laisten, das vor an dem brief geschriben stet. Der geben ist ze *Wienne* nach Christes gepurde drewtzehenhundert iare darnach in dem zwai vnd Sibentzgistem Iare, des nechsten Montags vor der heiligen Mârttrer tag sand Tiburcii vnd Valeriani.

Original auf Pergament mit zwei Siegeln, zwei fehlen.

## CCLXIX.

**1374, 15. Juni, Wien.** — *Grunddienst-Revers Wolfgangs von Winden auf die Abtei Heiligenkreuz rücksichtlich einer Mühle zu Tribuswinkel.*

Ich *Wolfgang* vonn *Winden* vnd mein Erben veriehen Offenleichen an diesem brief, vmb den Hof vnd Müll vnd swaz darzü Gehört gelegen ze *Triwensbinchel*, die von *Chainrat mühel* vnser phand ist für hundert phunt vnd zwaintzig phunt vnd drey schilling phenning Wienner Münizze, damit wir denselben Hof vnd Müll von dem Juden geledigt vnd gelöst haben, als der brief sagt, den wir von in darumb haben, und die paide Purchrecht sind von den Erbern geistleichen herren zü dem *Heiligen Chreutz* alle dy weil vnd wir dazselb phand innehaben, daz wir denselben herren zü dem *heiligen Chreutz* dhain Irrung sein schullen in dhainen wegen; wir geben vnd richten in üm zins, den se darauf haben ze rechten Taegen, als von alter herchomen ist, vnuertzogenleich. Geschaech dez nicht, so mügen se vollen gewalt haben, auf den selben gütern ze phenden vnd ze nötten mit vnserm gütleichen willen, als auf andern irn gütern an alle widerred, als verr, daz se vericbt vnd gewert werden Irs zinses an allen Geprechen vnd abgang. Mit vrchund dez briefs versigelt mit meinem anhangunden iusigel vnd mit meins sundern frewnts *Vlreichs* dez *Liechtekkers* anhangunden insigel, der der Sach gezeug ist im an schaden. Geben ze *Wienn* an sand veyts Tag nach Christ gepürd Drewtzehen hundert iar darnach in dem vir vnd Sibentzigistem Iare.

Original auf Pergament, dessen zwei Siegel fehlen.

## CCLXX.

**1374 , 19. Juni, Wien. —** *Chadolt von Eckartsau der Ältere vertauscht an die Abtei Heiligenkreuz Pfenninggülten und Äcker zu Höflein bei Bruck an der Leitha für Pfenninggülten zu Simonfeld.*

Ich *Chadolt* von *Eckhartzaw* der Elter vergich für mich vnd für alle mein Erben vnd tün chunt allen den, die den brief lesent oder hörent lesen, Daz ich mit gutem willen mit wolbedachtem müt zu der zeit, do ich es wol getun mochte, Recht vnd redleich ze einem widerwechsel gegeben han Den erbern geistleichen herren Pruder *Cholmann,* zu den zeiten Abtt datz dem *Heiligenchraewtz* vnd dem Conuent gemaine desselben Chlosters vnd irn Nachkomen Meins rechten aigens Ein halb phunt wienner phenning geltes behousts guts gelegen ze *Höflein* bei *Prukk* auf einem Hof, da zu den zeiten *Nikel* der *Vörstel* aufgesezzen ist, ze nachst *Simonn* dem *Seber* vnd auf alle dem, das dartzue gehöret ze uelde vnd ze dorffe, Es sey gestifft oder vngestifft, versucht oder vnversucht, wie so das genant ist, vnd sechs Jeuchart akchers, die mir ledig worden sint von *Hannsen* dem *Sirneyer* seligen, der zwo stozzent auf *prukker weg* vnd ligent zwischen *Jacobs* des *Schymels* vnd *Jörgen* dez *Schaekrer* aeckern, vnd zwo Jeuchart ligent paidenthalben bey des *Schaekrer* akchern vnd stozzent von *Rorawer weg* vntz auf *Heinburger strazze,* vnd aber zwe Jeuchart sint gelegen ze *Höflein* oben aus bei den weingarten, zenachst *Pertel Wülfings* vnd *Vlreichs* des *Tatler* aeckern vnd stozzend auf den *zagelweg* mit alle den nutzen vnd rechten, alz ieh die vorgenanten gült vnd aeckher in aigens gewer herpracht han, also daz die vorgenanten geistleichen herren vnd ir Nachkomen sullen furbas dasselb gut ledichleich vnd vreileich haben vnd allen irn frumen damit schaffen, verchouffen, versetzen vnd geben, wem si

wellen an allen irrsal. Vnd pin ouch ich vnd all mein erben vnuer-
schaidenleich des vorgenanten halben phunt geltes vnd der egenanten
sechs Jeuchart akchers In Recht gewern vnd scherm für alle ansprach,
alz aigens recht ist vnd des Landes recht ze *Österreich.* Wer aber,
das si an demselben gůt icht chriegs oder ansprach gewunnen, von
wem das wer mit recht, waz si dez schaden nement, Daz sulln wir
in alles ausrichten vnd widercheren an allen irn schaden vnd sullen
ouch si daz haben auf vns vnd auf allem vnserm gut, das wir haben
in dem Lande ze *Österreich* wir sein lebentig oder tod. Da enkegen
habent si mir vnd meinen Erben ze einem rechten widerwechsel
gegeben irs rechten aigens, Ein halb phunt vnd zehen phenning wien-
ner münzze gelts gelegen ze *Simonueld* auf einem halben lehen
behawsts gůts, vnd auf alle dem daz dartzue gehôret ze ueld vnd ze
dorffe mit allen den nutzen vnd rechten, alz si es in aigens gewer
herpracht habent, also daz ich vnd mein Erben sullen fůrbas dasselb
gůt auch ledichleich vnd vreileich haben vnd allen vnsern frumen
damit schaffen, wie vns das allerpest wolchôm oder fůgleich sey an
alle irrung. Vnd daz der widerwechsel fůrbas also stet vnd vntze-
brochen beleib, daruber so gib ich in den brief für mich vnd für alle
mein Erben zu einem warn vrchund der sache, versigilten mit meinem
insigil vnd mit meins pruder insigil herrn *Chadolts* von *Ekchartzow*
dez Junger, der der sache gezewg ist mit seinem insigil. Der brief
ist geben ze *Wienn* nach Christes gepurde drewtzehenhundert iar
darnach in dem vier vnd sibentzgistem Iare, des nachsten montags
vor sand Johannis ze Sunnbenten.

Original auf Pergament mit zwei Siegeln.

## CCLXXI.

**1374, 15. Juli, Lipche.** — *Ludwig, König von Ungarn, befiehlt seinem
Kammer-Grafen im Wiselburger und Pressburger Comitat die Unterthanen
der Abtei Heiligenkreuz auf deren genannten Gütern in Ungarn in ihrer
Steuerfreiheit nicht zu beirren.*

*Lodouicus* dei gracia Rex *Hungarie, Polonie, Dalmacie* etc.
fidelibus suis Comitibus Camerarum nostrarum *Musuniensis* et *Poso-
niensis* nunc constitutis et in futurum constituendis, ipsorum dica-
toribus et exactoribus lucri Camere Comitatuum predictorum salutem
et graciam. Cum nos Jobagiones, populos et alios quoslibet homines
monasterii *Sancte Crucis* de *austria* in quibuslibet possessionibus

suis n regno nostro habitis, signanter in Curiis una videlicet, que *Curia Regis* circa aquam *Lichta*, secunda vero que *nouum predium* et alio nomine *Neweneygen* nuncupantur, ac in villa *Winden* vocata iuxta lacum *Fertew* in comitatu *Musoniensi* et in villa *Pracha* alio nomine *weynaren* nuncupata, comorantes et habitantes, quos inter ceteros ipsius monasterii libertates eis per progenitores nostros reges *Hungarie* datas et concessas, examinatis ipsius monasterii instrumentis literalibus a solucione lucri Camere nostre liberatos fore comperimus pariter et exemptos, Ideo ipsos et eorum quemlibet reddimus ab huiusmodi lucri Camere nostre solucione presentibus quittos et absolutos, volentes eosdem in eorum antiqua et approbata libertatis prerogatiua illesos conseruare. Mandamus vestre fidelitati firmiter et districte omnino volentes, quatenus deinceps nullus ex vobis prefatos populos, iobagiones et alios quosuis homines supradicti monasterii in prefatis Curiis et villis dictorum Comitatuum residentes seu comorantes a racione lucri Camere nostre nullomodo molestare, perturbare seu aggrauare, nec idem lucrum Camere exigere presumatis, Sed ipsos pocius et eorum quemlibet, nec non prefatum monasterium *Sancte Crucis* in ipsorum Juribus, graciis et libertatibus ipsius, ut prefertur, per progenitores nostros reges *Hungarie* donatis et concessis pacifice ac absque omni inpedimento seu lucri Camere nostre exaccione pacificos stare et manere, dictisque eorum libertatibus et graciis gaudere et vti per omnia permittatis, et aliud non facturi. Presentes autem dum nobis reportate fuerint sub maiori nostro sigillo emanari faciemus. Datum in *Lipche*, in festo diuisionis apostolorum, anno domini M⁰. CCC⁰. lxxᵐ⁰ quarto.

Ladislaus episcopus Vesprimensis.

## CCLXXII.

**1374, 15. Juli, Lipche.** — *Ludwig, König von Ungarn, befiehlt allen Mautheinnehmern in Ungarn, die Abtei Heiligenkreuz in der ihr von Alters zugestandenen Zoll- und Mauthfreiheit ihrer Lebensmittel nicht zu beirren.*

*Lodouicus* dei gracia Rex *Vngarie*, *Polonie*, *Dalmacie* etc. fidelibus suis vniuersis tributariis vbilibet in regno nostro constitutis Salutem et graciam. Cum nos . . abbati et monasterio *sancte Crucis* de *austria* de gracia speciali annuerimus, vt ipse quelibet victualia pro monasterio et fratribus suis necessaria, puta boues, vaccas, oues, vitulos, porcos, pullos, caseos, frumentum et alia quecumque victualia, cuiuscumque generis existant, et lanam de villis et Curiis eorum in regno nostro habitorum et existencium extraducere valeat atque possit sine tributi solucione pacifice et quiete, Mandamus igitur vestre fidelitati firmo Regio sub edicto omnino volentes, quatenus deinceps de premissis et eciam aliis quibuscumque victualibus, que prefato abbati de *Sancta Cruce* sub presencium confidencia in curribus aut equis de villis et Curiis suis ad *Austriam* deferuntur seu pelluntur, in locis tributorum vestrorum nullum tributum recipere seu exigere presumatis, sed permittatis huiusmodi victualia specifice nominata et alia quecumque, ut prefertur, eidem abbati deferre, quociens optimum fuerit et necesse, sine tributi solucione et absque inpedimento. Vobis vero speciose comittentes, quatenus fratres seu monachos dicti monasterii, dum in regno nostro procedunt, nulla racione in locis vestris tributariis inpedire audeatis, nec tributum recipere ab eisdem, Aliud non facturi. Datum in *lipche* in festo diuisionis apostolorum anno domini M°. CCC°. lxxiiii°. Presentes autem postquam reportate fuerint sub maiori sigillo nostro emanari faciemus. Datum ut supra (episcopus *Vesprimensis Ladislaus*). Et hoc idem tricesimatoribus nostris ipsiusque vice gerentibus iniungimus speciose faciendum. Datum ut ante.

Original auf Pergament; das abgefallene Siegel war über der Unterschrift des Weszprimer Bischofes aufgedrückt.

## CCLXXIII.

**1374, 11. August, Wien.** — *Revers Wolfhard's des Graf, Bürgers von Wien, an die Abtei Heiligenkreuz wegen eines aus Gnade bewilligten Einbaues eines Gewölbes in die Mauer des der Abtei gehörigen Grashofes in Wien.*

Ich *Wolfhart* der *Graf* purger ze *Wienn* vnd ich *Anna* sein housurowe vnd alle vnser Erben, wir vergehen für vns vnd für alle vnser Nachkömen, die vnser Haws gelegen an dem *alten Fleischmarcht* ze *Wienn* nach vns innehabent vnd besitzent, vnd tun kunt offenleich mit dem brief, Das vns die erbern Geistleichen herren, prüder *Cholman,* zu den zeiten Abbt datz dem *Heiligenchrewtz* vnd der Conuent gemaine daselbens dürch vnserr vnd anderr erbarr Lewt vleizziger pet willen von gnaden erlowbt habent, daz wir gewelbet haben in ir Mawr, die do gehört zu irm Haws, das do haizzet der *Grashof,* vnd darümb so vergehen wir, daz wir vnd alle vnser Erben

vnd Nachkömen dasselb paw von dheinem rechten nicht haben, denn
nvr von Gnaden. Vnd daz zu einem waren vrchunt geben wir den
vorgenanten Geistleichen herren vnd allen irn Nachkömen den brief
versigilten mit vnserm Insigil vnd mit hern *Stephanns* Insigil des
*Leytner*, zu den zeiten dez Räts der Stat ze *wienn*, den wir dez
gepeten haben, daz Er der sache gezwge ist mit seinem Insigil.
Der brief ist geben ze *Wienne* nach Christes gepürd drewtzehen
hundert iar darnach in dem vier vnd Sibentzgistem Iare, des nechsten
Freytag nach sand Larentzen Tag.

    Original auf Pergament mit zwei Siegeln.

## CCLXXIV.

**1374, 26. September, Wien.** — *Das Kloster Raitenhaslach in Baiern ver-*
*kauft der Abtei Heiligenkreuz dreissig Pfund, vier Schilling und zwei und*
*zwanzig Pfenning Grunddienste zu Sarling, Ips etc.*

WIR Prvder *Seyfrid* Abbt vnd der Convent gemain datz *Rayten-*
*haslach* veriehen vnd tvnch vnt allen den, di disen brief sehend oder
hörent lesen, di nv lebent oder hernach chvmftig sind, Daz wir mit
gütleichem willen vnd gemainem Rat vnsers Conventes zv der zeit,
do wir ez wol getun mochten, verchauffet haben vnsers rechten
aigens gütes, Dreizzig phunt vnd ein halbes phvnt phenninge vnd
zwen vnd zwaintzig phenning wienner mvnzze geltes grvntrechtez
mit stiften vnd mit stören gelegen, als hernach geschriben stent.
Dez ersten ze *Sarling* von zwain Höfen, di do haizzent datz dem
*Haws* vor der Stat ze *ybs* vnd von der *widem* doselbs, dienet *Hein-*
*rich* der *amptman* von seinem Hof zwen mvt chorn, fümf vnd sech-
tzig metzzen habern, fümf metzzen waitz, fümf metzzen gersten,
Sechtzig phenning, vier chaes, vier hvnerr, ain gans, vnd hvndert
ayer. Von dem andern Hof *witig* vnd *Chönrat* auch zwen mvt chorn,
fümf vnd Sechtzig metzzen habern, fvmf metzzen waitz, fvmf metzzen
gersten, Sechtzig phenning, vier chaes, vier hvnerr, ain gans, vnd
Hvndert ayer. *Johannes* von der *widem* ze *Sarling* zwen mvtt chorn
zwen mvt habern, vier hvner, vier chaes, vnd Hvndert ayer; das man
alles dienet auf sand Giligen tag, vnd von den verig lehen datz dem
*Haws* fvimftzig phenning auf sand Michels tag, vnd von vier Lehen
ze *Chrotental, Heinrich* der *Truesch* von zwain lehen Viertzig metz-
zen chorn, viertzzig metzzen habern, vier hvnerr, Sechtzig air,
zwen haefen mit smaltz, iegleiches fvr sechs phenning, vnd zwaintzig

phenning für malphenning. Von dem dritten Lehen, *Symon* der *smoll* zwaintzig metzzen chorn, zwaintzig metzzen habern, zwai hvnerr, dreizzig air, ain hefen smaltzes, für sechs pfenning, vnd zehen phenning für malphenning. Von dem vierden Lehen *Heinrich* der *winter* zwaintzig metzzen chorn, zwaintzig metzzen habern, zwai hvnerr, dreizzig air, ain hefen mit smaltz, für sechs phenning, vnd zehen phenning für malphenning; daz man auch alles dient auf sand Giligen tag. Von einer Hofstatt daselbs fvmfzehen phenning auf sand Michels tag. Dar nach ze *Grub Heinreich* vnd *Chvnrat* von ainem Hof drey schilling zehen phenning, zwai hvnerr, viertzig ayer, ain hefen smaltz für sechs phenning, vnd zehen phenning für malphenning ze *Heribsdorf, Chunrat* von einem hof drey schilling zehen phening, zway hvnerr, dreizzig air, ain hefen smaltz für sechs phenning, vnd zehen phenninge für malphenning. Darnach ze *Chvperch Chunrad* von einem lehen fvmfthalben vnd sechtzig phenning, zway hvnerr, dreizzig air, ain höfen smaltz für sechs phenninge, vnd zehen phenninge für malphenning. Von dem andern Hof *Stephan* fvmfthalben vnd sechtzig phenning, zway hvnerr, dreizzig air, ain hefen smaltz für sechs phenninge, vnd zehen phenninge für malphenning. Vnd von den andern zwain hofen, *Vlreich* ein halbes phvnt phenning vnd nevn phenning, vier hvnerr, sechtzig ayer, zway hefen smaltzes, iegleiches für sechs phenning, zwaintzig phenning für malphenning. Datz *sand Lienhart* von akchern vnd vberlent. *Tvemfoit* von einem akcher drithalben vnd dreizzig phenning, *Leubl* am *steg* fvmftzehen pfenning, *Seydel* an der *Hagmvl* fvmftzehen phenning, *Andre* ob dem *Fridreichsperich* fvmftzehen pfenning, *Chvnrad* im *dornaech* dreizzig pfenning, der Pfarrer do selbs dritthalben vnd dreizzig pfenning, *Chrumml* der *haffner* dritthalben vnd zwaintzig pfenning, *Fridreich eninchel* dritthalben vnd dreizzig pfenning, *Rvdel* der *sneider* aindlef pfenning; Vnd datz *Charlsteten, Niclos* von einem lehen fvmf schilling zehen pfenning, zwai hvnerr, sibentzig air, vnd den pfenning dienst allen sampt schol man raichen vnd dienen an sand Michels tag; vnd zwo wisen ze *Sarling* datz dem *haws* pey *ybs* vnd di Chappelln ze *Sarling*, dar auf gelegen sint zehen schilling pfenning Purchrechttes zw einer mezz. Vnd von dem selben gült man haben schol vns selber vier hvner, viertzig air, vnd von dem akcher, der do haizzet *Grunperch*, vier chvffen saltzzes chlaines pandes, von einem garten da selbs drey chvffen saltzzes dez selben pantz. Die vorgenanten dreizzig pfvnt vnd ein halbes pfvnt vnd zwen vnd zwaintzig pfenning wienner münzz geltes gruntrechtez auf den guetern, als si vorbenant sint, haben wir recht vnd redleich verchauffet vnd geben mit stiften vnd mit stören, mit allen den nuzzen vnd rechtten, als wir si an aygens gewer herpracht haben, vmb Drew Hvndert pfvnt Sechtzig pfvnt ein halb pfvnt vnd vier vnd zwaintzich wienner pfenning, der wir gar vnd gantzleich gewert sein, den Erbern gaistleichen herren Prvder *Chollmann*, zw den zeiten Abpt vnd dem Convent gemain dez chlosters datz dem *Heiligen Chraewtz* vnd allen iren nachchomen fürbas ledichleich vnd freileich ze haben vnd allen iren frvmen damit ze schaffen, verchavffen, versetzzen vnd geben, wem si wellent an allen irsal. Vnd auch wir egenanter brüder *Seyfrid*, abpt dez chlosters ze *Raytenhaslach* vnd der Convent gemain daselbs vnuerschaidenleichen der vorgenanten Dreizzig pfvnt vnd dez, halben pfvnts vnd zwen vnd zwaintzig pfenning wienner mvnzz geltes den egenanten erbern gaistleichen herren gemain datz dem *Heiligen Chräwtz* vnd iren nachchomen recht geweren vnd scherm für alle ansprach, als aygens recht ist, vnd dez Landes recht ze *Österreich*. Wär aber, daz si mit recht an der egenanten gült icht chrieges oder ansprach gewunnen, waz si dez schaden nement, daz schullen wir in alles auzrichten vnd widercheren an allen irn schaden, Vnd schullen auch si daz haben auf vns vnuerscheidenleichen vnd auf allem vnserm guet, das wir haben in dem Lande ze *Österreich*, oder wo wir ez haben, wie so daz genant ist. Vnd daz diser chauff fürbaz also staet vnd vnzerbrochen beleib, Darvber so geben wir obgenant Prvder *Seyfrid*, zw den zeiten Abt vnd der Convent ze *Raytenhaslach*, den egenanten geistleichen herren gemain datz dem *Heiligen chräwtz* vnd iren nachchomen disen brief zw einem waren vrchunt vnd zw einer ewigen vestnung diser sach, versigilten mit vnsern baiden anhangunden Insigeln. Der brief ist gehen ze *Wienne* nach Christes gepurd Drewtzehen Hundert Iar darnach in dem Vier vnd Sibentzigistem Iar, dez Erichtages vor sand Michels tag.

Original auf Pergament mit einem Siegel, das zweite fehlt.

## CCLXXV.

**1375, 11. Mai.** — *Heinrich, Graf von Schaumberg, bestätigt der Abtei Heiligen-
kreuz die Mauthfreiheit für ihr Salz bei seiner Mauth zu Aschach.*

Wir Graf *Hainreich* von *Schownberch* Bechennen für vns vnd
all vnser nachkomen offenleich an dem brief, Daz für vns chomen die
Erbern geistleichen Herren, der Apt vnd der Conuent des chlosters
ze dem *Heiligen Chreutz* in *Osterreich* vnd zeigen vns ir brief vnd
vrchunt, die si heten von vnsern vorvordern, di daz sagten, daz in die
selben Herren vnd Grafen von *Schownberch* durch irr vnd irer vor-
uordern sel heil willen ein Freyung ze *Aschach* an vnsrer Maut geben
hieten, also daz di vorgenanten Geistleichen Lewt des Chlosters zu
dem *Heiligen Chreutz* alle iar ierleich zu ainem mal zwai phunt
Saltzes des grozzen pandes oder der grozzen chueffen ledichleich
vnd vreileich solten fürfüren ze *Aschach* an Mautt vnd an zol vnd an
alle irrung vnd beswärung, wie di genant wär; vnd paten vns dye-
muetichleich durich Got, daz wir ansehen di gueten seligen werich
vnd die genad, die in vnser voruordern getan hieten, daz wir di auch
an in merten vnd in dieselben brief vnd vrchunde, die si daruber
hieten, vernewten vnd dieselben gnad vnd freyung mit vnsern briefen
besteten, daz si fürbaz ewichleich an alle irrung von vns vnd vnsern
nachkömen beliben. Nu haben wir ir emzig vnd vleizzig gepet an-
gesehen vnd haben in durich Got, durich vnser voruordern vnd vnser
hail willen, wann wir alle guttät vnd selige werich, die vnser vor-
uordern durich Got gestift oder geordent habent, meren vnd nicht
mynnern, noch absetzen wellen, dieselb ir brief vnd vrchunde ver-
newet vnd vernewen in auch die mit den brief vnd wellen, daz die
obgeschriben geistleichen Herren zu dem *Heiligen chreutz* in *Oster-
reich* fürbaz ewichleich von vns vnd vnsern nachkomen die genad
haben vnd gentzleich bei den freihaiten beleiben, die si von alter
gewonhait vnd durich Got von vnsern voruordern gehabt habent,
also daz si alle iar ierleich zu ainem mal zwai phunt saltz des grozzen
pants oder der grozzen chueffen, wie ez genant ist, ze *Aschach* an
vnser Mautt ledichleich vnd vreyleich für sullen furen an Mautt
vnd an zol vnd an alle ander vordrung vnd irrung. Davon
enphelhen vnd gepieten wir ernstleich bei vnsern Hulden allen
vnsern Richtern, Mauttern, zollnern vnd allen vnsern amptleuten,
gegenburtigen vnd chumftigen an vnser Mautt ze *Aschach*, daz ir die

oftgenanten geistleichen Herren bey den Rechten, Genaden frei-
haiten, die si lang zeit von vnsern vordern gehabt haben vnd dew
wir in auch nu zemal mit gutem willen vnd gvnst getan haben, gentz-
leich beleiben lat, also daz ir sew daran nicht beswärt in dhainem
wege. Darüber zu ainer ewigen vestnung vnd diser freyung ge-
dechtnüzze Geben wir in den offenn brief für vns vnd all vnser nach-
komen versigelt mit vnserm Grozzen anhangundem Insigel. Der geben
ist, da man zalt nach Christi gepurd Drewtzehen Hvndert iar vnd
darnach in dem fümf vnd Sibentzigistem Iar, an vreytag vor sand
Pangratien Tag.

Original auf Pergament, dessen Siegel fehlt.

## CCLXXVI.

**1375, 10. December.** — *Gerung der Redler von Sichtenberg verkauft Herrn Michael von Wildek Gülten zu Draiskirchen, Gundramsdorf, Enzersdorf, Brunn und Gumpoldskirchen.*

Ich *Gerung* der *Redler* von *Sichtenberkch* vnd ich *Agnes* sein
Hawsfraw, *Vlrich* dez *Spans* tochter, vnd all vnser baider Erben
vergehen vnd tun kunt offenlich mit dem brief allen den, di in sehent,
hörnt oder lesent, di nu lebent vnd hernach chünftig sind, Daz wir
mit wolbedachten mut vnd mit gesampter hant zu der zeit, da wir
ez mit recht wol getun machten, Recht vnd redlichen verchauft haben
Vnsers rechten ledigen frein aigens, Von erst: datz *Dreschirchen*
tzwelif schilling vnd dreizehen wienner phenning vnd ainen helbling
gelts auf behausten gütern, vnd der dint *Mert* der *Chornner* vnd
sein muel von ainem hof ain halb phunt phenning gelegen im *winchel*
ze nachst dem *chöndlein*, der *Pehem* auf der *Hochstrazz* von ainem
hof ainen vnd achtzig phenning, *Peter weber* sein genachtpawr
von ainem hof ainen vnd achtzig phenning, vnd *Vlreich* der *Pawr*
bey dem *tor* von ainem pawmgarten drei schilling phenning, vnd
daselbs auf vberlend ain phunt minner virtzehenthalben phenning
gelts. Darnach ze *Gunderstorf* zwai phunt minner sechs phenning
gelts, von erst: *Symon* der *Pawr* von seinem hof bey dem *Düring*
ain halbs phunt phenning vnd daselbs auf vberlende zwelf schilling
minner sechs phenning gelts; darnach ze *Entsthestorf* dreitzehen
schilling minner ainem helbling gelts, von erst: *Görig Guemols* zwen

vnd dreizzikch phenning von seinem haws, *Wölfel Pekch* von seinem
haws sechtzehen pfenning, *Thoman Schäwtz* zwaintzich phenning von
seinem haws, vnd *Hanns* auf der *hülbin* von ainem haws vnd von ainem
weingarten daselbs sechtzehen Emmer weins; vnd di vbring phen-
ning gült ligent daselbs auf vberlende. Darnach haben wir ver-
chauft zwen Emmer weins Perchrechts gelegen zwischen *Entschestorf*
vnd *Prunn,* der dient: *Jensel* von *Reinprechtstorf* ainen Emmer vnd
zwen phennig gelegen ze nachst dem *Phaffen,* vnd *Nicla vastzieher*
ainen Emmer vnd drithalben phenning gelts; vnd darnach haben wir
verchauft achthalben Emmer Perkchrechts gelegen ob *Gumpoltzchir-*
*chen* vnder dem *hohen chogl.* Di vorgenanten gült mit alle di vnd
darzu gehört, ze wald vnd ze veld, vnd ze dorff, gestift vnd vnge-
stift, versucht vnd vnuersucht, wie daz genant, oder wo daz gelegen
ist, mit allen nützen vnd rechten, als wir daz allez vnuersprochenlich
in aigens gewer inngehabt vnd herpracht haben, haben wir verchauft
vnd geben vmb hundert phunt wienner phenninge, der wir gentzlich
verricht vnd gewert sein, dem Erbern`chnecht, *Micheln* von *Wiltek*
vnd seinen erben fürbas ledichlich vnd freilich ze haben vnd allen
irn frum damit schaffen, verchauffen, versetzen vnd geben, wem si
wellent an allen chrieg vnd irsal. Vnd sein wir dez ir recht gewern
vnd scherm für alle ansprach, als aigens vnd des Landes recht in
*Osterreich.* Get in aber fürbas daran icht ab mit recht, oder ob
si mit recht icht chrieg oder ansprach daran gewünnen, von wem
das wer, das sulln wir in allez ausrichten vnd widercheren vnd
sullen si daz haben datz vns vnuerscheidenlich vnd auf all dem gut,
daz wir haben, oder noch gewinnen in dem Lande ze *Österreich,*
oder wo wir daz haben, wir sein lebentig oder tode. Mit vrchund
des briefs besigilten mit mein obgenanten *Gerungen* Insigl des *Redler*
vnd der sach sind gezewgen *Mert* der *Redler* mein pruder, *Paul*
der *Redler* mein vetter, *Peter* der *Prehafen,* der obgenanten *Agne-*
*sen* meiner hawsfrowen Öhaim, vnd *Heinreich* der *Schekch* mit iren
Insigiln, di wir darumb vleizzig gepeten haben, daz si der sach
getzeugen sint. Wann ich obgenante *Agnes Vlrich* dez *Spans* toch-
ter selb aigens Insigils nicht enhet, darumbe so verpind ich mich
vnder der egenanten *Gerungs* dez *Redler* meines wirts, *Petreins* dez
*Prehafen,* meines öhaims vnd *Heinreichs* dez *Schekchen* Insigiln mit
meinen trewn, allez daz gentzlich stet ze haben, daz vorgeschriben
stet an ales geuerde. Geben nach Christi gepurde Drewtzehen

hundert iar vnd darnach in dem fümf vnd Sibentzkistem iare, dez Mentags nach sand Niclas tage.

Original auf Pergament mit zwei Siegeln, drei andere fehlen.

## CCLXXVII.

**1376, 29. März.** — *Christian von Wezelsdorf verzichtet zu Gunsten seines Sohnes Dietreich auf einen Hof zu Wezelsdorf.*

Ich *Christan* von *Wetzeldorf* vergich für mich vnd für alle mein erben Vnd tun chunt allen leuten offenbar an dem brief, Das ich mit gueten willen mit verdachtem mut, nach meiner freint Rat mich gentzleich fürzicht getan han vnd fürtzeich auch mit dem brief Des gantzen Hoffs ze *Wetzeldorff*, vnd des vier gantzer lehen sind, zwai meins Rechten aygens vnd sind gelegen daselbs nest *Weychard* dem *pehaym*, vnd zwai sind ze lehen von dem erbern Hern Hern *Cholman*, die zeit Probst des Gothaus vnser vrowen ze *Neunburch Chloster halben*, gelegen auch daselbs znest *Christan* dem *Vogelsang*, vnd swas darzu gehort ze veld vnd ze dorff, Es sei gestifft oder vngestifft, versuecht oder vnuersuecht, wie so das genant ist vnd swie so das alles gelegen ist. Hintz meinem svn *Dyettreichen* von *Wetzeldorff* also, das ich egenanter *Christan* fürbas hintz demselben gantzen Hoff, des vier gantze Leben sind, als vorumschriben stät, vnd swas darzv gehort, noch hintz meinem egenanten svn *Dyetreichen*, noch hintz seinen erben von desselben Hoffs wegen weder mit brieffen noch an brieff chain ansprach, chrieg, Recht, wartung noch vordrung nimmer haben noch gewinnen sullen weder vil noch wenikch, In der beschaiden, das der egenante *Dyetrich* mein svn mit demselben gantzen Hoff vnd was dar zu gehort, als vorbenant ist, sol fürbas allen seinen frumen schaffen, mit verchauffen, mit versetzen vnd schaffen, machen, geben, swem er welle an alln irsal, so im das alles pezer füegend ist. Vnd das die sach vnd die wandlung also fürbas stet gantz vnd vnzebrochen beleib, Darvber so gib ich im obgenannten *Christan* vonn *Wetzeldorff* den brief ze einem sichtigen waren offen vrchund der sach, versigelten mit meinem aygen anhangunden insigil vnd darzue ze pezzer sicherhait ze han ich vleiz gepeten *Seyfriden* den *porawer* ze *Nodendorf*, das er der sach zeug ist mit seinem insigil im an schaden. Der brief ist geben nach christi gepurd

Drewtzehen Hundert Iar vnd in dem sechs vnd Sybintzigisten Iar
darnach, des Sampztags vor Judica in der vasten.

Original auf Pergament, dessen zwei Siegel fehlen.

## CCLXXVIII.

**1376, 24. April, Wien.** — *Marichart von Ror verkauft der Abtei Heiligen-
kreuz alle seine Besitzungen, Rechte und Gülten zu Ober- und Nieder-
Gaden.*

Ich *Marichart* vom *Ror* vergich für mich vnd für alle mein
erben vnd tun chunt offenleich mit dem brief allen den, di in lesent
oder hörent lesen, die nv lebent vnd hernach chünftig sint, daz ich
mit gütem willen, mit wolbedachtem müt, mit gunst aller meiner
erben vnd nach rat meiner vrewnd, zu der zeit, do ich es wol getun
mocht, recht vnd redleich verchaufft vnd gegeben han den erbern
geistleichen herren pruder *Cholman*, zu den zeiten Abt datz dem
*heiligen Chraewtz* vnd dem Conuent gemaine desselben Chlosters
vnd allen irn Nachkomen meins rechten aygens, mein haws ze *Nydern
gadem* vnd alle die aekcher, die dartzu gehörent, vnd viertzehen tag-
werich wismats, vnd die vischwaid von dem *Sparbach* vntz an den
*Hannawer*, vnd ein holtz, das do haizzet der *Mülpertz*, gelegen
zenechst hern *Albers* des *Ottenstainer* holtz, vnd ein holtz in dem
*Marichpach*, das do haizzet der *Plutleinsgern*, vnd stozzt an meiner
swaiger *Eberharts* von *Wildekke* vnd seiner prüder holtz vnd an das
*Hannawer* holtz vnd an der vorgenanten hern holtz vom *heiligen
Chraewtz*, vnd ein holtz gelegen an dem *Aenyger*, haizzet der *Hock-
chogel* vnd stozzt ainhalben an hern *Wolfgangs* vonn *Wynnden* vnd
hern *Hannsen* von *Puchhaim* holtz vnd anderhalb an vnsers Herren
des Hertzogen holtz; vnd zehenthalb phunt Wienner phenning geltes,
die auch zu dem egenanten haws gehorent, gelegen daselbens ze
*nydern gadem* vnd ze *Oberngadem* vnd darvmb auf behaustem gut
vnd auf überlent als hernach geschriben stet, und derselben gült leit
auf behaustem gut acht phunt vnd zwen phenning geltes vnd auf vber-
lent aindlef schilling vnd sechs phenning geltes, vnd ist geraittet igleich
ches, den man ze Weichnachten dient, für zwelif phenning, vnd igleicher
ches, den man ze Ostern oder ze Phingsten dient, für acht phenning,
igleich hün für vier phenning vnd ie zehen ayr für ainen phenning,
vnd die zu den zeiten die hernachbenanten holden dienent. Von erst:
ze *Oberngadem* in dem *geraewt Dietel* der *Smydel* zehen phenning

an sand Michels tag, ainen ches ze weichnachten, ein vaschanghûn, ze Ostern ainen ches vnd zehen ayr, an sand Jörgen tag zehen phenning, ze Phingsten ainen ches vnd zehen ayr, *Nikel* der *Smydel* zehen phenning an sand Michels tag, ainen ches ze Weichnachten, ein vaschanghun, ze Ostern ainen ches vnd zehen ayr, an sand Jorigen tag zehen phenning, ze Phingsten einen ches vnd zehen ayr. *Seidel* der *Smydel* zehen phenning an sand Michels tag, ainen ches ze Weichnachten, ein vaschanghun, ze Ostern einen ches vnd zehen ayr, an sand Jörgen tag zehen phenning, ze Phingsten ainen ches vnd zehen ayr. Derselb *Seidel* von einem holtz zehen phenning. Der *Prantsteter* fûmftzehen phenning an sand Michels tag, ainen ches, ze Weichnachten, ein Vaschanghun, ze Ostern einen ches vnd zehen ayr, an sand Jörigen tag fûmftzehen phenning, ze Phingsten einen ches vnd zehen ayr, alles auf behawstem gut. Vnd von der *Padstuben* daselbens ze *oberngudem* ze Weichnachten, ze Ostern vnd ze Phingsten zu yeder hochzeit zwen vnd dreizzig phenning. Darnach ze *nyderngadem* ouf behawstem gut die *Paewrinn* fûmf vnd zwaintzig phenning an sand Michels tag, ainen ches ze Weichnachten, ein vaschanghun, ze Ostern einen ches vnd zehen ayr, an sand Jorigen tag fûmf vnd zwaintzig phenning, ze Phingsten einen ches vnd zehen ayr. *Vllrich* der *Pinter* fûmftzehen phenning an sand Michels tag, ze Weichnachten einen ches, ain vaschanghun, ze Ostern ainen ches vnd zehen ayr, an sand Jörigen tag fünftzehen phenning, ze Phingsten ainen ches vnd zehen ayr, *Hainreich* der *Wollslaher* zwaintzig phenning an sand Michels tag, ze Weichnachten ainen ches, ain vaschanghun, ze Ostern ainen ches vnd zehen air, an sand Jörigen tag zwaintzig phenning, ze Phingsten ainen ches vnd zehen ayr. *Andre* der *Weintzürl* newn vnd zwaintzig phenning an sand Michels tag, ze Weichnachten einen ches, ain vaschanghun, ze Ostern ainen ches vnd zehen air, an sand Jorigen tag newn vnd zwaintzig phenning, ze Phingsten einen ches vnd zehen ayr. *Andre* der *Megerl* dreizzig phenning an sand Michels tag, ze weichnachten zwen ches, ain vaschanghun, ze Ostern zwen ches vnd zwaintzig air, an sand Jörigen tag dreizzig phenning, ze Phingsten zwen ches vnd zwaintzig ayr. *Peter* der *Phaeffel* fûmf phenning an sand Michels tag, ein vaschanghun, an sand Jörigen tag fûmf phenning. Die *fridlin* Pawrin fûmftzehen phenning an sand Michels tag, ze weichnachten ainen ches vnd zehen air, ein vaschanghun, ze Ostern einen ches an sand

Jörigen fümftzehen phenning, ze Phingsten ainen ches vnd zehen
air. *Andre* an der *Wydem* sechs phenning an sand Michels tag vnd
sechs phenning an sand Jörigen tag. Die *Römerin* sechs phenning
an sand Michels tag, ze weichnachten einen ches, ain vaschanghun,
ze Ostern einen ches, an sand Jörigen tag sechs phenning, ze Phing-
sten ainen ches. *Dietel* der *Kerner* sechs phenning an sant Michels
tag, ze Weichnachten einen ches, ein vaschanghun, ze Ostern einen
ches, an sand Jörigen tag sechs phenning, ze Phingsten ainen ches.
*Chunrat* der *Fleischerer* sechs phenning an sand Michels tag, ze
weichnachten ainen ches, ain vaschanghun, ze Ostern einen ches, an
sant Jörigen tag sechs phenning, ze Phingsten einen ches. *Andres*
Aydam sechs phenning an sand Michels tag, ze Weichnachten ainen
ches, ain vaschanghun, ze Ostern einen ches, an sand Jörigen tag
sechs phenning, ze Phingsten einen ches. *Rüdel Swentter* sechs
phenning an sant Michels tag, ze weichnachten ainen ches, ein
vaschanghun, ze Ostern einen ches, an sand Jörigen tag sechs phen-
ning, ze Phingsten ainen ches. *Vllrich* der *Greymel* newn phenning
an sant Michels tag, ze Weichnachten einen ches, ain vaschanghun,
ze Ostern einen ches vnd zehen air, an sand Jörigen tag newn phenning,
ze Phingsten ainen ches vnd zehen air. *Jans Hagen* fümfzehen phen-
ning an sand Michels tag, ze weichnachten ainen ches, ain vaschang-
hun, ze Ostern ainen ches vnd zehen ayr, an sand Jörigen tag fümft-
zehen phenning, ze Phingsten ainen ches vnd zehen air. *Jans* der
*Stellner* fümf vnd zwaintzig phenning an sant Michels tag, ze weich-
nachten ainen ches, ein vaschanghůn, ze Ostern ainen ches vnd zehen
air, an sand Jörigen tag fümf vnd zwaintzig phenning, ze Phingsten
ainen ches vnd zehen ayr. *Nikel* der *Schrat* fümf vnd viertzig phen-
ning an sand Michels tag, ze Weichnachten ein ches, ain vaschang-
hun, ze Ostern einen ches vnd zehen air, an sand Jörigen tag fümf
vnd viertzig phenning, ze Phingsten ainen ches vnd zehen air. Die
*Pechlin* fümftzehen phenning an sand Michels tag, ze Weichnachten
ainen ches, ein vaschanghun, ze Ostern einen ches vnd zehen air, an
sand Jörigen tag fümftzehen phenninge, ze Phingsten aiuen ches vnd
zehen air. Der *Jaeger* sechs vnd viertzig phenning an sand Michels
tag, ze weichnachten einen ches, ain vaschanghun, ze Ostern ainen
ches vnd zehen air, an sand Jörigen tag sechs vnd viertzig phenning,
ze Phingsten ainen ches vnd zehen air. *Jans* der *Zimerman* fümf-
zehen phenning an sand Michelstag, ze weichnachten einen halben

ehes. ein halbes vaschanghun, ze Ostern einen halben ches vnd fümf
air, an sand Jörigen tag fümftzehen phenninge, ze Phingsten einen halben
ches vnd fümf air. *Vlreich* der *Kerner* sibentzehen phenning an sand
Michels tag, ze Weichnachten einen halben ches, ein halbes vaschang-
hun, ze Ostern einen halben ches vnd fümf air, an sand Jörigen tag
sibentzehen phenning, ze Phingsten einen halben ches vnd fümf ayr.
*Peter* der *Churtz* sechs phenning an sand Michels tag, ze weich-
nachten ainen ches, ein vaschanghun, ze Ostern einen ches vnd zehen
air, an sand Jörigen tag sechs phenning, ze phingsten ainen ches
vnd zehen air. *Dietel* der *Waes* sechtzig phenning an sant Michels
tag, ze weichnachten zwen ches, zwai vaschanghuner, ze Ostern
zwen ches vnd zwaintzig air, an sand Jörigen tag sechtzig phenning,
ze phingsten zwen ches vnd zwaintzig air. Darnach von vberlent
der *Plaseinweil* von einem akcher in dem *gerawt*, drew herbsthuner.
*Jans* im *Winkchel* von einem akcher in dem *Gerawt* drew herbst-
hüner. *Chunrat* pei der *chirichen* von einem akcher in dem *gerawt*
zwai herbsthüner vnd von chrawtgarten viertzehen phenning. *Nicla*
*Traeppel* von einem akcher in dem *gerawt* ain herbsthun. Die alt
*Pawrinn* von chrautgerten dreitzehen phenning vnd von einem akcher
zwen phenning. *Vllrich* der *Pinter* sechs phenning von chrawtgerten
hinder dem stadel. *Andre* der *Weinzürl* von dem *Raewtakcher*
drew herbsthüner vnd von einem andern akcher acht phenning an sand
Michels tag vnd acht phenning an sant Jörigen tag. Die *Fridlinn*
Pawrinn zwen phenning von einem akcher, *Andre* an der *Wydem*
acht phenning von einem akcher, *Chunrat Fleischerer* vier phenning
von chrautgerten. *Rudel* der *Swentter* fümftzehen phenning von
aekchern. *Jans Hagen* von des *Kerner* akcher newn phenning an
sand Michels tag Vnd von zwain wisen vnd von einem chrawtgarten
vnd von einer wies sechs phenning. *Nikel* der *Schrat* von einem
akcher, der genant ist, der *Chregel*, sechs phenning an sand Michels
tag. *Lewbel* der *nydrolt* von einem akcher sechs phenning an sand
Michels tag vnd von einem chrawtgarten vier phenning. *Lewpolt*
*Chogler* acht phenning von chrawtgerten vnd sechs phenning von
einem akcher. Der *Nebel* acht phenning von chrawtgerten. Der
*Jaeger* von einem halben akcher zwen phenning. *Dietel* der *Wais*
von einem akcher ain herbsthün. *Hainreich* der *Chogel* von einem
akcher zwen phenning. Der *Chint peter* von zwain akchern secht-
zehen phenning. Die *Pechliun* von einem Krawtakcher acht phenning.

Der *Kerner* von chrawtgerten acht phenning. *Andre* der *Chuebekch*
von chrawtgerten sechs phenning. Darnach von einem akcher sechs
phenning, aber von einem akcher vier phenning vnd von einem
chrawtgarten ain hun vnd von dem *Herolsrawt* sechs phenning, vnd
von der *pewnt* zway huner, vnd von einem akcher daselbens zwai
huner, vnd von einem wisflekch hinder dem haws drei phenning, vnd
von einem chrawtgarten ze *niderngaden* zwai herbsthüner vnd von
einem chrawtgarten acht phenning an sand Michels tag vnd acht
phenning an sand Jörigen tag. Vnd dreizzig phenning geltes, die die
Gemayn ze *Phafsteten* dient von der wayd, genant die *Raber leyten,*
vnd daz gantz *dorfgericht* ze *nyderngadem* an swas an den tod get,
vnd alles das, das ich daselbens vnd in dem Tal darumb gehabt han
in vrbar, ze holtz, ze veld vnd ze dorff, es sei gestifft oder vngestifft,
versucht oder vnuersucht, wie so das genant ist, daz alles rechtes
aygen ist, denn nur daz vorgenant holtz an dem *Anigern,* genant der
*Hochchogel,* das ist Lehen gnedigen genedigen herren den hertzogen
ze Österreich. Es hat ouch das vorgenant haws das recht, daz es
alltag einen gevnden wagen gehaben mag aus den obgenanten höltzern,
die darzu gehörent an alle irrung. Dasselb haws ze *nydern gadem*
vnd alles das, das darzu gehöret, vnd alles das, das ich daselbens
vnd in dem Tal darumb gehabt han, als es vor an dem brief benant
vnd verschriben ist, nichts ausgenomen, han ich den obgenanten er-
bern geistleichen herren, dem Abt vnd dem Conuent gemain datz dem
*Heiligen Chraewtz* vnd allen irn nachkomen recht vnd redleich ze
chawffen gegeben mit allen dem nwtzen, ern vnd rechten, als ich
es alles in aygens gewer vnd nvr das ain holtz an dem *aeniger* in
lehens gewer herpracht han, vmb drewhundert phunt vnd vmb sieben-
tzig phunt wienner phenning, der sie mich gantz vnd gar verrich-
tet vnd gewert habent, also daz si dieselben güter mit allen den
nvtzen, ern vnd rechten, die dartzu gehörent, als dauor benant vnd
begriffen ist, sülln fürbas ledichleich vnd vreileich haben, besitzen,
niezzen vnd nvtzen, vnd mügen auch damit allen irn frumen schaffen,
verchowffen, versetzen vnd geben, wem si wellen vnd alles das
damit tun und handeln, das in allerpest füegt oder geuellet an allen
chrieg vnd an allen irrsal. Vnd sein ouch wir, ich obgenanter *Mari-
chart* vom *Ror* vnd alle mein erben des vorgenanten hawses ze
*Niderngadem* vnd alles des, das dartzu gehöret, vnd alles dez, das
wir daselbens vnd in dem Tal darvmb gehabt haben, als vor an dem

brief benant vnd verschriben ist, der egenanten geistleichen herren gemayn datz dem *heiligen Chraewtz* vnd aller irer nachkomen recht gewern vnd scherm für alle ansprach, als aygens recht ist vnd des landes recht ze *Österreich*, vnd besunderleich des holtzes an dem *Aenyger*, als lehens recht ist vnd des Lanndes recht ze *Österreich*. Wer aber, daz si an dem oftgenanten haws oder an den vorgeschriben gütern vnd zugehörungen, die wir in dartzu gegeben haben, icht chrieges oder ansprach gewunnen, von wem das wer, mit recht, oder ob in daran icht abgieng mit recht, swas si des schaden nement, das sullen ich, oder ob ich nicht wer, darnach mein nechsten erben in alles ausrichten vnd widerchern an allen irn schaden, vnd sulln auch si das haben auf vns vnd auf allem vnserm gůt, das wir haben in dem Lande ze *Österreich*, oder wo wir es haben, wie das genant ist, wir sein lebentig oder tod. Vnd daz der chauf fürbas also stet vnd vntzerbrochen beleibe, darüber so gib ich egenanter *Marichart* vom *Ror* für mich vnd für alle mein erben den oftgenanten geistleichen herren gemayn datz dem *heiligen Chraewtz* vnd allen irn nachkomen den brief zu ainen warn vrchůnd vnd ze einer ewigen vestnung der sache versigelten mit meinem angehangenn insigil vnd mit meins vetern insigil, *Hannsen* von *Guenfarn* vnd mit meiner Swaeger insigiln, des vorgenanten *Eberhartes* von *Wildekk* vnd *Thomans* von *Wildekk* seins průders vnd mit meins Swagers insigil *Christans* des *Taehenstainer*, die des vleizzichlich gepeten han, daz si des chauffs vnd der vorgeschriben hanndlung vnd sache getzewgen sint mit irn angehangenn insigiln. Der brief ist geben ze *Wienn* nach Christes gepůrt drewtzehenhundert Iar darnach in dem sechs vnd sybentzgistem Iar, an sant Jörigen tag des heiligen Martrer.

Original auf Pergament mit einem Siegel, vier andere fehlen.

## CCLXXIX.

**1376, 12. Mai, Wien.** — *Heinrich der Räschel, Bürger von Wien, verkauft der Abtei Heiligenkreuz einen Weingarten zu Pfaffstetten.*

Ich *Hainreich* der *Raeschel* Purger ze *Wienne* vnd ich *Kathrei* sein hausvrow vnd alle vnser Erben, wir vergehen vnd tun chunt allen den, die den brief lesent oder hôrent lesen, die nv lebent vnd hernach chůnftig sint, Daz wir mit gůtem willen, mit verdachtem můt vnd mit gesampter hant, zu der zeit, do wir es wol getun mochten, vnd mit vnsers Pergmaisters hant *Petreins* des *Winckhler* ze *Pfafstetten*, zu den zeiten Amptman der Erbern geistleichen herren datz dem *heiligen Chraewtz* verchaufft haben vnsern weingarten, der mir egenanten *Hainreichen* dem *Raeschlein* mit fürtzicht vnd mit Lözz an rechter tailung gegen meinem Pruder *Jansen* dem *Raeschlein* ze rechtem erbtail geuallen ist, gelegen ze *Pfafsteten* vnd haizzet der *Rosenberger* zenechst dem weingarten, der do gehöret zu der Pharrchirichen ze *Alacht*, Do man von dem egenanten vnserm weingarten alle iar dient den herren datz dem *Heiligenchrewtz* zwaintzig wienner phenning ze Perchrecht vnd nicht mer; Denselben weingarten haben wir Recht vnd redleich verchoufft vnd geben mit alle dem nutz vnd rechten, als wir in vnuersprochenleich in Perchrechts gewer herpracht haben vnd alz er mit alten herchomen ist, vmb ains vnd Dreizzig phunt wienner phenning, der wir gantz vnd gar gewert sein, dem Erbern herren hern *Johannsen Fürstenaw*, zu den zeiten Pharrer der egenanten Pharrchirichen ze *Alacht*, der den vorgenanten weingarten vmb sein ledigs varuud gut von vns gechoufft hat, also daz er denselben weingarten sol fürbaz ledichleich vnd vreileich haben vnd allen seinen fromen damit schaffen, verchouffen, versetzen, schaffen, machen oder geben, wem er welle, alz im das allerpest fügt oder gewellet an allen irrsal. Vnd sein ouch wir, ich egenanter *Hainreich* der *Raeschel* vnd ich *Kathrei* sein hausvrow vnd alle vnser Erben vnuerschaidenleich desselben weingarten des vorgenanten hern *Johannsen* oder wem er in schaffet, machet oder geit, Recht gewern vnd Scherm für alle anspräch, alz Perchrechts recht ist vnd des Lanndes recht ze *Österreich*. Wer aber, daz si an demselben weingarten icht chriegs oder ansprach gewunnen, von wem das wer mit recht, Swas si des schaden nement, Das sullen wir In alles ausrichten vnd widercheren an allen irn schaden. Vnd sullen Si das haben ouf vns vnuerschaidenleich vnd ouf allem vnsern Güt, das wir haben in dem Lande ze *Österreich* oder wo wir es haben, wir sein lebentig oder tod. Vnd daz der Chouf fürbas also stet vnd vntzebrochen beleib, vnd wannd wir selber nicht aigens Insigils haben, Darumb so geben wir dem obgenanten hern *Johannsen* vnd wem er den oftgenanten weingarten schaffet, machet oder geit, den brief zu einem warn vrchund der sach versigilten mit des Perchherren Insigil des Erbern geistleichen herren Pruder *Cholmans*, zu den zeiten Abt des vorgenanten Chlosters datz dem *Heiligenchraewtz* vnd mit des Erbern herren Insigil hern *Albers* von *Ottenstain*, zu den zeiten des Hoch-

geborn Fürsten Hertzog *Albrechts* ze *Österreich* Schenkch, die wir
des vleizzichleich gepeten haben, daz Si der sach getzeugen sint mit
irn Insigiln, Darunder wir vns verpinden mit vnsern trewn an geuer,
alles das stet ze haben vnd ze laisten, das vor an dem brief geschriben
stet, Der geben ist ze *Wienne* nach Christes gepůrt Drewtzehen-
hundert iar darnach in dem Sechs vnd Sybentzgistem iar an sand
Pangretzen Tag.

Original auf Pergament mit dem Reste eines Siegels, das zweite fehlt.

## CCLXXX.

**1377, 16. Jänner.** — *Grunddienst-Revers Irnfrid's des Poerl auf die Abtei Pelis in Ungarn.*

Ich *Yrnfrid* der *Poerl* vnd mein Erben Veriehen offenlich mit
dem Prieff allen den, di in Lesent oder hôrent lesen, daz ich von
meinem Hoff gelegen zu *arbaistal* schol dienen alle Iar auf sand
Michelstag zu rechtem Purchrecht dem Apbt vnd dem Conuent des
chlosters zu dem *Pelis* in *vngern*, oder wer vns monet mit dem prieff,
ain pfunt wienner pfenning gelts, daz In gegeben ist von den herrn
von *Stadekk* zu ainem Ewigen sel geraet. Tet ich des nicht, so schol
sich der vorgenant Abpt vnd der Conuent, oder wer an irn stat ist,
meines vorgenanten hoff mit meinem gůtlichen willen vnderwinden
an fůrbot vnd chlag vnd dar auff pfenden, als auff anderm purch-
recht recht im dem Land ze *Österrich*. Vnd zu vrkund diser sach
gib ich vnd mein Erben den Prieff versigelten mit meinem Insigel
vnd mit Herrn *Jôrigen* des *Dern* meines *Ohem*. Der Prieff ist gegeben
nach Christi gepurd in Drewzehen Hundert Iar vnd dar nach in dem
siben vnd sibentzisten Iar, des vreytags vor Sand Agnesen tag.

Original auf Pergament mit einem Siegel, ein zweites fehlt.

## CCLXXXI.

**1377, 22. Jänner, Heiligenkreuz.** — *Heinrich, Abt des Klosters Pelis in Ungarn verkauft der Abtei Heiligenkreuz Grundbesitzungen und Gülten in der Gegend von Ybs.*

Nos frater *Henricus* Abbas Monasterii *Pelisiensis* in *Vngaria*,
*Vesprimensis* dyocesis Totusque Conuentus ibidem tenore presencium
profitemur, quibus expedit vniuersis, Quod nos conanimo et deliberato
consilio et consensu nostri Conuentus eo tempore, quo id libere et
absolute facere potuimus, bona et possessiones seu reditus circa

*Ybsam* sitas, quos in resignatione abbacie nostre comparauimus pro Trecentis Sexaginta et medio talentis ac viginti quatuor denariis, Eosdem redditus et bona cum omnibus suis pertinenciis, pratis videlicet et aliis quibuscumque, sicut in originali emptionis littera expresse de uerbo ad uerbum continentur, Domino *Cholmanno* abbati Monasterii *sancte Crucis* in *austria Patauiensis* dyocesis suoque Conuentus perpetuo possidenda vendidimus, dedimus et contulimus libere et pleno iure pro eadem summa pecunie, videlicet Trecenta Sexaginta et medium talentum ac viginti quatuor denariorum wiennensium, De qua pecunia plene et integraliter sumus presentium testimonio expediti. Omnia autem alia bona, clenodia et quecumque alia, que de nostro Monasterio ad *Sanctam Crucem* apportauimus, ad integrum plenissime ad dictum nostrum monasterium reportauimus. De quibus omnibus et singulis suprascriptis nec nos, nec posteri nostri predictos dominos *Sancte Crucis* impugnare, seu impetere quouis modo imposterum possumus nec debemus. Vt autem hec omnia supramemorata inconuulsa et perpetue illibata permaneant, damus eis presentes litteras in euidens testimonium omnium premissorum, nostris sigillis dependentibus firmo robore communitas. Acta sunt hec in dicto Monasterio *Sancte Crucis* Anno domini Millesimo Trecentesimo Septuagesimo septimo, die beati Vincencii martyris gloriosi.

Original auf Pergament mit einem Siegel, ein zweites fehlt.

## CCLXXXII.

**1377, 8. März.** — *Burgrechts-Revers der Frau Agnes von Klamm, Herrn Hanns von Sunnberg Witwe, auf die Abtei Heiligenkreuz.*

Ich *Agnes* di *Chlammerinn*, hern *Hansen* des *Sunberger* seligen witib vnd alle mein erben veriehen offenlich an diesem brif, Daz ich von meinem hof, den ich gechawfft han von der *Pütrinn* vnd ist gelegen ze *Gumdramstorf* in dem *winckel*, alle iar raichen vnd geben sol den erbern geystlichen Herrn apt *Cholmann* vnd dem Conuent gemain datz dem *heyligen Chräwtz* ze einem rechten purchrecht an sand Michels tag siben schilling wienner phenning vnd verpint awch mich vnd mein erben, alle vodrung douon ze geben, als ein anderr tüt von als vil purchrecht. Vnd wann ich in den dienst ze rechter Zeit, als vor geschriben stet, nicht geb, So süllen se awf dem egenanten hof darumb phennten, als purchrechts recht ist an alle wider red. Vnd wann ich vorgenante *Agnes* die *Chlammerinn* nicht aygens Insigel hab, Darumb ze einem vrchund vnd ze einer bestetigung diser sach gib ich in disen brif versigelt mit meines prüder, hern *Hainreichs* des *Chlammer* Insigel, vnd mit meines Öhem, hern *weycharts* des *Arnstainer* ze *Gundramstorf* Insigel. Der brif gehen nach Christes gepürd Drewzehen hvndert iar darnach in dem Siben vnd Sibentzgisten iar des Svnntages ze mitterr vasten.

Original auf Pergament mit einem Siegel, das zweite fehlt.

## CCLXXXIII.

**1377, 13. October.** — *Friedrich und Christina Wainbeisser von Pfaffstätten verkaufen ihren Weingarten, genannt Ödt, am Badner Berge zu Pfaffstätten dem Pfarrer Hanns von Aland.*

Ich *Fridreich* der *Wainbeyser* ze *Phaffstetten* vnd ich *Christein* sein Hausvrow vnd alle vnser erben wir verichen vnd tun chunt offenleich mit dem prief allen den, die in sechent oder hörent lesen, Das ich egenante *Christein* mit aller meiner erben guten gunst vnd willen vnd mit woluerdachtem müt zu der zeit, do ich es mit recht wol getun mocht, vnd mit des Erbern mans hant *Jansenis* in dem *Winchel*, die zeit Perigmaister ze *Paden* vnd ze *Phaffsteten* der Erbern Geystleichen Herren ze *Gemmih* des Ordens von Charthus, recht vnd redleich verchauft hab meins rechten Purchrechts vnd Eribgüts, ainen weingarten, der gelegen ist an *Padner perig* tze *Phaffsteten* vnd haist die *Öd* zu nast *Stephans* weingarten des *Reteich* datz *Phaffsteten* vnd do man von dem egenanten meinem weingarten dient den Egenanten Geistleichen Herren ze *Geimich* daz sand Marein Tron alle iar in dem lesen anderhalben Emmer wein ze rechtem Perchrecht vnd nicht mer; Denselben weingarten hab ich ze chauffen geben mit alle den rechten, vnd ich den in Purchrechts vnd Perchrechts gewer ledichleich her pracht hab nach *Heinreichs* des *Goboltstainer* selig meins erern wirts tod, dem Erbern Herren hern *Jansen*, die zeit Pharrer datz *Alacht*, der den chauft hat vm viertzechen phunt wienner phenning seines ledigen varund guts, vnd der er mich aller gantz vnd gar vericht vnd gewert hat hintz den Juden, dorvm mich mein obgenanter erer wirt *Heinreich* der *Goboltstainer* selig in gelt hat lazzen, vm mich damit geledigt hat vnd hab im den geben also beschaydenleich, daz er mit dem egenanten weingarten vnd mit den Nutzen fürbas ewichleich allen seinen frumen damit mag vnd schol schaffen er selb, oder wem er in schaft oder geit mit versetzen vnd mit verchauffen vnd geben, wem sew wellent an all irrung. Vnd sein auch des ir recht scherm vnd gwer für all ansprach, als Purchrechts vnd Perichrechts recht ist in dem Land ze *Österreich* vnd was in daran mit recht abget, daz schull wir in ich vnd mein Erben alles ausrichten, ablegen vnd widerchern, was si des mit recht schaden nement vnd schulln si das haben datz vns vnd vnsern twn vnd dartzu auf alle dem gut, das wir haben in dem Land ze *Österreich* oder wo wir es haben, wir sein lebentig oder tod. Vnd das der chauf vnd die wandlung fürbas also stet vnd vntzebrochen beleib vnd wand ich egenanter *Fridreich* der *wainbeyser* vnd ich *Christein* sein Hausurow vnd vnser Erben selb nicht aygens Insigil haben, darvber geben wir dem obgenanten hern *Jansen*, die zeit Pharrer datz *Alacht*, oder wem er den weingarten schaft oder geit, den prief zu ainem waren getzeug vnd zu ainer vesten staetigung der sach versigelt mit des Erbern Geystleichen Herren Insigil Prûder *Stephans*, die zeit Prior ze *Gemmich* daz Sand Marein Tron des Ordens von Carthus, der des egenanten weingarten rechter Perichherr ist vnd den wir vleizzig dar vm gepeten haben vnder des Insigil wir vns verpinden mit vnsern trewn an aydes stat, alles das stet zu haben, das vor an dem prief geschriben ist, im selb vnd seinem Gotzhaws an schaden. Auch haben wir gepeten vleizzig dew Erbern *Fridreichen* von dem *Newnhaus* vnd *Vlreich* der *Slewtzer* ze *Dreschirichen*, daz sew der sach getzeug sind mit irn anhangunden Insigiln an irn schaden. Der prief ist geben nach Christes gepurd Dreutzehen Hundert Iar dar nach in dem Syben vnd Sybentzigistem Iar an sand Cholmans Tag.

Original auf Pergament mit zwei Siegeln, ein drittes fehlt.

## CCLXXXIV.

**1377, 25. October.** — *Abt Heinrich und der Convent des Klosters Pelis in Ungarn verkaufen der Abtei Heiligenkreuz zwei Pfund Pfenning Grunddienst zu Arbaisthal.*

Nos Frater *Henricus* Abbas Monasterii Beate virginis in *Pelis* Totusque Conuentus loci eiusdem Notificamus tam presentibus quam futuris, quod Nos parium voluntate ac maturo consilio prelibato Honorabilibus et Religiosis viris Domino . . . Abbati et Conuentui Monasterii *sancte crucis* in *Austria*, Redditus duorum talentorum perpetui census, quos hactenus habuimus et possedimus de duabus Curiis in villa *Arwaystal* situatis, vendidimus, donauimus et contulimus jure

**perpetuo** et irreuocabili possidendos pacifice et quiete, tenendos pariter **et habendos** pro viginti talentis denariorum Wiennensium, quos plene **et integre** ab eisdem percepisse presentibus profitemur, De quibus **quoque** eos quietos reddimus omnimode et solutos. In cuius rei memoriam firmitatemque perpetuam Domino Abbati et Conuentui prefati **Monasterii** *sancte Crucis* presentes dedimus litteras Sigillorum nostrorum munimine pendencium roboratas. Datum anno domini M⁰. CCC⁰. **xlx⁰** septimo, In die Crispini et Crispiniani Martirum beatorum.

Original auf Pergament mit zwei Siegeln.

## CCLXXXV.

**1378, 2. Februar.** — *Thoman von Leesdorr verkauft der Abtei Heiligenkreuz einige Weingärten bei Leesdorf.*

Ich *Thoman Jordans* sun von *Lestorf* vnd ich *Erhart* vnd ich *Niclas* sein sun vnd ich *Margret* sein töchter vnd vnser aller erben verieben offenlich mit dem brif, daz wir mit vnserr erben guten willen vnd gunst, mit verdachtem müt vnd mit vnsers Purchheren hant, hern *Christans* des *Techenstaner*, zu der zeit, do wir ez mit recht wol getün möchten, varchawft haben vnser weingart setz, die do haizzet der *Raifal acker*, vnd das wismad vnd den acker, der daran stözzet, vnd was darzue gehöret, vnd haizzet an dem *Hetzmanssagel*, do man owch von der egenanten Weingart setz, vnd was darzue gehöret, alle iar dienet dem egenannten Purchheren an sand Michels tag dreizzig wienner phenning vnd nicht mer. Die vorgenanten weingart setz vnd waz darzue gehöret hab wir recht vnd redlich verchawft vnd geben vmb fünf vnd dreizzig phunt wienner phenning, der wir gantz vnd gar verricht vnd gewert sein und von den Jvden vnd domit geledigt haben, Den erwern geistichen herren, Abt *kolmann* vnd dem Conuent gemain datz dem *Hegligen chrawtz* fürbas allen irn frum domit ze schaffen, versetzen, verchawffen vnd geben, wem si wellent an alle irrung. Wer awer, daz in an der vorgenantn weingart setz vnd was darzue gehöret, mit recht icht abgieng oder zuesprüch gewünnen, von wem daz wer, daz süllen wir in alles ausrichten an alle ir mue, vnd süllen se daz haben owf allem vnserm güt, daz wir haben in dem land ze Osterreich, wir sein lebentig oder tod. Vnd wann wir selbe nicht aygner Insigel haben, darvmb so geb wir in disen brif ze einem warn vrchund der sach versigelt mit vnsers obgenanten Purchherrn Insigel ˙vnd mit des

erwern manns Insigel, hern *Hainreichs* des *Püchel*, die zeit Purgraf
datz *Rawhenstain*. Der brif ist geben nach Christi gepurt drew-
zehen hundert iar, darnach in dem acht vnd Sibentzgisten iar, an
vnser vrowen tag ze der Liechtmesse.

Original auf Pergament, dessen zwei Siegel fehlen.

## CCLXXXVI.

**1378, 24. Februar.** — *Niclas der Schelchel von Gumpoltskirchen verkauft
der Abtei Heiligenkreuz seinen Weingarten zu Thalern.*

Ich *Niclas Schelhel* von *Gumpoltzchirchen* vnd *Kathrei* mein
hausvrow vnd vnser paider erben veriehen offenlich mit dem brief
allen den, die in lesent oder hörent lesen, die nu lebent vnd her-
nach chümftig sind, daz wir mit aller vnserr erben guten willen vnd
gunst, mit verdachtem muet vnd mit gesampter hant, zu der zeit, do
wir ez mit recht wol getun mochten, recht vnd redlich verchawfft
haben vnsern weingarten, der gelegen ist pei dem hof ze *Talarn* an
dem *Newnstainpüchel*, ze nast *Niclas perngers* von *Gumpoltzchir-
chen* weingarten, mit allen den nützen vnd rechten, als wir den in
purchrechts gewer her pracht haben, vmb sechs vnd zwaintzig phunt
wienner phenning, der wir gantz vnd gar verricht vnd gewert sein,
dem erbern geistleichen herren Abt *Kolmann* vnd dem Conuent ge-
main datz dem *Heyligen chrawtz* fürbas ledichleich und freylich ze
haben vnd allen irn frumen do mit ze schaffen, versetzen, verchawffen
vnd geben, wem se wellen an allen chrieg vnd irrung. Wir sein owch
mit sampt vnsern erben unuerschaidenlich des vorgenanten wein-
garten ir recht gewer vnd scherm für alle ansprach, als purchrechts
recht ist vnd des Landes recht in *Österreich*. Wer awer, daz se an
dem egenanten weingarten icht chriegs oder ansprach gewunnen,
von wem daz wer mit recht, oder ob in mit recht daran icht abgieng,
swas se des schaden nement, daz sullen wir in alles ausrichten vnd
widerchern an all ir mue vnd schaden vnd sullen owch se daz haben
owf vns vnd owf allem vnserm gut, daz wir haben in dem Lande ze
*Österreich*, wir sein lebentig oder tod. Und wann ich vorgenanter
*Niclas Schelhel* vnd *Kathrei* mein hausvrow nicht aygner insigel
haben vnd darumb, daz die sach vnd der chowff also stet vnd vnze-
brochen beleib, geben wir in disen brif versigelt mit des aigen insigel
ze *Gumpoltzchirchen*, daz im die hochgeporen fürsten die Hertzogen

in *Österreich* von irn genaden geben habent ze einer westetigung irr güter doselbes, darvmb wir die purger vleizichleich gepeten haben. Der brief ist geben nach Christi gepurt Drewzehen hundert iar darnach in dem acht vnd sibentzigstem iar, an sand Mathias tag des heyligen zwelif poten.

Original auf Pergament mit einem Siegel.

## CCLXXXVII.

**1378, 13. October, Wien.** — *Revers der Brüder Georg und Ruger, die Schmidbecken, dass sie von ihrem Hofe zu Münchendorf der Abtei Heiligenkreuz ein Pfund Wiener Pfenning jährliches Burgrecht zu zahlen verpflichet sind.*

Ich *Jörig* vnd ich *Rüger* die *Smidbekchen* vnd all vnser Erben Wir vergeben vnd tun kunt allen den, die den brief lesent oder hörent lesen, die nv lebent vnd hernach chünftig sint, Vmb das phunt wienner phenning geltes, das die erbern Geystleichen Herren der Abt vnd der Conuent des Chlosters datz bem *Heiligenchrewtz* habent auf vnserm Hof gelegen ze *Münichdorf* vnd auf alle dem, das dartzü gehöret, es sey gestifft oder vngestifft, versucht oder vnuersücht, wie das genant ist, das man ln alle iar dauon dient an sant Michels tag ze rechtem Purchrecht, damit si desselben Hofs vnd alles des, das dartzu gehöret, Recht Purchherren sint ze stiften vnd ze störn nach des Landes recht ze *Österreich*, und dasselb phunt gelts wir In emphremdet heten; Darumb auch si denselben Hof mit aller seiner zugehörung gentzlich in der *Hofschrann* ze *Wienn* erlangten vnd behueben mit dem rechten, Das wir die vorgenanten erbern Geistleichen Herren erpeten haben mit erbern Herren vnd Lawten, das si vns des vorgenanten behabens, so si den egenanten Hof vnd swas dartzu gehöret getan heten, ledig lassen habent vnd vns den behabbrief, der In darüber gegeben was, dartzü in vnser gewalt gegeben habent, also mit ausgenomen worten, das wir vns verlübt vnd verpunden haben vnd verpinden vns mit dem brief, das wir vnd all vnser Nachkomen, die den vorgenanten Hof vnd swas dartzü gehöret, nach vns innhabent vnd besitzent, den egenanten Herren datz dem *Heiligenchrewtz* vnd allen irn Nachkomen das vorgenant phunt geltes fürbas ewichleich dienen vnd In das alle iar an sant Michels tag raichen süllen in dasselb ir Chloster selb oder mit vnserm poten richtichleich an alles vertziehen. Auch verpinden wir vns gegen In mit dem brief, ob das wer, das wir oder vnser Nachkomen, die den vorgenanten Hof, vnd swas dartzü gehöret, nach vns innhabent und besitzent, der Güter, die in denselben Hof gehörnt, wie die genant sint, icht verchaufften oder versatzten oder verchumerten, oder autz demselben Hof verwandelten oder enphremdeten an der egenanten vnserer Purchherren wizzen vnd an ir hant vnd willen, das In denn zehand derselb Hof vnd alles das, das dartzü gehöret, nichts ausgenomen Ledichleich sol veruallen sein an all gnad. Vnd das alles ze einem warn offen vrkünd geben wir für vns vnd alle vnser Erben vnd Nachkomen In vnd allen irn Nachkomen den brief versigilten mit vnsern insigiln vnd mit der erbern Herren insigiln, Hern *Leutolts* von *Meichssaw*, Herrn *Wülfings* vnd Herrn *Merten* gebrüder von *Planchenstain*, die wir des vleizzichleich gepeten haben, das si der sach gezeugen sint mit irn insigiln, In an schaden. Der brief ist geben ze *Wienn* nach Christes gepürt Dreutzehenhundert iar darnach in dem Acht vnd Sybentzgistem iar, an sant Cholmanns Tag.

Original auf Pergament mit drei Siegeln; zwei fehlen.

## CCLXXXVIII.

**1378, 13. December.** — *Lienhart der Oticher von Guntersdorf verkauft der Abtei Heiligenkreuz ein Pfund Pfenning jährliches Bergrecht von einem Weingarten genannt der Holaus.*

Ich *Lienhart* der *Oticher* von *Gundersdorf* vnd ich *Elspet* sein hawsfraw vnd vnser erben wir veriechen offenleich an disem prief allen den, die in lesent oder horent lesen, die nu lebent oder hernach chumftig sint, daz wier mit woluerdochtem muet recht vnd redleichen verchauft haben czu der zeit, do wier ez wol getuen mochten, einen emmer weins perchrechtes, der vnser vreis aigen gewesen ist, den man gedient hot von der erbern geistleichen herren weingarten von dem *heiligen Chrewtz*, der do haizzet der *Halows* vnd gehort die prueder an in ir Siechaws vnd ist gelegen ze nast des erbern mans weingarten hern *Michels* des *Prenner* von der *Newstat*; Den selben emmer weins perchret haben wier recht vnd redleich verchawft dem erbern geistleichen herrn apt *Cholman* datz dem *Heiligen Chrewtz* vnd dem Conuent gemain daselb vnd allen ieren nochchomen mit allen den nutzzen vnd rechten, alz wier in in aigens gewer herpracht haben vnuersprechenleich, vm fimfthalb phunt wienner phenninge, der wir gar vnd gantz vericht vnd gewert sein, in

fuerbaz ledichleichen vnd vreileichen tze haben vnd allen ieren fru-
men domit schaffen, verchawffen, versetzen an allew ierung. Wier
sein auch, ich vorgenanter *Lienhart* der *Oticher* vnd ich *Elspet* sein
hawsfrow vnd vnser erben der erbern geistleichen herren datz dem
*Heiligen Chrewtz* dez obgenantem emmer perchrechtes ier rechter
gewer vnd scherm fuer allew ansprach, alz aigens recht ist vnd dez
landes recht in *Österreich*. Wer awer, daz in fuerbaz mit recht dar an
iebt abging, oder ob sie fuerbas icht chrieg oder ansprach gewunnen
dorauf, von wem daz wer, was si des schaden nement, daz schullen wier
in alles ausrichten vnd widerchern an allen ieren schaden, vnd daz schul-
len si haben auf vns vnuerschaidenleich vnd auf allem vnserm guet, daz
wir haben in dem lande ze *Osterreich*, oder wo wier ez haben, wier
sein lemptig oder toed. Vnd daz diser chauf fuerbas stet vnd vntze-
brochen beleib, dorvber geben wier in disen brief versigelten mit
vnserm insigel vnd mit dez erbern hern insigel, hern *Chunratz* dez
*Sachsenganger* vnd mit meines frewndes insigel *Niclas* des *Slewntzer*,
die diser sach geczewg sint mit ieren paiden insigeln in an schaden.
Diser prief ist geben, do man zalt von Christes gepuerd drewtzen
hundert iar darnach in dem Echt vnd sibentzisten iar, an sant
Lutzein tag.

Original auf Pergament, dessen drei Siegel fehlen.


## CCLXXXIX.

**1379, 30. Juni, Wien.** — *Schirmbrief des Herzogs Albrecht III. von
Österreich über gewisse Besitzungen zu Wetzelndorf für die Abtei
Heiligenkreuz.*

Wir *Albrecht* von gots gnaden Hertzog ze *Osterreich*, ze *Steyr*,
ze *Kernden* vnd ze *Crain*, Graf ze *Tirol* etc. Tun kund offenleich
mit disem brif Vmb die güter ze *Wetzelndorf*, die *Kristans* daselben
von *Wetzelndorf* gewesen sind vnd die *Rotleyn* vnserm Juden von
*Newnburg* Markt halben von demselben *Kristanen* verstanden sind,
vnd die der egenant Jud *Rotel* verchoufft hat den erbern geistlichen
vnsern lieben andechtigen . . . dem Abt vnd dem Conuent ze dem
*Heiligen Chreutz*, alz der Judisch koufbrief sagt, den si von im dar-
umb habent, Daz wir derselben guter aller den egenanten klosterleutt
ze dem *Heiligen Chreutz* scherm sein vor gwalt vnd vor vnrecht nach
des egenanten Judischen brief sag. Mit vrkund ditz briefs Geben ze

*wienne* an Phintztag vor sand Vlreichstag Nach Kristi gepurde Dreutzehen Hundert iar darnacb in dem Newn vnd Sibentzigistem iare.

d. d. p. m. c. d. l.

Original auf Pergament mit Siegel.

## CCXC.

**1379, 10. August.** — *Das Domcapitel von Raab beurkundet eine von der Abtei Heiligenkreuz mit genannten ungarischen Edlen getroffene Grenzberichtigung zwischen Potesdorf und Belid.*

Capitulum ecclesie *Jauriensis* omnibus christi fidelibus tam presentibus quam futuris presencium noticiam habituris salutem in domino sempiteram. Ad vniuersorum noticiam harum serie volumus fieri manifestum, quod nobiles viri magistri *Johannes* filius *Symonis*, *Gregorius* et *Nicolaus* filii *Belyd* de *Heflengen* ab una parte, ex altera vero Religiosus vir frater *Johannes*, Prior ecclesie *sancte Crucis* de *austria* pro Religioso viro domino fratre *Colomano* abbate predicte ecclesie *sancte Crucis* coram nobis constituti per prenominatos magistros *Johannem* filium *Symonis*, *Gregorium* et *Nicolaum*, filios *Belyd* confessum extitit et relatum ministerio viue uocis quod, quamuis inter ipsos graues discordie perturbacionesque innumere et ubique pro quadam particula terre inter possessionem predicti domini *Colomani* abbatis, *Pothusdorf* vocatam et eorumden nobilium *Belyd* vocitata existentis a longo temporis spacio ventillate fuissent, tandem per ordinatos proborum nobilium virorum eandem particulam terre ex certa racione pertinere agnoscentes, ad prenominatam possessionem *Pothusdorf* supradicti domini abbatis, ne ipsi et ipsorum successores pro vlteriori disceptacione, occupacione uel vtensione vtilitatis eiusdem terre premio beatitudinis eterne et lucis felicitate priuaretur, predictam particulam terre litigiose cum omnibus suis pertinentibus annotato domino fratre *Colomanno*, abbate et dicte possessioni ecclesie sue *Pothusdorf* sub infrascriptis metis uel metarum renouationibus in perpetuum resignassent, ymo resignauerunt et renunciauerunt coram nobis tamquam Jura et proprietates dicte ecclesie possidere atque habere nichil Juris vel proprietatis sibi ipsis uel eorum posteris amplius in eadem reseruando, cuius quidem terre metas predicte partes tali ordine reambulatas renouatas et erectas fuisse retulerunt, quod prima meta inciperet a parte meridionali in magna valle et ibi essent tres mete terree quarum vna nunc renouata a plaga occidentali predicta possessione

*Pothusdorf*, altera vsque septemtrionem pro iure possessionis ecclesie sancti *Georgii*, et tercia meta pro eadem possessione *Belyd* prefatorum nobilium versus orientem forent distinquentes, et ipsa valle egrediendo ad partem aquillonariam ad longitudinem decem Iugerum terrarum nobilium, prout se secundum consuetudinem illius prouincie computatorum ad aliam vallem *sanquissugarum* in vulgari *eggulgionch* nominatam tendendo, et ibi vnam metam cursualem ipsas duas possessiones domini abbatis et prefatorum nobilium ab invicem separantem renouassent; de hinc ad partem occidentalem flectendo et iterato ad spanum longitudinis dicte Iugerum terre eundo in quodam loco aquoso et bitoso in vulgari *bachlab* nomine erexerunt due mete antique, quarum vna ab orientis plaga pro possessione *Belyd* supradictorum nobilium, altera vero vsque occidentem existens et pro nunc renouata pro possessione *Pothusdorf* distinguere deberet, vlterius ad occidentem declinando ad quemdam montem, *lebeu* vocatam, penes lacum *fertheu* appellatum adiacentem eundo et in eodam monte vnam nouam metam erexissent, et ibi cursus metarum supradictarum duarum possessionum *Pothusdorf* et *Belyd* terminaretur In cuius rei memoriam perpetuamque firmitatem ad presencium peticiones presentes concessimus literas nostras priuilegiales, pendentis et autentici sigilli nostri munimine roboratas. Datum in festo sancti Laurencii martiris anno domini Millesimo CCC° lxx^mo nono dominis *Volrando* preposito, *Petro* lectore, Joanne cantore, *Dominico* custode ceterisque dominis et canonicis ecclesie nostre existentibus et deo seruientibus.

Original auf Pergament, dessen Siegel fehlt.

## CCXCI.

**1379, 22. October, Wissegrad.** — *Jakob de Scepus, judex curiae des Königs Ludwig's von Ungarn, beurkundet die gerichtliche Berichtigung der Grenzen gewisser Besitzungen der Abtei Heiligenkreuz in Ungarn.*

Nos comes *Jacobus de Scepus*, judex curie Serenissimi et magnifici principis, Domini *Lodouici*, Dei gracia Inclyti *Regni Hungarie*, *Polonie, Dalmacie* etc. memorie commendantes tenore presencium significamus, quibus expedit universis, quod *Nicolaus* dictus *Faigo* pro *Gregorio*, filio *Belud de Enscheflengh*, tunc procuratore literis palatinalibus juxta continenciam literarum nostrarum proxime in octaua festi beati Michaelis Archangeli in anno domini Millesimo CCC^mo lxx^mo octauo preteritis ad nostram accedendo presenciam

contra religiosum virum, Fratrem *Hermannum*, magistrum *curie
Noui predii*, quasdam litteras *Capituli ecclesie Jauriensis*, formam
possessionis reambulacionis et contradictorum inhibicionis ac citacio-
nis continentes Domino nostro regi ad litterarium suum mandatum
responsales tenoremque litterarum regalium ipsi Capitulo dictatarum
verbaliter in se habentes asserens, attestacionem predicti *Gregorii*
litteris in eisdem contrarium nobis presentarat declarentes, quod cum
idem *Gregorius* actor acceptis *Petro, filio Pauli* de *Lopach* et *Petro*
clerico, dicti Capituli hominibus, feria secunda proxima post festum
Pentecostes proxime tunc preteritum ad faciem possessionis *Weliud*
vocate, vicinis et commetaneis suis vniuersis illic legitime conuocatis
accedendo eandemque per suas veras metas et antiquas reambulando
ab aliorum possessionum pretensionibus quibusdam nouis metis, in
tribus locis erectis, separari et sibi per eosdem Regium et predicti
Capituli homines statui facere uoluisset perpetuo possidendam, alio
nullo contradictore apparente, religiosus uir Frater *Georgius* in *noue
predio*, alio nomine *Monachorum curia* uocate, commorans in per-
sona religiosi viri, Fratris *Hermanni*, magistri prenotate *Curie*, seu
*noui predii* statuicioni predicte possessionis *Weliud* in duobus locis
seu partibus, videlicet Orientis et Occidentis plagis adiacentibus con-
tradixisset et perhibuisset, quem quidem Fratrem *Hermannum*, magi-
strum ipsius Curie ibidem et eodem die contra prefatum *Gregorium*,
filium *Belud* in regiam presenciam ad octauam festi presentis, beati
Johannis Baptiste, tunc uenientem citauissent, regius et ipsius Capi-
tuli homines antedicti, quarum quidem litterarum exhibicionibus factis
predictus *Nicolaus*, procurator ipsius *Gregorii* actoris, racionem
premisse prohibicionis assignari postulauit per Fratrem *Hermannum*
antedictum, quibus perceptis Frater *Johannes*, monachus de *Sancta
Cruce* pro religioso viro, domino Frater *Colomano*, abbate ipsius ecclesie
*Sancte Crucis*, cum procuratoriis litteris eiusdem domini abbatis exur-
gendo retulerat eo modo, quod licet tempore premisse possessionum
reambulacionis in persona predicti Fratris *Hermanni* prohibicio facta
fuisset antedicta, tamen examinacio presentis cause possessionum non
ipsi Fratri *Hermanno*, eo quod idem Frater *Hermanus* nomine pro-
curator, solummodo per ipsum dominum *Colomanum* abbatem in ipso
predio extitisset constitutus, sed ipsi domino *Colomano* Abbati de
iure debeat pertinere et his dictis in persona predicti domini Abbatis
ipse Frater *Johannes* responderat in hunc modum, quod premissa

prohibicio modo prehabito propterea facta fuisset, quia predictus *Gregorius* per ipsam reambulacionem et metarum erectionem ipsius possessionis *Weliud* uocate magnam particulam terre de predicto *Nouo predio*, seu de possessione ipsius domini Abbatis et sue ecclesie *Tunafalua* uocate ad eandem possessionem *Weliud* occupare et applicare uoluisset, cumque his perceptis predictus procurator ipsarum parcium in eo, utrum ipse partes in facto predictarum possessionum earum aliqua metalia instrumenta haberent, an uero legitime, ut nostro incumbit officio, requisitos habuissemus, idem *Nicolaus* procurator ipsius *Gregorii* actoris eidem *Gregorio* predictam possessionem *Weliud* jure hereditario pertinere, nullaque instrumenta metalia ipsum in facto eiusdem possessionis habere allegarat et affirmarat, annotatus uero procurator ipsius domini Abbatis eundem dominum Abbatem in facto predicti *Noui predii*, seu possessionis *Monachorum curie* uocate predictum dominum Abbatem metalia instrumenta habere referens quasdam litteras *Capituli Jaurinensis* priuilegiales feria secunda proxima post octauas festi inuencionis sancte Crucis in anno domini Millesimo CCC<sup>mo</sup> uigesimo quarto emanatas nobis presentarat, in quibus expresse conspexeramus haberi, quod cum dictum Capitulum ad peticionem comitis *Simonis*, castellani de *Owar*, nec non uicecomitis *Mosoniensis* per litteras suas ipsi Capitulo factas, discretum uirum magistrum *Nicolaum,* canonicum ecclesie ipsorum seniorem et concanonicum eorum, coram quo ipse comes *Simon* et *Johannes*, filius *Valentini*, homines excellentissimi Domini *Karoli*, quondam regis *Hungarie*, reambularent quondam possessionem *Curie Monachorum*, seu grangie, quod *Nouum predium* nuncupatur, *Tunafalua* uocatur et assignarent dicte Curie ac statuerent perpetuo possidendam pro testimonio duxisset dirigendum, demum dictus magister *Nicolaus* canonicus ad ipsum Capitulum reuersus ipsi retulisset, quod dictus comes *Simon* et idem *Johannes*, filius *Valentini*, homines memorati domini Regis, accedendo ad faciem prefate possessionis, *Tunafalua* nuncupate, uicinis et commetaneis ac nobilibus Castri, nec non quam pluribus nobilibus aliis libere condicionis de circumiacentibus uillis inibi conuocatis de prouincia *Musuniensi*, coram ipso ante dictam possessionem reambulassent et assignassent ac statuissent dicte *Curie Monachorum* perpetuo possidendam, nullo penitus contradictore apparente. Cursus autem metarum possessionis sepedicte tales sunt, quod prima inciperet meta iuxta possessionem *Zenchmaria* uocatam

a meridie et protenderetur ad possessionem *Weliud* ab occidente et
inde iret ad quandam possessionem *Galus* uocatam ab aquilone et
inde reflecteretur ad plagam orientalem uersus *Curiam* dictorum
*Monachorum* et sic mete terminarentur possessionis antedicte, quarum
quidem litterarum exhibicionibus factis, dictoque procuratori ipsius
domini Abbatis inter predictas plagas , in dicto priuilegio contentas
tempore ipsius possessionum reambulacionis in pluribus locis metas
erectas fuisse et easdem emendatas esse assereret, quia absque ream-
bulacione metarum predictarum possessionum ipsarum partium modo
infra reambulando fienda, inter ipsas partes bono modo iudicium et
iusticiam facere non poteramus, ad ipsamque reambulacionem facien-
dam Regii et ipsius *Capituli Jauriensis* homines necessario debue-
rant destinari, igitur amiciciam eiusdem Capituli litteraliter petiera-
mus diligenter, quatenus ipsorum mitterent homines pro utriusque
partibus, pro testimoniis fide dignos, quibus presentibus homines
Regii infra declarandi in octaua diei medii Quadragesime proxime
tunc uenientis, scilicet feria quarta ad faciem predictarum posses-
sionum *Weliud* et *Tunafalua* uocatarum, uicinis et commetaneis
earundem legitime conuocatis, ac ipsis partibus, uel earum legitimis
procuratoribus praesentibus, accedendo primo eandem possessionem
*Weliud* uocatam, ipsius actoris a parte possessionis *Tunafalua* per
metas et cursus metales per ipsum *Gregorium*, uel suum procuratorem
legitimum emendandas et determinandas reambularent et signis meta-
libus consignarent, demumque ipsam possessionem *Tunafalua* pre-
dicti domini Abbatis ex parte dicte possessionis *Weliud* uocate per
metales distinctiones in predicto ipsius Capituli priuilegio per ipsum
Abbatem, uel suum legitimum procuratorem inibi in specie exhibendo,
conuocatis secundum determinacionem ipsius Domini Abbatis, uel
procuratoris sui legitimi, similiter reambularent et signis metalibus
consignarent, et si ipse partes in huiusmodi reambulacionibus con-
cordes fierent, tunc cuilibet parti suum jus possessionarium euiden-
tibus metis, ab inuicem distinctum relinquerent et committerent in
perpetuum possidendum. Partibus uero in huiusmodi reambulacio-
nibus et metarum erectionibus discordantibus, particulam possessionum
inter huiusmodi determinatores metarum in lite remanentem signis
metalibus consignando, uel si mensurari nequieret uiso considerando,
circumspectu eius qualitate, quantitate, utilitate et ualere una cum
aliis probis uiris aestimarent regni lege requirente: ibidem etiam id,

que partium uiciniores, rectiores et apparenciores metas ostenderet, uiderent et diligenter notarent et partibus ipsius possessionum reambulacionis, metarum institucionis, estimacionis et statuitionis finem cum totius facti processu, prout fit expediens, Domino nostro Regi ad octauam festi beati Georgii Martyris tunc uenientis fideliter rescribet Capitulum antedictum. Tandem ipsis ad festum beati Georgii instantibus Fratre antea prefato Domino *Colomano* Abbate cum procuratoriis litteris missis ab una, item magister *Gelasius,* Canonicus ecclesie *Jauriensis,* pro annotato, *Gregorio,* filio *Belud,* cum procuratoriis litteris dicti *Capituli Jauriensis* parte ab altera, ad nostras uenientes presenciam, litteras memorati *Capituli Jauriensis* super premissis Domino Nostro Regi inscriptionales utrinque nobis prestatas, declarantes inter cetera, quod ipsum Capitulum receptis predictis litteris nostris adiudicatoriis iuxta earumdem continenciam una cum *Simone,* filio *Pauli* de *Zeleste,* dominum *Joannem,* sacerdotem pro parte ipsius *Gregorii* actoris, item cum *Mathaeo de Katta,* magistrum *Georgium,* concanonicum ipsorum pro parte dicti domini Abbatis in causa attracti hominibus regiis homines ipsorum ad exequendum promissa pro testimoniis transsumptos fide dignos, qui postmodum ad ipsum Capitulum reuersi eidem concorditer retulissent, quod ipsi in dictis Octauis diei medie Quadragesime ad facies possessionum *Weliud* et *Tunafalua* uocatarum uicinis et commetaneis eorumdem illic legitime conuocatis, dictos *Gregorio,* filio *Beliud* pro prefato uero Fratre *Colomanno* Abbate, Religioso uiro, Fratre *Joanne,* Priore et legitimo procuratore eiusdem presentibus accessissent et hanc dictam possessionem *Weliud* predicti actoris a parte ipsius possessionis *Tunafalua* iuxta determinacionem annotati *Gregorii,* filii *Belud* hoc modo reambulassent, quod primo incepissent in quodam campo pascuali uersus possessionem *Galus* uocatam, ubi idem *Gregorius* tres metas terreas ostendisset, quas *Mathias,* filius *Wedeck* et *Joannes,* filius *Berlab* non pro predictis possessionibus ipsarumparcium, sed pro eadem possessione ipsorum *Galus* distinquentes facere asseruissent, quas etiam idem Frater *Joannes* suo modo relinquendas affirmasset, ab hinc ulterius procedendo uersus partem occidentalem per terras arabiles ad quoddam fossatum deuenissent, in quo predictus *Gregorius,* filius *Belud,* olim duas metas fuisse primitus reuocate possessionis sue *Weliud* distinquentes, sed populos *Curie Monachorum* easdem peraratas extinxisse, dissipasse, ubi tamen nullum metale

signum cognoscere potuisset, ulterius in eisdem terris arabilibus et
quibusdam segetibus ad quandam tumositatem terre accessissent, in
qua duos magnos lapides in medio segetum et nudam pre facies adia-
centes comperissent, quas idem *Gregorius* per metas sepe dicte pos-
sessionis sue *Weliud* et ipsius terre *Tunafalua* teneri retulisset.
Predictus uero Frater *Joannes*, procurator ipsius Fratris *Colomanni*
Abbatis contrarium allegando dixisset, quod sepe dicta signa metalia,
exceptis prioribus tribus metis, per ipsum *Gregorium*, filium *Belud*,
pro metis ostensa essent in possessione predicta Domini Abbatis,
*Tunafalua* nominata et nullum ipsorum signorum meta esset, nec
fuisset. Deinde per segetes et loca pascualia ad magnum spatium
uersus quartam possessionem uacuam et habitatoribus destitutam
*Zentmaria* nominatam, ubi ad partem meridionalem eundo predictus,
*Gregorius* tres metas ostendisset, quarum unam pro dicta possessione
sua *Weliud*, alteram pro ante dicta terra *Zentmaria*, terciam pro
prefata terra *Tunafalua* ipsius Domini Abbatis distinguere item
*Gregorius* affirmasset, in quibus partes prenotate in nullo discor-
dassent et unam ex predictis tribus metis uersus plagam septematrio-
nalem sitam procurator dicti Domini Abbatis pro ipsa possessione
*Tunafalua* renouari petiisset, in ostensionibus uero metarum prefate
possessionis *Tunafalua* ex parte prenominate possessionis *Weliud* in
quodam priuilegio ipsius *Capituli Jauriensis* per procuratorem dicti
Domini Abbatis in specie exhibito contentarum tali ordine processis-
sent, quod primo incepissent iuxta possessionem *Zentmaria*, prius
nominatam, a meridie et inde protenderetur ad possessionem *Weliud*
ad duas metas terreas apparentes ab occidente et inde ad dictam
possessionem *Galus* uocatam, similiter ad duas metas terreas ab aqui-
lone sitas et inde reflecteretur ad plagam orientalem uersus *Curiam
Monachorum*, uti predictus Frater *Joannes* Prior, procurator prefati
Domini Fratris *Colomanni* Abbatis, taliter astruxisset, quod per pre-
notatas metas ostensas in dicto priuilegio ipsius Capituli contentas
eadem terra *Tunafalua* predicti Domini Abbatis a prefata possessione
*Weliud* annotati *Gregorii* undique segregaretur, idemque *Gregorius*,
filius *Weliud*, oppositum dixisset dicendo tali modo, quod omnes predi-
dicte mete in predicto priuilegio contente et ostense essent et fuissent,
site in prenominata possessione sua *Weliud* quedam ex eisdem absque
scitu suo renouate et latenter erecte. Partibus itaque inter se discor-
dantibus particulam possessionum in lite remanentem mensurare

regali mensura nequiuissent, sed uisu considerando circumspecta eius qualitate et quantitate una cum aliis uiris probis ad quadraginta iugera terrarum arabilium estimassent adiacere, uidissent eciam ibidem, quod ueriores, rectiores et apparenciores metas prenominatus Frater *Joannes*, procurator annotati Domini Abbatis ostendisset. Quarum litterarum exhibicionibus factis predicti procuratores parcium eisdem in premissis per Nos iuris equitatem postularant imperari, uerum quia prefatus Dominus Abbas metas annotate sue possessionis *Tunafalua* uocate a parte predicte possessionis *Weliud* ipsius *Gregorii* ueriori et rectiori modo, quam dictus *Gregorius* metas ipsius sue possessionis *Weliud* a parte memorate possessionis *Tunafalua* ipsius Domini Abbatis ostendisset demonstrasse, dicta etiam terra litigiosa ad quadraginta iugera terrarum estimata fuisse, ex prescriptarum rescriptionalium consequenciis reperiebantur, ipse etiam Dominus Abbas super facto dicte possessionis sue *Tunafalua* uocatas, metale priuilegium habere et ab hoc super ipsa terra litigiosa non ipsi *Gregorio* actori, sed prefato Domino Abbati iuxta estimacionem eorundem iudicum inponi et adiudicari debere agnoscebantur, ipsius terre litigiose consideratis premissis suis utilitatibus ad octo marchas se extendebat, pre eo una cum regni proceribus nobiscum in iudicio sendentibus commiseramus eo modo, quod idem Dominus Abbas in octaua festi beati Jacobi Apostoli tunc uenientis ad faciem predicte possessionis *Tunafalua* et per consequens dicte terre litigiose uicinis et commetaneis suis uniuersis illic legitime conuocatis, ac predicto *Gregorio*, uel suo procuratore legitimo, item hominibus regiis infra declarandis et testimoniis dicti *Capituli Jauriensis*, que per idem Capitulum ad id fieri aliarum litterarum nostrarum amicabiliter transmitti postularamus in presentibus accedendo, eandem a parte dicte possessionis *Weliud* per metas et cursus metales, pridem per procuratorem suum ostensas et demonstratas, in superioribusque conscriptas reambularet, factaque ipsa reambulacione in ecclesia sua in eadem possessione *Tunfalua* constructa, sola sua in persona eoque ipse baculo et annulo pastorali prefulgere dignoscitur indutus suis uestibus sacerdotalibus comparendo et baculum suum pastoralem manu sua dextera tenendo et ad statum suum regularem et ad suam conscienciam id, quod dicta terra litigiosa in toto ad octo marchas estimata, semper et ab antiquo ad predictam possessionem suam *Tunafalua* pertinens fuerit et attinere debeat, nunquamque eadem ad

predictam possessionem *Weliud* dicti *Gregorii* de iure pertinens
fuerit et attinere debeat, ipseque mete et signa metalia per ipsum
procuratorem suum ostense et demonstrate ac tandem per ipsum
reambulate, uidelicet mete terra et signa metalia dicte possessionis
sue *Tunafalua* a parte memorate possessionis *Weliud* ipsius actoris
separantes fuerint et existerent, dicere et referre tenetur, qui si
ipsam consciencosam assercionem faceret, tunc eandem terram liti-
giosam premissis metis, per ipsum ostensis et reambulatis in modum
sufficiencium apparencium metarum renouatis, sursum eleuatis et
erectis ad dictam possessionem Tunafalua ipsius Domini Abbatis
adiungent eidem Domino Abbati: si uero ipsam consciencosam asser-
cionem facere nollet, uel non posset, tunc eandem terram litigiosam
premissis metis per ipsum *Gregorium* actorem ostensis et demon-
stratis, in superioribusque conscriptis conferent in modum apparen-
cium metarum erectis et renouatis ad dictam possessionem *Weliud*
ipsius *Gregorii* applicando eidem *Gregorio* et suis successoribus
uniuersis in perpetuum possidere tenere, prout et habere statuerent
et committerent regii et *Capituli Jauriensis* homines supradicti,
contradictione earundem parcium et aliorum quorumlibet non obstante
et propterea ipsius consciencose assercionis et possessionum statu-
icionis diem cum cursibus metarum et terminis inibi parti negari
processu ad octauas festi beati Michaelis Archangeli, similiter tunc
affirmans nobis per partes in litteris dicti Capituli uolueramus repor-
tari. Tandem ipsis octaua festi beati Michaelis Archangeli instantibus
prefatis Frater *Joannes* pro ipso Domino Fratre *Colomanno* Abbate
cum procuratoriis litteris nostris ad nostram ueniendo presenciam
litteras prefati *Capituli Jauriensis* super premissis memoria confectas
nobis presentauit, habentes hunc tenorem: Nos Capitulum ecclesie
*Jauriensis* damus pro memoria, quod cum nos receptis litteris Magni-
fici uiri, Comitis *Jacobi de Scepus*, iudicis curie Domini Regis, for-
mam sue iudicarie commissionis denotantibus, inter *Gregorium*, filium
*Belud de Enscheffleng*, actorem ab una, et religiosum uirum, Domi-
num Fratrem *Colomannum*, Abbatem ecclesie *Sancte Crucis*, in
causam attractum, parte ab altera, confectis, una cum Simone, filio
*Pauli de Zeleste*, Dominum *Joannem*, sacerdotem chori nostri, ac
magistrum altaris Sancti Demetrii Martyris, in corpore predicte
ecclesie nostre existentis, pro parte annotati *Gregorii*, filii *Belud*,
et *Mathaeo de Katha*, hominibus regiis, magistrum *Georgium*,

concanonicum nostrum, pro parte ipsius Domini Abbatis, homines
nostros pro testimoniis ad infra scriptam iudicum deposicionem pre-
dicti Domini Abbatis audiendam transmisissemus, tandem iidem ad
nos reuersi nobis concorditer retulerunt, quod ipsi in octauis festi
beati Jacobi, Apostoli, proxime tunc preteriti, ad faciem possessionis
*Tunafalua* uocate, predicti Domini Abbatis et cuiusdam particule
terre in eadem litigiose uicinis et commetaneis suis uniuersis, legi-
time illic conuocatis, ac prenominato *Gregorio*, filio *Belud*, per-
sonaliter adherente et presente accessissent, ipsamque terram *Tuna-
falua* a parte annotate possessionis *Weliud* per metas et cursus meta-
les, prius demonstratas, reambulassent et facta reambulacione eiusdem
prenominatus Dominus Frater *Colomannus* Abbas in quadam Capella
ad honorem S. Marie Magdalene in possessione *Noui predii*, prope
*Curiam monachoram* constructa, ad quam eadem possessio *Tunafalua*
pertinere dignoscitur, sola sua in persona, indutus suis uestibus
sacerdotalibus et baculum suum pastoralem in manu sua habendo, ad
suum statum regularem et consciencie sue puritatem super eo, quod
predicta terra litigiosa, ad octo marchas denariorum iu toto estimata,
semper et ab antiquo ad prefatam possessionem *Tunafalua* pertinens
fuerit et nunc attinere debeat, et nunquam eadem terra ad predictam
possessionem *Weliud*, ipsius *Gregorii* de iure pertinuerit, meteque et
signa metalia per procuratorem ipsius Domini Abbatis prius demon-
strate et reambulate, uidelicet mete terra, signa metalia eiusdem
possessionis *Tunafalua* a parte eiusdem possessionis *Weliud* eiusdem
*Gregorii* actoris seperantes fuerint, palam et manifeste dixisset et
retulisset, cuius Domini Abbatis conscienciose assercioni idem *Grego-
rius* simul cum *Nicolao*, fratre suo uicino et magistro *Joanne*, filio
*Simonis* de eadem *Heflengh*, inibi prope astantibus contentari
nolle iudicasset et tandem eandem terram litigiosam sub infra scriptis
metis renouatis in quodam registro ibi partibus uolentibus et regi-
stratis nobiscum reportatis, que in quibusdam partibus uel locis
metarum prioribus cursionibus earundem aliqualiter uidentur discre-
pare, ad prefatam possessionem *Tunafalua* prefati Domini Fratris
*Colomanni* Abbatis applicando in perpetuum possidere, tenere et
habere statuissent et commisissent. Cuius quidem terre mete modo
premisse statute, prima incipit iuxta terram *Sancte Marie* a parte
orientali et penes quandam metam antiquam predicte terre *Tunafalua*,
distinguentem nouam metam a parte aquilonari erexissent, terra uero

*Weliud* prefati *Gregorii* ac prenominatorum Fratrum suorum uersus meridiem remanente, inde uersus occidentalem partem per longitudinem trium iugerum terrarum arabilium pro sese computatorum, uel paulo plus uersus uillam *Weliud* in quadam uia graminosa transeundo et penes ipsam uiam unam metam ex duabus antiquis metis a parte aquilonis pro ipso Domino Abbate et dicta sua possessione renouassent, altera meta pro iure ipsius possessionis *Weliud* absque renouacione remanente et penes eandem uiam graminosam ad plagam occidentalem per longum spatium tendendo ex duabus metis antiquis, unam ab eadem parte aquilonari pro eodem Domino Abbate partibus uolentibus et nobilibus de *Galus* consencientibus renouassent, duobus signis metalibus uersus meridiem pro eadem possessione *Weliud* et dictis nobilibus de *Galus* ad plagam occidentalem secus quasdam duas uias ibi inuicem se contingentes remanentibus et ibi cursus metarum predicte statute particule terre ad possessionem *Tunafalua* predicti Domini Abbatis a parte possessionis *Weliud* terminaretur. Datum sexta die termini prenotati anno Domini Millesimo Trecentesimo Septuagesimo nono. Quibus quidem litteris exhibitis quia prefati regii et annotati *Capituli Jauriensis* homines termino in predicto ad faciem dicte possessionis *Tunafalua*, et per consequens predicte terre litigiose uicinis et commetaneis suis *Belud*, uniuersis illic legitime conuocatis et iisdem ac dicto *Gregorio*, presentibus accedendo ipsam possessionem *Tunafalua* per predictas metas, prius ostensas, a parte annotate possessionis *Weliud* reambulasse, factaque ipsa reambulacione prefatus Dominus *Colomannus* Abbas in predicta capella S. Marie Magdalene omnino iuxta nostram iudicariam commissionem supradictis super prescriptis conscienciosam assercionem supra dictam fecisse, tandemque Regii et annotati Capituli homines ipsam terram litigiosam ad dictam possessionem *Tunafalua* ipsius Domini Abbatis adiungendo sub premissis metis eidem Abbati in perpetuum statuisse et commisisse ex prescriptis litteris dicti *Capituli Jauriensis* rescriptionalibus, pro eo una cum regni nobilibus, nobiscum adiudicantibus, prefatam terram litigiosam sub prescriptarum metarum cursibus cum omnibus suis utilitatibus et prouentibus uniuersis annotato Domino Abbati et sue ecclesie supradicte iure eis attineri reliquimus et commisimus in perpetuum possidere terre partem et habere saluo iure alieno. In cuius rei memoriam firmitatemque perpetuam presentes eidem Domino Abbati concessimus litteras nostras priuilegiales, pendentis sigilli nostri autentici munimine roboratas. Datum in *Wissegrad* sedecimo die octauarum festi Beati Michaelis Archangeli predictarum anno domini Millesimo Trecentesimo Septuagesimo nono supradicto.

## CCXCII.

**1380, 31. Jänner.** — *Otto der Pleitinger beurkundet, dass er von seinem Hofe zu Pfaffstetten der Abtei Heiligenkreuz jährlich ein Pfund Pfenning Burgrecht zu entrichten habe.*

Ich *Ott* der *Pleitinger* vnd alle mein erben verihen offenlich mit dem brif, daz ich von meinem hof, den ich gechoufft han von *Jansen* dem *Strobel* vnd ist gelegen ze *Phafsteten* vud ist weilen gewesen *Chünrats* von *Schintha*, von dem selben hof sol ich alle iar raichen vnd geben den erbern geistlichen herren, Abt *Cholmann* vnd dem Conuent datz dem *Heiligenchräwtz* in ir *Siechampt* ze einem recnten Purchrecht an sand Michels tag ain phunt wienner phenning vnuerzogenlich, vnd verpind ouch mich vnd mein erben alle vodrung douon ze geben, als ain anderr tüt von als vil purchrechts. Vnd wann ich in den dienst, der von demselben hof geuallen sol, ze rechter zeit, als vor geschriben stet, nicht geb, so sullen se ouf dem egenanten Hof darumb phennden, als vmb versezzens purchrecht recht ist in dem Lannd ze *Österreich* an alle widerred; vnd wann ich den egenanten hof verchouffen wil, daz sol ich des ersten den vorgenanten geistlichen herren ze wizzen tün oder irn anwalt vnd sol dann der chouff mit irn willen vnd gunst geschehen. Vnd wann ich obgenanter *Ott* der *Plyitinger* nicht aegens Insigel hab, Darüber ze einem vrchund der sach gib ich den vorgenanten geistlichen herren Abt *Cholmann* vnd dem Conuent gemain datz dem *Heiligenchräwtz* den brif versigelt mit der erwürdigen vnd beschaiden mann Insigel, hern *Stephanns* des *Pleitinger* vnd *Michels* des *Cholben*, die zeit *Judenrichter* datz *Medlik*, die der sach gezewg sind in an schaden. Der brif ist geben nach Christes gepurd Drewzehen hundert iar darnach in dem achtzisten iar, des nasten Eritages vor vnser vrowen tag ze der Liechtmesse.

## CCXCIII.

Ich *Rudolf* der *Smidbekch* Vergib für mich vnd für all mein
Erben vnd tün kunt allen den, die den brief lesent oder hörent lesen,
die nv lebent vnd hernach chünftig sint, Datz ich mit meiner Erben
gutem willen vnd gunst, mit wolbedachtem müt vnd nach meiner
frewnt Rat zu der zeit, do ich ez wol getun mocht, Recht vnd red-
leich verchaufft vnd geben han Den erbern Geistleichen Herren
Pruder *Cholmann*, zu den zeiten Abt vnd dem Conuent gemain des
Klosters datz dem *Heiligenchrewtz* vnd allen irn Nachkomen meins
rechten Purchrechts, daz ich von In gehabt han, meinen Hof gelegen
ze *Münichhofen* vnd alles daz, daz dartzu gehoret, ze veld vnd ze
dorff, es sey gestifft oder ungestifft, versucht oder vnuersucht, wie
daz genant ist, daz mir an rechtem tail gegen meinen Pruder geuallen
ist; dauon ich den egenanten Geistleichen Herren gedient han alle
iar ayn phunt wienner phenning ze rechtem Purchrecht. Denselben
Hof vnd alles das, daz dartzu gehöret, als vorbenant ist, han ich In
recht vnd redleich verchaufft vnd geben mit allen dem nutzen vnd
rechten, als ich es in Purchrechts gewer herpracht han, vnd als es
mit alter herchömen ist, vmb viertzig phunt wienner phenning, der
si mich gantz vnd gar gewert habent, Also daz si vnd alle ir Nach-
komen sullen furbaz den vorgenanten Hof vnd alles das, daz dartzu
gehöret, als vorgeschriben stet, ledichleich vnd freileich haben,
niezzen vnd nutzen, verchauffen, versetzen vnd geben, wem si wellen
vnd allen iren frumen damit schaffen, wie In daz allerpest chümt vnd
füglich ist an allen irrsal. Vnd sein auch ich vnd mein Erben des-
selben Hofs vnd alles des, daz dartzu gehöret, als vorgeschriben
stet, Ir Recht gewern vnd scherm für alle ansprach, als Purchrechts
recht ist vnd des Lanndesrecht ze *Österreich*. Wer aber, daz In an
demselben Hof vnd an aller seiner zugehörung icht chrieges oder
ansprach auferstund, von wem daz wer mit recht, swatz si des scha-
den nement, daz sullen wir In alles ausrichten vnd widerchern an
allen irn schaden, Vnd sullen si daz haben auf vns vnd auf allem
vnserm gut, daz wir haben in dem Lannde ze *Österreich* oder wo
wir es haben, wir sein lebentig oder tod. Vnd daz der Chauf fürbaz
also stet vnd vnzebrochen beleib, Darüber so gib ich obgenanter

*Rudolf* der *Smidbekch* für mich vnd für all mein Erben den vorge-
nanten Geystleichen Herren datz dem *Heyligenchrewtz* vnd allen
irn Nachkomen den brief ze einem warn vrchund vnd ze einer ewigen
vestnnng der Sach, versigilten mit meinem insigil vnd mit meins
pruder insigil *Jörigen* des *Smydbekchen*, der der Sach getzewg ist
mit seinem insigil, vnd mit der erbern Herren insigiln, Herrn *Hansen*
von *Maynberch* vnd Hern *Wulfings* von *Planckchensteyn* vnd mit der
erbern Lawt insigiln *Hainreichs* des *Weichselpekchen* vnd *Albers*
des *Syernikcher*, die ich des vleizzichlich gepeten han, daz si der
Sach gezewgen sint mit irn insigiln In an schaden. Der brief ist
geben nach Kristes gepurt drewzehenhundert iar darnach in dem
Achtzgistem iar, an dem Aschtag.

Original auf Pergament mit fünf Siegeln, das sechste fehlt.

## CCXCIV.

**1380, 12. Februar.** — *Michael von Wildeck und seine Hausfrau Elsbeth ver-
kaufen der Abtei Heiligenkreuz Pfenning-Gülten zu Draiskirchen und eini-
gen anderen Orten.*

Ich *Michel* von *Wildek* vnd *Elspet* mein Housvrowe vnd vnser
paider erben Vergehen vnd tun chunt offenlich mit disem brief allen
den, die in sehent, lesent oder horent lesen, die nu lebent vnd her-
nach chunftich sind, Daz wir mit wolbedachten mut vnd mit gesamp-
ter hant zu der zeit, do wir mit recht wol getun mochten, Recht vnd
redlich verchoufft haben vnsers rechten ledigen vreyn aygens, Sehs
phunt vnd dreizzig wienner phenning geltes gelegen auf behousten gut
vnd auf vberlend in den Markt ze *Dreschirchen* vnd in den dörffern
vnd pei den dörffern, die hernach gescriben stent. Von erst ze
*Dreschirchen* sint gelegen auf behowstem gut Newn schilling vnd
vierzenthalber wienner phenning geltes, Vnd der dient *Lewbel Zoch-
man* in dem *Winchel* von ainem hof gelegen ze nachst dem *Chönd-
lein* ain halbes phunt, *Peter pehem* auf der *Hochstrazz* von ainem
hof ain vnd achtzig phenning, *Thoman pinter* sein nachtpowr von
seinem hof ain vnd achtzig phenning, vnd doselbes ze *Dreschirchen*
sint gelegen auf vberlend zehen schilling sibenthalber vnd zwaintzig
phenning geltes, vnd daz dient, die hernach geschriben stent,
*Vlreich* pawr vor dem *tor* von ainem Powmgarten drey Schilling
phenning Vnd am *Glaubsichsen* dient von erst *Niclas* der *Choler*
von *Tetendorf* von ainer Setz Syben phenning, *Christan churtz* von

*Wintstorf* von einer Setz drey phenning, *Stephan peyrer* von einer Setz sechs phenning, Die alt *frantzing* von *Trebeswinckel* von einer Setz Drey phenning, *Chuntzel Frantz* doselbes von ainer Setz drey phenning, *Hainreich glawrer* von *Mölestorf* von ainer Setz drey phenning, *Fridel nawsler*, von ainer Setz Siben phenning. *Jans nawsler*, von ainer Setz Siben phenning, *Niclas chleit* von *Gumpoltzchirchen* von ainem acker doselbes vier vnd zwaintzig phenning, *Thoman pinter* von *Dreschirchen* von ainer Setz drey phenning, *Haintzel peck* von ainer Setz sechs phenning, *Niclas vastzieher* von ainer Setz fiumf phenning, *Vlreich Zechmaister* von ainer Setz fiumf phenning, *Vlreich fritz* von ainer Setz drey Helbling, *Liendel chlainuogel* von zwain Setzen aindlefthalben phenning, *Stephan sullen winchel* von ainer Setz drei phenning, Die *rederlin* von ainer Setz drewzehen phenning, *Ortel ledrer* von ainer Setz zwelif phenning. Die vorgenanten Setz vnd Weingarten sint alle gelegen auf dem *Glaubsichsen*. Darnach so dient *Niclas* der *Chramer* datz *Dreschirchen* von zwain ackern Sechs vnd zwaincig phenning, *Ritschart* von zwain aeckern zwen vnd dreizzig phenning, *Vlreich trutzel* von ainem achker zwaintzig phenning, *Ortolf hantsneyder* von zwain Jeuch aechkern newn phenning, *Vlreich Zechmaister* von ainem achker acht phenning, *Chuntzel Pörtel* von ainer wisen Sechzehen phenning. Die vorgenanten aechker sint alle gelegen zwischen *Dreschirchen* vnd *Drumpnaw*. Vnd ze *Gundramstorf* sint gelegen auf behawstem gut vnd auf vberlend zway phunt an Sechs wienner phenning geltes, vnd desselben dient *Symon* der *Pawr* von seinem hof doselbes ain halbes phunt phenning vnd daz vberlend dient, die hernach gescriben steut. Von erst *Hainreich* pei dem *steg* von ainem achker pei dem chrautgarten sechs phenning, *Woekerl* auf dem *graben* von ainem achker doselbes sechs phenning, *Lewbel* von *Wienn* von einem weingarten auf dem *Stainueld* Sechs phenning, *Andre enthalb des pachs* von ainem weingarten sechs phenning — *Andre Maegerl* von ainem weingarten zwelif phenning, *Jans Maegerl* von *Minchendorf* von ainem weingarten zwelif phenning, Der *Pharrer* von *Waltersdorf* von ainer Setz, haizzet die *Schoblinn*, zwaintzig phenning, *Symon Pawr* ze *Gundramsdorf* von ainer Setz zehen phenning, Der *Posch* von *Drumpnaw* von ainer Setz Sechs phenning. Die vorgenanten Setz vnd weingarten sint gelegen auf der *Laimgrueb* vnd pei der *Laimgrueb*.

Darnach so dient der *Düring* von ainem viertail achker fiumf vnd viertzig phenning, *Jans Chawnperger* von ainem viertail achker fiumf vnd viertzig phenning, Die *Putrinn* von ainem viertail achker ze *Drumpnaw* fiumf vnd viertzig phenning. *Paul* auf dem *Pach* von ainem viertail achker fiumf vnd viertzig phenning, *Dietel* von *Dietmarsdorf* von ainem viertail achker fiumf vnd viertzig phenning, *Haintzl* von *Dietmarsdorf* von ainem viertail achker fiumf vnd viertzig phenning. Die vorgenanten viertail achker sint alle gelegen pei *Dietmarsdorf.* Vnd ze *Entschesdorf* sind gelegen auf behawsten gut vnd auf behawsten gut vnd auf vberlend drewzehen schilling phenning an drey helbling geltes. Vnd daz dient, die hernach geschriben stent. Von erst von dem behawsten gut *Gimolf* von seinem hof zwen vnd dreizzig phenning, *Wölfel peck* von seinem hof sechzehen phenning, *Thoman padzer* von seinem hof zwainczig phenning, vnd doselbes von vberlend dient *Michel Drewrichsfeld* von ainem weingarten gelegen auf dem *aygenlein* zwelifthalben phenning, *Heintzel Tennhendel* von ainem weingarten doselbes zweliff halben phenning, *fridel trawtwein* von ainem weingarten doselbes zwelif phenning, *Birek* von ainem chrautgarten fiumf phenning, *Chunrat reustel* von der chrawtzsetz zwaintzig phenning, Die *Ruebhaimerin* von der chrawtzsetz vier phenning, *Böltzel pinter* von ainem flechk pei dem *renftlein* zwen phenning, *Renftel* von ainem weingarten, haizzet die *schusterin*, achthalben phenning, *Weltzel pinter* von ainem weingarten haizzet die *Chienekerin*, fiumfzehen phenning, Die *Stainhauflinn* von ainem weingarten doselbes fiumfzehen phenning, Der *einuoltig Ulrich* von ainem weingarten bei dem *chrewtz* fiumfzehen phenning. Darnach haben wir verchowft Sechzehen emmer weins rechter gibmass, Vnd die dient *Jans* auf der *Hulben* ze *Entschesdorf* von seinem haus vnd von ainem weingarten gelegen dopei; Vnd haben auch verchoufft zwen emmer weins Perchrechts gelegen zwischen *Entschesdorf* vnd *Prunn*, der dient *Jensel* vom *Rein* einen emmer vnd zwen phenning von einer Setz gelegen ze nachst hern *Andre* des *Stadeker* Capplan haus. Der *Zechmaister* ze *prunn* ainen emmer vnd drithalb phenning von einer Setz gelegen doselbs pei hern *andre* des *Cappelan* haus. Darnach haben wir verchaufft fiumf Schilling wienner phenning geltes, die gelegen auf ainer Setz hinder dem *vreydhof* vnd die inne hat *Woelfel* der *pechk*. Wir haben auch verchauft acht vnd viertzig wienner phenning geltes, die gelegen sind auf wismad

vnd auf aechkern zwischen *Minchendorff* vnd *Logchssendorf*, vnd
daz gult dient, die hernach geschriben steat. *Redel* von *Minchen-
dorf* acht phenning, *Vlreich snaitler* zwelif phenning, *Chunrat
snaitler* vier phenning, *Andre* von *Guntzesdorf* acht phennig, *Chun-
rat grasmann* acht phennig, *Chunrat Mawrer* acht phennig. Vnd
auch darnach haben wir verchaufft achthalben emmer weins perch-
recht der grozzen mass gelegen ob *Gumpoltzchirchen* vnder dem
*hochchogel* vnd haizzet in dem *Hornlein*, vnd des dient *Herll* von
seinem weingarten ain viertail, *Ortel Dasser* ain viertail, der *Vngerl*
ain viertail, Der *Sirmerl* ain viertail, *Thoman haymleins* veter ainen
halben emmer, *Leubel Schaffer* zwen emmer. Daz ander perchrecht
doselbes leit nu ze stund vusaftleich. Die vorgenanten gult vnd güter
mit alle vnd darzue gehört ze veld vnd ze dorf, wie daz genant ist,
vnd wo daz gelegen ist, mit allen den nutzen vnd rechten, als wir
daz vnuersprochenleich in aigens gewer her pracht haben vnd die
all vns gedient sind warden auf Sand Michels Tag, haben wir ver-
chauft vnd geben vmb hundert vnd vmb sechs vnd zwaintzig phunt
wienner phenning, der wir gantz vnd gar gericht vnd gewert sein,
den erbern geistleichen heren pruder *Cholman*, die zeit apt vnd dem
Conuent daz dem *heiligen chrawtz* vnd allen irn Nachkomen fürbas
ledichleichen ze haben vnd allen irn frumen damit schaffen, ver-
setzen, verchauffen vnd geben, wem si wellen an alle widerred. Vnd
sein wir des ir recht gewer vnd scherm für alle anstrach, als
aygens vnd des Landes recht ist in Osterreich. Gewunnen se awer
fürbas daran mit recht icht chrieg oder ansprach, daz sullen wir in
alles ausrichten an irn schaden vnd sullen Sie daz haben auf vns vnd
auf allem vnserm gut, daz wir haben in dem Land ze Osterreich,
oder wo wir daz haben, wir sein lebentig oder tod. Mit vrchund ditz
brifes besigelt mit meim obgenants *Michels* Insigel, vnd der sach
sind gezeug *Alber* vnd *Eberhart* mein prüder Vnd mein Swager
*Vlreich* der *Sebecher* mit irn Insigel, In an schaden. Geben nach
Christes gepurd drewtzehen hundert Iar darnach in dem Achtzisten
iar, des Sunntages In der ersten Vastwochen.

Original auf Pergament mit einem Siegel; drei fehlen.

## CCXCV.

Ich *Niclas* vnd ich *Jörig* die *Sweynbarter* gebrüder, *Lienharts* seligen des *Sweynbarter Sún* vnd all vnser Erben Wir vergehen vnd tun kunt allen den, die den brief lesent oder hörent lesen, die nv lebent vnd hernach chünftig sint, Daz wir mit gutem willen, mit wolbedachtem mut vnd nach vnserr nechsten frewnd Rat, zu der zeit, do wir es wol getün mochten, Verchaufft haben vnsers rechten aigens ein sechstail, daz wir gehabt haben, an dem Haws daz *nyder Gadem* vnd newn Jeuch akchers, die zu demselben Sechstail gehörent, vnd daz holtz vnd daz wismat, daz auch zu demselben sechstail gehöret, vnd zehen schilling vnd newn vnd zwaintzig phenning wienner münzz geltes, vnd drew hüner für zwelif phenning geltes, gelegen daselbens ze *nyder Gadem* auf behaustem gůt vnd auf vberlent, die zu den zeiten die hernachbenanten Holden dienent: *Niclas* der *Schrat* fümf schilling vnd zwaintzig phenning von einem halben Lehen vnd drey phenning von einem Wisflekch, *Vllrich* der *Mülner* sybentzig phenning von einer Mül vnd drew hüner von einem chrautgarten, der *Graber Niclas* viertzig phenning von einer hofstat vnd zwelif phenning von Ekchern in dem *hochueld* vnd acht phenning von Ekchern in dem *Puchueld*, *Andre* auf der *Wydem* acht phenning von einem akcher vnd Sechs phenning von einem Chrautgarten, *Andres* aydem zwelif phenning von Ekchern in dem *hochueld*. Die vorgenanten güter vnd alles das, datz dartzu gehöret, vnd alles das, datz wir daselbens ze *nyder gadem* gehabt haben, es sey Vischwaid oder wie daz genant ist, es sey gestifft oder vngestifft, versucht oder vnersucht, haben wir recht vnd redleich verchaufft vnd geben mit allen den nutzen, ern vnd rechten, als es von vnsern vordern seligen an vns chomen ist vnd als wir es alles in eigens gewer herpracht haben, vmb fümf vnd fümftzig phunt wienner phenning, der wir gantz vnd gar gewert sein, Den erbern Geistleichen Herren Průder *Cholman*, zu den zeiten Abt datz dem *Heylig Chrewtz* vnd dem gantzen Conuent desselben Chlosters vnd allen irn Nachkomen fürbaz ledichleich vnd freileich ze haben vnd allen irn frumen damit ze schaffen, verchauffen, versetzen vnd geben wem Si wellen an allen irrsal, als es

In vnd demselben irrn Chloster allerpest chom vnd füg, ausgenommen
die zwen Viltzschuch, die Si des *Spans*, der weilent ze *nidergadem*
gesezzen ist gewesen, Erben, die dartzu sehent, daz sein Jartag, den
er daselbs hintz dem *Heyligenchrewtz* gestifft hat, begangen werd,
alle iar geben sullen, vnd auch ausgenomen des rechtens, daz si an
dem tag, so Si denselben Jartag begent, geben sullen denselben
Erben, die dahin chöment, vnd wer mit In darchumt, swaz Si Chost
bedürffen, als derselb Iartag gestifftet ist vnd als der brief sagt vnd
lawtet, den wir von In besunderlich darvmb haben. Dasselb recht
mit sampt den egenanten viltzschüchen haben wir vns vnd vnsern
Erben oder, ob wir nicht weren, darnach den, auf die es denn ze
recht geuellet, ausgenomen vnd behalten. Vnd sein auch wir vnd all
vnser Erben der vorgenanten güter mit allen den nützen, ern, rechten
vnd zugehörungen, so vorgeschriben stet, der egenanten Geistleichen
Herren datz dem *Heyligenchrewtz* vnd irn Nachkomen Recht gewern
vnd scherm für alle ansprach, als aygens recht ist vnd des Lanndes
recht ze *Österreich*. Wer aber, daz In an denselben Gütern icht
abgieng mit recht oder daz In icht chrieges oder ansprach daran
auferstünd, von wem daz wer mit recht, Swaz Si des schaden nement,
Daz sullen wir In alles ausrichten vnd widerchern an allen irrn
schaden, Vnd sullen Si daz haben auf vns vnuerschaidenleich vnd auf
allem vnserm Gut, daz wir haben in dem Lande ze *Österreich*, oder
wo wir es haben, wir sein lebentig oder tod. Vnd daz der Chauf
fürbaz also stet vnd vnzebrochen beleib, Darüber so geben wir In
den brief ze einem warn vrkund vnd ze einer ewigen vestnung der
Sach versigilten mit mein obgenanten *Niclas* des *Sweynbarter* an-
hangundem Insigil vnd mit vnsers Vettern insigil, herrn *Chunrats* des
*Sweynbarter* vnd mit vnsers Ohems insigil, herrn *Hannsen* von *Pelln-
dorf* des eltern vnd mit vnsers Vettern insigil, *Hansen* des *Sweyn-
barter*, die der sach gezeugen sint mit irn anhangunden insigiln.
Vnd wand ich obgenanter *Jörig* der *Sweynbarter* aigen insigil noch
nicht han vnd doch zu meinen beschaiden iarn wol chomen pin, so
verpind ich mich mit meinen trewn an geuer vnder vorgenanten
meins Pruder vnd meiner frewnt insigiln, alles daz stet ze haben, daz
vor an dem brief geschriben stet. Der geben ist nach Christes ge-
purt Drewzehen Hundert iar darnach in dem Achtzgistem iar, des
Montags in der ersten Vastwochen.

Original auf Pergament mit den Resten von vier Siegeln.

## CCXCVI.

**1380, 17. März, Wien.** — *Albert Bischof von Passau incorporirt der Abtei Heiligenkreuz auf Grund der inserirten Urkunde des Cardinal-Legaten Guido vom 30. Juni 1350 die Pfarre Aland.*

*Albertus* dei et apostolice sedis gracia Episcopus *Patauiensis.* Ad noticiam presencium et memoriam futurorum. Litteras reuerendissimi in christo patris et domini domini *Gvidonis*, miseracione diuina titulo sancte Cecilie Presbiteri Cardinalis eius vero sigillo impedenti, ut prima apparebat facie, sigillatas, sanas et integras omnique prorsus vicio et suspicione carentes nobis pro parte venerabilis et religiosorum virorum in christo nobis dilectorum . . Abbatis et conuentus Monasterii *Sancte Crucis* ordinis Cysterciensis, nostre *Patauiensis* diocesis presentatas ea qua decuit reuerencia recepimus per omnia in hec verba. (Folgt die S. 210, Nr. CCIV abgedruckte Urkunde des Cardinal-Legaten Guido ddo. 1350, 30. Juni.)

Post quarum quidem litterarum presentacionem et receptionem fuimus pro parte dictorum Abbatis et Conuentus debita cum instancia requisiti, quatenus commissionem per easdem litteras nobis factam exequi curaremus. Nos igitur volentes iuxta commissionem eandem procedere, vt tenemur, de contentis in predictis litteris inquisiuimus diligenter, et quia contenta in ipsis preuia inquisicione debita inuennimus veritate fulciri, nobisque ob supradicti Monasterii hospitalitatem excessiuam, ac alia sibi incumbencia onera oportunum videbatur et expediens, quod subscripta vnio et incorporacio suum debitum sortirentur effectum. Idcirco parochialem ecclesiam Sancti Georgii in *Oleth* prefate nostre diocesis ad dictorum Abbatis et Conuentus presentacionem alias spectantem cum omnibus iuribus et pertinenciis suis eisdem Abbati et Conuentui et per ipsos dicto eorum Monasterio auctoritate nobis in hac parte tradita vnimus et incorporamus ac in perpetuum annectimus per presentes. Ita quod cedente vel decedente rectore ipsius ecclesie sancti Georgii, qui nunc est, vel eciam eadem quotiescumque alio modo vacante liceat eis et successoribus suis, qui pro tempore fuerint, memoratam ecclesiam Sancti Georgii cum omnibus iuribus et pertinenciis suis et corporalem possessionem ipsius ingredi ac eciam libere apprehendere et tenere, ipsiusque fructus, redditus et prouentus in proprios vsus conuertere, consensu alterius cuiuscumque minime requisito. Prouiso, quod memorata ecclesia S. Georgii debitis exinde non fraudetur obsequiis, sed faciant ibidem, prout oportunum extiterit, et est uel fieri consuetum iuxta dictarum litterarum continenciam deseruiri laudabiliter in diuinis; Juribus eciam papalibus, metropoliticis et nostris ac successorum nostrorum *Patauie*nsium Episcoporum, qui pro tempore fuerint, ac institucione canonica ad dictam ecclesiam sancti Georgii, quocies ipsam vacare contigerit, facienda. Quamquidem institucionem canonicam nobis et eisdem successoribus nostris reseruamus in perpetuum semper saluis. In quorum omnium et singulorum euidens testimonium et certitudinem pleniorem presentes litteras fieri ac sigilli nostri appensione fecimus rohorari. Datum *Wienne* supradicte nostre diocesis die xvij. Mensis Martii, Anno domini Millesimo Trecentesimo octuagesimo.

Original auf Pergament, mit Siegel.

## CCXCVII.

**1380, 30. Juli, Wien.** — *Revers Oswald des Grillen von Grinzing zu Gunsten der Abtei Heiligenkreuz wegen auf seine Kosten geschehender Bewahrung eines Wasser-Grabens zu Grinzing.*

Ich *Oswald* der *Grill* von *Grintzing* vnd ich *Kathrei* sein Hausurow vnd all vnser erben Wir vergehen vnd tun chunt offenlich mit dem brief, Das wir vns mit vnsern trewn verlöbt vnd verpunden haben gegen dem Erbirdigen geistlichen Herren Abpt *Cholmann* datz dem *Heyligen chrewtz* vnd gegen dem gantzen Conuent gemain daselbs vnd gegen allen irn Nachkomen Vmb datz Gruebel, daz aus vnserm Haus ze *Grintzing* vnder ir Hoffstat weingarten get, daz wir daselbig Gruebel bewarn vnd vbergewelben sullen, daz irer Hoffstat weingarten icht scheden daran beschech, vnd sullen auch dasselbig Gruebel wir vnd alle vnser Nachkomen allzeit pezzern, wann des durft ist, mit vnserm aygenhaften guet, vnd sullen auch das vorgenant Gruebel allzeit von genaden haben vnd nicht von recht. Mit vrchund des briefs, versigelt mit mein egenanten *Oswalds* Insigel des *Grillen* vnd mit des Erbern manns Insigel, *Petreins* des *Hadmar* von *Nussdorf*, den wir des vleizzichleichen gepeten haben, daz er der sach Getzeug ist mit seinem Insigil im an schaden. Der brief ist Geben ze *Wienn* nach Christi gepürd Drewtzehen Hundert iar Darnach in dem Achtzigistem Iar, des nästen Montags vor sand Stephans Tag in dem Snyt.

Original auf Pergament, dessen zwei Siegel fehlen.

## CCXCVIII.

— *Niclas der Peuger und seine Hausfrau Anna verkaufen der Abtei Heiligenkreuz einen Obstgarten vor dem Werder Thore in Wien.*

ICH *Niclas* der *Pewger* Vnd ich *Anna* sein Hausfraw vnd all vnser Eriben Wir vergechen vnd tun chunt allen den, di disen brief lesent oder horent lesen, Die nv lebent vnd hernach chunftige sind, Das wir mit gutem willen, mit wolbedachtem mut vnd mit gesampter hant, zu der zeit, do wir ez wol getun mochten, verchawft haben vnsers rechten aygens vnsern Pawmgarten, gelegen in den *Werd* vnder den *Ledrern* vor *Werdertor* ze *Wienn* ze nachst *Stephans* garten des *Brawnschuchleins*, davon man alle iar dyent dem Spital hintz *sand Merten*, gelegen vor *Wydmertor* ze *Wienn* ain phunt wienner phennig geltes vnd nicht mer. Den vorgenanten Pawmgarten haben wir recht vnd redleich verchawft vnd geben mit allen den nutzen vnd rechten, als Wir in unuersprochenleich in aygens gewer herpracht haben, vmb ayndlef phunt wienner phenning, der wir gar vnd gantz gewert sein, Den erbern geistleichen Herren Pruder *Cholmann*, zu den zeiten Abpt daz dem *Heilignchrewtz* vnd dem Conuent gemain daselbz vnd allen iren nachkomen furbas ledichleich vnd freyleich ze haben vnd darauf ze Pawen, was si wellen vnd allen iren frumen damit ze schaffen, verchauffen, versetzen vnd geben, wem si wellen an allen irrsal. Vnd sein auch wir ich vorgenanter *Niclas* der *Pewger* vnd ich *anna* sein hausfraw vnd all vnser eriben vnuerschaidenleich des egenanten Pawngartens der vorgenanten geystleichen Herren datz dem *Heiligenkrewtz* vnd iren nachkomen recht gewer vnd scherm für all ansprach, als aigens recht ist vnd der Stat recht ze *Wienn*. Wer aber, das sew furbas mit recht an demselben Pawmgarten icht chrieg oder ansprach gewinnen, von wem das wer, Was si des schaden nemen, das schullen wir in alles ausrichten vnd widercheren an allen iren schaden, Vnd sullen si das haben auf vns vnuerschaidenleichen vnd auf allen vnserm gut, das wir haben in dem Land ze *Österreich*, oder wo wir es haben, wir sein lebentig oder tod. Vnd das der chawff furbas also stet vnd vnzebrochen beleib, Vnd wann wir selber aigner Insigil nicht enhaben, Darvmb so geben Wir in den brief zu einem waren vrchund der sach versigilten mit der zwaier erbern mann Insigil, *Friedreichs* von

*Gvnderstorf* purger ze *Wienn* vnd *Hannsen* von *Harrenstein* purger
daselbz, die wir vleizzichleich gebeten haben, daz si der sach ge-
tzewg sind mit iren lnsigiln in an schaden, Darvnter wir vns verpin-
den mit vnsern trewen, alles das staet ze haben, das vor an dem
brief geschriben stet. Der brief ist geben ze *Wienn*, do man zalt
von christes gepurt Drewtzechen Hundert lar Darnach in dem Acht-
zigstem lar, an vnser Vrawen abent ze der Padenuartt.

Original auf Pergament mit zwei Siegeln.

## CCXCIX.

**1381, 19. April.** — *Die Gebrüder Pilgrim und Dietmar die Streiffing ver-
kaufen der Abtei Heiligenkreuz ein halb Pfund Pfenning Gülte zu Bruck
an der Leitha.*

Ich *Piligreym* der *Straiffing* zu Sand *Marein* vnder dem *Leytta-
perig* vnd ich *Elzpet* sein hausfrow, vnd ich *Dyetmar* der *Straiffing*
zu *Trautmansdorff*, dez vorgenanten her *Piligreims* prueder vnd ich
*Agnes* sein hausfrow vnd alle vnser erben wir vergehen vnd tun kunt
an dem prief allen Lewten gegenwürtigen vnd chünftigen, di den
brief sehent, lesent oder horent lesen. Daz wir mit woluerdachtem
muet vnd mit gesampter hant vnd mit willen vnd gunst aller vnser
Erben zu der zeit, do wir ez wol getun mochten, Recht vnd redleich
ze chouffen geben haben dem Erbern geistleichen herren hern *Chol-
mann*, zu den zeiten Abt zu dem *Heiligen Chrewtz* vnd der gemain, des
Conuents doselbs zu dem *Heiligen Chrewtz* vnsers rechten aygen
Guts ain halbs phunt wienner phenning gelts, gelegen in *Prukk* an
der *Leytta* auf einem Stadel, der do levt in der obgenanten geist-
leichen herren Haws; dazselb obgnant halb phunt wienner phenning
sew vns alle iar gedint habent von dem obgnanten Stadel zu Purch-
recht; vnd daz obgnant halb phvnt wienner phenning gelts haben
wir In ze chouffen geben vmb achthalb phunt wienner phenning, der
sew vns gantz vnd gar verricht vnd gewert habent, also mit ausgno-
mer red, daz der obgnant herr *Cholman* abt zu dem *Heiligen chrewtz*
vnd di Gemain dez Conuents doselbs mit dem vorgnanten halben
phvnt wienner phenning gelts furbas ledichleich vnd vreyleich allen irn
frumen schaffen sulln mit innehaben vnd mit versetzen vnd mit ver-
chouffen vnd geben, wem sew wellen an alle wider red vnd alle
Irrung. Vnd durich pezzer sicherhait willen so bin ich obgnanter
*Piligreym* der *Streiffing* vnd ich *Elzpet* sein hausfrow vnd ich

*Dyetmar* der *Streiffing* vnd ich *Agnes* sein hausfrow vnd alle vnser Erben dez vorgenanten halben phvnt wienner phenning gelts der eegnanten Geistlichen herren recht scherm vnd gewer für vns vnd für vnser Erben vnd für alle ansprach, alz aygens Guts recht ist vnd dez Lanndes recht ze *Osterreich.* Wer aber, daz sew mit recht icht chrieg oder ansprach an dem vorgnantem halben phunt wienner phenning gelts gewünnen, oder daz in doran mit recht icht chrieg oder ansproch auferstuend, von wem daz wer, waz sew dez schaden nement, daz schullen wir In allez ausrichten, abtragen vnd widercheren an alle Ir müe vnd scheden. Daz lob wir In allez ze laisten mit vnsern trewn an gewer, Vnd sew sulln auch daz allez vnuerschaidenlich haben auf vns vnd auf alle dem gut, daz wir haben oder fürbaz gewinnen in *Osterreich* vnd in *vngern,* oder wo wir ez haben, ez sey Eribgut oder varund gut, wir sein Lebentig oder tod. Vnd dorüber so geben wir den oftgenanten Geitsleichen den brief zu ainem waren vrchunt der sach, versigilten mit mein vorgenanten *Piligreims* vnd mit mein obgenanten *Dyetmares* der *Straiffing* anhangunden Insigiln, vnd mit der Erbern purger chlain Stat Insigel zu *Prukk* an der *Laytta,* di der sach zeugen sind mit irm anhangundem Insigil, yn an schaden. Der brief ist geben nach Christi gepurd Dreytzehen hvndert Iar, dornoch in dem ain vnd achtzgstem iar, dez nesten Vreytags noch Ostern.

Original auf Pergament, dessen drei Siegel fehlen.

## CCC.

**1381, 29. Juli, Passau.** — *Johann Bischof von Passau beauftragt den Pfarrer von Sittendorf, den Bruder Nikolaus von Weitra, Conventualen der Abtei Heiligenkreuz, in den körperlichen Besitz der ihm verliehenen Pfarre Aland einzuführen.*

*Johannes* dei gracia Episcopus *Patauiensis* Dilecto in christo . . rectori parochialis ecclesie in *Sikkendorf* vel eius Vicario nostre Diocesis Salutem in domino. Quia ad parochialem ecclesiam Sancti Georii in *Aleth* eiusdem nostre diocesis vacantem ad presens per obitum *Johannis* vltimi rectoris illius dilectum in christo fratrem *Nicolaum* dictum de *Weitra* presbiterum professum Monasterii *Sancte Crucis* ordinis Cisterciensis diocesis dicte nostre diocesis ad presentacionem Venerabilium et religiosorum virorum, *Cholomani* Abbatis et Couentus prefati Monasterii *Sancte Crucis,* ad quos presentatio ipsius ecclesie in *Aleth* pertinere dinoscitur, rectorem instituimus per presentes, ipsumque in personam dilecti in christo *Heinrici* dicti *Schusling*, clerici *Patauiensis* procuratoris ipsius fratris *Nicolai* ad hoc legitime constituti per librum inuestimus prenominaliter de eadem Curam animarum ac ad institutionem spiritualium et temporalium ipsius committentes eidem; Quare discretioni tue comittimus et mandamus, quatinus eundem fratrem *Nicolaum* in corporalem possessionem predicte ecclesie in *Aleth*, ac omnium iurium et partinentiarum ipsius inducas et defendas inductum, faciens sibi de fructibus, redditibus, prouentibus, iuribus et obuencionibus vniuersis ad ipsam spectantibus ab omnibus, quorum interest, integre responderi. Contradictores et rebelles auctoritate nostra per censuram ecclesiasticam firmiter compescendo. Datum *Patauie*, die xxviiij° mensis Julii Anno domini Millesimo, Trecentesimo, octuagesimo primo.

Original auf Pergament mit Secret–Siegel.

## CCCI.

**1382, 27. Februar, Wien.** — *Der Cardinal-Legat Pileus bestätigt der Abtei Heiligenkreuz die von dem Cardinal-Legaten Guido (unterm 30. Juni 1350) erwirkte und von dem Diöcesan-Bischofe bestätigte Incorporation der Pfarrkirche zu Aland.*

*Pileus* miseracione diuina tituli sancte Braxedis Presbyter Cardinalis ad infra scripta apostolica auctoritate suffultus dilectis nobis in Christo Abbati et Conuentui Monasterii *Sancte Crucis* Ordinis Cisterciensis, *Patauiensis* diocesis, salutem in Domino. Justis petencium desideriis dignum est, nos facilem prebere assensum et vota, que a rationis tramite non discordant, effectu prosequentes complere. Vestris igitur in hac parte supplicacionibus grato concurrentes assensu, annexionem, vnionem et incorporacionem parochialis ecclesie Sancti Georgii in *Aleht* dicte diocesis, vobis et vestro Monasterio per felicis recordacionis olim Cardinalem *Gwidonem*, tunc Apostolice Sedis legatum, factas et per Reuerendum Patrem Episcopum *Patauiensem*, loci Ordinarium confirmatas, ratas habentes atque gratas, eas auctoritate apostolica, qua fungimur, tenore presencium confirmamus et presentis scripti patrocinio communimus. Nulli ergo hominum liceat hanc'paginam nostre confirmacionis et communionis infringere, vel ei ausu temerario contraire. Si quis autem hoc attemptare presumpserit, indignacionem omnipotentis Dei et beatorum Petri et Pauli Apostolorum eius se nouerit incursurum. Datum *Wienne*, *Patauiensis* dioecesis iij° Kalendas Martii, Pontificatus Sanctissimi in Christo Patris et domini nostri, Domini *Vrbani*, diuina prouidencia Pape Sexti, anno quarto.

Original auf Pergament mit Siegel.

## CCCII.

**1382, 27. Februar, Wien.** — *Der Cardinal-Legat Pileus ermächtigt die Abtei Heiligenkreuz die ihr incorporirte Pfarre Aland einem ihr gefälligen Priester zu verleihen.*

*Pileus* miseracione diuina tituli Sancte Praxedis presbyter Cardinalis ad infra scripta Apostolica auctoritate suffultus Dilectis nobis in Christo Abbati Conuentui Monasterii *Sancte Crucis* Ordinis Cisterciensis *Patauiensis* diocesis salutem in Domino. Deuocionis vestre sinceritas premeritur, vt votis vestris, quantum comode possumus, fauorabiliter adnuamus. Hinc est, quod nos vestris supplicacionibus inclinati, vt parochialem ecclesiam Sancti Georgii in *Alecht* dicte diocesis vobis et vestro Monasterio incorporatam et vnitam alicui presbytero, religioso vel seculari, ad firmam vel annuam pensionem huic ad annum locare valeatis, vobis auctoritate apostolica, qua fungimur, tenore presencium indulgemus. Nulli ergo hominum liceat, hanc paginam nostri indulti infringere, vel ei ausu temerario contraire. Si quis autem hoc attemptare presumpserit, indignacionem omnipotentis Dei et beatorum Petri et Pauli Apostolorum eius se nouerit incursurum. Datum *Wienne, Patauiensis* diocesis iij° Kalendas Martii, Pontificatus Sanctissimi in Christo Patris et domini nostri Domini *Vrbani* diuina prouidencia Pape sexti anno quarto.

Original auf Pergament mit Siegel.

## CCCIII.

**1382, 9. Juni, Rom.** — *Papst Urban VI. bestätigt der Abtei Heiligenkreuz im Allgemeinen alle Rechte und Freiheiten.*

*Urbanus* episcopus seruus seruorum dei. Dilectis filiis . . Abbati et Conuentui Monasterii de *Sancta Cruce* Cisterciensis ordinis Patauiensis diocesis Salutem et apostolicam benedictionem. Cum a nobis petitur, quod iustum est et honestum, tam uigor equitatis quam etiam ordo exigit rationis, ut id per sollicitudinem officii nostri ad debitum perducatur effectum. Eapropter dilecti in domino filii uestris iustis postulationibus grato concurrentes assensu, omnes libertates et immunitates a predecessoribus nostris, Romanis Pontificibus siue per priuilegia uel alias indulgentias uobis et Monasterio uestro concessas, nec non libertates et exemptiones secularium exactionum a Regibus, Principibus, uel aliis Christi fidelibus rationabiliter uobis et Monasterio predicto indultas, sicut ea iuste et pacifice obtinetis, uobis et per uos eidem Monasterio auctoritate apostolica confirmamus et presentis scripti patrocinio communimus. Nulli ergo omnino hominum liceat, hanc paginam nostre confirmationis infringere uel ei ausu temerario contraire. Si quis autem hoc attemptare presumpserit indignationem omnipotentis dei et beatorum Petri et Pauli apostolorum eius se nouerit incursurum. Datum *Rome* apud Sanctum Petrum V. Idus Junii Pontificatus nostri Anno Quinto.

Original auf Pergament mit Bleibulle.

## CCCIV.

**1382. 7. August, Wien.** — *Albrecht III., Herzog von Österreich etc., überlässt der Abtei Heiligenkreuz das ihm zustehende Obereigenthum von siebenthalb Pfund Pfenning Gülten zu Gerlos.*

Wir *Alber* von gotes gnaden Hertzog ze *Österreich*, ze *Steyr*, ze *Kernden* vnd ze *Krain*, Graf ze *Tyrol* etc. Tůn chunt Vmb die sibenthalb phunt phenning gelts gelegen zem *Gerloz*, die die erber *Kunigund* die *Reicherstainerin* von vns ze lehen gehabt hat vnd die si durch got zů dem Kloster zem *Heiligen Chreutz* geschaffet hat, Daz wir lauterlich durch got vnd durch vnser vordern vnd nachkomen trost vnd hail willen die aygenschaft derselben sibenthalb phunt phenning gelts gegeben haben zů dem vorgenanten gotzhaus vnd kloster zem *Heiligen Chreutz* also, daz doch die vorgenant *Reycherstainerin* die obgenante gult ir lebtag nutzen vnd innhaben mag, vnd swenn si von diser welt verschaidet, daz dann ain Abt zem *Heiligen Chreutz*, wer der ye zů den zeiten ist, allen seinen frum damit schaffen vnd tun mag an all irrung, in aller mazz, als er mit andern seinen aigen gůt tůt, die zu seinem gotzhaus gehorend. Mit vrchund ditz briefs. Geben ze *Wienn* an sand afre tag. Nach Christes geburd dreutzehenhundert iar, dornach in dem zwain vnd achtzigistem iar.

Original auf Pergament mit Siegel.

# CCCV.

**1382, 31. August.** — *Kunigunde, Herrn Hannsen von Reichenstein Witwe stiftet sich in der Abtei Heiligenkreuz Begräbniss und Jahrtag und widmet dazu Pfenning Gülten zu Gerlas.*

ICH *Chunigund* Hern *Hannsen* Witib von *Reichenstayn* dem Got gnad, zu den zeiten der Hochgeporn fürstinn meiner gnedigen frown frown *Beatrix* von *Nürnberkch* Hertzogin ze *Oesterreich* etc. Hofmaistrinn Vergich vnd tun kunt allen den, sie den brief lesent oder horent lesen, die nv lebent vnd hernach kunftich sint, Daz ich mit aller meiner erben gutem willen vnd gunst, mit wolbedachtem mut zu der zeit, do ich es wol getan mocht, Recht vnd redleich gewidempt vnd gegeben han, Gib vnd widem ouch mit dem brief den erbern Geistleichen Herrn Pruder *Cholmann*, zu den zeiten Abt vnd dem Conuent gemayn datz dem *Heyligenchrewtz* vnd allen irn Nachkomen vnd demselben Gotshaws durch Got, meinselbs vnd aller meiner vodern Seln Hails willen in dem rechten, als hernach an dem brief geschriben stet, drewtzehen phunt vnd vier phenning wienner Münts gelts, gelegen in dem dorff pey *Stillfrid*, das do haizzet datz dem *Gerlas* auf behawstem Gut; denn vier vnd zwaintzich phenning ligent auf vberlent vnd der Sibenthalb phunt vnd zeben phenning mein rechts aygen sint, vnd die andern Sibenthalb phunt myner Sechs phenning han ich ze lehen gehabt von dem Hochgeporn fürsten meinem Gnedigen Herren Hertzog *Albrechtn* ze *Osterreich* etc., der die dem egenanten Gotshaws datz dem *Heyligenchreutz* lautterlich durch Got vnd durch meiner vleizzigen pet willen geaygent han, als der brief sagt, den er von seinen Gnaden daruber geben hat, vnd die zv den zeiten die hernach benanten holden dienent. Vonerst *Öttel Pehem* von einem gantzen lehen ayn phunt an sand Michels tag, ein halbphunt vnd an sand Jorigen tag, ein halbphunt vnd ze Weysat Sechtzig phenning, ze weinachten zwaintzig, ze Ostern zwaintzig vnd ze phingten zwaintzig. *Fridreich Mader* von einem gantzem lehen ayn phunt, an sand Michels tag ein halbphunt vnd an sand Jörigen tag ein halbphunt vnd ze weysat Sechtzig phenning, ze weichnachten zwaintzig, ze Ostern zwaintzig vnd ze phingsten zwaintzig. *Elspet Ludweigs* witib des *Stawber* von einem gantzen lehen Siben Schilling, an sand Michels tag vierdhalben Schilling vnd an sand Jörigen tag vierdhalben Schilling vnd ze weysat Sechtzig phenning, ze weichnachten zwaintzig, ze Ostern zwaintzig vnd ze Phingten

zwaintzig. *Janns Plönikel* von einem gantzen lehen ayn phunt, an sand
Michels tag ein halb phunt vnd an sand Jörigen tag ein halbphunt,
vnd ze weysat Sechtzig phening, ze weichnachten zwaintzig, ze Ostern
zwaintzig vnd ze phingsten zwaintzig. *Agnes* die *Chnebin* von einem
halben lehen ein halb phunt phening, an sand Michels tag Sechtzig vnd
an sand Jörigen tag Sechtzig, vnd ze weysat dreitzzig phenning, ze
weichnachten zehen, ze Ostern zehen vnd ze phingstem zehen.
*Niclas Römer* von einem halben lehen ein halbphunt pheniag, an
sand Michelstag Sechtzig vnd an sand Jorigen tag Sechtzig vnd ze
weysat dreizzig phening, ze weichnachten zehen, ze Ostern zehen
vnd ze phingsten zehen. *Chunrat pehem* von einer hofstat Sechtzig
phenning, an sand Michels tag dreizzig vnd an sand Jörigen tag dreizzig,
vnd zu weysat fünf phening, ze weichnachten zwen, ze Ostern zwen
vnd ze phingsten aynen. *Niclas pechem* von einer hofstat dreizzig
phenning, an sand Michels tag fiumftzehn vnd an sand Jörigen tag
fiumfzehn, vnd ze weysat fiumf phening, ze weichnachten zwen, ze
Ostern zwen vnd ze phingsten aynen. Darnach *Janns* der *Waldner*
dint von einem halben lehen fiumfthalben Schilling, an sand Michels
tag acht vnd Sechtzig vnd an sand Jörigen tag Siben vnd Sechtzig,
vnd ze weysat dreitzzig phening, ze weichnachten zehen, ze Ostern
zehen vnd ze phingsten zehen. *Lewbel Johan* von einem halben
lehen fiunfthalben Schilling, an sand Michels tag acht vnd Sechtzig
vnd an Sand Jörigen tag Siben vnd Sechtzig, vnd ze weysat dreitz-
zig phening, ze weichnachten zehen, ze Ostern zehen vnd ze phing-
sten zehen. *Niclas Wolfram* von einem halben lehen ein halbphunt
phening, an sand Michels tag Sechtzig vnd an sand Jörigen tag
Sechtzig, vnd ze weysat dreitzzig phening, ze weichnachten zehen,
ze Ostern zehen vnd ze phingsten zehen. *Niclas Reiner* von einem
halben lehen ein halbphunt phenning an sand Michels tag Sechtzig vnd
an sand Jörigen tag Sechtzig, vnd ze Weysat dreizzig phening, ze
Weichnachten zehen, ze Ostern zehen vnd ze phingsten zehen. *Janns*
*Golman* von einem gantzen lehen ayn phunt phening, an sand
Michels tag ein halbphunt vnd an sand Jörigen tag ein halb-
phunt vnd ze weisat Sechtzig phening, ze Weichnachten zwaintzig,
ze Ostern zwaintzig, vnd ze phingsten zwaintzig. *Vlreich Plönikel*
von einem gantzen lehen ayn phunt phening, an sand Michels
tag ein halbphunt vnd an sand Jörigen tag ein balb phunt, vnd
ze weysat Sechtzig phening, ze weichnachten zwaintzig, ze Ostern

zwaintzig vnd ze phingsten zwaintzig. *Jacob pawrnueynt* von einem
gantzen lehen ayn phunt, an sand Michels tag ein halbphunt vnd an
Sand Jörigen tag ein halbphunt, vnd ze weysat Sechtzig phening, ze
weichnachten zwaintzig, ze Ostern zwaintzig vnd ze phingsten zwain-
tzig. Vnd von einem Akcher, des Sechs Jewchart sint vnd haizzet
der *Trappenakcher*, an sand Jörigen tag achtzehen phening. *Janns
der Graf* von einem akcher sechs phening an Sand Jörigen tag, vnd
alles daz, das zu den vorgeschriben Gütern allen gehöret ze ueld vnd
ze dorff, es sey gestifft oder vngestift, versucht oder vnuersucht,
wie so daz genant ist, Mit allen den nutzen, eren vnd rechten, als
ich es alles in aygens gewer herpracht han Also mit ausgenomen
worten, daz ich obgenante *Chunigund* die *Reichenstaynerin* die vor-
genanten Drewtzehen phunt vnd vier phening gelts in nutz vnd in
gewer innhaben, nyezzen vnd nutzen sol vntz an meinen tod vnd nach
meinem tod sullen Si denn zu dem egenanten Chloster datz dem
*Heyligenkrewtz* geuallen ewichleich dapey ze beleiben Also, daz
mein Sun. Pruder *Hanns* der *Reichenstayner* sand Johanns Ordens
Conuentpruder ze *Mewrperg* von derselben gult sol haben dreitzehen
Schilling wienner phening gelts, die ich Im ze leibgeding daraus
gegeben han vnd die Im ouch ein igleich Amptman derselben güter
alle Iar dauon raichen vnd geben sol, die weil er lebt an alles ver-
tziechen vnd geuer, vnd sol denn ein igleich Prior datz dem *Heili-
genchrewtz*, wer der ye ist, die vbrigen ayndlef phunt drey Schil-
ling vnd vier phening alle iar innemen vnd inuezzen vnd sullen
denne dieselben geistleichen Herren datz dem *Heiligenchrewtz* vnd
all ir nachkömen mir vnd dem obgenanten meinem wirt vnd allen
vnsern vodern vnd nachkömen vnd allen gelawbigen Seln ze hilff
vnd ze trost einen ewigen Jartag in demselben irn Chloster begen
alle Iar an Sand Pertelmes abent des zwelifpoten, des nachts mit
gantzer gesunger vigily vnd des morgens mit einem gesungen Sel-
ampt vnd mit gesprochen Selmezzen vnd mit anderm gepet, als irs
ordens syt vnd gewonhait ist. Vnd sol der Prior desselben tags
geben den Herren gemeinchleich Drew phunt wienner phening vmb
ein Mal, also daz igleichen Herren ze tisch geuall drew Stukch visch
vnd ein Seml, die ayns wienner phening wert sey vnd sein gewond-
leiche phrünt des pesten weins, So Si In in irm Cheler habent ange-
uer. Vnd swas dene der egenanten Gult ierleich vberbeleibt, die sol
der Prior vmb grabs Gewant geben vnd daz tailn vnder die Herren

gemainchleich also, daz aynem alsuil geuall als dem andern, alsuer
es geraichen mag. Vnd wenn denn der vorgenant mein Sun, Pruder
*Hans* abget mit dem tod vnd nicht mer ist, So sint denn den ege-
nanten geistleichen Herren vnd irn nachkömen die egenanten Drei-
tzehen Schilling gelts, die er ze leibgeding gehabt hat, als vorge-
schriben stet, allerding ledig worden Also, daz Si der furbas nie-
mant mer gepunden sullen sein ze raichen, noch ze geben, Sunder
daz die egenanten Drewtzehen phunt vnd vier phening gelts fürbas
gantz vnd gar pey dem egenanten Chloster ewichleich beleiben vnd
zu den egenanten iartag vnd Selgret gegeben werden sullen in der
weys, als vor an dem brief benant vnd begriffen ist. Ouch sullen die-
selben Geistleichen Herren nach meine tod meiner nechsten frewnt
aynem der den brief, den Si mir besunderleich vmb das egenant Sel-
gret herwider gegeben habent, innehat, alle iar zwen Gefiltzt Schuch
geben, als Si die gewondleich andern Herren von irm Chloster ge-
bent angeuer, das der dartzu sech, daz das vorgenant Selgret be-
gangen werd vnd icht abge. Vnd wenn ouch das wer, daz dieselben
geistleichen Herren oder ir Nachkömen an dem egenant Selgret
sawmig erfunden wurden vnd daz nicht aufrichten vnd begingen an
dem tag vnd in dem rechten, so vorbeschaiden ist, So sullen sich
denn mein nechst frewnt oder wer den brief, den Si mir herwider
gegeben habent, mit derselben meiner nechsten frewnt gutem willen
innehat, der vorgenanten Drewtzehen phunt vnd vier phening gelts vnd-
erwinden vnd die alslang innhaben, vntz das die egenant geistleichen
Herren alles das vnuertzogenleich erstatten vnd volpringen, das Si
an dem egenanten iartag vnd Selgret versawmpt habent. Vnd das
die gab, wydmung vnd stiftung furbas also stet vnd vntzebrochen
beleib, Darüber so gib ich obgenante *Chunigund* die *Reichenstay-*
*nerinn* für mich vnd fur all meine erben den oftgenanten geistleichen
Herren daz dem *Heiligenchrewtz* vnd allen irn nachkömen vnd dem-
selben Gotshaws in dem rechten, so vorgeschriben stet, den brief zu
einem waren vrchunt vnd zu einer ewigen vestigung der sach ver-
sigilten mit meinem anhangundem insigil vnd mit meins pruder insigil,
hern *Hansen* von *Winden* vnd mit meiner Vettern insigiln, hern *Otten*,
hern *Niclas* vnd *Gotfrids* der *Wildungsmawrer* vnd hern *Purkcharts*
von *Winden*, die ich des vleizzichleich gepeten han, das Si der sach
getzewgen sint mit irn anhangunden insigiln. Der brief ist geben

nach Christi gepurd Drewtzehen Hundert Iar Darnach in dem zway
vnd achtzigisten Iar, an sand Giligen abent.

Original auf Pergament, dessen Siegel fehlen.

## CCCVI.

**1283, 20. Mai, Rom.** — *Papst Urban VI. beauftragt den Abt von Heiligen-
kreuz mit Untersuchung der Streitsache zwischen dem Kloster Baum-
gartenberg und dem Dechant von Wien, Johannes.*

*Urbanus* episcopus seruus seruorum dei Dilecto filio .  .
Abbati Monasterii *sancte Crucis* in *Austria*, Patauiensis Diocesis
Salutem et apostolicam benedictionem.  Sua nobis dilecti filii *Johan-
nes* Abbas et Conuentus Monasterii in *Paumgartenperg*, Cisterciensis
Ordinis Patauiensis diocesis petitione monstrarunt, quod, licet *Johan-
nes* Decanus ecclesie *Wyennensis*, dicte diocesis in eundem Abbatem
nullam haberet iurisdictionem ordinariam seu etiam delegatam, tamen
idem Decanus in eundem Abbatem excommunicationis sententiam ad
instantiam *Conradi* de *Nuenburga*, Monachi dicti Monasterii promul-
gauit, propter. quod pro parte dictorum Abbatis et Conuentus sentien-
tium exinde indebite se grauari sint ad sedem apostolicam appellatum.
Quocirca discretioni tue per apostolica scripta mandamus, quatinus
uocatis, qui fuerint euocandi et auditis hinc inde propositis quod canoni-
cum fuerit appellatione remota decernas, faciens quod decreueris per
censuram ecclesiasticam firmiter obseruari. Testes autem qui fuerint
nominati, si se gratia, odio uel timore subtraxerint, censura simili
appellatione cessante compellas ueritati testimonium perhibere. Datum
*Rome* apud Sanctum Petrum XIII° Kalendas Junii, Pontificatus nostri
Anno Sexto.

Original auf Pergament mit Bleibulle.

## CCCVII.

**1284, 25. Jänner.** — *Christian von Hagenbrunn vermacht der Abtei Heiligen-
kreuz seine Besitzungen zu Wezelndorf, welche jedoch zuvor von deren
Pfand insoferne auszulösen sind.*

Ich *Christan* von *Hagenprun* vergich vnd tun chunt mit dem
brief allen laeuten, di in sehent, lesent oder horent lesen, Daz ich
mit guten willen vnd gunst, zu der zeit, do ichz mit recht wol getun
mocht, hab lazzen lozen vnd auch noch fürbaz losen all mein hab vnd
erib ze *Weczelndorf* von christen vnd von Juden Abpt *Cholman*

vnd den Conuent zu dem *Heyligen chruvtz*, vnd main auch, daz die selber güter ewichlich beleiben pei dem selber Chloster durch meiner sel vnd meiner voruordern sel hail willen vnd durch der herrenphrunt, die si mir mein lebtagen gegeben habent. Von erst so erlaubt ich zu lozen, dem Abpt vnd den Conuent, zween hoff ze *Wecelndorff*, der ain ist frey vnd dint niement. Der ander hoff ist ze leehen von dem Probst ze *Newnburch*, vnd dint im nichtes nicht. Dernach erlaub ich ze lozen ain mul doselbs, di do stet dem Ritter, her Jansem von *rietenthal* vnd achtehenhalbem eimmer wein perchrecht an dem perg daselbs, zwelif phunt wienner phening, vnd wann man di zwelif phunt wienner phening geit vnd raicht an vnser vrawntag zu der liechtmezz, so müzz er di egenanten mul vnd das perchrecht ledig vnd frey lazzen vnd chain ansprach zu dem fürbaz hat. Auch dem vorgenanten hern Hansen von *Rietental* stet anderthalb Jeuchart achker drew phunt und sechzig wienner phenning, vnd wann man im daz gelt raicht zu der Liechtmezz, so mag er chain ansprach darauf gehaben. Ich verlaub auch in, ze losen ain halb lehen doselbs, daz do stet dem Erbern man, *Weicharten* dem *Peheim* zwantzig phunt wienner phenning, vnd wann man im die phenning geit zu der Licht-mezz, so ist iz ledig Vnd chain recht fürbaz dorzu hat, vnd auch daz mein aygen gut ist, Vnd zwen vnd zwanzig phening gelts auf vber-lent, vnd ainen weingarten, der mein aygen ist, vnd von zwain andern weingarten geit man mir den Zehent, vnd von vierdhalb Jeuchart achker auf den Zehent, vnd daz auch aygen ist vnd der herren holden, von dem *Heyligen chreuz* inn habent, und auch niemant stet. Die vorgenannten güter zu lozen hab ich erlaubt vnd noch verlaub zu lazen vnd was do han ze *Wezelndorf*, und waz nicht gelast ist, daz di selben noch gelöst sullen werden Von Abpt *Cholman* vnd dem Con-uent zu den *Heyligen chreutz*. Wer aber, ob der Abpt vnd der Con-uent icht chrieg oder stötzz derin hieten oder gewunden von mei-nen sunn *Jansen* und *Jerdein*, oder von andern meinen erben, Ich sei lebendig oder tod, so habent sew nichtz doran, Si mugen auch chain ansprach mit recht darzu haben, Wann di güter mein freys erb ist, zu versetzen vnd zu verchauffen, machen vnd geben, wem ich wil vnd gunstig pin. Vnd daz daz gemecht der lasung als vorgeschriben stet, vnzeprochen fürbaz beleib, ich sei lebentig oder tod, gib ich vorge-nannter *Christan* von *Hagenprunn* den prief dem abpt vnd dem Con-uent des obgenannten Chlosters versigelt mit meinem anhangendem

Insigel vnd dez gezeug sind der vest Ritter her *christan* der *Techen-stainer* vnd *Eberhart* von *Wildek* der Sach in an schaden. Der brief ist Gegeben nach christi gepurd Drewtzehen hundert Jar, Darnach in dem vier vnd achczkisten iar, An Sand Pauls Tag, als er bechert ward.

Original auf Pergament mit zwei Siegeln; ein drittes fehlt.

## CCCVIII.

**1384, 18. April, Neustadt (? Neapolis).** — *Michael Abt von Arabona und General-Vicar des Cistercienser-Ordens transsumirt auf Bitten der Abtei Heiligenkreuz die Bulle Papst Urban's VI., ddo. Tibur 25. Juli 1283 für den Cistercienser-Orden.*

Nos frater *Michael* Abbas Monasterii de *Arabona*. Ordinis Cisterciensis *Theatinae* diocesis, ejusdem ordinis Vicarius generalis, authoritate apostolica deputatus venerabili in Christo patri, domino *Colomanno*, Coabbati et monachis ceterisque personis Monasterii *sancte Crucis* in *Austria* dicti ordinis, Patauiensis diocesis salutem in domino sempiternam. Notum facimus per presentes, nos litteras siue bullas pro personis ipsius ordinis a Sanctissimo in christo patre et domino nostro domino *Vrbano* diuina prouidentia papa Sexto eius vera bulla plumbea in filis sericis crocei et rubei coloris inpendens bullatas, non viciatas, non cancellatas, nec in aliqua sui parte suspectas, sed prorsus omni vicio et suspicione carentes, obtinuisse et recepisse, quarum tenor de uerbo ad uerbum sequitur et est talis: *Urbanus* episcopus seruus seruorum dei Dilectis filiis vniuersis abbatibus, prioribus et monachis, ceterisque personis vtriusque sexus Cisterciensis ordinis Salutem et apostolicam benedictionem. Prouenit ex vestre deuotionis affectu, quo nos et Romanam ecclesiam reueremur, ut peticiones vestras, illas presertim, que animarum vestrarum salutem respiciunt, ad exauditionis graciam admittamus. Hinc est, quod nos uestris supplicacionibus inclinati, ut Confessor, quem quilibet vestrum duxerit eligendum, omnium peccatorum vestrorum, de quibus corde contriti et ore confessi fuerint, semel tantum in mortis articulo plenam remissionem vobis in sinceritate fidei et vnitate sancte Romane ecclesie ac obediencia et deuocione nostra uel successorum nostrorum Romanorum pontificum canonice intrantium persistentibus auctoritate apostolica concedere valeat, deuotioni vestre tenore Presentium indulgemus; sic tamen, quod idem confessor de hiis, de quibus

fuerit alicui satisfactio impendenda, eam vobis per vos, si supervi-
xeritis, vel per alios, si tunc forte transieritis, faciendam iniungat,
quam vos vel illi facere teneamini, ut prefertur. Et ne, quod absit,
propter huiusmodi graciam reddamini procliuiores ad illicita imposte-
rum comittenda, volumus, quod si ex confidentia remissionis huius-
modi aliquid forte commiteretis, quo ad illa predicta remissio vobis
nullatenus suffragetur. Nulli ergo omnino hominum liceat hanc pagi-
nam nostre concessionis et voluntatis infringere, uel ei ansu temerario
contraire. Si quis autem hoc attemptare presumpserit, indignacionem
omnipotentis dei et beatorum Petri et Pauli apostolorum eius se
nouerit incursurum. Datum *Tibure* viii. kalendas Augusti, Pontifi-
catus nostri anno sexto. — In quorum omnium fidem et testimonium
presentes litteras fieri, nostrique vicariatus officii sigilli appensione
iussimus communiri. Datum *Neapoli* in hospicio habitationis nostre
die decima octava mensis Aprilis anno domini Millesimo Trecentesimo
Octuagesimo quarto, Indictione septima, Pontificatus Sanctissimi in
christo patris et domini nostri, domini *Urbani*, diuina prouidentia
Papæ sexti predicti anno septimo.

Original auf Pergament mit einem Siegel.

## CCCIX.

**1384, 23. April.** — *Vergleich zwischen den vier Cistercienser-Abteien
Heiligenkreuz, Lilienfeld, Zwettl und St. Nikolaus in Wien eines- und den
Schiffherren zu Laufen anderes Theils in Betreff der Zahlung der soge-
nannten Flösspfennige bei Verführung des Mussalzes von Salzburg.*

Wier di Schefheren gemainchleich ze *Lauffen*, ich *Hartneid*
der Elter *Chuchler*, ich *Eberhart* sein sun, ich *Chünrat* ich *Hartneid*
ich *Eberhart* geprüder di *Chuchler*, ich *Mertt* von der *alben*, ich
*Seybot* der· *nüstorffer*, ich *Chünrat*, ich *Vlreich*, ich *Ott* geprüder
die *Grdns*, ich *Kameret* der *weizzenekker*, ich *Albrecht* der *Noppin-
ger*, ich *Albrecht* der *Schellär*, ich *Fridreich* der *Fewrfinger*, ich
*Jacob* ich *Pärtel* geprueder di *Frieschär*, ich *Jacob* der *Trütan*
ich *Nyclo* der *Schefherr*, ich *Hans* sein sun, ich *Jacob* sein pruder,
di schefherrn, ich *Martein* der *Schilicher*, wir veriechen all ge-
mainchgleichen für vns vnd für all vnser eriben vnd nachchömen der
schefrechten vnd tün chund offenbar mit dem brief allen den, di in
sechent, hörent oder lesent, di nu lebent oder hernach chunftig sind,
Daz ein misshelung vnd chrieg vnd stözz zwischen vns vnd der

erwierdigen herren vnd frawn, Abt vnd Abtessinn vnd der Conuent
der vier Chlöster ze *Österreich*, di her nach gescbriben stent, ge-
wesen ist vmb an zwaydreizk phunt wienner phening geltz, di da
haizsent di Flötzpfening, di vns di vorgenanten erwierdigen Herren vnd
Frawn, Abt vnd Abtessin der vorgenanten Chlöster ze *Lyenveld*, ze
dem *Heiligen Chrawtz*, ze *Zwetel*, ze *sand Nyclo* pei *Wienn* iärleich
zwiscben Sunibenten vnd sand Jacobstag geben habent von iren
Freyuug irs muessaltzz, daz si iärleich auf dem wazzer ze *Lauffen*
auzfürent, der ye daz Chlöster an gepürd hat siben phunt wienner
phenniug geltz; des vorgenanten geltz, darvmb si mit vns ze cbrieg
vnd ze recht sind chömen vor vnserm geistleichem vater, dem Papst
von Rom als vil vnd als werr, daz wir auf paiden tailn ze grozzen
schäden chomen sein, wie sich daz vergangen hat, daz wir vns vmb
den vorgenanten handel auf paiden tailn eins tags mit einander ver-
uangen haben für vnsern genädigen herrn herrn *Pilgreim* ertzpischof
ze *Saltzbürg*. Nu ist herauf chomen auf denselben tag gein *Saltzburg*
von der egenanten Chlöster wegen 'der Erwierdig herr herr *Stephan*
Abt ze *Lienuelden* mit völligem gewalt der obgenanten vier Chlö-
ster, der Abt vnd Abtessin vnd aller ir Conuent mit ir alle brief vnd
Insigeln, vnd mit im herr *Hans* von *Pellndorff* ze tun vnd ze lazzen
in dem handel. Nu sein wir auf paiden tailn ze tägen chomen, yeder
tail mit seiner fürgab, daz es mit taiding als verr chomen ist, daz
wir sein auf paiden tailn vmb schaden vnd vmb hauptguet an allen
auzgankch mutwilichleich ze schied gegangen sein. Nu hat sich der
Erwierdig herr herr *Stephan*, Abt des Chlosters ze *Lienuelden* für
sich vnd für allen Conuent seins Chlosters vnd herr *Hans* von *Pelln-
dorff* mit im vnd für die andern Abt vnd Abtessin der vorgenanten
Chlöster vnd für allen iren Conuent vnd nachchömen auf irn tail
angenomen mit völligem gewalt ze tün vnd ze lazzen, so haben wir
genomen auf vnsern tail *Chunraten* den *Grans* vnd *Albrechten* den
*Scheller* auch mit völligem gewalt. Di vier habent zu in genomen den
Erwirdigen herrn herrn *Ortolfen* von *Ofensteten*, di zeit Techent ze
*Saltzburg*, di habent den obgenanten handel vmb schaden vnd vmb
hauptguet von vns an sich genomen nach vnser aller pet vnd willen
an allen auzgankch, was si dar vmb sprechen, da sol es pei beleiben
mit der minn oder mit dem rechten. Nu habent si gesprochen mit
vnser paider tail guetleichen willen, als hernach geschriben stet. Pei
dem ersten, daz di obgenanten herren vnd frawn Abt vnd Abtessin in

den vier Chlöstern si vnd ir nach chömen vnd iren Gotzhaus hinfür
ewichleichen vmb die an zwai dreizk phunt wienner phening geltz,
di da haizzent di Flötzpfening auf iren Freyung irs mutzsaltzz ledig
vnd lös sind, daz si vns der nicht mer geben schullen. Auch habent
si gesprochen, das all die schäden, di wir auf paiden tailn genömen
haben, gegen ein ander ab sind, daz wir hinfür darvmb nicht mer
chriegen noch rechten schullen an gewer. Si habent auch gespro-
chen, daz die obengenanten Erwirdigen Abt vnd Abtessin der ege-
nanten Chlöster vnd ir Conuent vnd nachchomen vnd irew Gotzhäuser
an der Freyung irs muzsaltzz hinfür ewichleichen von vns vnd von
vnsern erben vnd nachchömen der schefrechten von der vorgenanten
an zway dreizk phunt geltz, di da haizzent die Flotzphening vnd von
der schäden wegen vngeirt vnd vngecrenkt schullen sein, ausgenomen
der schefmiet, die si von den scheffen schullen geben vnd ander gelt
oder was in auf ir freyung get, da sei wir in nichtz vmb schuldig.
Wär aber, ob den voruerschriben herrn Äbten vnd Äbtessin vnd irn
Conuent vnd nachchomen vnd iren Gotzhäusern an irn Freyung irs
muzsaltzz dehainerlay irrung geschach von der gemain der schef-
herrn, von der obgenanten Flötzpfening, oder von der schaden wegen,
da di erbirtigen vmb gesprochen habent, was si des schaden nement,
den si redleich geweisen müzen, den schullen wir in auzrichten in
viertzehen tagen. Tätten wir des nicht, so schullen vier aus vns lai-
sten mit acht Phärten gein *Wienn* in die Stat in ein offens gasthaus.
Auch habent si vns gesprochen, das vns die erwierdigen herren vnd
frawn Abt vnd Abtessin der Chlöster vnd ir Conuent vnd ir nachcho-
men für den obgenanten gelt der flötzpfening vnd für di schäden vns
vnd vnsern nachchomen in yedem chloster besunder schullen haben
ewichleichen drey ewig mezz in der wochen, ainew des Montags
allen gelaubigen seln ze hilff vnd ze trost vnd ainew an dem Mitichen
von allen heiligen vnd ainew an dem Samptztag von vnser frawn ze
lob vnd ze eren, vnd schullen si darvmb dhain ander mezz dafür nicht
ablazzen, vnd schullen si vns in yedem Chloster besonders einen altar
auszaigen vnd zieren oder machen, der der schefhern altar sei vnd
haizz von *Lauffen*, vnd welicher priester auf dem altar mezz hat von
der schefhern wegen, als oben geschriben stet, derselbig priester
sol desselben tags ezzen ab des Abtz tisch; tut er das nicht, so
schol im der Abt oder sein anwalt geben ein guet ezzen, daz drey
pfening wol werd sei zu seiner gewonleichen phruet. Auch schullen

vns die erwierdigen herren vnd frawen vnd ir Conuent vnd ir nach-
chomen albew iar järchleich vnd ewichleich mit gantzer samnung des
Conuentz nach irs ordens gowonhait einen ebigen iartag haben vnd
begen des nachsten tags nach sand Johannis tag ze Sunibenten, in
yedem Chloster besunders mit chertzen vnd mit Tewichen, mit einer
gesungen vigili des abentz, des morigens mit einem gesungen loblei-
chen selampt auf vnserm altar, vnd davon schullen alle prueder,
Schwestern, pfaffen, layn, frawn allgemain jung vnd alt, si den orden
tragen in den vorschriebenen Chlöstern, di schullen haben zu ir
gewonleichen Pfruet ein gantzen Herren Phruent des pesten weins,
so in der Abt hat in seinem cheller oder anderswo, vnd ein phenwerd
semel vnd drew stukch gueter visch vnd nicht stukchlein. Wir schul-
len auch in den vornerschrieben Chlöstern mit den erwierdigen
Äbten vnd Abtessinn vnd mit irem Conuent vnd nachchomen Prue-
derschaft haben in allen guetaten gein got. Wär aber, ob vnser ainer
der schefherrn oder vnser nachchomen in dem Lant ze *Österreich*
siech wuard zu dem tod, vnd welichen chloster er aller nächst wär
vnder den vier Chlöstern, begert er dann darinn ze ligen mit der
begrebnuzz, so schullen in di heren oder frawn von demselben Chloster
raichen vnd erberchleich bestatten vor vnserm alter, als ander ir
prüder ainen. Ob er aber sturib an di vorgenanten begerung, wer es
dann an seiner stat an di herrn vnd frawen der vorgenanten Chlöster
virist oder begehrt, so schullen si es dannoch tun, als vorgeschriben
stet. Tätten si des nicht in allen artikeln vnd punten, als vorgeschri-
ben stet, vnd besunderlich vmb den Gotzdienst, ob si den saumpten
mit lözhait, mit trachait, von vnwillen, wie sich daz fuegt, daz si di
vorgenanten mezz vnd iartag nicht also hegiengen vnd nicht volpracht
würd zu ieder zeit, als vorgeschriben stet, so hat sich darnach al tag
tägleich veruallen ein halb phunt wienner pfening geltz als lang, vntz
daz si 'den vorgenanten Gotzdienst erstattent vnd wider an hebent, als
si in lazzen habent. Als oft si daz tuent, so schullen wir des veruallen
geltz von in vnd von ir hab bechömen, wie vns verlusst, vnd schullen
wir dazselb gelt, was des wiert, viel oder wenikch anlegen in daz
Frawnchloster ze *Ybs*, vnd davon stiften Gotzdienst vnd mezz frumen,
so wir maist mügen. Vnd wider daz alles schullen si mit vns nichtz
rechten noch chriegen, ob wir sew redleich geweisen mügen, daz
der Gotzdienst nicht also volpracht wuerd, als oben geschriben stet.
Was si darvmb mit vns chriegen oder rechten wolten, es wär mit

recht oder an recht, geistleichs oder werltleicht, daz schullen wir
alles behabt haben vnd si verloren, aus genomen daz Frawnchloster
ze sand *Nyclo*, daz hat zway wochen mezz minner an dem Mitichen
vnd an dem Samptztag, dann diser Chlöster ains. Daz der sprüch
vnd di sach also stet vnd vnzebrochen beleib, loben wir vorgenanten
schefherren, als wir oben geschriben sten für vns vnd für vnser nach-
chömen trewleich an alles geuar mit vnsern trewn, den vorgenanten
Herrn vnd Frawn den chlöstern, als si vorgeschriben stent, alles das
stät ze haben vnd war ze lazzen, daz an dem brief ist verschriben,
den wir in darüber geben zu einer waren vrchund der sach, versi-
gelten mit vnsern obgenanten schefherrn aigen anhangunden Insigeln,
auzgenomen vnser vier, di nicht Insigel ietzund habent. Ich *Eberhart*
der jung *Chuchler* verpint mich vnder meins vater Insigel, herr
*Härtneitz* des eltern *Chuchler*, so verpind ich mich *Pärtel* der *Frie-
scher* vnder meins pruder Insigel, *Jacob* des *Friescher*. Ich *Nyclo*
der schefherr vnd ich *Hans* sein sun haben gepeten *Zachareysen*
den *Panicher* vnd *Wernharten* den *Wärleich*, daz di iren Insigel an
den brief gehangen habent von vnsern wegen, dar vnter wir vns mit
sampt andern schefherrn verpinten, trewleich an alles geuär vnd zu
einer ewigen stätichait mit des Erwierdigen Heren Herrn *Ortolf* von
*Ofensteten*, die Zeit Techent ze *Salzburg*, der des spruchs Obman
gewesen ist, anhangunden Insigel. Der brief ist geben an sand Görigen
abent nach Christes gepurt dreutzehen hundert iar vnd in dem vier
vnd achtzkisten iar.

Original auf Pergament mit neunzehn Siegeln; das zwanzigste fehlt.

## CCCX.

**1384, 15. Mai.** — *Peter der Winkler von Pfaffstetten verkauft der Abtei
Heiligenkreuz seinen Weingarten zwischen Baden und Pfaffstetten in den
langen Sätzen.*

Jch *Peter* der *Winckler* ze *Phafstetten*, *Wentel* mein honsurow
vnd vnser paider erben vergehen vnd tun chunt allen den, di disen
prief lesent oder hörent lesen, die nu lebent vnd hernach künftig
sind, daz wir mit woluerdachtem muet vnd nach vnser nachsten vrewnt
rat zu der zeit, do wir ez wol getun mochten, recht vnd redlich
verchaufft haben vnsern weingarten, der do haizzet die *Chole-
rinn* vnd ist gelegen zwischen *Paden* vnd *Phafsteten* in den *langen*

*setzen* zwischen *Phafsteter weg* vnd den *obern wienner weg* ze nast
der geistlichen herren ze dem *Heiligenchräwtz* weingarten, der do
haizzet die *Hertzoginn* an dem nidern tail vnd ze nast *Christans* des
*Mottler* weingarten, der do haizzet die *Cholerinn* an dem obern tail,
vnd do man auch von dem vorgenanten vnserm weingarten alle iar dient
gen *Paden* in sand Stephans zech fümfzehen wienner phenning an
sand Michels tag vnd nicht mer; Den obgenanten weingarten mit
allen den nutzen vnd rechten, als wir den in purchrechts gewer her
pracht haben, haben wir verschaufft den erbern geistlichen herren
Abt *Cholmann* vnd dem Conuent gemain ze dem *Heiligenchräwtz* vnd
allen irn nachkomen zu irn Spital, daz gelegen ist pei irn obge-
nanten Chloster ze dem *Heiligenchrawtz*, vmb sechtzehen phunt
wienner phenninge, der wir gantz vnd gar verricht vnd gewert sein.
Vnd die selben sechtzehen phunt wienner phenning hat *Hainreich*
der *Ledrer* von *sand Jörgen* durch got vnd durch seiner sel hail
willen geben zu dem vorgenanten Spital, vnd ist auch sein gütlich will
vnd gunst, daz man den obgenanten weingarten zu dem selben Spital
darumb gechaufft hat. Ez sullen auch die egenanten geistlichen her-
ren vnd alle ir nachkomen den obgenanten weingarten fürbas ledich-
lich vnd vrevlich haben vnd allen irn frumen domit schaffen, ver-
setzen, verchauffen vnd geben, wem si wellen an allen irrsal, wie ez
irm Spital aller pest chom vnd fueglich sei. Wir sein auch, ich vor-
genanter *Peter*, *Wentel* mein housurow vnd vnser paider erben des
obgenanten weingarten der vorgenanten geistlichen herren vnd aller
ir nachkomen recht gewer vnd scherm für alle anspruch, als purch-
rechts recht ist in dem Lannd ze Österreich. Wer awer, daz im
fürbas an demselben weingarten icht abgieng mit recht, oder ob sie
icht chrieg oder ansprach darumb gewunnen, von wem daz wer, waz
si des schaden nement hintz Christen oder hintz Juden, den sullen
wir in gantz vnd gar widerchern vnd abtragen an alle wider red, vnd
sullen sie daz haben auf vns vnd allem vnserm gut, daz wir haben
in dem land ze Österreich, wir sein lebentig oder tod. Vnd wann ich
vorgenanter *Peter* vnd *Wentel* mein housurow nicht aygner insigel
haben, darumb ze einem waren vrchund vnd ze einer bestetigung des
obgenanten chouffs vnd der wandlung geben wir den vorgenanten
geistlichen herren vnd allen irn nachkomen den brief versigelt mit
des erwirdigen herren insigel, herrn *Eberharts* des *Gundrestorfer*
die zeit pharrer ze *Paden*, der des egenanten weingarten von sand

Stephans zech wegen ze *Paden* rechter gruntherr ist, vnd mit des
vesten Ritter insigel, hern *Christans* des *Techenstainer*, die wir des
vleizichleich gepeten haben, daz si der sach vnd der wandlung gezewg
sint mit irn anhangunden insigeln, in an schaden. Geben nach Christi
gepurd drewzehen hundert iar, darnach in dem vier vnd achtzigistem
iar, des nasten Suntages vor dem auffartag.

Original auf Pergament mit einem Siegel; das zweite fehlt.

## CCCXI.

**1384, 19. Mai, Wien.** — *Albrecht, Herzog von Österreich etc., weiset der
Abtei Heiligenkreuz für eine ihm zu seinem Schlosse zu Lachsendorf abge-
tretene Wiese eine jährliche Zahlung von achtzehn Pfund Pfennig aus
dem landesfürstlichen Weinumgeld zu Pfaffstetten an.*

Wir *Alber* von gots genaden Hertzog ze *Österreich*, ze *Steyr*,
ze *Kernden* vnd ze *krain*, graf ze *Tyrol* etc. Bekennen vnd tůn
chunt offenleich mit dem brief, Das wir den erbern geistlichen in got
vnsern lieben andâchtigen . . dem Abt vnd dem Conuent des Gotz-
hauses zum *Heiligen Chrêutz* für die wisen gelegen ze *Lachsendorf*,
die Si Vns nach Vnser bote geben habent zu vnserm Haus daselbs ze
*Lachsendorff* ewichleich zu haben, gegeben haben vnd geben auch
mit dem gegenwurtigen brief für Vns vnd für alle vnser erben vnd
Nachkömen ewichlich zu haben alle iar Achtzehen phunt wienner
pfenning von vnserm Weinvngelt ze *Pfaffsteten*, vnd die sol in nu
furbas ewikleich ein yekleich vnser Vngelter daselbs raihen alle iar
auf Phingsten an alles vertziehen vnd widered. Dauon gepieten wir
für vns vnd all vnser erben vnd Nachkömen allen vnsern Vngeltern
daselbs gegenwurtigen vnd künftigen, daz Si nu furbaz ewiclich die
obigen geistlichen Leut vmb dieselben Achtzehen phunt alle iar auf
phingsten vnuertzogenlich auzrichten, Wan wir in die allweg an irer
Raittung legen vnd abziehen wellen. Wer aber, daz hienach in
chünftigen zeiten Wir oder vnser erben den Vngelt wider abliessen
geen, So sullen wir denselben geistlichen leuten die obgenanten
Achtzehen phunt gelts anderswa auzzaigen vnd auzrichten auf güter
gewisser vnd aigener gulte, die in gelegen sei vngeuerlich. Mit
vrchund ditz prief, Geben ze *Wienn* an dem heiligen Auffarttag, Nach
Kristes gepurd Drewtzehenhundert iar, darnach in dem Vier vnd
Achtzigisten Jare.

Original auf Pergament mit Siegel.

## CCCXII.

**1384, 19. August.** — *Die Propstei Klosterneuburg überlässt der Abtei Heiligenkreuz das ihr zustehende Obereigenthum jenes Hofes zu Wezelndorf, welchen weiland Christian von Hagenbrunn der letzteren vermacht hatte.*

Wir *Cholman* von Gotes genaden Probst vnd der Conuent gemayn des Goteshawses vnser Vrown ze *Newnburch* Chlosterhalben vergeben offenleich mit dem brief vnd tun chunt allen den, die in lesent oder hörent lesen, die nv lebent oder hernach chunftig sint, Vmb den Hof gelegen ze *Wetzelndorf* vnd alles das, das dartzu gehöret ze veld vnd ze dorff wie das genant ist, den *Christan* von *Hagenprunn*, dem Got genad, von vns vnd vnserm Chloster ze lehen gehabt hat vnd den er den erbern geistleichen herren Abt *Cholmann* vnd dem Conuent gemain datz dem *Heylichenchrewtz* durich seiner Sel hail willen Ledichleich gemacht vnd gegeben hat, Das wir mit gutem willen, mit wolbedachtem mut vnd mit gemainem verainten Rat vnsers Conuents zu der zeit, do wir es wol getun mochten, den egenanten Geistleichen herren datz dem *Heyligenchrewtz* die aygenschaft des vorgenannten Hofs vnd alles des, das dartzu gehöret, gentzleich gegeben vnd Si der Lehenschaft ledig lazzen haben Also, das si vnd all ir Nachkomen sollen furbas denselben Hof mit aller seiner Zugehorung in rechts freyes aygens gewer Ledichleich vnd freileich haben vnd allen irn frume damit schaffen, verchauffen, versetzen vnd geben, swem si wellen an allen irrsal, als aygens recht ist vnd des Lannds recht ze Osterreich. Vnd sullen auch wir noch all vnser Nachkomen furbas auf den vorgenanten Hof vnd auf all sein Zugehörung weder vmb Lehenschaft noch vmb chainerlei ander Sache, wie die genant ist, nymmermer chain ansprach noch vodrung haben noch gewinnen, noch chains rechtens darauf iehen in dhainen wegen. Vnd daruber so geben wir für vns vnd fur all vnser Nachkomen In den brief zu einem waren vrchunt der Sach versigilten mit vnsers obgenanten Probst *Cholmans* vnd des Conuents gemain des vorgenanten Chlosters ze *Newnburch* paiden anhangunden insigiln. Der geben ist nach kristi gepurt Dreutzehen Hundert Jar darnach in dem vier vnd Achtzgistem iar, des nesten freitags vor sand Pertelmes tag des Zwelifpoten.

Original-Pergament mit einem Siegel; das zweite (das Conuent-Siegel) fehlt.

## CCCXIII.

Ego *Jacobus* presbyter de *Prukka* publice profiteor et presencium tenore recognosco, quod ego animo bene deliberato a Reuerendo patre et domino domino *Cholomano* totoque conuentu Monasterii *Sancte Crucis*, Ordinis Cysterciensis, Patauiensis dyocesis Ecclesiam parochialem Sancti Georii martiris in *Olacht*, ipsis canonice incorporatam in omnem Euentum pro tempore vite mee taliter conueni, quod ego videlicet cum duobus ydoneis presbyteris in dote eiusdem ecclesie ad consuetum ibidem cultum diuinum per nos laudabiliter perficiendum semper debeo residere, dotemque eandem pro sua necessaria oportunitate meis propriis sumptibus fideliter restaurare pariter et instaurare; Eisdemque dominis annuatim viginti talenta denariorum Wiennensis monete quatuor terminis, id est singulis quatuor temporibus quinque talenta, De omnibus Colonis et prouentibus ipsius iam dicte ecclesie, non obstantibusquibus cumque specialibus Episcopalibus et Ducalibus iuribus, stewris et Emendis, siue etiam aliis defectibus quocumque nomine dictis vel vocatis, indilate porrigere siue aministrare ita tamen, quod ipsi iam dicti domini omnes colonos in *Phaffstetten* et *Lachsuelde*, olim etiam ad dictam Ecclesiam spectantes, sua in potestate pleno iure debent nichillominus tenere atque seruare, et censum seruicii, quem ab ipsis quolibet anno poterunt habere, michi in dictis xv^ti talentis denariorum quauis contradictione semota totaliter deducere siue defalcare. Ceteros colonos cum omnibus aliis prouentibus sepedicte ecclesie quoad consueta tantum modo seruicia et discretas et non minus aggrauatiuas emendas me pro usibus meis tenente omni potestate eosdem colonos exaccionandi michi penitus ablata; nisi in casu, tum dominus papa aut episcopus aut Dux me tam grauiter ex parte ipsius ecclesie sepedicte exaccionarent, quod ob hoc iidem iam dicti domini pia ex consideracione siue compassione ipsorum michi benigne fauerent siue indulgerent, vt etiam iuxta moderamen eorum duntaxat iam dictos meos colonos aliqualiter exaccionarent. Item si ego antefatus presbyter *Jacobus* viuens vel moriens tempore cuiuscumque anni noualium bladi et vini elapso infra tunc proxime sequens festum Sancti Georii reliquero siue deseruero ecclesiam sepefatam, tunc ego debeo ipsius vineas iuxta necessitatem earum, prgvt oportunitas eiusdem temporis requirit, bene cultas et prouisas, item et dimidias adminus karratam vini, vnumque modium tritici et unum auene, Item et omnia peccora omniaque suppelectilia, michi per dominum *Nicolaum* Conuentualem predicti monasterii et plebanum tunc ecclesie parochialis iam sepefate relicta, siue assignata, aut equiualentem pecuniam pro ipsis iuxta duarum cedularum de hoc confectarum atque sigillatarum tenorem relinquere, meo inmediato successori a sepedictis domino Abbate et conuentu michi substituendo, de propria substancia mea. Nam certum, si ego videlicet aut in antedicto festo Sancti Georii aut post ipsum quocumque anno ante noualia ab ipsa ecclesia siue viuens recessero, siue moriens decessero, idem meus successor siue domini sepedicti debent in fructibus eorumdem tunc proxime venturorum noualium solum modo sine contradiccione stare contenti. Omnem meam relinquam siue mobilem siue immobilem substantiam aut michi aut meis proximis, quibus siue dedero, siue testatus fuero, liberam omnino relinquere amicis, nisi aliquid de censu neglecto eisdem sepedictis dominis soluere tenerer, aut ipsis aliquid de eadem mea substancia ob remedium anime mee materiarumque michi comissarum a dica ecclesia recedendo, darem aut largirer. Siue inipsa moriendo coram ydoneis testibus publice disponerem aut testarerem. In quorum omnium euidens testimonium roburque durabile et firmum has presentes litteras sepe memoratis domino Abbati atque Conuentui dicti monasterii *Sancte Crucis* Ego sepefatus *Jacobus* presbyter de *Prukka,* vicariusque in sepedicta, vt premittitur, parochiali ecclesia dedi sigilli mei, nec non et sigillorum honorabilium domini *Michael* plebani in *Sychkendorff* et discreti nobilis *Erhardi* de *Olacht* appensione munitas siue consignatas. Datum anno domini Millesimo Trecentesimo lxxx quarto, in die beatorum martyrum Dionysii et sociorum eius.

Origiaal auf Pergament mit zwei Siegeln.

## CCCXIV.

**1384, 21. December.** — *Die Gebrüder Niclas und Dietrich die Trokkendorfer vergleichen sich mit der Abtei Heiligenkreuz über alle Ansprüche, die ihnen auf gewisse ihrem verstorbenen Oheim Christian von Hagenbrunn gehörig gewesenen Besitzungen zu Wezelndorf zugestanden.*

Ich *Niclas* Vnd ich *Dietreich* gebruder die *Trokkendorffer* vnd all vnser Erben Wir vergehen vnd tün kunt allen den, die den brief lesent oder hörent lesen, Die nv lebent vnd hernach chunftig sint, Daz wir an vnser selbs stat vnd an *Lewpolts* stat des *Trokkendorffer* vnsers Pruders, der zu den zeiten ynner landes nicht ist, vns gantz vnd gar verrichtet haben nach Erber lewt Rat mit den Erbern Geistleichen Herren, dem Abbt vnd dem Conuent datz dem *Heiligenchrewtz* vm alle die ansprach, die wir gehabt haben auf daz halb lehen, daz dem *Weycharten* von *Wetzeldorf* gestanden ist, vnd daz die Herren von dem *Heyligenchrewtz* vmb zwaintzig phunt von ym geledigt haben; Vnd den zehent auf vierdhalb Yevch akchers, den *Lorentz Chlinsler* innhat; Vnd den zehent auf zwayn halben weyngarten vnd ain öden weingarten Vnd auch drithalb vnd zwaintzig phenning gelts gelegen auf äkchern, die die *Wetzeldorfer* innhaben, daz alles gelegen ist zu *Wetzeldorf* vnd vnsers Öhems *Christans* von *Hagenprunn* gewesen ist; Vnd swaz zu den selbigen gütern gehöret, Daz die vorgenanten Geistleichen herren gechauft haben von Jüdlein *Rötlein*, dem Juden ze *Newnburch* markchhalben, dem es für sein geltschult für haubtgut vnd für schaden veruallen ist, swaz wir auf dieselben Güter ansprach gehabt haben von erbtails wegen, so vns daran von vnserm Öhem *Dietreichen* des vorgenanten *Christans* sun, dem got genad, anerstorben möcht sein, Also daz wir mit wolbedachtem müt vnd gütem willen vns der vorgenant Güter vertzigen haben vnd vertzeichen vns der gentzleich mit dem brief, daz wir, noch der egenant *Lewpolt* vnser Pruder, noch alle vnser Erben fürbaz darauf chains rechtens gehen, noch chain ansprach darauf nymmermer haben, noch gewinnen süllen in chainem weg. Wer aber daz den vorgenanten Geystleichen Herren datz dem *Heyligenchrewz* oder irn nachkomen fürbaz an den vorgenanten gütern icht chriegs oder invell auferstunden von vns, oder von dem egenanten *Lewpolten* vnserm Pruder, oder von vnsern Erben, Swaz si des schaden nement, wie der schad genant ist, Daz süllen si haben auf vns vnd auf allem vnserm güt, daz wir haben in dem Lannde ze Österreich oder wo wir es haben. Vnd daz die berichtigung vnd vertzeichnung fürbas also staet vnd vntzerbrochen beleib, darüber so geben wir In den brief ze einem warn vrchund der sach versigilten mit vnsern insigiln Vnd mit vnsers vettern insigil, *Wernhartes* des *Trokkendorffer*, den wir dez fleysichleich gepeten haben, daz er der sach getzevg ist mit seinem insigil, Im an schaden. Der brief ist geben noch Christes gepurt drewtzehenhundert iar darnach in dem vier vnd

achtzgistem Jar, an sand Thomas tag dez zwelpf poten. (Original-
Pergament, dessen drei Siegel fehlen.)

## CCCXV.

**1385, 7. März. —** *Berthold der Oltegel verpfändet seinen der Abtei Heiligen-
kreuz dienstbaren Hof zu Arnstein für zwölf Pfund Pfenning, mit welchen
er ein ewiges Licht (in der Stiftskirche) stiftet.*

Ich *Perichtold* der *Oltegel* vnd ich *anna* sein Hausfrow vnd
alle vnsere erben Wir verihen mit dem brief, das wir mit gutem wil-
len vnsers gruntherren, des erburdigen geistleichen Herren appt
*Cholomans* von dem *Heyligen Chreutz* versatzt hoben vnsern hof
gelegen ze *Arenstain*, für zwelif phunt wienner phening zu einen
ebigen liecht vnd den wir wider in zwain Jaren ledigen vnd lesen
schullen. Tetten wir das nicht, so ist daz mit vnserm gutleichen
willen, daz vns vorgenanter Grunther appt *Choloman* von dem *heili-
gen Chrewtz* die zwelif phunt sol dargeben vnd sol hoben auf unserm
vorgenanten hof zwelif schilling wiener phening geltes. Vnd swan
wir nicht aigen insigel hoben, der ze vrchund geben wir in den brif
versiglt mit der zwain erbern mann Insigel, *Hansen* dem *langen*
Richter ze *Pertholdzdorf* vnd *Niclasen Durncharten* dasselbe, di wir
des gepeten haben, daz si der sach gezeug sint mit iren Insigelln, in
an schoden. Der brif ist geben nach Christes gepurd Dreitzehen
Hundert Iar dar nach im fümf vnd achtzigistem Iar des Erichtags
vor Mitenaassen.

Original auf Pergament, dessen zwei Siegel fehlen.

## CCCXVI.

**1385, 18. Juni. —** *Dienstrevers der Abtei Säusenstein auf die Abtei Heili-
genkreuz über jährliche acht Pfund Pfennige von Grundbesitzungen an der
Ips, zu Sarling und Haus.*

Wir Pruder *Jacob* Abt ze *Gotztal* vnd der Conuent gemain
daselbs bekennen offenlich mit dem brief vnd Tun Chünd allen, di in
sehent oder hörnt lesen, di nü lebent oder her nach chunftig sind,
Daz wir iærleich dienen schullen zu freyem Pürchrecht den Erbern
geistleichen Herren, Abpt *Cholman* vnd dem Conuent datz dem *hei-
ligen Chrewtz* acht phunt phenning wienner münzz vnd nicht mer
von der güter wegen gelegen pey der *Ybs* vnd gehaizzen datz dem

*Haws* vnd von dem Hof zway phunt phenning, vnd dann von den gütern ze *Sarling,* des ersten von der widem zway phunt phenning vnd von der Herschaft der Cappelln daselbs mit aller zugehorung dien wir zway phunt phenning, auzgenömen zehen schiling phenning, di da gewidemt sind zu einer wochen mezz, der sew vns nicht verchaufft habent. Dy obgenanten acht phunt phenning schull wir in dienen auf zwen täg, vier phunt auf sand Jorigen tag vnd vier phunt auf sand Michels Tag. Tet wir dez nicht vnd raichen den obgenanten dienst zü yden tag nicht, So habent sew vollen gewalt, vns vmb den versezzen dienst auf den obgeschriben gütern ze phenden vnd ze nötten als lang, hvntz si dez versezzen dienst werdent von vns gantz vnd gar gericht vnd gewert mit vnserm gutleichem willen. Ez ist auch ze merchen, daz wir mügen vnd gewalt haben, wann vns dez göt beraitt, di selben acht phunt aigens Purchrechts gultes anderswo mit ainem wechsel von in abzelesen, vnd gen in aus ze czraichen mit andern aigen grünten vnd Purchrecht, daz als güt sey vnd auch gelegen vndershalb der *Tvnaw* vnd damit sind die vorgenanten güter allew von in ledig vnd löz. Ez sint auch die egenanten güter von in vberhaben aller stewr vnd vngewonleicher gab, die weil si iærleich nemment von vns den obgeschriben dienst. Vnd daz dew handlung vnd di red fürbaz also stæt vnd vnzebrochen beleib, geben wir in den brief zu einem waren vrchund vnd zewgnüzz versigelten mit vnserm vnd vnsers Conuents paiden anhangunden Insigeln, Der do geben ist nach Christi gepurd Dreutzehen Hundert Iar vnd darnach in dem fümff vnd achtzigisten Iar, dez nagsten Sunntags nach Sand Veyts Tag des heiligen martrer.

Original auf Pergament mit zwei Siegeln.

# CCCXVII.

**1385, 22. December.** — *Leibgedingrevers von mehreren Bauern zu Pfaffstetten in Betreff eines ihnen von der Abtei Heiligenkreuz leibgedingsweise überlassenen Weingartens bei Pfaffstetten.*

Ich *Jörig* der *Wainbeyser, Kathrey* mein howsurow, Ich *Cholmann Lernstubich, Agnes* mein huwsurow, Ich *Peter Herbort, Margret* mein housurow, Ich *Janns Swob, Stephan* mein sun, ich *Oswald* vnd ich *Andre* paid *Merteins* des *Spiegel* sün, alle gesezzen ze *phafsteten,* verichen alle gemainchleich mit einander vnd tun chunt allen den, die disen brif lesent oder horent lesen, daz die erbern geistlichen herren, Prüder *Cholman,* die zeit abpt vnd der Conuent gemain des chloster ze dem *Heyligenchräwtz* mit guten willen, mit wolbedachten müt vnd mit verainten rat vns recht vnd redlich lazzen habent nur ze rechten leibgeding zu vnser aller lebtägen, die vor an dem brif benant sind, iren weingarten, der do haizzet daz *vlorntüch* vnd ist gelegen ze *Phafsteten* vnd gehört zu irm porten ampt vnd ist getailt in acht gleichew tail. Des ersten habent sie in dem obgenanten weingarten in dem rechten, so vor beschriben ist, *Jörgen* dem *Waynbegser* vnd *Kathreyn* seiner housurown lazzen zwai tail, *Cholman* dem *Lernstubich* vnd *Agnesen* seiner housurown ainen tail, *Peter Herborten* vnd *Margreten* seiner housurown ainen tail, *Jannsen* dem *Swoben* vnd *Stephan* seinem sun zwai tail, *Oswalden* vnd *Andren, Merteins* des *Spiegel* sun zwai tail. Die vorgenanten geistlichen herren habent vns allen, die vor an dem brief benant sind, irn obgenanten weingarten lazzen mit der beschaidenhait, daz vnser iegleicher seinen tail als viel vnd er in dem obgenanten weingarten hat, ez sei ain tail oder zwai, sol rechtlich, trewlich vnd wol pawen, als weingartpaw recht vnd gewonhait ist in dem Land ze *Österreich* vnd sullen auch ein iegleich paw ze rechter zeit darin pawen, also daz einem iegleichen tail in dem egenanten weingarten mit rechtem guten weingartpawe nichtes nicht vertzogen werd. Daz vier erber pérchgenossen pei iren treẃn gesprechen mögen, Wann sie den obgenanten weingarten beschaẃent, vnser iegleicher hab rechtlich, treẃlich vnd wol gepawet. Welicher awer der wer vnder vns allen, der seinen tail in dem obgenanten weingarten nicht pawet, als vor an dem brif begriffen ist, der soll alle seinew recht an seinem tail verlorn haben, ze welicher zeit daz in dem Iar ist, an alle wider red vnd irrung. Wir sullen auch den oft genanten geistlichen herren, als vil vnser oben benant vnd geschriben sind, von dem obgenanten weingarten alle iar raichen vnd dienen in dem lesen von ainem iegleichen tail einen emmer wein, des weines, der in demselben weingarten gewachsen ist vnd zwaintzig wyenner phenning, vnd sullen in den wein geantwürtten in irn hoff ze *Phafsteten* an alle ir mue vnd aribait. Vnd wann vnder vns obgenanten zwen leib, die ainen tail oder swen habent, mit dem tod von diser welt geschaiden, derselbigen tail ist den obgenanten geistlichen herren ledig warden, ez sei ain tail oder zwai, wie sie die vindent vnd ze welicher zeit daz in dem Iar ist, an alle irrung vnd einvell. Vnd wann wir alle mit einander gemeinchlich, die vor an dem brif geschriben sind, nicht aygner Insigel haben vnd darvmb ze einem vrchunt vnd ze einer sicherhait der wandlung haben wir die erbern vnd die beschaiden mann, heren *Larentzen* den *Hüter* vnd hern *Vlreichen* den *Slawntzer* gar fleizicleich gepeten, daz sie der sach gezewg sind mit iren anhangunden insigeln, in an schaden. Vnder derselben insigiln verpinden wir vns alle gemainichleich, die vor an dem brif benant sind, an alles geuer alles das stet zu haben vnd ze laisten, daz oben an dem brif geschriben vnd ausgenomen ist. Der brif ist geben nach Christi geburd drewtzehen hundert iar, dar nach in dem fümf vnd achtzigsten iar, dez freytags nach sand Thomas tag dez heiligen zweliffpôten.

Original auf Pergament mit einem Siegel, das zweite fehlt.

## CCCXVIII.

**1386, 25. Mai, Genua.** — *Bulle Papst Urban's VI. an den Bischof von Passau, worin er ihn beauftragt, die Angelegenheit der Incorporirung der Pfarre Aland zur Abtei Heiligenkreuz neuerdings zu untersuchen, und, wenn kein Anstand obwaltet, aus päpstlicher Vollmacht zu bestätigen.*

*Urbanus* episcopus Seruus seruorum dei. Venerabili fratri . . Episcopo *Patauiensi* Salutem et apostolicam benedictionem. Sacre religionis, sub qua dilecti filii Abbas et Conuentus Monasterii *Sancte Crucis* in *Austria*, Cisterciensis ordinis, Patauiensis diocesis deuotum et sedulum exhibent domino famulatum, promeretur honestas, ut uotis eorum illis presertim, per que dicti Monasterii utilitas procuratur, fauorabiliter annuamus. Exhibita siquidem nobis nuper pro parte dictorum Abbatis et Conuentus petitio continebat, quod olim accepto per bone memorie *Guidonem* Episcopum *Portuensem*, tunc titulo sancte Cecilie presbiterum Cardinalem et in partibus illis apostolice sedis legatum, quod propter magnam frequentiam hospitum tam pauperum quam aliorum ad ipsum Monasterium pro tempore confluentium quam alias ipsis ex fructibus, redditibus et prouentibus dicti Monasterii, que erant tennes et exiles, congrue sustentari et alia eis incumbentia onera commode supportare nequibant, dictus Episcopus tunc legatus Episcopo *Patauiensi* pro tunc existenti eius proprio nomine, non expresso auctoritate sue legationis per suas inter cetera dedit litteras in mandatis, ut ipse Episcopus Patauiensis de premissis diligenter inquireret et, si per inquisitionem huiusmodi reperiret, ea ueritate fulciri, parrochialem ecclesiam Sancti Georgii de *Alech* dicte diocesis, que ad presentationem dictorum Abbatis et Conuentus communiter spectabat et spectat, eidem Monasterio perpetuo unire et incorporare ac annectere procuraret, Ita quod cedente uel decedente Rectore ipsius ecclesie, qui tunc erat, uel ecclesiam ipsam alias quomodolibet dimittente liceret dictis Abbati et Conuenti, eandem ecclesiam libere apprehendere et licite retinere, et quod bone memorie *Albertus* Episcopus *Patauiensis,* postquam super premissis iuxta dictarum litterarum seriem diligentius inquisierat eaque inuenerat fore uera, dictam ecclesiam, cuius Quadraginta florenorum auri cum omnibus iuribus et pertinentiis suis eidem Monasterio, cuius Centum et Quadraginta Marcharum argenti fructus redditus et prouentus secundum communem exstimationem ualorem annuum, ut asseritur, non excedunt, predictarum litterarum uigorem etiam per ipsius *Alberti* Episcopi certi tenoris litteras perpetuo uniuit, incorporauit et annexuit, reseruata nichillominus per eundem *Albertum* Episcopum de huiusmodi fructibus, redditibus et prouentibus congrua portione pro perpetuo Vicario iu dicta ecclesia instituendo, ex qua idem Vicarius congrue sustentari, episcopalia iura soluere et alia sibi incumbentia onera supportare ualeret, pront in Episcopi *Portuensis,* tunc legati et Episcopi *Patauiensis* predictorum litteris prefatis et eorumdem sigillis sigillatis dicitur plenius contineri. Quare pro parte dictorum Abbatis et Conuentus nobis humiliter fuit supplicatum, ut, non obstante, quod littere predicti Episcopi *Patauiensis* per Tabellionem Subscripte et signate non fuerint, cum iuxta consuetudinem patrie illius priuilegia Episcopi *Patauiensis* pro tempore existentis per notarios publicos subscribi et signari, ut asseritur, non consueuerunt, unioni annexioni et incorporationi predictis robur apostolice firmitatis adicere de speciali gratia dignaremur. Nos itaque huiusmodi supplicationibus inclinati fraternitati tue, de qua in hiis et aliis specialem in domino fiduciam obtinemus, per apostolica scripta comittimus et mandamus, quatinus, si tibi constiterit, quod sigilla predicta autentica existant, unionem, anexionem et incorporationem predictas ex certa scientia auctoritate apostolica defectu non obstante predicto confirmare procures, reseruata tamen de huiusmodi fructibus, redditibus et prouentibus ipsius ecclesie, si prius assignata non fuerit, pro perpetuo Vicario in ea domino seruituro congrua portione, de qua congrue sustentari, episcopalia iura soluere ualeat et alia sibi incumbentia onera supportare. Datum *Janue* viii°. kalendas Junii, Pontificatus nostri Anno Nono.

Original auf Pergament mit Bleibulle.

## CCCXIX.

**1388, 26. Februar, Wien.** — *Gerichtsbrief der Hofschranen zu Wien, kraft dessen der Abtei Heiligenkreuz in ihrer Streitsache wider Herrn Hanns von Puchaim wegen gewaltsamer Entziehung einer Weide zu Haslach das Pfändungsrecht auf des letzteren Veste Rauhenstein für einen Betrag von hundert Pfund Pfennigen zuerkannt wird.*

Ich *Marchart* von *Tirenstain* Hofrichter in Osterreich vergich, daz fur mich chom, do ich saz an den Rechten in dem Hoftaiding ze *Wienn,* prüeder *Hans,* der obrist Chellner von dem *heiligen Chrewtz* von des Gotzhaus wegen chlagt hat Hintz hern *Hansen* von *Puchain* darob, das sew einen tail einer Waid, gelegen ze *Haslach* vnd die dem *Rokhendorffer* ierleich mit zwain phunten verdienen mvezzen, der hab er sew entwert vnd vndervunden also, daz si darauf irem frumen nicht geschaffen magen vnd tue das mit gewalt, dez si vmb hvndert phunt phenning engolten habent, vnd chlagt daz als lang hintz im, vntz daz er im front sein Vest *Ravchenstain* vnd waz darzu gehort, vnd sein guet ze *paden,* vnd alle seine gueter ze *Phafsteten,* die er da hat. Vnd daz alles nam der egenante prueder *Hans* auz der fron zden Tegen, vnd er zerecht solt. Darnach im dem nachsten Hoftaiding chom der egenante prueder *Hans,* der obrist Chellner von dem *heiligen Chrewtz* von des Gotzhaus wegen aber für recht vnd pat vragen nach der fron, di er selb hiet awsgenomen, was recht wær. Da ertailten di Lantherren vnd geviel im da mit vrag mit vrtail, seid sich der vorgenante prueder *Hans* vom *heiligen Chrewtz* hiet awsgenomen aws der fronu ze den tegen, vnd er zerecht solt, vnd auch der Schreiber nach des Fronpůch sag sein chuntschafft darvmb gesagt hiet, so schull auch man den vorgenanten prueder *Hansen* den Obristen Chellner von dem *heiligen chrewtz* von des Gotzhaws wegen der obgenante fronn vnd gueter, die er gefront hat vnd auch selb auz der fronn genomen hat, gewaltig machen vnd an di gült setzen, inn ze haben, niezzen vnd nutzen vnd allen seinem frvmen damit schaffen, als ver vntz das an der vorgenant hvndert phunt phenning seine scheden gantz vnd gar dovon vericht vnd gut werde, vnd sol auch in mein herr, der Hertzog, oder wer an seiner stat gewalt hat im Land ze Osterreich, darauf Schirmen vnd freyn vor allem Gewalt vnd vnnrechten. Mit Vrchund dez Briefs versigelt mit meinem anhangunden Insigel. Geben nach *Christes*

gepurd Drewtzehen Hundert Iar darnach in dem acht vnd achtzigistem
Iar des Mittichens Nach Reminiscere.

Original auf Pergament mit einem Siegel.

## CCCXX.

**1388, 29. Juni.** — *Revers Niclas des Fleischhackers von Aland und seiner*
*Hausfrau Elsbeth auf die Abtei Heiligenkreuz in Betreff des ihnen ausge-*
*folgten, der letzteren von ihrem früheren Gemal ausgefertigten Morgengab-*
*Briefes.*

Ich *Nyclas* der *Fleischakcher* datz *Alecht* vnd ich *Elzpet* sein
hawsfraw vnd ich *Nyclas* der *Män* vnd ich *Nyclas* der *Haslawer*
verieben offenleich an dem prief vnd tun chund allen den, die nun
lebent oder hernach chvnftig sind, vmb den prief, der in vnser erbir-
digen Geistleichen herrn gewalt ist gewesen von dem *Heyligen*
*Chreutz* vnd in ir gewalt ist chomen von des erbern heren wegen,
hern *Hansen* seligen, der pharr datz *Alecht* ist gewesen, vnd der
da sagt vber ain weingarten gelegen datz *Phaffsteten* am *tewffen*
*weg,* der der vorgenanten *Elzpeten*, des vorgenanten *Nycleins* des
*Fleischakcher* hawsfrown Margengab ist von irs vadern wiertz wegen
*Nycleins,* dem got gnad, der des egenanten erbern heren hern
*Hansen* seligen veter ist gewesen, daz si vns den prief gewen habent
zu vnsern hanten also mit der peschayden, ob daz wer, daz ymant
hernach chem vnd wolt erb sein des egenanten weingarten vnd die
vorgenanten herren davon tzuspruch gewunnen, da schull wir vmb ir
fuerstand sein vnd schullen daz verantwurten vnd ausrichten an all ir
scheden. Tet wir dez nicht, vnd was si des schaden nemment, wie
der schad genant ist, nichts ausgenomen, denselben schaden allen
schullen wir in abtragen vnd widercheren an alle widerred, vnd daz
schullen si haben auf vns vnuerschaydenleich vnd auf all vnsrer hab,
die wir haben in dem lant zu *Osterreich*, oder wo wir die haben,
wir sein lembtig oder tod, Vnd daz in daz alzo stet vnd vntzebrochen
peleib, darvber geben wir in den prief versigelt mit des erbern vesten
Ritter insigel, hern *Jorgen* des *Alachter* vnd mit des erbern chnechts
insigel, *Erhartz* datz *Alecht.* Wann wir aygen insigel nicht haben,
nu hab wir dew fleizzig peten, daz si der sach tzeug sind mit yren
anhangunden insigeln, in an schaden, darvnder wir vns verpinden,
alles das stet zu haben, daz var an dem prief geschriben stet. Geben
nach Christi gepurd drewtzehen hvndert iar, dar nach in dem acht

vnd achtzkisten Iar, an sand Peters vnd sand Pawls tag der heyligen zwelif poten.

Original auf Pergament, dessen zwei Siegel fehlen.

## CCCXXI.

**1389, 30. October, Wien.** — *Georg Bischof von Passau vollzieht auf Grund der inserirten Bulle Papst Urban's VI. die definitive Incorporation der Pfarre Aland zur Abtei Heiligenkreuz.*

*Georius* dei et Apostolice sedis gracia Episcopus *Pattauiensis* Vniuersis et singulis presentes litteras inspecturis et quos infrascriptum tangit negotium seu tangere poterit quoslibet in futurum Salutem in domino. Litteras sanctissimi in Christo patris et domini nostri, domini *Vrbani*, diuina prouidentia pape VI<sup>ti</sup>, in filo canapis more romane curie Bullatas non abolitas, non viciatas, neque in aliqua sui parte suspectas, sed omni vicio prorsus et suspicione carentes nobis per venerabilem in christo dilectum *Cholomannum* Abbatem Monasterii *Sancte Crucis* in *austria* ordinis Cisterciensis nostre patauiensis diocesis presentatas cum ea, qua decuit, reuerentia nos recepisse noueritis per omnia in hec uerba. (Folgt die sub Nr. CCCXVIII abgedruckte Bulle Papst Urban's VI., ddo. Genua 25. Mai 1386.) Post quarum litterarum apostolicarum presentacionem et receptionem fuimus pro parte eiusdem Abbatis cum debita instancia requisiti, vt ad executionem dicti mandati apostolici procederemus iuxta traditam nobis formam. Nos igitur volentes ad executionem ipsius procedere, vt tenemur, visis diligenter et inspectis supradictis litteris bone memorie *Gwidonis*, episcopi *Portuensis*, tunc tituli sancte cecilie presbyteri Cardinalis, ac felicis recordacionis domini *Alberti* olim episcopi *patauiensis*, predecessoris nostri sigillis eorum pendentibus sigillatis et receptis desuper securius informacionibus per testes ydoneos et iuratos, quibus nobis securie constitit et constat, quod huiusmodi littere ac sigilla fuerint eorumdem, scilicet Cardinalis et episcopi, quorum in eisdem litteris describuntur, fuisse et esse, quodque predicta sigilla fuerunt et esse consueuerunt autentica, quibus est non in merito fides adhibenda et quod iuxta consuetudinem huius patrie priuilegia episcopi patauiensis pro tempore existentis non consueuerunt per notarios publicos subscribi uel signari. Quapropter vnionem, annexionem et incorporacionem per prefatos dominos *Gwidonem* cardinalem et *Albertum* episcopum *patauiensem* de predicta parochiali ecclesia Sancti Georgii in *Alech*, nostre diocesis predicto Monasterio *Sancte Crucis* in *austria* sentenciam, seu modum et formam in predictis litteris expressam auctoritate apostolica, qua fungimur, in hac parte non obstante, quod littere dicti domini *Alberti*, predecessoris nostri per tabellionem subscripte et signate non fuerunt, ex certa sciencia approbamus et confirmamus in hiis scriptis, nobis nichillominus eadem auctoritate reseruate assignando potestatem, de fructibus, redditibus et prouentibus ipsius parochialis ecclesie in *Alech*, si prius assignata non fuerit, congruam porcionem, de qua congrue sustentari, episcopalia iura soluere valuat et alia sibi incumbencia onera supportare pro perpetuo vicario in ea domino seruituro, In quorum omnium fidem et testimonium presentes litteras sigilli nostri munimine unacum subscriptione *Johannis Synndrami*, notarii publici infra scripti subscribi et muniri fecimus ac etiam publicari. Acta sunt hec *Wyenne* in curia nostra episcopali anno domini Millesimo trecentesimo octuagesimo nono, Indictione duodecima, die penultima mensis Octobris, hora vesperorum uel quasi Presentibus venerabilibus viris et dominis, *Conrado* comite de *Hohenberg*, canonico ecclesie *Herbipolensis*, *Joanne Rewter* licenciato in decretis, *Ottone* de *Layming* et *Johanne* de *Mauerkirchen*, ecclesie patauiensis canonicis et pluribus aliis fide dignis testibus ad premissa vocatis et specialiter rogatis.

Et ego *Johannes Synnrami* de *Heylgenstad*, clericus *Maguntine* diocesis publicus Imperiali auctoritate notarius, quia dictarum litterarum apostolicarum presentacioni, receptioni, requisicioni, approbacioni et confirmacioni ac omnibus et singulis supradictis, dum sic per Reuerendum patrem dominum *Georium* episcopum *Patauiensem* predictum et coram eo agerentur et fierent, una cum prenotatis testibus presens interfui, eaque sic fieri vidi et audiui ac presentes litteras per alium, me aliis occupato negociis fideliter scriptas de mandato domini episcopi antedicti, publicaui et in hanc publicam formam redegi, meque subscripsi signo et nomine meis solitis et consuetis, vna cum appensione sigilli eiusdem domini Episcopi consignando in euidens testimonium omnium premissorum.

Original auf Pergament mit Siegelreste und Notariats-Zeichen.

## CCCXXII.

*1390, 21. März. Wien. — Revers Hanns des Schön, Bürgers von Wien und seiner Hausfrau Anna in Betreff der ihnen von der Abtei Heiligenkreuz aus Gnade ertheilten Erlaubniss, einen Giebel ihres Hauses auf eine Mauer des Heiligenkreuzerhofes zu Wien aufzusetzen.*

Ich *Hanns* der *Schön* purger ze *Wienn* vnd ich *Anna* sein Hawsfraw vnd alle vnser erben Wir vergehen offenleich mit dem brief, Das vns die erbern Geistlichen Herren von dem *heiligen krautz* nvr von gnaden vnd nicht von recht erlawbt habn, ein Gypel ze pawen auf ir Mawr, gelegen in irem Haws vnd haizzet der *Heiligen-kraivtzer Hof* ans vnserm Haus gelegen an dem alten *Fleischmarkcht* ze *Wienn* Also, das wir noch all vnser erben vnd nachkomen, die daselb baws innhabent vnd besitzen In die egenante ir Mawr chain recht haben sullen, weder mit tramme, noch mit plintfenstern, noch mit chainen andern sachen, wie die genant sind, in chain weg. Vnd wann wir selber aigens insigels nicht haben, Darüber so geben wir fur vns vnd fur all vnser erben vnd nachchomen In den brief zu einem warn vrkund der sach, versigelten mit der Zwaier erbern mann insigiln, hern *Stephans* des *Leitner* vnd *Jörgen* von *Nicolspurkch*, paider purger ze *Wienn*, die wir des vleizzichleich gepetn haben, Das si der sach gezeugen sind mit irn anhangenden insigiln, In an schaden; Vnd verpinden auch vns mit vnsern trewen an geuer vnder irn insigiln, alles das stet ze haben vnd ze laisten, das vor an dem brief geschriben stet, Der geben ist ze *Wienn* nach krists gepurd drewtzehnhundert Iar darnach in dem Newntzigistem Iar, des negsten Montags nach dem Schwartzen Suntag.

Original auf Pergament, dessen zwei Siegel fehlen.

## CCCXXIII.

*1390, 8. December. Wien. — Indulgenz-Bulle Papst Bonifaz IX. für die Abtei in Betreff der Erwerbung des von seinem Vorgänger Papst Urban VI. ausgeschriebenen Ablasses.*

*Bonifacius* episcopus seruus seruorum dei Dilectis filiis . . Abbati et Conuentui ac Conuersis Monasterii *sancte Crucis*, Cister-ciensis ordinis, Patauiensis diocesis Salutem et apostolicam benedictio-nem. Deuotionis uestre sinceritas promeretur, ut uotis uestris in hiis

presertim, que ad uestrarum Salutem animarum cedere ualeant, quanta
cum deo possumus fauorabiliter annuamus. Dudum siquidem felicis
recordationis *Urbanus* papa VI. precessor noster ex certis rationa-
bilibus causis ad id eius animum mouentibus de consilio etiam fratrum
suorum, de quorum numero tunc eramus, et apostolice potestatis ple-
nitudine statuit, ut uniuersi Christi fideles uere penitentes et confessi,
qui in Anno a natiuitate domini nostri Jesu Christi Millesimo Tercen-
tesimo Nonagesimo nunc instante, tunc futuro, et deinceps perpetuis
temporibus de Trigintatribus Annis in Trigintatres Annos Beatorum
Apostolorum Petri et Pauli Basilicas de Vrbe ac Lateranensem et
Sancte Marie maioris de dicta Vrbe ecclesias uisitarent causa deuotio-
nis, plenissimam omnium peccatorum suorum ueniam consequerentur;
ita uidelicet, ut quicumque uellet eiusmodi indulgentias assequi, si
Romanus ad minus Triginta continuis uel interpolatis semel saltem in
die, si uero Peregrinus aut forensis existeret modo simili Quindecim
diebus ad easdem Basilicas et ecclesias accedere tenerentur, prout in
dicti predecessoris litteris inde confectis plenius continetur. Cum
autem, sicut exhibita nobis nuper pro parte uestra peticio continebat,
uos ex singulari deuotionis feruore Basilicas et ecclesias predictas, ut
indulgentiam huiusmodi assequi possetis, in propriis personis libenter
uisitaretis, sed quia propter uiarum pericula et aliis certis de causis
desiderium uestrum huiusmodi commode adimplere non potestis, pro
parte uestra nobis fuit humiliter supplicatum, ut super hoc uobis pro-
uidere de benignitate apostolica dignaremur. Nos igitur uolentes, uos
promissorum intuitu fauoribus prosequi, gratiosis huiusmodi supplica-
tionibus inclinati, ut Confessor, quem quilibet uestrum duxerit eligen-
dum uobis apostolica auctoritate concedere ualeat, quod uos uere
penitentes et confessi indulgentiam huiusmodi assequi ualeatis. Ita
tamen, quod idem Confessor laborem et expensas, quos pateremini, si
propterea ad Vrbem predictam ueneretis, in alia pietatis opera uobis
commutet et oblationes, quas ad Basilicas et ecclesias predictas obla-
turi fuissetis, si ad illas personaliter uenissetis, ad eas sine dilatione
transmittatis et loco uisitationis Basilicarum et ecclesiarum predicta-
rum aliquas ecclesias in partibus illis, uobis per dictum Confessorem
deputandas, Quindecim diebus continuis uel interpolatis saltem semel
in die infra Annum huiusmodi, si commode poteritis, Alioquin infra
festum Resurectionis eiusdem domini nostri Jesu Christi proxime uen-
turum uisitare teneamini, deuotioni uestre tenore presentium indulgemus.

Nulli ergo omnino hominum liceat hanc paginam nostre conces-
sionis infringere, uel ei ausu temerario contraire. Si quis autem hoc
attemptare presumpserit, indignationem omnipotentis dei et beatorum
Petri et Pauli Apostolorum eius se nouerit incursurum. Datum *Rome*
apud Sanctum Petrum VI° Idus Decembris, Pontificatus nostri Anno
Secundo.

Original auf Pergament mit Bleibulle.

## CCCXXIV.

**1392, 12. Juni, Wien.** — *Bürgermeister und Rath der Stadt Wien überlassen
der Abtei Heiligenkreuz sämmtliche dem Wiener Bürgerspitale eigenthüm-
liche Besitzungen zu Erdprust theils kaufs- theils tauschweise.*

Wir *Michel* der *Gewchramer*, zu den zeiten Purgermayster, vnd
*Münzzmeiser*, *Niclas Weyspacher* Spitalmayster vnd der Rat gemayn der
Stat ze *Wienne* Vergehen vnd tun kunt allen den, die den brif lesent
oder horent lesen, die nu lebent vnd hernach chunftig sind, Das wir mit
gutem willen vnd mit wolbedachtem mute vnd mit gemaynem verain-
tem rat zu der zeit, da wir es wol getun mochten, an des vorgenanten
Spitals stat verchaufft haben alle die Güter vnd gült, die dasselb vn-
ser Spital gehabt hat zu *Erdprust*, die rechts aygen sind, als hernach
benant ist. Von erst aynen Hof gelegen daselbens zenegst *Niclas* hof
des amptmans vnd hundert vnd zwayntzig Jewchart akchers, die daryn
gehörent, vnd fümf Jewch weingarten vnd aynen pawmgarten bey der
Obern Mül, die auch an denselben Hof gehörnt, vnd aynen gantzen
weingarten vnd acht phunt sechs schilling vnd fümf vnd zwaintzig pben-
ning wienner müntz geltes auf bestiftem gut behawster holden vnd auf
vberlent Ekchern, weingarten vnd Pawmgarten vnd auf vogttgütern
vnd hundert vnd zwelif Metzen habern gelts vogttfuters vnd vogttay
auf behawsten gütern vnd auf vberlent fümf vnd dreitzig huener, gelts
vnd vogttay auf behausten gutern vnd auf vberlent, der sol ygleichs
huen vir phenning wert sein; Vnd sechs vnd fünftzig Ches geltes vnd
vogttay auf behawsten gütern vnd auf vberlent, der sol ygleicher
Ches ains phenning wert sein; Vnd zehenthalben Emmer weyns gel-
tes perkchrechts auf weingarten vnd aynlef phunt wienner phenning
geltes, gelegen auf der nydern Mül vnd alle Gericht, ynnerhawses vnd
auzerhawses, ze dorf vnd ze veld, an allayn swaz an den tod get, vnd
gantzen zehent auf zwaintzig Lehen daselbens chlainen vnd grozzen

ze veld vnd ze dorf. Die vorgenanten Güter vnd gult alle mitsambt
dem Gericht vnd zehent, als vorgeschriben stet, das daz vorgenante
Spital zu *Erdprust* gehabt hat vnd swaz zu ym allen gehöret an
vrbar, ze holtz, ze veld vnd ze dorf, es sein hof, Ekcher, weingarten,
pawmgarten, phenninggült, haberngült, buenergult, Chesgült, perkch-
recht vnd purkchrecht, es lige auf behawsten gutern, auf vberlent vnd
auf vogttgütern vnd alles das, daz zu denselben Gütern vnd gulten
vnd auch zu dem Gericht vnd zehent gehöret, Es sey gestifft oder
vngestifft, versucht oder vnuersucht, wie es alles genant, oder wa es
gelegen ist, nichts ausgenomen, alles onbelozzen gantz vnd gar an alle
austzug haben wir recht vnd redleichen verchawfft vnd geben mit
allen nutzen, ern vnd rechten, als dieselben güter vnd gült alle mit-
sambt dem Gericht vnd zehent, als vorbenant ist, von alter in aygens
gewer herchomen sind, Dem Erwirdigen geistleichen herren Bruder
*Cholman*, zu den zeiten Abbt des Gotzhawses datz dem *heiligen*
*Chrewtz* vnd dem Conuent gemayn daselbens vnd allen irn Nach-
komen Vmb Sybenhundert phunt wienner phenning, der wir an des
obgenanten Spitals stat an beraytschafft virhundert phunt wienner
phenninge gar vnd gentzleich verrichtet vnd gewert sein, Vnd für
die andern drewhundert phunt habent die vorigen Geystleichen her-
ren dem egenanten vnserm Spital zu einem rechten Chawf gut gege-
ben Ir Padstuben, gelegen bei der *Himelporten* ze *Wienne* nach des
Chawfsbrifs lawttung, den si daruber besunderleich gegeben habent,
Das wir also an des vorgenanten Spitals stat der egenanten Syben-
hundert phunt gar vnd gentzleich verrichtet vnd gewert sein, Mit der
beschaidenhait, das die vorgenanten Geystleichen herrn, Bruder *Chol-
man* vnd der Conuent gemayn datz dem *heiligen Chrewtz* vnd alle ir
Nachchomen die obgenanten Güter vnd gult alle mitsampt dem Ge-
richt vnd dem zehent vnd swaz dartzu gehort, als vorgeschriben stet,
sullen fürbaz ledichleichen vnd freileichen haben vnd allen irn frumen
damit schaffen, verchawffen, versetzen vnd geben, wem si wellen an
allen irrsale. Vnd zu einer pezzern sicherhait so setzen wir vns obge-
nanten *Michel* der *Gewchramer* purger maister, *Niclas Weyspacher*
Spitalmaister vnd der Rat gemain der Stat ze *Wienne* mitsampt
vnsern Nachchomen vnuerschaidenleich vber die obgenanten Güter
vnd gült mitsampt dem Gericht vnd dem zehent vnd swaz zu im allen
gehöret, als vorgeschriben stet, den obgenanten geistleichen herrn
vnd dem Conuent gemain datz dem *heiligen Chrewtz* vnd allen irn

Nachchomen zu rechten gewern vnd scherm für alle ansprach, als aygens recht ist vnd des Lanndes recht zu Österreich. Wer aber, daz In an den egenanten gütern vnd gulten vnd an aller irer zugehorung icht chrig oder ansprach auferstunde, von swem daz wer, mit recht oder ob In mit recht daran icht abgieng, Swaz si des schaden nement, daz sullen wir In alles ausrichten, ablegen vnd widercheren an allen irn schaden vnd sullen auch Si daz haben auf vns vnd vnsern Nachchomen vnuerschaidenleich vnd auf allem dem gut, Erbgut oder varund gut, wie daz genant, oder wa daz gelegen ist nichts ausgenomen, daz zu dem vorgenanten vnserm Spital gehoret. Vnd das der chawf furbaz stet vnd vntzerbrochen beleyb, Daruber so geben wir In den brif zu einem warn vrchund vnd zu einer ewigen vestnung der sach, versigillten mit der obgenanten Stat ze *Wienne* chlainem vnd des Spitals bayden anhangunden Insigilln. Der brif ist geben ze *Wienne* Nach Kristi gepurd drewtzehen Hundert Iar darnach in dem zway vnd Newntzigistem Iar an Gotesleychnams Abennde.

Original auf Pergament, dessen zwei Siegel fehlen.

## CCCXXV.

**1392, 26. Juni. — *Hanns der Richter von Hausbrunn und seine Hausfrau Katharina verkaufen der Abtei Heiligenkreuz ihren Hof zu Hausbrunn.***

Ich *Hans* etwan Richter zu *Hawsprünn* vnd Ich *Kathrey* sein Hausfraw vnd all vnser Erben wir vergehen vnd tun künd offenleich mit dem briff Gegenwurttigen vnd Chümftigen, daz wir mit wollbedachtem müt vnd mit gesampter hant, vnd mit veraintem Ratt vnserr nachsten frewnt zu der zeit, da wir iz mit Recht wol getun machten, vnd mit vnsers genedigen grüntherren hant, des erwirdigen geistleichen Herren Abpt *Chollmann*, zu dem *heiligen Chrevtz* Recht vnd redleich verchaufft haben vnsern Hof gelegen daselbs zu *Hausprunn*, zu nachst *Perichtolden* vnd zunachst *Gergen* dem *prenner* mit aller seiner zu gehorüng zu veld vnd zu dorff, gestifft vnd vngestifft, versucht vnd vnuersucht, nichtz auzgenomen alles inbeslassen vnd dauon man alle iar dint zu Rechtem purchkrecht dem obgnanten vnserm genedigen Herren, Abpt *Cholman* vnd dem gantzem Conuent zu dem *Heiligen Chrewtz* viertzigk Wienner phennig an Sand Gergen tag vnd ainen Chastenmütt waitz an Sand Gilgen tag vnd nicht mer, den vorgenanten Hoff mit aller seiner zugehorüng haben wir Recht vnd redleich verchaufft vnd geben mit allen den nutzen, ern vnd rechten, als wir in vnuersprochenleich in purchkrechtes gwer berpracht haben vnd als er von alter her chomen ist, vmb zway vnd zwanitzigk phunt wienner phennig, der wir gantz vnd gar verricht vnd gewert sein, dem vorgenanten vnserm gruntherren, dem Erwirdigen geistleichen Herren Abpt *Cholmann*, zu dem *heiligen Chrewtz* vnd dem gantzem Conuent daselbs furbaz ledichleich vnd freileich zu haben vnd allen iren frumen damit zu schaffen, verchauffen, versetzen vnd geben, wem si wellen an allen chrig vnd irsal. Vnd zu ainer pessern sicherhait so setz ich mich obgenanter *Hans* vnd ich obgenantew *Katrey* mit sampt vnsern Erben vnuerschaidenleich vber den vorgenanten Hof vnd waz darzu gehoret zu rechten gwern vnd scherm fur alle an-sprach, vber daz purchkrecht als purchkrechtz recht ist vnd des Lanndes recht zu Osterreich. Wer aber, daz si daran icht chrig oder ansprach gewinnen, von wem daz wer mit recht oder ob in mit recht daran icht abgieng, waz si des schaden nement, daz schullen wir in alles auzrichten vnd widerchern an allen iren schaden vnd schullen auch si daz haben vnuerschaidenleich auff vns vnd auff allem vnserm gut, daz wir haben in den Landen zu Osterreich, oder wo wir iz haben, wir sein lebentig oder tod. Vnd daz der chauff vnd der scherm furbas also stet vnd vntzebrochen beleib, dar vber so geben wir in den briff versigelt, Wenne ich obgenanter *Hans* vnd ich *Katrei* sein hausfraw aygenner insigel nicht inhaben, so verpint wir vns mit vnsern trewn an aydes stat vnd an geuer hinder der Erbern Insigel, *Hannsen* von *Persenpewg*, die zeit purggraf zu *Mistelbach* vnd *Hansen* des Jüngern *Schretenperger* vnd *Otten* des *Wulfleinsdorffer*, di wir dar vmb vleizzig gepeten haben, daz sie der sach zewgen sind mit iren anhangunden Insigeln, in an schaden. Der briff ist geben nach christi gepurd drewtzehenhundert iar darnach in dem zway vnd Newntzigistem iar, des Miticben nach Sand Johannes tag Gotes thauffer zu Süniwentten.

Original auf Pergament mit zwei Siegeln, das dritte fehlt.

## CCCXXVI.

**1392, 11. November.** — *Grunddienst- und Zehent-Revers der Gebrüder Nikolaus und Leonhard Wedel auf die Abtei Heiligenkreuz über verschiedene Grundstücke zu Maierling an der Schwechat.*

Ich *Niclas* der *Wedel* vnd ich *Lienhart Wedel*, sein pruder vnd alle vnser erben Vergehen vnd tün offenlich mit dem brief allen lewten, gegenwürtigen vnd künftigen, daz die erbern geistlichen herrn Prüder *Cholman*, die zeit Abt vnd der Conuent gemain des Chloster ze dem *Heiligenchrawtz* vns recht vnd redlich lazzen habent irs rechten freyn aygens ze rechtem Purchrecht ir Grünt, die hernach an dem brif geschriben sind, vnd die alle gelegen sind ze *Mawrling* pei der *Swechent*. Des ersten habent Si vns lazzen ain gerawt, darnach ain Jeuch aker, die ist gelegen pei des *vischern* wisen, vnd awer ain Jeuch aker, die ist gelegen pei *Fridreichs* des pawern aker, vnd ain halb Jeuch aker vnd ain chlaines wisel vnd nicht mer. Die vorgenant ir Grünt habent Sie vns lazzen vnd allen vnsern erben mit der beschaidenhait, daz wir in oder wer dieselben Grünt nach vns inne hat, alle iar an sand Michels tag douon reichen vnd dienen sulln irn Chamrer den dienst, der hernach an dem brief benant ist. Des ersten sullen wir in dienen von dem Gerawtt zwen vnd dreizzich phenning, vnd von den vorgenanten zwain Jeuch aker vier phenning, von der halben Jeuch aker vnd von dem chlainen wislein zwen phenning vnd nicht mer. Vnd wann wir in den egenanten dienst auf sand Michels tag nicht dienen, so süllen wir in veruallen sein zwispild an alle vrag vnd vrtail, Wir süllen in auch den zehent geben von allem dem, daz wir auf den obgenanten Gerawtt erpawen, sein sei vil oder wenig vnd wie daz gehaizzen vnd genant ist. Wir mügen auch die obgenante Grünt mit dem dienst, der darauf gesatzt ist, versetzen vnd verchauffen vnd allen vnsern frumen domit schaffen, wie vns daz allerpest geuellet vnd fueglich ist, an alle irrung vnd wider red. Vnd des ze einem vrchund geben wir den vorgenanten geistlichen herren ze dem *Heiligenchrawtz* den brief, versigelt mit meinem vorgenantes *Niclasen* des *Wedel* anhangunden insigel, vnd wann ich vorgenanter *Lienhart* der *wedel* nicht aigen insigel han, darumb hab ich gepeten den erbern vnd beschaiden *Albern* von *Wildekk*, daz er der sach getzewg ist mit seinem anhangunden insigeln, im an schaden, vnder den vorgenanten zwain insigeln verpind ich mich egenanter *Lienhart* der *Wedel* mit meinen trewen alles daz stet haben vnd ze laisten, daz oben an dem brief begriffen vnd benant ist. Der brief ist geben nach Christi gepürd drewtzehen hundert iar darnach in dem zwai vnd Newntzigistem iar, an sand Mertten tag.

Original auf Pergament, dessen zwei Siegel fehlen.

# CCCXXVII.

**1393, 6. October.** — *Die Cistercienser-Abtei Sedlecz in Böhmen verkauft der Abtei Heiligenkreuz ein Viertel Weingarten zu Korneuburg.*

Wir *Wentzeslaus* von gots gnaden abt, *Niclas* prior, *Mauricius* Subprior, *Johannes* kelner vnd *Bursner*, *Benczeslaus* phortner vnd der gantz Conuent des gotzhaws dacz *Zedlicz*, Vergehen fur vns vnd alle vnser nachkomen vnd tün chvnd mit dem brif offenbar allen Lewten, Das wir mit wollbedachtem müt vnd mit verainten Rat vnsers Conuents, do wir es rechtlich wol getun machten, Mit vnsers Weingarten perigmaysters hant *Heinreichs* des *Flötzer*, die zeit Statrichter ze *newmbürg* chlosterhalben vnd perigmaister auf hern *Stephans* des *schekchen* chind gut doselbs verchawft haben ain virtayl weingarten, der zu vnserm gotzhaws gehört hat, gelegen an dem *Mitter ekk* ze nachst der Geistlichen Herren weingarten von dem *Heiligen chrewz*, do man alle iar von dint herrn *Stephans* des *Schekchen* kind ainen balben Emmer weins ze perkchrecht vnd drey helbling ze voytrecht vnd nicht mer, den egenanten vnsern weingarten, der zu vnserm gotzhaus gehört hat, Haben wir verchawft vnd geben vmb drewtzehen phvnt wienner phenninge, der wir an vnsers gotzhaws stat gantz vnd gar verricht vnd gewert sein ze Rechten tagen, dem erwürdigen herren Abt *Niclasen* vnd dem gantzen Conuent des gotshaws zu dem *heyligen Chrewtz* fürbas ledichlich vnd vreyleich ze haben, allen irn frvmmen damit schaffen, als in das allerpest vnd irm gotzhaus fügent ist; Vnd sein auch wir *Bentzeslaus*, Abbt datz *Zedlitz*, vnd gemainichlich der gantze Conuent doselbs des egenanten virtayl weingarten des erwürdigen herren Abbt *Niclas* vnd des gantzen Conuents des gotzhaws zu dem *Heiligen chrewtz* recht gewer vnd scherm für alle ansprach nach des Lanndes recht in Österreich. Vnd was in mit recht daran abget, das schullen sew haben auf vns vnd vnuerschaidenlich vnd auf allem dem gut, daz vnser gotzhaws hat, wir sein lebentig oder tod. Vnd des ze vrchünd der vorgeschribenn handlung geben wir Aht *Bentzeslaus* des gotzhaws zu *Zedlitz* für vns vnd alle vnser Nachkome dem erwürdigen herren Aht *Niclasen* zu dem *Heyligen chrewtz* vnd dem gantzen Conuent daselbs den brief darüber versigelten Mit vnserm vnd vnsers Conuentzs anhangunden Insigeln Vnd mit vnsers egenanten weingarten perichmaysters Insigel, *Hainreichs* des *Flozzer*, den wir darvmb vleizzig gepeten haben an vnser vnd vnserr nachkomen stat. Der brief ist geben nach christi gepürd drewtzehen hundert iar darnach in dem drew vnd Newntzigistem Iar, acht tag nach Sand Michels Tag.

Original auf Pergament mit zwei Siegeln, das dritte fehlt.

## CCCXXVIII.

**1394, 4. März, Raab.** — *Johann Bischof von Raab beurkundet, dass die Abtei Heiligenkreuz alljährlich ihm und seinem Domcapitel zwei Mark Silber, als Ablösung der Zehententrichtung von dem Gute Vogelndorf zu zahlen habe.*

*Joannes* miseracione diuina et apostolice sedis gracia Episcopus ecclesie *Jaurinensis*, Notum facimus vniuersis quibus expedit presencium per tenorem, quod honorabiles et religiosi viri dominus *Nicolaus* abbas totusque Connentus Monasterii *Sancte Crucis* in *austria*, ordinis Cisterciensis, Patauiensis diocesis annis singulis tenentur nobis in Festo sancti Georgii soluere duas marcas argenti fini vel pecuniam equiualentem pro decima cuinsdam possessionis, que vulgariter *voguldorf* nuncupatur, quam decimam pro duabus dumdaxat marcis ab antecessoribus nostris et a nobis habuerunt annis multis, quibus duarum marcarum tres partes pertinent nobis, quarta vero pars Honorabilibus viris Capituli ecclesie nostri *Jaurinensis* est soluenda. Informati siquidem per fide dignos sufficienter sumimus et agnoscimus, quod supradictarum duarum marcarum argenti quarta pars prefatis dominis et successoribus nostris Capitulo antedicto et prenotati religiosi viri abbas et Conuentus *sancte Crucis* pro antedicta decima in *Vogeldorf* annis singulis non plus quam duas marcas predictas soluere et ad *Jaurinum* in festo sancti Georgii porrigere tenentur, vel pecuniam equiualentem. In cuius rei testimonium presentes litteras nostras appensione sigilli nostri autentici iussimus roborari. Datum *Jaurini* feria quarta, puta in die Cinerum, Anno domini Millesimo trecentesimo nonagesimo quarto.

Original auf Pergament mit Siegel.

# CCCXXIX.

**1304. 24. Juli.** — *Gerichtsbrief, kraft dessen der Abtei Heiligenkreuz ein Weingarten bei Mödling wegen versessenen Ueberzinses gerichtlich zugesprochen und eingeantwortet wird.*

Ich *Fridreich* der *Ottentaler*, zu den zeiten ambtman ze *Medlich*, des erbern Herren Graf *Hermans* von *Cilii*, vergieh mit dem brief, das für mich cham, do ich sazz an dem rechten vnd die erbern purger daselbs, ein erber mann mit vorsprechen *Trawtman* der *Hüppler*, die zeit ambtman ze *Medling*, des erbern geistleichen hern Abt *Niclos* von dem *Heyligenchrewtz* vnd chlagt auf einen weingarten, der do gewesen ist *Hannsen* des *Stecher* gelegen ze *Medling* vor der *Chotgazzen* ze nechst *Hannsen* dem *Haubtman*, do man alle ior von dint Graff *Herman* von *Cily* zwen wiener phening an sand Michels tag ze gruntdinst; vber den gruntdinst chlagt er auf den weingarten vmb fumfthalben emmer wein minner eins halben virtail rechts vbertzzins, die im nicht gedint sind waren mer wenn recht teg, vnd pat vrogen was recht wer. Do ward zu dem rechten erfunden vnd gesprochen: Man solt *Christan* den *Stecher* vnd *Anna* sein swester ze wizzen tun, vnd laden für recht. Das hot man getan vnd hot sew geladen albeg ze rechter zeit, ye ze virtzehen tegen noch des Laandes recht, alslang vnd alswer, das zwispil darauf ertailt ward mit dem rechten zwai vnd dreizzig phunt vnd mer; vnd pat vrogen, was recht wer. Do gab vrag vnd vrtail: Seid man *Christan* den *Stecher*, anna sein swester darvmb geladen vnd ze wissen hiet getan ze rechter zeit, ich sull im erber mann zwen geben, die den weingarten schawn vnd schezzen nach iren trewen, ob er tewer wer, den der vbertzins vnd die zwispil pringe, die dar ertailt auf ist worden mit dem rechten. Do gab ich im *Merten* den *swantzz* vnd *Hannsen* den *schuster*. Die chomen wider für mich vnd sagen darumb pei iren trewn, als si ze recht solten, das si den weingarten geschawt vnd geschatzzt habent, das er fumftzehen phunt phennig wert sei vnd nicht tewr. Darnach pat er vrogen, was recht wer. Do gab vrag vnd vrtail: Seit die erbern leut den weingarten geschawt vnd geschatzzt hieten vnd auch darvmb gesagt hieten pei iren trewn, das er fumftzehen phunt wert wer vnd der vbertzins vnd die zwispil mer pringt, er sull mir meine recht geben, das het er getan, vnd sull ich in des weingarten gewaltig

25*

machen, furbas allen seinen frumen an seiner Hern stat domit schoffen mit verchauffen , mit versetzen vnd geben, swem er welle an alle irrunge. Vnd swem ich selb nicht aigen insigel hab, des ze vrchund gib ich im den brief versigelt mit des obgenannten gruntherren insigel , Graf *Hermans* von *Cily*, das er geben hat vber seine güter, die zu der vest ze *Liechtenstain* gehörent, vnd haben gepeten *Stephann* den *rewtter*, das er der sach getzeug ist mit seinem insigel, im an schaden. Der brief ist geben nach christi gepürd drewtzehen hundert iar darnach in dem vir vnd Newntzzigistem iar, des vreytags nach sand Maria Magdalene tag.

Original auf Pergament mit einem Siegel, das zweite fehlt.

## CCCXXX.

**1304, 24. Juli.** — *Gerichtsbrief, kraft dessen der Abtei Heiligenkreuz ein Weingarten bei Medling wegen versessenen Grunddienstes und Ueberzinses zugesprochen und eingeantwortet wird.*

Ich *Fridreich* der *Ottentaler*, Purger ze *Medlikch* vergich mit dem brief, das für mich cham, do ich sas an dem rechten vnd die erbern purger daselbs, ein erber man mit versprechen *Trawtman* der *Huppler*, die zeit ambtman ze *Medlikch* des erbern geistleichen Herren Abt *Niclos* von dem *Heyligenchrewzz* vnd chlagt auf einen weingarten, der do ist gewesen *Hannsen* des *Stecher*, gelegen ze *Medlikch* vor der *chotgazzen*, ze nechst *Hannsen* dem *Pfann*, vmb vir vnd Subentzig phenning versezzens gruntdinst vnd vmb furnfthalben emmer wein, minner eins halben virtail rechts vbertzins, das im nicht gedint wer waren mer wenn recht teg, vnd pat vrogen, was recht wer. Do word zu dem rechten erfunden vnd gesprochen : Man solt *Christan* dem *Stecher* vnd *Anna* seine swester ze wizzen tuen vnd laden für recht. Das hot tegen nach des Lanndes recht, als lang vnd alsuer, das zwispil darauf ertailt ward mit dem rechten Subentzig phunt vnd mer; vnd pat vrogen, was recht wer. Da gab vrag vnd vrtail: Seid man *Christan* man getan vnd hot sew geladen albeg ze rechter zeit, ye ze virtzehen den *Stecher* vnd *Anna* sein swester dar vmb geladen vnd ze wizzen hiet getan ze rechter zeit, ich schull im erber man zwen geben, die den weingarten schawn vnd schetzen nach iren trewen , ob er tewer wer, den der versezzen gruntdinst vnd der vbertzins vnd die Zwispil pringt, die mit dem rechten darauf ertailt ist worden. Do gab ich im *Merten* den *swantz* vnd *Hannsen* den *schuster*. Die chomen wider fur mich vnd sagten darvmb pei iren trewn, als si ze recht solten, Das si den weingarten geschawt vnd geschatzt habent; Das er virtzig phunt wert sei vnd nicht tewr. Dornach pat er vrogen, was recht wer. Do gab vrag vnd vrtail: Seit die erbern lewt den weingarten geschawt vnd geschatzt hieten vnd ouch dar vmb gesagt hieten pei iren trewen, das er virtzig phunt wert wer vnd der versessen gruntdinst vnd der vberzins vnd die Zwispil mer pringt, er sull mir meine recht geben, das hot er getan; vnd sull ich in des weingarten gewaltig machen, fur-bas allen seinen frumen an seiner hern stat domit schaffen mit verchau-fen, mit versetzen vnd geben, swem er welle an alle irrunge. Vnd swen ich selb nicht aigen insigel hab, So hab ich gepeten *Petrein* den *raidlein* Panrichter vnd Judenrichter ze *Medling*, das er den brief ver-sigel an meiner stat vnd habn auch gepeten *Stephan* den *Rewter*, das er der sach getzeug ist mit seinem insigel, im an schaden.

Der brief ist geben nach christi gepurd dreutzehen Hundert iar dar nach in dem vir vnd newntzigistem iar, des vreytags noch sand Maria Magdalene tag.

Original auf Pergament, dessen zwei Siegel fehlen.

## CCCXXXI.

**1396, 20. März.** — *Paul der Garser verkauft der Abtei Heiligenkreuz ein halbes Lehen zu Erdprust und seine Rechte auf die daselbst gelegene Mühle derselben.*

Ich *Paul* der *Garser* vergich vnd tun kund allen den, die den brief lesent oder horent lesen, die nu lebend vnd hernach künftig sint, das ich mit aller meiner erben gutem willen vnd gunst, mit wolbe-dachtem mut zu der zeit, da ich es wol getun mocht, vnd mit meins lehenherren hannt, des edeln herren hern *Ewerharts* von *Chappel* verchawfft han meins rechten lehens, das ich von Im ze lehen gehabt han, mein halbs lehen gelegen ze *erdprust* zenachst den dewtschen herren vnd alles das, das dartzu gehoret, ze veld vnd ze dorff, es sey gestifft oder vngestifft, versucht oder vnuersucht, wie so das genant ist, do man alle iar von dint achtzig wienner phennig ze rechtem dinst, dartzu han ich verkawfft alle die Recht, die ich gehabt han an der geistleichen Herren mül von dem *Heiligen Chräwtz*, gelegen da-selbens ze *erdprust* vnd swaz dartzu gehoret, das vorgenant halb lehen vnd swaz dartzu gehoret, vnd alle die Recht, so ich an der vorgen mül gehabtt han , als vorgeschriben stet , han ich Recht vnd redleichen verchawfft vnd geben mit allen den nutzen vnd rechten, als ich es alles in lehens gwer herpracht han vnd als es mit alter herchoms ist, vmb syben phunt wienner phenning, der ich ganz vnd gar verrichtet vnd gewert pin, dem erwirdigen geistleichen herren Pruder *Niclasen* , ze den zeiten Abbtt vnd dem Conuent gemain des vorgenanten Chlosters datz dem *Heiligen Chrewtz* vnd irn nachkomen furbas ledichleichen vnd freyleichen ze haben vnd allen iren frumen damit ze schaffen, verchawffen, versetzen vnd geben, wem sy wellen an allen irrsal. Ich pin auch mit sampt allen meinen erben vnuerschaidenleich des vorgenanten halben lehens vnd swas dartzu gehoret vnd aller der Rechten, so ich an der vorgenanten mül gehabtt han, als vorgeschrieben stet , der egenanten geistleichen herren datz dem *Heiligen krawtz* vnd irer Nachkomen Rechtt gewern vnd scherm fur alle ansprach, als lehensrecht ist vnd des lanndes recht ze *Osterreich*. Wer aber, das In furbas an dem selben halben lehen vnd seiner zugehorung vnd an allen den rechten , so ich an der vorgenanten mul gehabtt han, so vorgeschriben stet, mit recht icht abgieng oder ob In mit recht icht kriegs oder ansprach daran aufferstund, von wem daz wer, Swaz sy des schaden nement, daz sullen wir In alles ausrichten vnd widerchern an alln irn schaden , vnd sullen auch sy das haben auff vns vnd auff allem vnserm gut, daz wir haben in dem Lannde ze *Osterreich* , oder wo wir es haben , wir sein lembtig oder tod. Vnd datz der kawff furbas also stet vnd vntzebrochen beleib, darüber so gib ich In den prieff ze einem waren vrkund der sach, versigilten mit meinem angehangen insigil vnd mit *Laslabs* insigil des *Hörings* vnd mit *Weykarts* insigil des *Herings*, seins pruders, die der sach getzeugen sint mit irn insigiln, In an schaden. Der brieff ist geben nach krists gepurdt drewtzehen hundert iar darnach in dem Sechs vnd newntzgistem Iar, an dem heiligen Phingst Abennt.

Original auf Pergament mit Siegel.

## CCCXXXII.

**1396, 5. April, Rom.** — *Bulle Papst Bonifaz IX., kraft deren er den Abt von Heiligenkreuz beauftragt, der Abtei Zwettl, nach Richtigbefindung der von ihr angegebenen Umstände, die Bewilligung zum Verkaufe eines Maierhofes in Wien und einiger Weingarten in seinem Namen zu ertheilen.*

*Bonifatius* episcopus seruorum Dei Dilecto filio, Abbati Monasterii *sancte Crucis*, Patauiensis dioceses, Salutem et apostolicam benedictionem. Exhibita siquidem nobis nuper pro parte dilecto filio Abbatis et Conuentus Monasterii sancte Marie in *Zwetel*, Cisterciensis ordinis, Patauiensis, diocesis petitionis series continebat, quod ipsum Monasterium adeo est tam propter debita usuraria, in quibus tenetur et pro quibus maior pars bonorum immobilium ipsius Monasterii eorum creditoribus est impignerata, quam propter usuras huiusmodi, quas de reliquis bonis ipsius Monasterii annuatim soluere habent, pregrauatum et in suis facultatibus diminutum existit et in dies propter mutua, que proinde ac pro eorumdem Abbatis et Conuentus et seruitorum ipsorum sustentatione ac hospitalitatis obseruatione et aliis oneribus eis incumbentibus supportandis necessario contrahere habent, dimminuitur, quod, nisi de oportuno et celeri remedio prouideatur, oportebit eos ipsum Monasterium incultum deserere et mendicare, aut alias aliunde eorum uitam querere, quodque ipsum Monasterium habet in opido *Wiennensi* eiusque territorio dicte diocesis quandam Grangiam ac certas uineas, que nullam aut modicam ipsi Monasterio afferunt utilitatem, ymo potius interdum incommoditatem, ex quarum pretio, si uendantur, predicta debita, seu eorum maior pars poterunt, ut sperant, solui ac predicta bona impignerata eis magis utilia redimi et recuperari. Quare pro parte ipsorum Abbatis et Conuentus nobis fuit humiliter supplicatum, ut eis huiusmodi Grangiam et uineas ex causa predicta uendendi et perpetuo alienandi licentia concedere de speciali gracia dignaremur. Nos igitur de premissis certam noticiam non habentes, ac ipsorum Abbatis et Conuentus in hac parte supplicationibus inclinati, discretioni tue, de qua in hiis et aliis specialem in domino fiduciam obtinemus, per apostolica scripta committimus et mandamus, quatenus consideratis circumstantiis uniuersis, que circa hec sunt attendende, si tibi uideatur, quod uenditio et alienatio huiusmodi, si fiant, cedant in euidentem utilitatem dicti Monasterii, super quo tuam conscientiam oneramus, eisdem Abbati et Conuentui huiusmodi Grangiam et uineas cum attinentiis ac iuribus et pertinentiis suis imperpetuum ex causa predicta uendendi et alienandi plenam et liberam auctoritate nostra licentiam largiaris, ita tamen, quod pretium exinde prouenturum omnino in solutione debitorum et recuperatione bonorum impigneratorum huiusmodi et alias in utilitatem huiusmodi eiusdem Monasterii conuertatur. Datum *Rome* apud Sanctum petrum Nonis Aprilis, Pontificatus nostri anno Septimo.

Original auf Pergament mit Bleibulle.

## CCCXXXIII.

*1397, 15. Jänner, Wien. — Eberhard von Capellen überlässt der Abtei Heili-*
*genkreuz das ihm zustehende Obereigenthum einer von ihm lehenbaren Gülte*
*zu Erdprust, welche Letztere von Paul dem Garser erkauft hat.*

Ich *Eberhart* von *Cappell* vergich für mich vnd für all mein
erben vnd tun kund allen den, die den brief lesent oder horent lesen,
die nu lebent vnd hernach künftig sind , Vmb die achtzig wienner
phenning gelts, gelegen ze *Erdprust* auf einem halben lehen vnd auf
alle dem, das dartzu gehöret ze ueld vnd ze dorff, wie das genant ist,
die der Erwirdig geistleich herr Bruder *Niclas*, Abt datz dem *heiligen*
*chrewtz* vnd der Conuent daselbs von *Paulen* dem *Garser* chawfft
habent, der die von mir ze lehen gehabt hat, das ich mit gutem willen,
mit wolbedachtem müt vnd nach rat meiner frewnt, lauterleich durch
got vnd durch meiner vnd aller meiner vodern selen hails willen die
aigenschaft des vorgenanten guts den egenanten geistleichen herren
datz dem *heiligen Chrewtz* geben vnd si der Manschaft ledig lassen
hab, also das si vnd all ir Nachkomen sullen furbas dasselb gult vnd
gut vnd swas dartzu geboret in rechts freis aigens gwer ledichleichen
vnd freileichen haben, vnd allen iren frumen damit schaffen, als es in
vnd iren gotzhaws nuczleichen vnd fügleichen sei als aigens vnd des
lannts ze *Österreich* recht ist. Vnd han auch ich mich desselben gults
vnd guter vertzigen vnd furzicht getan vnd vertzeich auch mich des
Rechts vnd redleich mit dem brief also, das ich, noch all mein erben
fürbas darauf weder vmb lehenschafft noch vmb chainerlai ander
sach, wie die genant ist, nymermer chain ansprach, noch vedrung
haben, noch gewinnen, noch chains rechtens darauf iehen sullen in
dhain weg. Vnd darüber so gib ich für mich vnd für all mein erben
In den brief ze einem waren vrchund der sach, versigilten mit meinem
anhangunden Insigil. Der geben ist ze *Wienn* Nach Kristi gebard
Drewtzehenhundert Iar durnach in dem Siben vnd Newntzgistem Iar,
des nechsten Mentags vor sand Anthony tag.

Original auf Pergament, dessen Siegel fehlt.

## CCCXXXIV.

*1397, 5. April, Rom. — Papst Bonifaz IX. bestätigt im Allgemeinen alle Pri-*
*vilegien, Rechte und Freiheiten der Abtei Heiligenkreuz.*

*Bonifacius* episcopus seruus seruorum dei Dilectis filiis . . . .
Abbati et Conuentui Monasterii *sancte Crucis* de sancta Cruce,

Cisterciensis ordinis , Patauiensis diecesis , Salutem et apostolicam benedictionem. Solet annuere sedes apostolica piis uotis et honestis potentium precibus fauorem beneuolum impertiri. Eapropter dilecti in domino filii uestris iustis postulationibus grato concurrentes assensu omnes libertates et immunitates a predecessoribus nostris Romanis Pontificibus. siue per priuilegia uel alias indulgentias uobis et Monasterio uostro concessas, nec non libertates et exemptiones secularium exactionum a Regibus et Principibus uel aliis Christi fidelibus rationabiliter uobis et Monasterio predicto indultas, sicut eas iuste et pacifice obtinetis, uobis et per uos eidem Monasterio auctoritate apostolica confirmamus et presentis scripti patrocinio communimus. Nulli ergo omnino hominum liceat, hanc paginam nostre confirmationis infringere uel ei ausu temerario contraire. Si quis autem hoc attemptare presumpserit, indignationem omnipotentis dei et beatorum Petri et Pauli apostolorum eius se nouerit incursurum. Datum *Rome* apud Sanctum Petrum Nonis Aprilis Pontificatus nostri Anno Octauo.

Original auf Pergament mit Bleibulle.

## CCCXXXV.

**1397, 11. April, Wien.** — *Albrecht IV., Herzog von Österreich, schenkt der Abtei Heiligenkreuz das landesfürstliche Weinumgeld zu Heiligenkreuz zur Stiftung einiger jährlichen Messen.*

Wier *Albrecht* von gotes genaden Hertzog ze *Osterreich*, ze *Steyr*, ze *Kernden* vnd ze *Krain*, graue ze *tyrol* etc. Bekennen offenlich mit dem brieff fuer vns vnd vnser erben , das wir den ersamen geistlichen vnseren lieben andechtigen N. dem Abbt vnd dem Conuent des klosters zum *Heyligenkreutz* durch weilent vnserr vorderen loblicher gedachtnutz, vnser, vnserr liebem frawn vnd mueter, vnserr liebem gemahelen vnd vnserr nachkomen Seelenhail vnd trost willen vnd sunderlich durch merung gotsdiensts geben haben vnd geben auch wissentlich mit disem brieue vnseren weinungelt daselbs zem *heiligenkreutz*, von dem man vnseren vngeltern ze *Wien* ierlich geraibet vnd geben hat zweliff phunt phenning, Also das sy vnd dasselb ir gotshaws dyselbem zwelif phunt phenning ierlichs vngelts fuerbaser selber ynnemen, vechsen vnd allem yerem frummen damit schaffen schullen vnd mugen, wie yn das fuegt, als mit anderen ieren nutzen angeuere; Doch also, das sy darvmb yn dem selben yerem gotshaws auf vnser frawn altar auf dem karner bey fuer ewichlich alle wochen drey mess von vnser frawn vnd alle iar xv yekleichen vnser frawn tegen des abents ain vesper vnd ain Complet vnd des morgens an den selbigen tegen ain ampt von vnser frawn singen vnd haben sullen, als denn yeglicher tag bringet vnd aischet nach laut der brieff, dy sy vns daruber habent geben. Geschech aber in kunftigen zeiten, das vnser vngelt gemainichlich yn vnserem landen abgenomen, oder das wier yn solich gab, als vorgenannt ist, widerrueffen wuerden, So sullen wier, vnser Erben oder nachkomen den Obgenanten geystlichen Leuten vnd yerem gotzhaus dy obgeschriben tzwelf phunt phenning yerlichts vngelts anderswa an gelegen steten auf anderen vnseren gulten erstatten vnd aufrichten Vngeuerlich. Mit vrkund ditz brief Geben ze *Wienn* an Mitichen vor dem Palmentag Nach kristi gepurt dreutzehundert Iar darnach yn dem Sibentvndnewntzigisten Iure.

Original auf Papier ohne Siegel.

## CCCXXXVI.

**1397, 24.(?) Juni.** — *Das Domcapitel von Raab beurkundet auf Anlangen der Abtei Heiligenkreuz, dass Bartholomäus, der Sohn des Johann von Lendorf jede gütliche Ausgleichung der gegen ihn geltend gemachten Schadenersatzforderungen einzugehen sich weigere.*

Nos Capitulum ecclesie *Jauriensis* Memorie commendamus, quod Religiosi viri domini *Johannes* Prior et *Thomas* fratres Monasterii *sancte crucis* de *austria*, ordinis Cisterciensis in personis domini abbatis et Conuentus loci eiusdem in nostram personaliter venerint presenciam et per modum protestacionis nobis significare curauerint, quod *Bartholomeus* filius *Johannis* de *Lendorf* dicto domino abbati et conuentui, imo Monasterio ipsorum prefato multa dampna et expensas vsque ad quadringenta florenorum ducatus auri intulisset, imo quod ipse *Bartholomeus* racione composicionis in facto cuiusdam possessionis *Lendorf* vocate ipsi Monasterio, abbati et Conuentui per predecessorem ac parentes ipsius *Bartholomei* et per ipsum *Bartholomeum* diuersis temporibus obligare, vt in pluribus Instrumentis literalibus eorumdem plenius continetur, eosdem nullatenus ad plura diuersa loca traxisse et multos probos viros conuocari fecisse et tamen in fine nullam conuencionem seu ordinacionem proborum virorum assumere voluisse, sicut nec nunc voluit coram nobis. Datum feria secunda proxima post festum sahcte Trinitatis, anno domini M⁻ᵒ. CCC⁻ᵒ. Nonagesimo septimo.

⁻ Original auf Pergament mit dem Reste des rückwärts aufgedrückten Siegels.

## CCCXXXVII.

**1398, 20. Juni.** — *Pilgrim von Puchaim, Obersttruchsess und Hofmeister Herzog Albrecht's überlässt im Tauschwege der Abtei Heiligenkreuz vier und fünfzig Pfenning jährlicher Gülte auf eine Hofstatt zu Draiskirchen.*

Ich *Pilgreim* von *Pucheim* obrister Drugsetz in Österreich, meins gnedigen Herren Hertzog *Albrechts* ze *Österreich* etc. Hofmeister vergich für mich, für mein erben vnd nachkomen vnd tün chünd offenlich mit dem Brif allen den, di in sehent, hörent oder lesent, daz ich bedechtlich mit gutem willen, do ich daz rechtlich wol getun macht, meins rechten frein aigens recht vnd redlich geben hab zu einem rechten auswechsel dem Erbürdigen geistleichen Herren hern *Niclasen,* zu den zeiten Abbte zu dem *Heiligenchreutz*, seinem Conuentt vnd dem Gotzhaws daselbst vir vnd fümftzig phenning wienner phenning gelts, di man alle Iar dint an Sand Michels tag, dreytzehen phenning von ainer Hofstat gelegen ze *Dreskirchen*, da yetz *Hans Schuster* auf sitzt, do weilent ein Padstuben gelegen ist, zu nagst *Lewbleins* dez *Flöchels* haws, ainer seitten vnd zu nagst *Paulen* dez *Weinrüffer* haws, an der andern seitten, vnd ain vnd virtzig phenning wienner phenning gelts vberlend auch gelegen ze *Dreskirchen* auf ainn virtail akcher in der *Gruntwisen* gelegen, zu nagst *Stephann Hawgen* vnd hat yetz inn *Meinhart* der *Giel.* Darwider habent mir vnd mein erben di obgenanten Herren von *Heiligenchreutz* herwider geben ze auswechsel vir vnd fümftzig phenning wienner phenning gelts, di man dint an Sand Michels tag, als daz Ir brif weist vnd Lautt, den ich von in han. Die obgenanten vir vnd fümftzig phenning gelts auf den vorgenanten gütern hab ich in geben vnd ingeanttwortt mit allen wirden, Eren, rechten vnd nutzen lediklich vnd freilich innetzehaben, ze nutzen vnd ze niessen vnd allen iren frumen damit ze schaffen, mit versetzen, mit verchauffen vnd damit tun vnd handeln, wie sew verlust, an all mein vnd meiner erben irrung, hindernusse znd widerred angeuer. Vnd daz hat sich also gewandelt vnd verlauffen mit vnser baider tail amptlewt handen, *Stephans* dez *Zehentner* vnd *Mainharts* des *Giel.* Wir sein auch der obgenanten vir vnd fümftzig phenning geltes auf den egenanten gütern der vorgenanten

Herren vom *Heiligenchreutz* vnd Irer nachkomen recht gewern vnd
scherm für alle ansprach, als freis aigen recht vnd dez Landes recht
ist in dem Lande ze Österrich. Wer auch, daz in an den obgenanten vir
vnd fümftzig phenning gelts icht abging, oder ob Sy icht chrieg oder
ansprach mit recht daran gewunnen, von wem daz wer, daz sullen
wir in ausrichten vnd richtig machen an allen iren schaden. Tün wir
dez nicht, waz Sy dez schaden nement, diselben scheden sullen Sy
haben datz vns, ze vnsern erben vnd nachkomen, vnd auf allem
vnserm gut, daz wir haben in dem Lande ze Österrich oder wo wir
daz haben, wir sein Lembtig oder tod. Mit vrchunde ditz Brifs den
ich obgenanter *Pilgreim* von *Puchaim* den obgenanten Herren vom
*Heiligenchreutz* vnd allen iren nachkomen gib Besigelt mit meinem
anhangunden Insigel, vnd der sach sint getzewg mein lieb Brüder
*Albrecht* vnd *Georig* von *Puchaim* mit iren anhangunden Insigeln.
Der brif ist geben, da man zalt von Christi gebürde dreutzehenhun-
dert Iar darnach in dem acht vnd Newntzigistem Iar, an Phiatztag vor
Sand Johanns tag ze Sunebentten.

Original auf Pergament mit drei Siegeln.

## CCCXXXVIII.

**1399, 17. Jänner.** — *Revers Michels, des Richters von Baden, und seiner Haus-
frau Agnes auf die Abtei Heiligenkreuz in Betreff der von ihnen zu Burg-
recht besitzenden, der letzteren dienstbaren Mühle zu Baden.*

Ich *Michel* die Zeit Richter ze *Paden* vnd ich *Agnes* sein Haws-
fraw vnd all vnser Erben Wir veriechen vnd tun chund allen den,
dew den brieff lesent oder hörent lesen, die nwn lebent oder hernach
chunftig sint, Daz wir mit gütem willen vnd mit wolbedachten muet
vnd nach rat zw der zeit, do wir ez wol getun möchten, Recht vnd
Redleich abgelost haben von den Erwürdigen geistleichen Herren zw
dem *Heiligenchrewtz* zwai phunt wienner phenning geltes behawstes
Purchrechtz, die sew gehabt habent auf vnser Mul, gelegen ze *Paden*
vnd haist die *Prukmül* vnd waz darzw gehört ze nachgst irem hoff
do *Sand Maria Magdalen in Rastet*, Der sew recht Gruntherren vnd
lechenherren sind, vmb zehen phunt wienner phenning, der wir sew
ganz vnd gar verricht vnd gewert haben, Also, daz wir vnd auch alle
de, die dew vorgenant Mül nach wns inhabent vnd besitzent, der
egenant zwayer phunt geltes von den dreyen phunten geltes fürbas
darab ledig vnd frey sein sullen vnd dev davon nicht mehr ze dienen.

Vnd sullen auch sew vnd ir nachkomen, nach nyempt von iren wegen fürbas auf die vorgenant Mül vnd ir zw gehörung von der egenant zwain phunt geltes wegen nymermer chain ansprach, nach vadrung an vns haben, nach gewinnen in chainem weg, Wan die obgenant herren auf der selben Mül vnd ir zwgehörung nicht mer habent, denn noch nur ain phunt geltes, Daz wir vnd all vnser nachkomen, die dew vorgenant Mül innhabent vnd besitzen, Dem vorgenant Chloster fürbas alle Iar davon dienen sullen mit ein ander an Sand Gorgen tag mit allen den nutzen vnd Rechten, als man ander Purchrecht in dem Land ze Osterreich dient vnd nicht mer. Vnd wenn das auch ist, daz ein gewöndleich Stewr auf das egenant chloster geslagen wiert, Si sey geystleich oder weltleich, So sull wir, ich obgenanter *Michel* vnd mein hawsfraw *Agnes* vnd vnser paider erben, die weil wir dieselben Mül inn haben vnd bey vns ist, nvr Sechtzig wienner phening ze Stewr gebn vnd nicht mer. Wer aber daz, daz dieselb Mül von vns vnd von vnsern Erben ze frömder hant kchöm, die Sullen Stewr davon gepunden sein hinfür, als ander ir holden an gewer. Sew sullen vns auch vnd vnssn nachkömen zw der Prukken vnd zw den zwain würen der egenantn mül holtz geben, waz wir dez ze notdurft bedürffen, also daz vns ir Amtlawt anstzaigen sullen, vnd wo sew vns dan anzaigent, da sull wir ez nemen an gever, aber zw der mül nicht, Wer aber, daz von den zwain würen yemant icht schad gescheech, wie sich daz fügt, Daz süll wir, ich vorgenant *Michel* vnd fraw *Agnes* mein hawsfraw vnd all vnss paider erbn, oder wer die selben Mül nach vns besitzet, alle zeit ausrichten an allen iren schaden an geuer. Vnd daz die handlung vnd die sach fürbas also stet vnd vnzebrochen beleib, darvber so geben wir für vns vnd für all vnss nachkömen In den brieff ze einen waren Vrchund der sach versigelten, vnd wan ich obgenanter *Michl* vnd ich *Agnes* sein hawsfraw vnd vnss payder erben selb aygens Insigel nich enhabn, So verpint wir vns mit vnsern trewn an geuer vnder dez Erbn vesten Ritter Insigel, Herrn *Christans* von *Techenstain* vnd vnder dez erbn chnechtz Insigel, *Hansen* dez *Hannaw*, die zeit Pfleger ze *Rawchenstain*, dew wir fleizz darvmb gepeten haben, daz sew der sach zewg sind mit iren anhangunden Insigeln, In vnd iren erbn an Schaden. Der brieff ist geben nach Christi gepurd Drewtzehenhundert Iar, darnach in dem newn vnd newntzgisten Iar, an Sand Anthonien tag.

Original auf Pergament mit zwei Siegeln.

## CCCXXXIX.

**1399, 26. Juni, Wien.** — *Bruder Niclas von der Littau, Meister des heiligen Geist Spitales vor dem Kärntner Thor zu Wien und Bruder Daniel, sein Neffe, Prior desselben Spitals, reversiren der Abtei die genaue Entrichtung des Grunddienstes von einem derselben unterthänigen Hofe zu Simmering.*

Ich Prueder *Niclas* von der *Littaw*, zu den zeiten maister des Hawses datz dem Heiligengeist vor *kernertor* zu *Wienn* vnd ich prueder *daniel*, seiner Swester Svn, die zeit Prior vnd Schaffer desselben Hawses datz dem heiligengeist, Wir vergehen offenleich mit dem brief vmb den Hof vnd gueter gelegen zu *Simoning*, die fraw *Kathrey* mein egenanten prueder *Niclas* Swester gechaufft hat Ir vnde vns, die purchrecht sind von den erbern Geistleichen Herren . . . Dem Abt vnd dem Conuent von dem *heiligen chrawtz* nach des chawfbriefs sag, der vns daruber gegeben ist, Das wir vns des gegen denselben Geistleichen herren verlüpt vnd verpunden haben also, ist, das es zu schulden chumpt, das wir den vorgenanten Hof vnd gueter ynnhaben vnd besitzen werden, daz wir denn dauon alles das leyden vnd dulden sullen, alz behaustes purkchrechts recht ist zu gleicher weyse, als ob wir Layen weren an geuär. Vnd des zu vrchund geben wir In den brief versigilten mit mein obgenanten prueder *Niclas* Insigil maister zu dem Heiligengeist vnd mit des Conuents Insigil daselbens, der daz durich vnser pet willen ze getzeugnusse der sach an den brief gehangen hat, Im an schaden. Der brief ist geben zu *Wienn* nach kristi geburd drewtzehenhundert Iare darnach in dem newn vnd newntzgistem Iare, des nechsten phuntztags vor sand Vlreichs tag.

Original auf Pergament mit zwei Siegeln.

# ANHANG.

---

## I.

## Urkunden des Cistercienser Nonnen - Stiftes Sanct Nicolaus zu Wien.

### (Nr. 1—22.)

# I.

**1272—1276.** *Papst Gregor (X.?) nimmt das Nonnenkloster St. Nicolaus zu Wien in seinen besonderen Schutz und verleiht demselben gewisse Rechte und Freiheiten.*

*Gregorius* episcopus seruus seruorum Dei, Dilectis in christo filiabus, abbatisse monasterii Sancti Nicholai *Vienne*, eiusque seroribus tam presentibus quam futuris regularem uitam professis in perpetuum. Religiosam uitam eligentibus apostolicum conuenit adesse presidium, ne forte cuiuslibet temeritatis incursus, aut eos a proposito reuocet, aut robur, quod absit, sacre religionis infringat. Eapropter dilecte in domino filie uestris iustis postulationibus clementer annuimus et prefatum monasterium Sancti Nycolai *Viennense*, in quo diuino estis obsequio mancipate sub beati Petri et nostra protectione suscipimus et presentis scripti priuilegio communimus. In primis siquidem statuentes, ut ordo monasticus, qui secundum Deum et beati Benedicti regulam atque institutionem Cisterciensem fratrum in eodem monasterio institutus esse dinoscitur, perpetuis ibidem temporibus inuiolabiliter obseruetur. Preterea quascumque possessiones, quecumque bona idem Monasterium iuste inpresentiarum ac canonice possidet, aut in futurum concessione pontificum, largitione Regum uel principum, oblatione fidelium, seu aliis iustis modis prestante domino poterit adipisci, firma uobis et eis, que uobis successerint, et illibata permaneant. In quibus hec propriis duximus exprimenda uocabulis. Locum ipsum, in quo prefatum Monasterium situm est, cum grangiis, possessionibus, pratis, vineis, terris, nemoribus, usuagiis, in bosco et plano, in aquis et molendino, in . . . . . . . et semitis et omnibus aliis libertatibus et immunitatibus suis. Sane laborum uestrorum de possessionibus ante concilium generale ac etiam noualium, que propriis manibus aut su . . . . colitis, siue de ortis et uirgultis et piscationibus . . . . uel de nutrimentis animalium uestrorum, nullus a uobis decimas

exigere uel extorquere presumat. Ad hoc liberas et absolutas mulie-
res, a seculo fugientes, liceat uobis ad conuersionem recipere et eas
absque contradictione aliqua retinere. Prohibemus insuper, ut nulli
sororum uestrarum post factam in Monasterio uestro professionem fas
sit, absque abbatisse sue licentia, de eodem loco discedere. Disceden-
tem uero absque communium litterarum uestrarum cautione nullus
audeat retinere. Illud districtius inhibentes, ne terras seu quodlibet
beneficium ecclesie uestre collatum liceat alicui personaliter dari,
siue alio modo alienari absque consensu tocius Capituli, uel maioris
aut sanioris partis ipsius. Si que uero donationes uel alienationes
aliter, quam dictum est, facte fuerint, eas irritas esse censemus.
Insuper auctoritate apostolica inhibemus, ne ullus episcopus, uel que-
libet alia persona ad sinodos uel conuentus forenses uos ire, uel iudi-
cio seculari de uestra propria substantia uel possessionibus nestris
subiacere compellat, nec ad domos uestras, causa ordines celebrandi,
causas tractandi, uel conuentus aliquos publicos conuocandi, uenire
presumat, nec regularem electionem abbatisse uestre impediat aut de
instituenda uel remouenda ea, que pro tempore fuerit, contra statuta
cisterciensis ordinis se aliquatenus intromittat. Pro consecrationibus
uero altarium uel ecclesiarum, siue pro oleo sancto, uel quolibet
ecclesiastico sacramento nullus a uobis sub obtentu consuetudinis, uel
alio quolibet modo quicquam audeat extorquere, sed hec omnia gratis
uobis episcopus diocesanus impendat. Quodsi sedes diocesani epi-
scopi forte uacauerit, interim omnia ecclesiastica sacramenta a uicinis
episcopis accipere libere et absque contradictione possitis, sic tamen,
ut ex hoc in posterum propriis episcopis nullum preiudicium genere-
tur. Porro si episcopi, uel alii ecclesiarum rectores in Monasterium
uestrum, uel personas inibi constitutas, suspensionis, excomunicationis
uel interdicti sententiam promulgauerint, siue etiam in mercennarios
uestros pro eo, quod decimas, sicut dictum est, non persoluitis, seu
aliqua occasione eorum, que ab apostolica benignitate uobis indulta
sunt, seu benefactores uestros pro eo, quod ob aliqua uobis beneficia,
uel obsequia prestiterint, ex caritate uel ad laborandum adiuuerint in
illis diebus, in quibus . . . . . . . . . . . . . .

. . . . . . . . . . . . . . . . . . . . . .

habeant, quas tacito nomine . . . . . . . . . . . . .

Original auf Pergament, sehr schadhaft; der untere Theil dieser Urkunde
fehlt ganz.

## II.

**1303, 24. December, Wien.** — *Conrad IV., Erzbischof von Salzburg, beauf-*
*tragt seinen Vicedom zu Salzburg, das Nonnenkloster zu St. Nicolaus in*
*Wien in dem ihm von weiland Erzbischof Eberhard II. (?) bewilligten*
*Salzbezuge von der salzburgischen Saline zu schütten.*

*Chonradus* dei gracia sancte *Salzburgensis* archiepiscopus,
apostolice sedis legatus, vicedomino suo *Salzburgensi*, qui pro tem-
pore fuerit, graciam suam et omne bonum. Venerabilis in christo pater,
dominus *Eberhardus*, predecessor noster felicis memorie archiepis-
copus *Salzburgensis*, dilectis in christo Abbatisse et Conuentui Sanc-
timonialium Monasterii Sancti Nicolai in *Austria* prope *Wiennam*
ordinis Cisterciensis propter ipsarum Sanctimoniam et sancte vite
merita salutisque perpetue ob respectum donacionem quondam fecit
duarum librarum nudi salis de salina nostra annis singulis, quamdiu
durauerit, soluendarum. Cuius donacionis beneficium pretextu salutis
eiusdem, quod idem dominus *Eberhardus* tempore instituit primario,
ratum et gratum habentes ecce deuocioni tue damus presentibus fir-
miter in mandatis, quatenus quandocumque certi nuncii abbatisse et
Conuentus predictarum sororum ad te venerint, donum salis huiusmodi
exposcentes, ipsis precipias et ordines, vbicumque fuerimus, libere
assignari. Cuppas enim per se habebunt et omnia ad contundendos
sales necessaria, in quibus sorores prefatas seu nuncios earumdem
nolumus aliquatenus impediri, et has litteras, ex quo tibi presentate
fuerint, reddas eisdem occassionem in aduersum, nisi de speciali
mandato nostro nullatenus habiturum. Datum *Wienne* VIIII kalendas
Januarii anno domini Millesimo trecentesimo tercio.

Original auf Papier mit Siegel.

## III.

**1304, 2. Februar.** — *Otto, Hadmar etc. die Floit von Wettkeinsdorf über-*
*lassen dem Nonnenkloster St. Nicolaus zu Wien zwei Lehen zu Gebneins*
*und einen Geld- und Getreidedienst zu Pircheck als freies Eigen.*

Ich *Otte* der *Floit* von *wettkeindorf* vnd ich *Hadmar* der *Floit*,
des vorgenanten *Otten* svn vnd ich *Georig* der *Floit*, des vorgenan-
ten *Otten* veter vnd ich *Margret*, der vorgenanten *Floiten* niftel vnd
ich *Hertneid* ir wiert, vergehen an disem brif vnd tuen chunt allen
den, di in ansehent oder horent lesen, di nu lebnt vnd hernach chvnf-
tich sint, daz wir mit gvetem willen vnd mit vnser vrevnt rat, ze der

26 *

zeit, do wir iz wol getven mahten, habn gegeben den vrowen von
sant Nicla dem chloster, daz da leit bei *Wienn*, zwai lehn ze dem
*Gebneins*, di dienent dreizehn schilling vnd nevn ches, vnd einen
metzen waitzes vnd ze dem *Pirichech* vierzich phenning vnd drev
hvener von vberlent echern vm zwai vnd zwaintzich phvnt wienner
phenning, vnd sein avch der reht vnd redlich gewert. Wier haben
avch daz vorgenant guet ze dem *Gebneins* vnd ze dem *Pirichech*
gegeben den vorgenanten vrowen von sant Nicla ze rehtem aigen vnd
sein sein rehter scherm, als aigens reht ist vnd des landes reht ist ze
*Osterrich* for alle ansprach. Vnd daz dirr chovf vnd diser gewerft
vnverwandelt sei vnd vntzebrochen, darumbe geb wir, ich der vorge-
nant *Otte* der *Floit* vnd ich *Hadmar* der *Floit*, der vorgenant vnd ich
*Georig* der *Floit*, avch der vorgenant, vnsrev insigel an disem brief
ze einer ewigen bestetigvng. Des ist gezevch her *Nicla* der *Chriech*
von *Alse*, her . . . . *Greif* hern *Otten* sun, her *Chvnrat* an dem *Har-*
*marcht*, der ze den zeiten Hvebmaister was, her *Vlreich* bi den
*brvedern*, hern *Chvenn* svn, her *Hainreich* der *Chriech* vnd sein
brveder Vlreich, *Jans* von *Simening*, *Herbort* sein brveder, *Nicla*
der ivnge *Chriech* vnd ander frvm levt gnvech, den disev sach wol
chvnt ist. Der brief ist gegeben dv nach Christes gepverd ergangen
warn drevzehn hvndert iar vnd dar nach an dem vierdem iar, an
vnser vrowen tach ze der Liehtmesse.

Original auf Pergament mit drei Siegeln.

## IV.

**1312, 1. Mai.** — *Alber Feusel von Aland verkauft dem Nonnenkloster St.*
*Nicolaus in Wien drei Viertel eines Weingartens am Nussberg.*

Ich *Alber*, hern *Albrechtes* svn des *Fovslins* von *Aleht*, Ich
*Gerdrovt* sin hovsvrowe, Ich *Levtolt* des vorgenanten *Albers* brvder,
Ich *Ofmei* sin . . . hovsvrowe, Ich *Elsbet* ir swester, hern *Ditheres*
von *hintperch* hovsvrowe, veriehen vnd tvn chvnt allen den, di disen
brief lesent vnde horent lesen, das wir . . . . . aller vnser erben
gvtem willen vnde gvnst vnde veraintem rat, zder zeit, do wirz elliv
mohten wol getvn, mit gesamter hant, vnde mit vnsers Perrichherren
. . . . . hant Probst *Perchtoldes* von *Niwenbvrch* verchovffet haben
vnser rehten perchrehtes drev virtail des wingarten, der da leit zu
dem *Nvzperge* vnde haizzet der *Schonchircher*, der vnser Mvter,
vron *Margreten* leipgedinge ist gewesen vnd vnser anerstorbenz gvt

gewesen ist, den geistlichen vrowen, vrov *Christein* der aptessine
datz *Sand Nycla* vnde irm Convent, mit alle dem nvtz vnde reht, als
in vnser vordern vnde wir in perchrehtes gewer herbracht haben,
vmb hvndert phvnt vnde achtzich phvnt phenninge Wienner mvnzze,
der wir gæntzlich gewert sin, allen iren frvmen da mit ze schaffen,
als mit anderm irm perchreht. Ze gvter sicherhait vnde ze gantzem
scherme, so setze wir vns vnverschæidenlich, Ich vorgenanter *Alber*,
ich *Gerdrovt*, sin hovsvrow, ich *Levtolt* sin brvder, ich *Ofmei* sin
hovsvrowe, ich *Elsbet* ir swester, hern *Ditheres* hovsvrowe von *hint-
perch*, dem vorgenanten Convent datz *Sant Nycla* vber di vorgenan-
ten drev virtæil des vorgenanten wingarten ze rehtem scherme, als
perchrehtes reht ist vnde des landes in *Osterrich* also auzgenom
menchlichen swelhen schaden der selbe Convent neme an den drin
virtæilen des wingarten, daz svlle wir in avzbringen mit vnser choste
vnde arbæite an ir mve. Dar vber wir drev geswistreit, *Alber*, *Lev-
tolt* vnde *Elsbet* heten ein swester, die hiez *Katrei*, di irm wirt, hern
*hertwigen* von *Ort* zwæi chint lazzen hat, einen svn vnde ein tohter,
den mit gleichem tæil gevallen vnde anerstorben was daz vierde vir-
tæil des vorgenanten wingarten, swaz des hernach an vns erben solt,
des verzeich wir vns gentzlich. Daz diser chovf vnde der scherme
also vorgeschriben ist, stet vnde vnzebrochen beleib, dar vber gebe
wir disen brif versigilt mit vnsern insigiln. Wand aber vnser swester,
vro *Elsbet* niht æigens insigils hat, so versigilt si disen brief mit ires
wirtes insigil, hern *Ditheres* von *hintperch* vnde mit hern *Greiffen*
insigil vnde mit hern *Chvnrates* des hvbmæisters insigil vnde mit
hern *Vlreiches* pei der *minnern brvdern* insigil, di diser sache war
gezevge sint vnde mit der rat vnde wizzen diser chavf ergangen ist
vnde mit ander erbern levt wizzen, di sin gezevge sint vnde hie
genant sint, daz ist der erber her abt *Pavl* von *Liligenfelde*, der
*ivnge Greiffe*, her *chvnrat* des hvbmæisters svn, *Wie . . . .* hern
*Vlreiches* svn, her *Nycla* von *Eslarn*, pvrgermæister, *Chvnrat* der
*hansgraf*, *Wilhalm* vnd *Jans* sin brvder. Diser brief ist gegeben da
nach Christes gebvrt waren ergangen Drevtzehen hvndert iar, in dem
zwelften Jar dar nah, an Sand Philippes tage.

Original auf Pergament mit sechs Siegeln.

## V.

**1316, 13. April, Wien.** — *König Friedrich III. bestätigt dem Nonnenkloster St. Nicolaus die demselben vom Herzoge Albrecht 1287 verliehene Urkunde.*

*Fridericus* dei gracia Romanorum Rex semper Augustus, Vniuersis Sacri Romani Imperii fidelibus presentes litteras inspecturis, Graciam suam et omne bonum. Constitute in nostre maiestatis presencia Honorabiles et Religiose persone . . Abbatissa et Conuentus Monasterii Sancti Nycolai in *Wienna* extra muros, Ordinis Cysterciensis, deuote nostre in Christo dilecte priuilegium quoddam nobis obtulerunt petentes cum instancia, idipsum et articulos in eo contentos, de benignitate Regia confirmari, Cuius tenor talis est. *Albertus* dei gracia Dux Austrie etc. (Folgt die Font. Bd. XI, p. 317, Nr. XVIII abgedruckte Urkunde Herzog Albrecht's, ddo. Wien 13. Octob. 1287.) Nos igitur clare recordacionis predicti Genitoris et predecessoris nostri piis actibus innitentes, memoratum. . . . Abbatisse et Conuentus Monasterii Sancti Nycolai in *Wienna* extra muros priuilegium cum omnibus in ipso contentis auctoritate regia innouamus, approbamus et presentis scripti patrocinio confirmamus. Nulli ergo omnino hominum liceat hanc nostre innouacionis, approbacionis, seu confirmacionis paginam infringere, vel eidem ausu temerario contraire, quod qui facere presumpserit, grauem nostram indignacionem se nouerit incurrisse. In cuius rei testimonium presentes litteras conscribi et sigillo nostre maiestatis iussimus communiri. Datum in *Wienna* Idibus Aprilis anno domini Millesimo Trecentesimo Sexto decimo, Regni vero nostri anno secundo.

Original auf Pergament mit Siegel.

## VI.

**1319, 10. October, Wien.** — *Heinrich der Urbätsch und Katharina seine Hausfrau verkaufen dem Nonnenkloster St. Nicolaus zu Wien zehenthalb Pfenning Grunddienst auf zwei Häusern in Wien.*

Ich *Heinrich* der *Vrbatsch* vnd ich *Katrei* sein havsvrowe, wir veriehen vnd tvn chvnt allen den, die disen prief lesent oder horent lesen, die nv lebent vnd hernah chvnftich sint, daz wir mit vnser erben gvtem willen vnd gvnst, mit verdahtem mvte vnd mit gesamter hant zv der zeit, do wir iz wol getvn mohten, verchavft haben vnser

rehten grvntrehtes, Zehenthalben wienner phenninch geltes grvnt-
rehtes, die man alle iar dient an sand Jergen tage vnd der vier phen-
ninge geltes ligent avf *Marchartes* havse des *Chramer*, daz da leit
an dem *Chienmarchte* in dem *Revelgezzelein*, vnd ligent ir sechst-
halben phenninch geltes avf *Heinriches* havs des *Scharsaher*, daz
da leit in der *Langenmavre*. Die selben gvlte haben wir verchavft
vnd geben mit allem dem nvtz vnd reht, als wir si in grvntrehtes
gewer her praht haben, vmb achzich phenninge wienner mvnze, der
wir reht vnd redlichen gewert sein, den erbarn swestern, swester
*Chvnigvnden*, zv den zeiten Apttissinne vnd der Samnvnge gemaine
des Chlosters *sand Nichlas* avzzerhalben vnd innerhalben der Stat
ze *Wienne* vnd allen irn nahchomen ledichlichen vnd vreilichen ze
haben, vnd allen irn frvmen da mit ze schaffen, verchavffen, versetz-
zen vnd geben, swem si wellen an allen irresal, vnd dar vber durh
pezzer sicherhait so setzen wir vns, ich *Hainrich* der *Urbatsch* vnd
ich *Katrei* sein havsvrowe, vnverschaidenlichen swester *Chvnigvnden*,
der Apttissinne vnd der Samnvnge gemaine des chlosters *sand Nich-
las* avzzerhalben vnd innerhalber der stat ze Wienne vnd allen irn
nahchomen vber die vorgenanten zehenthalben phenninge geltes
grvntrehtes zv rehtem scherm fvr alle ansprah, als grvntrehtes reht
ist, vnd der Stat reht ze *wienne*, vnd geben in dar vber disen prief
zv einem vrchvnde vnd ze einem gezevg, versigilt mit vnserm insigil,
vnd sint avh gezevg her *Otte* der *Wulfleinstorfer*, zv den zeiten pur-
germaister ze *Wienne*, her *Herman* von *Sand Polten*, zv den zeiten
rihter ze wienne, her *Heinrich* der *Chrannest*, her *Niclas* von
*Ezlarn*, vnd ander frvme levte genvch. Diser prief ist geben ze
*wienne*, do von Christes gebvrt waren ergangen drevzehen hvndert
iar, in dem Nevnzehenten iar dar nah, des næhsten Mittichens vor
sand Cholmans tage.

Original auf Pergament mit Siegel.

## VII.

**1348, 15. November, Wien. — *Das Nonnenkloster St. Nicolaus zu Wien
verkauft der Abtei Heiligenkreuz das Eigenthum eines Gelddienstes von
Überländ-Äckern zu Schrick.***

Wir Swester *Katrey* die *Pentzinner* zu den zeiten Aptessinne
in Sunde Niclas chloster ze *wienne* vnd der Conuent gemain da sel-
bens verichen offenleich, daz wir mit gutem willen vnd mit verdach-

tem mvt vnd mit gemainem rat, zu der zeit, do wir ez wol geton
mochten, recht vnd redleichen auf geben haben dem chloster vnser
vrowen datz dem *Heyligen Creutz* die aygenschaft, die wir gehabt
haben auf sechs schilling wienner phenning gelts, di do ligent
datz *Schrikche* auf vberlent ekchern also, daz der apt do selbens
datz dem *Heyligen Chreuz* vnd alle sein nachomen dervor geschriben
ekcher mit alle dev vnd dar zu gehort furbaz Stifter vnd Storer
schuln sein in allem dem rechten, als von des selben güts Stifter
vnd storer gewesen sein, vnd schuln auch wir, noch alle vnser
nachomen vmb die vorgeschriben aygenschaft furbaz gen in, noch
gen irm gotshaus dchain ansprach noch vodrung nimmermer gehaben,
noch gewinnen, weder wenich noch vil. Vnd des ze vrchunde
geben wir dem vorgenanten vnsern Vrowen chloster daz dem *Hey-*
*ligen Chreuz* disen brief ze einem offen vrchunde, versigilt mit
vnsern insigiln. Der brief ist geben ze *wienne* nach Christs geburde
dreutzehen hundert iar, dar nach in dem acht vnd virzigistem iar
des nasten Samztags nach sande Mertteins tag.

Original auf Pergament mit zwei Siegeln.

## VIII.

1357, 19. Jänner, Wien. — *Nicolaus der Höldel und Kunigunde seine Haus-*
*frau vermachen im Wege einer gemeinschaftlichen letztwilligen Anord-*
*nung dem Nonnenkloster St. Nicolaus zu Wien einige Weingärten in der*
*Als und ein Haus auf der Landstrasse.*

Ich *Nichlas* der *Holdel* vnd ich *Chunigunt* sein Hausfrowe, wir
vergehen vnd tun chunt allen den, die disen brief lesent oder hörent
lesen, die nu lebent vnd hernach chünftich sint, daz wir mit gütem
willen, mit verdachtem müt, zu der zeit, do wir ez wol getün mochten, recht vnd redleich mit gesampter hant geschaft haben vnser
geschæfte, als ez fürbaz nach vnser baider tode stæt vnd vnzerbrochen beleibe, als hernach an disem brief geschriben stet. Des ersten
so haben wir geschaft den erbern gæstleichen frowen, dem Conuent
gemain datz Sant Nichlas ze *wienne* vnsern weingarten, gelegen hinder dev heren *Alsse* in dem *Gotshausperg*, des ein viertail ist, ze
nachst *Thomans* weingarten des *Lechner*, vnd vnsern weingarten,
gelegen in dem *vohental*, des ein halbs ieuch ist, ze nachst *Mari-*
*charts* weingarten des *Churtzen* vnd vnser haus, gelegen in der
*Lantstrazz* ze *wienne* an dem *Puhel* gegen sant Nichlas Chappeln

über ze nachst *Chunrats* haus des *Stangleins*, vnd dar zu alles vnser varunt gůt, daz wir hinder vns lazzen, ez šei inner haus, oder auzzer haus, swie so daz genant ist, also daz die vorgenanten gæstleichen vrowen gemain datz sant Nichlas ze *wienne* mit dem vorgenanten erbgut allem, den zwain weingarten vnd mit dem haus vnd auch mit allem vnserm varunden gut, daz wir hinder vns lazzen, als vorge- schriben stet, suln fůrbaz nach vnser baider tode ledichleich vnd vrei- leich allen irn frumen schaffen, als in daz aller peste wol chôm vnd fůge, an allen irresal. Darnach so haben wir geschaft *Jansen* meiner vorgenanten *Chunigunden* průder, vnsern weingarten, gelegen in der *Waligvis*, des ein viertail ist, ze nachst *Vlreichs* weingarten, vnsers swagers, also daz derselbe mein průder *Jans* mit dem selben vier- tail weingarten in der *Waligvis* sol fůrbaz nach vnser baider tode, swenn daz ist, daz er zů seinen iarn chumt, auch ledichleich vnd vreileich allen seinen frumen schaffen, als im daz aller peste wol chôm vnd fůge an allen irresal. Wær aber, daz er sturbe vnd an erben verfůr, vnd daz er daz selbe viertail weingarten vnuerchumerts hinder im liezze, so sol denn daz selbe viertail weingarten auch ledichleich geuallen auf den Conuent gemain der gæstleichen vrowen datz *sant Nichlas* furbaz ledichleich vnd vreileich ze haben vnd allen irn frumen damit ze schaffen, als in daz aller peste wol chôm vnd fůg an allen irresal, also daz die selben vrowen datz *san Nichlas* vnsern seln vnd aller vnser vordern vnd nachchomen seln ze hilf vnd ze trost alle iar ewichleich einen iartag da von begen suln in irm chloster mit vigilii, mit selmesse vnd mit anderm gepet, als irs ordens gewonhait ist. Vnd daz ditzs geschæfte nach vnser baider tode stæt vnd vnzerbrochen beleibe, als vor an disem brief geschri- ben stet, darvmb so geben wir disen brief zu einem warn vrchunde diser sache, versigilt mit hern *Hainreichs* insigil des *Pracher*, zu den zeiten Purgermaister ze *Wienne* vnd mit hern *Dietreichs* insigil des *Fluscharts* vnd mit hern *Chunrats* insigil des *Herschaftleins*, die wir des vnuerschaidenlich gepeten haben, daz si diser sache gezeug sint mit irn insigiln. Der brief ist geben ze *Wienne* nach Christes geburt Dreutzehen hundert iar, dar nach in dem Syben vnd fůnftz- gisten iar, des nächsten Phintztages vor sant Agnesen tage.

Original auf Pergament mit drei Siegeln.

## IX.

**1357, 15. Juni, Wien.** — *Herzog Albrecht II. bestätigt dem Nonnenkloster St. Nicolaus in Wien die inserirte Urkunde König Friedrich's III. v. J. 1316.*

*Albertus* dei gracia Dux *Austrie*, *Stirie* et *Karinthie*, Dominus *Carniole*, *Marchie* ac *Portusnaonis*, Comes de *Habspurch* et de *Kyburch*, Lantgrauius *Alsacie* dominusque *Phirretarum* omnibus in perpetuum. Presentato nobis ab honorabilibus et deuotis in Christo, Abbatissa et Conuentu Monasterii Sancti Nicolai *extra muros Wienne*, Cisterciensis Ordinis, quodam priuilegio a diue recordacionis quondam domino nostro Karissimo, domino *Friderico* Romanorum rege, ipsis et monasterio eidem concesso, rogabamur instanter, vt de speciali gracia predictum innouaremus priuilegium tenoris et continencie subscriptorum. (Folgt die pag. 405, Nr. V abgedruckte Urkunde König Friedrich's III., ddo. Wien, 13. April 1316.) Nos igitur Dux *Albertus* prefatus piis ac racionabilibus Abbatisse, Conuentus quoque predictarum desideriis eo fauorabilibus annuentes, quo maiorem per hoc in oracionibus et bonis operibus earum participacionis graciam promeremur, priuilegium supradictum et singula nec non omnia in eo contenta innouamus, gratificamus et per heredes et successores nostros haberi volumus et inconuulsa. Datum *Wienne* in die sancti Viti martiris gloriosi, anno domini Millesimo Trecentesimo quinquagesimo septimo.

Original auf Pergament mit Siegel.

## X.

**1361, 27. Juli, Wien.** — *Herzog Rudolf IV. amortisirt einen angeblich bei der jüngsten Feuersbrunst in Wien verbrannten Schuldbrief des Nonnenklosters St. Nicolaus zu Wien.*

Wir *Rudolf* von Gottes gnaden Hertzog ze Osterreich, ze *Steyr* vnd ze *Kernden* etc. Bechennen vnd tůn kunt offenlich mit disem brief vmb den brief, den die *Zitzlinn* vnser Judinn von *Wienn* vnd ir erben von den erbern vnd geistlichen frawn . . der Abtessinn vnd dem Conuent ze sand Nicla ze *Wienn* vmb zway hundert phunt vnd vier vnd zwaintzig phunt wienner phenning gehabt habent vnd den dieselb Judinn von der prunst wegen, die nv ze *Wienn* geschehen ist, verlorn hat, alz wir vernomen haben, daz wir wellen, ob derselb brief, der verprunnen sol sein, alz die obgenante Judinn

vns hat ze wizzen getan, fûrsprach wurde, daz der tod vnd absey
vnd fûrbazz chain chraft hab, vnd ouch den egenanten Chlosterfrawn
ze dhainem schaden nicht chome in dhainem weg, mit vrchund
ditz briefs. Geben ze *Wienn* an Eritag nach sand Jacobs tag. Nach
Christs gepurd Dreutzehen Hundert iar, darnach in dem ayn vnd
sechtzigistem iar.

Original auf Pergament mit Siegel.

## XI.

**1364, 25. Mai, Wien.** — *Heinrich der Schneider von Atzgersdorf und seine*
*Hausfrau Elsbeth verkaufen dem Nonnenkloster St. Nicolaus zu Wien eine*
*Wiese bei Hadersdorf.*

Ich *Hainreich* der *Sneyder* von *Atzkestorf* vnd ich *Elzbet* sein
Hausvrow vergehen vnd tun chunt allen den, die diesen brief lesent
oder hôrent lesen, daz wir mit vnser erben gutem willen vnd gunst,
mit verdachtem mût vnd mit gesampter hant, zu der zeit, do wir es
wol getûn mochten vnd mit vnsers grunthherren hant, des erbern
gaistleichen Herren pruder *Albrechts*, zu den zeiten Prior ze *Maur-*
*bach* ze aller Heyligen tal, des Ordens von *kartus*, recht vnd redleic,
verchauft vnd geben haben vnser wisen, gelegen ze *Hedrestorf*
vnder dem *Purgleins*, die mich obgenanten *Elzbeten* anerstorben ist,
von vater vnd von mûter, den got gnade, vnd auch mir mit furzicht
vnd mit lozz geuallen ist gegen mein geswistreiden vnd geswistreid
chinden, mit alle dem nutze vnd rechten, alz wir dieselben wisen in
purchrechts gewer herpracht haben, da man alle iar von dient den
erbern gaistleichen heren ze *Maurbach* zwai hûner ze gruntrecht an
sant Michels tag vnd nicht mer, vmb funfthalb phunt wienner phe-
ning, der wir gar vnd gentzleich gewert sein, den erbern geistlei-
chen vrown Swester *Annen* der *Vruarerinne*, ze den zeiten aptes-
sinne vnd dem Conuent gemain datz sant Niclas ze *wienne* vnd irn
naehchomen furbas ledichleich vnd vreyleich ze haben vnd allen irn
frumen da mit ze schaffen, verchauffen, versetzen vnd geben, wem
si wellen an allen irresal. Vnd sein auch wir vnd vnser erben vnuer-
schaidenleich der vorgenanten wisen ir recht gewern vnd scherm fur
alle ansprach alz purchrechts recht ist vnd des Landes recht ze
*Osterreich*. Wer aber, daz furbaz mit recht an derselben wisen icht
chriegs oder ansprach gewunnen, von wem das wer, was si des

her *Jans* der *Greyff* vnd hat mit meiner hant recht vnd redleich ver-
choüfft vnd gegeben dem Erbern manne, *Niclasen* dem *Dratlouff*,
Purger ze Wienne vnd seinen Erben, alle die Guter, die er von mir
ze lehen gehabt hat, die gelegen sind ze *Sweinbart*. Es sein aekcher,
zehent, wisen, chrautgärten, ze veld vnd ze dorff, gestifft oder vnge-
stifft, versucht oder vnersuecht, wie so die genant sind, vnd han
auch ich dem vorgenanten *Niclasen* dem *Dratlouff* vnd seinen erben
die egenanten Güter verlihen vnd verleih In die recht vnd redleich
mit dem brief, fürbaz in Lehens weis vnd nach Lehens recht innze-
haben, ze niezzen vnd ze nützen, als Lehens recht ist vnd des Landes
recht in *Osterreich*. Vnd des zu einem warn vrchund gib ich In den
brief versigilten mit meinem Insigil. Der brief ist geben ze *Wienn*
nach Christi gepurd dreutzehen Hundert Jar, darnach in dem Syben
vnd sechtzgisten Jar an sand Vrbans Tag.

Original auf Pergament, dessen Siegel fehlt.

## XIV.

**1370, 13. Juni, Wien.** — *Seitz von Chunring verkauft dem Nonnenkloster*
*St. Nicolaus zu Wien (burggräflich Nürnberg'sches) Lehenrecht an gewisse*
*Zehente zu Schweinbart.*

Ich *Seyts* von *Chunnring* von *Seueld*, vergich für mich vnd für
alle mein erben vnd tun chunt offenleich mit dem brief allen den, die
in lesent oder hornt lesen, die nv lebent vnd hernach chunftich sint,
Vmb allen den zehenten, den *Nichlas* der *Dratlauf*, purger ze *Wienne*,
von mir ze lehen gehabt hat, der gelegen ist ze *Sweinwart*, grozzen
vnd chlainen, ze ueld vnd ze dorf, gestifft vnd vngestifft, versucht
vnd vnersuecht, wieso der genant ist, der mein lehen ist gewesen,
von dem edeln heren Graf *Friedreichen*, dem Purchgrafen von *Nurn-
berg*, vnd denselben zehenten der vorgenant *Nichlas* der *Drotlauf*
den erbern geistleichen vrown, der Abtessinn vnd dem Conuent
gemain datz sant Nichlas ze *Wienne* ze chouffen gegeben hat, daz
ich mit gutem willen, mit wolbedachtem mut, zu der zeit, da ich es
wol getun mochte, denselben geistleichen vrown gemaine vnd allen
iren Nachkomen lautterleich durch Got vnd durch hails willen meiner
vnd aller meiner vodern seln in vnd irem chloster ze stewr vnd ze
hilffe ledichleich gegeben han mein Manschaft vnd alle die recht, so
ich an dem vorgenanten zehenten gehabt han, also, daz si denselben

zehenten furbas ledichleich vnd freileich haben, niezzen vnd allen irn
frumen damit schaffen sullen, wie in vnd irm chloster das wol chumt
vnd fueglich ist, vnd han ouch mich des vorgenanten zehents, vnd
aller der rechten, so ich daran gehabt han, vertzigen vnd gentzleich
furzicht getan, daz ich noch mein erben furbas darouf nimmermer
chain ansprach, recht noch vodrung haben, noch gewinnen sullen in
dhainen wegen. Vnd ouch also mit ausgenomener rede ist, daz die
egenanten geistleichen vrown die aygenschaft des obgenanten zehents
auspringent von dem vorgenanten meinem herren, dem Purchgrafen
von *Nürnberg*, von dem heutigen tage inner iars frist. So sol die
gab, die ich in daran getan hab, als vorgeschriben stet, gentzleich
stet vnd vntzebrochen beleiben. Wer aber daz si das in derselben
zeit nicht auspræchten, so sol die vorgeschriben mein gab ab sein,
vnd sol ich alle meine recht an dem vorgenanten zehent haben recht,
als ich sie daran gehabt han, an allen chrieg, vnd daruber so gib ich
in den brief zu einem warn vrchund der sach, versigilten mit meinem
insigil vnd mit meins swagers insigil, hern *Haydenreichs* von *Meissow*
obrister Schenkch vnd zu den zeiten Lantmarschalich in *Osterreich*
vnd mit meins Ohems insigil, hern *Albers* von *Ottenstain*, die der
sach gezeug sint mit irn insigiln. Der brief ist geben ze *Wienne*
nach Christs gepurd Dreutzehenhundert iare, darnach in dem sibentz-
gistem iare an vnsers herren Gotes Leichnamen.

Original auf Pergament mit zwei Siegeln, das dritte fehlt.

## XV.

**1370, 21. August, Nürnberg.** — *Friderich Burggraf von Nürnberg überlässt
dem Nonnenkloster St. Nicolaus zu Wien das ihm zustehende Obereigen-
thum an einem Zehent zu Schweinbart.*

Wir *Friderich* von gotes gnaden Burgraue ze *Nuremberge*,
Bekenne vnd tun kunt offenlichen mit disem brif, das wir reht vnd
redelich, mit gutem Rate vnd vorbetrahdung, haben geeygent vnd
eygen auch mit crafte ditzs brifs, den ersam geystlichen frawen ..
der Ebttissin vnd der Samenung gemeinlich des Chlosters zu sant
Nyclas, grawes ordens zu *Winne*, gelegen vor der stat, vnd allen iren
Nachkumen ewiklichen den zehenden, der da gelegen ist zu *Swein-
wart*, klein vnd grosen, ze Dorfe vnd ze velde, besuchten vnd
vnbesuchten, mit allen seinen zugehorungen, wo der gelegen, oder

wie das genant ist, als si den gekaufte haben von *Niclosen* dem
*Dratlaufe*, Burger ze *Winne*, der von vns vnd vnser Herschafte ze
lehen ginge, also das die egenanten frawen des egenanten Chlosters
vnd alle ir nachkumen den egenanten zehenden mit allen seinen zuge-
horungen süllen fürbas ewiklich inne haben, nutzen vnd nizen für ein
rehts freies eygen vnd da mit tun vnd lazen mügen, was sie wellen
an alles irren vnd hindern vnser, vnser erben vnd nachkumen an alles
geuerde. Des ze vrkunde vnd ewiger sicherheit geben wir dem Clo-
ster vnd der Samenung disen brif, versigelt mit vnserm anhangenden
insigel, der geben ist ze *Nüremberg* vf vnser veste nach Christes
geburt drewzehenhundert iar vnd in dem sibenzigstem iar am Mit-
wochen vor Bartholomei.

Original auf Pergament mit Siegelrest.

## XVI.

**1371, 22. Mai, Wien. —** *Herzog Stephan von Baiern bestätigt dem Nonnen-
kloster St. Nicolaus zu Wien die Mauthfreiheit zu Burghausen, welche
demselben seine Vorfahren verliehen hatten.*

Wir *Stephan* der Jünger, von Gotes gnaden Phallintzgraf bei
*Reyn* vnd Hertzog ze *Beyern*, tun kunt offenbar mit dem brief, daz
vns die ersamen vnd geistlichen Vrowen . . die Abbtessinne vnd . .
der Conuent von sant Niclas ze *Wienne*, grabes ordens, geinnert vnd
beweiset habent mit guten vnzerbrochenen vrkunden vnd hantuesten,
die Si von vnsern vettern, Kunig *Otten* von *Vngern*, Hertzogen ze
*Beyern Stephann* vnd Hertzogen *Hainrichen*, den got genade, vnd
vnserm vater, Hertzogen *Stephann* habent gehabt vmb ein freyung,
also daz si alle iar ze ainem male drew phunt weytes Saltzes vnd vier
phunt chlaines an vnser mautte ze *Purchhousen* frey und ledig an
alle mautte, vngelt vnd irrung fürfürn süllent vnd mügent, ze der
zeit vnd es mit gowonhait berchomen ist, vnd als die brief sagent,
die si von vnsern vordern darüber habent. Dauon wellen vnd gebie-
ten wir allen vnsern amptleuten . . Vitztümen . . Richtern vnd gemain-
lich alln vnsern edeln Lowten, die in vnserm Lande sitzent vnd
besunder vnserm mauttnern ze *Purchhousen* ernstlich bei vnsern
hulden, daz si von den egenanten vrowen dhain mautt, noch vngelt
vodern noch nemen, vnd si ouch mit nichte an irn freyungen irren,
laidigen noch beswern mit dhainen sachen, des wellen wir nicht

enbern. Wir wellen ouch, swer die vorgenant freyung von irn wegen füret, oder wenn sie die emphelhent oder die verchouffent, daz der oder dieselben, dieselben freyung fürfürn süllent, an alle vodrung vnd irrung in allem dem Rechten als dieselbe, vnd des ze vrkunde geben wir In den brief versigilten mit vnserm Insigil. Der gehen ist ze *Wienne* an Phintztag vor Phingsten anno domini Millesimo CCCᵐᵒ· Septuagesimo primo.

Original auf Pergament mit Siegel.

# XVII.

**1372, 28. Mai, Wien.** — *Seitz von Chunring überlässt dem Nonnenkloster St. Nicolaus zu Wien sein Ober-Eigenthum an einem Zehent zu Schweinbart und bewilligt ihm die Viehtrift auf einer seiner Weiden gegen Abhaltung eines Jahrtages für ihn und seine Nachkommen.*

Ich *Seytz* von *Chunringen* vergich für mich vnd fur alle mein erben vnd tun chunt offentleich mit dem brief allen den in sehent oder herent lesen, die nv lebent vnd hernach chümftlich sind, das ich den erbern geistleichen vrown Swester *Chritein* der *Witzinne*, ze den zeiten Abtessinne der geistleichen vrown Chloster datz sand Nichla vor *Stubentor* ze *Wienne* vnd dem Conuent gemain daselb die güt vnd gnade getan han, das ich in mein aygenschafft, die ich gehabt han an dem zehent ze *Sweinbart*, der von mir ze lehen gewesen ist, gegeben han lauterleich durch got, vnd in ouch no vnd irn nachkomen die gnade tan mit dem brief, das si furbas recht haben ze treyben ir viech auf mein wayde sechtzehen hawbt grozzes vieches, vnd zway vnd dreizzig swein iunger vnd alter ouf die waide, da ander mein holden nicht auf habent ze treyben, also, das ich vnd mein leiberben nv furbaz ir genedig vogt sein sullen vber die guter, die si habent ze *Sweinbart*, des si mich obgenanten *Seytzen* von *Chunringen* vleizzichleich gebeten habent. Und sullen ouch si vnd ir nachkomen mir ewichleich in dem egenanten irm chloster einen ewigen Jartag begen des nachsten montags nach den quatembern in der vasten des nachtes mit einer gesungen Vigilii vnd des morgens mit einem gesungen Selambt vnd mit zwain gesprochen messen vnd demselben Selampt vnd mit allen andern Gotsdinsten, als ander iarteg in dem egenanten irm chloster ze begen sitleich vnd gewondlich ist, meiner vnd aller meiner vodern vnd nachkomen seln ze hilff vnd ze trost. Und wenne si des nicht teten, so sol ich vnd mein erben des vollen gewalt vnd recht haben, si dartzu ze nötten, alsuerre, das si den vergenanten iartage an vnderlas wenne wir sein denne nach dem vergenanten tag nicht lenger enpern wellen, gentzleich volfuren vnd volpringen in dem rechten, als vorgeschriben stet. Und des ze einem warn vrchund vnd ze einer ewigen vestigunge geben wir in den brief versigilten mit mein obgenanten *Seytzen* Insigil von *Chunringen*. Der brief ist geben ze *Wienne* nach Christs gepurt Dreutzehenhundert iare, darnach in dem zway und Sibentzigisten iare, des Freytags nach Gots Leichnamstage.

Original auf Pergament mit Siegel.

# XVIII.

**1375, 14. April. Schaumburg.** — *Heinrich Graf von Schaumburg verleiht dem Nonnenkloster St. Nicolaus zu Wien die Mauthfreiheit für Salz bei seiner Mauth zu Aschach, gegen Abhaltung eines Jahrtages für sich und seine Nachkommen.*

Wir Graf *Hainreich* von *Schownberch* vergehen fur vns vnd für all vnser nachkomen mit dem brief, allen den, die in sehent, hörent oder lesent, das für vns chömen sind die Erburdigen vnd Gaistleichen vrawn . . die Aptessinn vnd der Conuent des vrawnklosters zu sand Nicla, grabes ordens, gelegen bey *Wienn*, vnd vns mit imerchleicher bett manten vnd baten, daz wir in die genad teten, also daz si ierleich an vnser Mautt ze *Aschach* vrey vnd vngemautt verfüren möchten drew phunt Saltzs weites pandes vnd vir phunt Saltzs chlaines pandes. Wann aber wir alle guete werich vnd gots gabe meren vnd pessern wellen, haben wir angesehen der selben vrawn . . der Aptessinn, des Conuentes zu sand Nicla vleizzig vnd entzige bett, vnd haben in geben von söndern gesaden, die wir ze dem selben Gotzhaws haben, daz si alle iar ierleich verfuren sullen vnd mügen vrey vnd vngemautt, an alle irrung, drew phunt Saltzs weites pandes, vnd vir phunt Saltzs chlaines bandes, alz oben begriffen ist, vnd besteten in die vreyung also ewichleich ze haben für vns vnd all vnser nachkomen, darumb si vnsern vorvordern, vns vnd allen vnsern nachkomen zu ainem ewigen hail vnsrer sele alle iar ainen Jartag an sand Annentag begen sullen mit vigili, mit zwelf Priestern mit Selmezzen, gebeten vnd mit andrer gaistleicher Ordnung, die dartzu gehöret, als der brief lautet, den wir von in darumb haben. Wär auch, daz si . . die Apptessinn, der Conuent des vorgenanten vrawnklosters zu Sand Nicla, den iartag also nicht begingen vnd volfürten, alz oben benant ist, so wär vns vnd vnsern nachkömen die selb vreyung her wider verfallen vnd solden si fürbaz chain ansprach, noch vordrung darnach nicht mer haben in chainerlai wegen. Vnd daz si dise Gotzgab vnd vreiung also stet vnd vntzebrochen beleibe, von vns, vnd allen vnsern nachkomen, darüber zu ainer ewigen vestnunge diser sache geben wir in den brief, versigelten mit vnserm grozzen anhangundem lnsigel versigelt. Der brief ist geben ze *Schöwnberch* am Samtztag an dem Pallm abent in der vasten, da man zalt nach Christes gepürt drewtzehen hundert iar vnd darnach in dem fumf vnd Sybentzigistem Jare.

Original auf Pergament mit Siegel.

## XIX.

**1385, 1. Februar. Wien.** — *Herzog Albrecht III. erkauft von dem Nonnenkloster St. Nicolaus zu Wien das demselben gehörige Haus sammt dazu gehöriger Capelle.*

Wir *Albrecht* von gots gnaden Hertzog ze *Österreich* ze *Steyr* ze *Kernden* vnd ze *Krain*, graf ze *Tyrol* etc. Bekennen offenleich mit dem brief vmb das Haus mitsampt dem Gotzhaus vnd der Capelln, gelegen in vnsrer Stat ze *Wienn*, das wir von den geistleichen klosterfrawn von Sand Niclas daselb ze *Wienn* gekauft haben zu vnser gemainen schul, also datz geistlich leut grawe ordens darinn die heilig schrift ewichleich lesen vnd hören sullen nach sölicher ordenung, die derselbsn vnsrer schul gesetzd hantuesten vnd brief lautet, Daz wir fur dasselb haus den egenante geistleichen Klosterfrawn vnd irem Gotshaus gegeben vnd geschaff haben, geben vnd schaffen auch wissentleich mit dem brief fur vnd vnd vnser erben fumftzig phunt phenning iericleicher gult vnd weissen si darumb auf vnser ampt ze *Gmünden*, also daz man ign vnd iren Nachkömen ewichleich dieselben fumftzig phunt phenning alle iar dauon geben vnd zwar auf *Sant Jörgen* vnd auf *Sant Michels* tag auf yetwetr zeit fumf vnd zwenzig. Ob aber die vorgenant Schul nach der ordenung, als si geschikt ist, nicht gehalten vnd, dauor got sei, oder daz si aber an ein ander stat ze *Wienn* gelegt wurd, vnd wir oder vnser erben dauon den egenanten geistlichen frawn dasselb haus hinwider geben, des solt si benügen vnd soln wir vnd vnser erben der vorgeschriben gülte furbaz ewicleich ledig vnd los sein. Dartzu haben wir vns vnd vnsern erben vorbehalten, daz wir dieselb gülte auch sonst abledigen mügen mit fumfhundert phunden phenning, wenn wir wellen, also daz wir dieselben fumfhundert phunt niderlegen, vnd daz die denne ynner iars frist mit vnserm wissen vnd rat demselben gotzhaus ze sand Niclas hinwider an erb werden angelegt, vnd wenn wir oder vnser erben also dieselben phenning niderlegen, so sullen wir aber zugleicher weis der vorgeschriben fumftzig phunt phenning diensts ewichleich ledig vnd los sein. Und des zu vrchund geben wir denselben klosterfrawn den gegenwurtigen brief versigilten mit vnserm anhangenden Insigl. Der geben ist ze *Wienn* an sand Brigide tag nach Christs geburd Dreutzehenhundert iar vnd darnach in dem fumf vnd achtzigisten Jar.

Original auf Pergament mit Siegel.

## XX.

**1392, 20. Mai, Wien. — *Spruchbrief des Rathes der Stadt Wien in Betreff des streitigen Erbrechtes der Schwester Margareth, Nonne in St. Nicolauskloster zu Wien, auf ein Haus am Kienmarkt und einen Weingarten.***

Wir *Michel* der *Gewchramer*, zu den zeiten Purgermaister vnd Münzmaister vnd der Rat gemain der Stat ze *Wienn*, bechennen offennleich mit dem brif, das fur vns chomen ist in offenn Rat die erber geistleich fraw swester *Margret*, des *münzzer* tochter bei frawn *Elzbeten* seiner hawsfrawn irer muter, den bayden got gnade vnd Conuentswester in der geistleichen frawn chloster datz sand Nicla vor *Stubenthor* ze *Wienn* an ainem tail vnd legt vns dafur, wie der egenant ir vater *Michel* der *munzzer* irer muter, der vorgenanten *Elzbeten*, geschafft hielt sein haws, gelegen an dem *Chienmarkcht* ze *Wien*, zenegst dem haws, daz weylent *Jacobs* seligen des *Grafen* gween ist, vnd seinen weingarten, gelegen in dem *Nuspach*, des anderthalb iewch ist. Nu wern die egenanten zway erbgüter auz irer muter hannden gestorben vnd wolt auch, daz si die von derselben irer muter wegen erben solt nach des geschæfftbrifs lautung, den ir vater darumb hinder im lassen hiet. Daengegen choman dem andern tayl auch fur vns in offem Rat *Ortolf* der *Vyrdung*, der die vorgenant frawn *Elzbeten* darnach eleithen gehabt hat vnd maynt vnd sprach, sind er vnd sein hawsfrawe aneinander nichts gemacht hieten, so solten die egenant guter pilleich sein leybgeding sein, vnd geuiellen denne nach seinem tod, da si zurecht hin geuallen solten vor aller irrung. Auch kom fur vns in offem Rat an dem drytten tayl der erber man *Liebel* der *Pawlfer* von *Ofen* an stat frawn *Chlarn* der *Pawlferin*, purgerin daselbens mit vollem gewalt ., nach des brifs lawtung, damit er derselben frawn *Chlarn* rechter anwalt vnd Procurator waz vnd der mit den Stat insigil von *Ofen* besigelt waz, der auch vor vns in offem Rat wart gelesen vnd verhort vnd maynt, daz die vorgenant fraw *Chlar* die *Pawlferin* auch etweuil rechtens an den egenanten gutern haben solt. Vnd chrigten darnach miteinander vmb die vorgenanten guter alslang vntz, das si derselben chrig aller mit gutleichem willn vnbetwungenleich hinder vns den Rat zu schidung sind ergangen, also swaz wir zwischen in baydenthalben darumb sprechen vnd beschaiden, daz si des gentzleich stet vnd vnuerrucht halden wellen, Vnd darvmb so ist in offem Rat mit vrag vnd vrtayl geuallen vnd ist auch der Statrecht nach der vrchund lawtung, die die fursten von Österreich der egenanten Stat ze *Wienn* durch besunder wirdichait daruber gegeben habent, das ein ygleich chind, das vnder seiner frewnd pesten ist, sich seins erbtails weder lipleich noch droleich willichleich, noch betwungenleich vertzeichen mag. Es sey denne also, daz das Chind in ein chloster varn wolle, so sullen die frewnd, die des gutes nagst erben sint, dieselb sach vor dem Rat öffnen, vnd der sol in denne das besteten, vnd wa des nicht geschicht, so sulle es nicht chraft haben. Seind denne die vorgenant swester *Margret* von irer frewnd . . . in daz egenant chloster geuarn ist vnd dhain vertzeichnunge irs erbtayls nicht getan hat, vnd es auch die frewnd nach der Statrecht fur den Rat nicht pracht haben vnd auch der Rat nicht bestet hat: Darumb sulle die obgenant swester *Margret* die egenanten zway erbguter, daz haus vnd den weingarten, ledichleichen von der egenanten ir muter wegen erben, allen irn frumen damit schaffen, wie ir daz allerpest fugt, oder wolgeuelle vor aller irrung. Und wand die sach also vor vns in offenem rat vermeldelt vnd geschehen ist, daruber so geben wir den brif zu einem warn offenn vrchund der sach, versigillten mit der obgenanten Stat ze

*Wienn* chlainem anhangundem insigil. Der brif ist geben ze *Wienn* nach kristi gepurd drewtzehenhundert iar, darnach in dem zway vnd newntzigistem iar, des nagsten Mantags vor sand Vrbans tag.

Original auf Pergament, dessen Siegel fehlt.

## XXI.

**1396, 17. Mai, Wien.** — *Die Herzoge Albrecht und Wilhelm bestätigen dem Nonnenkloster St. Nicolaus zu Wien den Kauf eines Hauses sammt dazu gehöriger Capelle durch weiland Herzog Albrecht III.*

Wir *Wilhelm* vnd *Albrecht* geuettern, von gots genaden Hetzogen ze *Österreich*, ze *Steyr*, ze *Kernden* vnd ze *Krain*, grauen ze *Tyrol* etc. Bekennen für vns vnd vnser erben vnd nachkomen. Als . . . . Hochgeborn Fürst, vnser lieber Herr Vetter vnd Vatter, Hertzog *Albrecht* seliger, dem got genad, von den geistlichen frawen vron datz Sand Niclas auzzerhalb vnsrer Stat hie ze *Wienn* vor ettleichen iarn hat gekaufft das haus mit sampt dem Gotshaus vnd der Cappelln in der *Synger strass*, vnderhalb der *Teutschen Herren* gelegen daselbs hie ze *Wienn*, zu einer gemeiner schul der heiligen Schrifft graven Orden, vnd dafür er denselben geistlichen klosterfrawen hat gegeben vnd geschafft fümftzig phunt phenning ewigs gelts, darumb er sy auch geweist hat auf vnser ampt zu *Gmunden*, nach seines briefs sag, den sy darüber habent: Also haben wir, angesehen desselben unsers herren Vetters vnd Vaters stifftung vnd seinen gotlichen vnd gerechten fürsatze, vnd haben dertzů vnsern gunst vnd willen auch gegeben vnd bestetten auch den egenanten klosterfrawn vnd irm Gotzhaus vnd irn nachkömen datz Sand Niclas des egenanten vnsers Herren Vettern vnd Vatters seligen brief wissentlich vnd mainen vnd wellen, daz der fürbasser bey seinen krefften gentzlich beleib, vnd daz ain yeglicher vnser amptman ze *Gmunden* der egenanten klosterfrawen die obgenante gült alle iar zu zwain Teiln, das ist, auf Sand *Jörgen* vnd auf Sand *Michels* tag auf yetweder zeit, fümf vnd zwaintzig phenning fürderlich geb vnd auzrichte, nach irs briefs sage, vnd des nicht lasse. Ob aber die vorgenant schul nicht wurd gehalten, als sy geschikt ist oder daz man sy an ein ander stat legte, vnd daz wir den egenanten klosterfrawen das haus sampt dem Gotzhaus und der

Capelln in der *Synger Strass* wider geben, oder ob wir die vor-
genante gult mit fümfhundert phunden phenning ablösten, des wir
gewalt haben nach des vorgenanten irs briefs lautt, so sullen wir vnd
vnsere erben derselben fümftzig phunt gelts ledig vnd los sein an
geuerd. Mit vrkund ditz briefs. Geben ze *Wienn* an Mittichen vor
dem heiligen tag ze Phingsten nach Kristi geburd Drewtzehenhun-
dert Jar, darnach in dem Sechs vnd newntzigisten Jare.

Original auf Pergament mit zwei Siegeln.

## XXII.

**1396, 17. Mai, Wien.** — *Die Herzoge Albrecht und Wilhelm bestätigen dem
Nonnenkloster St. Nicolaus zu Wien im Allgemeinen die ihm von ihren
Vorfahren ertheilten Rechte und Freiheiten.*

Wir *Wilhalm* vnd *Albrecht* geuettern, von gotes gnaden *Hertzo-
gen* ze *Österreich*, ze *Steyr*, ze *Kernden* vnd ze *Krain*, Grauen ze
*Tyrol* etc. Bekennen offenleich mit disem brief, Als weilent, der
Hochgeborn fürste, vnser lieber Her vnd vetern, Hertzog *Albrecht*
seliger, vnd löbleicher gedechnüss, den erbern und Gaistleichen
klosterfrawn, vnsern lieben Andechtigen . . der Abtessinn vnd .
dem Conuent, datz sand Nicla *auzzerhalb* vnsrer Stat hie zu *Wienn*
etleich gnad, freyhait vnd Recht gegeben hat, nach seiner hantuest
lautt, die auch die Durchleuchtigen, Hochgeboren fürsten, Künig
*Fridreich* von *Rom*, Hertzog *Albrecht* sein Brüder, vnser Een und
Herzog *Albrecht*, vnser vetter vnd vatter, den got genedig sey,
mit Iren briefen vnd Insigiln habent bestett: Also sein wir von
der egenant Gaistleichen frawn, vrowen datz sand Nicla fleizzich
gepeten vnd angerufft worden, daz wir In vnsern obgenanten vordern
seligen hantuest vnd brief von newen dingen auch gerüchten ze ver-
newern vnd ze bestetten. Nun haben wir angesehen die lautter begir,
die vnsern egenanten voruordern zu denselben Gaistleichen frawn
habent gehabt, vnd daz wir auch billeich nachuolgend sein, der-
selben vnser eltern fustriten vnd maynung in allen seligen vnd Got-
leichen sachen, vnd haben den egenanten Gaistleichen frawn . . der
Abttessinn vnd . . dem Conuent zu Sand Nicla auzzerhalb der St.
ze *Wienn*, vnd auch demselben irem Gotzhaus, des Vogt vnd herr
wir sein, des egenant vnsers vrenen Hertzog *Albrechts* vnd auch der

andern vnser egenanten vordern seligen, brief vnd hantuest, alle vnd ir igleich sel von newn dingen vernewt vnd bestett, vernewen, beuesten und bestetten auch die, die von fürstleicher macht, wissentleich mit krafft ditz briefs mit allen münten vnd . . . . . . sind begriffen, vnd mainen vnd wellen, das die fürbazz gar vnd gantz in alten sachen stet gehaben werden, vnd daz auch die egenanten klosterfrawn bei denselben freyhaiten, gnaden, rechten vnd briefen furbaz ewikleich vnd ruwikleich beleiben, vnd daz in hinfür dawider yemand kain hindernüzz, muell, noch beswerung tu. Dauon gepieten wir vestikleich bey vnsern hulden für vns vnd unser nachkömen vnsern getrewen lieben vnserm Lantmarschalich in Österreich, wer der ye dann ist, alten Herren, Rittern vnd knechten, phlegern, Burggrafen, Richtern, Mauttern, zollern vnd sunderleich den erbern, weysen vnd getrewen liebsten . . dem Burgermaister . . dem Richter . . dem Rat . . den Burgern hie ze *Wienn* vnd allen andern vnsern Amptleutten, vndertanen vnd getrewen, wie die genant sind, den diser brief wird gezaigt, gegenwärttigen vnd auch kümftigen, vnd wellen ernstleichen, daz si die egenanten klosterfrawn vnd das Gotshaus zu Sand Niclas bei den egenanten gnaden, Rechten, freyhaitten vnd briefen lassen gentzleich beleiben, vnd In dawider kain muell, irrung, noch beswerung tun in dhainen weg, sunder sie auch von vnsern wegen dabey vestikleich schirmen vnd halten, vor allem gewalt vnd vnrecht vnd nyemand dawider gestatten ze tun in dhainen weg. Wer aber dawider tett, der wisse swerleich wider vnser huld vnd genad haben getan. Mit vrkund ditz briefs. Geben ze *Wienn* an Mittichen vor dem heiligen tag ze Phingsten, nach Kristi gepürd dreutzehenhundert Jar vnd in dem Sechs vnd Newntzigistem Jahr.

Original auf Pergament mit zwei Siegeln.

# Namen-Register.

Die erste Zahl bedeutet das Ausstellungsjahr der Urkunde, die römische Ziffer den Band, die nächste arabische Zahl die Seite und die letzte römische die Nummer der Urkunde.

## A.

A. Plebanus in Pest 1238. Abg. I. 306. V.

Ableit 1283. I. 234. CCLV.

Achau 1259. I. 145. CXLIX. — 1352. II. 215. CCVIII.

Adalbertus Marchii 1136. I. 3. II.

Adam Mantuanus Epis. 1298. I. 287. CCCXXI.

Adelardus presb. Card. S. Marcelli 1185. I. 15. X. 1187. I. 23. XV.

Adelhaidis circa 1196. I. 29. XXII.

— filia Dumonis 1207. I. 37. XXIX.

Adelheid Conrad's, des Amtmanns zu Haselach, Hausfrau 1311. II. 32. XXXVI.

Aciabrunai de, Otto 1263. I. 32. XXIV.

Aespinus 1286. I. 251. CCLXXVIII. — 1288. I. 257. CCLXXXIV.

Aglisus, magister Curiae Heiligen-Kreuz 1350. II. 211. CCV.

Agnes uxor Leopold. IV. 1136. I. 1. I. — 1136. I. 3. II.

— — Tursonis 1246. I. 114. CVII.

— soror Gertrudis de Liechtenstein 1283. Abg. I. 315. XIV.

Agnes, Rudolf's des Freibauern von Pfaffstetten Witwe 1344. II. 189. CLXXXVIII.

Agnisa et Pincerna de Habsbach 1259. I. 120. CXIII.

Aheim Manegoldus Ministerial. 1203. I. 34. XXVI.

Ahtaro de, Conradus 1188. I. 26. XVII.

— Leopoldus 1188. I. 26. XVII.

Ahusen de, Conradus, über 1203. I. 31. XXIV.

Aich de, Otto, miles 1251. I. 228. CCXLIX.

Aichau 1289. I. 258. CCLXXXVI.

Aichhörnl vinea circa 1280. I. 227. CCXLVIII.

Aigl in Strasse zu Neustadt 1321. II. 69. LXXV.

Ainwich 1190 — 1210. I. 27. XIX.

Alacht de, Ebergerus 1136. I. 2. I.

Alacht, Dorf 1136. I. 3. II.

Alachter de, Georg, Ritter 1388. II. 375. CCCXX.

— de, Erhard, Knappe 1388. II. 375. CCCXX.

Alben praepos. in Mosburg 1163? I. 7. V.

Alber, Albrecht's des Forstmeisters Sohn 1305. II. 17. XXI.

— Friedrich 1357. II. 235. CCXXII.

— Friedrich, Sohn 1357. II. 235. CCXXII.

— von Aland 1360. II. 257. CCXXXVIII.

— Anna, Hausfrau 1357. II. 235. CCXXII.

— Margareth, Hausfrau 1357. II. 235. CCXXII.

— und Leopold, Brüder, Herzoge von Österreich 1370. II. 292. CCLXV. — 1371. II. 293. CCLXVII.

— von dem Stein zu Baden 1311. II. 28. XXXII.

— v. Aicht 1312. Abg. II. 404. IV.

Alberdorf de, Albero 1207. I. 38. XXIX.

Albericus Episc. hostiensis 1139. I. 5. III.

Albero, Propst von S. Georg 1163? I. 7. V.

— miles 1232. I. 80. LXIX.

— capellanus Ducis Henrici 1232. I. 80. LXIX.

— Abt v. Maria-Zell 1236. I. 91. LXXX.

— coquus 1246. I. 113. CVI.

— filius Heidenrici circa 1368. I. 107. CLXXXII.

Arnstein de, Weichard 1324. II. 105. CII. — 1345. II. 191. CLXXXIX. — 1353. II. 230. CCXII.
— de, Weichard zu Gundramsdorf 1377. II. 317. CCLXXXII.
— de, Agnes, filia 1276. I. 203. CCXX.
— de, Agnes, Hausfrau 1319. II. 57. LXIII. — 1319. II. 59. LXIV.
— de, Cunigunde, Tochter 1302. II. 8. IX.
— de, Diemut, Hausfrau 1345. II. 191. CLXXXIX.
— de, Gertrudis, uxor 1276. I. 202. CCXX. — 1279. I. 220. CCXL. — 1285. I. 243. CCLXVIII.
— de, Gertrudis, vidua 1285. I. 244. CCLXIX.
— de, Gertraud, Tochter 1302. II. 8. IX.
— de, Helena, filia 1276. I. 203. CCXX.
— de, Jutta, filia 1286. I. 250. CCLXXVII.
— de, Jutta, Frau 1302. II. 8. IX.
— de, Katharina, Tochter 1319. II. 58. LXIII.
— de, Ofmia, Hausfrau 1323. II. 89. LXXXVI.
Arnstetten, Gut 1323. II. 92. LXXXIX.
— 1323. II. 94. XCI.
Ascha 1285. I. 240. CCLXIII. — 1277. I. 207. CCXXVI.
Aschach 1321. II. 66. LXXIII. — 1364. II. 271. CCXLVIII. — 1375. II. 304. CCLXXV.
— Mauth zu, 1375. Ahg. II. 418. XVIII.
Ascheim de, Otto circa 1177. I. 10. VII.
Asparn de, Udalricus 1178. I. 12. VIII.
— de, Ulricus et filius 1188. I. 24. XVI.

Aspinsdorf de, Hugo circa 1212. I. 47. XXXIV.
Asprer Friedrich 1361. II. 263. CCXLII.
Atzenbruck de, Agnes, Tochter 1303. II. 12. XIV.
— de, Albrecht, Sohn 1303. II. 12. XIV.
— de, Diemut, Tochter 1303. II. 12. XIV.
— de, Friedrich, Sohn 1303. II. 12. XIV.
— de, Gerbirch, Hausfrau 1303. II. 12. XIV.
— de, Gertraud, Tochter 1303. II. 12. XIV.
— de, Heinrich 1303. II. 13. XIV.
— de, Margaret, Tochter 1303. II. 12. XIV.
— de, Ortolf 1303. II. 12. XIV.
Au de, Wolfker 1300. II. 2. II.
— — Gerung 1315. II. 43. XLVII.
Aue de, Henricus 1276. I. 202. CCXIX.
Auerstall im Marchfelde 1356. II. 226. CCXVI.
Augsburg 1286. Ahg. I. 317. XVI.
Aupauch Alber 1321. II. 76. LXXV.
Auwiese bei Gundramsdorf 1357. II. 237. CCXXIII.
Avignon 1328. II. 122. CXVII. — 1328. II. 123. CXVIII. — 1346. II. 197. CXCII.
Avus Henricus, civis in Bruck 1273. I. 185. CC.
Aygil, procurator prope Ferthen von Heiligenkreuz 1347. II. 201 CXCVII.
Aygal Fr., magister curiæ Monachorum, Heiligenkreuz 1345. II. 193. CXC.
Aykas de, Lesansuk seu Lendorf Joannes 1359. II. 245. CCXXX.
— Nicolaus 1359. II. 245. CCXXX.

# B.

B. Dux Carinthiae 1237. I. 96. LXXXV.
Babenneusidel 1283. I. 230. CCLI. — 1287. I. 254. CCLXXX.
Bachlab, locus aquosus 1379. II. 325. CCXC.
Baden 1163? I. 7. V. — 1216. I. 50. XXXVI. — 1245. I. 110. CV. — 1259. I. 145. CXLIX. — 1259. I. 145. CL. — 1261. I. 150. CLVIII. — 1262. I. 153. CLXII. — 1268. I. 167. CLXXIX. — 1275. I. 197. CCXIV. —1286. I. 252. CCLXXVIII.

1295. I. 281. CCCXIV. — 1310. II. 27. XXXI. — 1311. II. 28. XXXII. — 1312. II. 36. XXXIX. — 1324. II. 105. CII. — 1326. II. 109. CVI. — 1329. II. 126. CXXIII. — 1343. II. 182. CLXXX. — 1343. II. 184. CLXXX. — 1345. II. 196. CXCI. — 1347. II. 201. CXCVI. — 1356. II. 230. CCXVIII. — 1357. II. 231. CCXIX. — 1357. II. 232. CCXX. — 1358. II. 241. CCXXVII. — 1360. II. 255. CXXXVIII.

# C.

# D.

# E.

# F.

# G.

Goboldsteiner Heinrich 1351. II. 212. CCVI. 1377. II. 317. CCLXXXIII.

Godefridus, capellanus, circa 1196. I. 30. XXII.

— dispensator, circa 1212. I. 47. XXXIV.

— Bisch. v. Passau 1362. II. 266. CCXLIV.

Gogman Leopoldus 1246. I. 113. CVI.

— Henricus 1254. I. 128. CXXVI.

Goggatsch de, Bertholdus 1271. I. 178. CXCIII.

— de, Egidius filius 1271. I. 178. CXCIII.

— de, Ortlibus 1271. I. 178. CXCIII.

— de, Alheidis, uxor 1271. I. 178. CXCIII.

— de, Elisabeth, filia 1271. I. 178. CXCIII.

Gois, villa 1350. II. 209. CCIII.

Goizo, Cardinal 1139. I. 5. III.

Goldgeben de, Wernhardus 1280. I. 224. CCXLIV.

Goldner Hof 1302. II. 8. IX.

— vom Windhag 1360. II. 257. CCXXXVIII.

Goldschmied auf dem Markt 1321. II. 69. LXXV.

Goldstein, vinea apud Baden 1343. II. 183. CLXXX.

Goler Ulricus 1278. I. 212. CCXXXI.

Golmann Johann 1382. II. 352. CCCV.

Gols 1217. I. 51. XXXVII.

Golls, villa 1350. II. 209. CCIII.

Gotfridus, Bisch. v. Passau 1283. I. 231. CCLII.

— magister montis de Wartberg 1262. I. 155. CLXIII.

Gottfridus, magister montium 1278. I. 212. CCXXXI.

— magister et protonotarius 1287. Abg. I. 318. XVIII.

— magister et protonotarius Ducis 1290. I. 265. CCXCVI. — 1290. I. 266. CCXCVII. — 1293. I. 269. CCCI. — 1294. I. 274. CCCVII.

— filius Eberhardi 1271. I. 179. CXCV.

Gottfried, oberster Schreiber 1294. I. 275. CCCVIII.

Gotfrider Heinrich 1358. II. 243. CCXXVIII.

Gottesbrunn de, Vulfingus 1283. I. 235. CCLVII.

Gottesfeld de, Henricus 1264. Abg. I. 309. VII.

— de, Henricus, miles 1274. I. 190. CCVI.

Gottenafeld de, Henricus 1270. I. 174. CLXXXVII.

Gottinsfeld de, Henricus 1276. I. 202. CCXIX.

Gottesthal (Säusenstein), Stift 1385. II. 369. CCCXVI.

Gotvicum 1203. I. 34. XXVI.

Gotschalcus, Abt von Heiligenkreuz 1136. I. 3. II. — 1139. I. 4. III.

— præpos. St. Andreä 1163? I. 7. V.

— Abt v. Mariazell 1245. I. 111. CV.

Gotze von Regensburg 1332. II. 154. CL.

Gosch Georgius, filius, de Kamnik 1350. II. 208. CCIII.

Görz Meinhardus, Graf 1203. I. 31. XXIV.

Göschel der Pienk 1360. II. 257. CCXXXVIII.

Göttweig 1368. II. 286. CCLIX.

Götelabrunn de, Wigandus 1239. I. 100. LXXXVIII.

— de, Henricus. 1239. I. 100. LXXXVIII.

Göttinsfeld de, Henricus 1278. I. 212. CCXXXI.

Götlesbrunn de, Johann, Bruder 1342. II. 179. CLXXVII.

— de, Nicolaus, Sohn 1342. II. 179. CLXXVII.

— de, Martin, memor. 1342. II. 179. CLXXVII.

— de, Diemut, Martins Tochter 1342. II. 179. CLXXVII.

— de, Gertraut, Martins Tochter 1342. II. 179. CLXXVII.

Göttlesbrunn de, Nicolaus, Sohn 1338. II. 171. CLXIX.

— de, Otto 1338. II. 171. CLXIX. — 1342. II. 179. CLXXVII.

— de, Peter, Sohn 1338. II. 171. CLXIX. 1342. II. 179. CLXXVII.

— de, Ertul 1324. II. 97. XCIII. — 1324. II. 98. XCIV.

— de, Joannes, filius 1324. II. 97. XCIII. — 1324. II. 98. XCIV.

— de, Martinus, filius 1324. II. 97. XCIII. — 1324. II. 98. XCIV.

— de, Otto, filius 1324. II. 97. XCIII. — 1324. II. 98. XCIV.

Götzendorf 1332. II. 148. CXLIV. — 1332. II. 150. CXLV. — 1332. II. 151. CXLVII. — 1332. II. 152. CXLVIII. — 1334. II. 161. CLVII.

# H.

Hutter Johann, Bruder 1358. II. 241.
CCXXVI. — 1358. II. 242. CCXXVII.
— Johann, Veter 1358. II. 241. CCXXVI.
— 1358. II. 242. CCXXVII.
— Lorenz 1360. II. 256. CCXXXVIII.

Hutter Laurenz', Veter 1358. II. 241.
CCXXVI. — 1358. II. 242. CCXXVII.
— Ritter 1308. II. 24. XXVII.
— Diemud, Hausfrau 1345. II. 196. CXCI.
— 1346. II. 198. CXCIV.

# I.

Iglau Jakob 1321. II. 68. LXXIV.
Ikervár 1314. II. 41. XLV.
Ildebrandus Bischof Aretinus 1298. I. 287.
CCCXXI.
Imzeinsdorf de, Rapoto 1285. I. 244.
CCLXVIII.
Indig Peter 1346. II. 197. CXCIII.
Inen castri Nitriensis 1270. I. 173. CLXXXVI.
Ingolstadt Kunigunde, Hausfrau 1322. II.
83. LXXXI.
— Hugo 1322. II. 83. LXXXI.
Inn 1330. II. 130. CXXVII.
Innocentius II., Papst 1139. I. 4. III. —
1178. I. 11. VIII.
Innocentius III., Papst 1207. I. 36. XXVIII.
— 1210. I. 41. XXXII. — 1214. I. 48.
XXXV. — 1228. I. 70. LVII.
— IV. Papst 1245. I. 109. CIII.
Inzeinsdorf de, Otto 1283. I. 235. CCLVII.
Intzeinsdorf de, Rapoto 1286. I. 251.
CCLXXVII.
Inzersdorf de, Rapoto 1293. I. 270. CCCIII.
— de, Jeutta uxor 1293. I. 270. CCCIII.
— de, Gertrudis filia 1293. I. 270. CCCIII.
— de, Cunegundis, filia 1293. I. 270.
CCCIII.
— de, Rapot 1294. I. 271. CCCIV. — 1294·
I. 271. CCCV.
— am Steinfeld 1352. II. 215. CCVIII.
— 1360. II. 254. CCXXXVII.

Irnfridus gener Herborti de Landek, circa
1212. I. 47. XXXIV.
— miles de Swadorf 1244. I. 109.
CII.
— miles 1279. I. 221. CCXLI.
Irmgard, Conrad des Bürgermeisters zu
Wien Hausfrau 1307. II. 21. XXV.
Ips 1277. Abg. I. 312. X. — 1374. II. 301.
CCLXXIV.
— Stadt 1332. II. 151. CXLVII.
Isenbitel Vigandus, miles 1256. I. 133.
CXXXIII.
Isinrich 1136. I. 3. II.
Isner Ditricus 1296. I. 283. CCCXVI. —
1296. I. 284. CCCXVII.
Isowe Conradus, Ministerial 1209. I. 41.
XXXI.
Iter hierosolimitanum 1203. I. 31. XXIV.
Ivo, Card. S. S. Laurentii et Damasi 1139.
I. 5. III.
Iwanka, Bisch. v. Gross-Wardein 1323. II.
93. LXXXX. — 1323. II. 96. XCII. —
1324. II. 99. XCIV. — 1327. II. 116.
CXII.
Iwanch dictus de Aykas, Nicolaus 1359.
II. 245. CCXXX.
— de, Dominicus 1359. II. 245. CCXXX.
— de, Joannes, filius 1359. II. 245.
CCXXX.
— de, Nicolaus 1359. II. 245. CCXXX.

# J.

Jacintus, Card. Diac. sanctæ Mariae in
Cosmidyn 1187. I. 22. XV.
Jakob Hekler, Abt v. Heiligenkreuz 1329.
II. 125. CXXII.
— Abt v. Heiligenkreuz 1330. II. 128.
CXXV. — 1330. II. 131. CXXVIII. —

1330. II. 132. CXXIX. — 1330. II. 133.
CXXX. — 1330. II. 134. CXXXI. — 1330.
II. 135. CXXXII. — 1330. II. 136. CXXXIII.
— 1330. II. 140. CXXXVII. — 1331. II.
142. CXXXIX. — 1331. II. 145. CXLI.
— 1331. II. 146. CXLII. — 1331. II. 147.

# K.

Fontes. Abth. II Bd. XVI.

## L.

# M.

# N.

# O.

# P.

Poll Conradus 1285. I. 246. CCLXXI.

Polle Conrad, Bürgermeister in Wien 1289.
Abg. I. 320. XX. — 1292. Abg. I. 322.
XXI.

— Ulrich 1311. II. 31. XXXIV.

— Nicolaus 1322. II. 81. LXXVIII·

Pollenheim de, Ortolfus 1289. I. 260.
CCLXXXVIII.

Polzeln Hewordus 1272. I. 184. CXCIX.

Polzilo carnifex, circa 1250. I. 122. CXVI.

Potzmaenel Conradus 1275.

Pomernus Conrad 1313. II. 40. XLIV.

Ponickel Fridericus de 1284. I. 236.
CCLVIII.

Ponich comitis Jacobi parens 1285. Abg. I.
316. XV.

Poutius, Bisch. Urbivectanus 1350. II. 211.
CCV.

Porantsdorf 1178. I. 11. VIII.

Porauer Seifried 1376. II. 307. CCLXXVII.

Porinsdorf 1207. I. 37. XXIX.

Porschalch Peter 1357. II. 236. CCXXII.

Porssenbrun de, Otto 1188. I. 24. XVI.

Portscher Ulricus 1292. I. 268. CCC.

Portzer Ulricus 1292. I. 268. CCC.

Poruth, Banus comes Zatadiensis 1272. I
183. CXCVIII.

Poschal Heinrich in der Öd 1321. II. 71.
LXXV.

Poscho de Zwettl, Conradus 1270. I. 174.
CLXXXVIII.

— Marquardus 1270. I. 175. CLXXXVIII.

Posch von Truman 1380. II. 338. CCXCIV.

Posoniense Capitulum 1362. II. 268. CCXLVI.

Posonienses cives 1317. II. 51. LVII.

Posoniensis ecclesiæ Capitulum 1327. II.
113. CXI — 1327. II. 115. CXII.

Posonium 1317. II. 49. LV. — 1317. II.
49. LV. — 1319. II. 60. LXVI. — 1327.
II. 113. CXI. — 1327. II. 115. CXII. —
1362. II. 269. CCXLVI.

Pooth, possessio 1324. II. 101. XCVIII.

Pote 1136. I. 3. II.

Poth 1208. I. 39. XXX.

— Thymisieusis comes 1203. I. 36. XXVII.

Pot, Graf 1240. I. 102. XCI.

Potto pristaldus 1217. I. 51. XXXVII.

— pristaldus comes 1217. I. 53. XXXVIII.

Poto, Palatinus comes Hungariæ 1239. I.
100. LXXXVIII.

Pot, quondam Palatinus 1240. I. 102. XCI.

Pot, filius Potonis 1221. I. 57. XLIII.

Potenburg 1256. I. 135. CXXXVI.

Potendorf, Ausstell. 1283. I. 233. CCLIV.

— de, Henricus miles 1261. I. 151. CLIX.

— de, Heuricus 1279. I. 219. CCXXXVIII.
— 1279. I. 222. CCXLII. — 1283. I.
233. CCLIV.

— de, Conradus 1279. I. 219. CCXXXVIII.
1279. I. 221. CCXLI. — 1279. I. 222.
CCXLII. — 1281. I. 228. CCXLIX. —
frater 1283. I. 233. CCLIV. — 1286.
Abg. I. 317. XVII. — 1290. I. 265.
CCXCV. — 1294. I. 277. CCCX. —
1295. I. 279. CCCXII. — 1311. II. 36.
XXXVIII. — 1323. II. 92. LXXXIX·

— de, Siboto 1279. I. 219. CCXXXVIII.
— 1279. I. 222. CCXLII. — frater 1283.
I. 233. CCLIV. — 1294. I. 277. CCCX. —
1295. I. 279. CCCXII.

— de, Ulricus Wezzel, circa 1212. I. 47.
XXXIV.

Pottendorf de, Erbger, Ritter 1294. I.
277. CCC.

— de, Heinrich 1294. I. 277. CCCX. —
1295. I. 279. CCCXII. — 1358. II. 243.
CCXXVIII.

— de, Herbordus, circa 1176. I. 9. VI.

— de, Albero, circa 1176. I. 9. VI.

— de , Leutold , Bruder 1358. II. 244.
CCXXVIII.

— de, Rudolfus 1203. I. 31. XXIV. —
1203. I. 32. XXIV. — circa 1212. I. 47.
XXXIV. — 1216. I. 50. XXXVI. — 1246.
I. 113. CVI. — 1257. I. 139. CXL. —
1258. I. 142. CXLV. — Vetter 1323. II.
92. LXXXIX.

— de, Siboto , Bruder 1358. II. 244.
CCXXVIII.

— de, Ulricus 1257. I. 139. CXLI.

— de, Ulrich, Bruder 1358. II. 244.
CCXXVIII.

— de, Wilhelm, Bruder 1358· II. 244.
CCXXVIII.

— de , Agnes , Hausfrau 1358. II. 243.
CCXXVIII.

Potenstein 1365. II. 274. CCLI.

— de, liber Ditmarus 1232. Abg. I. 294. II.

Poter Nicolaus 1361. II. 263. CCXLII.

Poyrer Stephan 1380. II. 338. CCXCIV.

Pozeisdorf de , Sibot 1190 — 1210. I. 26.
XVIII.

# R.

Reifenstein de, Dietmar 1315. II. 43. XLVII.

Reinhartsdorf 1323. II. 86. LXXXIII.

Reimbertus, filius Celerarii de Sulz 1256. I. 131. CXXXI.

Reiner Nicolaus 1382. II. 352. CCCV.

Reinoldesdorf 1210. I. 42. XXXII.

Reinprecht, Vetter Lichtenfels 1295. I. 279. CCCXII.

Reimprecht auf dem Haarmarkt 1331. II. 146. CXLIII.

Reinprechtsdorf 1375. II. 306. CCLXXIV.

Reisenmarkt de, Ulricus 1285. I. 244. CCLXIX.

Reisner Leopold 1309. II. 23. XXVIII.

Rekenthal 1274. I. 189. CCVI.

Renaldus, legatus Tusciæ, Herzog von Spoleto 1227. I. 69. LVI.

— Bischof v. Siebenbürgen 1233. I. 84. LXXI.

Rennweg 1307. II. 22. XXV.

Rennwart Jacob 1357. II. 234. CCXXI.

Renoldus magister dapiferos, Truchsess 1272. I. 183. CXCVIII.

Rentl Heinrich 1321. II. 73. LXXV.

Reteich Stephan 1377. II. 317. CCLXXXIII.

Retterius 1250. I. 119. CXIII.

Reuntal Nicolaus 1360. II. 257. CCXXXVIII.

Reuter Joannes, licentiatus, Domherr von Passau 1389. II. 377. CCCXXI.

Reutter Stephan 1394. II. 388. CCCXXIX. — 1394. II. 389. CCCXXX.

Richerus miles domini de Brunn 1268. I. 169. CLXXXI.

Ried de, Conradus, circa 1176. I. 9. VI. — circa 1177. I. 10. VII.

Rieden de, Rudolfus, vicecomes Mosoniensis 1350. II. 208. CCIII.

Riedenthal de, Johann, Ritter 1384. II. 356. CCCVII.

Riedmarcher Marchart, Bruder 1310. II. 27. XXXI.

— Heinrich 1310. II. 27. XXXI

Rihtza, uxor Ulrici 1274. I. 190. CCVII.

Rinderschinch Leopold 1329. II. 125. CXXII.

— Wolfger, Bruder 1329. II. 125. CXXII.

Ringelsdorf 1209. I. 41. XXXI.

Ringerndorf 1290. I. 262. CCXCI.

Rint Bertholdus 1272. I. 181. CXCVI.

Ritschart Nicolaus 1323. II. 94. XCI.

Robertus, presb. Card. tit. S. Pudentianæ, Professus Cisterciensis 1302. II. 10. XI.

— Erzbisch. v. Gran 1233. I. 84. LXXI.

— 1233. Abg. I. 296. III.

— præpos. et cancell. Stuhlweissenburg 1208. I. 39. XXX.

— Bisch. v. Vesprim 1217. I. 52. XXXVII.

— 1217. I. 54. XXXVIII.

— Francigena magister 1216. I. 50. XXXVI.

Rockinger civis in Bruck 1239. I. 100. LXXXVIII.

Rockendorfer 1388. II. 374. CCCXIX.

Römer Nicolaus 1382. II. 352. CCCV.

Roeprehtdorf 1178. I. 11. VIII.

Rötelstein de, Henricus 1203. I. 32. XXIV.

Rótenstein de, Cadoldus, frater 1287. I. 255. CCLXXXI.

— de, Otto 1287. I. 255. CCLXXXI.

Roetenstein de, Otto 1285. I. 241. CCLXIV.

Rötlein, Jude zu Korneuburg 1384. II. 368. CCCXIV.

Rolandus, Card. Diac. S. Mariæ in Porticu 1185. I. 15. X. — 1187. I. 22. XV.

Rom 1207. I. 36. XXVIII. — 1214. I. 49. XXXV. — 1298. I. 287. CCCXXI. — 1383. II. 355. CCCVI.

Roma 1350. II. 212. CCV. — 1368. II. 288. CCLXI. — 1382. II. 350. CCCIII. — 1390. II. 380. CCCXXIII. — 1396. II. 391. CCCXXXII. — 1397. II. 393. CCCXXXIV.

Romanus Fr., Bisch. Croensis 1298. I. 287. CCCXXI.

Ronberg de, Albertus, circa 1270. I. 176. CXC.

— de, Ortolfus 1277. I. 209. CCXXVIII.

— de, Frauslibus, circa 1270. I. 176. CXC.

— de, Margaretha, uxor, circa 1270. I. 176. CXC.

Ronek, locus 1188. I. 24. XVI.

Rophaym, Woywoda 1217. I. 52. XXXVII. — 1217. I. 54. XXXVIII.

Ror de, Ditmarus, filius 1286. I. 252. CCLXXVIII.

— de, Dietmar 1294. I. 271. CCCIV. — 1302. II. 9. IX. — 1311. II. 28. XXXII. — 1311. II. 30. XXXIII.

— de, Heinrich 1310. II. 26. XXX. — 1324. II. 103. CII.

Ruschlein Berthold, Eidam 1321. II. 72.
LXXV.
Ruschel Friedrich, Stadtrichter zu Wien
1362. II. 269. CCXLVII.
— Otto II. 74. LXXV.
Rustenbauch Leopold 1321. II. 71. LXXV.
Ruster Bernard 1338. II. 174. CLXXII.

Ruster Georg, Bruder 1338. II. 174.
CLXXII.
— Otto 1338. II. 174. CLXXII.
— Gertraud, Tochter 1338. II. 174.
CLXXII.
— Katharina, Tochter 1338. II. 174.
CLXXII.

# S.

Saar fluvius 1236. I. 93. LXXXIII. —
1256. I. 132. CXXXII.
Sár fluvius 1203. I. 35. XXVII. — 1208.
I. 39. XXX.
Saccus Leopold 1280. I. 224. CCXLIV.
— Jacobus, filius 1280. I. 224. CCXLIV.
Sachen, possesio 1318. II. 56. LXI.
Sachrer Henricus 1319. II. 60. LXVI.
Sachsengang de, Hertnid 1150. I. 6. IV.
— de, Ortvinus 1266. Abg. I. 311. VIII.
— de, Leopoldus 1268. I. 169. CLXXXI.
— 1270. I. 172. CLXXXV. — 1274. I.
186. CCIII. — filius 1274. I. 187. CCIII.
— 1275. I. 192. CCX. — 1275. I. 194.
CCXI. — 1275. I. 196. CCXII. — 1277.
I. 209. CCXXVIII. — 1283. I. 229. CCLI.
— filius 1283. I. 230. CCLI. — 1286. I.
251. CCLXXVII. — filius 1287. I. 254.
CCLXXX. — 1287. I. 254. CCLXXX. —
1297. I. 285. CCCXVIII. — 1301. II 6.
VI.
— de, Hertneid, Bruder 1301. II. 6. VI.
— de, Hertnid 1304. II. 14. XV.
— de, Hartnied 1323. II. 91. LXXXVIII.
— 1357. II. 238. CCXXIII.
— de, Hartneid 1332. II. 153. CXLIX.
— de, Rudolf 1323. II. 91. LXXXVIII.
— de, Conrad 1378. II. 323. CCLXXXVIII.
— de, Margareta 1274. I. 187. CCIII. —
uxor 1275. I. 192. CCX. — uxor 1287.
I. 254. CCLXXX.
Sachsenganger Hof zu Gundramsdorf 1353.
II. 220. CCXII.
Saetzl vinea 1275. I. 197. CCXIV.
Salfeld de, Rugerus 1230. I. 73. LXI.
Salman 1232. I. 80. LXIX.
Salomon capellanus Ducis 1216. I. 50.
XXXVI.
— 1290. I. 267. CCXCVIII.

Saltzer Heinrich von Surwich 1334. II.
159. CLVI.
— Johann von Surwich 1334. II. 159.
CLVI.
Salzburg 1219. I. 55. XXXIX. — 1274. I.
186. CCI. — 1288. I. 236. CCLXXXIII.
— 1384. II. 359. CCCIX.
— de ? Herbort 1330. II. 128. CXXV.
— de? Katharina, Hausfrau 1330. II. 128.
CXXV.
Salzburgenses prælati 1222. I. 62. XLIX.
Salzburgensis archiepiscopus 1222. I. 62.
XLIX.
Salisburgensis, Erzbisch. in Salzburg 1237.
I. 96. LXXXV.
Samareier Conrad 1358. II. 243. CCXXVIII.
— Jacob 1358. II. 243. CCXXVIII.
Samp Eberhardus 1289. I. 259. CCLXXXVII.
Samson 1311. II. 29. XXXIII.
Sandgrube bei Gundramsdorf 1357. II. 237.
CCXXIII.
Santter Otto 1361. II. 263. CCXLII.
Sarling 1374. II. 301. CCLXXIV.
— Dorf 1385. II. 370. CCCXVI.
— Capelle zu 1385. II. 370. CCCXVI.
Sarger Heinrich 1356. II. 227. CCXVI.
Sasun seu Winden 1217. I. 52. XXXVII. —
1221. I. 57. XLIII.
— 1239. I. 101. LXXXIX. — 1258. I.
141. CXLIV.
— in comit. Mosoniensi 1240. I. 102. XCI.
— villa 1324. II. 97. XCIII.
— possessio 1338. II. 174. CLXXI.
— de, Otto, filius Ortolfi 1338. II. 173.
CLXXI.
— de, Ortolfus 1338. II. 173. CLXXI.
— de, Nicolaus, filius 1338. II. 173.
CLXXI.
— de, Petrus, filius 1338. II. 173. CLXXI.

Speismeister Wernherus, circa 1260. I.
149. CLV. — 1270. I. 174. CLXXXVII.
— 1276. I. 202. CCXIX.
Spiegel Nicolaus 1358. II. 243. CCXXVIII.
— Heinrich 1358. II. 243. CCXXVIII.
— Martin 1385. II. 370. CCCXVII.
— Andreas, Sohn 1385. II. 370. CCCXVII.
— Osvald, Sohn 1385. II. 370. CCCXVII.
Spizendorfer Leopoldus 1289. I. 259.
CCLXXXVII.
Spoletum 1232. I. 79. LXVII.
Spring in das Gut, Leopold von Medling
1352. II. 215. CCVIII.
Sprinzenstein Fridericus 1285. I. 241.
CCLXIV.
Sprinzensteiner Friedrich 1321. II. 75.
LXXV.
Stadeck de, Rudolfus 1197. I. 30. XXIII.
— 1356. II. 222. CCXIV.
— de, Agnes, Hausfrau 1356. II. 222.
CCXIV.
— de, Leutoldus, Marschall in Österr.
1362. II. 267. CCXLIV. — 1367. II.
277. CCLIII.
— de, Rudolf, Vetter 1367. II. 277.
CCLIII.
— de, Rudolf 1368. II. 287. CCLIX.
— de, von 1377. II. 315. CCLXXX.
Stadecker Andreas 1380. II. 339. CCXCIV.
Stadelau de, Ditricus, civis in Bruck 1274.
I. 192. CCIX.
Stadelauer Peter, Sohn 1328. II. 120.
CXVI.
— Thomas, Sohn 1328. II. 120. CXVI.
— Johann, mem. 1328. II. 120. CXVI.
Stadlauer Friedrich 1294. I. 273. CCCVI.
Staher Johann von Mödling 1364. II. 272.
CCXLIX.
Stänglein Peter 1372. II. 295. CCLXVIII.
Staeul 1332 II. 154. CL.
Staeutz 1285. I. 241. CCLXV.
Stalaren 1178. I. 11. VIII.
Staleck de, Albero, circa 1210. I. 46.
XXXIII.
Stamer Heinrich 1357. II. 233. CCXX.
Stampf-Mühle in Mödling 1343. II. 188.
CLXXXVI.
Stancharts-Mühle ober Lebsdorf 1356. II.
229. CCXVII.
Stanchart Simon 1356. II. 229. CCXVII.
Stang Wulfing 1321. II. 76. LXXV.

Star Hermann 1311. II. 28. XXXII.
Stauber Elisabeth, Witwe 1382. II. 351.
CCCV.
— Ludwig 1382. II. 351. CCCV.
Stauze de, Udalricus 1178. I. 12. VIII.
Stechelnberg de, Mechtildis 1261. I. 151.
CLIX.
Stecher Mathilde von Mödling 1364. II.
272. CCXLIX.
— Johann, Amtmann in Mödling 1367.
II. 277. CCLIII.
— Martin 1343. II. 188. CLXXXVI.
— Ulrich 1343. II. 188. CLXXXVI.
— Christian 1394. II. 387. CCCXXIX. —
1394. II. 388. CCCXXX.
— Johann 1394. II. 387. CCCXXIX. —
1394. II. 388. CCCXXX.
— Anna, Schwester 1394. II. 387.
CCCXXIX. — 1394. II. 388. CCCXXX.
Steckelberg, castrum, circa 1252 — 1262.
I. 125. CXXI.
Steger Ulrich 1321. II. 73. LXXV.
Steifingen 1210. I. 42. XXXII.
Stein de, Rapoto, liber. 1203. I. 31. XXIV.
— circa 1252 — 1262. I. 125. CXXI. —
1277. Abg. I. 312. X.
— de, Diemud, Schwester Albero 1311.
II. 28. XXXII.
— de, Dietrich, Sohn 1311. II. 28. XXXII.
— de, Diemut, Mutter Albert's 1311. II.
28. XXXII.
— de, Gertrud Schwester 1311. II. 28.
XXXII.
— de, Kunigunde, Tochter 1311. II. 28.
XXXII.
— von dem, Elisabeth, Hausfrau 1311.
II. 28. XXXII.
Steinabrückl 1321. II. 69. LXXV.
Steinabrückel de, Meinhard 1321. II. 69.
LXXV.
Steinberg de, Dietricus, circa 1230. I. 78.
LXVI.
Steinbrecher Conrad 1334. II. 162. CLIX.
Steineck de, Otto 1328. II. 119. CXVI.
— Anna, Hausfrau 1328. II. 119. CXVI.
Steiner Heinrich 1356. II. 231. CCXVIII.
Steinfeld zu Enzersdorf 1330. II. 137.
CXXXV.
— 1352. II. 215. CCVIII. — 1380. II.
388. CCXCIV.
Steingrub 1293. I. 270. CCCII.

# T.

# U.

# V.

# W.

CPSIA information can be obtained
at www.ICGtesting.com
Printed in the USA
BVHW091439191118
533513BV00020B/519/P